近代日本の地方事業家

萬三商店小栗家と地域の工業化

中西 聡・井奥成彦【編著】

日本経済評論社

目次

凡例・巻頭地図・小栗家系図・小栗家年表

序章　近代日本の地方事業家と工業化……………………………井奥成彦・中西　聡　1

第1節　問題の所在　1
第2節　近代日本の工業化と愛知県　9
第3節　知多郡の概況　15
第4節　小栗三郎（三郎兵衛）家の概観　29

第Ⅰ部　小栗三郎家の家産・組織と地域社会

第Ⅰ部のねらい

第1章　有価証券投資とリスク管理——明治後期～昭和戦前期——……………花井　俊介　51

はじめに　51

第1節　株式・合資会社への出資　53
第2節　公社債投資　67
第3節　リスク管理システムの形成　82
おわりに　93

第2章　不動産経営と市街地形成……………………………山口由等　97
はじめに　97
第1節　明治期の不動産経営　98
第2節　両大戦間期の不動産所有の動きと貸家経営　107
おわりに　121

第3章　家業の継承と地域社会への貢献——資産管理と家計の視点から——……二谷智子　123
はじめに　123
第1節　資産管理と家業の世代交代　127
第2節　寄付行為と地域社会への貢献　134
第3節　家計支出からみた消費行動　147
おわりに　157

第4章　近代における店則・家憲と店員の活動……………………伊藤敏雄　163

はじめに 163
第1節 店則と店員 164
第2節 家憲と家族・店員 171
第3節 回勤部の活動 182
第4節 回勤部と他部門の関連 193
おわりに 195

第Ⅱ部 萬三商店の事業展開

第Ⅱ部のねらい

第5章 近世・近代初頭の醸造経営……二谷智子・中西 聡 205
はじめに 205
第1節 一八世紀の酒造経営 208
第2節 一九世紀初頭の経営動向 216
第3節 幕末・維新期の酒造経営 222
第4節 明治初期の味噌溜醸造経営 231
おわりに 237

第6章　明治前期における商業経営と取引関係……………………落合　功　245
はじめに　245
第1節　萬屋三郎店の経営動向　246
第2節　商人間取引の実際と特質　259
第3節　取引商人の特質と商圏　268
おわりに　287
第7章　明治後期・大正期の肥料商業・肥料製造業……………市川大祐　295
はじめに　295
第1節　一九〇〇年代における大豆粕普及と肥料仕入・販売　299
第2節　大豆粕製造の開始と工場の経営展開　308
第3節　一九一〇年代における販路の急拡大・取引の大口化　311
おわりに　338
第8章　近代期の醬油醸造経営……………………………………井奥成彦　343
はじめに　343
第1節　醬油醸造規模の拡大とその要因　345
第2節　醬油の販路　349

第3節 醤油原料の調達 366
おわりに 369

第Ⅲ部 萬三商店小栗三郎家と地域経済

第Ⅲ部のねらい

第9章 金融システムの近代化と萬三商店……石井寛治 377
はじめに 377
第1節 仕入先と仕入商品の変化 379
第2節 代金決済方式の変化 383
第3節 約束手形の割引条件の交渉 396
おわりに 402

第10章 半田・亀崎地域の「企業勃興」と有力事業家……中西 聡 407
はじめに――企業勃興と二つの工業化―― 407
第1節 知多郡の「企業勃興」概観 409
第2節 亀崎銀行・知多紡績と小栗三郎家 412

第3節　小栗冨治郎家と井口半兵衛家の事業展開　423
第4節　一九〇七年恐慌と萬三商店小栗三郎家および中埜一族　429
おわりに――日露戦後期における地域経済と中央資本――　435

第11章　知多鉄道の設立と知多商業会議所――小栗四郎の活動を中心に――……中村尚史　445
はじめに　445
第1節　知多商業会議所と知多半島の交通問題　447
第2節　知多鉄道の設立過程――小栗四郎の行動を中心に――　449
第3節　知多鉄道の経営と小栗家　462
おわりに　470

終章　総括と展望……中西　聡　475

あとがき　491
図表一覧　501
索引　508

凡　例

1　原史料の表題は形態の如何にかかわらず「　」で示し、活字資料の引用は原文のままに、原史料の引用では基本的に原文に即しつつ必要に応じて句読点を補って記したが、難しい旧字体は、新かな遣いや新字体に改めた。

2　出所の表記は、公刊書と雑誌の書名・誌名は『　』で、これらに収録された論文・史料等の表題は「　」で示し、いずれも適宜新字体に改めた。本書で利用した愛知県半田市の小栗（三郎）家文書は、いずれも小栗（三郎）家所蔵で、本文・注・表の出所での所蔵場所の表記は省略した。引用した小栗家文書には、連続して類似の帳簿を引用した場合などを除き、各章ごとに初出の際に原則として史料番号を付した。なお、小栗家「日誌」は、史料番号は付さずに年代順に整理して別置されている。

3　商家の表記は、近世期は屋号のあったものは屋号で示し、適宜姓を付した。また近代期は原則として姓で示した。なお、小栗三郎家の店名は、近世期から明治前期までは「萬屋三郎（三郎兵衛）店」を用い、それ以降は「萬三商店」を用いた。それ以外の屋号・姓名については、現在も人名でよく用いられる旧字体を除き、新字体に改めた。

4　年代の表記は、西暦で行い、原則として元号ごとに各節・項で初出の場合のみ和暦を括弧書で付した。なお旧暦が使用されていた一八七二（明治五）年までの月日は、和暦の月日を示した。史料の年代の（　）内は内容より推定した場合。

5　地域区分は、基本的に近世期は旧国名、近代期は府県名で本文中は統一し、府県区分の変化が激しかった明治前期および愛知県は適宜その両方を使い分けた。なお、大阪は、近世期は大坂、近代期は大阪で、東京は、近世期は江戸、近代期は東京でそれぞれ表記を統一し、その他の地名については原則として現在使われている字体表記に改めた。また、尾張徳川家の藩名は、近世期は尾張藩、近代初頭は名古屋藩と記した。

6　本文・注において算用数字で章・節番号を表記した場合は、本書の章・節を示す。

7　なお半田の中埜一族は、一八八七年の商標登録を機に姓を「中野」から「中埜」に改めたので、本書でも一八八七年以前は「中野」、それ以後は「中埜」と表記した（日本福祉大学知多半島総合研究所・博物館「酢の里」共編著『酢・酒と日本の食文化（中埜家文書にみる酢造りの歴史と文化）』中央公論社、一九九八年、各巻冒頭の注記を参照）。

地図１　1887年頃知多郡・西三河地域地図

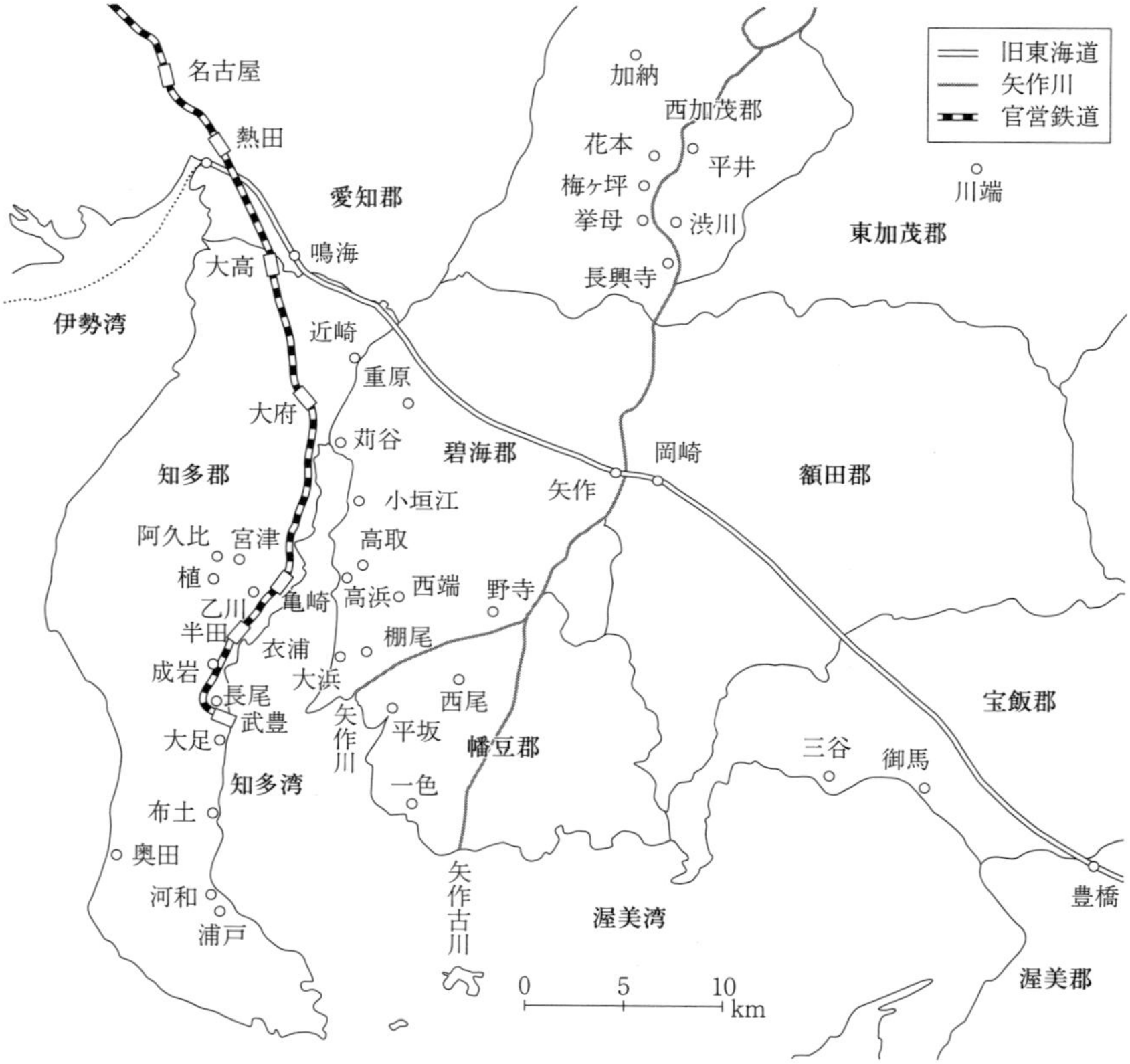

（出所）　下中邦彦編『日本歴史地名大系23　愛知県の地名』平凡社、1981年、付録：愛知県全図をもとに作成。

（注）　地名は主に本書第６章に関係するものを入れた。原図に方位が入っていなかったため方位は地図３を参照。
碧海郡・幡豆郡・額田郡・西加茂郡・東加茂郡・宝飯郡・渥美郡は旧三河国、知多郡・愛知郡は旧尾張国。

地図２　1913年末中部地方鉄道路線図

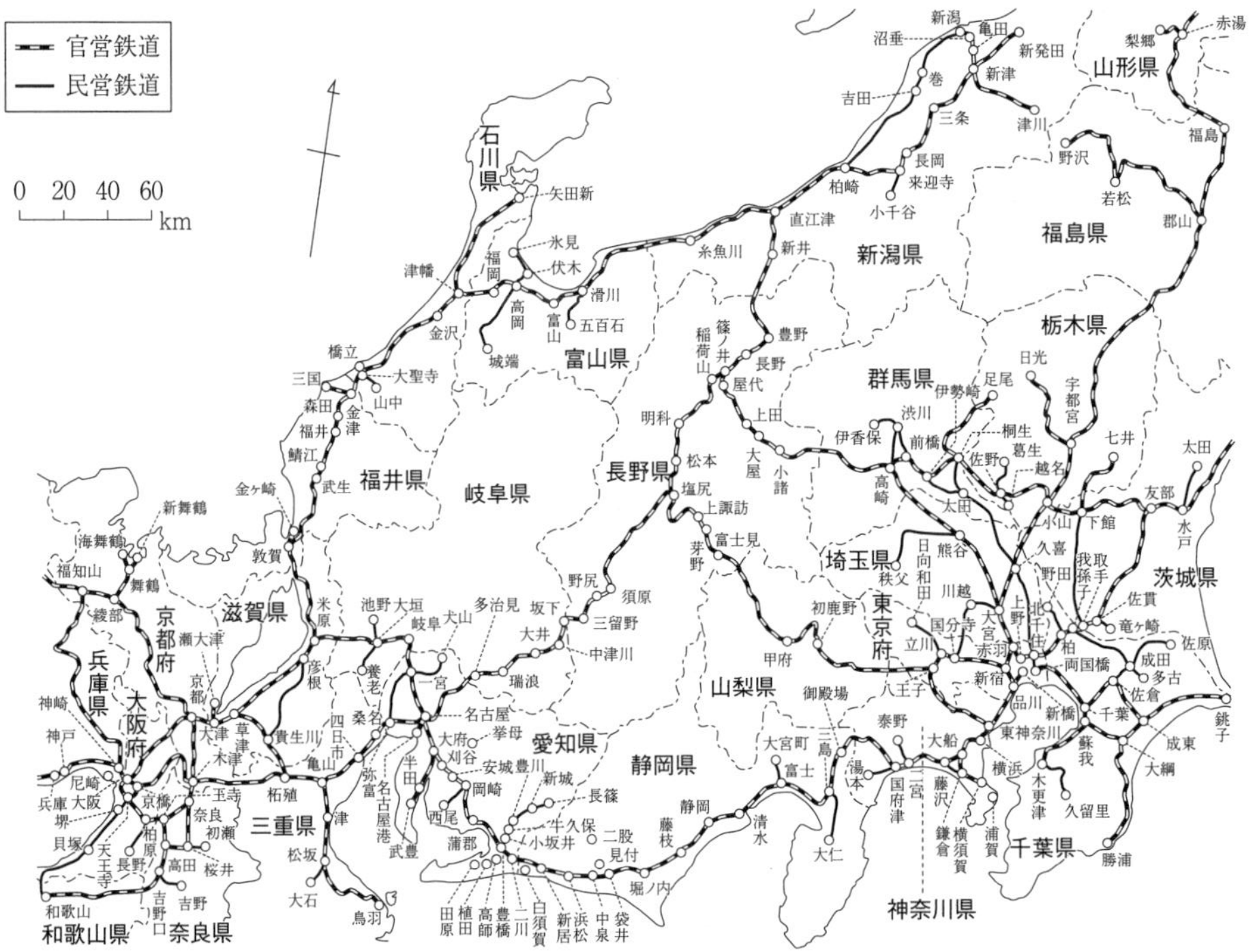

（出所）『高等日本地図』人文社、1988年所収の中部地方図をもとに、大正２年12月16日訂補「列車時刻表」（三宅俊彦編『復刻版明治大正鉄道省列車時刻表』）新人物往来社、2000年）より、1913年12月16日時点の鉄道路線図を作成した。

（注）地名の位置は黒崎千晴・小口千明解説『昭和12年大日本分県地図併地名総覧』昭和礼文社、1989年を参照した。若干鉄道路線を簡略に示したところがある。

地図3　1937年頃　知多郡・碧海郡・幡豆郡地図

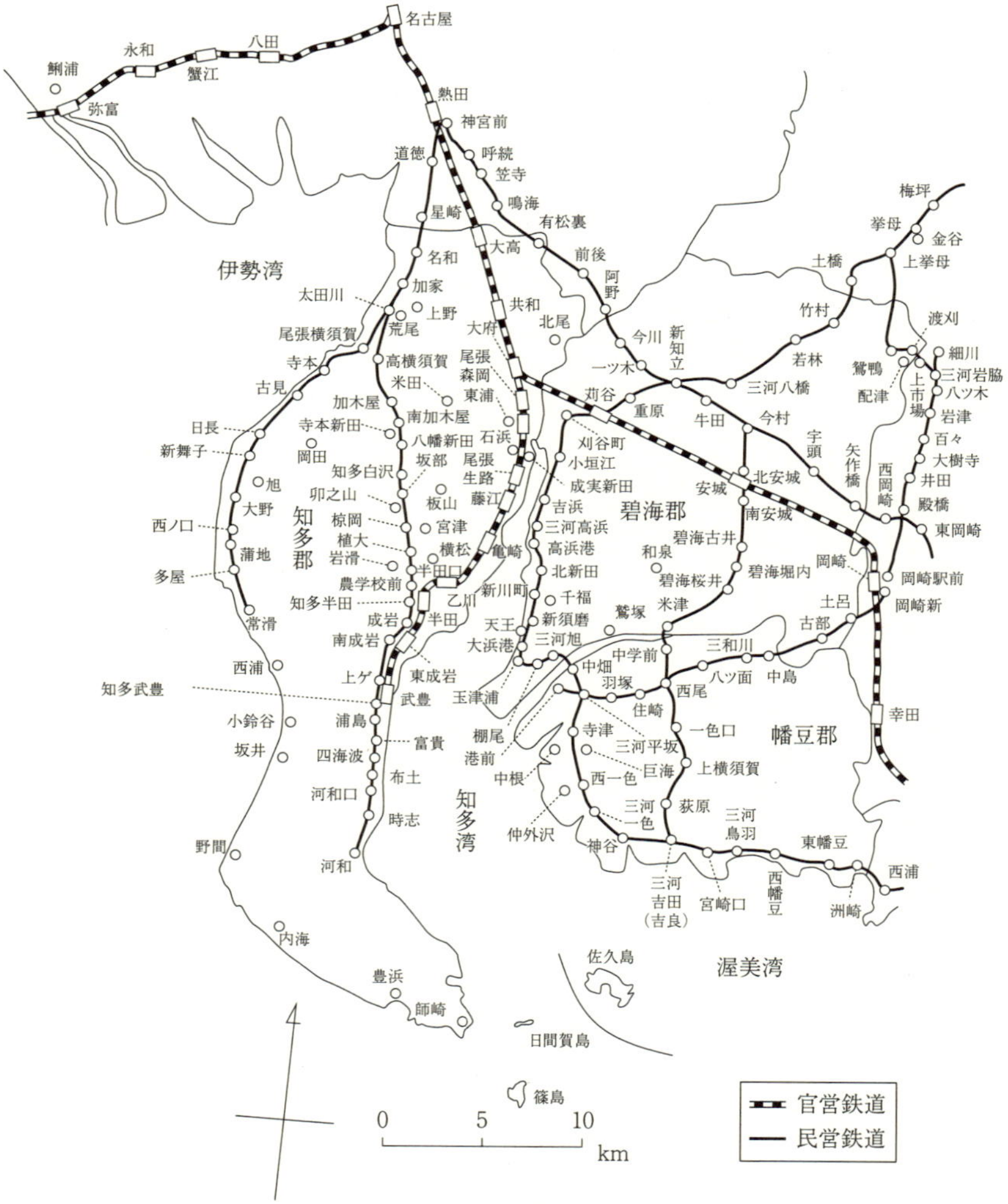

（出所）　黒崎千晴・小口千明解説『昭和12年大日本分県地図併地名総覧』昭和礼文社、1989年の愛知県地図より作成。

（注）　駅名とその位置は、名古屋鉄道（株）広報宣伝部編『名古屋鉄道百年史』名古屋鉄道株式会社、1994年を参考にした。知多郡内は全ての旅客鉄道路線と駅を示したが、それ以外の郡は鉄道路線と駅を若干省略したところがある。

地図 4　1938年頃半田市市街図

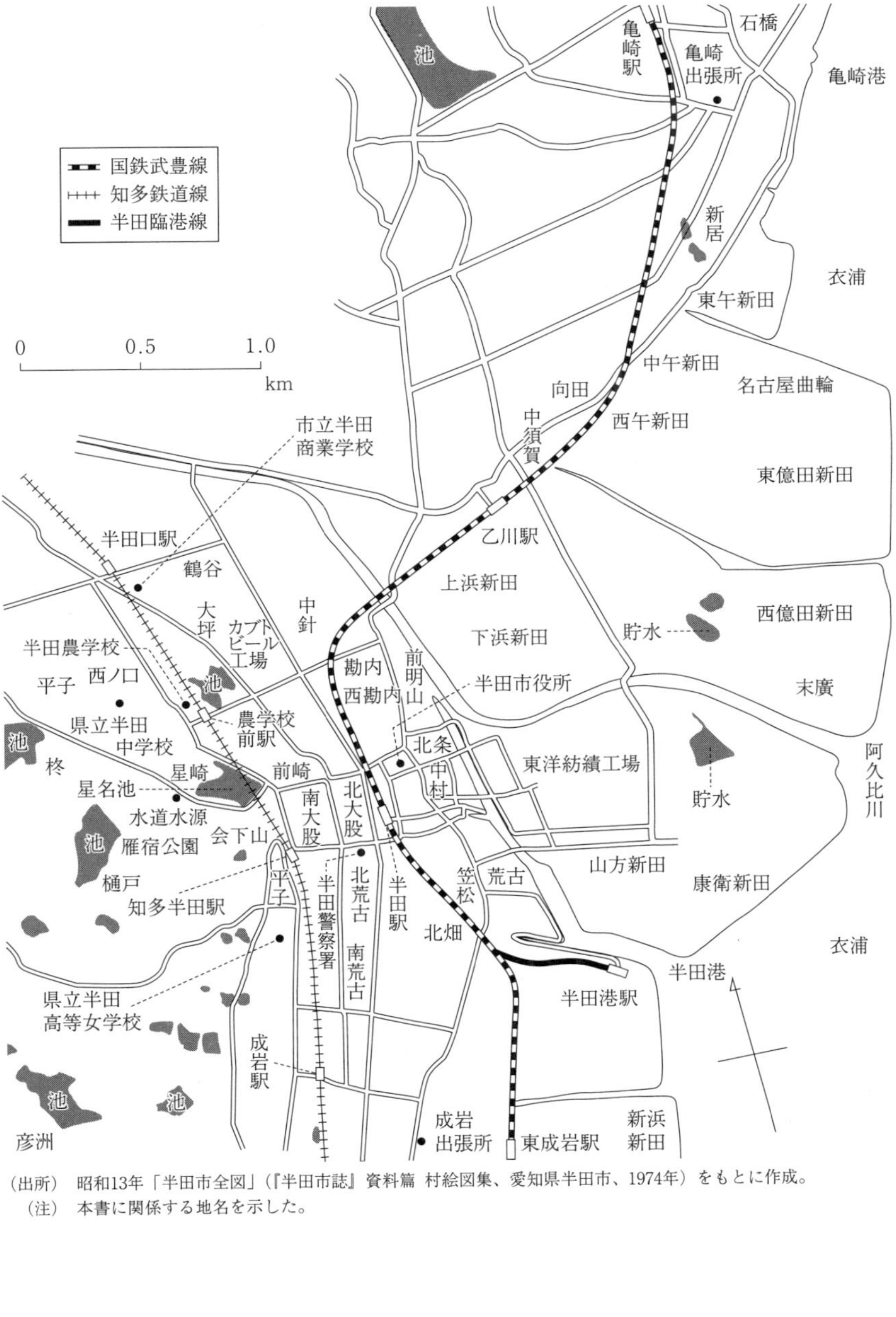

（出所）　昭和13年「半田市全図」（『半田市誌』資料篇 村絵図集、愛知県半田市、1974年）をもとに作成。
（注）　本書に関係する地名を示した。

小栗家（七左衛門・三郎兵衛・太郎兵衛家）系図

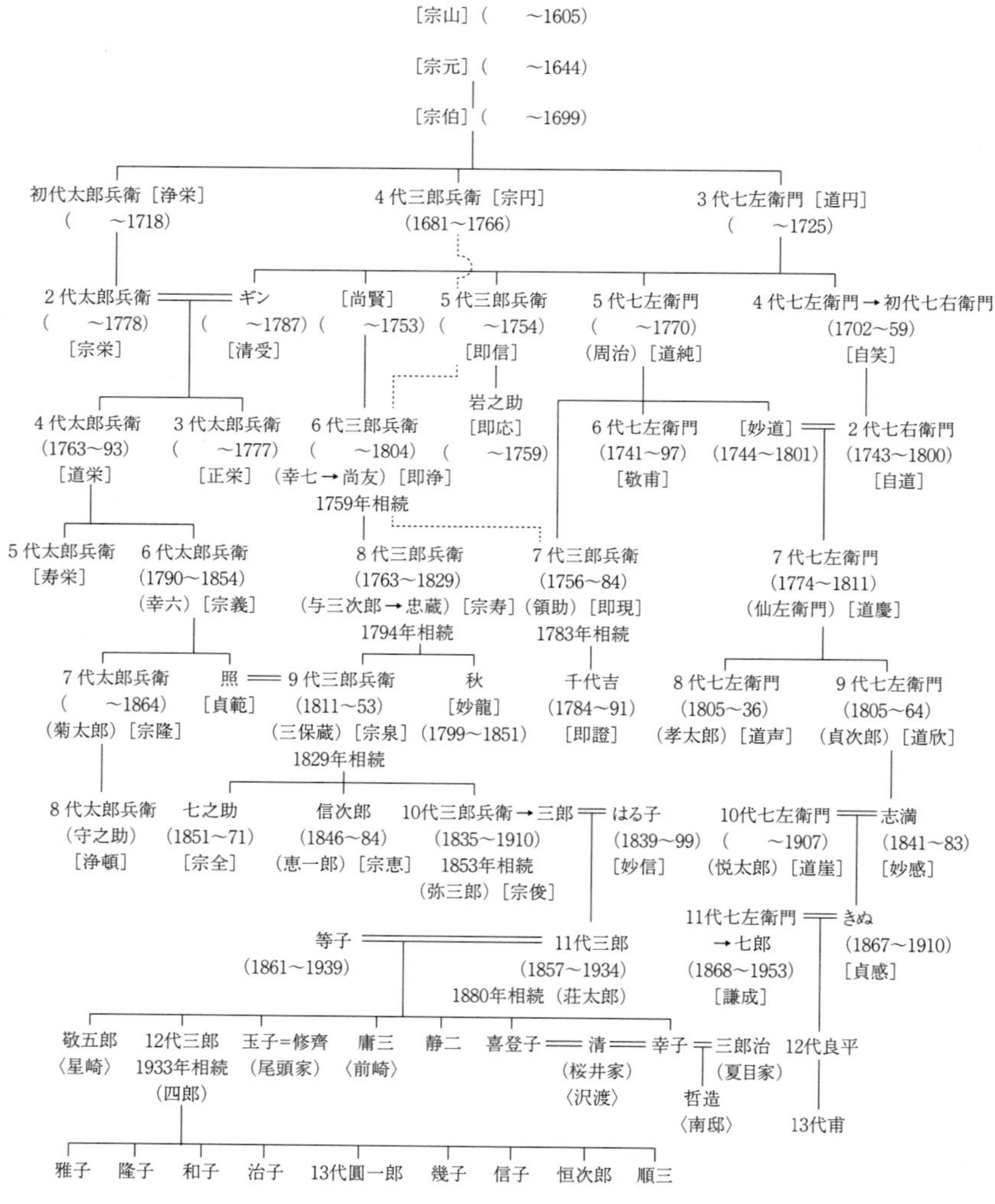

（出所）「過去帳」（小栗七左衛門家所蔵）、各年度「日誌」、「早見永代過去帳」（小栗三郎家所蔵）、享和４・嘉永４年「年中法事留」（小栗家文書63-63・64）などにより作成。

（注）名前の下の（　）内は生年～没年、（　）内の名前は当主継承前の名前、［　］内は戒名、〈　〉内は分家名称、＝は婚姻関係、→は当主名の変更、点線は養子関係。女性名は「子」を付けずに記載された場合あり。

萬三商店小栗家年表（その１、1879年まで）

年	半田地域に関する事項	萬三商店小栗家に関する事項	代
1605（慶長10）		［宗山］死去	開祖
1607（慶長12）	徳川義直、尾張に移封		初代
1624（寛永元）	了善上人、成岩村に無量寿寺開創		
1644（正保元）		［宗元］死去	
1646（正保３）	半田村、浜新田開発		２代
1695（元禄８）	半田村、山方新田完成	七左衛門家が小栗三郎左衛門家とともに山方新田開発・完成	
1697（元禄10）	尾張藩、酒運上創設、半田村で４軒酒株所持	この時点で太郎兵衛家は分家しており酒造株を所有していた	
1699（元禄12）		［宗伯］死去	
18世紀初頭		このころ七左衛門家と三郎兵衛家が分かれたと思われる	４代
1708（宝永５）	半田村、子新田開発		
1713（正徳３）		大野村源左衛門より酒造株譲り請ける（酒造経営開始か）	
1715（正徳５）	尾張藩、酒米３分の１造り令発布	米20石の酒造	
1754（宝暦４）		５代三郎兵衛死去	５代
1755（宝暦５）		酒造業と穀物商売を行っていたことが史料から判明	（４代）
1759（宝暦９）		６代三郎兵衛相続	６代
1763（宝暦13）		８代三郎兵衛生誕	
1766（明和３）		４代三郎兵衛死去	
1768（明和５）	酒株冥加金が初出		
1778（安永７）		七左衛門家より領助（後の７代）を養子に迎える	
1782（天明２）	鳴海代官設置（半田地域その支配下に）		
1783（天明３）		７代三郎兵衛相続	７代
1784（天明４）		７代三郎兵衛死去	
1786（天明６）	尾張藩主、小栗七左衛門邸宿泊		（６代）
1789（寛政元）	半田地方江戸積酒荷主37軒、酒米３分の１造り令		
1791（寛政３）	幕府、江戸入津の酒樽数統制		
1792（寛政４）	幕府、酒樽江戸積を国ごとに割り当て		
1794（寛政６）	尾張藩、増樽分１樽につき銀10匁上納を命ず	酒造経営廃止、８代三郎兵衛相続	８代
1795（寛政７）		荒物商売の店を開店（「萬三」の始まりか）	
1797（寛政９）	半田村、尾張藩へ御用金調達	御用金20両負担	
1801（享和元）		醤油醸造業を始めるが数年で止める	
1804（文化元）	半田村、尾張藩へ調達金	６代三郎兵衛死去	
1808（文化５）	中野又左衛門家、酢醸造経営開始		
1818（文政元）			
1821（文政４）	中野家ら酒造家が井戸から樋で水道をひく	この頃肥料商売開始か	
1823（文政６）	半田村、これ以後連年寺社奉行に調達金上納		
1825（文政８）		貸家経営開始	
1829（文政12）		８代三郎兵衛死去・９代相続	９代
1835（天保６）		10代三郎兵衛生誕	
1840（天保11）	下半田村庄屋太郎兵衛、役中の苗字許される		
1842（天保13）	尾張藩、藩内株仲間解散、国産会所設置		
1843（天保14）	尾張藩主、中野半六邸宿泊	この頃から小垣江新田に関与	
1848（嘉永元）	小栗冨治郎家、酒造経営開始		
1850（嘉永３）	半田村中野家が会下山の谷より水道敷設		
1853（嘉永６）	半田地方大干ばつ	９代三郎兵衛死去・10代相続	10代
1856（安政３）		献上金（50両、10ケ年賦）	
1857（安政４）		11代三郎兵衛生誕	
1858（安政５）		一代切苗字を認められる	
1859（安政６）		蝦夷地産肥料を初めて扱う	
1862（文久２）	半田村、尾張藩へ御用金1,000両調達	下半田村庄屋役となる、酒株取得（いったん手放す）	
1863（文久３）	半田地方にコレラ大流行	献上金130両上納、知多郡海岸守裁許役、一代切帯刀許可	
1864（元治元）	将軍家茂上洛につき人足・役水主徴発	御用金140両負担、一代切御目見身分を得る	
1865（慶応元）	中野酢店、酒造を半左衛門家に譲り、酢に専念	酒株920石分取得、酒造経営再開	
1867（慶応３）	尾張藩、２万石の酒造新株を知多郡で募集	御用金127両負担、小栗三郎兵衛邸に大神宮のお札が降る	
1868（明治元）	尾張藩、８万石の酒造新株発行	酒新株1,000石分取得、商法司肝煎となる	
1869（明治２）	版籍奉還、半田は名古屋藩、亀崎・成岩は犬山藩	10代三郎兵衛が三郎を名乗る、酒株600石分取得	
1870（明治３）		味噌（溜）醸造経営開始、郡役所御用達となる	
1871（明治４）	廃藩置県、知多郡は額田県に編入		
1872（明治５）	額田県廃止、知多郡は愛知県に編入	味噌・溜造石高およそ700石	
1873（明治６）	名古屋警察署出張所として半田分署設置	愛知県第七大区区長となる	
1874（明治７）		生酒1,200石醸造	
1875（明治８）	亀崎郵便局発足（井口半兵衛局長）		
1876（明治９）	半田郵便局開設		
1877（明治10）		酒造経営廃止、店則制定	
1878（明治11）	知多郡役所を半田に設置、全郡を管轄		
1879（明治12）	半田村に第百三十六国立銀行開業 三井銀行半田出張所設置、コレラ流行	味噌店開設（出口治助との共同出資） 10代三郎県会議員当選	

（出所）「半田市誌年表」（『半田市誌』資料篇Ⅳ、愛知県半田市、1974年）をもとに、本書の内容を付け加えて作成。

［　］内は戒名。

（注）代のうち、開祖・初代・２代は家が分かれる前の小栗家、４代目以降は三郎兵衛家を示す。

萬三商店小栗家年表（その２、1880～1940年）

年	半田地域に関する事項	萬三商店小栗家に関する事項	代
1880（明治13）	半田、亀崎、乙川、成岩村、各村会設置	10代三郎県会議員辞職、11代三郎相続	11代
1882（明治15）	康衛新田完成（小栗七左衛門家）、コレラ流行 三菱会社、東京・半田間に汽船航路開設		
1883（明治16）	合資会社半田銀行発足		
1884（明治17）	名古屋の伊藤銀行、半田支店設置 第百三十六国立銀行が売却される	味噌店販売量、溜240石、味噌1,020貫目 七左衛門家らが康衛新田開発・完成	
1885（明治18）	日本郵船会社発足、半田寄港あり	11代三郎県会議員当選	
1886（明治19）	官営鉄道武豊線、名古屋－武豊間開通 伊藤銀行、半田支店閉鎖、コレラ流行 第百三十四国立銀行、半田支店開設	味噌店を小栗家単独出資とする（以後支店の位置付け）	
1887（明治20）	中野家が商標登録を機に中埜と姓の表記を改める	12代三郎生誕（四郎）、半田共同社（後の共同合資）設立	
1888（明治21）	盛田善平、麦酒醸造開始	11代三郎県会議員当選	
1889（明治22）	町村制実施、半田村・亀崎村がそれぞれ町となる		
1890（明治23）	端山忠左衛門衆議院議員当選、半田銀行解散	陸海軍大演習に際し、参謀総長（有栖川宮）の宿所となる	
1891（明治24）	成岩郵便局開業、濃尾地震	日本生命保険の半田代理店となる	
1892（明治25）	半田倉庫合資設立、小栗冨治郎醤油醸造開始	半田倉庫合資業務担当社員	
1893（明治26）	荒古地区を半田町編入、株式会社亀崎銀行開業 知多商業会議所発足、小栗冨治郎精米所設立	本店規則制定 知多商業会議所発起人となる	
1894（明治27）	半田取引所発足、三井銀行半田支店閉鎖	共同合資会社設立→業務担当社員となる	
1895（明治28）	株式会社衣浦貯金銀行開業	第４回内国勧業博覧会に溜を出品し、３等銅賞を受賞	
1896（明治29）	愛知銀行半田支店設置（第百三十四国立銀行半田 支店閉鎖）、丸三麦酒会社・知多紡績会社設立	丸三麦酒会社設立→発起人・監査役となる 知多紡績会社設立→発起人・取締役となる、	
1897（明治30）	小栗冨治郎汽船購入	合資会社東海石炭商会設立→社員となる	
1898（明治31）	長坂重孝衆議院議員当選、名古屋で小栗銀行開業 知多商業会議所が半田から亀崎へ移転	支店元仕込石数1,459石	
1901（明治34）	合名会社中埜銀行設立、半田取引所解散 知多郡味噌醤油同業組合設立		
1903（明治36）	小栗冨治郎、半田製塩工場設立		
1905（明治38）	井口半兵衛が知多商業会議所会頭となる		
1906（明治39）	丸三麦酒会社が改組、日本第一麦酒会社へ 小栗冨治郎貴族院議員選出	支店醸造見込高約2,000石	
1907（明治40）	知多紡績が三重紡績会社に合併。 小栗銀行休業（後に廃業）、亀崎銀行休業（後に縮小再開）	汽船購入、運送業は1915年に廃止 貴族院多額納税議員互選人となる	
1908（明治41）	日本第一麦酒が加富登麦酒株式会社と改称 伊東合資発足（孫左衛門家・信蔵家合同）	静二死去、小栗清分家	
1909（明治42）	日本郵船、半田寄港廃止 小栗冨治郎の醸造蔵は中埜系資本となる	組織変更→「内輪合資（本家・清）」 支店を本店に合併（醤油部とする）	
1910（明治43）	知多瓦斯株式会社が半田で創業、井口商店営業休止	10代三郎死去、哲造は庸三の養子、豆粕製造工場操業開始	
1911（明治44）	合資会社中埜酒店設立 知多商業会議所、亀崎から半田へ移転		
1912（大正元）	武豊港税関を半田町に移転	小栗清が半田町長となる（1916年まで）	
1913（大正２）	小栗七郎家ら康衛殖産合資を設立	営業税額でみて日本最大の肥料商と推定される	
1914（大正３）	中埜産業合名設立、日本郵船半田寄港再開 三重紡績と大阪紡績合併、東洋紡績設立 小栗七郎家ら山方殖産合資を設立		
1917（大正６）	中埜銀行が株式会社に改組	庸三が「内輪合資」に加入（庸三が分家）	
1922（大正11）	加富登麦酒が日本麦酒鉱泉株式会社と改称		
1923（大正12）	株式会社中埜酢店・半田臨港線株式会社設立		
1924（大正13）	亀崎銀行閉鎖	敬五郎が「内輪合資」に加入（敬五郎が結婚して分家） 半田町に10万円寄付（上水道設置費）、豆粕粉末工場繰業	
1925（大正14）	知多電気鉄道会社設立運動	四郎（知多商業会議所副会頭）が知多電気鉄道発起人総代	
1926（昭和元）	知多電気鉄道敷設認可	株式会社萬三商店設立	
1927（昭和２）	知多電気鉄道会社創立→知多鉄道へ改称	四郎が知多電気鉄道会社取締役となる	
1928（昭和３）	井口半兵衛が亀崎町長となる（1936年まで） 知多商業会議所が知多商工会議所と改称	醤油・溜醸造高約5,000石	
1930（昭和５）	半田町で上水道供給開始		
1931（昭和６）	知多鉄道成岩まで開業		
1932（昭和７）	知多鉄道河和口まで開業	飼料工場操業開始	
1933（昭和８）	日本麦酒鉱泉、大日本麦酒に合併	12代三郎相続	12代
1934（昭和９）		11代三郎死去	
1937（昭和12）	半田・亀崎・成岩３町合併で半田市発足 知多商工会議所が半田商工会議所と改称	12代三郎、知多（後に半田）商工会議所会頭就任（1945年まで）	
1940（昭和15）	知多味噌溜醤油工業組合設立	静岡県清水に出張所開設	

（出所）「半田市誌年表」（『半田市誌』資料篇Ⅳ、愛知県半田市、1974年）をもとに、本書の内容を付け加えて作成。
（注）代は小栗三郎家の代を示す。

序章　近代日本の地方事業家と工業化

井奥成彦・中西　聡

第1節　問題の所在

本書の課題は、近代日本における地方事業家の経営展開と地域の工業化、地域社会との関係を解明することである。取り上げる対象は、愛知県知多郡半田の肥料商兼醬油醸造業者であった萬三商店小栗三郎家の、一八世紀後半から昭和戦前期の約二〇〇年間の歴史である。「事業家」という語はこれまでの経済史・経営史研究においてはあまり用いられなかった語であるが、本書でこのような語を用いるのには以下のような含意がある。すなわち、これまでの企業勃興論では[1]、新規分野での会社設立を企図する企業家とその企図にリスクを負って投資する資産家の組み合わせによる株式会社設立という局面が強調されたが、本書で対象とする半田地域では、家業を営む者がその経営を拡大しつつ会社化し、機械化・近代化して工業化を進める方向性が強く見られたことから、地域の工業化の特徴を示す概念として「企業家」や「資産家」ではなく、「事業家」という語を用いることとした。このことは、第10章で述べている「日本の工業化の二つの道」論とも重なってくる。

また、本書でいう「工業化」の概念についても説明を加えておかねばならない。本書で対象とする萬三商店は近代において肥料商と醬油醸造業を二本の柱としていたが、醬油醸造業面での機械化・工業化のみならず、肥料商業面でも大規模な肥料製造工場を設立し、肥料製造業に進出するとともに、肥料が養蚕地帯に販売されて養蚕業、ひいては生糸製糸業の発展を支えたことをも視野に入れて、「工業化」という語を用いている。

さて、第5・6章で詳述されるように、小栗家は一八世紀の酒造業中心の事業経営、一九世紀に入ってからの穀物・肥料を主とした商業中心の事業展開から、幕末・維新期に酒・味噌の醸造業をそれぞれ再開・開始して事業に加えた。しかし、この頃はいずれの事業もまださほど規模は大きくない。酒造業は、造石税の負担が大きかったことや灘などの産地に押されたことから一八七七（明治一〇）年に廃業、味噌醸造も地元半田地域での競争激化の中でしだいに溜を含む醬油醸造へと移行し、同家が肥料商業と醬油醸造を二本柱とするようになったのは松方デフレを乗り越えた後のことである。その後肥料商業は拡大し、営業税額で全国の肥料商の中で上位に顔を出すようになり、一九一〇年代には、日本最大級の営業規模を示す肥料商になったと考えられる(2)。

次に、小栗家の醬油醸造業者としての位置を確認しておこう。同家の一八九〇年代初頭までの醸造石高は数百石規模で、どこにでもある普通の醬油醸造業者であったと言ってよい。しかし、九〇年代後半に醸造石高を倍増させ、一〇〇〇石を超えて、ローカル・レベルでは大規模と言える数値となっている。その後、両大戦間期に醸造石高は五〇〇〇石を超え、一九三四（昭和九）年のヤマサ醬油の調査によると、全国約一万の醬油醸造業者の中で、上位三五の大規模業者の中に入っている。さらに一九四一年の同社「関西地方業界視察記録」によると、萬三商店醬油部は一万石の設備を有していた（第8章を参照）。

ここで、我々がふまえなければならない研究として念頭に置いているものをいくつかあげておこう。まず、石井寛治・中西聡編『産業化と商家経営』（名古屋大学出版会、二〇〇六年）があげられる。この書は大阪府貝塚の米穀肥料商廣海家を取り上げ、企業勃興期に商業利潤を株式投資に振り向けるようになってから間もなく、株式投資で得た利潤をさらに株式に投資する、すなわち株式投資が株式投資を生むというようなパターンを確認し、投資家的性格の強い地方資産家の例を示した。それに対し本書では、肥料商業と醤油醸造業という事業を軸とし、有価証券投資についても地域志向性の強い投資行動を取るといった、全く違ったタイプの地方資産家像が示される。

次に、前述の企業勃興論（谷本雅之・阿部武司など）に始まり[3]、中村尚史や石井里枝らに至るまでの地方資産家研究[4]、及び鈴木恒夫・小早川洋一・和田一夫の企業家ネットワークの研究[5]があげられる。谷本雅之・阿部武司の研究では地方資産家の類型化が試みられ、中村尚史や石井里枝の研究では具体的な地域や資産家が掘り下げられているが、これらの研究の問題点は、類型に該当しない事例の歴史的意義を見失わせることや、「地元」概念や「ネットワーク」概念に曖昧さが残ることであろう。それらの問題点をふまえ、本書では、具体的に地域においてどの範囲のどのような資産家が結びつき、どの範囲の工業化を推し進めたのか、彼らがどのような地域意識を持ち、どの範囲の経済発展に貢献したかを、きめ細かく論じたい。また中村尚史が指摘するように、工業化のイデオロギーに目を向ける必要があることから[6]、それと関連して第3・4章において、小栗家の地域貢献への考え方が表れていると思われる萬三商店の店則・小栗家の家憲やそのエートスを取り上げた。

また、近代の商家の帳簿など個別経営史料を用いた研究の流れにも本書は貢献する。そのような研究としては、これまでに伊勢の木綿商川喜田久太夫家[7]、桐生の呉服買継商書上文左衛門家[8]、阿波の藍商三木与吉郎家[9]、近江商人の小林吟右衛門家（丁吟）[10]、前述の廣海惣太郎家の研究などがあるが、有価証券投資などの家産運用にまで踏み込んだ研究は、小林家と廣海家の研究ぐらいしかなかった。本研究は、そこへ新たな比較の事例を加えることになろう。

本書の課題をもう少し具体的に述べておこう。第一に、小栗家がいかにして損益を生み出したかを究明することである。すでに述べたように、同家の事業は商業と製造業が二本柱となっており、明治期に入ってから肥料商業と醬油醸造業に特化していった。それらの事業資金はどのようにして生み出され、商品の販売によっていかにして利益が作り出されていたのだろうか。醬油醸造については、他から事業資金を借り入れた形跡はあまり見当たらず（例えば第10章表10－4・5を参照）、主に自己資金で賄っていたことが判っている。しかし肥料商業においては、第Ⅱ部において記されているような商業・製造業、あるいは第2章に記されているような不動産経営を通じて形成した蓄積のみならず、早い時期においては手形の利用や、銀行ができるようになってからは、有利な借入先を探り、地元の銀行や金融業者のみならず三井銀行や第一銀行など中央の大銀行を利用するようになった。その過程の詳細は第9・10章で述べられるが、このような、中央の大銀行をうまく利用して大規模な商業活動ができる余地を獲得し、日本最大規模の肥料商へと成長していくさまは、近代の地方事業家の一つのパターンとして注目に値しよう。そうして一九一〇年代以降は、肥料商部門である本店でも自己資金で賄えるようになっている。

一方、肥料、醬油といった商品の販売はどのように行っていたのであろうか。詳しくは第Ⅱ部で触れられるが、両者に共通して言えるのは、「すき間」を狙って販路を拡大していることである。肥料においては、古い時代の小廻船による三河湾沿岸・矢作川沿いなど比較的近い地域での取引から、鉄道網が敷かれるようになってからは、特に中央線が延伸するにともない、販路はその沿線奥深くまで伸び、長野県の養蚕地帯に販路を切り拓いていった。そして同地域の生糸製糸業の発展に間接的に寄与した。肥料販売の際には、予約を取ってリスクを回避するという方法をとっているが、これは前述の廣海家が自己勘定で肥料を買い取ってから販売するという、危険を孕む方法をとっていたのとは対照的である。もっとも、廣海家の場合は、日本の最先進農業地帯である大阪府南部の後背農村の莫大な需要が見込まれたからそういった方法でもよかったのかもしれない。このあたりの評価は分かれるだろうが、ともかく萬三商店のすき間を縫った肥料の販路拡大は、上記のような堅実な方法で行われていた。醬油の販路拡大も、鉄道などを利用してすき間市場を狙ったものであった。そういう活動の中から、のちに大津に支店を設ける足がかりをつくったり、大きく実は結ばなかったが、中央線の延伸で東京と結ばれて以降醬油のいわば草刈り場的な市場となった甲府を市場開拓したりもしたのである。

本書の課題の第二は、小栗家が獲得した利益をどのような部門に投下したかを明らかにすることである。これについては、先に述べたようなさらなる商業、醸造業への投下や不動産経営への投下がまずあげられるが、特に一九〇九年に「内輪合資」の形態をとってからは、一〇年に肥料の大豆粕工場を設置したり、二四～二五（大正一三～一四）年に醬油醸造設備を拡張して増産態勢を整えるなど、製造業での設備投資が目につくようになる。これに少し先立つ一八九〇年代から、店則において出張に関する規定を充実させるなど、販売領域をそれまでよりも拡張させようとする志向を見せるようになる。これらにより、肥料商業、醬油醸造の両部門において営業規模の大幅な拡大が見られ、一九一〇年代に入り肥料部門において日本最大規模へ、やや遅れて醬油醸造部門においても日本有数の業者に成長していくのであるが、その過程で取引方法や販路を具体的にいかに変えて、中小経営から大経営へ脱皮していくのだろうか。第7・8章において、その過程を具体的かつ詳細に跡づける。

なお、小栗家は、利益の大きかった肥料商業よりも醬油醸造業の方により強く家業意識を持っていたようである。そのことは、同家への聴き取りによって確認できたし、代々家族の者を肥料部門ではなく醬油醸造部門に配置していたことからも窺える。肥料で儲け、醬油に投下するという構造である。

こうした小栗三郎家の利益は有価証券投資にも向けられ、そのことを通じて地域社会の工業化を支えた。その投資の方法は前述の廣海家、あるいは他の地方資産家の事例と比較してどのようなものであったのだろうか。その詳細は第1・10章で触れられるが、株式投資においてリスクテイクをして利益をねらい、公債でリスクヘッジするという構造は、有価証券投資全体を考えた場合、堅実であったと評価できよう。経営全体として見ても、利益は大きいが不安定さもともなう肥料商業[11]においては、先にも述べたように「売予約」というかたちのリスク回避策をとり、常に収益が安定していた醬油醸造業をも併せ考えれば、堅実であったと言えよう。このあたりは、有効なリスク回避策をとらず経営に失敗した小栗冨治郎や井口半兵衛の事業を見ていたことも影響したであろう。

また、小栗三郎家は、利益を寄付活動その他地域社会への貢献のためにつぎ込んでいる。詳しくは第3章で触れられるが、その金額は驚くべき数値に上る。かつて谷本雅之・阿部武司は、名望獲得という経済外的動機に基づく地方資産家の経済活動のパターンがあることを主張したが[12]、小栗家の場合は、地域のインフラ整備への寄付のみでなく、貧窮者援助、地元の寺院が主催する放生会や放魚の催しへの多額の寄付、家族の母校の慶應義塾への多額の寄付、一八九一年の濃尾大震災の際の愛知県・岐阜県への多額の現金及び現物（味噌など）寄付など災害への義捐金寄付等も見られた[13]。これらはすべてが名望獲得のためというわけではなく、人間愛、仏教的慈愛、地元愛・郷土愛、母校愛などの意味での経済外的動機に基づく活動もあったといえる。人間はエコノミック・アニマルでもなければ、エコノミック・マシーンでもないのだから、こういった側面を誰しも有しているのは当然であるが、小栗三郎家の場合はそれが顕著であった。もちろん小栗三郎家単独の寄付のみでなく、地域内の他の有力資産家と共同して行った寄付もあった。なお、小栗三郎家第一二代当主になる四郎は、一九二五年から知多商業会議所副会頭となり、知多電気鉄道発起人総代となって後の知多鉄道誘致に尽力するが（第11章）、インフラが整備された後はその経営には積極的ではなく、むしろ自家の本業の経営の方に熱心であった。

本書の課題の第三として、上で見たような諸々の経済活動を支えた、あるいは活動の原動力となったイデオロギーについて考えてみたい。先にも述べたように、この側面は、これまでの地方資産家の研究では弱かった部分であるが、本書では特に第3・4章で、この問題に迫っている。小栗家の経済活動のバックボーンとなったイデオロギーは、複雑に入り組んでいたと思われる。まず、例えば家憲や店則のあちこちに、在来の商業イデオロギーの影響、すなわち石門心学や近江商人的理念といったものの影響が、直接間接に見られる。また、一般的な資産家に比べ、仏教的な理念の影響も強く感じられる。もちろん、小栗家が代々受け継いできた家風、その時々の当主独自の理念・哲学といったものが通底した上でのことである。さらに、一二代当主四郎をはじめ、同家からは複数の者が慶應義塾で学んでおり、今も同家の蔵に慶應義塾創始者の福澤諭吉が創刊し、主筆でもあった『時事新報』がかなり早い時期のものから残され、慶應義塾に多額の寄付をしていることなどから、慶應義塾への愛着は相当なものと思われ、逆にそこから受けた影響も大きかったと思われる。

また本書では、店員の役割の重要性に注目していることも特徴となっている。肥料店の店員については主として第4章、醬油店の店員については主として第8章で触れられるが、いずれも販路拡張にあたり一定の裁量権を持たされた上で精力的に動いており、同家の経営が発展していく際に、こういった店員の働きも見逃すことはできない。

以上のような多様な側面から、本書では、株式会社を設立して外部資金の大規模な導入によって設備投資を行い、さらに合併によって大企業化するという、従来強調されてきた工業化のパターンではなく、在来産業から自家工場に機械を導入して機械制工業生産を行うようになり、家業としての事業がそのまま大規模化していくという質の異なる工業化のパターンを示し、それが地域社会全体の工業化とどのような関連にあったかを考察する。

本節の最後に本書の構成に触れておく。本書は、小栗三郎家の長期にわたる経営展開と地域社会およびそこでの工業化との関係を論ずるので、小栗家の事業展開、小栗家と地域社会の関係、小栗家と地域経済の関係を、論述の柱とした。まず序章第2節以降では、論述の前提となる、愛知県地域経済の特徴と小栗家の歴史について概観する。

そして、本論では、最初に本書の特色でもある地域社会との関係を取り上げ、それは経済的関係のみではなく、寄付行為などに表れる地域貢献は、その家の精神性に深く関わっていたため、第Ⅰ部で、小栗三郎家の家産の運用と地域社会との関連を検討した。第Ⅰ部は、同家の有価証券資産を取り上げた第1章、不動産資産を取り上げた第2章、そして寄付行為とその背景の精神性を取り上げた第3章、および店則・家憲を通して小栗家に通底する宗教道徳や商業道徳を取り上げた第4章からなる。

第Ⅱ部は、小栗三郎家の事業展開を、醸造業と商業に分けて論じた。その際、同家の家業意識は、一八世紀後半は酒造業にあったが、その後酒造業を廃業して、一九世紀前半は商業が家業となる。商業としての家業は、次第に肥料商業へ集約されるが、醸造業が本業であったとの意識は強く残されたと思われ、最幕末期から酒造業を再開し、近代に入り味噌醸造へと多角化して、松方デフレ期以降は、醤油醸造業に一本化される。ここで肥料商業と醤油醸造業が小栗三郎家の家業の二本柱として確定したので、第Ⅱ部は、一八世紀後半から松方デフレ期までの醸造業を扱った第5章、最幕末期から松方デフレ期までの商業を扱った第6章、一九世紀末以降の肥料商業を扱った第7章、そして一九世紀末以降の醤油醸造業を扱った第8章から構成した。

第Ⅲ部は、こうした小栗三郎家の家と事業の両方の活動が、地域経済の展開とどのような関係をもったかを、時期別に検討した。第9章では、幕末から一九〇〇年前後を取り上げるが、この時期の地域経済のあり方は、近代になり、銀行システムが成立したことで大きく転換したと考えられるので、主に金融システムとの関連を取り上げる。第10章では、一八九〇年代から一九一〇年代を取り上げるが、この時期は企業勃興が愛知県半田でも生じており、社会的資金を集めて近代的製造企業が設立された。小栗三郎家の家業の展開とは質の異なる工業化が半田でも始まったことになり、それとの小栗家の関係を論ずる。そして第11章では、一九二〇年代から三〇年代を取り上げ、この時期の小栗家が商業会議所役員として、商業会議所を通して積極的に地域経済に関わったので、その視点から同家の地域経済への貢献とその限界性を論ずる。

以上の各章の考察結果を踏まえて、冒頭で述べた本書の課題である、近代日本における地方事業家の経営展開と地域の工業化、地域社会との関係を、萬三商店小栗三郎家に即しつつ、他の地域・家の事例も含めつつ終章で総括する。

第2節　近代日本の工業化と愛知県

(1)　愛知県の工業化の特徴

本書で取り上げる萬三商店小栗家が事業を展開した愛知県は、現代では日本最大規模のものづくり産地となっている工業県であるが、近代期の工業化においては、大阪地域・東京地域よりやや遅れて進み、同時に農業の集約化も進んだため、農業生産も発展していた。萬三商店小栗家の事業展開は、肥料商業の販売先、醬油醸造業の原料大豆調達などで農業とも大きな関連があり、こうした愛知県の特徴がかなり影響を与えていたと考えられ、まず愛知県の工業化の特徴を検討する。その際、他地域との比較の視点も視野に入れる。

近代日本の工業化の地域的差異については、石井寛治が一八七四（明治七）年の『府県物産表』と一九二四（大正一三）年の『工場統計表』とを主に比較することで、近代期日本において工業の不均等発展がみられ、工業地域近畿と農業地域東北を両極とする地域経済の分化が形成されたことを指摘したのに対し[14]、その過程をさらにきめ細かく検討した藤井信幸は、明治期には大都市圏のみでなく全国的に工業化が進展しており、それほど顕著な地域経済の分化が見られなかったものの、一九一〇年代以降大都市圏の工業化が急激に進展し、それ以外の地域と工業成長の地域的な不均衡が生じたことを示した[15]。

一方、中村尚史は、企業勃興＝会社設立の地域的差異から、産業革命期日本の地域経済の全体像を把握しようとし、産業資本の確立期である一九〇〇年前後には、地方分散的な色彩が濃厚な会社企業の地域分布が見られたものの、一九〇〇年の恐慌を境として乱立していた地方企業の淘汰が進みはじめ、日露戦後には地方企業が政府を含む中央に飲

生産額・工業会社数の推移

（生産額・資本金の単位：千円）

1929年	1889年工業会社		1909年工業会社		1929年工業会社	
主な内訳	数	資本金	数	資本金	数	資本金
紡織（441,231）、金属（216,615）	210	9,327	320	75,566	2,371	873,442
紡織（214,407）、食品（143,445）	152	3,701	202	26,276	955	344,858
紡織（92,057）、加工・修理（42,175）	93	2,358	101	20,122	495	127,285
紡織（90,660）、食品（19,180）	13	693	23	1,192	237	17,231
紡織（385,413）、食品（57,056）	96	1,962	270	13,771	1,463	185,282
紡織（229,253）、食品（14,678）	139	1,745	180	3,052	512	86,575
化学（228,851）、機械（194,622）	235	27,568	479	240,130	2,836	2,454,951
化学（53,674）、食品（53,130）	69	3,726	103	46,925	501	70,744
紡織（35,794）、窯業（4,534）	36	570	86	2,246	184	35,151
食品（108,607）、金属（80,502）	27	856	66	13,239	341	122,987
紡織（92,626）、食品（17,003）	41	984	86	3,964	371	69,341
食品（84,244）、化学（53,915）	101	3,994	59	11,234	340	74,687
化学（35,863）、紡織（35,226）	29	460	107	30,093	261	77,881
紡織（103,324）、化学（45,308）	27	289	105	3,827	448	38,221

64-83頁、1909年工業生産額は、中村尚史『地方からの産業革命――日本における企業勃興の原動力』名古屋大学出
計表』復刻版、慶応書房、1962・66年、1920・29年農業生産額および工業会社数と資本金は、内閣統計局編、中村

した。1920・29年工業生産額は、官営工場を含まず、また職工５人以上の工場生産額のため、過少推計となっている。

み込まれた結果、地方の相対的な地位の低下が生じたことを明らかにした(16)。それに対して、石井里枝は、群馬県の事例をもとに、地方が産業化や近代産業育成に対して役割を担っていた時期は、一九一〇年代も含めて比較的長期にわたって存在していたことを指摘した(17)。

また、松本貴典は、工業生産額の格差のみで地域間の経済格差を計るのには問題があり、生産額からは把握するのが困難な、商業・サービス業からの収益も含めて地域間の経済格差を考える必要があるとして、産業連関表に基づく県民所得の推計を行った(18)。松本の視点に即せば、工業生産額の地域間格差の拡大の時期が一八八〇年代後半〜一九〇〇年代であったのに対し、三大都市圏を含む東海道・瀬戸内地域と日本海沿岸地域との所得格差拡大の時期は一九二〇年代〜三〇年代前半と考えられ、それを受けて中西聡は、農業生産額と工業生産額のバランスを重視することで、日本全体の産業構造として工業の比重があまり高くなかっ

表序－1　主要府県農工業

府県名	1889年		1909年	1920年			
	工業	主な内訳	工業	農業	工業	農業	工業
大　阪	29,394	機械（11,106）、繊維（5,295）	161,976	87,419	1,006,502	49,663	1,345,560
兵　庫	14,087	食品（8,470）、化学（2,073）	116,406	150,403	704,320	91,902	764,043
京　都	13,353	繊維（7,791）、食品（2,574）	91,693	40,925	174,235	32,588	212,689
群　馬	11,861	繊維（10,827）、食品（907）	35,396	55,862	112,174	39,390	121,739
愛　知	11,360	食品（3,574）、繊維（3,558）	97,716	120,666	375,795	83,205	596,104
長　野	10,050	繊維（6,799）、食品（2,343）	53,562	80,448	150,337	50,961	251,579
東　京	8,714	食品（2,472）、機械（1,637）	110,087	33,827	842,856	26,253	1,018,387
北海道	7,734	食品（4,201）、化学（3,381）	22,651	98,126	159,398	143,303	195,576
福　島	7,667	繊維（4,118）、食品（2,412）	22,276	62,303	38,293	60,475	50,145
神奈川	6,937	繊維（3,676）、食品（1,926）	40,875	49,551	316,785	34,137	372,619
岡　山	6,594	食品（3,467）、繊維（1,404）	39,080	93,270	133,609	72,448	153,247
福　岡	5,911	食品（3,220）、繊維（1,968）	53,636	151,027	216,370	94,402	306,597
新　潟	5,419	食品（2,654）、繊維（1,720）	50,591	105,481	57,532	96,759	101,253
静　岡	4,550	食品（3,840）、繊維（401）	34,571	74,111	176,539	58,590	218,160

（出所）　1889年工業生産額は、梅村又次ほか編著『地域経済統計（長期経済統計13）』東洋経済新報社、1983年、
版会、2010年、42頁の表２－２、1920・29年工業生産額は、農商務省・商工省編、大正９・昭和４年度『工場統
隆英監修、各年度『日本帝国統計年鑑』復刻版、東洋書林、1996-2002年より作成。

（注）　1889・1909・29年工業生産額でそれぞれ上位10府県に入っていた府県についてその他の年の数値も併せて示
以下の各表とも、小数点以下を四捨五入して示した。

た第一次世界大戦前までは、第一次産業・第三次産業の収益も併せて、北陸地域は東海・瀬戸内地域とそれほど遜色のない県民所得を示したものの、第一次世界大戦期以降の重化学工業化の進展とともに、工業生産額の地域間格差が所得の地域間格差に直結するに至り、北陸地域は東海・瀬戸内地域に県民所得で差を付けられたと指摘した(19)。

こうした先行研究を踏まえて、本書が分析対象とする愛知県の工業化の特徴を、工業生産額の推移、農業生産額と工業生産額のバランス、工業会社の企業勃興の三側面から検討しつつ、その全国的位置づけを示したい。表序－1を見よう。工業生産額の多い府県について農工業生産額と工業会社数を示した。愛知県は、順調に工業生産額を上昇させて一九二〇年代には大阪府・東京府・兵庫県に次ぐ工業県となったが、工業生産額の伸び率は、大阪府・東京府に比べれば低く、二〇年代でもそれなりの農業生産額を維持していた。もっとも、一八八九年時点には製糸業地域の群馬県・長

野県・福島県などが主要工業県に含まれていたものの、これらの県は工業生産額の伸び率は相対的に低く、愛知県はそれに比べれば工業化をかなり進展させたと言える。

工業化を主導した産業は、全国的に紡織工業であったと見られるが、愛知県ではもともと醸造業を中心とする食品工業の比重が高く、工業化がかなり進展した後の一九二九（昭和四）年時点でも食品工業は紡織工業に次ぐ地位を占めていた。それに対して、工業地域の中心であった大阪府や東京府では、金属工業・化学工業・機械工業のような重化学工業部門がかなりの比重を占め、軽工業中心で工業化を進めた兵庫県・愛知県とは異なっていた。そのことが、工業会社の分布にも大きな影響を与える。表序-1の右端の工業会社数の推移をみると、一九二九年の工業会社数では、愛知県は東京府・大阪府に次ぐ会社数を示し、企業勃興＝会社設立が一八九〇年代～一九二〇年代に急速に進んだことが判明するものの、それらの合計資本金額は、東京府・大阪府に比べてかなり少なく、愛知県の工業会社の一社あたりの資本金がかなり小さかったことを指摘できる。この傾向は、一八八九年の工業会社でもすでに見られ、愛知県は企業勃興期の最初の時期から、小規模な会社設立が多数進んだ点に特徴があったと言える。もっとも、資本金額では東京府の会社の資本金額が突出して大きい点も指摘でき、それに対して東京府の工業生産額が、大阪府の工業生産額よりも少なかったことを考えると、東京に本社を置く大規模工業会社が、他府県に工場を立地して、他府県で工業生産を行っていたことも考慮に入れる必要がある。

実際、愛知県の工業会社が、東京府などの他府県の工業会社に合併されて、愛知県の工業生産の一部は、他府県の工業会社の愛知県工場で行われており[20]、その点も愛知県の工業化を考える上で留意する必要がある。とはいえ、総じて近代期の愛知県の工業化は、織物業・醸造業・陶磁器業などの在来産業が中心であり、その分野での比較的資本金額の小さい工業会社が多数設立された点にその特徴を見出したいと思う。

表序－2　主要府県醤油生産量（額）・肥料製造販売額の推移

府県	醤油生産量（石）		醤油・溜生産額（千円）		府県	肥料製造販売額（千円）		
	1899年	1912年	1927年	1934年		1906年	1914年	主要内訳
千　葉	256,644	373,102	20,759	21,157	大　阪	6,356	11,416	調合（5,026）、鉱物質（4,887）
香　川	119,973	129,739	8,266	6,168	北海道	5,251	5,849	動物質（4,739）、鉱物質（872）
兵　庫	114,360	147,163	5,452	7,287	東　京	4,720	15,300	鉱物質（7,758）、調合（6,736）
茨　城	100,172	95,831	2,545	2,008	兵　庫	1,790	6,456	植物質（3,560）、調合（1,935）
愛　知	98,171	162,289	6,621	3,367	鹿児島	918	1,431	動物質（1,304）、植物質（123）
岡　山	89,426	87,773	1,307	907	滋　賀	566	508	植物質（478）、調合（28）
福　岡	72,225	97,430	2,470	2,190	愛　知	502	2,592	植物質（2,177）、調合（285）
東　京	58,708	59,085	1,886	1,150	三　重	493	654	植物質（531）、調合（90）
埼　玉	48,019	37,337	1,433	708	京　都	292	202	植物質（80）、動物質（65）
広　島	45,002	59,930	1,029	975	福　岡	285	920	鉱物質（729）、植物質（137）
静　岡	43,471	67,150	1,535	1,014	長　崎	269	762	動物質（664）、調合（66）
三　重	38,396	70,002	1,624	907	岡　山	176	1,013	調合（739）、鉱物質（230）
群　馬	36,901	54,910	2,632	1,880	神奈川	118	1,422	植物質（1,137）、調合（221）
大　阪	32,294	39,752	1,913	1,346	石　川	54	971	動物質（464）、鉱物質（289）
北海道	22,176	49,910	1,963	1,369				

（出所）　前掲各年度『日本帝国統計年鑑』より作成。
（注）　醤油生産量（額）・肥料製造販売額それぞれについて、各年の上位10府県に入っていた府県についてその他の年の数値も併せて示した。

（2）　愛知県の醤油醸造業・肥料製造販売業と知多郡

続いて、本書が素材として取り上げる萬三商店小栗三郎家の家業である肥料製造販売業と醤油醸造業において愛知県が全国の中でどのような地位を示したかを、表序－2から確認する。醤油類には、主に大豆と小麦から醸造する普通醤油、主に大豆から醸造する溜醤油、主に小麦から醸造する白醤油など、様々な種類が含まれるが、原料の大豆・小麦が栽培された地域に近世来の醤油醸造産地が形成された。その代表は関東地域で、それゆえ近代期も千葉県・茨城県が醤油生産県の上位に挙げられた。特に千葉県には、二大産地の野田と銚子があり、そこでは近世期から醤油醸造の専業化を進めた巨大醸造家が、近代期に家業を会社化しつつ生産を拡大した[21]。西日本では、兵庫県の龍野、香川県の小豆島など近世来の産地がある県が上位に挙げられ、愛知県も大豆の産地であったことから近世期から知多半島で溜醤油の醸造が行われ、近代期に関東醤油の製法も普及してかなり醤油生産量は増大し、千葉に続く二番手グループを形成した。ただし、醤油醸造業の特徴は、千葉県に巨大産地が存在する一方で、各地で比較

表序－3　1887・97・1907年愛知県主要農工業生産物生産高

①1887年	生産高	主要生産郡・区（上位3地域）
米（千石）	1,243	海東郡（144）、碧海郡（132）、知多郡（131）
麦（千石）	799	愛知郡（82）、碧海郡（79）、中島郡（78）
大豆（千石）	44	渥美郡（19）、知多郡（11）、愛知郡（11）
織物（千円）	1,514	中島郡（542）、知多郡（322）、葉栗郡（154）
陶磁器（千円）	303	東春日井郡（184）、知多郡（67）、名古屋区（43）
②1897年	生産高	主要生産郡・市（上位3地域）
米（千石）	1,401	碧海郡（199）、愛知郡（173）、知多郡（166）
麦（千石）	759	渥美郡（74）、碧海郡（70）、中島郡（68）
織物（千円）	9,593	知多郡（2,683）、中島郡（2,532）、葉栗郡（588）
綿糸（千円）	4,555	愛知郡（2,622）、海東郡（744）、名古屋市（657）
陶磁器（千円）	1,572	［瀬戸］（891）、［常滑］（197）
清酒（千石）	137	知多郡（54）名古屋市（14）、中島郡（10）
醤油（千石）	87	知多郡（32）、名古屋市（15）、渥美郡（13）
③1907年	生産高	主要生産郡・市（上位3地域）
米（千石）	1,824	碧海郡（237）、知多郡（211）、愛知郡（177）
麦（千石）	885	中島郡（86）、愛知郡（79）、東春日井郡（79）
大豆（千石）	43	碧海郡（10）、知多郡（8）、幡豆郡（5）
織物（千円）	20,137	中島郡（5,904）、知多郡（3,786）、名古屋市（2,901）
綿糸（千円）	11,690	名古屋市（7,617）、海東郡（1,367）、知多郡（1,186）
陶磁器（千円）	4,797	名古屋市（2,376）、東春日井郡（1,459）、知多郡（539）
清酒（千石）	144	知多郡（50）、丹羽郡（12）、名古屋市（9）
清酒（千円）	4,822	知多郡（1,539）、丹羽郡（406）、名古屋市（357）
醤油・溜（千石）	127	知多郡（41）、名古屋市（23）、渥美郡（18）
醤油・溜（千円）	2,618	知多郡（865）、名古屋市（411）、渥美郡（390）

（出所）明治20・40年度『愛知県統計書』、明治30年度『愛知県治一斑』より作成。
（注）農産物および1887・97年の醸造品は生産量を示し、工産物は生産額を示した。清酒は、それぞれ前年期の造石量とその額を示した。

的満遍なく醤油生産が行われており、特定の府県に生産が集中してはいなかったことも指摘しておきたい(22)。

肥料製造販売業では、製造販売額の内容を推定すると、一九〇六（明治三九）年時点の大阪は、魚肥・大豆粕肥料の販売額と人造肥料の製造（販売）額、北海道は、魚肥製造（販売）額、東京は、人造肥料の製造（販売）額などが中心で、愛知県は魚肥・大豆粕肥料の販売額が中心であったと考えられる(23)。その一方、一九〇〇年代後半以降満洲地域からの大豆・大豆粕輸入が増大し、一〇年前後に愛知県で大豆粕製造工場が設立されると、愛知県の肥料製造販売額はかなり増大した(24)。その背景には、一九二〇（大正九）年時点の主要工業県のなかでみても、愛知県は依然として農業生産額をかなり維持していたことがあり（前掲表序－1）、そこに愛知県の根強い肥料需要の存在をみることができよう。

こうした愛知県における醸造業・肥料製造販売業の地位の高さを表わしていたのが知多郡であり、表序－3をみると、愛知県の主要伝統産業である織物業・陶磁器業・醸造業のなかで、醸造部門は知多郡が圧倒的地位を示していた。知多郡が醸造産地となった背景には、知多郡やそれに隣接する碧海郡が醬油醸造の原料である大豆や清酒醸造の原料である米の主要産地であったことがあり、また知多郡は醸造業のみでなく、織物業・陶磁器業の産地も含み、多角的に伝統産業が展開していたことも留意すべきである。

そして織物業の原料として近代的工場による綿糸生産が、一八九六年の知多紡績会社の設立によって開始され[25]、一九〇七年時点では、愛知県のなかで綿糸生産でも知多郡は有力な産地になった。その意味で、知多郡の工業化は、近代産業と伝統産業の両面で進められたと言えよう。その過程を次節で概観する。

第3節　知多郡の概況

(1)　人口の推移と交通網の整備

知多郡は、尾張国南部の知多半島を範囲とし、近世期は尾張藩領に属し、西側は伊勢湾に面し、東側は知多（三河）湾に面していた（巻頭地図1を参照）。知多半島は[26]、農業を生産の基本としつつ、近世後期から、醸造業・綿織物業・陶磁器業が発展し、醸造業は、酒造業が半島東側中央部の半田・亀崎地域や半島西側中央部の小鈴谷村、醬油醸造業は半島東側中央部の成岩（ならわ）・武豊地域で主に展開しており、近代に入ると、酒造税の増徴などから酒造業から醬油醸造

農業生産額（量）・工業生産額（量）の推移

（単位：現住人口は人、生産額は千円、生産量は千石）

工産物価額	内訳								
	織物	綿糸	陶磁器	瓦等	清酒	麦酒	醤油・溜	油粕	植物油
1887年	322		67		[54] 1)				90
	1,731		110 2)		[64]		[28]		165
	2,440		306		[46]		[35]		174
					[50]		[41]		
	3,786	1,186	539	57	1,539	656	865	109	256
	5,020	3,133	693	131	1,612	827	1,231	914	828
22,607	7,048	5,442	509	310	1,194	983	1,285	1,268	1,003
90,522	43,986	21,792	2,273	1,202	3,239	2,996	2,521	1,965	1,143
90,617	43,854	17,991	2,846	1,641	3,087	4,839	3,436	2,018	1,657
55,873	26,592		2,386	2,813	2,216	1,725	2,359	925	580

14・昭和5年度『愛知県統計書』、明治28・29・35年度『愛知県治一斑』より作成。
含めた知多郡全体の生産額。清酒は前年度分の造石高・醸造価額を示した。綿糸は機械制紡績綿糸。瓦等は、
産額への転換の年は、その両方を示した。1884年の現住人口は、明治17年「都府名邑戸口表」(内閣統計局編
示し、同欄の農産物・工産物生産額（量）は、1887年の数値を示した。1930年の瓦等欄は、瓦・土管のみ。

業へ転換するものが多くみられ、半田・亀崎地域も醤油醸造産地となった。綿織物業は、白木綿が主に生産され、主に半島の付け根部分の西側では岡田村、東側では東浦村などが近世来の産地であった。そして陶磁器業は、主に半島西側中央部の常滑地域で展開され、近代に入ると瓦・煉瓦・土管など建築素材の生産が拡大した。これらの諸工業のなかで、幕末・維新期に圧倒的地位を占めていたのが醸造業であり、その中心であった亀崎・半田・成岩・武豊のいわゆる半島東側中央部の衣浦地域に知多郡の主要な町場が存在した。

表序-4を見よう。亀崎・半田・成岩・武豊の人口を比べると（一八八〇年代まではいずれも村、町村制施行で八九年から半田と亀崎が、九〇年から成岩が、九一年から武豊がそれぞれ町となる）、近代前期は半田よりもそれに隣接した亀崎や成岩の方が、現住人口が多かったが、一八九六（明治二九）年に半田で知多紡績会社・丸三麦酒会社という近代企業が成立し、半田の経済的地位が高ま

表序-4　知多郡現住人口・

年	現住人口	内訳				農産物	内訳
		亀崎	半田	成岩	武豊	価額	米
1877		4,863	2,420	7,607			
1884	141,146	5,638	4,881			1887年	[131]
1895	149,549	6,278	6,749	8,255			[160]
1902	159,264	7,064	7,825	9,073			[187]
1907	164,265	14,146	8,347	8,819	4,335		[211]
1911	169,033	14,546	9,177	9,155	4,531		[225]
1915	178,542	14,593	13,208	10,399	4,519		[219]
						4,630	2,752
1920	176,345	14,479	17,805	10,658	5,101	15,494	9,979
1925	184,226	14,731	17,621	11,843	5,875	13,476	6,587
1930	193,472	14,918	16,850	12,832	6,491	9,262	4,676

（出所）明治10年度『愛知県統計表』、明治17・19・20・40・44・大正4・9・
（注）［　］は、生産量を示す。農産物価額・工産物価額は、その他の生産物も
瓦・煉瓦・土管の合計。油粕は、大豆粕と菜種油粕の合計。生産量から生
『国勢調査以前日本人口統計集成』別巻4、復刻版東洋書林、1993年）より
1920・25・30年の現住人口は国勢調査による。
1）1886年時点。2）常滑産として。

ると、一九二〇（大正九）年前後まで半田の現住人口が急増し、亀崎・成岩をしのぐ地方都市へと成長した[27]。なお、亀崎の現住人口が一九〇二年と〇七年の間に急増したのは、隣接する有脇村・乙川村を亀崎町が〇六年に合併したことによるもので、亀崎町自体の現住人口は、一九〇〇年代までは微増したと考えられるが、一〇年代は停滞した。その後一九三七（昭和一二）年に半田町・亀崎町・成岩町は合併して半田市となり、その南に位置する武豊は、一八九九年に開港場となったもの[28]の、現住人口はあまり増えなかった。

とはいえ、武豊が知多湾の良港であり、近代期の海運網で重視されたことは大きく、知多半島の鉄道では、武豊と幹線鉄道の東海道線を結ぶルートとして、官営鉄道武豊線が一八八六年に開通した[29]。武豊線は、当初知多半島内では武豊・半田・亀崎・大高に駅が設置され、それ以後主に衣浦地域を中心として知多半島の物流が展開することとなった。

(2) 産業構成と物流

次に、知多郡の主要産物を概観する。一八七八（明治一一）年「物産表」[30]によると、農産物では米が農産物全体の

亀崎・半田・武豊港輸移出入額の推移

（単位：円）

1906年				1913年			
移入	金額	移出	金額	移入	金額	移出	金額
①半田港				①半田港			
棉花	1,190,000	清酒	1,665,000	棉花	2,451,396	豆類	2,300,081
雑肥料	915,200	紡績糸	1,414,400	豆類	1,718,782	綿布	690,884
大豆	709,600	雑肥料	850,000	肥料	1,194,893	魚肥料	585,081
石炭	520,000	大豆	682,500	石炭	198,721	大豆粕	538,848
玄米	434,000	醤油	629,000	麦	164,228	醤油	301,000
紡績糸	423,000	玄米	465,000	酒類	113,400	棉花	273,853
豆粕	290,000	麦酒	450,000			小麦粉	169,710
		石炭	422,500			清酒	143,850
		豆粕	380,250				
その他	407,575	その他	1,073,500	その他	103,487	その他	354,005
計	4,889,375	計	8,032,150	計	5,944,907	計	5,357,312
②亀崎港				②亀崎港			
人造肥料	233,746	清酒	405,500	石炭	189,200	清酒	84,500
玄米	62,016	人造肥料	212,068	砂糖	100,000	醤油	57,200
小麦	53,700	大豆	133,369	肥料	66,000	肥料	46,200
木材	50,000	豆粕	101,086	豆類	59,850		
豆粕	31,200	小麦粉	90,000				
その他	92,617	その他	632,544	その他	23,740	その他	28,430
計	523,279	計	1,574,567	計	438,790	計	216,330
③武豊港				③武豊港			
輸入	1,515,543	輸出	11,148	輸移入	342,871	輸移出	418,345
内　穀物・種	743,291			内　石炭	326,400	内　醤油	188,750
移入	1,043,519	移出	568,314			味噌	94,204
内　石炭	913,452	内　土管	248,739			土管	73,303
土管	130,067	味噌	174,950			石灰	44,400
		溜	144,625				

40年「日本帝国港湾統計」、大正２年「大日本帝国港湾統計」（商品流通史研究会編『近代日本商品流通史資料』第

す。1885年の半田港・亀崎港の合計欄はその他を含む総額を示した。

約七〇％を占め、麦が約一四％を占めてそれに続いた。工産物では、清酒・焼酎が工産物全体の約七一％を占め、綿織物が約一三％を占めてそれに続いた。それ以外の工産物として、味噌・溜・酢・味醂などの醸造品（清酒・焼酎以外）が合わせて約一三％、陶器・瓦・土石などの窯業品が合わせて約三％を占めて、これらの工産物がほぼすべてであり、知多郡の主要工業として、醸造業・綿織物業・窯業を概観する。

醸造業では、幕末・維新期は酒造業が全盛と言われ[31]、一八七二年の造石高は約一一万石であった。特に、半田・亀崎地域で酒造業が発達し、近世期から「中国酒」と呼ばれて盛んに江戸へ移出された。ただし、明治政府は地租収入を補うために酒造業への課税を強化し、酒造税の増徴の結果、小資本の酒造家は酒造経営から撤退し、大規模業者のみが生き残ることとなった。それに対し、小資本の醸造経営として味噌溜醸造は根強く残り、酒造業からの転業も含め、小栗冨治郎家など関東醤油の本場であった千葉県野田の技術を導入して醤油醸造へ展開するものも多かった。

織物業では、知多木綿と呼ばれる白木綿産地があり[32]、近世期は尾張（名古屋）藩の統制により株仲間に組織された

表序－5

1885年			
移入	金額	移出	金額
①半田港			
米	117,012	清酒	214,377
肥料	106,396	肥料	99,953
酒粕	52,102	米	86,006
石炭油	51,311	醤油	58,031
大豆	48,835	水油	56,276
菜種	48,238	酢	49,691
繰綿	15,301	石炭油	40,412
大麦	10,236	大豆	35,796
		種粕	14,702
		糠	10,014
計	506,075	計	686,164
②亀崎港			
米	134,458	肥料	112,987
肥料	113,821	清酒	105,819
大豆	33,726	米	82,941
		大豆	35,747
計	308,109	計	380,083

（出所）明治18年度『愛知県統計書』、明治39・
9巻、日本経済評論社、1978年）より作成。
（注）半田港・亀崎港はいずれも移出入を示

木綿買継問屋の支配のもとに、仲買が農家から集荷した木綿が問屋に販売され、問屋により江戸や名古屋などへ移出された。近代に入り、株仲間制度が廃止されると、仲買が問屋のみでなく直接名古屋や有松産地などへ販売するようになり、一八七〇年代末にいわゆるガラ紡糸の生産が三河で開始されると知多綿織物業ではガラ紡糸が原料糸として採用された。松方デフレ期に知多綿織物業の生産量は急減したと考えられるが、一八九〇年前後より機械紡績糸を原料糸として使用することで生産量が飛躍的に増大した。

そして窯業は、(33)知多郡の伊勢湾側の常滑を主産地として中世から陶磁器生産が行われ、焼き窯の技術進歩もあり、近代に入っても一九〇〇年代までは生産は拡大した。

表序－4を見よう。一八八七年と一九〇二年を比べると、織物生産額は約三二万円から約二四四万円へ、陶磁器生産額は約七万円から約三一万円へ増大したが、清酒造石量は約五万四〇〇〇石（八六年）から約四万六〇〇〇石へと若干減少し、代わりに醬油・溜製造量が約二万八〇〇〇石（一八九五年）から約四万一〇〇〇石（一九〇七年）へ増大した。織物・陶磁器生産額の伸びに比して米生産量の伸びはそれほどではなく、一八九六年に半田で知多紡績会社と丸三麦酒会社が設立されると、知多郡は工業地域としての性格を一層強めた。知多紡績は、(34)創業当初は生産が軌道に乗らなかったが、一九〇〇年代に入るとそれが軌道にのり、〇七年に三重紡績会社に合併されてから綿糸輸出が拡大して三重紡績（一四（大正三）年より東洋紡績）知多分（半田）工場の製造額は一〇年代に急増した。酒造業でも清酒造石量が頭打ちとなるなかで、丸三麦酒会社設立を契機として麦酒生産への転換が徐々に進み、丸三麦酒は一九〇六年に中央資本に吸収合併されたものの、工場はそのまま半田に残り、二〇年代になるとその麦酒生産額は知多郡全体の清酒生産額を上回るに至った。そして醬油・溜製造も一九一〇年代後半から二〇年代前半に急増して二五年には清酒生産額を上回った。窯業では、もともとの食器生産から煉瓦・瓦・土管などの建築用材への転換が徐々に進み、一九三〇（昭和五）年時点で、瓦・土管生産額が陶磁器生産額を上回るようになった。また、一九一〇年に萬三商店

表序－6　1904年武豊線亀崎・半田・武豊駅発着貨物

（単位：トン）

①亀崎駅				②半田駅				③武豊駅			
発送	重量	到着	重量	発送	重量	到着	重量	発送	重量	到着	重量
綿布	863	綿糸	398	酢醤油	1,230	綿	1,837	石油	3,340	米	111
和酒	337	砂糖	103	綿布	939	雑穀	392	食塩	420	雑穀	81
雑穀	203	米	103	綿糸	738	砂糖	272	和酒	323		
肥料	142	雑穀	89	洋酒	681	綿糸	189	石炭類	233		
鮮魚	133			米	331	米	172	酢醤油	221		
その他	259	その他	368	その他	1,502	その他	495	その他	146	その他	70
計	1,937	計	1,061	計	5,421	計	3,357	計	4,683	計	262

（出所）　明治37年度「鉄道局年報」（野田正穂・原田勝正・青木栄一編『明治期鉄道史資料』第Ⅰ期第1集第9巻、日本経済評論社、1980年）167頁より作成。
（注）　石炭類は、石炭とコークスを含む。

が大豆油粕製造工場を設立したことなどを契機として、一〇年代に大豆油粕生産とその過程で同時に生産される大豆油の生産が拡大し、この両者を合わせると醤油・溜生産額を上回る生産額を上げるようになった。

前述のように武豊は港湾として重視されたが、半田・亀崎にも港は存在したので、武豊港も併せて輸移出入品からそれぞれの性格を確認する。表序－5を見ると、一八八五年の移出入額合計では、亀崎港の約六九万円に対して半田港が約一一九万円とかなり大きかったが、亀崎港の肥料移出入額は約二三万円で、約二一万円の半田港を上回り、亀崎は有力な肥料集散地であった。一方、半田で紡績工場が設立された以降の、一九〇六年時点での半田港の最大の移入品は棉花となり、移入額合計約四八九万円のうち一一九万円を占め、移出品でも約一六七万円の清酒と並んで約一四一万円の紡績糸が大きな比重を占めるに至り、工業化の進展が確認できる。それに対し武豊は、燃料としての石炭の移入や醤油醸造や大豆粕製造の原料となる大豆の輸入が中心であり、輸出はほとんどなく、移出は土管・味噌・溜など地元の産品であった。一九〇六年の輸移出入額合計では、半田港が約一二九二万円、亀崎港が約二一〇万円、武豊港が約三一四万円と半田港の地位がかなり大きかった。そして一九一三年になると、大豆が武豊港ではなく半田港に陸揚げされるようになったと考えられ、武豊港への輸移入は石炭が大部分を占めた。半田港への移入

表序-7　知多郡有力資産家一覧

（単位：円）

氏　名	住　所	1898年頃 所有地価	1904年 所得額	1905年頃 資産額	1907年 所得額	1912年 所得等級	1916年頃 資産額	1925年頃 国税納付額	1928年頃 資産額	1933年頃 資産額
中埜半六	半田	57,712	11,000	31万円	12,500	特4	100万円	3,809（農業）		200万円
中埜半左衛門	半田	24,973	5,000	15万円	5,800	7				100万円
小栗富治郎	半田	20,902	40,000	90万円	35,000					
伊東七郎衛	亀崎	14,701	2,350	13万円	800					
田中清八	半田	14,093				24				
小栗七左衛門→七郎	半田	13,327	3,050		3,700	15				100万円
伊東孫左衛門→まさ	亀崎	13,271	17,500	52万円	22,500	特3	100万円	（郁二）5,331（酒造業）	260万円	300万円
内藤彦次郎→さい	山海（内海）	12,884	4,150		5,500	18				
小栗弥三八→弥三次	半田	12,701	6,100	16万円	7,500	8	50万円			70万円
新美村太郎	東阿久比	12,456	6,000	14万円	8,000	3				
原田徳右衛門	生路（東浦）	11,232	7,500	15万円	10,000	特5		3,072（酒造業）		200万円
早川三郎	名和（上野）	11,065	2,000		2,400	16				
盛田久左衛門	小鈴谷	11,059	3,500	13万円	5,500	7			250万円	250万円
新美昇平	亀崎	10,684	4,700	20万円	6,500	18				
近藤三次郎→希佐	大高	10,458	3,650		5,500	8				50万円
山田長作	乙川（亀崎）	10,333	3,050		4,200	13				
森竹四郎	成岩	10,117	2,700		3,500	13				
中埜又左衛門	半田		36,000	80万円	42,000	特1	100万円		540万円	450万円
井口半兵衛→巳之助	亀崎		19,500	41万円	19,800	18				
小栗三郎	半田		16,000	29万円	20,000	特2	50万円	25,968（肥料販売）	200万円	300万円
間瀬昇太郎	亀崎		6,000	14万円	8,300	8		4,056（酒造業）		
新美亀太郎	半田		4,700	14万円	7,500	3				
竹内佐治→佐一	成岩		4,350	10万円	5,700	7		2,096（酒造業）	100万円	120万円
榊原伊助	成岩		4,300	10万円	7,000	3		2,069（酒造業）	70万円	60万円
服部孫兵衛	有松		4,000		6,500	7		2,983（絞販売業）		100万円
久野藤助	大高		3,650	10万円	4,500	13				

瀧田幸次郎→貞一	常滑		3,300	10万円	5,000	9		3,004（木綿商）	70万円	50万円
竹之内源助	岡田		2,700		3,300	13				50万円
野畑孫兵衛	横須賀		2,550		3,300	14				50万円
新美治郎八	亀崎		2,350		4,500	17				70万円
青木弥六	武豊		2,300		3,600	14		3,089（味噌醤油製造）		
田中和三郎	阿久比（知多）		2,300		3,000	13				50万円
間瀬佐治平→佐治郎	亀崎		2,200	10万円	5,000	11				
酒井半三→重吉	乙川		2,000	14万円						
盛田善平	半田		1,350		1,350	16		2,037（製粉業）		
中島養吉	半田		1,350		2,000	14				60万円
中川定平	武豊		1,050		3,300	15				50万円
中埜良吉	半田		1,000		1,200	18				50万円
内田伝之助	半田		450			21				50万円
服部幸平→稔	有松				2,500	15				50万円
竹田嘉兵衛→正雄	有松				1,300	15				50万円
加古庄太郎	大府					15				100万円
杉浦仁三郎→治助	半田							6,539（肥料製造販売）		70万円
酒井太蔵	亀崎							2,764（仲立業）		
坂野信四郎	半田							2,391（材木商）		

（出所） 明治37年「知多郡所得調」、「所得納税人名録」（以上小栗家文書110-3-3・2）、石井寛治「昭和初期の大資産家名簿」（『地方金融史研究』第46号、2015年）、渋谷隆一編『都道府県別資産家地主総覧』愛知編1・2、日本図書センター、1997年、渋谷隆一編『大正昭和日本全国資産家・地主資料集成』第1・4巻、柏書房、1985年より作成。

（注） 1898年頃・1905年頃・1925年頃・1928年頃・1933年頃のそれぞれの資料に掲載された資産家を取り上げ、1904・07年の所得額と12年頃の所得等級も示した。所得等級は、特1級が最も高く、特5級の次が1級となる。1905年頃の資産額は出所資料の千円の単位を四捨五入した。氏名欄の→は推定による代替わりを示す。住所欄の括弧内は、行政区分の変更を示す。1825年頃の国税納付額の括弧内は資料に示された職業。

主要商工業者営業税額・所得税額一覧

（単位：円）

1898年頃		1907・08年頃		1912・13年頃		1920・21年頃	
営業税額	所得税額	営業税額	所得税額	営業税額	所得税額	営業税額	所得税額
649	58	1,026	1,540	2,407	6,626	2,381	9,259
525	72	779	797	3,110	4,952	6,782	10,555
255	387	139	1,566	日華石炭商会合資		960	
161	149	124	60	145			
135	209			252		216	2,961
135	96	139	50	240		167	
87	22			坂野信四郎（材木商）		291	277
79	3			榊原丑太郎（土木建築請負）		250	20
76	15	96	161	385	736	489	
65	21	140	70	294	89	602	920
65	8	102	4				
62	8	110	40	228	92	333	157
58	28	60	188				
56	144						
43	5	66	11	185	35	147	26
38	5	79	34	240	138	227	282
37	17	48	61	143	111	104	124
32	23	34	70	101	45		
31				324	128	483	528
29	4	79	26	280	87	1,358	
24	79	74	34	129	59	115	52
		233		竹内直四郎（米穀肥料商）		193	17
		184	70	鈴木幸次郎（古着商）		185	121
		79	18				
		69	20	229	184	203	613
		63	4	143	80	326	
		55	19	137	86	299	217
		41	8	179	35	286	88
		31	15	123	47	197	106
		21	34	116	144	151	271
				706	300	1,648	1,238
				380		409	
				202	220		
				136	155	100	303
				135	65		
				135	35	218	37
				132		378	

谷隆一編『都道府県別資産家地主総覧』愛知編３、日本図書センター、1997年）、山崎克己ほか編、明治41年版『日
大正10年版『日本全国商工人名録』商工社、1921年より作成。

頃で50円以上、1912・13年頃で100円以上、1920・21年頃で150円以上のいずれかを満たす商工業者について示した。

いては対象としたが、それらの支店および銀行・株式会社は除いた。氏名欄の→は代替わりを示し、括弧内は推定。

醸造・牛乳商・運送業の合計。小栗三郎の1907・08年頃の営業税額は、肥料商と醤油醸造の合計。竹内彦右衛門は、

は棉花が重要であったが、移出では清酒の地位が低下し、半田の紡績工場が織物も製造するようになったと考えられ、(35)綿布移出が増大した。一九一三年の輸移出入額合計では、武豊港約七六万円、亀崎港約六六万円に対し、半田港は約一一二〇万円と圧倒的地位を占めた。

また海運と連絡した鉄道輸送について、表序-6より一九〇四年時点の武豊・半田・亀崎駅の発着貨物をみると、武豊駅からは主に石油などの燃料が発送され、半田駅へは主に生綿が到着して酢醤油・綿糸布・洋酒など半田の工場製品が発送された。亀崎駅は、綿糸が主に到着し、綿布が主に発送されており、亀崎に隣接する東浦が綿織物産地であったことがその背景にある。全体として、亀崎は肥料・綿製品の集散地、半田は綿糸・醸造・豆粕生産地、そして武豊は開港場として燃料の輸入地の性格をもっていたと言えよう。

表序-8　半田町

氏　　名	業　　種
中埜又左衛門→中埜酢店	酢醸造
小栗三郎	肥料商・醤油醸造
小栗冨治郎	酒・醤油醸造
小栗平蔵→富士倉合資	酒造
田中清八→田中酒造合資	酒造
榊原由一→(榊原いと)	酒造
小栗啓太郎	醤油醸造
都築重吉郎	糸類反物商
新美亀太郎→伏見屋商店合名	酒造→醤油醸造
榊原孝助→松坂屋商店	金物・米穀肥料商
榊原冨蔵	酒造
鈴木丈助	味噌溜製造
小栗弥三八	米穀肥料商
中埜半六	倉庫業
中野金蔵	酒造
鈴木市兵衛	砂糖雑品商
小栗七左衛門→七郎	醤油醸造
榊原圓太郎（玉屋商店）	醤油醸造
内田五郎兵衛→内田商店合名	金物商
藤田茂兵衛→藤田商店	木綿商
小栗重吉	米穀商・醤油醸造
北脇太吉	綿糸商
河合弥平	石灰商
榊原銀作	酒造・運送業
盛田善平	麺類・麦粉商
竹内彦右衛門→竹内製油（株）	米穀肥料商
加藤浦治郎	材木商
板倉源蔵	米穀肥料商
間瀬市郎兵衛	米穀肥料商
中島養吉	薬種商・工業用品
杉浦玉市→杉浦仁三郎	米穀肥料商
丸豊合資	醤油醸造
共同合資	運送業
榊原孫右衛門	醤油醸造
丸半綿糸合資	綿糸商
榊原藤兵衛	米穀肥料商
丸中酒造合資	酒造

（出所）　明治31・大正２年版「日本全国商工人名録」（渋
本全国商工人名録』商工社、1908年、商工社編、

（注）　営業税額が、1898年頃で50円以上、1907・08年
合資・合名会社も出所資料に掲載されたものにつ
中埜又左衛門の1907・08年時点の営業税額は、酢
竹内彦左衛門の場合あり。

商工業者営業税額・所得税額一覧

（単位：円）

1898年頃		1907・08年頃		1912・13年頃		1920・21年頃	
営業税額	所得税額	営業税額	所得税額	営業税額	所得税額	営業税額	所得税額
281	51	123	162			407	
244	94	11	32	奥田順亮（肥料商）		425	
236	62	272	205	483	390	754	909
185	94	1,225	693			545	
162	253	376	900	1,259		1,478	
124	5	180	60	195	52	170	14
109	19	92	84				
103	35	208	125	494	317		
98	47	56	50	上野貫三郎（肥料商）		250	
72	9			山田商店合名（木綿製造販売）		2,025	
71	9	386	88	412	67	1,109	
51	6	110	42	148	21	139	
49	8	48	37	106	120		
36	6	57	34	134	138	125	141
18	6	27	17	123	86		
		113		177		215	
		111	43	473	156	797	255
		98	3	大岩貞吉（肥料商）		210	19
		87	27				
		68	47	172	109	180	181
		60	28	139	86		
		52	18	165			
		51	28	175	27	776	471
		51	15	稲垣勘吉（織物賃織業）		173	13
		20	5	139	94	240	28
		12	11	48		178	315
				281	52	324	112
				161			
				160	39	354	53
				154	58	130	27
				117	21	105	
				81	13	179	9

以上、1912・13年頃で100円以上、1920・21年頃で150円以上のいずれかを満たす商工業者について示した。合資・合
が、それらの支店および銀行・株式会社は除いた。氏名欄の→は代替わりを示し、括弧内は推定。1907・08年頃の間
年頃の井口半兵衛の営業税額は、肥料商と運送業の合計、1907・08年頃の伊東孫左衛門の営業税額は、酒・醤油醸造
は、醤油醸造（峰四郎）と運送業の合計、1907・08年頃の新美治郎八の営業税額は、石灰商・持木取・運送業の合計。
会社を設立したため、1912・13年頃および1920・21年頃の伊東孫左衛門欄は伊東合資としてこの両家分の営業税額が

(3)　有力資産家と主要商工業者

知多郡の工業化を牽引した衣浦地域には多くの資産家が存在した。表序-7を見よう。一九〇五（明治三八）年時点の知多郡最大の資産家は半田の小栗冨治郎で二番目が半田の中埜又左衛門であった。この時点では、資産額五二万円とされた伊東孫左衛門や資産額四一万円とされた井口半兵衛など亀崎にも有力資産家は存在しており、小栗冨治郎自身も、亀崎銀行の取締役を務めて井口半兵衛と組んで名古屋へ進出するなど亀崎の資産家とのつながりが深く、その意味では、一九〇五年時点では亀崎の資産家の勢いがかなりあったと言える。しかし一九一二（大正元）年時点の

表序-9　亀崎町主要

氏　名	業　種
新美昇平→新美肥料店合資	米穀肥料商・生糸製造
伊東七郎衛	酒造→運送業
間瀬昇太郎	酒・醤油醸造
井口半兵衛→井口商店合資	米穀肥料商
伊東孫左衛門→伊東合資	酒・醤油醸造
福本林蔵	米穀商
伊東順三郎→(信蔵)	酒造
間瀬佐次平	酒造・木綿問屋
稲生治右衛門→(峰四郎)	酒・醤油醸造
伊東郁三郎	製粉商
新美治郎八→新美商店合資	舟問屋・石灰石炭商
山本富次郎→山本肥料店合資	米穀肥料商
間瀬富太郎	酒造
間瀬作右衛門	醤油醸造
梶川権左衛門	魚類商
太田平右衛門→太田合資	酒造
山田保造	木綿製造販売
水野頼三郎	製粉業
勝野文三	生糸製造
関武三郎	醤油醸造
成田新左衛門（望州楼）	料理業・小間物商
吉田栄一→吉田合名	酒造
石川藤八→石川商店合名	織物賃織業・木綿商
成田半左衛門	米穀商
竹内昇亀	織物製造
間瀬竹三郎→亀崎運送合資	海陸運送業
小島丈吉→衣浦製糸所	生糸製造
出来倉庫合資	醤油醸造
細谷信平	米穀肥料商
間瀬淳三	酒造
玉屋商会（合名）	醤油醸造
間瀬圓七	肥料商

(出所)　表序-8と同じ。
(注)　営業税額が、1898年頃で50円以上、1907・08年頃で50円
名会社も出所資料に掲載されたものについては対象とした
瀬昇太郎の営業税額は、酒造業と運送業の合計、1907・08
と運送業の合計、1907・08年頃の稲生治右衛門の営業税額
伊東孫左衛門家と伊東信蔵家は、1908年に合同で伊東合資
含まれる。

所得等級をみると、一九〇七年恐慌で打撃を受けた小栗冨治郎の氏名は確認できず、井口半兵衛家もかなり等級を下げ、特一級が中埜又左衛門家、特二級が小栗三郎家、特三級が伊東孫左衛門家、特四級が中埜半六家と、伊東家を除くと半田の資産家が上位を占めた。第一次世界大戦を経て、一九二〇年代に中埜又左衛門家が急速に資産額を伸ばしたものの、昭和恐慌下に若干資産額を減らした一方で、小栗三郎家・伊東孫左衛門家は昭和恐慌の影響はあまり受けずに資産額を増やし、三三（昭和八）年時点では、中埜又左衛門家（推定資産額四五〇万円）、小栗三郎家（三〇〇万円）、伊東侑二家（三〇〇万円）、盛田久左衛門家（二五〇万円）、原田徳右衛門家（二〇〇万円）、中埜半六家（二〇〇万円）と、中埜半六家を除いていずれも醸造家が上位資産家を占め、中埜半六家・原田徳右衛門家以外は、いずれも家業を会社化させていた[36]。

このように半田と亀崎は、知多郡の商工業の中心地となっており、そこでの主要商工業者をやや詳しくみておきたい。表序－8を見よう。営業税額でみると、半田町では酢醸造を行っていた中埜又左衛門家と肥料商売と醬油醸造を行っていた小栗三郎家が突出した地位を保ち続けていた。小栗冨治郎は、名古屋など知多郡外で主に活躍し、その結果所得税額は半田地域で最高額を示したが、半田地域での営業規模はそれほど大きくなかったことが判明する。また半田地域の主要商工業者の業種では、醸造業が多かったが、商人では米穀肥料商が多く、規模が大きくなった肥料商は、小栗三郎家・杉浦仁三郎家・竹内彦右衛門家などいずれも肥料製造・飼料製造・製油工場などを設立して製造業へも進出した。また知多紡績会社設立の影響などで、二〇世紀に入ると北脇太吉・丸半綿糸合資など比較的営業規模の大きい綿糸商が登場したことも注目できる。そしてこうした有力商工業者の多くが、一九一〇年代には、家業を合資・合名会社に展開させたことも指摘しておきたい。

同じ営業税額の基準で亀崎町の有力商工業者を表序－9で見ると、半田町に比べて有力商工業者の数が若干少ないことに気付く。ただし、その差異が顕著になるのは一九一〇年代以降で、一八九八年時点では、営業税額一〇〇円以上の商工業者に限ってみれば、半田町が六軒に対して亀崎町は八軒と亀崎町の方が上回っており、一九〇七・〇八年時点でも、営業税額一〇〇円以上の商工業者は、半田町・亀崎町ともに一〇軒であった。ところが、一九一〇年代に半田町の有力商工業者が会社組織へ展開して営業規模を拡大したのに対し、亀崎町では一九〇七・〇八年時点で突出した地位を示した井口半兵衛家が一〇年代に営業規模を縮小したこともあり、家業を会社化して経営規模を拡大し得た家が少なかった。その結果、一九二〇・二一年時点で、営業税額二〇〇円以上の商工業者は、半田町が二〇軒に対して亀崎町は一四軒に止まった。

第4節　小栗三郎（三郎兵衛）家の概観

(1)　小栗三郎（三郎兵衛）家の家系

萬三商店小栗三郎家の祖先は、近世初頭に半田村に移住して、新田開発に力を尽くした小栗七左衛門家にあったと考えられる[37]。一七世紀末～一八世紀初頭に小栗七左衛門家の兄弟が、それぞれ七左衛門家、三郎兵衛家、太郎兵衛家に分かれ、その三家がそれぞれ近世期の半田村で酒造業を営み、村政も担うことになった（小栗家系図を参照）。例えば、一六九七（元禄一〇）年「酒かぶ帳」によれば、その時点で半田村の太郎兵衛家が三八石の酒造株を所有し、一七一五（正徳五）年「酒造米高御改帳」によれば、半田村の三郎兵衛家が、大野村の源左衛門家から一七一三年に六〇石の酒造株を譲り受けたことが判明する[38]。そして、一七八九（寛政元）年の江戸酒問屋から勘定奉行への書上げでは、その時点で半田村の小栗屋七右衛門・小栗屋七左衛門・小栗屋太郎兵衛・小栗屋三郎兵衛が、江戸積酒造荷主として挙げられた[39]。小栗屋七右衛門家は、四代七左衛門が隠居して初代七右衛門を称して作った分家で、二代七右衛門の子が七代七左衛門を相続することで、再び本家と統合した。

一九世紀に入ると、小栗三家（七左衛門家・三郎兵衛家・太郎兵衛家）の経営展開に違いが生じる。三郎兵衛家は、一八世紀末に酒造業から撤退し、一時期は経営規模がかなり縮小したものの、天保期から雑穀・肥料商売を拡大した。七左衛門家は、酒造業を継続したと考えられるが、太郎兵衛家は、味噌醸造業へ展開するとともに村政を担うようになり、一八三九（天保一〇）～四一年と一八五六（安政三）～五七年に下半田村の庄屋を務めた。[40]

幕末になると、三郎兵衛家が家産を増やし、酒造業を再開するとともに、一八六二（文久二）～六三年に下半田村の庄屋を務め、六三年の尾張藩の御用金調達では、三郎兵衛家が一三〇両、七左衛門家が二〇両、太郎兵衛家が一〇両を負担した。[41] 小栗三家のなかでは、三郎兵衛家がほかの二家よりも隔絶した地位を占めるようになり、この時点の御用金調達では、半田村で最も多かったのが、中野半六家と中野又左衛門家のそれぞれ一五〇両で、それに次ぐのが、小栗三郎兵衛家と小栗冨次郎家のそれぞれ一三〇両であったので、最幕末期には三郎兵衛家は半田村を代表する資産家となっていたと考えられる。[42]

近代に入ると、太郎兵衛家は味噌醸造蔵を三郎兵衛家に譲り、物品販売を業としたと考えられるが、[43] 三郎兵衛家は太郎兵衛家の味噌醸造蔵を引き継ぎ、肥料商売・酒造業・味噌醸造業と経営の多角化を図り、その後酒造業は廃業したものの、肥料商と醤油醸造業を家業の二本柱として経営規模を順調に拡大させた。七左衛門家も、酒造経営から醤油醸造経営に転換し、近世期から保有していた新田の資産をもとに順調に資産を増大させ、半田町の主要商工業者に名を連ねた（表序－7・8）。一八九七（明治三〇）年には東海石炭商会の設立に参画して小栗七左衛門（のちに七郎）が業務担当社員となり、[44] 新田資産の運用を図る山方殖産合資会社を中埜半六家と共同で設立するなど、七左衛門家も経済活動を積極的に進め、一九三三（昭和八）年時点の資産家番付に、資産額一〇〇万円と挙げられた。

近代以降の小栗三郎兵衛家の家系を簡単に触れておく。幕末期の三郎兵衛家の当主は一〇代であったが、一〇代三郎兵衛は、近代に入り新しい当主名として「三郎」を称するとともに、息子荘太郎に三郎兵衛を名乗らせたため、一八七〇年代は当主が三郎でその息子が三郎兵衛であった。一〇代は、一八七九年に愛知県会が設置され、第一回の県会議員選挙が実施されると、半田村から県会議員に選ばれた[45]。もっとも、一〇代は、政治的活動にはあまり関心を示さず、まもなく県会議員を辞職するとともに、一八八〇年には息子三郎兵衛に当主の座を譲り（一一代三郎）、それ以後隠居名として三郎兵衛を名乗った。ただし、小栗三郎家が名家であることに変わりはなく、一八九〇年に半田一帯で行われた陸海軍聯合大演習では、参謀総長有栖川宮熾仁親王の宿所として小栗三郎家の屋敷が提供された[46]。

一一代三郎は、近代期をほぼ通して三郎家の当主を務め、多くの子をなし、彼らが多くの分家を形成した。まず一一代三郎の長女幸は、最初知多郡野間の有力資産家夏目家から婿（三郎治）を迎えたが、その後離別し、三郎治は夏目家に戻った。ただし幸と三郎治の子供哲造は三郎家で養育され、後に分家「南邸」を形成した。幸はその後桜井家から婿（清）を迎え、清は一一代三郎を助けて、三郎家の経営にあたり、幸が亡くなった後に、一一代三郎の娘喜登と再婚して分家「沢渡」を形成した。一一代三郎の長男は早くに亡くなり、次男静二が、清とともに三郎家の経営を助けたが、静二が一九〇八年に亡くなった後は、三男庸三が病気がちであったため、四男の四郎が大学を退学して家に戻り、経営を助けることになった。この時に、清は分家し、一九〇九年に萬三商店を「内輪合資」として資本金二〇万円のうち本家が一八万円、清が二万円を出資する形態とした[47]。

一九一〇年代以降は、四郎を清と一一代三郎の五男敬五郎が支えつつ三郎家の運営がなされたと考えられ、一七（大正六）年に庸三が分家「前崎」を形成するとともに、庸三も「内輪合資」に参加して、出資内訳は、本家が一六万円、清が二万円、庸三が二万円となった。その後、「内輪合資」の資本金は一九二三年に増額して五〇万円（本家が四〇万円、清が五万円、庸三が五万円）となり、二四年からは敬五郎が分家「星崎」を形成するとともに「内輪合資」に参加して、出資内訳は本家が三五万円、清が五万円、庸三が五万円、敬五郎が五万円となった[48]。一九二五年には四郎が知多商業会議所に参加するとすぐに副会頭となり、二六年に株式会社萬三商店が設立された際には、社長が小栗三郎で、常務取締役が四郎、取締役が庸三と敬五郎、そして監査役が清と小栗徳太郎（萬三商店総支配人）となった[49]。そして一一代三郎は一九三三年に退隠し、四郎が一二代三郎を襲名した。

(2) 近世期の小栗三郎兵衛家

前述のように小栗三郎兵衛家は一八世紀初めより酒造業を開始したと考えられるが、一八世紀の三郎兵衛家の状況を示す史料はあまり残されていない。ただし、一七五六（宝暦六）年以降の家産の推移が断続的に判明するのでそれを表序‐10に示した（資産額はいずれも取得価格もしくは簿価で集計）。一八世紀中葉は、三郎兵衛家の資産は酒造経営関係が中心で、七左衛門家への預け金があり、七左衛門家とのつながりが強かった。一七五六年は六代三郎兵衛が家督相続した年であったが、六代三郎兵衛は五代三郎兵衛の甥で、六代三郎兵衛の父親と五代三郎兵衛はともに三代七左衛門の子供であった。六代三郎兵衛は七左衛門家から養子を迎えて七代目を継がせたが、継いだ翌年に七代目は死去し、七代三郎兵衛の子供も早逝したため、六代三郎兵衛の実子が八代目を継いだ（小栗家系図を参照）。

一八世紀半ばの三郎兵衛家の酒造経営は比較的順調と思われ、蓄えていた頼母子講の掛金が満期になって一七六〇年に資産に組み入れた結果、三郎兵衛家の家産はかなり増大した。一七七一（明和八）年の「船加入金留」に三郎兵衛家所有船の記載があり、この時期の三郎兵衛家は自ら廻船を所有して酒を積み出していたと推定できる[50]。ところが一八八〇年代後半になると寛政改革や御用金の影響などもあり、次第に酒造経営が苦しくなり、最終的に一七九四（寛政六）年に、酒株を三九〇両で売却して酒造経営から撤退した[51]。表序‐10では一八世紀末の資産が急減しているが、これはこの間の勘定に滞貸分を別記した古掛帳の分を入れていないためと思われ、資産のかなりの部分が不良債権化していたことが窺われる。酒造経営に代わって一八世紀末から三郎兵衛家の家業の中心となったのが、店舗（萬屋三

表序-10　18世紀後半～19世紀前半における小栗三郎兵衛家家産の推移

（単位：両）

改め年（正月）	酒造仕込	七左衛門家預け金	店差引	金貸帳	有金	有荷	酒仕切残り	給金差引	頼母子差引	酒米残り	手船作事	その他とも計
1756	909	356	50	190	62	36			△26			1,587
1757	1,058	383	70	102	64	53		12	△29			1,712
1758	1,008	433		97	32	59	60	11	△24			1,630
1759	910	244		97	90	46	132	12	△20			1,493
1760	881	391	店有物	104	32	27	47	11	151			2,424
1761	793	700	222	108	396	22	46	11	117	53	14	2,446
1762	915	700	282	120	225	39	33	85	135	20		2,454
1763	913	551	419	135	246	23	13	5	243	56	16	2,624
1764	1,222	200	377	117	161	24	83	5	194	20		2,379
		借上金調達金					金銀差引	頼母子掛越	頼母子返金			
1784	654	173	764	143	9	134	70		△75			2,178
1785	忠蔵方	173	856	143	144	290	70		△55			1,984
1786	304	173	805	143	1	72	69	36	△35			1,971
1787	430	173	902	143			57	308	△88			1,969
1788	624	173	822	143			57	319				2,169
1789	660	115	854	150			81	352				2,242
1796		197	522		91			195	△80			1,509
1797		198	611		55			168	△158			1,402
1798		157	565		101			171	△35			1,364
	御用金	醤油売帳	大福帳	古掛帳			差引帳		諸家貸	質物帳		
1813	184	101	1,374	623	26	153	(17貫匁)	1		67		2,578
1825a	195	101	866	633			(17貫匁)	貸家普請	404	258		2,532
1825b				2,532	9				150	15		2,716
1826				2,532	4			34	118	22		2,717
1827				2,531	7			34	109	34		2,720
1828				2,531				34	108	34		2,723
1829				2,531	1			34	96	45		2,726
1830				2,531	1			34	44	32	船手目録	2,717
	延売	延買		金銀帳			店差引	買入	妙龍尼			
1843	595		183	16	217			549	△50	3	38	2,824
1844	27	64	65	495	24			941	△55		258	3,024
1845			870		7		△103	1,489	△59			2,210
1846	備金		710		0		1,414	397	△64			2,433
1847	△2,820	店預り金	740		103		△251	4,969	△69			2,670
1848	△1,300	△1,130	400		4		△427	5,519	△75			2,969
1849	△1,300	△1,187	1,371	御払居米延売	2		2,194	2,312	△82			3,288
1850	△1,600	△1,246	2,038		1	御払居米先納	1,619	2,850	△85			3,556
1851	△2,300	△3,359	4,851	622	38		1,347	2,909	△93			3,994
1852	△2,420	△6,605	4,163	1,152	159	150	△403	8,034	△93			4,117

（出所）［宝暦６～］「大福帳（毎年勘定掟）」、文化10年「本家目録」、天保14年「勘定帳」（いずれも小栗家文書79-７、105-５、328-１）より作成。

（注）各年の勘定項目のうち主要な項目を示した。項目欄が空白の場合はそれ以前の項目がそのまま続く。在庫品が種類別に細かく挙げられた年は、有荷欄は省略した。1763・64年の店差引欄は、店仕入金を含む。1812・25a年の差引帳欄は、それぞれ銀約17貫匁。1825年正月の改めでは、それまでの滞貸分を古掛分にまとめて、その上で改めが行われたので、滞貸分の大まかな内訳を1825a欄で示し、まとめた古掛分を1825b欄に転記して、1825b欄で1825年初めの改めの内訳を示した。妙龍尼欄は、1843・44年は引当、1845～51年は預り金、1852年は西誓庵積金として。この表の外に、1762年初め・63年初めの改めでは店への貸しとしてそれぞれ43両・20両が、63年初めの改めでは、蔵入用が71両あった。数値の無印は、小栗家の貸方、△印は、小栗家の借方で、分（金）の単位を１捨２入して、両（金）の単位で示した。この表の外に、1786年正月改～93年正月改の間、分家が立てられて酒造経営を行っていたが、その動向は本書第５章を参照。御払居米は年貢米を在地で払い下げ、代金を米切手で先納させる制度（篠田壽夫「知多郡払居米制度の変遷」（『豊田工業高等専門学校研究紀要』第15号、1982年）。

郎兵衛店）での商売で、帳簿に記載された在荷内訳からみて、大豆・小豆・米・麦などの穀物を主に取引していたと考えられる。そして一八二六（文政九）年から貸家普請の資産が計上され、この頃より貸家経営を始めたことが判る。

一九世紀前半は、資産が増大したかに見えるが、第5章で述べるように不動産を売却して資産に組み込んだ部分が多かったと思われ、不良債権化した滞貸分を一八四五（弘化二）年に償却して残った二二一〇両が、この時期の純粋な小栗三郎兵衛家の資産と考えられる。ただし償却を行えたのは、一八二〇年代から肥料（魚肥）を扱うようになり、その商売が順調に進展したからと思われ、資産は次第に増大し、四七年からは「備金」として内部留保もかなり行えるようになった。一八五〇年代は、「備金」分を除いても推定資産額が急増するようになり、五三（嘉永六）年に一〇代三郎兵衛が家督相続すると、預り金としていた分を項目別に内部留保するようになった（表序-11）。商売の中心であった魚肥は、関東産干鰯が中心であったと考えられ、最幕末期からは北海道産魚肥も扱うようになった。なお一八四二（天保一三）年から「妙龍尼」の項目があるが、「妙龍尼」は、小栗家に隣接する「西誓庵」という庵寺を開いた尼僧で八代三郎兵衛の娘「秋」のことである。小栗家は、「妙龍尼」への積立金を行っていたと考えられ、その項目は、妙龍尼が亡くなった一八五一年以降は「西誓庵積金」の項目に引き継がれ、六一（文久元）年まで積み立てられた（小栗家系図、表序-11を参照）。

資産規模が拡大するとともに小栗三郎兵衛家は尾張藩の御用金を負担するようになり、その功績で一八五八（安政五）年に一代切苗字が認められ、六二年に下半田村の庄屋役を仰せ付けられた。[52] こうして小栗三郎兵衛家は半田における地位を高めるとともに、一八六〇年代から酒造経営を再開し、当主の腹違いの弟の信次郎（恵一郎）が酒造経営を担った。この酒造経営はかなり規模が拡大し、一八七〇年代の小栗三郎家の酒造石数はおよそ一〇〇〇石に上った。[53] ただし、恵一郎の酒造所は近代に入ると、酒造税の増徴などもあり、あまり経営的にうまく行かず、結果的に一八七七（明治一〇）年に廃止となった。一方、一八七〇年に引き継いだ太郎兵衛家の味噌醸造蔵は、翌七一年より店員の藤助（店名前は尾崎三保蔵）に任せ（味噌所）、七四年より本格的に製造が開始されたが、こちらもあまりうまくいかず、七九年に廃止された。その後味噌醸造は三郎家と出口治助の合資営業（味噌店）で引き継がれたが、八〇年代前半は損失を恒常的に計上したため、[54]八六年より三郎家が直轄で行うこととした。そして幕末期は、大福帳資産の整理も行われ、三郎兵衛家が個人に金を貸すのではなく、小栗家が萬屋三郎兵衛店に資金を渡し、萬屋三郎兵衛店がそれを運用する形になったと思われる。表序‐11では、大福帳資産が急減し、店差引資産が急増したが、こうして家の運営と店の経営が次第に区別されるようになったと言えよう。

また、幕末期には小垣江新田、成実新田などの新田資産が帳簿に資産として計上されるようになり、三郎兵衛家は新田を中心に不動産経営を再び拡大させるようになったと考えられる。なお表序‐11に小垣江新田が資産として計上されたのは、一八六四（元治元）年からであるが、小栗家には小垣江新田からの作徳米取立帳が四三（天保一四）年から残されており、[55]四〇年代から小垣江新田に関わったと考えられる。もともと小垣江新田は、一九世紀初頭に竹内治助が開発に着手し、近世期の小垣江新田は小栗家と竹内家の共有となっていたが、その後共有者の変更を伴いつつ小栗家は小垣江新田を所有し続け、一九〇一年より共有者と分割して単独所有となった。

(3)　近代期の小栗三郎家

小栗三郎家は、一八九一（明治二四）年に醸造部門を萬三商店の支店と位置付け、本店（萬三商店）の肥料商と支店（萬三支店）の醤油醸造業を家業の二本柱に据えた。それ以降の家産（資産額は取得価格もしくは簿価で集計）の動向を検討する。表序‐12を見よう。一八九〇年代の小栗三郎家の推定純資産額は一〇～二〇万円程度であったと考えられ、不動産資産や有価証券資産が資産全体に占める比重は一九一〇年代まで少なく、二〇年代になって銀行預金・有価証券資産の比重が急増した。一方、商業に関わる本店資産がかなりの比重を占め、醸造業の資産は支店とし

小栗三郎兵衛（三郎）家家産の推移

（単位：1872年まで両、1873年から円）

御用手当金	店手当積金	子供手当	喜助手当	おせき手当	買入	払居米延売			その他とも計
△1,000	△500	△1,300	△100	△15	4,639	1,289			6,744
△1,050	△525	△1,360	△105	△14					7,583
△1,100	△550	△1,403	△100	△14					8,403
△1,150	△575	△1,495	△120	△13					9,107
△1,195	△600	△1,560	△19	△14					9,733
△1,240	△625	△1,625		△15					10,180
△1,285	△650	△1,300		△15					10,781
△1,330	△675	△1,366		△13					11,807
△1,375	△700	△1,430		△13					13,000
△1,420	△725	△1,495	恵一郎貸渡金	△14	小垣江村新田地所				13,983
△1,323	△750	△1,545		甚三郎		流作新田			15,381
△1,342	△775	△1,595	1,292	135	1,805	780			16,135
△1,203	△800	△1,645	1,318	135	1,745	810			17,221
△1,219	△825	△1,695	11,327	135	1,608		恵一郎建金	古金預け	19,257
△1,227	△850	△1,745	14,861	135	1,443			750	22,249
△1,199	△875	△1,795	8,618	135	1,593		8,000		25,441
△1,128	△900	△1,845	16,043	135	1,745	成実新田	8,000	酒造稼高	28,863
△1,081	△925	△1,895	22,013	135	1,256	1,364	8,000	320	28,825
			酒造所恵一郎	味噌所三保蔵				三保蔵建金	
△1,104	△950	△1,945	20,394	901	1,377	1,353	8,000	1,675	30,449
△1,091	△975	△998	14,873	4,102	1,624	1,538	8,000	2,548	33,548
△1,011	△1,000	△1,023	13,548	5,652	1,586	1,513	8,000	2,550	37,829
△870	△1,025	△1,048	24,197	7,764	1,588	1,697			32,573
△902	△1,025		16,854	7,181	1,604	1,716	8,000	3,090	34,975
△947	△1,050		16,599	7,190	1,437	1,628	8,000	3,090	37,523
△968	△1,067		17,548	7,108	1,378	1,569	8,160	3,030	39,775
△1,013	△1,092		16,012	7,780	1,263	1,497	8,000	3,030	42,935
△1,003	△1,116		10,880	7,719	1,286	1,403	8,000	3,000	41,353
△1,048	△1,142	△1,149	質物帳	7,090	827	1,255	8,000	3,105	32,780
△1,098	△1,167	△1,184	2,800	6,126	559	1,069	8,000	3,105	35,268
△1,143	△1,192	△1,209			145	857	8,000	3,105	32,450
△1,188	△1,217	△1,234			△184	717	8,000	3,105	35,907
△1,233	△1,212	△1,259			△289	571	8,000	3,105	39,993
△1,278	△1,237	△1,284			△366	470	8,000	3,105	43,333
△1,185	△1,262	△1,113			△73	308	8,000	3,105	43,557
△1,230	△1,087	△1,113	起業公債積金	現品預け高	△399	160	8,000	3,105	45,025
							現品有高		
△1,275		△1,113	△291	7,169	△644		26,748		[41,507]
△1,320	△687	△1,188	△304	4,173	△745	△24	35,985		[37,812]
△1,336	△712	△1,213	△318	2,643	△927	△186	22,427		[44,871]
				7,526			27,431		[53,798]
							25,389		[51,086]

328-1、328-10、328-11）より作成。
続く。御用手当金欄の1853・54年欄は御印預金。子供手当欄の1858年までは３名分、59年からは２名分、67
母・赤松地所、76年からは赤松地所で、表に示さなかったが、［1878］欄に688円、［1879］欄に293円が計上
酒造所・味噌所廃止後も残ったが、滞貸分として利益計算から外されたのでこの表ではその分は省略した。
小栗家の貸方、△印は、小栗家の借方で、1872年までは分（金）の単位を１捨２入して、両（金）の単位で
ともに、不動産を除いた店と奥の分の家産の集計値を示した。よってそれ以前の数値と不連続の可能性があ
噌店欄に示した。御払居米制度については表序-10の注を参照。

表序-11　1853～90年における

改め年（正月）	大福帳	質物帳	万覚帳	御払居米先納	有金	借用金	店差引	西誓庵積金	善事（三宝）財
1853	7,178			1,058	3	△1,500	△891	△104	△2,000
1854	17,928	1,203	1,036	256	6	△3,567	△3,957	△110	△2,100
1855	18,202	4,255	306	284	9	△7,387	△1,716	△117	△2,200
1856	16,869	869	390	3,349	19	△3,815	△2,733	△121	△2,300
1857	20,701	1,488	124	538	20	△2,841	△4,323	△129	△2,400
1858	15,395	1,906	701			△3,048	1,535	△136	△2,500
1859	13,853	9,488	119		0	△2,782	△3,828	△142	△2,600
1860	11,354	4,548	△43	本家有金	5	△2,560	4,795	△149	△2,700
1861	12,197	5,682	30	1,300	69	△21	278	△156	△2,800
1862	15,948	5,216	1,522	1,200	1	△2,824	△295	△172	△2,900
1863	13,644	1,129	2,888	1,200	160	△3,101	6,116	△25	△3,000
1864	6,026	989	217	7,710	1,692	△582	2,918	△25	△3,100
1865	14,518	1,916	833	1,260	94	△4,559	6,035	△25	△3,200
1866	8,780	310	568	1,280	32	△8,566	10,883	三郎介	△3,300
1867	6,900	322	281	90	43	△17,013	21,721	積金	△3,400
1868	8,909	320	△1,206		5	△22,651	30,690	△1,523	△3,500
1869	8,900		△2,154		27	△23,649	28,616	△1,247	△3,600
1870	3,111	1,040	△631		5	△26,769	27,978	△1,316	△3,700
		地所							
1871	2,352	1,090	△4	100	96	△23,545	25,920	△1,385	△3,797
1872	2,091	2,071	△1,330		28	△26,172	32,590	△1,454	△3,820
1873	1,905	2,093	△1,307	差引帳	104	△24,497	35,341	△1,517	△3,920
1874	2,230	2,077	△30	預金	151	△24,425	25,911	△1,586	△3,972
1875	1,783	1,975	学資金	△9,974	44	△19,965	28,875		△4,047
1876	1,678	801	△263	△2,614	109	△23,530	29,621		△4,147
[1876]	1,411	762	△280	△1,756	4	△21,327	28,500		△4,213
[1877]	1,656	728	△308	6,350	1,792	△17,870	20,597		△4,313
[1878]	1,628	味噌店	△202	△1,852	894	△17,350	31,357		△4,293
[1879]	1,540	487	△267	5,564	225	△15,884	30,158	△1,977	△4,213
[1880]	1,478	2,418		3,757	268	△13,701	29,566	△2,046	△4,298
[1881]	318	779		8,079	279	△8,400	30,127	△2,115	△4,398
[1882]	△8,025	5,007		△5,235	222		42,089	△577	△4,498
[1883]	△5,454	4,844	半田学校	△3,701	213		41,617	△577	△4,548
[1884]	△5,749	4,070	△508	△1,654	207		44,915	△577	△4,643
[1885]	△3,198	5,318	△507	△8,721	202		48,270	△636	△4,683
[1886]	△5,408	5,389	△507	△1,355	67	店方	45,019	△636	△4,703
	奥貸金		店方貸金	奥預り金		預り金	端多売		
[1887]	4,888	6,051	14,383	△12,885	716	△4,110	△1,453	△636	△4,713
[1888]	5,233	6,601	16,608	△23,948	532	△6,501	△871	△636	△4,707
[1889]	5,242	8,790	37,772	△23,560	694	△5,481	△3,656	△836	△4,727
[1890]	5,076	8,147	31,939	△16,620	1,295	△7,892	△3,105		
(1890)	5,125	8,423	52,514	△19,469	971	△21,868			

（出所）　天保14年「勘定帳」、安政５年「年中勘定帳」、明治11年「歳内勘定帳」（いずれも小栗家文書

（注）　各年の勘定項目のうち主要な項目を示した。項目欄が空白の場合はそれ以前の項目がそのまま年からは七之助・信治郎分、72年からは信治郎分。地所欄は、1871年は挙母地所、72～75年は挙された。年の［　］は９月改め、（　）は12月改め。酒造所恵一郎および味噌所三保蔵への貸金は1877年以降の有金欄は本家と店の合計金額で、87年以降は本家と店の合計現在高。数値の無印は、示した。1887年以降は、２種類の帳簿が作成されており、両者のなかから判明した項目を示すとる。1887年以降の奥貸金は、味噌店への貸金を除いた数値を示し、味噌店への奥からの貸金は味

表序-12　1891～1938年における小栗三郎家推定純資産の推移

（単位：円）

期末年月	本店	支店	貸金	不動産	有価証券	雇人（積金）	預り金	新田積金	その他とも計
1891.12	63,340	12,380	9,212	[38,606]	640	△1,218	△28,442	△1,382	[93,156]
1892.12	79,668	13,432	8,700		925	△3,156	△40,787	△2,548	56,252
1893.12	80,319	18,259	8,820	[51,941]	1,010	△2,319	△43,725	△3,158	[111,167]
1894.12	76,094	15,140	32,180	[56,296]	7,160	△2,066	△74,029	△3,531	[114,759]
1895.12	166,733	12,223	25,355	[56,602]	8,285	△3,937	△123,883	△3,909	[137,669]
1896.12	174,189	17,762	15,176		15,650	△4,965	△129,534	△3,304	85,288
1897.12	237,194	23,105	13,388		23,198	△8,514	△184,301	△1,501	104,122
1898.12	150,584	23,091	8,377		32,688	△6,206	△106,306	△1,651	101,514
1899.12	167,668	26,509	20,980		38,428	△8,784	△120,040	△2,417	123,301
1900.12	145,545	26,251	23,258		42,315	△9,500	△105,138	△3,415	118,612
1901.12	140,256	28,957	14,358		74,403	△9,275	△130,031	△4,338	115,919
1902.12	201,473	33,834	13,165	100,000	75,800	△12,644	△172,257	銀行	240,721
1903.12	216,404	44,480	12,642	110,000	75,800	△16,326	△180,167	△2,381	261,840
1904.12	206,231	47,224	13,021	110,000	80,392	△20,649	△152,579	174	284,987
1905.12	231,060	58,258	15,648	110,000	86,899	△24,685	△182,347	269	297,537
1906.12	301,549	69,689	15,869	150,000	66,003	△27,138	△217,652	△587	359,306
1907.12	319,418	72,906	21,098	150,000	66,113	△29,227	△192,460	△22,157	387,220
1908.12	183,957	71,831	19,035	154,350	57,680	△33,206	△139,175	2,245	331,739
1909.12	382,170		21,850	160,500	54,945	△39,571	△235,878	△312	344,954
1910.12	360,759		21,641	170,000	60,145	△48,615	△196,405	809	368,981
1911. 8	283,653		17,604	172,000	57,177	△56,812	△64,906	△861	408,367
1912. 8	279,683		16,764	178,000	57,170	△55,186	△72,415	2,022	406,183
1913. 8	304,893		16,160	182,500	57,468	△61,361	△58,219	2,769	435,944
1914. 8	315,069		16,628	185,000	63,464	△64,292	△64,514	3,409	454,827
1915. 8	390,430		16,362	186,000	68,815	△62,500	△161,424	1,058	439,380
1916. 8	403,858		15,502	185,000	72,355	△77,100	△105,076	4,636	499,282
1917. 8	649,238		4,290	184,000	83,317	△109,063	△154,761	5,010	662,078
1918. 8	861,910		4,171	183,500	96,869	△139,595	△187,546	5,984	825,244
1919. 8	746,652		3,205	183,500	254,214	△186,353	△211,077	208,177	998,377
1920. 8	788,185		2,642	183,500	278,995	△221,508	△239,971	412,676	1,204,581
1921. 8	686,130		6,757	200,000	332,159	△232,556	△248,332	574,053	1,318,333
1922. 8	748,601		6,091	260,000	434,539	△247,374	△339,816	579,404	1,442,120
1923. 8	585,330		6,552	260,000	551,195	△244,205	△172,595	479,523	1,467,380
1924. 8	667,787		7,456	270,000	558,136	△290,556	△252,705	485,722	1,447,434
1925. 8	645,595		9,569	290,000	555,213	△309,457	△297,899	590,934	1,480,808
1926. 8	676,005		11,277	343,651	1,250,349	△267,352	△1,133,727	606,016	1,498,924
1927. 8	△836		18,458	348,781	1,224,768	△270,104	△37,255	191,505	1,477,605
1928. 8	8,370		9,391	358,000	1,235,584	△266,183	△26,740	126,621	1,445,723
1929. 8	10,446		10,435	360,000	1,209,669	△273,068	47,848	147,157	1,524,280
1930. 8	7,151		23,225	370,000	1,269,211	△281,445	△43,238	129,237	1,476,427
1931. 8	7,341		17,580	375,000	1,318,664	△285,352	△30,720	83,385	1,486,219
1932. 8	956		21,969	384,000	1,287,648	△263,638	△18,416	46,578	1,459,097
1933. 8	306		6,767	390,000	1,290,148	△253,916	3,283	41,167	1,477,755
1934. 8	251		5,961	390,541	1,322,553	△233,898	△5,554	△13,284	1,466,570
1935. 8	221		5,020	379,000	1,357,628	△234,532	53,094	△48,864	1,511,567
1936. 8	191		7,386	373,400	1,368,228	△235,445	53,628	△30,678	1,536,710
1937. 8	△168		5,335	359,000	1,402,007	△226,823	52,801	△24,410	1,567,742
1938. 8	0		5,065	376,500	1,414,762	△216,374	6,989	36,964	1,623,906

（出所）　明治24・30・33・36・38・41・大正９・13・昭和２・６年「金銭出入帳」、明治26・27年「金銭出入振替日記帳」、明治45・大正５年「金銭出納帳」、昭和10年「総勘定元帳」、明治25・27・28・29年「財産目録及貸借対照表」（以上、いずれも小栗家文書）より作成。

（注）　無印は資産、△印は負債を示す。その他の項目で、利子・仮勘定・金銭などがあり、それらを含めた差引を合計欄で示した。よって合計欄は積金（および資本）の額を示す。不動産欄の［　］内は、「財産目録」から翌年１月時点の土地・家屋資産額を示し、それも加えた推定純資産を合計欄の［　］内に示した。1926年８月末の預り金残額が巨額なのは、おそらく萬三商店の株式会社化に関係して年度末に中埜銀行から90万円を短期に借り入れたためで、これは翌年度初頭にすぐ返済した。新田資金欄は、新田からの利益を営業資金として運用するために積金として負債に計上された分を示す。

て示されたが、一九〇九年以降は醸造業部門の支店が本店に組み入れられて萬三商店醬油部となったので、一〇年代以降の本店資産の拡大は、商業部門に加えて肥料製造部門・醬油醸造部門の設備拡大も含まれた。そして一九一〇年代後半の本店資産の拡大で資産は急拡大し、二〇年代には純資産額一五〇万円前後に至った。

一九二〇年代の資産の増加は、主に有価証券資産と銀行資産の増加によるもので、二六（昭和元）年に萬三商店が株式会社化された際に、本店資産は株式に転換されて、有価証券資産が激増した。なお預り金の内訳は、一八九〇年代後半〜一九〇〇年代は銀行からの借入金が多く、萬三商店も同時期は銀行からの借入金を利用して経営拡大を図っていた。ところが一九一〇年代に肥料商業で巨額の利益が確保できるようになると、自己金融化が進み、預り金の額は急減し、一〇年代後半から再び預り金の額が増大するが、それは銀行からの借入金ではなくむしろ地元の取引先などの資金を預かって小栗三郎家が運用した側面が強く、二〇年代の銀行との関係では、三郎家が余剰資金を銀行に預金していた。こうした銀行との関係は、株式会社萬三商店が設立されると大きく変化し、三郎家の預り金、銀行への預金ともに額が減少し、銀行との関係は主に不動産や有価証券に関する資金繰りになったと思われる。そして肥料製造販売経営・醸造経営における銀行との関係は、萬三商店を通しての関係に集約されたのであろう。

続いて、小栗三郎家の収益構造を表序-13から検討する。同家の収益構造は、ほぼ一貫して本店収益が中心であった。この本店収益は基本的に商業収益を示し、一九一〇年代以降は大豆粕製造部門の損益も含みつつ、一〇年代後半に急増した。その次に多かったのが一八九〇年代は醸造収益で、醬油醸造経営の創業期は損失が続いたが、八〇年代後半から安定的に収益が上がり、九〇年代には本家利息収益を上回るに至った。ただし、一九〇〇年代に醬油醸造経営の収益は頭打ちになり、一〇年代になって再び増大し、二〇年代には安定して高収益を上げるようになった。有価証券収益は、一八九〇年代までは全体に占める比重はかなり少なく、一九〇〇年代にある程度の比重を占め、醬油醸造経営の収益を上回った。一九一〇年代後半からは、醸造経営の収益と有価証券の収益と、銀行預金などの利息収益

表序-13　1880～1926年における小栗三郎家推定収支の推移

（単位：円）

期末 年・月	本店損益	支店損益 (醤油部)	本家 利息収支	本家有価 証券収支	本家 地所収支	本家貸家・ 倉庫収支	本家 雑収支	合計	本家家事費	本家 公費
1880. 8	2,310	88	1,551[1]					3,949		
1881. 8	1,396	265	3,099[1]					4,760		
1882. 8	711	△239	3,456[1]					3,928		
1883. 8	△6,588	△1,247	4,086[1]					△3,749		
1884. 8	241	△381	3,340[1]		[773]	[128]		(4,101)		
1885. 8	3,337	△1,010	3,225[1]		[9]	[115]		(5,676)		
1886. 8	276	54	1,468[1]		[594]	[94]		(2,486)		
1887. 8	3,988	131	2,178		[477]	[136]	△337	(6,573)		
1888. 8	△3,303	1,012	2,381		[439]	[132]	62	(723)		
1889. 8	6,360	2,739	2,506		[220]	[154]	△178	(11,801)		
1890. 8	10,533	△296	2,687		[476]	[123]	△62	(13,461)		
1890.12	△3,077	418	1,013				△39	△1,675		
1891.12	5,911	1,123	2,493		[763]	[60]	△63	(10,287)	△2,000[4]	
1892.12	6,220	2,348	1,385	210	[942]	[77]	△67	(11,115)	△1,000[4]	
1893.12	4,303	3,110	1,744	75	[841]	[67]	△71	(10,069)		
1894.12	2,146	823	967	[202]	364	[69]	△62	(4,428)	△1,000[4]	
1895.12	17,985	320	61	[454]	366	[111]	473	(19,751)		
1896.12	5,727	4,181	1,400	[561]	288	[113]	4,630	(16,490)	△5,609	
1897.12	29,573	2,353	1,839	[646]	502	[169]	22,323	(57,175)	△5,351	
1898.12	△2,102	1,408	2,418	(2,276)	159	[210]	△1,469	(2,762)	△4,441	
1899.12	34,369	3,296	2,349	(704)	753	[189]	26,977	(68,637)	△5,396	
1900.12	1,184	69	4,699	(836)	985	[226]	986	(8,985)	△6,461	
1901.12	△998	△2,166	2,988	(2,366)	925	[173]	1,416	(4,704)	△3,783	
1902.12	31,410	△1,431	△709	2,287	1,140[3]	[218]	△1,008	(31,907)	△4,510	
1903.12	22,564	217	348	2,684[2]	989[3]	[206]	△1,118	(25,890)	△4,024	
1904.12	33,450	2,865	771	2,990[2]	1,119[3]	[261]	△1,485	(39,971)	△3,787	
1905.12	26,382	2,308	2,323	6,586[2]	1,305[3]	[331]	△2,000	(37,235)	△5,542	
1906.12	15,272	1,963	1,284	7,775	1,400[3]	[370]	△2,365	(25,699)	△16,206	
1907.12	26,162	△201	5,088	5,858	1,384[3]		1,275	39,566	△15,286	
1908.12	△26,144	△6,404	7,407	5,740	1,212[3]	547	△3,299	△20,941	△10,738	
1909.12	46,842	428	3,493	5,096	1,757[3]	1,784	△474	58,926	△9,334	△3,077
1910.12	51,593	7,793	2,927	3,919	2,998[3]	3,010	△1,294	70,946	△8,558	△3,696
1911. 8	54,897	3,605	3,121	3,535	△161	1,863	△1,161	65,699	△4,803	△1,624
1912. 8	△4,170	6,578	8,110	4,978	3,326	2,349	△1,258	19,913	△9,158	△5,549
1913. 8	45,285	6,733	9,892	5,503	1,504	2,471	△1,239	70,149	△8,467	△6,263
1914. 8	19,065	8,541	13,075	6,005	4,146	3,269	△1,263	52,838	△8,801	△5,332
1915. 8	1,809	4,122	9,664	6,835	2,767	3,311	△1,639	26,869	△6,558	△6,193
1916. 8	104,142	7,801	6,375	7,901	3,298	3,705	△1,705	131,517	△7,360	△5,188
1917. 8	267,447	16,458	10,073	10,301	4,046	3,165	△1,980	309,510	△9,603	△4,885
1918. 8	211,965	25,002	21,028	13,665	4,922	3,198	△2,074	277,706	△13,542	△1,619
1919. 8	244,176	31,031	25,775	25,394	8,731	1,899	△2,531	334,475	△15,402	△2,374
1920. 8	218,816	56,494	49,020	29,656	13,761	3,611	△2,456	368,902	△20,691	△1,361
1921. 8	50,970	15,022	55,118	30,087	7,718	2,890	△4,887	156,918	△24,526	△3,624
1922. 8	107,118	33,976	41,675	30,686	4,556	2,492	△3,418	217,085	△22,675	△5,091
1923. 8	△27,440	24,340	44,443	38,760	9,516	1,841	△2,906	88,554	△27,820	△7,239
1924. 8	101,286	23,438	37,221	45,424	9,794	2,166	△2,324	217,005	△27,188	△8,092
1925. 8	61,942	23,302								
1926. 8	△245,655	19,125								

（出所）　明治13年「決算簿（小栗三郎）」、明治13年「決算簿（萬三本店）」、明治13年「決算簿（萬三支店）」、明治43年「決算簿（萬三本店）」、大正11年「決算簿（萬三商店）」、大正10年「決算簿（萬三醤油部）」、明治20～40年度「所得税下調」（以上、いずれも小栗家文書）より作成。

（注）　無印は利益もしくは収入、△印は損失もしくは支出を示す。支店損益欄は、1909年以降は本店醤油部損益、したがって1909年以降の本店損益欄は、醤油部損益を除く。[　] 内は、「所得税下調」による。期間がずれる可能性があるため、[　] が含まれる年は、合計も（　）で示した。なお有価証券・地所・貸家貸倉庫収支での資産売買に伴う金銭出入りは、別建ての積立勘定に振り替えられたと考えられる。支店の1880～84年の期末は10月もしくは11月。支店損益は、準備・積立金、償却、店員賞与を引く前の損益。本家雑収入は、雑収入－雑費。雑費以外の主な支出として家事費と公費があり、それは右欄に記した。本家有価証券収支欄の1898～1901年度欄は本書第１章表１-９・12より

1）本家の期末資産額の前期末との差し引きを本家当期損益と考え、それを本家利息収支欄に記した。
2）出所資料には半額が計上されていたので、それを２倍として実際の収支を記した。
3）出所資料では、1902年から新田収益を半額にして計上。
4）家事費補助として本家決算に計上。

が同じく増大し、二〇年代の萬三商店は、複数の安定した収益源をもつようになり、年間二〇万円を超える収益を上げた。それに対し、土地収益はそれほど伸びず、貸家・倉庫収益が一九〇〇年代後半から増大して、一〇年代後半には土地収益に肩を並べた。小栗三郎家の耕地所有規模は一八九〇年代に約四六町歩となり[56]、一九〇〇年代から土地収益は安定するようになったが、その後耕地所有規模はあまり増えず、一九〇〇年代の収益は商業経営の拡大に投入されたと考えられる。全体として、小栗三郎家は一九〇〇年代に銀行借入金を積極的に利用して経営拡大を図り、それが一〇年代の本店収益の増大につながり、一〇年代には自己資金で経営を展開し得るに至った。

なお表序－13の右欄に、家の主要な消費支出である家事費と公費（税金等）を示した。小栗三郎家は年によって増減はあるものの、全体として安定して収入を得ていたため、通常年の家事費・公費であれば十分に賄えた。特に、一九一〇年代後半以降は、急減な収入の増加に比して、家事費・公費の支出の増加はそれほどでもなく、この時期三郎家はかなりの蓄積をし得たと考えられる。もっとも、婚姻と葬式が続いた一九〇〇年代後半には[57]、前後の時期に比して家事費が急激に増え、三郎家の蓄積にかなりの制約ともなっていた。

最後に株式会社設立後の萬三商店の経営動向を概観する。なお萬三商店は、株式会社になったとはいうものの、株主は内輪合資に参加していた一族と主要店員に限られ、その内実は合資会社であった。資本金は一五〇万円とされたが、払込は一貫して九〇万円に止まり、三郎家が銀行に預けていた定期預金（表序－12）も株式会社萬三商店が銀行定期預金として引き継いだ。つまり、工場・設備・商品在庫など店の資産および銀行定期預金を合わせて約九〇万円が家の勘定から会社の勘定に移され、その部分から上がる収益は会社の勘定によって表現されることになった。表序－14を見よう。一九二九年の世界恐慌の影響で、日本でも不況が生じたため、萬三商店は一九三〇・三一年に損失を計上したものの、それ以外の年は、比較的順調に当期利益金を計上し、積立金もある程度蓄積し得ていた。

萬三商店の損益を合計すると、昭和恐慌期の一九二七～三二年度でも約二三万円の収益を上げた。その要因は醬油部の安定した利益で、当期損失金を計上した一九二九・三〇年度は、商業関係で巨額の損失を計上したのに加えて、二九年度は豆粕工場でも一万二二五二円の損失を計上したが、この両年度でも醤油部は、それぞれ二万六四三五円と九二三四円の利益を計上した。それも含めて、醤油部は一九二六～三七年度まで、三〇年度を除き、毎年度数万円の利益を計上し続けた。さらに一九三〇年代には飼料工場も重要な収益源となり、萬三商店の製造業者としての性格は

主要勘定

（単位：円）

1933・8	1934・8	1935・8	1936・8	1937・8	1938・8
1,500,000	1,500,000	1,500,000	1,500,000	1,500,000	1,500,000
40,500	46,000	60,600	71,100	89,100	111,600
	7,362	27,127	11,377	7,163	4,777
728		5,039			171,887
9,605	9,040	18,219	15,691	15,357	6,469
18,000	18,000	海難基金	4,078	4,694	5,281
1,284	1,786	9,952	16,072	35,004	62,607
6,002	22,766	62,620	111,548	124,890	45,628
1,576,118	1,604,954	1,683,558	1,729,867	1,776,208	1,908,250
600,000	600,000	600,000	600,000	600,000	600,000
393,593	399,232	445,035	481,816	522,453	641,005
315,710	191,468	296,837	270,335	326,270	460,719
10,126	7,430	11,247	10,660	13,689	26,596
9,731	10,881	11,239	14,415	49,417	49,909
36,834	35,947	34,569	32,711	29,811	29,505
16,069	15,069	14,069	13,069	12,069	11,200
859	859	1,409	1,309	3,056	3,506
25,232	43,266	49,501	11,821	7,117	9,045
156,489	268,474	174,053	253,547	156,601	14,459
220	203	22	234	20	276
22	203	718	130		
2,800	4,530	3,274	492	5,171	3,881
2,810	14,810	29,004	15,648	22,388	19,442
5,625	12,580	12,580	23,680	28,143	38,706
1,576,118	1,604,954	1,683,558	1,729,867	1,776,208	1,908,250
6,002	22,766	62,620	111,548	124,890	45,628
57,525	32,185	48,888	51,397	56,016	72,248
967	2,164	1,665	2,392	1,639	2,025
3,696	4,459	4,661	4,605	4,736	5,532
12,949	△4,218	17,978	2,882	4,061	2,632
6,065	5,588	3,642	5,244	8,628	4,139
5,279	19,717	33,643	15,580	35,697	9,035
△80,479	△37,129	△47,857	29,448	14,113	△49,983

途積立金の合計。海難基金は、海難救助基金のこと。
計したが、区分できない共通経費が商業関係に含まれており、商業関係が若干の過小

表序-14　株式会社萬三商店

	期末年月	1927・8	1928・8	1929・8	1930・8	1931・8	1932・8
負債	資本金	1,500,000	1,500,000	1,500,000	1,500,000	1,500,000	1,500,000
	積立金	439		18,000	30,500	30,500	30,500
	取引先勘定	2,307			14,297		取引先預金
	支払荷為替手形						5,853
	仮受金	3,141	16,788	17,705	8,329	9,498	13,743
	借越当座預金	11,892				未払配当金	
	前期繰越			8,205	8,218		
	当期利益金		101,952	67,513			135,374
	合　計	1,517,779	1,618,740	1,611,423	1,561,343	1,539,998	1,685,469
資産	未払込資本金	600,000	600,000	600,000	600,000	600,000	600,000
	醤油部勘定	244,649	277,041	299,946	286,321	301,609	331,605
	商品在荷	290,718	254,404	241,965	112,705	180,049	281,504
	営業用雑品				5,813	6,522	6,392
	建物・軌道	7,072	7,267	11,132	11,331	11,031	10,031
	機械・器具	38,339	37,173	33,713	33,884	32,584	35,822
	船舶	23,050	19,962	12,650	7,915	14,045	12,887
	什器	424	701	701	859	859	859
	受取手形	24,808	24,184	61,461	26,782	25,642	49,140
	銀行定期預金	280,000	387,656	343,473	437,112	284,108	263,211
	振替貯金	62	169	85	156	191	376
	仮払金	5,046	1,178	504	48	531	1,330
	現金有高	865	2,016	4,569	4,474	1,926	4,015
	取引先勘定		4,242	598	12,019	6,687	14,083
	有価証券			625	625	625	625
	前期繰越		2,747			13,082	73,589
	当期損失金	2,747			21,300	60,507	
	合　計	1,517,779	1,618,740	1,611,423	1,561,343	1,539,998	1,685,469
損益	当期損益	△2,747	101,952	67,513	△21,300	△60,507	135,374
	内 醤油部	16,871	32,591	47,556	26,435	9,234	28,953
	船舶部	△1,159	△1,226	△721	△2,104	602	△1,074
	保険部	2,863	3,316	5,235	4,499	3,920	3,877
	豆粕工場	10,983	26,065	14,179	△12,252	△761	22,211
	粉砕工場	△1,000	3,262	11,982	7,906	727	6,168
	飼料工場						7,481
	（商業関係）	△31,305	37,944	△10,718	△45,784	△74,229	67,758

（出所）　株式会社萬三商店「営業報告書綴」（小栗家文書245-3-23・24）より作成。

（注）　各期ともに、9月～翌8月までの1年間。積立金は、1926年度は海難救助積立金、その後は法定積立金と別
損益欄の無印は利益、△印は損失。損益は各部門ごとに計上されたので、それを引いて商業関係の損益を推
評価、他部門が若干の過大評価となっている。

1）支払手形170,000円を含む。

昭和戦前期にますます高まったと言えよう。なお株式会社萬三商店設立後の小栗三郎家の収入は、萬三商店株の配当収入も含めて株式配当収入が中心となるが、同時に半田の市街地化に伴い、貸家収入も増大し、昭和恐慌期に一時的に配当収入が減少した際には、貸家収入が株式配当収入を上回るようになった。そしてその後景気回復とともに株式投資が増大し、配当収入も急増した結果、一九三〇年代の小栗三郎家は安定した収益を得ることができた（第2章表2-7を参照）。

注

（1）谷本雅之・阿部武司「企業勃興と近代経営・在来経営」（宮本又郎・阿部武司編『日本経営史2　経営革新と工業化』岩波書店、一九九五年）など。なお、「事業家」については谷本雅之氏の有益なコメントを得た（本書あとがきを参照）。
（2）石井寛治・中西聡編『産業化と商家経営——米穀肥料商廣海家の近世・近代』名古屋大学出版会、二〇〇六年、三二-三頁、表序-一〇を参照。なお、本書執筆者以外が著した萬三商店小栗三郎家に関する主な先行研究として、村瀬正章『近世伊勢湾海運史の研究』法政大学出版局、一九八〇年、第三章第三節、村上はつ「知多雑穀肥料商業の展開」（山口和雄・石井寛治編『近代日本の商品流通』東京大学出版会、一九八六年）、藤井信幸『テレコムの経済史——近代日本の電信・電話』勁草書房、一九九八年、第Ⅱ部第七章などがある。
（3）前掲谷本雅之・阿部武司「企業勃興と近代経営・在来経営」。
（4）中村尚史『地方からの産業革命——日本における企業勃興の原動力』名古屋大学出版会、二〇一〇年、石井里枝『戦前期日本の地方企業——地域における産業化と近代経営』日本経済評論社、二〇一三年など。
（5）鈴木恒夫・小早川洋一・和田一夫『企業家ネットワークの形成と展開——データベースからみた近代日本の地域経済』名古屋大学出版会、二〇〇九年など。
（6）前掲中村尚史『地方からの産業革命』八-九頁。
（7）山口和雄編『日本産業金融史研究　織物金融篇』東京大学出版会、一九七四年、第一章第二節。
（8）同右、第三章第二節。

(9) 天野雅敏『阿波藍経済史研究――近代移行期の産業と経済発展』吉川弘文館、一九八六年。
(10) 近江商人郷土館・丁吟史研究会編『変革期の商人資本――近江商人丁吟の研究』吉川弘文館、一九八四年、末永國紀『近代近江商人経営史論』有斐閣、一九九七年。
(11) 特に昭和恐慌期には、肥料商業部門の収益は乱高下している（表序-14を参照）。
(12) 前掲谷本雅之・阿部武司「企業勃興と近代経営・在来経営」。
(13) 明治二四〜二六年「公務録　第十号」（小栗家文書七〇-七）、明治二四年「日誌」（小栗家文書、以下小栗家文書はいずれも小栗家蔵のため所蔵先を省略。本書凡例を参照）。
(14) 石井寛治「国内市場の形成と展開」（前掲山口和雄・石井寛治編『近代日本の商品流通』）二一頁。
(15) 藤井信幸『地域開発の来歴――太平洋岸ベルト地帯構想の成立』日本経済評論社、二〇〇四年、第一章。
(16) 前掲中村尚史『地方からの産業革命』第二章。
(17) 前掲石井里枝『戦前期日本の地方企業』終章。
(18) 松本貴典「近代日本の地域経済発展」（松本貴典編『生産と流通の近代像――一〇〇年前の日本』日本評論社、二〇〇四年）。
(19) 中西聡『海の富豪の資本主義――北前船と日本の産業化』名古屋大学出版会、二〇〇九年、四三七-四三八頁。
(20) 例えば、知多紡績、尾張紡績、名古屋紡績等は一九〇五〜〇七年に三重紡績に合併され、その三重紡績も一四年に大阪紡績と合併して東洋紡績となったが、合併後も三重紡績・東洋紡績ともに旧来の工場をそのまま引き継ぎ、愛知県所在の工場で綿糸生産が継続された（後藤靖解題『工場通覧』Ⅳ・Ⅴ、柏書房、一九八六年を参照）。
(21) 野田について、野田醤油株式会社社史編纂室編『野田醤油株式会社三十五年史』同社、一九五五年、銚子について、林玲子編『醤油醸造業史の研究』吉川弘文館、一九九〇年を参照。
(22) 林玲子・天野雅敏編『東と西の醤油史』吉川弘文館、一九九九年を参照。
(23) 中西聡「肥料流通と畿内市場」（中西聡・中村尚史編『商品流通の近代史』日本経済評論社、二〇〇三年）などを参照。
(24) 例えば、萬三商店は一九一〇年に半田に大豆粕製造工場を設立、名古屋でも一九〇六年に日本豆粕製造合名会社（資本金三万円）、一二年に特製豆粕株式会社（払込資本金三万五〇〇〇円）が設立された（大正二年度『日本全国諸会社役員録』愛知県の部）。

(25) 知多紡績会社については、橋口勝利「近代知多地方の企業勃興と資産家活動」(『経済科学通信』第一〇六号、二〇〇四年)を参照。
(26) 以下の記述は、半田市誌編さん委員会編『新修半田市誌』本文篇上・中巻、愛知県半田市、一九八九年を参照。
(27) 知多紡績会社・丸三麦酒会社については、前掲橋口勝利「近代知多地方の企業勃興と資産家活動」および本書第10章を参照。
(28) 神原周平編『日本貿易精覧』東洋経済新報社、一九三五年を参照。
(29) 明治四〇年「鉄道局年報」(野田正穂・原田勝正・青木栄一編『明治期鉄道史資料』第Ⅰ期第一集第一二巻、日本経済評論社、一九八一年)付録:全国鉄道開業明細表より。
(30) 前掲『新修半田市誌』本文篇中巻、五七-五九頁。
(31) 以下の記述は、前掲『新修半田市誌』本文篇上巻、七〇六-七二〇頁、中巻、六三-六八頁を参照。
(32) 以下の記述は、浦長瀬隆『近代知多綿織物業の発展――竹之内商店の場合』勁草書房、二〇〇八年、前掲『新修半田市誌』本文篇中巻、七二-七四頁などを参照。また両大戦間期の知多織物業については、橋口勝利の一連の研究(同「両大戦間期知多小幅綿織物業における賃織工場」(『経営史学』第四一巻第三号、二〇〇六年)、同「両大戦間期知多綿織物業の構造変化と産地問屋」(関西大学『経済論集』第五七巻第四号、二〇〇八年)など)を参照。
(33) 以下の記述は、常滑市誌編さん委員会編『常滑市誌』常滑市役所、一九七六年、四一一-四一八頁を参照。
(34) 以下の記述は、前掲『新修半田市誌』本文篇中巻、一九九-二〇一頁、三〇二-三〇六頁を参照。
(35) 一九一〇年から織布生産が開始(同右、三〇六頁)。
(36) 昭和八年度『銀行会社要録』東京興信所、一九三三年、愛知県の項。
(37) 愛知県知多郡半田町編『半田町史』同町、一九二六年、三九九-四〇〇頁。
(38) 『半田市誌』本文篇、愛知県半田市、一九七一年、二九二-二九三頁。
(39) 同右、二九五頁。小栗四家の一七八八年の酒造米石高は、七左衛門家が一二二石、太郎兵衛家が一一〇五石、三郎兵衛家(忠蔵名義)が一一〇〇石、七右衛門家が七七八石であった(半田市誌編さん委員会編『半田市誌』地区誌篇亀崎地区、愛知県半田市、一九九七年、二四頁)。
(40) 前掲『半田町史』三五一-三五二頁。

(41) 同右、三五三頁、前掲『新修半田市誌』本文篇上巻、七四五頁。
(42) 前掲『新修半田市誌』本文篇上巻、七四五頁。
(43) 前掲『半田町史』三九五頁。
(44) 東海石炭商会については、北澤満「三菱合資会社石炭販売代理店に関する一考察」(『三菱史料館論集』第一六号、二〇一五年)を参照。
(45) 前掲『新修半田市誌』本文篇中巻、四八頁。
(46) 同右、一三八－一四〇頁。
(47) 明治一三年「決算簿(小栗三郎)」(小栗家文書三二八－一五)。
(48) 同右(小栗家文書)。
(49) 株式会社萬三商店「営業報告書綴」(小栗家文書二四五－三－一二三・一二四)。
(50) [明和八年]「船加入金留」(小栗家文書一〇一－一五)。史料の年代は内容より付した(以下の注も同様、凡例参照)。
(51) [宝暦九年～]「調法記」(小栗家文書六三－六五)。
(52) 安政五年「年中勘定帳」(小栗家文書三二八－一〇)。
(53) 明治四年「御用留(萬屋恵一郎)」(小栗家文書七七－五)。酒造経営を再開した恵一郎が、一〇代三郎の弟の信次郎であったことは明治一四年小栗家「日誌」の末尾の家族構成に「伯父信次郎本籍恵一郎」とあることから判る。
(54) 明治一三年「決算簿(萬三支店)」(小栗家文書三二八－一七)。なお、一八八六年に「支店規則」(小栗家文書三三八－一二一)が作成されたので、同年より味噌店は事実上小栗家の支店の位置付けになったと考えられる。
(55) 天保一四年「小垣江新田年貢取立帳」、慶応元年「小垣江村新田年貢勘定帳」、明治三四年分割後「小垣江村流作新田勘定帳」(小栗家文書九四－一一三、九四－一〇〇、九〇－一二)。小垣江新田の開発については、刈谷市史編さん編集委員会編『刈谷市史』第二巻、本文(近世)、刈谷市、一九九四年、六四二頁を参照。
(56) 一八九〇年代の「所得税下調」(小栗家文書)。
(57) 一九〇七年に一一代三郎の次男静二が結婚、〇八年に一一代三郎の長女幸と次男静二が死去、一〇年に一〇代三郎兵衛が死去。

［付記］　本章は、第1節を井奥成彦が、第2～4節を中西聡が担当した。

第Ⅰ部　小栗三郎家の家産・組織と地域社会

第Ⅰ部のねらい

第Ⅰ部は、小栗三郎家の家産運用や組織運営が、小栗家を取り巻く地域社会とどのような関係にあったかを有価証券投資、不動産経営、店員組織とその活動などの視点から解明する。その場合、小栗三郎家の特徴として、資産規模の中位性と地域社会での宗教文化の二点に留意する。資産規模の中位性は、小栗家が財閥のように自らの資産のみで持株会社を設立して複数の会社を傘下に収めるほどの資産は築けなかったことを意味するが、しかし小規模ではなく、株式会社や銀行を通して運用される社会的資金の重要な部分を担える資金力はあり、自らの家業を会社化していく資金力も持ち得たことを意味している。

その意味で、小栗三郎家は地域社会では最も有力な資産家として、株式投資の一翼を社会から要請される存在でもあり、地域社会との関わりが強く見られた事業家であった。ただし、地域社会からの要請は株式投資のみではなく、市街地化や社会資本の整備を進めるための多様な寄付への要請や、信用力や人脈を活かした政治・財界活動への参加も含まれていた。こうした地域社会との関わりで、企業勃興や商業会議所での活動など主に経済に関連する局面は、事業活動と関連させて第Ⅲ部で検討することとして、第Ⅰ部ではまず小栗家がこうした地域貢献の前提となる家産をどのように維持し、どのように運用していったかを考える。その場合に第Ⅰ部への導入として、第Ⅰ部各章がどのような視点から何を明らかにしようとするかを簡単に述べておくことにしたい。

まず、近代以降の小栗家の家産を有価証券と不動産に大きく区分し、それぞれの資産運用を第１・２章で検討する。有価証券の運用での留意点はリスク管理である。商家の有価証券投資に関する先行研究として、序章で触れたように大阪府貝塚の廣海惣太郎家の事例が挙げられるが、廣海家は株式投資を一八九〇年代からかなり積極的に行い、公社債投資はあまり行わずに、リスクの比較的高い株式投資で資産運用を行った。そのため、投資銘柄の選択をかなり慎重に行い、地元企業のみでなく全国的に市場取引された株式も多数扱っていた。一方、小栗家の場合は、時期によって株式投資の比重と公社債投資の比重を変化させ、株式投資もほぼすべてが地元企業の株式であった。そして小栗家は廣海家とは異なるリスク管理システムを構築しており、その点が第1章の重要な論点となる。

また不動産資産の運用では、耕地も所有するが、居住した半田市の市街地化とともに耕地を宅地化して貸家経営を拡大した点に小栗家の特徴がある。第2章ではその貸家経営が焦点となるが、それらが主に店員向けであり、経営組織内の福利厚生と関連していたことが興味深い論点であり、第4章の店員の活動の分析とつながることとなる。

第3・4章は、小栗家が地域社会への多額の寄付を行うに至ったその精神性の問題を、地域社会における宗教文化の存在と関連させて論じる。小栗家は真宗の門徒であったが、その宗教道徳が家憲や店則に表れるとともに、勤勉・倹約の思想も受け継がれ、自家の浪費を防ぎ、過剰な内部留保を行って事業のスムーズな継承に努めるとともに、多額の寄付を通して非経済的側面でも地域貢献を積極的に進めた（第3章）。その精神性は、店員にも浸透され、勤勉・誠実のモラルが小栗家の事業拡大に寄与したと考えられる（第4章）。

このように第I部では、第II部で論じられる小栗家の事業展開の基盤にあるものとして、家の問題を、家産・組織の両面から検討することになる。

（中西　聡）

第1章　有価証券投資とリスク管理——明治後期〜昭和戦前期——

花井俊介

はじめに

本章では明治後期から昭和戦前期における小栗三郎家の有価証券投資の動向を追跡する。これまでの研究が明らかにしてきた資産家の諸事例と比較した場合、同家の有価証券投資活動にはどのような特徴がみられたか、そうした特徴を導いた要因は何か、またそれは地域の産業化にどう影響したかを分析することが本章の目的である。

もっとも、一八九〇年代後半〜一九二〇年代前半の小栗三郎家の有価証券投資に関しては、すでに中西聡による分析があり、類似した資産家の事例[1]（特に同じ肥料商であった大阪府貝塚の廣海惣太郎家の事例）と比較すると、事業への参加を主要な目的として株式投資が展開された点、また公社債に傾斜したリスク回避的な投資行動がとられた点などが特徴として指摘されている[2]。この議論が一定の妥当性をもつことは以下でも再確認されるが、本章ではさらに、投資リスクの構造（株式投資、公社債投資におけるリスク分布のあり方）、小栗家が実際に採用したリスク管理システムとその運用実態を分析することを通じて、同家の投資行動に関する新たな特徴を提示したい。こうした課題を設定する含意は以下の通りである。

石井寛治の先駆的研究によれば(3)、産業資本確立期の株式等有価証券投資を中核で支えたのは商人層であり、資本という稀少な資源は商人という投資主体を中心的な媒体として産業化に動員されたと考えられる。ただし、この商人による投資がスムースな産業化に帰結するためには、投資資金がマクロ的にみて効率的に運用される必要がある。この点について、筆者は、投資の動機に注目して前述の廣海惣太郎家（米穀肥料商）に関する事例分析を行い、商人の場合、経済合理性に強く動機づけられた投資行動が特徴であり、それが彼らの投資のマクロ的効率性を担保したとの推論を提示した(4)。

他方、地方資産家の投資の動機についてはすでに谷本雅之・阿部武司による先駆的な業績があり(5)、そこでは経営に積極的には関わらない名望家的投資がみられた点が強調されている。ただし、経済合理性による規律づけが不十分な投資は効率性が保証されない点で、産業化には必ずしも適当とはいえず、一定の産業化を実現した地域にまで名望家的な投資行動を一般化するのは適当ではないことになる(6)。

もっとも、経済合理的な投資行動が期待収益に感応的で、かつリスク回避的な投資行動を指すとすれば、そうした投資行動が切り拓く産業化のフロンティアはリスクが低い事業機会の方向により大きく開かれており、ハイリスクではあるが魅力的（ハイリターン）な事業の発展方向は制約されてしまうことになる。これに対して、名望家的投資を含め、期待収益に非感応的でリスク中立的（リスクの高低に非感応的）な投資行動は、投資効率に問題をはらみつつも、よりリスクの高い事業化の方向に産業発展のフロンティアを拡大させる役割を果たしうる。

本章では、名望家的投資とはいえないが、リスク中立的な株式投資行動を展開し、全体として資金的効率性を担保するシステムを確立した事例として小栗三郎家を取り上げる。したがって、①小栗家の株式投資活動の特徴は何か

（株式投資の動機とリスク感応性）、②小栗家では、稀少な資本の浪費を回避し、効率的に運用する仕組みをいかに形成したか（リスク管理システムと公社債投資の位置）、③一九二〇年代後半から次第に、リスク管理システムが弱体化していったのは何故かについて検討が行われる。こうした作業を通じて、投資の資金面から、地域の産業化の方向性を規定した条件や産業化の成否に影響を与えた条件に接近したい。本章がリスク分布とリスク管理に焦点を当てるのは、これらの理由に基づいている。

なお、前述の中西論文では小栗三郎家の事業や家産の全体構造を概括することに主眼が置かれており、有価証券投資という家産運用の一局面に関する分析としてみた場合、①投資損益が示されておらず、リターンとリスクについて本格的な検討は行われていないこと、②対象時期も萬三商店が株式会社化する一九二六（大正一五）年までに限定されていることなどの点で限界を含んでいる。そこで本章では投資の損益を考察するとともに、分析時期を戦時統制に入る直前の一九三六（昭和一一）年まで拡張することとしたい。

第１節　株式・合資会社への出資

(1)　投資先と投資残高

明治後期以降における小栗家の合資会社出資および株式投資の投資先別（銘柄別）残高（取得額ベース）の動向は表１‐１・２にまとめられている。(7)

まず、注目されるのは、戦前期を通じた同家投資先の累計四一社（株式会社三一社、合資会社八社、組合二団体）のうち非地元企業は日本海陸保険（大阪）、三井銀行（東京）、昭和レーヨン（東洋紡（大阪）の子会社、一九二七（昭

株式・合資会社出資（その1　1895〜1915年）

（単位：円）

1903	1904	1905	1906	1907	1908	1909	1910	1911 8/31	1912	1913	1914	1915
5,000	5,000	5,000	5,000	5,000	5,000	8,500	11,375	11,375	11,375	11,375	11,375	11,375
4,800	4,800	4,800	4,800	4,800	6,625	6,625	6,625	6,625	6,625	7,950	7,950	7,950
2,140	2,140	2,140	2,140	2,140	2,140	2,140	1,000	1,000	200	200	200	50
74	（解散）											
2,040	2,040	2,040	2,040	2,040	2,040	2,040	2,040	2,040	2,040	2,340	2,340	2,340
10,395	10,395	3,850	（吸収合併）									
45,797	45,797	45,797	20,820	10,913	10,913	10,913	10,913	10,913	10,913	11,625	12,338	12,338
500	500	500	500	500	500	250	150	（解散）				
2,400	2,400	2,400	2,400	7,170	7,170	7,200	7,200	7,200	7,200	3,253	3,253	（解散）
480	480	640	640	640	640	640	640	640	640	640	640	640
600	600	600	600	3,000	（共同合資に合併）							
50	50	50										
125	125	125	125	125	125	125	（売却）					
	500	625	775	1,025	1,150	750	875	925	975	1,050	1,050	1,050
			5,500	500	（退社）							
			2,000	9,438	265	（解散）						
			375	525	525	525	525	525	525	525	525	456
						700	700	3,500	3,500	3,500	7,525	8,600
										400	400	500
											1,788	3,400
74,400	74,826	68,567	47,715	47,815	37,092	40,408	42,043	44,743	43,993	42,858	49,383	48,699

帳」、明治44〜大正3年「台帳（甲号）」、大正4〜9年「台帳（甲号）」（以上、小栗家文書75-8、107-5、104-1、

（醤油）の取引先で売掛債権が多く、経営改革のため合資会社化して債権を出資に振り替えたもので、井本利吉名義
込んだ。銘柄の→は社名ないし組織の変更を示す。なお、銘柄名の(株)は組織変更を除いて省略した。半田倉庫合
洋紡績となった。日本缶詰合資は1905年に株式会社となる。金額については小数点第1位を四捨五入して、比率（%）
31日、1911年以降は8月31日。

和二）年設立）、東京山手電鉄（東京、一九二八年設立）、時事新報社（東京、一八八二（明治一五）年設立、慶應義塾系）、三菱銀行（東京）、満州興業（不明）、三重人造肥料（四日市、一九〇六（明治三九）年設立）の八社にすぎず、社数でも投資金額でも圧倒的部分を占めたのは、半田を中心とする知多郡内の地元企業であったことである。

しかも、投資を契機に小栗三郎が経営に参加したと想定される企業が、確認しうるかぎりで一五社（表1-1・2の○ないし※印を付した企業）に上っており、(8)非地元企業を除く投資先企業三三社のうち半数近くの企業経営に何らかのかたちで関与していた。

表１－１　小栗三郎家の有価証券投資残高Ⅰ

年 期末		1895 12/31	1896	1897	1898	1899	1900	1901	1902
共同合資	○※	4,500	5,500	5,500	4,500	4,500	4,500	4,500	5,000
半田倉庫合資→(株)	○※	2,400	2,400	3,840	4,800	4,800	4,800	4,800	4,800
亀崎銀行		1,355	2,305	1,060	2,140	2,140	2,140	2,140	2,140
日本海陸保険		30	30	30	40	40	45	57	74
愛知銀行			990	1,740	1,740	1,740	2,040	2,040	2,040
丸三麦酒	○		2,325	4,675	7,483	9,563	10,395	10,395	10,395
知多紡績→三重紡績→東洋紡績	○		2,100	4,375	10,500	14,000	14,000	45,797	45,797
知多航業				250	425	425	425	425	500
合資会社　東海石炭商会	○※			600	600	600	2,400	2,400	2,400
尾三農工銀行				50	160	320	480	480	480
丸共合資	○※				300	300	540	825	600
半田米穀商品株式取引所							550	495	(解散)
川七商店合資	○※							50	50
亀崎倉庫									125
日本缶詰合資→(株)	※								
亀崎醸酒合資	※								
満洲興業									
三重人造肥料									
知多瓦斯									
半田市場									
半田製氷									
合　計		8,285	15,650	22,120	32,688	38,428	42,315	74,403	74,400

（出所）　明治30～31年「台帳（第四号）」、明治32～33年「台帳（第五号）」、明治34～38年「台帳」、明治39～44年「台
75-10、325-２、326-１）より作成。

（注）　○を付した企業は小栗三郎が経営に参加した投資先、※は合資会社。ただし、川七商店は萬三商店支店
の形式を採った。三重人造肥料(株)は1915年５月に解散したが、帳簿上の損失計上（456円）は18年にずれ
資は1908年に株式会社、知多紡績は1907年に三重紡績に合併し、三重紡績は14年に大阪紡績と合併して東
については小数点第２位を四捨五入した（以下の本章中各表とも同じ）。年度末の期日は1910年までは12月

投資残高の推移を追うと、一九〇〇年代前半に七万四〇〇〇円強にまで拡大したが、丸三麦酒の減資（一九〇五（明治三八）年）や知多紡績株の売却（一九〇六・〇七（明治三九・四〇）年）を契機に一九〇〇年代後半以降は四万円台に減少・停滞し、株式投資ブームに沸いた第一次世界大戦期にも小栗家の投資残高は五万円程度で大きな伸びはみられなかった。

注目されるのは、一九二〇（大正九）年恐慌をきっかけに株価指数が戦後ブーム期、すなわち一九一九（大正八）年の水準から七五％近くも下落した一九二〇年代に、逆に小栗家の株式・合資会社投資残高は増加し続け、一九一九年の約七万九〇〇〇円から一九二

株式・合資会社出資（その２　1916～35年）

（単位：円）

1925	1926	1927	1928	1929	1930	1931	1932	1933	1934	1935	1936
31,000	31,000	31,000	15,860	15,860	15,860	15,860	15,860	15,860	15,860	15,860	15,860
11,250	11,250	11,250	11,250	11,250	11,250	11,250	11,250	11,250	13,500	13,500	13,500
（償却）											
10,740	10,740	12,240	12,240	12,240	12,240	12,240	12,240	12,240	12,240	12,240	12,240
21,675	21,675	24,060	24,060	24,060	24,060	24,060	24,060	24,060	24,060	27,410	27,410
725	725	725	725	725	725	725	725	725	725	725	725
1,369	1,369	1,369	1,369	1,369	1,369	1,369	1,369	1,369	1,369	1,369	1,369
58,800	58,800	68,600	68,250	68,250	78,000	78,000	78,000	78,000	78,000	87,750	97,500
400	400	400	400	400	400	400	800	800	800	800	800
6,296	6,296	6,296	6,296	6,296	6,296	6,296	（同社支配人に売却：代金2,025）				
595	595	595	595	595	595	350	350	350	350	150	150
5,400	5,800	5,800	5,800	5,800	5,800	5,800	5,800	5,800	5,800	5,800	5,800
9,500	9,500	9,500	9,500	9,500	9,500	9,500	9,500	9,500	9,500	9,500	9,500
225	225	225	225	225	225	225	225	225	225	225	225
10,000	24,000	28,000	28,000	28,000	28,000	28,000	28,000	28,000	28,000	28,000	28,000
1,250	250	（解散）									
	734,400	734,400	734,400	725,400	727,200	727,200	727,200	727,200	751,200	751,200	751,200
		400	400	400	400	380	360	350	320	300	300
		3,750	3,750	3,750	3,750	3,750	3,750	3,750	3,750	3,750	3,750
		4,400	7,155	8,100	8,100	8,775	8,775	8,775	8,775	8,775	8,775
		8,900	16,020	16,020	16,020	16,020	16,020	16,020	16,020	16,020	16,020
			24,250	48,500	97,000	147,500	147,500	172,250	198,475	223,475	223,475
			1,000	1,000	1,000	1,000	1,000	1,000	1,000	1,000	1,000
			838	1,340	1,340	1,340	1,340	1,340	3,350	（東洋紡に合併）	
			100	100	100	100	100	200	（減資のため同社へ売却）		
				625	625	875	2,250	2,500	2,500	2,500	2,500
				2,500	2,500	2,500	2,500	2,500	2,500	2,500	2,500
						50	110	170	230	275	275
							600	600	600	600	600
										500	500
169,225	917,025	951,910	972,482	992,305	1,052,355	1,103,565	1,099,684	1,124,834	1,179,149	1,214,224	1,223,974
合計値	182,625	217,510	238,082	266,905	325,155	376,365	372,484	397,634	427,949	456,664	472,774

～９年度「台帳（甲号）」（以上、小栗家文書326-１、60-２、57-１、57-３）より作成。

期日は８月31日。三重人造肥料(株)は1915年５月に解散したが、帳簿上の損失（456円）計上は1918年にずれ込んだ。

日本缶詰は1917年に名港土地に合併。知多瓦斯(株)は1918年に知多電気(株)に改称、22年に関西電気(株)に合併、

表１－２　小栗三郎家の有価証券投資残高Ⅰ

年 期末		1916 8/31	1917	1918	1919	1920	1921	1922	1923	1924
共同合資→共同運輸(株)	○※	11,375	11,375	11,375	15,500	20,150	20,150	20,150	20,150	31,000
半田倉庫	○※	7,950	7,950	7,950	11,250	11,250	11,250	11,250	11,250	11,250
亀崎銀行		50	50	50	50	50	50	50	50	50
愛知銀行		2,340	3,240	4,365	4,365	7,740	7,740	9,615	9,615	9,615
東洋紡績	○	13,050	14,610	14,670	15,175	21,675	21,675	21,675	21,675	21,675
尾三農工銀行→愛知県農工銀行		641	650	650	650	725	725	725	725	725
日本缶詰→名港土地		1,050	555	666	851	962	1,036	1,110	1,295	1,369
三重人造肥料		456	456	(1915年解散、18年償却)						
知多瓦斯→(注参照)→東邦電力		9,675	10,750	10,750	12,600	14,700	19,950	47,040	58,800	58,800
半田市場		500	500	700	400	400	400	400	400	400
半田製氷		3,400	4,946	4,946	4,946	6,296	6,296	6,296	6,296	6,296
東海電線				375	375	1,125	1,125	1,275	1,275	595
合資会社　郁文舎	※				3,300	3,600	3,900	3,900	3,900	3,900
三井銀行					9,500	9,500	9,500	9,500	9,500	9,500
尾三商会						225	225	225	225	225
半田臨港線	○								10,000	10,000
中央放電気機										
株式会社　萬三商店	○									
古川屋旅館										
中央信託										
昭和組合										
半田合同運送	○									
知多鉄道	○									
株式会社　名古屋新聞社										
昭和レーヨン										
東京山手電鉄										
時事新報社										
三菱銀行										
半田商工信用組合										
株式会社　古城館										
合資会社　近藤与一商店	※									
合　計		50,487	55,082	56,497	78,962	98,398	104,022	133,211	155,156	165,400
										＊萬三商店を除く

（出所）　大正４～９年「台帳（甲号）」、大正10～14年「台帳（甲号）」、大正15～昭和４年度「台帳（甲号）」、昭和５

（注）　○を付した企業は小栗三郎が経営に参加した投資先、※は合資会社（ゴシックは表１－１と重複）。年度末の共同合資は1918年に解散して同年に共同運輸株式会社設立。尾三農工銀行は1925年に愛知県農工銀行に改称。24年に東邦電力(株)に改称。

九（昭和四）年には二六万七〇〇〇円弱に、三・四倍近い急成長を示したことであろう[9]。

続く一九三〇年代前半に株価指数は若干回復するものの（一九三二（昭和七）年以降）、依然低水準を脱するには至らなかったが、小栗家の投資残高は知多鉄道株を中心に増加を続け、一九三六（昭和一一）年末には約四七万三〇〇〇円（一九二九（昭和四）年末の一・八倍）に拡大した。

このように、地元企業中心で事業経営に参加するケースが多く見られるという特徴は、小栗家の場合、①地域志向性（地域経済社会への貢献）と②事業志向性（事業内容自体への関心とそれに基づく事業への関与）に強く規定された投資活動が行われていたことを示唆している。

この点に関連して注目されるのは、廣海惣太郎家の事例と比較して、投資の収益性に対する感応度が低かったことである。廣海家の場合、第一次世界大戦期に株式市場の好調を承けて中央企業株への投資に大きく傾斜し、一九二〇年代には投資が抑制されるなど、常に株式市場の動向に同調しつつ、収益性を重視した投資行動がとられた。これに対して、小栗家の場合、株価指数の動き（収益性）と投資残高の動向は同調しないどころか、逆方向に大きく乖離していた。

また、例えば知多紡績会社への投資状況と事業への関与をみると、小栗三郎は同社設立（一八九六（明治二九）年）を目指す運動に積極的に関与し、設立後も投資額を増加させつつ経営陣に加わるなど、紡績事業に強い関心を示していた（第10章を参照）。しかし、三重紡績への合併（一九〇七（明治四〇）年）が決定的になると、一九〇六・〇七年に投資残高は四万六〇〇〇円近くから約一万一〇〇〇円へと激減し、保有株式の四分の三以上が売却処分された。後に詳しくみるように、創業後の知多紡績は事業が順調に進まず無配あるいは非常に低い水準の配当を続けたが、確認しうる限り、一九〇六（明治三九）年以降は二桁を超える比較的高い配当収益率を示すようになった（後掲表1-3・4参照）[10]。すなわち、知多紡績株の場合も、収益性の高さとは逆の投資行動がみられたのであり、その投資行動はむしろ紡績事業への関心に基づく経営関与の可否と整合的であったと考えられる。もちろん、投資を実行する以上、リターンをまったく考慮しないということはありえないが、同家の投資目的は少なくとも収益性に限定されていたわけではなかったこと、むしろ投資の決定は収益性以外の条件により強く影響されていたことが推察される。

(2)　投資リスク

続いて、投資のリスクという観点から小栗家の株式・合資会社投資を考察しよう。

第一に、すでに確認したように、出資の圧倒的部分は非上場の地元企業（株式・合資会社）であり、リスクの点では著しく流動性が低い資産であったことが特徴である。言い換えれば、倒産など企業経営の深刻な危機が予測されても、非上場株式や合資会社出資の場合、売却はほぼ不可能であり、損失を免れることも軽減することもできないという危険性を有していた。

第二に、地元の非上場企業株を所有していたということは、市場購入ではなく、企業創設時点から小栗三郎が当該株式を引き受けたことを意味する。合資会社への出資金もまた同様に創設時点で払い込まれたと考えられよう。こうした創設からの投資には、①投資の初期リスク（事業が軌道に乗るまで十分なリターンを得られない期間が生じるリスク）、②新規事業自体のリターンの不確実性（前例に乏しい事業のため、デフォルト＝債権回収不能となるケースも含め、投資の期待収益が不明確であるというリスク）が伴っていたと考えることができよう。加えて、すでに指摘したように、小栗三郎の投資行動が収益性やリスクに非感応的であったことは、こうした収益面での不確実性を増幅させる方向に作用したと想定される。

以上の事実は、小栗三郎家の株式・合資会社投資が、廣海家以上にリスクに制約されない特質を持っていたことを示唆するが、この点を確認しておこう。

収益率（その1　1895～1915年）

（単位：%）

1903	1904	1905	1906	1907	1908	1909	1910	1911 8/31	1912	1913	1914	1915
8.0	7.0	6.0	5.0	6.0	19.0	15.2	1.8	8.4	9.5	14.2	18.5	23.7
3.0	6.0	7.5	7.8	7.8	10.3	4.0	2.0	2.0	1.6	2.9	4.0	5.0
6.5	6.1	5.6	6.5	3.3	0.0	0.0	0.0	0.0	0.0	0.0	0.0	0.0
0.0												
5.0	5.1	5.7	7.1	7.9	7.9	7.9	7.9	7.9	7.9	8.1	8.1	8.3
1.0	1.0	1.6	8.2									
2.5	3.0	5.0	18.3	41.0	15.9	13.5	13.5	12.0	13.0	16.1	17.5	14.7
6.2	7.5	10.0	7.0	2.0	2.0	13.3						
20.0	20.0	105.0	40.0	21.3	16.0	15.5	15.0	7.5	16.0	11.7	0.0	
8.5	8.0	6.9	8.0	8.0	8.0	8.0	8.0	4.0	12.0	8.0	8.5	8.0
10.0	10.0	10.0	5.0	36.7	2.5							
0.0	4.5	3.8	8.0	9.0	10.1	5.0						
	0.0	0.0	…	…	…	…	…	…	0.0	0.0	0.0	0.0
0.0	0.0	0.0	0.0	0.0								
			0.0	0.0								
			0.0	0.0								
			0.0	0.0	0.0	0.0	0.0	0.0	0.0	0.0	13.1	0.0
						0.0	0.0	6.0	9.8	10.1	9.4	8.8
										0.0	0.0	0.0
											0.0	3.2

年は当期末の投資残高で除して算定した。△を付した企業はリスクの高い投資先（詳細は本文参照）。
は当該年1月1日～12月31日、1911年は1月1日～8月31日、1912年以降は前年9月1日～当該年8月

表1‐3・4には小栗家における株式、合資会社投資の投資先（銘柄）別配当収益率が示されている。この中から投資の初期リスク、新規事業のリスクが顕在化した事例（投資直後から無配ないし非常に低い配当率が継続した事例）、デフォルトリスクが発生しても流動性の欠如から保有し続けている事例（投資開始後、一定期間を経て配当収益率が極端に悪化し続けている事例）を抜粋すると（△印を付した企業）、投資先累計四一社のうち二一社（非地元企業を除くと一八社）にのぼっていたことが確認しうる。すなわち、投資先の半数以上でリスクが顕在化していたのである。

さらに、表1‐5に小栗家の株

表1－3　小栗三郎家所有株式の銘柄別

年 期末		1895 12/31	1896	1897	1898	1899	1900	1901	1902
共同合資		20.0	20.0	14.0	33.0	0.0	0.0	10.0	5.7
半田倉庫合資→(株)		1.2	1.6	0.0	5.6	7.0	3.5	5.3	5.0
亀崎銀行	△	0.9	4.7	10.6	10.0	7.5	7.5	7.5	7.0
日本海陸保険	△	0.0	0.4	12.0	6.9	0.0	0.0	0.0	0.0
愛知銀行				3.7	6.2	6.6	6.3	7.5	6.2
丸三麦酒	△			0.0	0.0	0.0	0.0	1.5	1.2
知多紡績→三重紡績→東洋紡績	△			0.0	0.0	0.0	1.0	0.0	1.5
知多航業				0.9	4.7	2.4	0.4	8.4	6.7
合資会社　東海石炭商会				0.0	5.0	0.0	10.0	25.0	22.5
尾三農工銀行				0.0	0.0	5.9	6.7	9.5	9.5
丸共合資					0.0	0.0	0.0	87.9	0.0
半田米穀商品株式取引所	△						0.0	0.0	
亀崎倉庫									0.0
日本缶詰合資→(株)	△								
川七商店合資	△							0.0	0.0
亀崎醸酒合資	△								
満洲興業	△								
三重人造肥料	△								
知多瓦斯									
半田市場	△								
半田製氷	△								

（出所）　表1－1と同じ。
（注）　…は不明、空欄は実績なし。収益率は当期配当収益を期中平均投資残高で除して算出。ただし、1895年度末の期日は1910年までは12月31日、1911年以降は8月31日。なお、収益率算定期間は、1910年まで31日。

式・合資会社投資先でキャピタルロス（減資差損、解散償却差損、合併差損など）がどの程度発生していたかを示した。同表によれば、投資先（累計）四一社のうち一三社（行の合計がマイナスになっている企業数）、すなわち三分の一近くの銘柄でキャピタルロスが発生していた。これらは流動性の欠如により小栗三郎家が最終的にデフォルトの被害に遭遇した事例と位置づけることができよう。

もっとも、一九一〇年代以降の損失額を合計しても八〇〇〇円弱であり、投資額に対する割合は低く、同期間累計では損失は東海石炭商会の解散益金や知多電気の合併差益によってカバーされていた。ただし、投資残高がまだ七万円程

収益率（その２　1916〜35年）

（単位：％）

1923	1924	1925	1926	1927	1928	1929	1930	1931	1932	1933	1934	1935
20.0	18.2	16.5	12.0	12.0	0.0	13.9	13.9	17.3	10.4	11.3	4.2	1.2
15.0	15.0	15.0	13.0	12.0	12.0	12.0	6.0	3.0	6.0	8.0	5.5	7.3
0.0	0.0											
10.6	10.6	10.0	12.7	9.0	8.8	8.8	8.8	7.8	7.8	7.8	7.8	7.8
27.5	25.0	25.0	25.0	25.0	25.0	25.0	22.5	20.0	18.0	18.0	23.0	21.9
8.7	8.5	7.0	7.0	7.5	7.5	7.5	7.2	7.0	7.0	7.0	7.0	7.0
10.1	10.2	12.0	16.0	16.0	12.0	10.0	8.0	5.8	4.6	4.0	4.1	4.1
10.4	12.0	12.0	12.0	11.8	10.0	10.0	9.3	7.9	7.0	5.0	5.5	6.7
10.0	10.0	12.0	12.0	12.0	12.0	17.0	15.0	10.0	40.0	8.4	10.0	10.0
6.4	0.0	0.0	0.0	0.0	0.0	0.0	0.0	0.0				
0.0	0.0	0.0	0.0	0.0	0.0	0.0	0.0	0.0	0.0	0.0	2.9	0.3
7.0	5.0	0.0	0.0	0.0	0.0	5.1	0.0	5.1	0.0	3.0	0.0	5.1
6.3	3.2	6.3	6.3	8.9	5.3	5.3	5.3	4.7	4.2	4.2	4.2	4.2
12.0	11.0	12.0	100.0	100.0	100.0	100.0	10.0	8.0	2.5	2.5	0.0	3.0
0.0	0.0	0.0	0.0	0.0	0.0	0.0	0.0	0.0	0.0	0.0	0.0	0.0
		0.0	0.0									
			0.0	0.0	0.0	8.0	6.0	0.0	0.0	3.5	0.0	2.0
				0.0	0.0	0.0	0.0	0.0	0.0	0.0	0.0	0.0
				0.0	0.0	2.5	5.0	5.0	5.0	5.0	5.0	5.0
				0.0	0.0	0.0	0.0	0.0	0.0	0.0	0.0	0.0
				0.0	2.4	8.0	8.0	5.3	5.3	5.3	6.0	8.0
					4.8	3.6	4.3	4.0	0.0	0.0	0.8	0.8
					0.0	0.0	0.0	0.0	0.0	0.0	0.0	0.0
					0.0	0.0	6.0	7.5	7.5	11.0	14.0	
					0.0	0.0	5.0	2.5	0.0	0.0		
						0.0	2.4	0.0	0.0	0.0	0.0	0.0
						0.0	2.9	5.0	4.5	4.0	4.0	4.0
								0.0	0.0	0.0	0.0	0.0
									0.0	0.0	0.0	0.0
												0.0

い投資先（詳細は本文参照、ゴシックは表１－３と重複）。年度末の期日は８月31日。収益率算定期間は前年

表1－4　小栗三郎家所有株式の銘柄別

年 期末		1916 8/31	1917	1918	1919	1920	1921	1922
共同合資→共同運輸(株)		26.4	23.7	21.1	68.5	32.2	29.2	0.0
半田倉庫		8.0	10.0	8.0	11.0	8.0	20.0	10.0
亀崎銀行	△	0.0	0.0	0.0	0.0	0.0	0.0	0.0
愛知銀行		8.6	8.7	7.6	9.5	9.2	9.7	9.0
東洋紡績	△	17.6	30.8	49.4	60.0	51.5	29.5	30.0
尾三農工銀行→愛知県農工銀行		8.0	8.1	8.0	8.0	7.7	8.2	8.5
日本缶詰→名港土地	△	0.0	0.7	4.4	4.8	4.8	4.9	7.8
三重人造肥料	△	0.0	0.0	0.0				
知多瓦斯→知多電気→関西電気→東邦電力		8.2	10.6	12.0	10.8	14.3	14.4	16.3
半田市場	△	0.0	0.0	0.0	0.0	0.0	10.0	10.0
半田製氷	△	0.0	0.0	5.5	0.0	0.0	0.0	5.4
東海電線	△			3.0	8.4	16.2	4.9	2.3
合資会社　郁文舎					0.0	6.8	0.0	7.0
三井銀行					0.0	4.0	5.3	5.8
株式会社　尾三商会						4.4	4.2	17.0
半田臨港線	△							
中央放電気機	△							
株式会社　萬三商店								
古川屋旅館	△							
中央信託								
昭和組合	△							
半田合同運送								
知多鉄道								
株式会社　名古屋新聞社	△							
昭和レーヨン								
東京山手電鉄	△							
時事新報社	△							
三菱銀行								
半田商工信用組合	△							
株式会社　古城館	△							
合資会社　近藤与一商店								

（出所）表1－2と同じ。
（注）空欄は実績なし。収益率は当期配当収益を期中平均投資残高で除して算出。△を付した企業はリスクの高
9月1日～当該年8月31日。

ゲインおよびロス（株式、合資会社出資）

（単位：円）

1912	1914	1915	1918	1922	1925	1931	1932	1934	1935	合計
										−78
										−70
										−7,270
										24,814
										348
										−400
										−265
										−343
−800 *減資差損		−150 *減資差損			−50 *出資残の償却					−2,140
										−87
	5,459 *解散利益分配									5,459
			−456[1] *解散損失金							−456
			−300 *減資差損							−300
				4,550 *合併差益						4,550
				−680 *減資差損		−238[2] *売却差損			−200 *減資差損	−1,118
							−4,281[3] *売却差損			−4,281
								−140[4] *売却差損		−140
−800	5,459	−150	−756	3,870	−50	−238	−4,281	−140	−200	18,223

定期間は1910年までは当該年１月１日〜12月31日、1911年は１月１日〜８月31日、1912年以降は前年９月１日〜

表1－5　小栗三郎家所有有価証券のキャピタル

年 期末	1902 12/31	1904	1905	1906	1907	1908	1909	1910	1911 8/31
半田米穀商品株式取引所	－78 *解散欠損								
日本海陸保険株式会社		－70 *解散欠損							
丸三麦酒株式会社			－7,795 *減資差損	525 *売却益					
知多紡→三重紡				14,953 *売却益	9,860 *売却益				
半田倉庫合資→(株)						348 *(株)改組解散益			
日本缶詰合資→(株)							－400 *減資差損		
満洲興業株式会社							－265 *解散欠損		
知多航業株式会社							－250 *減資差損		－93 *解散欠損
株式会社亀崎銀行								－1,140 *減資差損	
亀崎倉庫株式会社								－87 *買収合併につき売却差損	
合資会社東海石炭商会									
三重人造肥料株式会社									
半田市場株式会社									
知多電気→関西電気									
東海電線株式会社									
半田製氷株式会社									
東京山手電鉄株式会社									
年度　合計	－78	－70	－7,795	15,478	9,860	348	－915	－1,227	－93

(出所)　表1－1・2と同じ。

(注)　1）同社の解散は1915年5月だが、帳簿上の損失処理は18年に実施。

2）所有株式のうち新株のみ同社に売却。帳簿価格245円と売却価格7円との差損。

3）所有株式を同社支配人に売却。帳簿価格6,296円と売却価格2,025円との差損。

4）減資のため、所有株式を同社に売却。帳簿価格200円と売却価格60円との差損。

5）年度末の期日は1910年までは12月31日、1911年以降は8月31日。なお、キャピタルゲインないしロスの算当該年8月31日。

度にすぎなかった一九〇五（明治三八）年度に生じた丸三麦酒の合併差損約七八〇〇円は、小栗三郎家としてもかなり大きな痛手であり、丸三麦酒における経営危機の深化と後述の小栗家におけるリスク管理システムの形成（一九〇三（明治三六）年）が、時期的にほぼ重なっていたのは偶然の一致ではないと考えられる。

(3) 投資行動の特徴

以上の検討から、改めて小栗三郎家の株式・合資会社投資行動の特徴をまとめると、第一に収益志向よりも事業志向（事業自体への関心と経営参加）、地域志向（地域利害への関心）に強く規定された行動がとられていたことが指摘できる。この点では同じく肥料商であった大阪府貝塚の廣海惣太郎家がとった収益重視の投資行動と大きな相違がみられた。この違いは第一次世界大戦期の株式ブームに対する両家のレスポンスの差にも現われている。すなわち、廣海家では利益を求めて非地元企業（中央企業）株に対する投資を急増させたのに対して、小栗家の場合、非地元企業（中央企業）株投資はみられず、地元企業株に対する追加投資のペースが特に加速したわけでもなかった[11]。

第二の特徴は、小栗三郎家がリスクに非感応的で、結果的に株式・合資会社投資においてリスキーな投資行動をとり続けていた点である。これは収益性よりも事業内容や地域貢献を重視した投資行動の結果とも言えよう。実際、投資先の半分以上で投資の初期リスクや新規事業リスクに直面し、さらに流動性の欠如から差損を生じるに至ったケースも投資先の三分の一近くにのぼっていた。にもかかわらず、小栗三郎家は株式・合資会社投資の局面では継続してリスクを受容し続けたのである。

廣海惣太郎家の場合、地元企業投資にあたっては、共同出資者の顔触れや事業計画の内容を検討し、投資のリターンの確実性について入念なスクリーニングを行っていたことが指摘されており[12]、実際、同家保有の地元企業株でのデフォルト事例は非常に少なかった。この点で廣海家の株式投資はリスク管理に則ったかたちで実行されていたのであり、株式・合資会社投資の局面に限定した場合、小栗三郎家はリスクに非感応的で、結果的に廣海家以上にリスクを幅廣く受容した投資行動をとり続けていたと考えられるのである。

第2節　公社債投資

(1)　投資残高

小栗三郎家の公社債銘柄別投資残高（取得額ベース）は表1－6・7に示されている。以下、同表に従って、公社債投資残高の動きを追跡しよう。

まず、一九〇三（明治三六）年までは軍事公債一四〇〇円しか所有していなかったが、一九〇四・〇五年に公債の買い増しを行った結果、残高は一挙に約一万八〇〇〇円まで増加したことがわかる。もっとも、その後、第一次大戦期までは一万円〜一万五〇〇〇円前後の水準で投資は停滞気味に推移しており、投資先も公債が圧倒的なウェイトを占め、金融債の購入がわずかな比率を占めるという状況であった。

小栗三郎家の公社債投資が本格化するのは第一次大戦期以降、特に戦後ブーム以降であった。公債への投資額は大戦末の一九一八（大正七）年には四万円近くに倍増したが、戦後はさらに成長を加速して二五年に一四万円に達した。他方、社債投資は一九一九（大正八）年の戦後ブーム期に本格化したが、このとき日本興業銀行債券と北海道拓殖銀行債券に対して一挙に合計約一一万円六〇〇〇円もの投資を行ったのを皮切りとして、朝鮮殖産銀行債券、東洋拓殖株式会社債券などの銘柄を加えつつ短期間に集中的な投資が行われ、ピークの二三・二四年には二九万円を超える残高を記録するに至った。こうした急速な社債投資への傾斜は、公債と同様にデフォルトリスクは低いにもかかわらず、

公社債投資（その１　1896～1915年）

（単位：円）

1905	1906	1907	1908	1909	1910	1911 8/31	1912	1913	1914	1915
1,400	1,400	1,400	1,400	1,400	（償還済1400）					
760	760	760	（償還済800）							
5,520	5,520	5,520	5,520	2,520	（09年償還3,000、10年償還3,023）					
4,416	4,416	4,416	4,416	4,416	4,416	（償還4,840）				
923	（償還1,025）									
5,130	（償還5,700）									
	5,938	5,938	5,938	5,938	5,938	5,938	88	88	88	（償還済400）
84	84	84	84	84	（償還100）					
						4,298	4,298	4,298	4,298	4,298
						1,019	7,612	7,612	10,346	10,346
						1,000	1,000	1,000	1,000	1,000
										2,880
100	120	110	160	160	160	160	160	160	150	140
		20	20	20	20	20	20	20	20	20
								1,433	1,433	1,433
18,333	18,238	18,248	17,538	14,538	10,534	12,434	13,177	14,610	17,334	20,116
18,233	18,118	18,118	17,358	14,358	10,354	12,254	12,997	12,997	15,731	18,524
100	120	130	180	180	180	180	180	1,613	1,603	1,593

実績なし。年度末の期日は1910年まで12月31日、1911年以降は８月31日。

後述のように社債の実質利回りの水準は公債に比して一段高かったためであろう。この社債投資を中核とした大戦期以降の公社債投資の急成長の結果、一九二〇年代前半の公社債投資のピーク期（二三〜二五年）に投資残高は合計四〇万円近くにまで膨らんだ。公債投資が本格的に増加し始めた大戦開戦期（一四年）の投資残高約一万七三〇〇円と比較すれば、約一〇年間で公社債に対する投資残高は約二二〜二三倍に急成長したことになる。

ただし、注目されるのは、この急速に膨張した公社債投資が一九二〇年代後半から三〇年代前半に大きく減少していくことである。特に社債投資残高の減少は極端であり、一九二〇年代前半のピーク期（二三・二四年）の三〇万円近くという実績から二〇年代末（二九（昭和四）年）には五万円弱となり、さらに三五年にはわずか九四〇

表1-6　小栗三郎家の有価証券投資残高Ⅱ

年 期末	1896 12/31	1897	1898	1899	1900	1901	1902	1903	1904
軍事公債	1,400	1,400	1,400	1,400	1,400	1,400	1,400	1,400	1,400
国庫債券第1回									760
国庫債券第2回									2,820
国庫債券第3回									576
国庫債券第4回									
国庫債券第5回									
臨時事件公債									
整理公債									
4分利公債									
5分利公債									
愛知県公債									
東京市電気事業短期公債									
勧銀貯蓄債券									10
勧銀勧業債券									
第27回日本興業銀行債券									
公社債合計	1,400	1,400	1,400	1,400	1,400	1,400	1,400	1,400	5,566
うち公債	1,400	1,400	1,400	1,400	1,400	1,400	1,400	1,400	5,556
うち社債、銀行債	0	0	0	0	0	0	0	0	0

（出所）　表1-1と同じ。
（注）　表の上段（二重罫線より上）の銘柄は公債、下段（二重罫線より下）の銘柄は社債、金融債。空欄は

〇円、ピークの三〇分の一に激減した。これに対して、公債投資額は一九二〇年代半ば過ぎに一時的に減少したものの、その後は回復して三〇年代初頭（三一年）には約一八万五〇〇〇円というピークを記録した。その後一九三〇年代半ばまでは再び一三万〜一四万円近くに停滞したが、社債の激減ぶりとは相当異なる動きを示した。もっとも、公社債投資全体の残高は、ピーク時に大きなウェイトを占めた社債投資残高の激減を承けて、一九二〇年代前半の約四〇万円という水準から減少を続け、三五年には一四万三〇〇〇円、三分の一近くに落ち込んだ。

(2)　株式・合資会社投資残高との比較

まず、表1-8の小栗三郎家有価証券投資種類別残高から有価証券投資全体の趨勢を追っておこう。有価証券投資の総計をみ

公社債投資（その２　1916～36年）

（単位：円）

1925	1926	1927	1928	1929	1930	1931	1932	1933	1934	1935	1936
4,298	4,298	4,298	4,298	4,298	4,298	4,298	4,298	4,298	4,298	4,298	4,298
10,346	8,346	8,346	8,346	8,346	8,346	8,346	8,346	8,346	8,346	8,346	8,346
1,758	1,758	1,758	1,758	1,758	1,758	（償還済1,850）					
97	97	97	（償還済100）								
8,010	8,010	6,510	6,510	5,510	5,010	5,010	5,010	3,010	（償還済4,000）		
2,780	2,780	（償還済3,000）									
9,000）											
5,000）											
19,948	（償還済21,000）										
28,275	28,275	（償還済30,000）									
7,161	7,161	（償還済7,700）									
1,661	1,661	1,661	（償還済1,800）								
8	8	8	8	8	（償還済200）						
9,192	（償還済9,550）										
5,088	5,088	5,088	5,088	（償還済5,500）							
45,875	45,875	45,875	45,875	45,875	45,875	45,875	（償還済50,000）				
	9,150	9,150	9,150	9,150	9,150	9,150	9,150	9,150	9,150	9,150	（償還済10,000）
				92,850	92,850	92,850	92,850	92,850	92,850	92,850	92,850
						19,300	19,300	19,300	19,300	19,300	19,300
											10,000
25	（償還済25）										
20	20	20	20	20	20	20	20	20	20	20	20
（償還済89,500）											
93,500	93,500	93,500	93,500	（償還済100,000）							
1,000	1,000	1,000	1,000	（償還済1,000）							
19,000	18,000	（償還済18,000）									
		18,000	18,000	（償還済18,000）							
29,400	（償還済30,000）										
28,800	28,800	28,800	28,800	（償還済30,000）							
20,000）											
20,000	（償還済20,000）										
20,000	20,000	（償還済20,000）									
20,000	20,000	20,000	（償還済20,000）								
5,000	5,000	5,000	（償還済5,000）								
	20,000	20,000	20,000	（償還済20,000）							
			20,000	20,000	20,000	20,000	20,000	（償還済20,000）			
4,200）											

表1－7　小栗三郎家の有価証券投資残高Ⅱ

年 期末	1916 8/31	1917	1918	1919	1920	1921	1922	1923	1924
4分利公債	4,298	4,298	4,298	4,298	4,298	4,298	4,298	4,298	4,298
5分利公債	10,346	10,346	10,346	10,346	10,346	10,346	10,346	10,346	10,346
愛知県公債	1,000	1,000	(償還済1,000)						
東京市電気事業短期公債	2,880	(償還済3,000)							
鉄道債券	1,758	1,758	1,758	1,758	1,758	1,758	1,758	1,758	1,758
特別5分利付公債		97	97	97	97	97	97	97	97
大阪市第3回電気鉄道公債		9,010	9,010	9,010	9,010	9,010	9,010	9,010	8,510
京都市第3回公債		150	3,780	3,780	3,780	3,780	3,780	3,780	2,780
朝鮮事業費国庫債券			1,552	1,552	1,552	1,552	1,552	(償還済1,625)	
ろ号5分利国庫債券			1,905	1,905	1,905	1,905	1,905	(償還済2,000)	
は号臨時国庫債券			6,050	10,643	10,643	(償還済11,000)			
は号5分利国庫債券				6,738	6,738	6,738	(償還済7,000)		
ほ号5分利付国庫債券				8,573	8,573	8,573	8,573	8,573	(償還済
ち号臨時国庫債券					4,750	4,750	4,750	4,750	(償還済
を号臨時国庫債券						15,423	19,948	19,948	19,948
の号5分利付国庫債券							28,275	28,275	28,275
元号5分利国庫債券							7,161	7,161	7,161
ひ号5分利付国庫債券								1,661	1,661
第3回5分利付国庫債券								2,008	2,008
第9回5分利付国庫債券									9,192
第13回5分利付国庫債券									5,088
第17回5分利付国庫債券									
第27回5分利付国庫債券									
第49回国庫債券									
第57回国庫債券									
い号3分半利付国債									
勧銀貯蓄債券	135	125	125	125	120	120	120	120	120
勧銀勧業債券	20	20	20	20	20	20	20	20	20
第27回日本興業銀行債券	1,433	1,433	1,433	1,433	1,433	1,433	(償還済1,500)		
第2回日本興業銀行債券				84,578	84,578	84,578	84,578	84,578	84,578
第3回日本興業銀行債券								93,500	93,500
北海道拓殖銀行債券（第36回）				1,000	1,000	1,000	1,000	1,000	1,000
北海道拓殖銀行債券（第64回）						600	20,000	20,000	20,000
北海道拓殖銀行債券（第95回）									
東洋拓殖株式会社債券				29,400	29,400	29,400	29,400	29,400	29,400
東洋拓殖株式会社債券（第37回）									
朝鮮殖産銀行債券（第7回）					600	19,400	19,400	19,400	(償還済
朝鮮殖産銀行債券（第9回）						20,000	20,000	20,000	20,000
朝鮮殖産銀行債券（第16回）							20,000	20,000	20,000
朝鮮殖産銀行債券（第30回）									20,000
朝鮮殖産銀行債券（第39回）									
朝鮮殖産銀行債券（第49回）									
朝鮮殖産銀行債券（第66回）									
知多電気株式会社社債						3,360	3,360	3,360	(償還済

1925	1926	1927	1928	1929	1930	1931	1932	1933	1934	1935	1936
2,000	2,000	2,000	（償還済2,000）								
1,000	1,000	1,000	（株式振替1,000）								
1,000	1,000	（償還済1,000）									
							9,440	9,440	9,440	9,440	9,440
				28,800	28,800	28,800	18,800	18,800	（償還済20,000）		
750	750	750	750	750	750	750	750	100	（償還済100）		
385,989	333,574	272,858	263,101	217,364	216,856	234,399	187,964	165,314	143,404	143,404	144,254
144,494	122,504	82,788	81,031	167,794	167,286	184,829	138,954	136,954	133,944	133,944	134,794
241,495	211,070	190,070	182,070	49,570	49,570	49,570	49,010	28,360	9,460	9,460	9,460

債は政府保証の債券なので公債に含めた。空欄は実績なし。年度末の期日は8月31日。

ると、日露戦後から第一次大戦までは減少ないし停滞的に推移したが、大戦期には増加に転じていること、また一九一八（大正七）年から一九年にかけて九万七〇〇〇円近くから約二五万四〇〇〇円へと一挙に二・六倍の激増をみたことがわかる。日露戦後の減少は株式投資における知多紡績株の売却と丸三麦酒の減資・合併に起因しており、その後の大戦にかけての停滞は、一九〇七（明治四〇）～一三年の新規投資先がわずか二社（知多瓦斯株式会社、半田市場株式会社）、新規投資残高の合計も三九〇〇円（一九一三年末）にすぎなかったという投資活動の低迷に規定されていた（表1-1・2を参照[13]）。また、一九一九年の激増は既述のように社債投資が一挙に約一一万六〇〇〇円という規模で開始されたことを反映していた。

続いて、戦後ブーム期以降の有価証券投資総額をみると、一九二〇年代前半も増加を続けており、二四年に五六万円近くに達している。一九二〇年代後半には五〇万円前後に若干減少するが、三〇年代には再び増加して五五万～六〇万円前後の水準（二六年以降は萬三商店を除く実績を参照）を保っていた。

他方、この間の株式・合資会社投資と公社債投資のウェイトをみると、日露戦争まではほぼすべてが株式・合資会社投資であり、日露戦後に公債投資が本格化しても公債は二～三割程度を占めたにすぎず、大戦期までは株式投資が圧倒的なウェイトを占めていた。しかし、大戦期に公債投資が増加し、

年 期末	1916 8/31	1917	1918	1919	1920	1921	1922	1923	1924
尾三農工銀行債券→愛知県農工銀行債券							2,000	2,000	2,000
株式会社　名古屋新聞社社債								1,000	1,000
(社)名古屋放送局局債→(社)日本放送協会東海支部債									
第31回南満州鉄道社債									
第105回勧銀勧業債券									
慶應義塾塾債									
公社債合計	21,869	28,235	40,372	175,252	180,597	228,137	301,328	396,039	392,736
うち公債	20,281	26,658	38,795	58,697	63,447	68,227	101,451	101,662	101,119
うち社債、銀行債	1,588	1,578	1,578	116,555	117,150	159,910	199,878	294,378	291,618

(出所)　表1-2と同じ。
(注)　表の上段（二重罫線より上）の銘柄は公債、下段（二重罫線より下）の銘柄は社債、金融債。ただし、鉄道

一九一九年に巨額の社債投資が行われた結果、株式と公社債のウェイトが逆転して公社債を中核とする有価証券保有構造に転換した。以後一九二〇年代半ばまでは公社債投資が七割前後のウェイトを占め続けた。

もっとも、この保有構造は定着せず、一九二〇年代後半以降は、前述した社債投資の激減と知多鉄道株を中心とする株式投資の大幅な増加によって再び株式・合資会社投資を中心とする保有構造への回帰が進行した。一九二九（昭和四）年には再度逆転して株式・合資会社投資が有価証券投資残高の約五五％を占めるようになり、三六年には約七七％に達した。

先行研究では、[14]分析対象時期を萬三商店が株式会社化された一九二六年までに限定したために、公社債保有比率の高さからリスク回避的な投資行動を小栗三郎家の特質と捉えたが、分析時期を延長すれば、公社債保有比率の高さは戦後ブーム期から二〇年代前半の限られた時期に観察される事象にすぎなかったことがわかろう。

(3)　投資リスクと収益性

続いて、公社債投資のリスクとリターンについて検討しよう。まず、理論的に言えば、自国公債は為替リスクすらない最も安全な資産であり、社債の場合には、デフォルトリスクは皆無とは言えないが、大手企業や金融機関の発行する社債を選択購入すれば、リスクは定期預金並に低く抑えることがで

表1－8　小栗三郎家の有価証券投資残高Ⅲ　種類別

（単位：円）

年（期末）	公社債 a	株式・出資金 b		有価証券総計 d		比率（%）		萬三商店を除く比率（%）	
		b	萬三商店分除く c	d	萬三商店分除く e	a/d	b/d	a/e	c/e
1895	1,400	8,285		9,685		14.5	85.5		
1896	1,400	15,650		17,050		8.2	91.8		
1897	1,400	22,120		23,520		6.0	94.0		
1898	1,400	32,688		34,088		4.1	95.9		
1899	1,400	38,428		39,828		3.5	96.5		
1900	1,400	42,315		43,715		3.2	96.8		
1901	1,400	74,403		75,803		1.8	98.2		
1902	1,400	74,400		75,800		1.8	98.2		
1903	1,400	74,400		75,800		1.8	98.2		
1904	5,566	74,826		80,392		6.9	93.1		
1905	18,333	68,567		86,899		21.1	78.9		
1906	18,238	47,715		65,953		27.7	72.3		
1907	18,248	47,815		66,063		27.6	72.4		
1908	17,538	37,092		54,630		32.1	67.9		
1909	14,538	40,408		54,945		26.5	73.5		
1910	10,534	42,043		52,576		20.0	80.0		
1911	12,434	44,743		57,177		21.7	78.3		
1912	13,177	43,993		57,170		23.0	77.0		
1913	14,610	42,858		57,468		25.4	74.6		
1914	17,334	49,383		66,717		26.0	74.0		
1915	20,116	48,699		68,815		29.2	70.8		
1916	21,869	50,487		72,355		30.2	69.8		
1917	28,235	55,082		83,317		33.9	66.1		
1918	40,372	56,497		96,869		41.7	58.3		
1919	175,252	78,962		254,214		68.9	31.1		
1920	180,597	98,398		278,995		64.7	35.3		
1921	228,137	104,022		332,159		68.7	31.3		
1922	301,328	133,211		434,539		69.3	30.7		
1923	396,039	155,156		551,195		71.9	28.1		
1924	392,736	165,400		558,136		70.4	29.6		
1925	385,989	169,225		555,213		69.5	30.5		
1926	333,574	917,025	182,625	1,250,599	516,199	26.7	73.3	64.6	35.4
1927	272,858	951,910	217,510	1,224,768	490,368	22.3	77.7	55.6	44.4
1928	263,101	972,482	238,082	1,235,584	501,184	21.3	78.7	52.5	47.5
1929	217,364	992,305	266,905	1,209,669	484,269	18.0	82.0	44.9	55.1
1930	216,856	1,052,355	325,155	1,269,211	542,011	17.1	82.9	40.0	60.0
1931	234,399	1,103,565	376,365	1,337,964	610,764	17.5	82.5	38.4	61.6
1932	187,964	1,099,684	372,484	1,287,648	560,448	14.6	85.4	33.5	66.5
1933	165,314	1,124,834	397,634	1,290,148	562,948	12.8	87.2	29.4	70.6
1934	143,404	1,179,149	427,949	1,322,553	571,353	10.8	89.2	25.1	74.9
1935	143,404	1,214,224	456,664	1,357,628	600,068	10.6	89.4	23.9	76.1
1936	144,254	1,223,974	472,774	1,368,228	617,028	10.5	89.5	23.4	76.6

（出所）　表1－1・2と同じ。

（注）　萬三商店を除く比率は、萬三商店株を除いた有価証券投資残高に対する比率。年度末の期日は1910年までは12月31日、1911年以降は8月31日。

きた。また、地元企業株式と異なり、公社債は流動性も高いので、その点でもリスク・コントロールが可能であった。

次に小栗三郎家が購入した公社債の利回りをみると、公債の見かけ上の年利は額面の四～五％（五％が圧倒的に多い）、社債の年利は額面の五・五～八％（地方企業、植民地銀行債券が八％）であった。ただし、公債も社債も小栗家の取得価格は額面を下回るケースが多く、実際の利回り実績（配当／取得額）はより高い水準にあった。さらに取得価格の低さは償還時に償還益（＝額面価格－取得価格）をもたらした。表１－６・７（前掲）には各銘柄の償還時点で受け取った金額を「償還済・金額」として表示したが、帳簿残高（取得額）と比較すれば、多くのケースで償還益が発生していたことを確認しうる。もちろん償還益がわずかな額にすぎなかった場合もあるが、例えば、一九二九（昭和四）年に償還された第三回日本興業銀行債券をみると、取得額（簿価）九万三五〇〇円に対し、償還額は一〇万円であり、六五〇〇円という大きな償還益を手にしていた。

表１－９・10には公社債の銘柄別の配当収益および償還益、公債・社債全体の配当収益率および総合収益率（配当＋償還益）を示した。

まず、公社債投資が本格化した大戦期以降をみると、大戦期・戦後ブーム期の公社債の総合収益率は四～六％であり、同時期の高い物価上昇率を考えると、十分な収益を確保できていなかったといえる（実質利回りはマイナス）。一九二〇年代前半になると、社債の高い収益率と社債投資額のウェイトの上昇を承けて、公社債の総合収益率は六～八％に上昇した。一九二〇年代後半以降は公社債投資額の減少により収益額は漸減するが、収益率は安定していた。特に一九三〇年代の恐慌期（三〇～三二年）にも、五～八％という高い公債総合収益率を背景として、公社債投資の総合収益率は五～七％を維持していた。同表に参考として掲げた小栗三郎家の株式投資収益率（配当収益率）と比較すれば、一九三〇年代における公社債（中心は公債）収益率の安定した高さが窺われよう。一九二〇年代にはデフレが進行したこと、さらに三〇年代初頭には恐慌下で物価が大幅に低落したことを勘案すれば、公社債投資は実質利回

公社債投資（その１　1896～1915年）

（単位：円、収益率は％）

1904	1905	1906	1907	1908	1909	1910	1911 8/31	1912	1913	1914	1915
69	69	69	69	69	70	35					
		313	313	313	313	313	156	180	20	20	13
15	40	40	40	80							
	227	300	300	300	312	75					
	174	240	240	240	240	240	120				
	40	20									
	28	297									
	5	5	5	5	5	2					
						142	79	182	182	182	182
						25	25	225	400	400	550
							16	49	49	50	50
	0	3	3	4	5	5	3	2	18	5	5
			0	0		2				2	
										86	90
83	583	1,283	966	1,006	940	831	397	636	651	738	885
0	0	3	3	4	5	7	3	2	18	93	95
83	583	1,286	969	1,010	945	838	400	638	669	831	980
2.4	4.9	7.1	5.3	5.7	5.9	6.7	3.5	5.0	5.0	5.1	5.2
—	0.6	2.5	2.8	2.3	2.7	3.9	1.8	0.8	2.0	5.8	5.9
2.4	4.9	7.0	5.3	5.6	5.9	6.7	3.5	5.0	4.8	5.2	5.2
0	0	673	0	40	0	603	424	0	0	0	313
0	0	0	0	0	0	0	0	0	0	0	0
0	0	673	0	40	0	603	424	0	0	0	313
2.4	4.9	10.8	5.3	5.9	5.9	11.6	7.3	5.0	5.0	5.1	7.0
—	0.6	2.5	2.8	2.3	2.7	3.9	1.8	0.8	2.0	5.8	5.9
2.4	4.9	10.7	5.3	5.9	5.9	11.5	7.2	5.0	4.8	5.2	6.9
3.4	3.8	8.4	11.2	10.2	11.1	10.7	7.5	7.5	11.1	11.6	12.1

高（前年末残高と今期末残高の平均）で除して算定。年度末の期日は1910年までは12月31日、1911年は１月１日～８月31日、1912年以降は前年９月１日～当該年８月31日。

表1－9　小栗三郎家の有価証券投資収益Ⅱ

年 期末	1896 12/31	1897	1898	1899	1900	1901	1902	1903
軍事公債	35	70	70	70	70	70	69	69
臨時事件公債								
第1回国債								
第2回国債								
第3回国債								
第4回国債								
第5回国債								
整理公債								
第1回4分利公債								
5分利公債								
愛知県公債								
貯蓄債券								
勧業債券								
第27回日本興業銀行債券								
公債配当額	0	70	70	70	70	70	69	69
社債配当額	0	0	0	0	0	0	0	0
配当総計（公社債）	0	70	70	70	70	70	69	69
公債配当収益率	0.0	5.0	5.0	5.0	5.0	5.0	4.9	4.9
社債配当収益率	—	—	—	—	—	—	—	—
配当収益率（公社債）	0.0	5.0	5.0	5.0	5.0	5.0	4.9	4.9
公債償還益	0	0	0	0	0	0	0	0
社債償還益	0	0	0	0	0	0	0	0
償還益総計（公社債）	0	0	0	0	0	0	0	0
公債収益率（配当、償還益）	2.5	5.0	5.0	5.0	5.0	5.0	4.9	4.9
社債収益率（配当、償還益）	—	—	—	—	—	—	—	—
収益率（公社債）	2.5	5.0	5.0	5.0	5.0	5.0	4.9	4.9
参考：株式収益率（配当）	11.4	9.4	5.3	8.1	1.8	1.9	3.9	2.8

（出所）　表1－1と同じ。

（注）　空欄は実績なし。1901年軍事公債の数値は前後の年度からみた推計値。収益率は期中平均残
1911年以降は8月31日。なお収益（率）算定期間は、1910年までは当該年1月1日～12月31日、

公社債投資（その２　1916～36年）

（単位：円、収益率は％）

1923	1924	1925	1926	1927	1928	1929	1930	1931	1932	1933	1934	1935
182	182	182	182	182	182	182	182	182	182	182	182	182
550	550	550	450	450	450	450	450	450	450	450	450	450
5	5	5	5	5	3							
93	93	93	93	93	93	93	93	9				
500	475	450	450	450	375	375	325	300	300	275	177	
220	193	165	165	83								
41												
100												
第27回５分利付国庫債券			261	500	500	500	500	500	500	500	500	500
450	225											
250	250			第49回国庫債券		504	5,090	5,000	5,000	5,000	5,000	5,000
1,050	1,050	1,050	1,050									
1,500	1,500	1,500	1,500	1,125								
393	385	385	385	193								
49	90	90	90	90	68							
0	112	110	10	10	10	10	8					
	246	477	239				第57回国庫債券		1,160	1,000	1,000	1,000
	0	294	275	275	275	69						
		1,320	2,500	2,500	2,500	2,500	2,500	2,500	625			
1	4	4	1									
2			2			2			2			
4,923	4,923	3,483										
0	5,499	6,000	6,000	6,000	6,000	6,510						
70	70	70	70	70	70	35						
1,400	1,400	1,365	1,295	630								
				630	1,260	630						
1,950	1,950	1,950	1,212									
		1,050	2,100	2,100	2,100	1,050						
1,600	800	朝鮮殖産銀行債券（第66回）			0	1,216	1,200	1,200	1,200	1,576		
1,600	1,600	1,600	1,600									
1,626	1,600	1,600	1,600	1,600								
	1,251	1,600	1,600	1,600	1,216							
		200	400	400	400							
			0	1,400	1,400	1,400						
336	168			第105回勧業債券		495	1,650	1,650	1,650	1,100	550	
154	154	154	154	154	77							
0	60	80	80	80	40	第31回南満州鉄道社債			234	550	550	550
		0	97	100								
		0	38	38	38	38	38	38	38	38	5	

表1-10　小栗三郎家の有価証券投資収益Ⅱ

年 期末	1916 8/31	1917	1918	1919	1920	1921	1922
第1回4分利付	182	182	182	182	182	182	182
5分利公債	550	550	550	550	550	550	550
特別5分利付公債		0	5	5	5	5	5
鉄道債券	0	93	93	93	93	93	93
愛知県公債	50	50	42				
東京市公債	150	195					
大阪市第3回電気鉄道公債		0	292	500	500	500	500
京都市第3回公債		0	162	220	220	220	220
朝鮮事業費国庫債券			42	81	81	81	81
ろ号5分利国庫債券			0	99	100	100	100
は号臨時国庫債券			0	276	550	825	350
は号5分利国庫債券				84	350	350	
ほ号5分利付国庫債券				0	360	450	450
ち号臨時国庫債券					155	250	250
を号臨時国庫債券						0	794
の号5分利付国庫債券							783
元号5分利国庫債券							0
ひ号5分利付国庫債券							
第3回5分利付国庫債券							
第9回5分利付国庫債券							
第13回5分利付国庫債券							
第17回5分利付国庫債券							
貯蓄債券	4	4	4	4	6	0	11
勧業債券		2			2		
第27回日本興業銀行債券	90	90	90	90	90	90	45
第2回日本興業銀行債券				1,429	4,923	4,923	4,923
第3回日本興業銀行債券							
北海道拓殖銀行債券（第36回）				39	70	70	70
北海道拓殖銀行債券（第64回）						0	623
北海道拓殖銀行債券（第95回）							
東洋拓殖株式会社債券				735	1,950	1,950	1,950
東洋拓殖株式会社債券（第37回）							
朝鮮殖産銀行債券（第7回）					0	776	1,600
朝鮮殖産銀行債券（第9回）						0	1,518
朝鮮殖産銀行債券（第16回）							0
朝鮮殖産銀行債券（第30回）							
朝鮮殖産銀行債券（第39回）							
朝鮮殖産銀行債券（第49回）							
知多電気株式会社社債						168	336
尾三農工銀行債券→愛知県農工銀行債券							21
株式会社名古屋新聞社社債							
(社)名古屋放送局局債→(社)日本放送協会東海支部債							
慶應義塾塾債							

1923	1924	1925	1926	1927	1928	1929	1930	1931	1932	1933	1934	1935
5,382	5,356	6,671	7,654	5,955	4,455	4,683	9,147	8,941	8,217	7,407	7,309	7,132
13,662	19,478	19,157	16,248	14,802	12,601	11,376	2,888	2,888	3,124	3,264	1,105	550
19,044	24,834	25,828	23,902	20,756	17,055	16,059	12,035	11,829	11,341	10,671	8,414	7,682
5.3	5.3	5.4	5.7	5.8	5.4	3.8	5.5	5.1	5.1	5.4	5.4	5.3
5.5	6.6	7.2	7.2	7.4	6.8	9.8	5.8	5.8	6.3	8.4	8.4	5.8
5.5	6.3	6.6	6.6	6.8	6.4	6.7	5.5	5.5	5.4	6.0	6.0	5.4
168	678	0	1,411	2,484	143	413	193	9	4,125	0	2,190	0
0	1,440	4,923	660	0	0	7,700	0	0	0	0	0	0
168	2,118	4,923	2,071	2,484	143	8,113	193	9	4,125	0	2,190	0
5.5	6.0	5.4	6.8	8.2	5.6	4.1	5.6	5.1	7.6	5.4	7.0	5.3
5.5	7.1	9.0	7.5	7.4	6.8	16.5	5.8	5.8	6.3	8.4	5.8	5.8
5.5	6.8	7.9	7.2	7.7	6.4	10.1	5.6	5.2	7.3	6.0	6.9	5.4
13.7	12.8	12.7	3.7	2.2	1.8	8.1	6.4	2.0	1.4	3.5	1.4	2.7

8月31日。なお、収益（率）算定期間は、前年9月1日～当該年8月31日。

りという点で小栗三郎家にとって十分に評価しうる成果をあげたと考えられる。

大戦期に本格化した公社債投資は戦後ブーム期までは実質収益の面で十分な成果を上げていなかったが、一九二〇年代以降は低リスクでありながら、実質利回りの高さと安定性という両面で優れた収益力を発揮したのである。

(4) 有価証券投資における公社債投資・株式投資の位置

先行研究は、株式投資に集中した廣海惣太郎家に比べて、小栗三郎家では公社債保有の比率が高く、したがって廣海家よりもリスク回避的な投資行動が展開した点に特質があると指摘した(15)。しかし、これまでの検討を踏まえると、この議論にはまだ解明されるべきいくつかの問題点が残されていると考えられる。

第一に、公社債中心の保有構造がみられた時期は、大戦期以降、特に戦後ブーム期から一九二〇年代前半の限られた期間にすぎず、二〇年代後半以降は再び株式中心の保有構造に回帰していったことである。この一時的な公社債投資への傾斜から小栗家の投資行動の特質をリスク回避的とみた場合、株式中心の保有構造への回帰を整合的に説明するのが困難となろう。

年 期末	1916 8/31	1917	1918	1919	1920	1921	1922
公債配当額	1,022	1,160	1,458	2,180	3,236	3,696	4,403
社債配当額	94	96	94	2,298	7,041	7,976	11,096
配当総計（公社債）	1,116	1,256	1,551	4,478	10,276	11,672	15,498
公債配当収益率	5.3	4.9	4.5	4.5	5.3	5.6	5.2
社債配当収益率	5.9	6.1	5.9	3.9	6.0	5.8	6.2
配当収益率（公社債）	5.2	5.0	4.5	4.2	5.8	5.7	5.9
公債償還益	0	120	0	0	0	358	263
社債償還益	0	0	0	0	0	0	68
償還益総計（公社債）	0	120	0	0	0	358	330
公債収益率（配当、償還益）	5.3	5.5	4.5	4.5	5.3	6.2	5.5
社債収益率（配当、償還益）	5.9	6.1	5.9	3.9	6.0	5.8	6.2
収益率（公社債）	5.3	5.5	4.5	4.2	5.8	5.9	6.0
参考：株式収益率（配当）	13.9	17.3	21.9	31.0	22.0	18.3	12.9

（出所）　表1－2と同じ。
（注）　空欄は実績なし。収益率は期中平均残高（前年末残高と今期末残高の平均）で除して算定。年度末の期日は

第二に、株式、合資会社に対する投資活動の局面で、小栗三郎家はリターンを第一義的に重視せず、廣海惣太郎家以上にリスクに制約されない投資を行っていたことである。このリスクに非感応的な株式、合資会社投資は、公債保有がウェイトを高めた一九二〇年代にも縮小したわけではなく、継続的に増加していた。このリスク非感応的な側面を強くもち続けた小栗三郎家の投資活動をたんに一時的な公社債保有への傾斜という事実からリスク回避的と評価するのは一面的にすぎるであろう。

すなわち、小栗三郎家では、廣海家以上にリスクを受容した株式投資活動とローリスクで安定した収益をもたらす公社債投資活動が併存していたのであり、時期によってこれら二つの活動のウェイトに差が生じていた。したがって、小栗家の投資活動の特徴を析出するためには、時期的な変化を踏まえながら両者の関連を分析していく必要がある。この関連を検討する上で重要となるのが、小栗三郎家で採用された投資リスクの管理システムであろう。次節ではこのシステムについて分析することとしたい。

有価証券備勘定の動向

（単位：円）

1923	1924	1925	1926	1927	1928	1929	1930	1931	1932	1933	1934	1935	1936
48,226	49,799	55,161	57,611	60,275	60,478	68,594	68,267	68,121	69,125	69,125	71,902	71,702	72,552
50	668	48	85	0	0	0	520	238	4,271	0	140	200	0
	*東海電線減資		*知多電鉄創立運動費						*半田製氷損失金		*東京山手鉄道損失金		
		*亀崎銀行損失					*尾三農工銀預金欠損					*東海電線損失金	
318	2,240	5,410	2,536	2,664	203	8,116	193	93	5,275	0	2,917	0	850
還益	*国債償還益		*国債償還益			*興銀債償還益			*国債償還益		*大阪市債償還益		*国債償還益
償還益		*国債償還益		*京都市債償還益		*東拓債償還益					*勧業債償還益		
		*興銀債償還益		*北拓債償還益									
	*知多電債償還益		*東拓債償還益										
産債償還益			*愛銀記念配当										
償還益	*朝鮮殖産債償還益		*朝鮮殖産債償還益										
気合併差益		*朝鮮殖産債償還益		*国債償還益									

正15～昭和４年度「台帳（甲号）」、昭和５～９年度「台帳（甲号）」（以上、小栗家文書325-２、326-１、60-２、

なお、備金の計上期間は、1911年は１月１日～８月31日、1912年以降は前年９月１日～当該年８月31日。

第3節　リスク管理システムの形成

(1)「有価証券減価積立」勘定の設定

小栗三郎家の有価証券投資の詳細は各年の「台帳」に記されているが、一九〇三（明治三六）年から「台帳」に「有価証券減価積立」という新たな勘定項目が加わった[16]。この勘定は文字通り小栗家の有価証券投資に伴って生じた損失（解散損失、減資差損など）の補塡を目的とするものであったが、公社債はほとんどリスクのない債券であったので、この積立金が損失リスクの発生対象として想定したのは株式投資と合資会社出資金であったと考えられる。この積立金勘定の設定当初における財源をみると、設定年度（一九〇三年）に小栗家が所有していた主要な株式銘柄に対する配当の半額が積み立てられており、積立額は年度末に五七二三円ほどに達した。翌一九〇四年に積立額は六七三〇円に増加したが、〇五年には丸三麦酒の減資差損のため約七八〇〇円が取り崩され、新たに国債利子の半額が積み増し

表1-11　小栗三郎家

年 期末	1911 8/31	1912	1913	1914	1915	1916	1917	1918	1919	1920	1921	1922
有価証券備金	20,655	19,855	19,854	25,768	25,930	25,930	25,604	25,402	25,727	29,702	30,086	47,958
取崩		800		11	150		490	249	300	0	0	0
*事由		*亀崎銀行減資			*亀崎銀行減資差損		*日本缶詰（株）合併による切下	*三重人肥解散	*半田市場減資			
積立				5,924			163	47	625	3,975	384	17,873
*事由				*東海石炭解散利益金 *東洋紡記念配当						*東洋紡払込金？		*国債償 *東拓債 *朝鮮殖 *興銀債 *関西電

（出所）　明治44～大正3年「台帳（甲号）」、大正4～9年「台帳（甲号）」、大正10～14年「台帳（甲号）」、大57-1、57-3）より作成。

（注）　比較的大きな取崩、積立の変化についてのみ、その主要な事由を示した。年度は9月1日から8月31日。

されたものの、年度末積立額は一八六九円に減少した。

一九一一年以降の有価証券減価積立勘定の動きを示した表1-11をみると、積立金額は順調に増加し、一〇年代初頭の二万円前後の水準から二〇年代初めに三万円前後に、さらに三〇年代初めには七万円近くへと増大した。もっとも、一九三〇年代は七万円前後で停滞していた。

同表から積立方法の原則を追跡すると、一九一〇年代は株式の記念配当や解散益金、公債の償還益などが積立原資となっており、株式や公社債投資から通常とは異なる特別な収益が生じたときにそれを積み立てる方式を採っていたとみられるが、中心は株式投資関連の収益であった。一九二〇年代になると、株式配当からの積立はほぼなくなり、ほとんどの場合、公社債償還益を積み立てる方式が採られるようになった。

すなわち、大戦前までの株式・合資会社投資が中心を占めた間は、株式の特別配当などを軸に損失を補填したが、大戦後は公社債の償還益を損失補填に充てる方式に転換した。リスキーな資産である株式・合資会社投資の収益でその損失に備える（リスク資産の収益の内部循環システム）

ではなく、ローリスク資産である公社債投資を導入することでリスキーな株式・合資会社資産の損失に備える体制へと進化したといえよう。この意味で小栗三郎家のリスク管理システムは一九二〇年代に確立されたと考えられる。

(2) 小栗三郎家の投資行動とリスク管理

リスク管理システムの構築という点からみれば、小栗家が株式・合資会社投資を拡大しつつ、他方で公社債投資を急増させるという投資行動をとったのはきわめて自然といえよう。すなわち、事業志向、地域利害を重視した小栗三郎家の株式・合資会社投資行動は、収益面でのリスク・コントロールが不十分で、実際にもしばしば投資の初期リスクやデフォルトリスクに直面していた。しかし、小栗家はこうしたリスクに感応しない投資活動を縮小するのではなく、むしろ拡大させようとしていた。このためにはリスクヘッジのシステムが必要となる。その結果、設定されたのが「有価証券減価積立」勘定（一九〇三（明治三六）年～）であり、大戦期以降、リスクヘッジのために急速に進められたのが、きわめてリスクの低い公社債への投資であった。したがって、公社債投資がリスク回避の目的に従って行われたことは間違いない。しかし、それは株式・合資会社投資でリスクを受容し続けるために導入されたのであり、小栗三郎家の投資行動が全体としてリスク回避的であったことを意味してはいないのである。

また、リスク管理システムという点からみた場合、小栗三郎家を廣海惣太郎家に比してよりリスク回避的な投資家であったと位置づけるのも適切ではないと思われる。むしろ、両家では株式投資におけるリスクの取り方が異なっており、したがってリスク管理のあり方も異なっていたにすぎないと考えるべきであろう。

明治中期から昭和戦前期に、廣海惣太郎家は安定した高収益を地元企業株投資で確保しつつ、株価動向に合わせて非地元企業（＝中央企業）株投資で配当、売買差益を得ようとする収益性に主眼を置いた投資活動を展開した。非地元（中央）企業株投資には株価変動による差損などのリスクが伴ったが、そのリスクをヘッジしていたのが地元企業株投資に対する安定したリターンであった[17]。前述したように、この地元企業株に投資するにあたって、廣海家は出資者の顔触れや事業計画になど収益性や安定性に関する入念な事前審査（スクリーニング）を行い、慎重な投資行動をとった。すなわち、スクリーニングを通じた地元企業株投資に対するリスク・コントロール、地元企業株の安定した収益を基礎とする中央企業株投資のリスクヘッジという二段構えの投資リスク管理がなされていた。このように廣海家では株式投資に関するリスクの取り方を調整することを通じて、株式収益の内部で損失をヘッジするシステムを構築していたのである。

他方、小栗三郎家でも大戦期までは廣海家と形式的には類似したリスク管理システムが採られていた。すなわち、「有価証券減価積立」には主に株式・合資会社への投資収益が積み立てられ、その積立で株式・合資会社投資の損失を補填するというやり方が採られていたのであり、形式的には廣海家と同様に株式・合資会社投資における収益の内部で損失をヘッジするシステムとなっていた。

ただし、廣海家と決定的に異なっていたのは、小栗家の場合、株式・合資会社投資にあたって、収益性に基づいたリスク・コントロールが十分に行われていなかったことである。したがって、小栗家のシステムは、廣海家に比べ、リスク管理の点では脆弱性を免れなかったと言えよう。この小栗家のように株式・合資会社投資に対する収益性からの規制が不十分な場合、株式・合資会社投資収益によって損失をヘッジする方法で投資リスクをコントロールしうる確率は低いと考えられる。したがって、同家では新たなリスク管理方法の形成が要請された。大戦期以降、株式・合資会社投資に加えて、公社債投資が急速に増加したのは、この新たなシステムを構築するためであった。こうして小栗家は公社債投資を組み込むかたちで一九二〇年代前半に投資のリスク管理システムを確立したのである。

このように、小栗家と廣海家では株式投資におけるリスク受容のあり方が異なっていたのであり、その違いに対応して、廣海家では株式投資内部でリスクをコントロールする体制が、小栗家では公社債を導入してリスク・コントロールする体制が構築された。その意味で、両家はそれぞれに適応した方法でリスク管理を試みていたのであり、公社債投資の存在から直ちに小栗家の方がよりリスク回避的な投資主体であったと判断することはできないのである。

小栗三郎家のリスク管理システムに関連して注意すべきは、一九二〇年代後半以降、公社債投資残高が社債の激減により大きく縮小し、逆に株式・合資会社投資残高が知多鉄道株への集中的な投資拡大によって大きく増加していったことである（前掲表1－2・7・8を参照）。これは小栗家におけるリスク管理体制が弱体化したことを示唆するが、実際、それまでは順調に増加していた「有価証券減価備金」勘定（前掲表1－11）も一九三〇年代に入ると七万円前後に停滞することとなった。これらは結果的に小栗家が知多鉄道株投資をリスク管理よりも優先させたことを示唆する。

この背景には、一二代三郎として家督を引き継ぐことになる小栗四郎の知多鉄道設立に対する強い思いがあったのかもしれない[18]。事実、知多鉄道株投資は一九二八（昭和三）年二万四〇〇〇円強の払込から始まり、三六年には二二万三五〇〇円近くにまで激増した。同年末の萬三商店を除いた小栗家の株式・合資会社投資残高は約四七万三〇〇〇円であったので、ほぼ半分を知多鉄道株式が占めていた。もしも何らかの要因で知多鉄道投資が失敗に終われば、七万円程度の有価証券減価積立金では到底カバーできない規模にまで膨張したのである（前掲表1－2・11）。四郎は正式には一九三三年に家督を相続して一二代三郎となるが、正式の家督相続以前から小栗家の意思決定に主導権を発揮していたと想定される。この四郎への主導権の移行が、小栗三郎家をよりリスキーな投資主体に変化させたとも考えられよう。

(3) 株式・合資会社投資の収益と投資資金の調達

小栗三郎家の収益性を第一義的な目的としない株式・合資会社投資がしばしばリスクに直面し、損失を被る場合もあったことについてはすでに繰り返して指摘したが、現実には、収益性の点でどの程度の成果をあげていたのであろうか。小栗家の株式・合資会社投資の銘柄別の配当金額と投資全体の配当収益率をまとめた表１‐12・13によりこの点を検討しておきたい。

同表によれば、①投資開始〜日露戦争の時期（〜一九〇四（明治三七）年）の収益率は相対的に低かったこと、②一九〇六年以降はほぼ一〇％を超える利回りを実現するようになったこと、③大戦期・戦後ブーム期には二〇〜三〇％前後の高い収益率を示したこと、④一九二〇年代も概ね一〇％を超える収益を維持していたこと、⑤一九三〇年代に入ると収益率が低迷し始めたことが判明する。

この収益率がどの程度の水準であったかを考察するために、参考として同表の最下段に廣海惣太郎家の同じく地元企業株の収益率を掲げた。前記したように廣海家の地元企業株投資は安定した高収益をあげ、不安定な非地元（中央）企業株投資のリスクを調整していた。注目されるのは、この廣海家の実績と比べ、日露戦争以降少なくとも一九三〇年代初頭までは、小栗家の株式・合資会社投資がほとんど遜色ない高収益率を示していたことであろう。すなわち、収益を必ずしも重視しない投資行動がとられたにもかかわらず、結果的には収益面でも成果をあげていたことになる。

ただし、同時に一九三〇年代に入ると、廣海家では恐慌期（一九三〇（昭和五）〜三二年）を除いて六〜八％という実績を示したのに対して、小栗家の恐慌後の実績が三〜四％に低迷したことにも注意すべきであろう。この低迷に大きな影響を与えたのが、投資額の五〇％近くを占めるまでに成長した最大の投資先・知多鉄道株式の低収益であった。例えば、一九三五年をみると、知多鉄道株は株式投資総額の四八・九％を占めていたにもかかわらず、その配当収入は一七五〇円で、配当収入総額三万一八二四円の五・五％を占めたにすぎなかった。同年の知多鉄道の配当収益率を算定すると、わずか〇・八％にとどまっていた。一二代三郎が投資リスクの管理体制を緩める中で、逆に小栗家全体の株式投資収益をめぐるリスクは増大していたといえよう。

株式・合資会社出資（その1　1895～1915年）

（単位：円、収益率は％）

1903	1904	1905	1906	1907	1908	1909	1910	1911 8/31	1912	1913	1914	1915
400	350	300	250	300	950	1,028	180	960	1,080	1,620	2,100	2,700
144	288	360	372	372	588	265	133	133	106	212	318	398
140	130	120	140	70	0	0	0	0	0	0	0	0
0	（7月解散）											
102	105	117	144	162	162	162	162	162	162	178	189	195
0	0	0	317									
1,150	1,359	2,299	4,180	2,234	1,734	1,475	1,475	1,310	1,419	1,809	2,093	1,809
31	38	50	35	10	10	50						
480	480	2,520	960	1,018	1,147	1,114	1,080	540	1,152	612	0	
41	38	38	51	51	51	51	51	26	77	51	54	51
60	60	60	30	660	75							
0	6	5	10	11	13	6						
	0	120	…	…	…	…	…	…	0	0	0	0
0	0	0	0	0								
			0	0								
			0	0								
			0	0	0	0	0	0	0	0	69	0
								126	344	353	516	710
										0	0	0
											0	83
2,547	2,853	5,989	6,489	4,889	4,730	4,151	3,081	3,256	4,340	4,835	5,339	5,945
3.4	3.8	8.4	11.2	10.2	11.1	10.7	7.5	7.5	9.8	11.1	11.6	12.1
6.6	6.2	8.8	7.7	7.7	7.4	4.4	5.6	5.1	10.5	10.6	11.9	…

年度末の期日は1910年までは12月31日、1911年以降は８月31日。なお、収益（率）算定期間は、1910年までは当該年

当金は特別配当1,800円を含む。…は不明。空欄は実績なし。

では、何故リスク管理体制の弱体化を招いたのか。ここでは投資主体の性向はひとまず措いて、主に投資資金の調達からこの問題に接近することにしたい。

表1－14は、小栗家の株式・合資会社投資の収益が高い水準を示すようになった一九一〇年代以降について、ほぼ五年を一期間として、その間に生じた投資収益で追加投資に必要な資金が調達できたか否かについてみたものである。「C－A」（一九二六年以降は、萬三

表1-12　小栗三郎家の有価証券投資収益 I

年 期末	1895 12/31	1896	1897	1898	1899	1900	1901	1902
共同合資	900	1,000	770	1,650	0	0	450	270
半田倉庫合資→(株)	29	37	0	240	336	168	252	240
亀崎銀行	13	85	179	160	160	160	160	150
日本海陸保険	0	0	4	2	0	0	0	0
愛知銀行			51	108	114	120	153	126
丸三麦酒			0	0	0	0	0	0
知多紡績→三重紡績→東洋紡績			0	0	0	140	0	695
知多航業			1	16	10	2	36	31
合資会社　東海石炭商会			0	30	0	150	600	540
尾三農工銀行			0	0	14	27	45	46
丸共合資				0	0	0	600	0
半田米穀商品株式取引所						0		
亀崎倉庫								0
日本缶詰合資→(株)								
川七商店合資							0	0
亀崎醸酒合資								
満洲興業								
三重人造肥料								
知多瓦斯								
半田市場								
半田製氷								
収益合計	942	1,123	1,004	2,206	634	766	2,296	2,098
収益率	11.4	9.4	5.3	8.1	1.8	1.9	3.9	2.8
参考：廣海家地元企業株投資収益率	6.3	12.5	9.2	4.9	5.7	6.6	6.6	4.4

（出所）　表1-1と同じ。
（注）　収益率は当期配当収益を期中平均投資残高で除して算出。ただし、1895年は当期末の投資残高で除して算定。
1月1日～8月31日、1911年は1月1日～8月31日、1912年以降は前年9月1日～当該年8月31日。

日本缶詰合資の1904年配当金は合資解散配当金で、解散と同時に株式会社に改組。東海石炭商会の1905年配

商店を除いた実績「C-A」を参照）は株式・合資会社投資によってその追加投資がカバーできたかを示しており、符号がプラスであればカバーしえたことになる。この点を確認すると、一九二五（大正一四）年までの期間はすべて株式・合資収益で追加投資資金を賄うことが可能であったこと、二〇年代後半からは株式・合資収益では追加投資資金を確保しえず、投資のための追加的な資金導入が必要となったことが

株式・合資会社出資（その２　1916～35年）

（単位：円、収益率は％）

1924	1925	1926	1927	1928	1929	1930	1931	1932	1933	1934	1935
4,650	5,122	3,720	3,720	0	2,200	2,200	2,750	1,650	1,788	660	193
1,688	1,688	1,463	1,350	1,350	1,350	675	338	675	900	675	990
1,020	1,016	1,365	1,031	1,080	1,080	1,080	960	960	960	960	960
5,419	5,419	5,419	5,717	6,015	6,015	5,414	4,812	4,331	4,331	5,534	4,934
62	51	51	54	54	54	53	51	51	51	51	51
136	164	219	219	164	137	110	80	63	55	56	56
7,056	7,056	7,056	7,546	6,825	6,825	6,825	6,175	5,460	3,900	4,290	5,517
40	48	48	48	48	68	60	40	240	67	80	80
0	0	0	0	0	0	0	0				
0	0	0	0	0	0	0	0	0	0	10	1
195	0	0	0	0	294	0	294	0	176	0	294
300	600	600	850	500	500	500	450	400	400	400	400
25	27	225	225	225	225	23	18	6	6	0	7
0	0	0	0	0	0	0	0	0	0	0	0
	0	0									
		0	0	0	58,032	43,524	0	0	25,452	0	15,024
			0	0	0	0	（解散）				
			0	0	94	188	188	188	188	188	188
			0	0	0	0	0	0	0	0	0
			0	297	1,282	1,282	854	854	854	961	1,282
				581	1,315	3,131	4,850	0	0	1,500	1,750
				0	0	0	0	0	0	0	0
				0	0	80	101	101	147	328	
				0	0	5	3	0	0		
					0	15	0	0	0	0	0
					0	73	125	113	100	100	100
							0	0	0	0	0
								0	0	0	0
											0
20,590	21,190	20,165	20,761	17,139	79,471	65,235	22,087	15,090	39,374	15,792	31,824
店を除く収益		20,165	20,761	17,139	21,439	21,711	22,087	15,090	13,922	15,792	16,800
12.8	12.7	3.7	2.2	1.8	8.1	6.4	2.0	1.4	3.5	1.4	2.7
店を除く収益率		11.5	10.4	7.5	8.5	7.3	6.3	4.0	3.6	3.8	3.8
11.5	13.1	11.0	9.9	8.0	8.5	−4.4	6.9	6.9	7.6	8.0	7.9

から萬三商店の実績を除いて算定。空欄は実績なし。年度末は８月31日。なお、収益（率）算定期間は前年

表１-13　小栗三郎家の有価証券投資収益Ⅰ

年 期末	1916 8/31	1917	1918	1919	1920	1921	1922	1923
共同合資→共同運輸（株）	3,000	2,700	2,400	9,200	5,735	5,890	0	4,030
半田倉庫	636	795	636	1,060	900	2,250	1,125	1,688
亀崎銀行	0	0	0	0	0	0		
愛知銀行	200	244	289	413	557	750	785	1,020
東洋紡績	2,235	4,253	7,234	8,954	9,484	6,403	6,503	5,961
尾三農工銀行→愛知県農工銀行	51	52	52	52	53	60	62	63
日本缶詰→名港土地	0	6	27	36	44	48	84	122
三重人造肥料	0	0						
知多瓦斯→知多電気→関西電気→東邦電力	753	1,086	1,290	1,260	1,953	2,499	5,452	5,488
半田市場	0	0	0	0	0	40	40	40
半田製氷	0	0	270	0	0	0	338	405
東海電線			6	31	122	55	28	0
合資会社　郁文舎				0	234	0	273	273
三井銀行				0	384	500	550	600
株式会社　尾三商会					5	10	38	27
半田臨港線								0
中央放電気機								
株式会社　萬三商店								
古川屋旅館								
中央信託								
昭和組合								
半田合同運送								
知多鉄道								
株式会社　名古屋新聞社								
昭和レーヨン								
東京山手電鉄								
時事新報社								
三菱銀行								
半田商工信用組合								
株式会社　古城館								
合資会社　近藤与一商店								
収益合計	6,875	9,135	12,204	21,007	19,470	18,505	15,277	19,716 *萬三商
収益率	13.9	17.3	21.9	31.0	22.0	18.3	12.9	13.7 *萬三商
参考：廣海惣太郎家地元企業株投資収益率	9.1	25.1	…	33.5	27.4	15.3	19.2	11.2

（出所）　表１-２と同じ。
（注）　収益率は当期配当収益を期中平均投資残高で除して算出。萬三商店を除く収益率は、収益と投資残高の双方
9月１日～当該年８月31日。

表1-14　小栗三郎家有価証券投資の資金需給

（単位：円）

期　間	1912-1915	1916-1920	1921-1925	1926-1930	1931-1935
〈投資資金需要〉					
株式・合資会社投資残高の増減A	3,956	49,699	70,827	883,130	155,510
*萬三商店を除く増減A'				287,440	131,510
公社債投資残高の増減B	7,682	160,481	205,392	-169,132	-73,453
〈資金創出〉					
株式・合資会社配当C	20,459	68,690	95,277	202,771	124,167
*萬三商店を除く配当C'				101,215	83,691
公社債配当、償還益D	3,254	18,347	104,637	102,809	56,261
C-A	16,503	18,991	24,450	-680,359	-31,343
C'-A'				-186,224	-47,819
D-B	-4,428	-142,134	-100,754	271,942	129,714
(C+D)-(A+B)	12,075	-123,143	-76,304	-408,417	98,371
(C'+D)-(A'+B)				85,717	81,895

（出所）表1-1・2と同じ。期間は開始年の9月1日～終了年の8月31日。

わかる。

続いて、公社債投資に関して同様の指標である「D-B」の推移をみると、株式・合資会社投資とは逆に一九二五年までの期間は外部資金の導入が必要であったが、二〇年代後半からは収益で追加投資を賄える構造に転換したことが判明する。ただし、注意すべきは、一九二六年以降は投資残高（B）が減少していたことであり、追加投資をはるかに上回る規模で償還（回収）が行われ、これが大きな資金余剰を生み出していたことが読み取れるのである。

最後に、有価証券全体に関する同様の分析指標「(C+D)-(A+B)」（一九二六年以降は萬三商店を除いた同指標）を確認すると、一〇年代後半から二〇年代前半に関しては、有価証券投資のために外部から資金が導入される必要があったが、それ以外の時期は有価証券投資の収益でその追加投資をカバー可能であったことが確認しうる。

こうした有価証券内部における資金調達の動きは、一九二〇年代後半以降に進行した小栗家における投資リスク管理システムの弱体化と密接に関係していた。すなわち、小栗家では知多鉄道株を中心とする株式への追加投資資金の不足を公社債償還

（回収）による剰余資金で賄うという資金調達方法を選択していたのである。一九二〇年代後半以降、小栗家の家業に関連した実物資産は萬三商店株式に姿を変えたが、㈱萬三商店の配当率は低迷しており（前掲表１-４）、その配当で十分な資金を得ることは難しかった。こうした資金繰りの制約の下で、小栗四郎が強く推進していた知多鉄道への株式投資を拡大するためには、公社債（特に社債）という別の資産を処分する方法（＝リスク管理システムの弱体化）を選択せざるを得なかったものと推測されるのである。(19)

おわりに

本章の冒頭でも触れたように、筆者はかつて大阪府貝塚の肥料商・廣海惣太郎家の株式投資活動を分析し、期待収益に強く感応した経済合理性の高さが商人の投資活動の特徴であった可能性を示唆するとともに、そうした商人の経済合理性が稀少な資本をより効率的に工業化に結びつけたのではないかというラフな展望を示したことがある。この廣海家の事例と比較して、小栗家の投資活動の特徴をまとめ、廣海家とは異なるかたちで産業化に果たした役割を提示することで本章の結びとしたい。

第一に指摘すべきは、小栗三郎家の場合、公社債投資で株式・合資会社投資のリスクをヘッジするという、廣海家とは異なるリスク管理システムを構築していったことである。これは小栗家と廣海家の株式（合資）投資リスクに対する感応度の差に起因していた。別言すれば、小栗家は廣海家とは異なるシステムを採用して投資活動全体としての経済合理性を担保しようとしたと考えられる。その点では、廣海家とは違うやり方で同様の役割、すなわち、地域の産業化に必要な資本を効率的に供給する経済主体としての機能を果たすようになったといえよう。(20)

第二に、廣海家と違って、地元企業への投資にあたって、事業自体の魅力や地域利害を重視し、収益性やリスクには必ずしも感応的でない投資主体であり続けた点である。このことは、廣海家のような利害に強く規定された資産家だけでは到底設立が見込めないような、魅力的ではあるが、事業としては未知数の部分を多く含んだハイリスクな企業の設立に大きく寄与したと考えられる。その意味で、小栗家のような地方資産家（商人）の存在は、地域の産業化に対して、事業内容の面でも、リスク受容の面でも多様な可能性を与えたと言えよう。言い換えれば、地域の産業化における発展方向のフロンティアを拡大する役割を果たしたのである。(21)

注

（1）廣海惣太郎家の有価証券投資については中村尚史「明治期の有価証券投資」（石井寛治・中西聡編『産業化と商家経営――米穀肥料商廣海家の近世・近代』第四章、名古屋大学出版会、二〇〇六年）および花井俊介「大正・昭和戦前期の有価証券投資」（同書第五章）を参照。

（2）中西聡「萬三商店小栗三郎家の収益構造と地域経済」（『社会経済史学』第七九巻一号、二〇一三年）。

（3）石井寛治「産業資本確立期の株主層」（同『近代日本金融史序説』第一一章、東京大学出版会、一九九九年）。

（4）前掲花井俊介「大正・昭和戦前期の有価証券投資」二三二頁。中村尚史も最近の研究で同様の議論を展開している（同『地方からの産業革命――日本における企業勃興の原動力』名古屋大学出版会、二〇一〇年、一九一－一九二頁、三四四頁・注四）。但し、石井里枝が指摘しているように、こうした個別の投資家に関する分析は、投資先企業サイドなど、より集計的な分析で補完される必要があろう（石井里枝『戦前期日本の地方企業』日本経済評論社、二〇一三年、一五八頁）。

（5）谷本雅之・阿部武司「企業勃興と近代経営・在来経営」（宮本又郎・阿部武司編『日本経営史2　経営革新と工業化』岩波書店、一九九五年）。なお、「名望家」的動機を強調する議論は白鳥圭志「明治後期から第一次大戦期における地方資産家の事業展開」（『経営史学』第三九巻第一号、二〇〇四年）にも継承されている。

（6）この点については、前掲花井俊介「大正・昭和戦前期の有価証券投資」二〇四－二〇五頁および前掲中村尚史『地方からの産業革命』三二三－三二四頁・注一九を参照。

（7）表1-1には一八九五（明治二八）年以降の投資先を掲げたが、企業に対する出資は一八九〇年の半田共同社（三〇〇円）

から始まり、翌年には半田倉庫合資にも四〇〇円が出資された。ただし、一八九四年以前の出資はこの二社に限定されていた。

（8）合資会社の場合、社員数が限られており、代表社員（無限責任社員）以外の有限責任社員でも何らかのかたちで経営に関与したと想定しうるので、すべて経営参加企業数に含めた。

（9）㈱萬三商店への出資は、家産運用としての株式投資とはいえないので、一九二六（昭和元）年以降は㈱萬三商店に対する投資分を除く投資残高を参照。

（10）知多紡績が合併に至った要因について、永江は絹川太一『本邦綿糸紡績史』第七巻を引用し、「永年の間不成績に悩まされ逆に前途に悲観を抱」き、「重役株主は皆三重紡への合併を希望」したと述べているが（永江真夫「日露戦後期における紡績企業集中」、『経済学研究年報二二』早稲田大学大学院経済学研究科、一九八二年）、合併の二年前（一九〇五年）から業績は回復に向かい、合併前年（一九〇六年）には二ケタの配当実績を示していた。したがって、小栗家が知多紡績を手放したのは経済的な理由だけでは説明できず、合併による自己の経営権の消失を承け、経営関与のために保有してきた株式を売却したものと考えられる。

（11）例えば「大正バブル」とも言われている戦後ブーム期（一九一九年）は株価と地価の暴騰を特徴としていたが、小栗三郎家は「バブル」に沸く株式投資ではなく、より手堅い社債に資金を集中的に投下した（後述）。

（12）前掲中村尚史「明治期の有価証券投資」。ただし、同論文を改訂・再録した前掲中村尚史『地方からの産業革命』第五章の方が、より明示的に、こうした廣海家の投資行動の特徴について言及している（同書一九一頁）。

（13）日露戦後の長引く不況の下でも知多郡における起業の動きが低迷していたわけではなく、同時期における知多郡の創業企業数は、一九〇六年七社、〇七年五社、〇八年八社、〇九年一〇社、一一年一〇社、一二年八社、一三年八社で、一九〇〇年代前半に毎年二～五社が創業していたのと比較すると、むしろ増加していた（『半田市誌』本文篇、愛知県半田市、一九七一年、一五七頁、図四‐二‐一）。こうした起業状況の下で投資活動が停滞した要因は明確ではないが、小栗家は一九〇六年には丸三麦酒の合併で差損を被り、さらに同年に新規投資先した三社のうち二社（満洲興業、亀崎醸造）でも投資開始直後（一九〇七・〇八年）に減資や解散による差損が生じていた。こうした失敗のために投資に対して慎重になった可能性もあろう。

（14）前掲中西聡「萬三商店小栗三郎家の収益構造と地域経済」。

(15) 前掲中西聡「萬三商店小栗三郎家の収益構造と地域経済」。
(16) 最初に「有価証券減価積立金」が掲載された「台帳」は明治三四〜三八年「台帳」(小栗家文書一〇四-一)。なお、この勘定費目は年によって「有価証券減価備金」などの名称で記載されている。
(17) 前掲花井俊介「大正・昭和戦前期の有価証券投資」。
(18) 小栗四郎は知多鉄道設立の発起人代表であった。なお、知多鉄道設立をめぐる小栗四郎の活動の詳細については本書第11章を参照。
(19) 公社債の処分(償還による消滅)を可能にしたもう一つの条件は、萬三商店の株式会社化にあったものと思われる。すなわち、株式会社化によって小栗家が萬三商店に資金を迂回融資する必要がなくなったため、借入担保のための公社債保有の必要性も低下したのではないかと推測される。
(20) 廣海家の場合、地元企業株だけでなく、非地元(中央)企業株投資もみられた。しかし、非地元企業株の多くはすでに発行済の株式を市場で購入していたにすぎず、こうした投資行動はマクロ的には株式市場に流動性を与えた点で、株式発行による企業の資金調達に間接的に貢献したとはいえるが、直接的に産業化を資金面で推進したわけではない。したがって、産業化に対する資金的貢献という点では圧倒的に地元企業に対する投資が重要であり、その意味で廣海家は小栗家同様に地域の産業化に寄与した投資主体であったと考えられる。
(21) 小栗三郎家のようなリスク中立的な投資によって拡大された地域産業発展のフロンティアを象徴する企業を具体的に確定することは難しいが、現時点では、第一に情報の非対称性などのために投資結果(リターン)に関する不確実性が高いと予想される分野に対する投資であること、第二にリスクが顕在化した場合も、それを克服して事業を定着させ得たこと(経営の安定化)、の二点を満たす必要があると考えている。もっとも、当時の投資家が直面していた不確実性を客観的に測定することが自体が困難であり、たとえローリターンなどリスクが顕在化した場合でも、そもそもどのような水準のリスクを含む投資機会であったのか(ローリスクな投資機会でもリスクは存在する)をただちに判断することはできない。したがって、象徴的な企業事例を確定するには個別の投資先に関する定性的な分析を進める必要があるが、その準備は整っていない。今後の課題としたい。

第2章　不動産経営と市街地形成

山口由等

はじめに

不動産経営を分析する本章の主な検討課題は、農地および宅地・貸家の所有と収支を、明治から昭和初期までのおよそ半世紀にわたって分析し、不動産事業そのものの推移・展開とその動向の理由・背景を明らかにすることと、小栗家のビジネスの中での不動産経営の比重とその変化を明らかにすることの二点である。当初、小栗家は知多郡に多くみられた新田開発による村外所有を中心とする中規模地主であり、大正〜昭和戦前期には各種の土地所有面積を合わせると五〇町に迫る大地主へと、不動産経営を拡大させていった。この大正期からの拡大は半田地方の市街地化と深い関わりがあり、本章は市街地形成と近代日本の地主・資産家の関係を論じるケーススタディといえる。

土地および建物に関する史料は、小栗家文書全体で占める割合は少なく、また、必ずしも体系的ではなく、以下にみるように残存状況には偏りがみられる。ただし、特に小作地からの収入を柱とする不動産収入は小栗家にとって一定の地位を占めており、また地租の支払もかなりの額にのぼるため、商店や家の決算史料等の中から得られる不動産関係の情報も合わせて、小栗家の不動産経営の分析を行いたい。まず、不動産関係の中で最も長期に体系的に残されているのは、この地方で掟米と呼ばれている小作米の取立帳などの史料である。また、大正~昭和戦前期（特に一九三五（昭和一〇）年分が多い）になると契約書など権利関係の重要書類が保存されているほか、税など行政に関する書類、家賃徴収簿などが断片的に存在する。

一方、台帳・契約書などの記録以外には、不動産を担当する部署である土地部や家事部内の業務・事務の史料がほとんどないため、不動産経営に関する主体的判断や方針などを示す手がかりは得られず、土地・建物の所有やそこからの収入という結果・事後的な情報を基に、そうした経営戦略的な点について推測するしかない。そこで、本章では地主経営や市街地化など地域の動向を勘案しながら分析を行い、小栗家特有の事情に止まらず当該地方の動向に通じるような議論を進めていきたい。

第1節　明治期の不動産経営

(1)　知多郡の地主経営

小栗家が居住する半田が所属する、知多郡の大地主を列挙したのが表2-1である。知多郡には五〇町歩以上を所有する地主が五名いて、中でも最大の地主は、小栗家と同様に半田運河沿いに居を構えていた中埜半六家であった。小栗家はここでは挙げられていないが、ほぼこれに準じるクラスの規模の地主であった（序章および本章表2-1を参照）。表2-1では、これら五名の大地主のうち三名で知多郡内のほかに碧海郡が主要所在地となっている点が大

表2-1　1924年時点の知多郡の大地主

（単位：町、戸）

氏　名	居住地	職　業	田	畑	合計	主な所在郡名町村数	小作人戸数
中埜半六	半田町	農	79.9	7.9	87.8	知多郡4、碧海郡3	430
服部孫兵衛	有松町	絞商	63.9	17.0	80.9	知多郡5、愛知郡2、名古屋市	375
伊藤早苗	亀崎町	無	71.2	6.8	78.0	知多郡1、碧海郡3	375
原田得右衛門	東浦村	酒造業	65.4	10.9	76.3	知多郡5、碧海郡5	400
伊東侑二	亀崎町	清酒醸造業	50.1	11.8	61.9	知多郡1	292

（出所）「五十町歩以上ノ大地主」（渋谷隆一編『都道府県別資産家地主総覧』愛知県編3、日本図書センター、1997年）164-165頁より作成。

きな特色である。碧海郡は幕末から新田の開発と売買が盛んに行われた地域で、行政的には衣浦湾を挟んで尾張国・知多郡と三河国・碧海郡に分かれるものの、両者は距離・地理的には極めて近接しており、半田をはじめとする知多郡東岸の資産家が知多郡と碧海郡にわたって新田開発の投資を行った。例えば、『刈谷市史　六資料編近世』には、小栗三郎家と同族である小栗太郎兵衛が幕末維新期の小垣江新田の地主として売買に関与した史料が掲載されており、さらにその証文には小栗三郎兵衛が「親類」として署名している。また、小栗三郎兵衛自身は『刈谷市史』においてこの地域に肥料を販売していた代表的な肥料商としても紹介されているが[1]、この小垣江新田で一〇町歩を超える新田を幕末から所有していた（序章第4節を参照）。「小柿江村役場用必要書類綴」（小栗家文書一〇八-五）には、小栗三郎、伊東七郎衛（亀崎町）、篠田直方（額田郡男川村）の連名で提出した「溜池廃却願」などがあり、また一八九〇年代の小垣江新田の掟米台帳には地主として小栗、伊東、篠田の三つの名が記され、このうち小栗が半分の取り分を持ち、さらに伊東と篠田がそれぞれ四分の一ずつとなっている。このように、小栗家が所有する小垣江新田もまた、この地方の新田でよくみられた複数の地主による共有地であった。この新田の動向は、小栗家の農地経営を大きく規定することになる。このように、小栗家は知多郡内では最上位に準ずる規模の地主であり、質的にみても知多郡の代表的な地主層と同様の性格を持っていたとみてよい。

(2) 半田地方の地主経営

続いて、知多郡の中でも大規模地主が多く、小栗家・萬三商店が居を構える半田地方の地主経営を先行研究によってみてみよう。半田は知多郡の中では地主・小作分解がかなり進んだとされる地域で[2]、亀崎・乙川・半田・成岩など、お互いに深い関係を持ち、地域をまたがる地主—小作関係が成立していた。

小栗家文書でも使われている「掟米」とは、この地方で用いられていた小作料の現物米を指す用語である。また、この掟米から地主の負担する地租・井料などを差し引いた地主取分は「正徳米」と呼ばれる[3]。一八八四（明治一七）年の調査では、乙川村の農家のうち自小作が六四・九％で大多数を占め、そのほかに自作が一九・四％、小作一五・六％となっていた。村外の大地主には伊東孫左衛門（亀崎）・中野半六・中野半左衛門（ともに半田）などがいて[4]、同様の資料が残る西成岩と比較しても、この乙川は特に農民層分解や不在地主への集中が松方デフレ以前から進んだ地域とされている。もっとも、一八七七年の「地租改正地価取調帳」によって一筆ごとの土地所有一覧をみると、これら大地主が所有する土地は新田開発によるものも多かったことが分かる[5]。こうした新田の所有は乙川の中でも他の農地とはかなりと異なるもので、例えば「末廣（新開中）」という字を中野半六と小栗冨治郎の二名、「名古屋曲輪」では中野半六単独、などのように字全体を一～二人で所有している場合や、あるいは三～四人による共有の字などがあり、また、評価された等級が極端に低かったり、あるいは「新開試作」と記された開発中とみられる土地なども含まれている。したがって、村外地主による大規模土地所有は農民層分解によるものというよりは、こうした新田開発への出資の結果であり、明治初年の時期には十分な採算が取れているかどうか疑問である。新田の経営については、中野又左衛門家が三河に所有していた小栗新田の史料による例が紹介されている[6]。それによると、貢租や諸入費の負担が大きいために、正徳米は少なくかつ不安定であった。また、「四つ割り」のように全体の掟米高の一定の割合の収取権というかたちを取っていたとされているのは、乙川でもみられた共有による一括所有のような場合に対応しているものとみられる。したがって、小作農と地主の関係は集団的なものであり、現地の差配人を通じて経営するのが一般的だったようである。

そこで、小栗家の地主経営を考察するために、先行研究による半田地方の地主経営のケーススタディをみてみよう。明治初年の中野又左衛門家（半田）では、半田から約一〇〇石のほか、周辺の新田から合わせて四〇〇～六〇〇石の掟米を得ていた。一方、半田村内では宅地分の金納が三分の一を占めており、半田では市街地化が早くから進んで土地経営に変化をもたらしていた。次に、中野半左衛門家（半田）の場合は、一八六九（明治二）年に四〇〇石台だった掟米が、六九～七九年（維新期）と八四～九〇年（松方デフレ期）に農地の所有が増加した結果、七〇町で七八〇石台の掟米を受け取るようになったということである。そのうち半田は僅かに一町二反のみで、佐脇新田（三河）に一七町と、乙川・成岩にもそれぞれ一〇数町を所有していた。正徳米は幕末から明治初めにかけては停滞していたが、一八九〇年代以降になると掟米の六～七割で安定するようになった。小栗家が碧海郡に所有する小垣江新田でも、「自明治三十四年分割后」と記された勘定帳があることから（小栗家文書九〇－二）、この年に共有地を分割して単独所有に移行したことが分かり、一九〇〇年代に入ると米作が安定していったことがうかがえる。

以上のように、不在地主による大土地所有は知多郡における資産家の代表的形態であり、衣浦湾を挟んで知多郡や三河地方・碧海郡の沿岸部で幕末から開発が進められた、新田の大規模所有を特色としていた。地主としての小栗家は、新田所有という点でそうした知多郡大地主と共通していた。その一方で、半田近隣での大規模所有の有無が地主経営中心の資産家との相違点であり、そのため小栗家の地主としての規模はいわば第二階層に止まっていたが、農地の経営のあり方は地域の一般的な経営と同様だったと考えられる。

(3) 小栗家の不動産所有と収入

前項では、商家である小栗家が、知多郡の不在地主としては中規模だが、碧海郡の新田を大規模に所有する点では地主資産家と共通しており、地主としても郡内最上位層に次ぐ地位にあったことを確認した。本項では、小栗家自体の不動産経営を考察し、その収入を運送・販売、製造などと比較し、農地や宅地の所有がどのように展開していったかを分析する。一八八〇年代までの土地所有や収入そのものを示す史料は残されていないが、納税額の算出のために毎年作成されていた「所得税調書」・「所得税下調」等によれば、不動産収入は小栗家全体からもみても主要な収入の一つであった。ただし、その拡大は当初は緩やかであり、見方を変えれば安定的ともいえるが、経営の成長をもたらすものではなく、全収入からみた比重は肥料部門や醸造部門の収入の動向によってはかなり低くなることもあった。

まず、最初に小栗家が所有する不動産（土地・建物）の面積をみておこう。例えば、表2-2の一八九六（明治二九）年の数字をみると、小栗家は合わせて二七町七反の農地を所有しており、その大部分（二五町八反）が田で、畑は少なかった。田は知多郡内に合計一一町五反、そのうち地元の半田が四町六反、南隣の成岩が二町七反である。知多郡外では碧海郡の小垣江に田一四町三反・畑一町五反を所有しており、小栗家文書では「小垣江新田」と表記される。知多郡内でも石浜の農地は「成実新田」と呼ばれており、小垣江と石浜はともに半田から一〇キロほど北の境川河口付近の埋め立て新田地帯で、狭い衣浦湾を挟んで向かい合う位置にあった（巻頭地図3を参照）。したがって、小栗家の農地は半田・成岩・乙川に跨がる近隣に存在した細分化された小作地と、やや遠方にまとまって所有していた二つの新田とに分けて把握することができる。これに対して、宅地・貸家は合わせて八反を半田で所有するのみで、農地とは大きな格差があった。

続いて、一八八六年、九六年、一九〇六年、一六年の一〇年おきに不動産収入および経費を差し引いた所得の推移

表２−２　小栗三郎家の明治期の所有不動産の構成

（単位：円）

			1886年		1896年			1906年	
			地価	地租	地価	地租	面　積	地租	面　積
貸家宅地	半　田	貸家部			517	13	3反	110	1,853坪
		貸屋敷						150	1,464坪
		宅地			498	12	5反		
		同　無家賃						12	170坪
		郡宅						3	2反
	計								13,507m²
知多郡	半　田	田方	3,480	87	3,117	78	4町6反	133	4町4反
		畑方			44	1	2反	3	1町
		山						0	1反
		四郎　田						13	3反
	成　岩	田方	2,735	68	1,785	45	2町7反	83	2町8反
		畑方			53	1	2反	2	2反
		郡宅地						0	0反
		四郎　田						2	1反
		四郎　畑						0	0反
	乙　川	田方	246	6	216	5	8反	10	8反
	石　浜	田方	1,679	42	1,469	37	3町4反	68	3町3反
	横　松	畑						0	0.5反
	配　津	田						15	5反
		畑						1	1反
	計	田方合計	8,140	204	6,588	165	11町5反	240	12町2反
		畑方計			97	2	4反	7	1町4反
碧海郡	小垣江	田方	6,680	153			14町3反	337	18町9反
			83	2	89	2			
		畑方	45	1	26	1	1町5反	9	2町3反
		雑	20	1				1	3町0反
		宅						0	0反
	計		6,829	157			15町8反	347	24町2反
西加茂郡根川村					3	1	0反		
総　　計		田地計					25町8反		31町1反
		畑計					1町9反		3町7反

（出所）「明治20年亥丁所得税調書」「30年４月所得税下調」「明治40年４月申告所得税届下調」（小栗家文書110−３−４−２、12、22）より作成。

をみるとともに（表２－３）、史料に付記された農地所有や貸家の情報によって、小栗家の不動産経営の具体的な実態をより明らかにしていきたい。まず、表２－３の四時点・足かけ三〇年間の不動産収入の絶対額を確認してみよう。一八八六年には四九五円であり、そのうち所有面積では一〇町歩を超える小垣江新田からの収入額は知多郡内の約五分の一に止まり、貸家をも下回る水準である。一〇年後の一八九六年になると、総額は八七四円となり名目額で約一・八倍に増加し、金額順に知多郡（主に成岩と半田）、小垣江新田、宅地・貸家が不動産収入の三本柱となっている。特に注目されるのは小垣江新田からの所得の増加であり、知多郡農地や貸家からの収入が減少する中で三倍以上に増加し、新田での土地改良が軌道に乗ってきたことを窺わせる。しかしながら、家業全体の全所得が五倍以上に伸びる中で、八六年に一三％に相当していた不動産所得の割合は、この年にはわずか四％に低下している。新田で行われている農業経営が軌道に乗り始めていたとはいえ、小栗家にとって不動産経営は過去の投資から一定の所得をもたらす程度のものにすぎなかったといえよう。

ところが、さらに一〇年が過ぎた一九〇六年になると、不動産所得は名目額で四一三二円となり、伸び率では四・七倍、絶対額では三〇〇〇円以上の増加となった。これだけの増額となったのは、小垣江新田からの収入が劇的に増加したためである。こうした新田部門の所得の増加は、すでに触れた一九〇一年の共有の解消の際に共有者の一人だった篠田直方から小栗三郎と伊東七郎衛に持ち分が譲り渡されたためでもあった。その増加率は約八倍、金額では一四〇〇円以上にのぼり、小垣江新田が田地からの所得のほぼ半分を占めるまでになったのである。掟米の量がほぼ一定のはずの知多郡の金額も四倍以上に増加

分野別の比重

（単位：円）

	1916年	
肥料穀物販売・豆粕製造	10,000	58%
味噌醤油製造	1,100	6%
その他	6,214	36%
全所得	17,314	100%
不動産計	**5,364**	**31%**
貸家	1,481	9%
田小作（知多郡）	1,359	8%
田畑雑地（碧海郡）	2,098	12%
畑雑地（知多郡）	92	1%
宅地	334	2%

表2－3　小栗三郎家の所得構成と

1886年			1896年			1906年		
卸売の所得	2,517	65%	収得金	15,635	75%	本店	5,500	49%
貸金の利息	800	21%	口銭	2,883	14%	醤油店	1,500	13%
その他	557	14%	雑収入	2,197	11%	その他	4,200	38%
全所得	3,874	100%	全所得	20,716	100%	全所得	11,200	100%
不動産計	**495**	**13%**	**不動産計**	**874**	**4%**	**不動産計**	**4,132**	**37%**
貸家の所得	126	3%	貸家	113	1%	貸家	370	3%
知多郡田畑宅地	308	8%	田地	633	3%	田地	3,301	29%
碧海郡田畑	61	2%	（知多郡）	256	1%	（知多郡）	1,082	10%
			（碧海郡）	201	1%	（碧海郡）	1,603	14%
			畑地	5	0%	畑地	40	0%
			宅地	123	1%	宅地	180	2%

（出所）　表2－2と同じ。および明治20～大正10年度「所得金高届書纏」（小栗家文書347－1）より作成。

していることから、物価・米価上昇分を割り引くと増加率は二倍程度と推測されるが、新田の農業経営の安定化が順調に進んだことは間違いない。そうなるまでには、同新田への関与が確認できる一八四〇年代から数えて約六〇年が経過したことになる。この間の所有面積も田・畑合わせて一五町八反から二四町二反へと八町以上も増加している。小垣江新田がこの時期の不動産投資の中心であり、収益的にも成功を収めたといえよう。ただし、一九〇六年は萬三商店の決算が低調で全所得が約一万一〇〇〇円に止まっていたため、不動産部門の割合が高めに出ていることを考慮する必要があるだろう。表序－13によると、この前後の年には家業全体で四万円前後の収益となっているので、この時期の不動産収益の比重は一〇％程度と捉えておこう。

さらに、第一次世界大戦期の大型景気の時期にあたる一九一六年の所得を見ると、豆粕製造・肥料販売などの部門が業績を伸ばす中で、不動産は約三割の水準を維持している。また、碧海郡つまり小垣江新田の割合も一二％で明治末期とほぼ同じである。そうした中で、この間の動向として注目されるのは、貸家の比重が三％から九％に上昇していることである。ここで、所有面積では農地と大きな格差があった貸地・貸家について検討してみよう。一八九六年の「所得税調書」に記載されている貸家の一覧をみると（表2－4）、その総数は二五戸

表２－４　1896年の貸家一覧

	坪数	家賃（円、銭）		坪数	家賃（円、銭）
１号	7.0	0.58	14号	5	0.22
２号	7.5	1.15	15号	5	0.24
３号	8.5	1.45	16号	14	0.58
４号	12.0	2.00	17号	7	0.38
５号	12.0	2.35	18号	7	0.37
６号	12.0	2.70	19号	7	0.31
７号	12.0	2.55	20号	7	0.30
８号	（空籍）		21号	26	2.00
９号	15.0	2.50	22号	12	2.47
10号	17.5	3.50	23号	18	2.20
11号	34.0	2.50	24号	12	2.20
12号	8.0	0.40	25号	12	2.20
13号	6.5	0.30	26号	12	2.55
			総計	296	38.00

（出所）「（明治）30年４月所得税下調書」（小栗家文書110-３-４-12）より作成。

であり、一部を除いて一〇坪前後・家賃二円台以下の小型住宅である。特に、四～七号、一五・一六号、一七～二〇号、二四～二六号などのように連続して同じ面積が続いているところは、のちの一九一〇年代～三〇年代に確認できるような、店員が入居することも多い集合住宅であると考えられる（後述）。こうした一円以下の家賃の一〇件の物件は、収益目的というよりは店員のための生活手段の提供という性格が強かったとみられる。それでも、これら二五戸の家賃を合計すると月三八円・年額四五六円という計算になり、税や経費を差し引いた実際の所得は一八九六年には一一三円であった。一方、半田町内の宅地の地代からの収入・所得は一四七円・一二三円で、支出が極端に少ないため差し引きの所得は貸家を上回る。こうしたことから、収益効率の良い貸地に止まることなく、わざわざ経費のかかる貸家を建てたのは、おそらく店員向けの行動だったとみるべきだろう。特に一九〇六年には店員向けと考えられる無家賃の貸家が一二件あったことが記されている。とはいえ、この年の貸家部門での所得は半田町内の農地からの収入・所得を上回っており、収益を度外視した福利厚生の提供ばかりというわけでもなかった。(7)

一九〇六年で注目されるのは、貸家・宅地の総面積が坪換算で四〇〇〇坪を超え、一八九六年の約八反＝二四〇〇坪（一反＝三〇〇坪として算出）からかなり増加したことである（表２－２）。一八八六年に武豊線および半田駅が開業し、さらに一九〇六年には半田駅が南の成岩側に移転して萬三商店により近くなるなど、ちょうどこの頃半田を中心とした市街地化が始まり、特に小栗家・萬三商店周辺の開発も本格化していった。田・山林も若干増加しているが、半田町内ではほかに畑も二反から一町へと増加しており、宅地や畑の土地売買市場が若干流動化し始めたことが窺える。僅かな動きではあるが、小栗家の不動産の所有・経営にも以上のような市街地化の影響をみてとることができるといえよう。一九〇六年にわずかにみられた市街地化の動きは、一〇年後の一六年にはいっそう明確となり、貸家収入は全所得の一割近くを占め、知多郡の農地所得を上回るようになるのである。

本節で分析した一八八六〜一九一六年の不動産経営は、以下の通りである。小栗家は農地中心の不動産経営であったことが確認され、地域的には地元（半田・成岩）と遠隔地の新田の二本立てという、知多郡の大地主と同様の性格を持っていた。所得面については、二〇世紀に入った頃には新田からの掟米増加が不動産経営の収益向上に大きく貢献し、加えて、店員向けに収益性を軽視している部分を含んでいるはずの宅地（貸家・貸地）収入が無視できないレベルになりつつあり、一九一〇年代に入るとその比重が高まっていった。

第２節　両大戦間期の不動産所有の動きと貸家経営

(1)　半田地方の市街地化

前節の最後にみた、半田・成岩の土地購入や宅地分野の拡大からみて取れるような、半田を中心とした市街地化の影響はまだ僅かなものであった、その後、一九一〇年代以降に本格化した市街地化が小栗家の不動産経営をどのように変えていったのだろうか。本節では、一九一〇年代から三〇年代にかけての史料を用いて分析・考察を行う。

一般に、工業化・都市化の影響や小作人運動の高揚によって、大正期に入ってから地主制の動揺や後退が進んだとされているが、半田地方では地主制の後退はみられたのであろうか。この時期の愛知県は国内有数の農業県となる一方で、小作争議件数でも日本一となるなど農業の発展と農村の動揺が並行して進む混乱した状況にあった。[8]さらに、第一次世界大戦による好況で近代工業だけでなく県内各地の在来産業も活況に沸き、都市化・市街地化が進んだり労働力需要が増加したことは、地主と小作人の関係や土地所有に大きく影響することになった。

半田地方でも、小作契約が口約束によるものから書面による契約へと変更されるなど近代化されていったほか、一九一三（大正二）年に成岩町で決められた「掟米受渡標準」では等級に応じた奨励米の支給が定められた。[9]こうした動きは、米穀の品質向上を迫られていたことを示すだけでなく、奨励米を支出せざるを得ない地主制の転機（後退）を物語るとされる。成岩町では一九〇二（明治三五）年に小作争議があり、一二年、一六年には小作地取り上げに対して賠償金支払いが行われるなど、地主が一方的に土地を取り上げることができなくなっていた。これに対抗するために愛知県内の各地で地主の組織化の動きがみられたが、[10]半田町でも地主が数人から一〇人以上で連合して土地会社を設立し、小作地の管理・小作料徴収などに当たらせるなどの対応がみられた。

半田・成岩・亀崎の各町の一九二一年の「小作慣行調査」によると、[11]市街地化の最も進んだ半田町における変化が顕著であったことが述べられている。従来は小作人の懇願によって耕作するような状態とされるほど地主の権利は強かった。しかし、まず人口が増加して耕地が不足するようになったことで小作期間を定める傾向が生まれ、また、特に畑では桑や果樹等の栽培が増加したことで小作料の金納が普及した。さらに工場が増加して雇用労働の機会が増えると、契約した土地を小作人が次々と返還するような状態になり、「小作を忌避し工場労働に従事するため耕地の増加を来たした」結果、小作料が下落するようになっていった。同調査は半田町の状況を総じて以下のように説明している。

「本町に於ては由来機織業醸造業を始め各種の工場多く、工業地として憚らざる土地にして農業を軽視すること甚だしく、加之数年前より財界の変動により工業方面に於ては人夫賃銀を激昇して労力を吸収するに比し、農業経営は依然薄利にして生活上に不安を感じ、経済上に注目するもの益々増加し全々農業を捨てて転職するもの、或は日雇稼を主として農業を副とするもの、又は農業を主とするも年々小作料減免を要求するの慣例となるに至れり」（原文片仮名、句読点を適宜補足）

以上のように工業化の影響が強調される半田町に対して、それぞれ南北に隣接しのちに半田市として合併することになる成岩町・亀崎町はいずれも小作料が上昇する傾向はないと回答するなど、工業化・市街地化の影響はまだ顕在化していない。特に成岩町の小作慣行調査では「小作契約は口約に依るを慣行とし小作証書に依るものは未だ認めず」として口約束によるものが一〇〇％と回答し、「本町は地主小作間に於ける性行善良なるを以て殊に改善するの要なし」としている。その成岩町でも周囲からの影響や将来の変化は予測されており、「今後に於ては期間を定め地主小作間の情義により其の期間内の土地返還等の行為を防止するの方策を立つるの必要あり」とされていた。

近代期の半田と亀崎の経済的発展の差については序章第3節でも紹介されているが、以上のように、一九二〇年代にはまだ市街地化に差がみられた半田・成岩・亀崎三町が三七（昭和一二）年に合併して半田市となり、知多半島で最初の市制が敷かれた。これによって、半田は名実ともに知多郡の中心地域となってますます発展していった。半田の発展は、第10章で取り上げられているように小栗家も関与した工業化を中心とした経済発展と、それに伴う人口の流入による増加として端的に表われたが、とりわけ半田町では行政・教育等の都市装置の集中(12)、海運・鉄道などの交通整備、さらに近隣向けの日用品商業・流通の発展などによって多面的に発展していった。例えば、警察の取締対象の営業で合併三町の中で半田町に集中していた業種は、以下のようなものがあった（一九三六年末、分類は筆者）(13)。

・都市装置――官公署、学校、通信社・新聞社

・繁華街――旅館・下宿屋、飲食店、芸妓・芸妓置屋・酌婦
・商店――肉類販売、売薬営業・売薬行商、石油揮発油貯蔵

ほかに、劇場・映画館各二軒のうち、劇場一軒を除いて残りは半田町に存在するなど、近代的な商業・サービス業の集積が半田市街地で進んでいた。また、半田町は都市基盤の整備も先行しており、電灯事業については一九一〇年に設立された知多瓦斯と知多電灯のうち、後者が開業することなく知多瓦斯に事業の権利を譲渡して解散した。その結果、半田ではガス灯が先行したうえにガス会社が電灯を兼営して、両者が並存するということになったが、次第に電灯が優勢となり、同社は一九一七年に知多電気と改称し、ガスによる発電に加えて名古屋電灯や岡崎電灯から電力供給を受けたものの、二一年に関西電気（のち東邦電力）に合併された(14)。一方、一九三〇年から供給を開始する半田町の上水道事業は、名古屋市、豊橋市に次いで県内三番目という早さであった。その後半田町と合併して半田市となった成岩町域に上水道が拡張されるのは、第二次世界大戦後の一九五八年のことであり、半田町の事業の早さが際立っている。両地域の上水道整備の時間差は、戦時体制化による拡張の遅れも一つの要因だが、半田町がいち早く上水道事業に取り掛かるきっかけになったのが、一九二四年に小栗三郎家と中埜又左衛門家が共同で半田町に対して寄付した、それぞれ一〇万円ずつの上水道創設資金であった(15)。半田町は上水道設置の調査や水源用の井戸工事をこの寄付金によって行ったうえで、一九二九年から三〇年に約三〇万円の公費をかけて敷設工事を進めた。

半田のこうした「地方の都心」的な発展は、一般に地価の上昇や、住宅の外延化すなわち農地等の宅地化に繋がるものといえる。新築家屋棟数の推移をみると、半田・成岩で一九三〇～三六年の七年間に合計一三〇〇棟前後の住宅・商店が建てられたが、その中心は三〇年代半ばに半田町から成岩町へ移っていった。以上のように、半田市街地の繁華街化・飽和化と成岩町の宅地化が進んだことが、両町に農地・宅地を所有していた小栗家の不動産経営にも大きな影響を与えることになったのである。

(2) 不動産所有の増減

一九四〇（昭和一五）年に作成された小栗家の所有土地の一覧によると（表２－５）、田地所有は三郎・四郎両方の名義を合わせて三七町九反、畑地が会社名義を含めて三町四反で、合わせて四〇町歩を超えるに至っている。一方、宅地所有面積は一万六一五八坪（約五反）で、これらをすべて合わせると田畑宅地の合計所有面積は四一町八反となる。他に雑地池沼等を含めると五〇町を超えており、雑地等の扱いにもよるが前節の地主一覧等に掲載される基準で

表２－５　貸地（宅地・田畑）の構成

（単位：坪、畝）

地目	地域	名義	1916年	1919年	1940年
宅地（坪）	半田	本家	11,364	11,349	13,097
		（内数）貸地	3,015	3,251	
		（内数）貸家敷地	1,952	1,866	
		（内数）店員敷地	313	427	597
		四郎	444	444	1,818
	成岩	本家	820	814	1,583
		四郎			258
	計		12,628	12,607	16,756
田	半田	本家	424	379	342
		四郎	34	34	39
	成岩	本家	279	175	135
		四郎	7	7	293
	亀崎	本家	78	78	78
		敬五郎	62	35	—
		四郎	—	—	262
	河和町		16	16	—
	石浜		337	337	337
	小垣江	本家	1,902	2,035	2,438
		四郎		104	104
	計		3,141	3,202	4,029
畑	半田	本家	258	260	239
		四郎			3
	成岩	本家	104	107	173
		四郎	1	1	46
	阿久比		5	5	5
	河和町		13	13	13
	小垣江		226	226	—
	計		350	353	237
山林	半田		130	130	128
	成岩		75	75	
雑地池沼	半田		2	2	0
	成岩				79
	亀崎	（四郎分）	172	172	
	小垣江		1,665	1,566	1,412

（出所）「（貸地・貸家等調）」、昭和15年「三郎四郎所有土地一覧」（いずれも小栗家文書110-14-5、316-28）より作成。

あった「五〇町歩地主」にほぼ達していたとみることができる。特色的なのは、一般に地主制の後退期といわれる一九一〇年代以降、農地の所有も拡大させていたことと、さらにそれが宅地の所有の拡大と平行していたことである。こうした不動産経営の拡大は、どのようなものと理解すべきなのだろうか。

そこで、どの時期にどのような土地の所有を増大させたのかを確認してみよう。時点間のばらつきがあり、また依拠した各時期のそれぞれの資料の性質も異なるので、すべてを厳密に論じることはできないが、表2－2と表2－5を主な項目で比較して観察する。まず、一九〇六（明治三九）～一六（大正五）年（すなわち日露戦後期から第一次世界大戦初期）は、いずれの地域でも田の所有にほとんど動きがみられないことが第一の特色である。一方で、半田の畑は一町六反近く増加し、成岩でも二反にすぎなかったのが一町以上となるなど、畑の増加が顕著である。また、それまでほとんど所有していなかった山林も半田・成岩で合わせて二町近く所有するようになった。小垣江では、雑地池沼でおよそ一六町も増加させており、田と合わせると三五町にも及ぶことになる。以上のように、一九一〇年代末の大戦景気・大正バブルが本格化して土地市場が流動化する以前から、小栗家は主として①半田―成岩の畑・山林と②小垣江の雑地池沼の二つによって所有不動産を増加させた。このように不動産投資には積極的だったと考えられるにもかかわらず、田でほとんど変化がみられなかったことは、一般的に地主経営がいぜんとして安定しており、田地所有の流動性が低かったためと考えられる。

続いて、比較する時点の間隔がほぼ四半世紀に及んでしまうが、表2－5によって一九一六～四〇年の主な変化をみてみよう。まず顕著なのが宅地の増加である。半田で三郎・四郎名義合わせて約一万二〇〇〇坪から約一万五〇〇〇坪へと増加している。加えて、成岩でも各名義合わせて約一〇〇〇坪増加しており、仮に住宅の建坪が一軒二〇坪程度とすると、両町で二〇〇軒分の宅地の増加に当たることになる。ただし、こうした宅地所有の増加は特に半田の田畑面積の減少と一体となっていることに注意が必要である。つまり、購入によって宅地を増加させたというよりは、農地から宅地への転換すなわち市街地化の影響が小栗家の不動産所有にはっきりと現われるようになったのである。すなわち、農地の所有の動向を列挙すると、増加したのは成岩・田（一町四反増加）、小垣江・田（六町五反増加）であり、逆に減少したのが半田・田（一町減少）、小垣江・畑（二町三反すべて消滅）などである。このように、日露戦後～第一次大戦期と比べると、大正～昭和期の間には田の所有面積に大きな動きがみられた。

市街地化による田の減少は、宅地・道路等への転換が半田で顕著だったことが第一の要因であり、小栗家の土地台帳ではこの時期に道路として半田町や内務省に土地を売却したことがしばしば記されている[16]。したがって、市街地およびその周辺での土地所有の増加は、いわゆる「地主制の後退」からさらに進んで、市街地化による土地市場の流動化や市街基盤整備への協力などによる開発利益が、不動産経営に含まれるようになったためと考えられる。すでに触れたように、半田町では市街地化が飽和して成岩町に外延化しつつあった。小栗家の土地所有の中心である半田・成岩両町の土地所有は、そうした流れに整合的な動きをみせていたといえよう。一方、半田で所有する田畑の減少は宅地増加より若干少ないが一町弱であり、道路への転換・売却があったことを勘案しても、半田では土地の購入は少ないとみられるのである。これに対して、宅地化の進みつつあった成岩での土地所有の動きは大きく異なっており、宅地所有が約一〇〇〇坪増加するのと同時に、購入によるとみられる田畑の増加が合わせて二町五反に及んだ。半田では元から所有する不動産の開発利益がもたらされたが、この成岩での農地等の土地所有の増加は、開発利益を期待した先行投資的なものと考えられる。

小栗家の不動産投資の方針を以上のような土地所有のデータから推測すると、以下のようになるであろう。半田で所有する土地の場合、特に追加的な購入による投資はみられないが、市街地化に合わせた宅地への転換に当たっては土地整備などの投資を行い、土地の価値を高めた可能性は考えられよう。また、道路整備などに協力することも、地価・地代の上昇によって周囲に保有する土地の開発利益に繋がるといえる。一方、成岩では宅地所有の増加は約一〇〇〇坪にすぎないが、市街地化を見込んだと思われる非宅地の先行投資的な土地所有が積極的に進められた。

一方、新田地主としての小栗家は安定した地主であり続けた。石浜の新田三町歩は明治以来不変であり、小垣江ではこの時期も約四町という大幅な田地増加がみられた。これは同地の畑・雑地の減少とほぼ対応することから、土地開発の安定化による田地への転換と推測できる。この畑・雑地は一九一〇年代までに保有するようになった分であり、購入か土地整備による割り当てかは不明だが、数十年前からの新田投資がようやく日の目を見たかたちである。半世紀以上を要した新田の地主としての成果は、生産増加だけでなく持続的な開発利益としても現れていたといえよう。

(3) 両大戦間期の貸家経営

半田を中心として市街地化が進む中で、小栗家が経営・管理する貸家も増加していく。一九一九（大正八）年から四八（昭和二三）年頃まで使用されたとみられる貸家台帳には、九九件の貸家が登録され、所在地・構造・付属物、および家賃、借家人名などの情報が得られる（表2－6）。ただし、譲渡や取り毀しなど処分の時期を除くと、建築時期や家賃・借家人の変更などの時期の情報は記載されていない。

まず、所在地をみると、萬三商店のある半田町字中村が最も多い。これは、のちにみるように小栗家の貸家経営がもともと店員向け中心だったためであろう。半分以上の貸家には管理番号とみられる数字が記入されているが、書かれた発番は第六六号までで、番号を与えられていない物件も多い（便宜のため、表2－6では台帳の記載順にあらためて整理番号を付してある）。特に、台帳の後ろの方に記載された、台帳作成時よりものちに追加されたと考えられる物件は基本的に発番されていない。なお、表2－4で一八九六（明治二九）年の貸家一覧を紹介したが、この一九一九年以降の貸家台帳の番号の物件とは坪数等が異なり、連続してはいないようである。土地台帳と照合すると、判明する限りでは一八九〇年代を中心として一〇数年間に多くの土地が入手されており、一八九〇年代後半～一九〇〇

表2-6　小栗三郎家の貸家一覧

（単位：円、銭）

整理番号	入手時期	所在地	原典番号	本屋構造	建坪	本屋以外・注記	店員向け	家賃・（★は萬三商店店員）
1	—	北条37	1	木造瓦2階	13	厠		2.50、6.00
2			2	木造瓦2階	13	厠・炊事場		2.65、6.00
3	1901	中村69-5	4	木造瓦平屋	20	厠		2.75、7.00
4			5	木造瓦平屋	11	厠		1.85
5			6	木造瓦2階	15	厠・井戸		4.56、10.00
6			7	木造瓦2階	15	厠・井戸		4.70、4.50
7			8	木造瓦2階	15	平屋・厠・井戸		5.00、12.50
8			9	木造瓦2階	15	平屋・厠・井戸		5.00、12.00
9	1911	中村21-2		木造瓦2階	15	厠・炊事場・井戸		6.00、14.00
10				木造瓦2階	15	厠・炊事場・井戸		6.00、14.00
11				木造瓦2階	15	厠・炊事場・井戸		6.00、14.00
12				木造瓦2階	15	厠・炊事場・井戸		6.00、16.00（知多電鉄）→（名古屋鉄道）
13				木造瓦2階	15	厠・炊事場・井戸		6.00、14.00
14	1895	中村21-1	11	木造瓦2階	15	厠、井戸		5.00、11.50
15			12	木造瓦2階	15	厠、井戸		5.00、11.20
16			13	木造瓦2階	15	厠、井戸		5.00、11.50
17			14	木造瓦2階	15	厠、井戸		5.00、11.50
18			15	木造瓦2階	15	厠、井戸		5.40、12.00
19	1901	中村22	45	木造瓦2階	16	平屋、厠、共同井戸		5.15、13.00「岐阜屋貸」
20			46	木造瓦2階	16	平屋、厠、共同井戸		5.15、11.50
21			47	木造瓦2階	16	平屋2棟、厠、共同井戸		5.90、12.50
22			16	木造瓦2階	21	二階屋、厠、井戸		9.25、22.00
23			17	木造瓦2階3棟	13	厠込み、井戸		10.00、23.50
					15			
					12			
24	1908	中村72-1	10	木造瓦2階	15	平屋、厠→井戸		6.00、14.00
25	1907	中村68-1		木造瓦2階	15	炊事場、井戸		5.70、13.00
26				木造瓦2階	—	炊事場、厠		5.30、12.00
27				木造瓦2階	—	厠、井戸		11.00、8.50、21.00
28	1901以前	中村69-4	18	木造瓦2階・平屋	8	厠		年50.00（内14.00特別引→31.5坪・M. M.）
					31			
		中村68-1		木造瓦2階（精米所増築分）	17			年45.00（合計7.50／月）（W店）
		中村69-1		木造瓦平屋（機械場増築分）	23			(M.M.)→(W店)
29	1901以前	中村69-4	48	木造瓦2階・平屋	32	厠2		
					23			7.20-20.00
30	1897〜1898	南大股61-1・4・乙91	19	木造瓦2階	10	厠、共同井戸	●	0★、7.50

31		南大股61-1・4	20	木造瓦２階	10	厠、共同井戸	●	0★、7.00
32			21	木造瓦２階	10	厠、共同井戸	●	0★、7.00
33				木造瓦２階	10	—		2.00（一時・半田青物市場）
34	1897		23	木造瓦２階	13	厠、共同井戸	●	0★、9.00
35		南大股61-1・66-1	24	木造瓦２階	13	厠、共同井戸	●	勤務中０★、9.00★
36			25	木造瓦２階	13	厠、共同井戸	●	勤務中０★、9.00★
37			26	木造瓦２階	13	厠、共同井戸	●	勤務中０★
38	—	荒古81	51	木造瓦平屋	18	厠、井戸		2.35、6.00
39	1884	荒古115	27	木造瓦平屋	9	厠、共同井戸		0.60（O. J.）
40			28	木造瓦平屋	6	厠、共同井戸		0.50（K. I.→O. J.）
41			29	木造瓦平屋	5	厠、共同井戸		0.40（K. I.→O. J.）
42			30	木造瓦平屋	5	厠、共同井戸		0.40（K. I.→O. J.）
43	1891	荒古233	31	木造瓦平屋	16	厠		2.80、7.00（特別5.00）、7.00
44			32	木造瓦平屋	14	厠、井戸		1.10（I. G.）、2.80
45			41	木造瓦平屋	5	厠		4.60、1.50
46			42	木造瓦平屋	6	厠		0.65（I. G.）、1.70
47			43	木造瓦平屋	6	厠		0.70（I. G.）、1.10（I. H.）
48			44	木造瓦２階・炊事場	8	厠		0.75、1.70（I. H.）
49	?	荒古233→139-3移転	37	木造瓦平屋・炊事場	21	厠	●	0★、9.00★
50	1904以前	荒古239	49	木造瓦平屋・井戸	21	厠		3.30、9.00
51			51	木造瓦平屋	10	厠		0.60、2.00（萬三豆粕部）
52		荒古240-1		木造瓦平屋	23	厠	●	2.75、10.00★
53			33	木造瓦平屋	7	共同厠		0.6
54		荒古240-1→北畑12	34	木造瓦平屋	7	共同厠	●	0.59、勤務中０★
55			35	木造瓦平屋	7	共同厠		0.6
56			66	木造瓦平屋	7	共同厠		0.6
57		荒古240-1→187-1		木造瓦２階	11	厠		2.00、8.00
58		荒古240-1→西勘内75		木造瓦平屋	14	厠		2.20、7.00
59	1886	荒古19→北荒古139-3	38	木造瓦平屋・厠・井戸・浴室	14	２階蔵	●	5.00★
60	?	中村30	39	木造瓦平屋・２階	14 11	厠、井戸	●	6.35★、勤務中０★
61	?	荒古227		木造瓦平屋	10	共同厠、共同井戸		1.00、2.30
62				木造瓦平屋	11	共同厠、共同井戸		1.00、2.50
63	?	荒古230-1		木造瓦２階	9	共同厠、共同井戸		1.30、2.90
64				木造瓦２階	9	共同厠、共同井戸		1.30、2.80
65	1891	中村39-1		木造瓦２階	13	炊事場、厠、共同物干	●	0★、14.00★
66				木造瓦２階	13	炊事場、厠、共同物干	●	0★、14.00★
67				木造瓦２階	13	炊事場、厠、共同物干	●	0★、14.00★
68				木造瓦２階	13	炊事場、厠、共同物干	●	0★、14.00★
69	?	荒古227		木造平屋		造作付き畳なし		2
70	—	中村69		木造平屋		諸色なし		5.50（M. M.）

71	—	西勘内76-1			木造２階	4	便所		?、10.00
72	—	成岩町北荒古187-1			木造２階	18	附属計4.83坪		10
73	—	西勘内75,76			木造平屋	24	便所	●	10.00★
74					木造平屋	16	便所		7
75	—	南大股６-１			木造２階	16	便所、諸色付き畳なし		15.00（土木事務所・生命保険会社）
					木造２階	16	便所、諸色付き畳なし		
76	—	成岩町北畑12			木造瓦	32	諸色なし		4.00
77	1901以前	中村69-４			木造２階	20	諸色付き	●	14.00★
78	?	荒古226			木造平屋	27	便所		13.00、10.00
79					木造平屋	17	便所		8.00
80	—	南大股５-２			木造瓦平屋	22	物置、電灯屋内線、水道屋内線		25.00
81	—	北荒古189→南大股28-３			木造平屋	16		●	12.00★
82	?	中村31-３			木造瓦２階・平屋×３		厠×４、２階土蔵		敷地全部に対する貢租諸入費と定む　表面は年100円
83					木造２階	15			2.50、8.00（萬三商店）
84					木造瓦平屋	15	厠、共同井戸	●	勤務中０★、8.00★
85					木造瓦平屋	15	厠、共同井戸	●	★0、8.00★
86					木造瓦平屋２棟	15	厠、井戸	●	
						2			
87	?	南大股70			木造瓦２階	17	厠		4.50、9.00
88					木造瓦２階	19	炊事場、厠２、井戸	●	特別7.00、12.00
89	1901以前	中村69			木造２階	16	便所炊事場	●	14.00★、★0
90					木造２階	20	便所炊事場	●	14.00★
91					木造２階	20	便所炊事場	●	14.00★
92	—	亀崎町石橋			木造２階	11	諸色なし		8.00
93			12		木造２階	11	諸色なし		5.50
94					木造２階	11	造作なし		8.50
95					木造瓦２階（元倉庫）	15	造作なし		4.00
96	—		13		木造瓦平屋	5	造作なし		1.80
97			15		木造瓦２階	21	造作なし		6.50
98			17		木造瓦平屋	16	造作なし		4.05
99					木造瓦２階	16	造作なし		1.80

（出所）　明治44年「地価修正　半田町宅地台帳」、大正８年「貸家台帳」（いずれも小栗家文書319-２、319-３）より作成。
（注）　入手時期欄が「—」の物件は宅地台帳に記載がなく、「？」は入手時期についての記事がない。

年代に限って半田の町場での土地獲得と貸家建築に積極的だったことが分かる。

なお、貸家台帳で発番されている物件の所在地はすべて、萬三商店の所在地である中村と、これに隣接する荒古、さらに半田駅を挟んで駅舎からみると裏側の南大股の三つの字に限られる。したがって、小栗家の貸家経営の中心は、半田駅周辺で、本店にも近い町場であったということができる（巻頭地図4を参照）。台帳作成後に追加されたと考えられる物件については、地元の三地域で引き続き建築されたほか、西勘内（半田町内）、成岩町、亀崎町などやや遠方の物件も登場するようになる。こうした追加の件数は少なく貸家経営が積極化したとはみられないが、一九三七年に合併する三町の市街地化の影響が、小栗家の貸家経営にも及んだのであろう。

さて、構造・面積、付属物などを勘案すると、これらの貸家はいくつかのタイプに分類することができる。最も多いのが集合タイプの住宅であり、一つの地番内に同じ構造の数軒が建てられ、共用の井戸・厠などが付属している場合である。貸家の図面資料を見ると、整理番号三〇〜三七は四軒長屋がさらに二棟並んでいたことが分かる。こうした、基本的には現代のアパートの前身のような貸家が、小栗家の貸家経営のほとんどを占めている。構造的にはこれと同じであるが、一円を下回る格安住宅、あるいは店員対象と考えられる無料の貸家は社宅型といえるだろう。そのほかに二〇坪以上の建坪で独立した炊事場や厠を持った物件も数件みられる（整理番号22、23、29、59）。極めて特殊だが、浴室付きや電灯・水道屋内配線付きという物件もみられ、これらはいわば戸建てタイプとみてよいだろう。

借家人については基本的には名前と家賃が記されているだけであるが、「萬三商店」と注記された人物がしばしば見られ（表2−6で「★」印を家賃の後に付してある）、さらに家賃について「勤務中無賃」または単に「無賃」、さらに「特別引」などとされている借家人は店員か、または何らかの関係者と考えられる。こうした情報から店員向けの社宅として利用されたと考えられる物件は、表2−6の「店員」欄に「●」を記入した。集合タイプの住宅として紹介した、南大股の共同住宅二カ所（整理番号30〜37）がその代表であり、当初から店員向けに建築されたとみられ、集団で無家賃となっている。こうした店員対象の貸家は合わせて二七件であった。その数は決して少なくはないが、小栗家の貸家経営は必ずしもそうした社宅的な貸家だけに止まっていたわけではない。ただし、台帳に明記されていないが実際には萬三商店関係者というケースもあり得るので、社宅の比重がもっと高かった可能性は残る。貸家の管理・経営という点では、委託と推測される物件にも注意が必要である。例えば、荒古にそれぞれK・IとO・J（39～42番）、I・G（44・46・47番）にまとめて賃貸している共同住宅があり、管理・経営を委託ないしは又貸しさせているのではないかと推察できる。特に、荒古で味噌醸造業を営んでいたとされるO・Jには、一九四一年にそのまま一括して売却していることから、小栗家から共同住宅を借りたO・Jが社宅として運用していたとみてよい。

このように、小栗家の貸家は萬三店員も含めて商工従業員向けの低家賃長屋が中心であるが、例外的に変わったものもいくつか見受けられる。七五番は土木事務所（具体名不明）と生命保険会社（三井生命―日本生命）に事務所として半分ずつ賃貸している物件で、賃貸事務所であることが分かる。ほかに営業用とみられるのは、萬三商店（83番）、萬三豆粕部（51番）、知多電鉄（知多鉄道となりのち名古屋鉄道、12番）、半田青物市場（33番）のみである。その多くは小栗家が出資や設立に係わった会社であり、縁故的な賃貸に限定されていたといえる。なお、28番は店舗に賃貸していたとみられ当初は通常の戸建て住宅だった可能性もあるが、精米所・機械場を増築してW店（M・M）という借家人に一括して賃貸しており、きわめて特殊なケースである。

前項でみたように、半田の市街地化に対応して小栗家の宅地所有は増加していた。しかし、経営する貸家は、一八九六年の三〇件以下から約一〇〇件となってそれなりに増加してはいたものの、宅地増加面積からみるとそれほど多くはなく、貸家経営を積極的に進めたとはいいがたい。また、半田町の繁華街化と小栗家の貸家経営はあまり関わりがなく、基本的に従業員層向けの貸家住宅の経営を行っており、萬三の店員に直接貸し出す比重がそれほど高くなかったとしても、社宅的な貸家経営の域を大きく超えることはなかった。このように、小栗家の貸家経営は商店関係者

表2-7　1930年代の小栗三郎家決算

（単位：円）

年　度	1930	1931	1932	1933	1934	1935	1936	1937
公債利息	11,912	11,341	10,671	7,682	7,682	7,676	6,323	5,689
配当金	22,087	15,096	39,374	15,792	33,563	57,527	87,730	87,658
新田収入	1,884	2,881	4,227	3,956	2,910	5,273	5,483	5,603
貸地収益	955	144	1,122	1,112	916	1,897	2,306	2,038
貸家収益	20,093	17,321	18,817	19,731	19,684	20,320	20,558	20,545
雑収入	362	358	458	2,367	2,376	3,178	5,373	4,969
収入計	57,294	47,140	74,669	50,639	67,131	95,870	127,773	126,501
所得税	14,046	7,840	8,274	11,989	5,849	7,316	16,036	32,543
利子税	382	300	264	224	173	180	262	367
雑種税						139	78	52
相続税				16,408	17,573	17,222	16,991	15,684
特別配当税								1,289
雑費	1,001	1,003	1,000	1,008	1,027	1,004	1,001	1,236
家事費	14,623	13,275	16,882	18,832	14,516	15,784	15,959	15,762
支払利息	13,792	16,645	17,359	15,920	18,375	17,146	15,897	16,178
支出計	43,843	39,063	43,780	64,380	57,514	58,791	66,224	83,111
差引収益金	13,450	8,077	30,889	▲13,741	9,616	37,079	61,549	43,390

（出所）　各年度「元帳」（小栗家文書）より作成。
（注）　新田収入は帳簿に半額で記載されており、本表ではその倍額とした。▲はマイナス（赤字）。

や出資先などを中心とする縁故的なものであったといえよう。

所有に続いて収益面の観察をするために、一九三〇年代の新田・貸地・貸家などの収入の推移を示したのが表2-7である。この時期は証券類からの利息・配当収入が大きな比重を占めるようになっているが、不動産経営からの収入も安定した額で推移しており、特に毎年ほぼ二万円前後の貸家収益の比重が高い。これに対して、新田収入・貸地収益は変動が大きく、また多い年でも合わせて八〇〇〇円以下という水準に止まっており、収入面では貸家が小栗家の不動産経営の中心となるに至った。このように、地域の市街地化・都市化による発展は不動産経営の収入面にも反映されており、従来の新田経営を中心とする中規模地主から、市街地型の地主へと展開することで不動産経営を発展させたといえよう。

おわりに

小栗家の不動産経営の推移をまとめると、以下のようなものであった。まず、幕末から所有する知多郡・碧海郡の新田は一九三〇年代まで維持しており、一八九〇年代までの不安定な農業経営と経費を乗り越え、一九一〇年代〜二〇年代に至るまで、土地改良の安定化によるとみられる田地面積の拡大と小作米収入をもたらした。一方、地元の半田周辺では、半田と成岩を中心に小作田を合わせて約六町所有していたほかに、半田に約一町の宅地を所有していた。この宅地は貸地のほかに萬三商店のための貸家などとして経営した。その後、一九一〇年代以降になって工業化・市街地化が進み、特に萬三商店からもほど近い半田駅前周辺が繁華街化すると、半田町内に所有していた田地が、宅地に加えて道路など公有地へと転換したが、宅地の所有が増加しても貸家経営を大きく拡大することはなかった。市街地化による開発利益を組み込んだ不動産経営へと展開したのは、地域の住宅建築の中心となりつつあった成岩の土地所有であり、農地・雑地などを積極的に増やすことで市街地化前の先行投資を行ったのである。

注

(1)　刈谷市史編さん編集委員会編『刈谷市史』第六巻、資料編近世、刈谷市、一九九二年、二六二－二六三頁。同上第二巻、本文（近世）、一九九四年、五〇九頁。
(2)　半田市誌編さん委員会編『新修半田市誌』本文篇中巻、愛知県半田市、一九八九年、九六頁。
(3)　同右、九九頁。
(4)　同右、八九－九二頁。
(5)　『半田市誌』資料篇Ⅲ、愛知県半田市、一九七二年、三五五－三八〇頁。

(6) 前掲『新修半田市誌』本文篇中巻、一〇四頁。
(7) 明治四〇年四月「申告所得税届下調」(小栗家文書一一〇-三-四-一二)。
(8) 愛知県史編さん委員会編『愛知県史』資料編二八、近代五、二〇一二年。
(9) 前掲『半田市誌』本文篇、一九七一年、三六五頁。
(10) 前掲『愛知県史』資料編二八、近代五、一〇〇三頁、前掲『愛知県史』資料編三三、社会運動二、九五六-九五七頁。
(11) 前掲『半田市誌』資料篇Ⅵ、近現代一、一九九一年、二六〇-三六一頁。
(12) 鈴木勇一郎・高嶋修一・松本洋幸編著『近代都市の装置と統治――一九一〇―一九三〇年代』二〇一三年、日本経済評論社、一頁。
(13) 前掲『半田市誌』資料篇Ⅵ、近現代一、五五九-五六一頁。
(14) 中部電力(株)半田営業所『知多半島に明り灯りて七〇年』一九八二年、二七-三一頁。
(15) 『半田市水道通水五十年誌』一九八〇年、半田市水道部、二-八頁。
(16) 明治四四年「地価修正　半田町宅地台帳」(小栗家文書三一九-二)。

[付記]　本章は山口由等「地方実業家の不動産所有と経営」(『愛媛経済論集』第三四巻第二号、二〇一四年)を基に加筆・修正を行った。

第3章　家業の継承と地域社会への貢献——資産管理と家計の視点から——

二谷　智子

はじめに

本章の課題は、一八世紀から二〇世紀にかけて小栗三郎兵衛（三郎）家の家業が世代を超えて継続した要因を検討することである。この課題に応えるため、本章では、①小栗家が世代交代の制約をどのように乗り越えたのか、②小栗家が知多地域の半田町で家業を継続するために地域社会とどのような関係を構築したのか、という二つの分析視角から検討を行う。加えて、この二つの分析から導き出された要因を、当該期の小栗家の暮らし方からも検討するべく、③小栗家の家計支出から分かる消費行動の特徴を指摘する。そのうえで、①と②から判明した家業の世代交代をめぐる資産管理のやり方と寄付行為との関係を、消費行動から見えてくる小栗家の暮らしぶりと合わせて考察することを通じて、最後に、小栗家の家業経営を貫いていた経営理念や経営倫理がどのようなものであったかに関して言及したい。

こうした三つの視角に立った考察に入るまえに、本章で取り上げる課題や分析視角に関連すると思われる研究史に触れておきたい。

近年、アジアやラテンアメリカ地域を対象としたファミリービジネスの実証的なケーススタディが積み上げられ、纏まった成果が見られる。一九九〇年代以降経済のグローバル化や自由化など経済環境が激変したなかで、発展途上国・地域における「工業化の担い手」としての地場民間企業であるファミリービジネスが、一つの経営主体として自らの経営改革や事業継承を、外部環境の変化に応じていかに図ったかが、そこでの主要な課題であった(1)。その代表的論者の一人である末廣昭は、ファミリービジネスと財閥の関係を、「ファミリービジネスの事業規模・範囲・構成が巨大化し多角化しグループ化していったものを『財閥』と捉える」と定義したが、これを踏まえて中村尚史は、戦前期日本の地方の家族企業体の経済活動までも視野に収めてこれらをファミリービジネスと把握して、後発国工業化のメカニズムを解明することを試みた(2)。本章では、これらのファミリービジネス論を意識しつつ小栗家の家業の継承を考察したい。

さて、末廣昭は、これまでの経営史研究の成果と課題を整理したなかで、ファミリービジネスが抱えた①世代交代の制約、②事業を拡大し多角化する過程で直面せざるをえない経営諸資源の制約を指摘した(3)。②については、他章での検討に委ねるが、本章では、主に①世代交代の制約について考察を進めたい。末廣によれば、ファミリービジネスは世代交代時に二つの危機に直面するという。一つは、相続時に株式などの金融資産が相続者間で分割されて、「所有の分散」が起こること、二つめが世代交代時における経営者支配権をめぐる家族内部の対立、または所謂「三代目の企業衰退説」であり、創業者の企業家精神が世代を経て弱まり、三代目になると企業経営そのものが縮小するか消滅するようになることである。前者の問題については、現代のファミリービジネスでは、家族投資会社や財団などを設立して家族保有株式を集団的にプールするやり方など「所有の分散」が、直ちに「所有と経営の分離」へと発展することを抑止することにつとめ、後者の問題については、「財産の相続」と「事業の継承」を明確に区分して、事業継承には早くから長男などを任命し、または後継者候補の学歴、キャリア、能力などを判断基準にし、場合によっては外部の審査機関も導入して、いわば「継承の制度化」を図っているという。

もちろん末廣の指摘は、現代のファミリービジネスの事例研究から明らかにされたことであるが、戦前期日本でも激しい外部環境の変化の中で、家族経営体が事業経営を行っていたことは言うまでもない。本章では、家族経営体の事業の継承を「家業の継承」の視点で論じたい。小栗家の事例は、分析時期を戦前期とするが、日本の地方の一家族経営体が、所有と経営の分離をいかに抑止しようとしたのか、また家業の継承をどのように行おうとしたのかを、観察するには相応しい事例と思われる。

次に、経済主体の寄付行為の背景とその意義に関する研究に触れておく。マックス・ヴェーバーは、その著書『プロテスタンティズムの倫理と資本主義の精神』で、メソジスト派の禁欲的信仰の指導者自身が、「できるかぎり利得するとともに、できるかぎり節約する」者は、また恩恵を増し加えられて天国に宝を積むために、「できるかぎり他に与え」ねばならぬ、と勧告をしたことを引用し、ピューリタンが信仰の結果として富裕になった場合、その後に、精神的腐敗を招かぬように、隣人愛に基づく寄付行為を推奨したことを指摘した(4)。大塚久雄によれば、彼らは公のために蓄積した富を役立てようとしたという(5)。

同書は、西欧世界を分析したものだが、ヴェーバーの分析視角や方法論に影響を受けて、日本の近代化や産業化は、多くの研究者によって検討された。そのうち、本章の問題関心の射程において、芹川博通と有元正雄の研究を取り上げて、その成果を確認しておきたい。

非西欧諸国のなかで日本だけが、近代産業国家として自国を変革するために、急激に西欧文化を取り入れ、成功することができたのは、前近代にその発展の基礎が準備されていたからとの観点から、芹川博通は近世近江商人の経済精神と宗教倫理を検討した[6]。それによれば、近世日本において日本の宗教が勤勉と節約を強調し、その倫理が経済的合理化にかなっていたとするR・N・ベラーの指摘に加え、日本の仏教的経済倫理が、施与・自利利他・正直の倫理を説き、和合や逆境にも堪え忍ぶことを強調し、「治生産業」(世俗の職業労働＝世法)はことごとく「実相」(仏教的真理＝仏法)に随順するとか、世法則仏法の倫理をはじめ、家業即仏教(信心)、家業即成仏(往生)、家業即念仏(報恩行)などの職業倫理を生み出していることが重要であるとされた[7]。特に、倹約は「施し」の目標を持ってなされており、倹約の余財による慈善を行った近江商人の存在が指摘され、一般的に近江商人には、「社会奉仕」の精神すなわち「陰徳の積善」があったが、これは仏教の因果応報の思想に基づいた「喜捨」や「施与」の精神であるという[8]。これは、浄土真宗に限らず浄土宗や禅宗なども含めて広く仏教の宗教思想を信心した近江商人にみられる特徴とされた。

また有元正雄は、仏教のなかでも特に浄土真宗を軸にして分析枠組みを構成し、浄土真宗を篤く信じる地帯と、それ以外の地域を比較して、近代化の精神的基礎が形成された近世中後期の倫理観を検討した[9]。それによると、浄土真宗の篤信地帯では宗教の倫理化は、信仰と道徳の実践を不即不離とし、人の生き方を示す宗教教育を通じて獲得されており、この地帯では概して豪農商層と一般民衆とが同一生活の通俗道徳によって行動したが、それは、僧侶・道場役の教化および小寄講・御座・報恩講等のもつ意義が大きく、そこでは密度の高い宗教教育が行われたとする。また、いずれの地帯の地方豪農商の家訓・遺言でも、家業以外に関わることを厳しく禁ずる伝統主義的性格を帯びていたことや、豪農商が「村」に配慮を示すこと、つまり彼らの仁慈を施す範囲は、村落共同体を中心とした比較的狭い地域社会を想定しており、その場合も、「家」の存続を中心に考え、「家」を取り巻く社会環境への配慮に止まったとする。さらに近代への展望として、有元は次のような興味深い指摘をしている。すなわち、「明治国家はこれに近代性の形式を装い、国家―家という二重の擬制的家体系(個々の家の上に、国民の父母である天皇・皇后をおくという観念)

を創出し、その上に国民道徳を形成していったのであり、近代社会特有の普遍的な倫理観は第二次大戦後までに持越された」というのである。[10]

本章で検討する一九世紀後半から二〇世紀前半における小栗家は、禅宗や浄土真宗など仏教への信仰が篤く、皇族との関係も深かった。そのような意味で、先行研究が指摘した仏教信仰がもたらす職業倫理や経営理念、皇室を中心とした国民道徳の影響を視野に入れて、小栗家の寄付行為の意義を考えたいと思う。

第1節　資産管理と家業の世代交代

一八世紀後半の小栗家では、六代三郎兵衛が家業後継者とみなしていた人物が、二世代続いて急病で死亡するという不幸に見舞われて、家業の世代交代が円滑に進まなかった。このため一七八〇年代～九〇年代に幕府が次々に発令した酒類取締をはじめとする諸政策に伴った経営環境の変化に、小栗家は機敏に対応することが出来ず、経営不振に陥って家屋敷や土地など不動産の売却をするに至った。この意味で、一八世紀後半から一九世紀初頭における小栗家は、家業経営の継承には円滑な世代交代が不可欠であることを、身を以って体験した（本書第5章で詳述）。近代期の小栗家では、幕末期まで三郎兵衛を名乗っていた一〇代当主が、明治期に入り「三郎」と称した。一八八〇（明治一三）年には、息子の荘太郎を当主に据えて一一代「三郎」として、一〇代三郎は隠居した。一一代三郎は、当主になる六年前に妻である等子と結婚し、この夫婦の間には九人の子どもが誕生した。序章で紹介されているが、一九三三（昭和八）年に一一代三郎が隠居するまでの五〇年間余り、彼は小栗家の当主であると同時に、同家の家業の経営責任者であったと思われる。一九三三年に四男である小栗四郎が第一二代当主に襲名するまで、一一代当主は、家業を次世代に継承するための準備を重ねたが、最終的に四郎が家督を相続するまでに、様々な予想外の展開があった。

検討に入る前に、本章で利用する「台帳」、「家事費明細帳」、「家事費仕訳帳」の史料的性格について述べておく。「台帳」は、萬三商店本店と支店から上がった純益金の積立と支出を記録した帳簿である。純益金は、「台帳」の「資本主勘定」に入れ、それを項目別に分配し、その項目別に会計管理する仕組みになっていた。「台帳」は、一八九一年から一九三五年まで残されている。なお第2節以降で検討する「家事費明細帳」（一八九一～一九〇七年）と「家事費仕訳帳」（一九〇七～三三年）には、小栗家の土地・貸家などの不動産収入と家全体の家計支出とが記録されており、不動産関連事業と小栗家の家計支出は、両方ともに小栗家「家事方」（のち「家事部」）が管理していた。すなわち小栗家の収入は、「台帳」の収入（主として醸造業と商業関連事業）と「家事費明細帳」または「家事費仕訳帳」の不動産収入（家事部の事業）の合計としておよそ把握できる。ここでは冒頭に掲げた課題を明らかにするため、この三種類の帳簿から分かる資産管理と家計支出を検討したい。

表3－1には、「台帳」から分かる資本主純益分の積立金の内訳について、その推移を示した。小栗家は、資本主純益金の四割から五割を、目的別にそれぞれ費目を立て蓄積していた。すでに幕末期の一八五三（嘉永六）年から、「善事財」、「公事財」、「本店備金」を、資本主純益金の一割ずつ積み立てはじめ、九九年には、新たに「臨時備金」として資本主純益金の一割を積み立てはじめたことで、二〇世紀に入る直前に、資本主純益金の四割が目的別に積み立てられるようになった。

ところで、目的別の純益金積立が始められた一八五三年は、一〇代三郎兵衛が九代目三郎兵衛から当主を譲られた年でもあり、九代三郎兵衛を父親とする腹違いの弟信治郎（恵一郎）と七之助（小栗家系図を参照）への積立金も始められた。ここで確認しておきたいのは、資本主純益金の費目別の積立が、九代から一〇代への家督相続が契機となったことである。一つの家族経営体に、次世代を担う複数の男子の後継者候補が存在し、それが互いに腹違いの兄弟であったことも影響したと思われるが、一〇代三郎兵衛は、父親から家督相続と家業を受け継いだ際に、後継者にならなかった自分の兄弟に対して資金を準備しはじめた[11]。これに対して自分の子どもは、一一代三郎となる荘太郎のみであり、複数の子どもが存在しなかったこともあり、子ども名義の積立はされなかったのである。一一代三郎が家督を継いだ一八八〇年時点では、一〇代三郎兵衛の弟の一人である七之助は、すでに一八七七年に死亡し、またもう一人の弟である恵一郎は最幕末期から酒造業を経営していた。こうして家業を一〇代目の息子である荘太郎に継承させることは、問題なく進んだのである。

さて、一一代三郎が自分の子どもたちへの家督と家業継承のための資産分配の準備を始めたのは、一八九二年、彼が満三五歳の時である（以下、年齢は満年齢で記す）。一一代三郎は、父親の一〇代三郎が病気を理由にして四五歳で隠居し、二三歳で家督を譲られた（本書第4章を参照）。三五歳になった一一代目は、長男を一八七七年に亡くしていたが、その後、たくさんの子宝に恵まれ、九二年時点では六人の子どもがいた。一〇代目であった父親が隠居した年齢と同年齢での隠居を一一代目自身が想定したとすると、自らの隠居までの猶予期間は、残すところちょうど一〇年であった。その二年前の一八九〇（明治二三）年の「日誌」には、正月一日に、「三郎代理トシテ町内へ静二菩提寺初成岩村へ庸三ヲシテ年賀ニ遣ス」とあり[12]、一八九一年の正月から静二を将来的な小栗家後継者として位置付け、はやくも地域社会にデビューさせていたのである。一一代三郎は、一八九二年に、幸子（一四歳）、庸三（九歳）、玉子（七歳）、四郎（五歳）、喜登子（三歳）の自分の五人の子ども名義で、「台帳」に積立口座を作ると同時に、第一分家基金と第二分家基金の積立も始めた。ちなみに一一代目が後継者と考えた次男静二は、同年で満一一歳となったばかりで、五男の敬五郎は四年後の一八九六年に生まれるという、そうした時期であった。

第一分家基金の元金は一万円、第二分家基金は五〇〇円と、元手の金額にはかなりの差が認められるが、前者は元金六％での利回り運用に対して、後者は毎年五〇〇円ずつの積立で複利六％の利回りで積立をするというように、利殖の方法を変えていた。おそらく、第一分家となると思われた幸子（一四歳）に対し、第二分家となると思われた三

積立金内訳の推移

（単位：円）

波留子	等子	幸子	庸三	玉子	四郎	喜登子	静二	敬五郎	三郎治	哲造	清	小計
525円元利5％	150円元利6％→5％	資財より1,000円1893年2,000円元利6％	資財より1,000円1893年1,500円元利6％→5％→無	資財より1,000円1893年1,500円元利6％→5％	資財より1,000円1893年1,500円元利6％→無	資財より1,000円1893年1,500円元利6％→5％	婚姻費複利10％	資財より1,500円元利6％	亀崎銀行株配当金	資財より1,500円元利6％	慰労分与金毎年500円元利6％	
725	183											52,928
735	182	2,397	1,791	1,594	1,419	1,262						56,252
732	180	5,081	2,847	2,534	2,255	2,007						59,225
653	182	5,386	3,018	2,686	2,391	2,128						60,687
654	190	5,709	3,199	2,847	2,534	2,255	6					82,596
658	191	6,051	3,391	3,018	2,686	2,391	25	1,590	11			87,814
629	199	6,051	3,595	3,199	2,847	2,534	40	1,685	幸子へ	1,590		104,462
652	196	6,051	3,811	3,391	3,018	2,686	42	1,787		1,685		101,905
678	204	6,051	4,039	3,595	3,199	2,847	44	1,894	西誓庵	1,787		123,743
704	211	6,051	4,282	3,811	3,391	3,018	45	2,007	家事方	1,894		117,661
730	219	5,281	4,538	4,039	3,595	3,199	46	2,128	より振	2,007		115,399
757	226	4,975	4,811	4,039	3,811	3,391	48	2,255	替326円	2,128	500	233,870
783	234	4,618	5,099	567[3]	4,039	3,595	68	2,391	1923年	2,255	930	248,396
809	241	4,618	5,405	516	4,282	3,811	75	2,534	度より	2,391	1,486	269,586
835	249	4,618	5,730	542	4,538	4,039	83	2,686	5,000円	2,534	2,075	291,701
862	256	4,618	6,073	569	4,811	4,282	91	2,847	元利５％	2,686	2,699	342,703
888	264	4,618	6,438	592	5,099	4,538	95	3,018	87	2,847	3,361	359,709
914	271	4,618	6,824	620	5,405	4,811	1908年	3,199	209	3,018	4,187	318,651
1,295	344	1908年	6,975	652	5,730	3,824	死去西	3,391	240	3,199	分家	310,485
1,359	361	死去第	7,144	677	6,073	3,755	誓庵へ	3,595	246	3,391		333,522
1,405	374	一分家	7,285	645	6,316	3,856		3,739	139	3,527		369,065
1,475	392	基金へ	7,549	677	6,695	4,048		3,963	197	3,739		359,387
1,549	411		7,826	711	5,975	634[5]	雅子	4,201	188	3,963		386,184
1,626	432	和子	7,914	746	3,671[4]	666	臨時備	4,453	259	4,201		391,264
1,707	454	臨時備	8,181	784	3,671	699	金より	4,720	290	4,453		370,213
1,793	477	金より	5,552	823	3,671	734	5,000円	5,003	316	4,720		427,367
1,781	500	4,000円	△2,306	863	3,671	770	元利６％	5,303	385	5,003		585,086
1,870	525	元利６％	△1,177	906	3,671	770	6,015	5,621	1,179	5,303		748,467
1,964	552	4,000	11,489	951	臨時		6,375	5,958	1,403	5,621		916,473
2,062	579	4,240	9,639	998	備金へ		6,758	6,316	1,808	5,958		1,108,272
2,165	608	4,494	5,578	1,048			7,163	13,390	1,939	12,632		1,215,120
2,273	639	4,764	建築費	1,101	幾子		7,593	14,193	3,296	13,390		1,313,337
2,387	670	5,050	として	1,156	臨時備		8,049	15,045	3,197	14,193		1,329,660
2,506	704	5,353	使用	1,213	金より	信子	1924年	15,947	5,664	15,045		1,300,652
2,631	739	7,092		1,274	5,000円	臨時備	死去臨	13,805	5,961	15,947		1,318,474
2,763	776	7,518		1,338	元利６％	金より	時備金	14,634	5,990	16,904		1,313,964
2,901	815	7,969		1,405	5,300	5,000円	西誓庵	14,549	6,064	15,205		1,277,121
3,046	856	8,447		1,475	5,618	元利６％	和子へ	△12,871	6,326	14,315		1,203,783
3,198	898	8,954		1,549	5,955	5,200		△13,114	6,474	13,536		1,221,133
3,358	943	9,491		1,626	6,312	5,512		臨時備金	6,607	13,098		1,181,380
3,526	990	10,061	順三	1,707	6,691	5,843		へ振替	6,776	12,579		1,186,314
3,702	1,040	10,664	資財より	1,793	7,093	6,193			6,948	13,981		1,147,257
3,887	1,092	11,304	5,000円	1,882	7,518	6,565			7,173	14,805		1,115,123
4,082	1,146	11,982	元利５％	1,976	7,969	6,959			7,372	15,693		1,094,593
4,286	1,204	12,581	5,146	2,075	8,368	7,307			7,598	13,355		1,135,518

元利は元金への利息のみ積立、複利は金額全体への利息の積立を意味する。それに加えて、資本金等の純益金の１割
利子）の第二善事財の合計を示した。表で示した項目以外に、積立金として、1894年度から土地収入の半額を積み立
本店が毎年850円（のちに3,000円）とその４％を積み立てる倉庫改築備金、および1910年度から毎年小栗家から1,000
子・四郎・喜登子にはそれぞれ1893年より資財より元金が増額された。なお波留子（10代当主妻）は1899年に亡くな
年度に土地６万円、建物３万円、什器１万円を移入、1919年８月に庸三と第三分家基金にそれぞれ15,000円を分与、
庸三へそれぞれ46,801円ずつ分与、32年８月時点に哲造へ３万円分与、33年８月時点に四郎の生命保険金44,000円支
～28年１月に四郎の生命保険金34,180円支出、その後資財より補填。小数点第１位を四捨五入（特に注記しない限り、

結婚のため入費6,472円、資財より3,000円補助。４）結婚のため入費2,190円。５）1913年１月に3,500円を預り金口
とある。

表３－１　小栗三郎家

項目 / 積立内容 / 期末年月	資財	臨時備金	本店備金	支店備金	善事財	公事財	第一分家基金	第二分家基金	第三分家基金
積立内容	資本主純益金の配分残額	1899年資本主純益金の１割	1853年500円元利５％本店（後に資本主）純益金の１割	支店純益の１割	1853年2,000円元利５％（1,150円）資本主純益金の１割	1853年1,000円元利５％資本主純益金の１割	1892年資財より10,000円元利６％	1892年毎年500円ずつ複利６％1908年より定額	1900年毎年500円ずつ複利６％1908年より定額
1891・12	44,397		770		5,407	1,446			
1892・12	28,064		795		5,417	1,496	10,600	500	
1893・12	23,557		820		5,400	1,546	11,236	1,030	
1894・12	23,327		845		4,973	1,596	11,910	1,592	
1895・12	23,726		14,107		10,911	1,646	12,625	2,187	
1896・12	22,295		15,430	1,466	10,644	1,766	13,382	2,819	
1897・12	31,370		16,178	1,671	12,258	3,747	13,382	3,487	
1898・12	27,537		16,083	1,785	11,807	3,795	13,382	4,197	
1899・12	40,816	657	16,334	1,062	13,492	6,213	15,882	4,949	
1900・12	38,453	528	16,310	1,061	12,703	6,259	10,687[1]	5,746	500
1901・12	36,300	520	16,205	1,061	12,356	6,309	9,246	6,590	1,030
1902・12	146,874	2,223	17,489	1,056	13,524	8,140	8,545	7,486	1,592
1903・12	157,224	3,475	19,183	1,056	14,265	9,447	8,545	8,435	2,187
1904・12	170,571	5,462	21,409	1,180	16,414	8,141	7,981	9,441	2,819
1905・12	182,347	7,466	23,336	1,453	17,923	9,714	7,537	10,508	3,488
1906・12	228,997	7,835	24,240	1,512	17,561	9,638	7,291	11,638	4,197
1907・12	235,777	9,518	26,253	1,497	18,853	10,996	7,185	12,836	4,949
1908・12	138,127	8,883	26,034	1,490	18,090	10,446	11,505	35,000	35,000
1909・12	143,718	11,283	28,535	1,490	20,425	9,384	清分家	35,000	35,000
1910・12	165,199	9,198	32,438	1,490	16,218	12,378		35,000	35,000
1911・8	185,875	13,444	36,455	本店に合併	19,547	16,458		35,000	35,000
1912・8	186,884	8,204	36,699		13,346	16,593		33,926	35,000
1913・8	209,482	8,681	40,580		15,437	17,620	隆子	33,926	35,000
1914・8	219,060	7,250	43,533		15,813	18,199	臨時備金より	28,441	35,000
1915・8	224,490	5,435	44,670		15,248	19,399	4,000円	1,982[2]	34,030
1916・8	264,547	13,688	53,045		21,396	17,672	元利６％	庸三	33,930
1917・8	362,826	21,609	73,891		38,445	38,415		分家	33,930
1918・8	458,531	30,576	90,544		51,107	54,686	4,410		33,930
1919・8	542,115	42,734	109,413		68,288	62,006	4,674	治子	48,930
1920・8	662,738	63,285	129,955		86,854	73,197	4,955	臨時備金より	48,930
1921・8	720,261	77,223	139,533		92,830	82,074	5,252	4,000円	48,930
1922・8	786,555	88,464	151,610		100,590	84,372	5,567	元利６％	48,930
1923・8	800,820	84,732	154,663		100,688	84,179	5,901		48,930
1924・8	850,412	94,946	165,580		54,997	44,913	5,342	4,180	33,850
1925・8	899,560	54,258	174,525		58,009	50,886	1924年	5,539	28,248
1926・8	801,345	39,957	294,341		53,189	46,151	死去臨	5,871	23,187
1927・8	803,140	28,972	294,341		50,610	44,941	時備金へ	6,223	△5,314
1928・8	811,250	△3,494	296,066		47,827	44,029		6,596	△25,703
1929・8	748,081	32,740	303,428		53,295	43,947	恒次郎	6,992	敬五郎
1930・8	678,498	37,106	308,011		56,045	47,361	資財より	7,412	分家
1931・8	680,180	37,979	309,210		54,663	48,253	5,000円	7,856	家の営繕
1932・8	652,799	31,968	309,523		51,115	42,110	元利６％	8,328	に使用
1933・8	608,107	33,502	311,900		51,596	41,715	5,250	8,827	資財・臨
1934・8	592,448	31,252	311,332		50,236	37,224	5,565	9,357	時備金へ
1935・8	639,726	32,068	311,472		41,278	33,386	5,843	9,825	振替

（出所）　各年度「台帳」（小栗家文書）より作成。

（注）　無印は資産、△印は負債。項目の下の年と金額と利率は設定年と元金（および元金の出所）と積立の利率で、
を積み立てる項目はそれも併記した。1891～95年度の善事財は、元金2,000円の第一善事財と元金1,150円（無
てる新田備金、1903年度から有価証券収入を積み立てる有価証券減価備金、1909年度から倉庫改築のために
円と店から150円（26年度から店分は取り止め）を積み立てる火災自家保険積立金があった。幸子・庸三・玉
っているが、実家の安藤家保護のために故波留子名義の積立が継続された。資財の主な動きをみると、1902
1926年８月時点に欠損金98,215円振替、29年８月時点に四郎の生命保険金７万円支出、30年８月時点に清・
出。臨時備金の主な動きをみると、1925年８月時点に敬五郎に本店合資資本金として５万円支出、27年12月
本章中の以下の各表とも同じ)。

１）1900年12月時点で5,195円沢渡普請支出。２）1914年９月に庸三へ分家資産２万円を分与。３）1903年
座へ振替、「本金ハ同人分与金ノ残額也、人間ノ一生運不運不可計、万一ノ用意ニ備置、他ニ使用スベカラズ」

男の庸三（九歳）の独立が出来る時期が、まだ相当程度は先であるとの見込みがあったのであろう。

ただし、静二には名義口座を作らなかったが、一八九五年から婚姻費として初めて六円を積み立てはじめ、複利一〇％で運用して増やした。このことから一一代三郎は、少なくとも一八九一年から九二年の内に、次男静二を家業後継者にすることを決めたと思われ、その方針で、静二以外の子ども達への金融資産の分配と積立を続けた。翌九三年には子ども名義の積立金額を増やし、合計八〇〇〇円が資本主の「資財」（資本主純益金の配分残額）から子ども名義口座に分配して移された。長女幸子は二〇〇〇円、その他の子どもには一五〇〇円ずつ増額し、それ以後は元利六％ずつ増やす予定であった。しかし、その後、子ども達の人生の成り行きで、各々の積立金の運用は変化したのである。

長女の幸子は、一八九四年に夏目三郎治と結婚して、九六年に長男の哲造を出産したが、少なくとも翌九七年には三郎治と離婚していた[13]。幸子は、子どもを引き取り、小栗家で養育したため、一八九七年の「台帳」には哲造の名義口座が設けられ、積立が始まった。なお一八九六年には、一一代目三郎の五男敬五郎が誕生しており同年から、口座の積立が始められた。その後、一九〇一年六月に幸子は桜井清と再婚し、婿に迎えた。ただし小栗家はその前年の二月から沢渡分家の新築に取り掛かっており、隠居した一〇代三郎と幸子が二人で同年末に沢渡家に引っ越していた。同年一二月二五日の項に「主人幸子老主分家積とも」とあったが、翌年四月中旬に急に幸子と桜井清との縁談話が持ち上がり、六月一日に結婚している[14]。その意味で離婚した長女に独立した住まいを準備したところ、その直後に偶々幸子の再婚への道筋がついたのである。幸子夫婦の分家設立の費用は、第一分家基金から支出されたが、一一代目が積立を始めた当初の家族関係とは状況が異なってきていた。そのためか一九〇〇年には、第三分家基金として毎年五〇〇円ずつ積み立てたうえで、それを複利六％での運用が始まった。また幸子名義の積立金は、一九〇〇年にそれまでより七七〇円減額した五二八一円となったが、代わりに婿である清に、翌一九〇二年から慰労分与金として元利六％で毎年五〇〇円ずつ積立されており、婿となった小栗清に配慮されている。

しかし、一一代三郎は、一九〇八年に大きな不幸に見舞われる。五月に静二が、七月に幸子がそれぞれ病死したのである。[15]後継者とみなしてきた静二が亡くなったため、この当時、慶應義塾大学の学生であった四男の四郎を東京から呼び戻し、四郎を家業継承者と見込んで準備が始まった。[16]というのも、三男である庸三は体が弱く、小学生時代から転地療養を重ねており、[17]一一代三郎は、庸三を後継者とするには健康面に不安を抱いていたと思われる。幸子が死去し、その積立金はすべて第一分家基金へ繰り入れられた。この第一分家基金と婿の清に毎年積み立てていた「慰労分与金」を基にし「沢渡」家の当主に清がなった。また本家である小栗家と分家「沢渡」が、本家一八万円、清二万円を出資して「内輪合資」を始めた。「沢渡」の分家資金は、この合資会社への出資金に充当されたと思われる。また一九一〇年に、小栗清は、一一代三郎の三女の喜登子と再婚し、小栗家との姻戚関係のなかで仕事を続けることになった。[18]

ところで、一九〇八年にもう一つ注目すべき動きがある。それは、第二分家と第三分家の両基金として、一挙に三万五〇〇〇円ずつを積み立てたことである。一一代三郎は、四郎を家業継承候補者としたので、二つの分家基金は、三男の庸三分と五男の敬五郎分と考えられる。事実、庸三は、一九一七（大正六）年に「前崎」で分家したが、その際に、彼名義の積立金は家の建築費用に使用し、第二分家基金を内輪合資の資本金に充てた。一九一七年の内輪合資の資本金は、本家が四〇万円、分家「沢渡」の清が二万円、分家「前崎」の庸三が三万円であった（本書序章を参照）。

このように、一九一七年には庸三が分家して、小栗家の家業継承者は四男の四郎に実質的に確定した。その証左として翌一九一八年を見ると、四郎名義の積立金がすべて「臨時備金」に移されている。ちなみに一九一七年に、一一代三郎は満六〇歳の還暦を迎え、[19]この時を選んで、後継者は四郎との姿勢を示したと思われる。

一九二四年に、五男敬五郎に対し、本店合資資本金として五万円が分与され、内輪合資の出資金は、本家が三五万円、清が五万円、庸三が五万円、敬五郎が五万円となった。そして、本分家の出資を中心として一九二六（昭和元）年に株式会社萬三商店が設立された（本書序章を参照）。敬五郎は一九二八年に、第三分家基金と敬五郎名義の積立金をあわせて家を新築し、「星崎」に分家した。ここで、一一代三郎から一二代三郎（四郎）への家督相続と家業継承にあたり継承者とその兄弟への資産分割が完了したといえよう。

なお、一一代三郎の娘である二女の玉子と三女の喜登子名義の口座積立について見ておきたい。二女玉子は、一九〇三年に設楽郡光明寺の尾頭壮之輔の元に嫁いだ。その際の婚姻費用は六四七二円であった。そのうち三〇〇〇円は「資財」から補助したが、残り三四七二円は玉子名義の口座積立金から支出された。残額は五六七円であったが、表3-1の玉子名義の積立金をみると、嫁いだ後も僅かずつではあるが、口座は残されたまま、積立は継続され、一九三五年には二〇七五円になっていた。また喜登子の場合も、清と結婚した後も口座が残され、一九一三年一月にはその内の三五〇〇円を「台帳」の「預り金」口座へ振り替えられたが、その注記には、「本金ハ同人分与金ノ残額也、人間ノ一生運不運不可計、万一ノ用意ニ備置、他ニ使用スベカラズ」とあった[20]。その後喜登子は一九一七年に亡くなり、一九年以降は「台帳」から喜登子名義の口座がなくなった。いずれにしろ、小栗家に誕生した女子は、他家に嫁したのちも当人が死亡するまでは、「台帳」の口座積立金があったことが分かり、小栗家の家業に直接には関わらずとも、子ども一人ひとりの積立金を継続し、万一の事態に備えていた。

第2節　寄付行為と地域社会への貢献

一七八三（天明三）年二月、六代三郎兵衛（幸七）は、五代小栗七左衛門の息子の領助を養子に迎え、彼に家督を譲った。その際、幸七が七代三郎兵衛に、以後、小栗三郎兵衛家の当主として守って欲しい心構えを文書で伝えたが、その内容を「大福帳」(一七五六(宝暦六)年〜一七九九(寛政一一)年)に書き残した[21]。これによれば、「其元御吉方ニ候得共万事簡略被成、商売躰無油断御出精被成御仕出候可被下候」と、六代三郎兵衛は七代三郎兵衛に対して、万時について簡略し、油断なく一生懸命に商売に努めるよう促した。また家業については、「酒造方重モノ家業とハ乍申見世も亦大切ニ御座候、大ナリ小ナリ見世ニてハ利分有之候間、御気被付無油断店之者共可被仰付候、何事ヲ書記置候事も家大切ニ存候故候」と、酒造業が主なる家業だが、商業もまた同様に大事で、店の経営は利得が絡むので、油断しないように店で働く人々にも命じて、何事も書いて記録することが大切であるとした。さらに、小栗家の先祖供養について、「宗円(四代三郎兵衛——系図参照)即信様(五代三郎兵衛——系図参照)方御両麁略ニ不成様、御年忌ハ大寺宵朝御招請被成、諸入用之義随分簡略被成共、御布施ハ前々之通リ可被成候」と、懇ろに先祖の法要を行うように求めた。このように少なくとも一八世紀後半の小栗家の当主には、質素倹約、店員教育や経営記録の重要性、先祖崇拝など、家業を維持するにあたり大切にすべき事柄が明確に意識され、それを次世代に伝えようとする意志があった。明治期以降の家憲や店員教育に関しては、本書第4章で詳細に検討されるが、そこでは「仏教道徳」や「誠実ノ心」が大切にされたことが明らかとなった。例えば、一九〇九(明治四二)年五月に書かれた一〇代三郎の遺言には、第一に「人道ヲ明ニスヘシ」、第二に「慈善ノ心常ニ怠ルヘカラス」、第三に「凡テ質素ヲ旨トシ奢侈ノ挙動ナカラシム」と記されており[22]、この言葉から、二〇世紀初頭の小栗家では家族に対して、祖先の尊崇と仏教道徳思想に基づく「誠実心」や「慈善心」が、大切な心構えとして説かれ、日常生活では「質素」を旨としたことが分かる。こうした先祖伝来の生活上の指針や倫理規範に基づいて、その対象を主には地域社会としつつ、小栗家は各種の寄付を行ったと考えられる。

(1)「台帳」の「善事財」の推移

寄付行為のために積み立てた「善事財」の内訳を、表3-2で確認しておく。なお一八九五（明治二八）年まで善事財は、「店」と「家」とで行うものが区別されていたため、「店」の善事財の内容は「家事方」の帳簿である「家事費明細帳」に記載されており、その期末残額が「台帳」に転記され、それを「家事費枠支払分」として示している。また同年からは、資本主の純益の一割が積立金として「善事財」に繰り入れられており、それを利益分配積立欄に掲げた。「利子」は、「善事財」を開始した元金（二〇〇〇両（円））への五％の利子で、小栗家の純益から繰り入れている。全体的な推移を見ると、一八九六年に繰越が一万円を超え、一九〇〇年代以降、さらに増えていく。一九〇〇

内訳一覧

（単位：円）

祈祷料	町村献金	利子	家事費枠支払分	利益分配積立	その他共次期繰越
		100			5,407
		100			5,417
		100			5,400
		100			4,973
		100			10,911
		170	△267		10,644
		100	△417	1,931	12,258
		100	△552		11,807
		100	△382	2,468	13,492
		100	△360	21	12,703
		100	△378		12,356
		100	△497	1,781	13,524
		100	△383	1,357	14,265
		100	△199	2,298	16,414
△1		100	△211	1,904	17,923
△7		100	△132	369	17,561
△2		100	△141	1,683	18,853
△2		100	△269		18,090
△2		100	△232	3,083	20,425
△2	△5,000	100	△390	3,978	16,218
△2	△10	67	△263	4,067	19,547
△3		100	△491	340	13,346
△2		100	△367	3,977	15,437
△2		100	△322	3,029	15,813
△2		100	△575	1,150	15,248
△2		100	△676	8,393	21,396
△2	△1,005	100	△287	20,912	38,445
△8	△2,050	100	△401	16,691	51,107
△2		100	△447	18,877	68,287
△54		100	△771	20,550	86,854
△64		100	△476	9,587	92,830
△28		100	△1,203	12,084	100,590
△7		100	△618	3,110	100,688
△35	△50,000	100	△488	11,253	54,997
△10		100	△659	8,952	58,009
△2		100	△1,271		53,189
△2		100	△766	299	50,610
△14		100	△748	1,713	47,827
△2		100	△376	7,370	53,295
△34		100	△566	4,757	56,045
△14		100	△498	1,251	54,663
△14		100	△747	664	51,115
△24		100	△391	2,878	51,596
△44		100	△519		50,236
△12	△8,000	100	△712	816	41,278

1896年までは、「台帳」の項目が第一善事財と第二善事財に
合されて記帳されることになったので、本表の前期繰越が急
に記載され、期末残額が「台帳」に転記されており、それを
寄付は、軍への寄付や愛国婦人会への支出。利子は、「善事
1896年からは、資本主の純益の1割が積立金として、「善事
ものが若干含まれている。例えば、1912年8月期末では、済
まれる。なお、1924年8月期末の半田町への献金は、10万円

表3－2　小栗三郎家善事財の

期末年月	前期繰越	貧窮者補助	災害義捐金	戦争関係寄付	放生会放魚料	赤十字社関係	寺社寄付	学校寄付	目白十善会	無量講関係	減罪回向料
1891・12	5,634	△60	△150								
1892・12	5,407	△70									
1893・12	5,417	△80									
1894・12	5,400	△70		△397							
1895・12	4,973	△10		△20							
1896・12	10,911		△170								
1897・12	10,644										
1898・12	12,258										
1899・12	11,807				△350	△150					
1900・12	13,492	△120			△128		△195	△100	△3		
1901・12	12,703	△65							△3		
1902・12	12,356	△55					△30	△120	△3		
1903・12	13,524	△42	△260			△27			△3		
1904・12	14,265	△34				△3		△10	△3		
1905・12	16,414	△9		△16	△90	△3	△50		△25	△60	△28
1906・12	17,923	△150	△300		△170	△3	△15		△25		
1907・12	17,561	△5	△30	△35	△240	△3			△25		△10
1908・12	18,853	△5			△450	△9	△85				△43
1909・12	18,090		△210		△230	△19	△75		△25		△55
1910・12	20,425	△33	△360		△210	△31	△1,831	△20	△25	△316	△33
1911・ 8	16,218	△116			△80	△6	△298		△25	△5	
1912・ 8	19,547	△245	△50		△135	△5	△527		△25	△6	△6
1913・ 8	13,346	△109	△50		△85	△3	△1,294		△25	△6	
1914・ 8	15,437	△200	△500	△7	△125	△6	△1,495		△25	△7	
1915・ 8	15,813	△296		△206	△115	△6	△566		△25	△8	△6
1916・ 8	15,248	△171			△150	△15	△1,256		△25	△4	△15
1917・ 8	21,396	△130	△150		△275	△6	△1,226	△700	△25	△4	△60
1918・ 8	38,445	△184	△700	△100	△129	△6	△295	△100	△25	△6	
1919・ 8	51,107	△65	△200	△292	△256	△3	△315		△25	△6	△40
1920・ 8	68,287			△159	△524	△3	△416		△25	△9	△80
1921・ 8	86,854	△560			△310	△172	△1,415	△5	△25	△9	△60
1922・ 8	92,830	△350	△100		△268		△1,582	△5	△5	△8	△20
1923・ 8	100,590	△420	△50		△338		△1,534		△25	△9	△40
1924・ 8	100,688	△717	△4,914	△15	△191	△6	△440	△3	△25	△10	
1925・ 8	54,997	△1,020	△300		△458	△6	△2,845		△25	△10	△150
1926・ 8	58,009	△1,233			△345	△6	△1,964		△25	△10	△20
1927・ 8	53,189	△1,249	△50		△310		△580			△11	△10
1928・ 8	50,610	△820	△150		△205	△6	△2,617		△25	△12	
1929・ 8	47,827	△780			△283	△3	△468		△25	△10	△20
1930・ 8	53,295	△780			△288	△3	△330			△9	
1931・ 8	56,045	△780	△500		△250	△3	△649			△9	△30
1932・ 8	54,663	△740			△255	△3	△2,537			△9	
1933・ 8	51,115	△480	△200		△275	△3	△1,089			△10	△75
1934・ 8	51,596	△160			△325		△328			△10	△50
1935・ 8	50,236				△140		△935				

（出所）　各年度「台帳」（小栗家文書）より作成。

（注）「台帳」のなかの「善事財」の項に挙げられた収支を内容に応じて分類した。無印は収入、△印は支出。分かれていたので、両者の合計を示した。なお、善事財の項目は1896年から家で行う分と店で行う分が統増している。1895年までは店の善事財は含まず。店の善事財の内容は、店の家事方の帳簿「家事費仕訳帳」「家事費枠支払分」欄で示した。貧窮者補助は、一族のなかで生活に困窮した人へ補助したもの。戦争関係財」を開始した元金（2,000両（円））への5％の利子で、小栗家の純益から繰り入れられている。また、財」に繰り入れられており、それを利益分配積立欄で示した。次期繰越には、この表の欄で示さなかった生会寄付△5,149円、1921年8月期末では、墓地購入△540円、1922年8月期末では、墓石購入△498円が含を「善事財」項目から5万円、「公事財」項目から5万円を献金している。

年代の「善事財」の中心は、放生会と放魚料が中心であったが、一〇年代になると全体額が急増し、特に半田町への献金が多額になり、一〇年には五〇〇〇円、三五（昭和一〇）年にも八〇〇〇円の寄付をしていたが、特に目立つのは、二四（大正一三）年の合計一〇万円（善事財から五万円、公事財から五万円）を半田町の上水道設置費として寄付したことである。また、恒常的な寄付として、貧窮者補助（一族のなかで生活に困窮した人へ補助したもの）、と神社仏閣への寄付が多く、遠方の飢饉・災害の被害者への義捐金は一九〇〇年代から連年見られた。

(2) 「家事費明細帳」・「家事費仕訳帳」の「善事財」にみられる寄付行為

すでに述べたが、「家事費明細帳」は小栗家「家事方」が記載した「店」の帳簿である。この帳簿の「善事財」に記録された寄付は、「萬三商店」として行ったものと考えられる。

「善事財」の費用が、一括して「台帳」で把握が可能となった一八九一（明治二四）年から九六年までの「家事費明細帳」に記録された「善事財」を見ると、毎年のように寄付していたのは「無量講」・「御本山亦成講」・「戸隠山」・「昌光律寺」であり、そのほかで多いのは、「秋葉寺」・「龍臺院（曹洞宗・半田町）」・「薬師堂（天台宗・半田町）」・「善光寺」・「観音寺（浄土宗・成岩）」・「永平寺」・「可睡斎」・「雲観寺」（浄土真宗大谷派・半田町）・「常楽寺（浄土宗・成岩）」・「業葉神社（北条）」・「法蔵院（名古屋）」などであり、小栗家は半田地域を中心に宗派を問わず、近隣の神社仏閣に広く寄付した(23)。そのほか仏教婦人会、愛知育児院、日本赤十字社にも毎年寄付していた。

「店」と「家」は、それぞれ「善事財」から寄付をしたが、寄付主体が寄付内容の違いに影響したかを検討するため、一八九七年から一九〇六年の期間で、「家事費」＝「萬三商店」と「台帳」＝「小栗家」の寄付行為の比較をした。

「家事費明細帳」の「善事財」では、半田町役場への寄付や寺院の伺堂銭運用負債の消却が中心であった。その内訳を示すと、一八九八年の大股新川通の石垣の費用三三五円、一九〇〇年の半田学校建造費六一円二〇銭、羽塚山負債

消却ノ内一〇〇円（中埜半六・又左衛門、小栗冨治郎同額）、〇一年の学校増築費第二回分四〇円八〇銭、〇三年の荒古道路納屋町修繕費寄付一〇円、半田役場愛知慈善会義捐金一〇円、〇四年の正社前道路修理一五円、〇六年の軍友会軍人祭寄付八円、半田町役場旅順忠魂碑寄付一五円である。

これに対し、「台帳」の「善事財」では、一九〇〇年と〇二年に慶應義塾大学に合計二二〇円の寄付、日本赤十字社に合計一八六円三〇銭（一八九九年一五〇円、一九〇三年に静二分醸金、二七円三〇銭、一九〇四〜〇六年に庸三の分醸金三回分九円）の寄付、東方地方の飢饉（一九〇三年と〇六年に合計五八七円七〇銭、青森・岩手・福島・宮城・富山県宛て）への義捐金が送られた。つまり小栗家の子どもが進学した大学や、遠隔地への義捐金であり、こうした寄付行為を支えた小栗家の思想には、母校愛や同時代に生きる人々の苦境に対する思いやり＝人間愛があったと言えよう。このように「店」と「家」では、寄付する対象が異なり、「店」は半田の地域社会に対する地域貢献として、「家」は、自家の子どもが在学した慶應義塾大学と、地域社会を超えた広い視野で飢饉災害に対する仏教理念に基づく慈善による寄付行為であった。この点を、さらに検討するため表3‐3を掲げた。

表3‐3は、一九〇七年からの「家事部」の帳簿である「家事費仕訳帳」から作成した。同帳簿では、「家事費明細帳」と違い、支出内容を細かく部門ごとに記録するようになり、「家事費明細帳」の「善事財」を「善事部」が継承した。「善事部」は、「供養」・「吊祭」・「慈善」・「公共」の四項目で構成され、一九二七（昭和二）年からは「供養・吊祭」、「慈善・公共」の二項目に再集約された。「供養」・「吊祭」は「小栗家」の先祖供養や法事葬式関係費用であり、「慈善」・「公共」は「一般社会」に関係する費用である。表3‐3には、「家事費仕訳帳」の「善事部」の「公共費」を正確に把握できる一九〇七〜二六年を挙げた。

「店」の「公共費」の推移は、一九一五（大正四）年に一二三円と一〇〇円を超え、それ以降は二〇年の三〇九円二〇銭を最高額として、その範囲内で増減し、「台帳」の「善事財」金額の寄付額と比べると、決して多額とは言え

表3-3 「家事費仕訳帳」の善事部における公共費内容一覧

（単位：円）

年号	金額	内　容
1907	3.5	警察電話費寄附（0.5）、沢渡点灯料（3.0）
1908	32.6	業葉神社修繕費寄附（32.0）、半田警察署電話費寄附（0.3）【半田町役場】
1909	8.5	在郷軍人会寄附（8.5）【半田町役場】
1910	14.0	在郷軍人会寄附（8.5）・招魂祭費寄附戸別割（5.5）【半田町役場】
1911	51.92	在郷軍人会寄附（8.5）・招魂祭費寄附戸別割（5.5）【半田町役場】 前明山油屋佐七南下水道工事費寄付金（2.0）、沢渡川改修費寄附（8.42） 業葉神社社費等歩割（27.5）
1912	8.5	半田第一部消防部御表中夜警特志（3.0）・招魂祭費元度分寄附（5.5）【半田町役場】
1913	49.55	軍人会費補助及招魂祭費寄附（11.0）【半田町役場】
1914	86.4	招魂祭及軍人会会費補助寄附（12.2）・戦捷記念祭費（15.5）・奉公義会会費（12.2）【半田町役場】 業葉神社（46.5）
1915	123.2	招魂祭及婦人会会費補助寄附（12.2）・徴兵慰労適齢者寄附金（33.0）【半田町役場】 業葉神社社費、同社山ノ神社拝殿修繕費（62.0）、国民飛行会入会費（16.0）
1916	31.0	業葉神社社費（31.0）
1917	73.0	橋梁費指定寄附（10.0）【半田町役場】、愛知県救済協会（1.0）、 業葉神社費及社献修繕費（62.0）
1918	157.3	半田体育会（30.0）・半田町奉公義会義捐会（62.0）【半田町役場】、半田青年団（5.0） 半田町字柊道路改修費寄附（2.0）、業葉神社（40.3）、日本及植民地社寄附（5.0） 新青年社寄附（9.0）、愛知新聞社学生相撲会寄附（3.0）、知多実業新聞出征軍人慰問号寄附（1.0）
1919	111.2	政経公論寄附（1.02）、体育会庭球大会寄附（3.8）、半田奉公義会会費義捐金（62.0）、 剣道場電灯料寄附（13.4）、日本及植民地社寄附（5.0）、青年団団旗寄附（3.0）、東京相撲協会寄附 （10.0）、愛知救済会年醵金（2.0）【半田町役場】、囲碁クラブ寄附（1.0）
1920	309.2	半田奉公義会（62.0）・体育会庭式部大会寄附（15・9）・コート新設寄附（15.0）、大正9年度神社費（46.5） 【半田町役場】、壱参新聞3周年記念寄附（5.0）、大正10年度神社費（62.0）、名古屋新聞社15周年記念寄附 （10.0）、軍楽隊招待経費負担方（92.79）、
1921	188.5	軍楽隊費用（90.0）、新青年社直言新聞寄附（5.0）、青年団中村部10・11年度経費（14.0）、 神社費（77.5）【半田町役場】、植民地雑誌寄附（2.0）
1922	247.5	半田奉公義会・招魂祭費及入営兵餞別金其他（15.5）・在郷軍人会貯金（6.0）【半田町役場】 体育会・テニス部金網汐置寄附（25.0）・神社費（77.5）【半田町役場】、半田楽遊会寄附（15.0） 第一高等女学校寄附（10.0）、半田学校同窓会基本金寄附（20.0）、大半田新聞恵金（5.0） 日本組民社恵金（1.0）、東京商工社寄附（1.0）、半島新聞恵金（5.0）、日本家庭新聞寄附（1.5） 自由評論社10周年寄附（5.0）、明治天皇御聖徳普及会寄附（10.0）、尾三通信社株申込金（50.0）
1923	244.5	軍人会寄附（30.0）・半田町青年団寄附（25.0）・半田小学校寄附（10.0）・在郷軍人貯蓄会（12.0） 軍人会遺族補助会寄附（40.0）・神社費（77.5）・雨乞薪料寄附（3.0）【半田町役場】、 青年団経費補助（48.0）、大日本私立衛生会（2.04）、立憲青年自由評論社寄附（5.0）、 日本家庭新聞寄附（1.0）
1924	215.5	春秋新聞社志（0.5）、中京報知代寄附（2.0）、軍人貯蓄会（12.0）【半田町役場】、半島新聞社寄附（3.0） 成岩町北荒井高組祭山車寄附（10.0）、関西新聞社（2.0）・関西時事社（2.0）・東海朝日新聞（2.0）各社寄附 東海朝日新聞他2社志（6.0）、半田消防組出初式祝儀（2.0）、半田町奉公義会等（31.0）・神社費（77.5）【半田 町役場】、商業会議所（5.0）、民声新聞代（3.0）、将校団寄附（15.0）、青年団寄附（32.5）、 大日本私立衛生会寄附金（2.04）、名古屋日日新聞寄附（3.0）
1925	168.5	奉公義会費（62.0）・神社費（77.5）【半田町役場】、伊勢新聞・岡崎朝報両新聞社寄附（2.0）、 中京時事新報寄附（1.0）、東海日報社寄附（1.0）、関西経済新聞社志（2.0）、社会学論文寄附（2.0）、 県庁内都市創作会補助費（20.0）
1926	138.5	神社費（77.5）【半田町役場】、日本家庭新聞講演会恵金（1.0）、同社恵金（11.0）、青年団（60.75）

（出所）　各年度「家事費仕訳帳」甲号（小栗家文書）より作成。

（注）　その費用の支払先が半田町役場と明記された場合は、項目を「・」で区切った後ろに【半田町役場】と記した。小数点第2位を四捨五入。

ない。また、日露戦後には、半田町役場を通じた軍人会と招魂祭に寄付が始まり、一九一八年以降は、特に半田町役場への寄付が増え、役場を通じて地元神社、体育会関連費用、青年団、小学校、奉公義会義捐金などの寄付をしていた。奉公義会とは、日露戦争時に、半田町民が「国民後援の任務を竭さんことを期して」組織され、その目的は、軍人家族を保護すること、軍人戦病死者を吊祭すること、出征軍人を慰労することであった(24)。また一九一八年からは、少額ではあるが、地元を中心とする新聞社への寄付件数が増えている。第1節で述べたように、一九一七年には四男の四郎が次の小栗家当主とほぼ確定したが、このことは四郎の発言力が高まったことになり、そのことが萬三商店の半田地域への寄付対象の拡大傾向にも反映した可能性がある。

「家事費仕訳帳」から明らかになった「萬三商店」の寄付行為は、半田町役場に対する各種寄付であったが、四郎の発言力が高まったと考えられる一九一七年以降は、新聞社への寄付回数が増えて、寄付対象に広がりを見せたが、いずれも公共色が濃い内容であった。

(3)「台帳」の「公事財」にみられる寄付行為

『半田町史』には、「由来半田町の事業は概ね寄附金に依りて事を興し、中頃之を町費に移し或は之に補助し、或は事業費に不足を生じたる場合には更に之に寄附して補填するを常とせり、是れ幕時以来の慣例にして維新以后に於ても又然りしなり」と記され(25)、半田町では、公的費用が不足する場合は、それを寄附で補填することが江戸時代からの慣行であったとの指摘がなされている。小栗家の居住地は、江戸時代においては下半田村であったが、下半田村では、少なくとも文政初期には村民一般への賦課を減らして、「重なる出金は頭分の負担とした」とある(26)。この「頭分」とは、幕政時代に「村内にて石高を多く所有するもの」であり、その選出基準は「唯所有石高の或る分限に達したるもの之に加はり、其分限を下れば之を退くに過ぎず」とされ、「頭分」は庄屋の下で「頭分寄合」を構成し、村内に重要事件があるごとに、庄屋の招集に応じて会議決定をする機関であったという。[27]

さらに下半田村の地域性について次のような記述がある。すなわち、「下半田は古来富裕者多きを以て、屡々御用金を課せられたるも、土地の資産家は御用金の上納は国民の義務名誉として、啻に之を辞するものなきならず、各自進んで之を上納し、其上納者は庄屋株又は頭分と称するもの、外は一切加入を許さず、若し新富裕者の之に加入するを得たるときは大に之を祝せりと云う[28]」とあり、幕政時代から続く下半田村に特有の慣行があり、この地域における資産家集団＝「庄屋・頭分」の社会的責任と、その責任を請け負う力があることを村落共同体が一致して認め、「庄屋・頭分」の社会的階層に所属することを名誉とする価値観が連綿と続いてきたのである。

この下半田村の地域社会における社会的価値観を前提に考えると、表3－1で一八五三（嘉永六）年から小栗家が積み立ててきた「公事財」の意味が理解できる。表3－4には、一八九八（明治三一）年から一九三五（昭和一〇）年までの「台帳」の「公事財」に計上された寄附金・義捐金を、寄附対象別に区分して主要なものを掲げた。この表によれば、合計金額では半田町のインフラ整備に関するものが、七万六一九五円と多額で、次いで半田地域の幼稚園・学校に対して三万七七六三円、半田町役場への寄附が一万七九四〇円、半田警察署に対して一四二二円と、地域社会に対して合計一三万三三二〇円と、非常に多額の寄付をしたが、特徴としては「公事財」から寺社関係への寄付は一切なされていないことである。その意味で、「公事財」はあくまで地域社会への寄付を眼目としていた。小栗家は、地域社会の基盤となる道路・港湾・上水道の整備、公園の設置など、多岐にわたって都市化する半田地域の社会環境を整えるための支援を積極的に行った。表3－4で、寄付名目と寄付の名義人をみると、一九〇八年に次男静二が亡くなった時に、葬儀費を省いて五〇〇円を半田町基本金へ寄付したが、小栗家には、質素倹約の精神で葬儀に臨み、余分な費用を地域社会に役立てようとする思想があった。また半田警察署には、一九一八（大正七）年に小栗家が盗難にあった際に世話になり、それ以後の寄付金額が急に増えた。犯罪被害にあってはじめて小栗家は、都市化が進む

表３－４　小栗三郎家「公事財」寄附金・義捐金など支出一覧

（単位：円）

年月日／合計金額	37,763	教育関係寄附金（半田地域）	寄付名目と名義人
1899・７・２	100	半田英学校寄付金	
1906・７・19	150	半田幼稚園新設費寄付	
1908年～121年	300	半田学校同窓会寄付	うち200円ピアノ購入費
1909年４月～10年２月	5,000	半田学校新築費寄付	
1912・３・４	15	半田学校長日比格氏贈呈寄付	有志で計300円（公債）
1912・３・19	120	半田学校新築落成式費寄付	
1919年８月～21年12月	18,000	第七中学校設立費関係寄付	
1922・４・４	248	書籍20冊半田中学校へ寄付	
1922・６・15	7,000	半田学校舎設営費寄付	
1923・３・９	30	半田教育会会費	三郎、四郎、敬五郎分
1924・11・５	500	半田町教育資金として寄付	
1928・８・20	50	半田同窓会石川校長謝恩会	
1928年11月～29年１月	6,150	小学校舎増築費指定寄付金	
1935・７・12	100	半田農学校奉安庫新設費寄付	
年月／合計金額	**266**	**教育関係寄附金（他地域）**	**寄付名目**
1907・３・22	50	豊橋商業学校拠出寄付金	
1910・５・12	20	知多高等女学校開設式へ寄付	
1918・４・19	100	市邨商業学校長謝恩会寄付	
1918・８・８	30	東京医学専門学校寄付	
1919・８・18	1	桜菊会実業学校創立費寄付	
1923・３・14	50	東京向学会寄付	支那・朝鮮学生宿舎経営
1922・９・20	15	知多郡河和町学校新営費寄付	
年月／合計金額	**1,194**	**慶應義塾大学**	**寄付名目と名義人**
1907・５・18	300	慶應義塾図書館新設費寄付	創立50周年記念
1909・10～12	180	慶應義塾維持金寄付	四郎名義
1920・７・６	594	慶應義塾維持費寄付	四郎、三郎、敬五郎、哲造名義
1929・４・１	120	慶應義塾維持金	四郎名義
年月／合計金額	**17,940**	**半田町への寄付**	**寄付内容と寄付名目**
1898年６月～1918年９月	585	本町奉公義会義捐金	内1898年６月は知多奉公義会へ３円
1904・３・22	200	本町助役雇入費用	
1904年４月～1928年３月	12,600	本町基本金へ寄付	1908年静二死去葬儀費を省き500円 内1916年御大礼記念として１万円寄付
1915・11・25	100	御大典奉納のため半田町へ寄付	
1925・６・29	700	半田体育会寄付	テニスコート２個新築費
1926・７・８	400	半田町図書館図書寄贈	小栗平蔵旧蔵図書
1926・７・１	2,855	半田町役場へ寄付	軽便ポンプ他
1927・８・10	500	半田町役場雁宿公園提案費寄付	
年月／合計金額	**76,195**	**半田町インフラ整備関係寄附**	**寄付内容と寄付名目**
1913・６～11	5,000	半田町三大記念工事費寄付	道路・公園・川浚
1911・９・13	15	道路下川管改修費寄付	荒古港橋倉庫沿
1911・11・９	10	港橋結石垣修繕費寄付	

1913・3・30	500	半田町道路開設費寄付	
1918・4・19	15	成岩町道路改修費寄付	
1923・7・31	2,500	荒古新海埋立工事費等寄付	
1924・1・26	50,000	半田町上水道施設費外寄付	皇太子御成婚記念寄付も含む1）
1924年～27年	150	港湾協会会費及び寄付	
1929・8・31	357	南大股道路新設諸費	
1932年3月～35年6月	12,500	半田港湾改修費寄付	
1934・12・3	5,000	知多商工会議所新築寄付金	
1935・2・21	148	本町道路舗装寄付金	
年月／合計金額	1,422	半田警察署への寄付	寄付内容と寄付名目
1907・5・16	15	半田警察署用自転車代寄付	
1909・3・30	7	半田警察署浜武場新築開設費	
1918・11・12	100	愛知県刑事警察研究会寄付	盗難で警察の厄介になったため
1921・7・8	200	半田警察署相談所費寄付	
1924・7・27	100	半田警察署刑事協会費寄付	
1925・11・27	300	半田警察署寄付	オートバイ・自転車
1927・6・28	150	半田警察署刑事警察研究費寄付	
1931・8・6	200	半田警察署自動車購入費寄付	
1934・3・15	150	愛知県刑事警察研究会基金寄付	
1935・4・10	200	半田警察署自動車寄付金	
年月／合計金額	1,360	遠隔地への災害等義捐金	
1927・3・11	310	丹後地方震災者救恤義捐金	
1932・1・4	200	青森県・北海道凶作義捐金	
1934・3・26	500	函館市火災義捐金	
1934・9・27	300	関西地方風水害義捐金	
1935・5・3	50	台湾震災義捐金	
年月／合計金額	931	日本赤十字社への寄付	寄付名目と名義人
1900・6・28	25	日本赤十字社入社一時金	等子分
1904・2・13	300	日本赤十字社救護費	日露開戦に付き
1904・10・13	600	日本赤十字社元資金へ寄付	
1927・1・28	6	赤十字社会費（都登・芳子分）	
年月／合計金額	3,230	政治関係寄附	寄付分担者と金額
1903・8・1	100	長阪町長（半田）報酬	中埜3軒・小栗2軒で補助
1911・10・23	25	端山忠左衛門県会議員推薦費	中埜3軒と分担（計100円）
1917・8・29	20	県会議員招待及選挙費	
1918・8・31	150	盛田善平氏県会議員選挙費	又左衛門、半六、三郎、150円ずつ
1926・4・27	636	板津森三郎氏へ贈り金	又左衛門、半六、三郎で2,000円
1927・9～10	1,600	岡本県会議員選挙費寄付	
1929・12・28	199	町会議員選挙四郎候補に付き	
1931・10・30	500	森田久治郎県議選挙見舞金	

（出所） 各年度「台帳」（小栗家文書）より作成。
（注） 「台帳」の「公事財」の項より、小栗家内の資金移動以外の支出内容を示した。1935年は8月末まで。
1）両方あわせて10万円の寄付金額で、そのうち5万円は「公事財」、5万円は「善事財」から支出。

地域社会での、治安を守る警察の役割と意義を理解し、積極的な寄付行為を続けたと思われる。

金額の多さから注目されるのは、一九一六年の御大礼記念として半田町基本金として寄付した一万円と、二四年の皇太子御成婚を記念した半田町上水道施設費寄付金の五万円である。後者では、「台帳」の「善事財」からも五万円を寄付して、合わせて一〇万円の多額な寄付をした。半田は、阿久比川河口の沖積世に立地するため水質が悪く、古くから醸造用水を求めて成岩村との境界に近い洪積台地の谷間に井戸を掘り、荷桶で水を運んでいたが、一八二一（文政四）年には、中野又左衛門など七軒の酒造家が三〇両をかけて、西畑の酒屋井戸から木樋で水を引いた水道を敷いたのをはじめとして、その後、多くの醸造家が私設水道を敷設して、明治後期には星名池西北の字星崎地内まで水源が拡大していた(29)。一九二〇年頃の半田町は、商工業の発展に伴って人口も増加しており、衛生と産業の見地から上水道布設の必要性が高まっていたが、多額の経費が見込まれる事業に対し、着手に踏み切ることが難しかった(30)。こうしたなかで一九二四年一月二六日に、皇太子成婚記念とした上水道設置費として一〇万円ずつの寄付を、小栗三郎と中埜又左衛門が町当局に申し出て、同年二月に町議会は寄付を採納して上水道敷設を進めることを決めた。ちなみに同年一〇月には、小栗三郎と中埜又左衛門の両名が敷設事務臨時委員に選出されて上水道事業に関わった。

同年から水脈調査・鑿井が始まり、一九二七年には字星崎の第一号井と字杁に第二号井が完成して水源が確保でき、二九年二月に内務省から上水道創設事業許可を得て、完成したのは三〇年五月末であった。工事費は総額三〇万四一六円になったが、小栗三郎・中埜又左衛門両家の寄付金二〇万円がなければ、この時期の上水道敷設は難しかったであろう。愛知県内では名古屋市、豊橋市に次いで三番目の一九三〇年七月から半田町への給水が始まった。小栗三郎家は醤油醸造、中埜又左衛門家は酢醸造とともに醸造業を営んでおり、品質のよい原料水の安定した調達のためにも上水道の確保は両家にとって何よりも重要であり、両家が上水道事業に多額の寄付をした背景には、両家の家業の存在があったと言える。そして上水道の問題が解決する見通しの上に、一九二四〜二五年に萬三商店醤油部の醤油工場の拡張が行われた（本書第8章を参照）。

それに加えてこうした小栗家の地元の地域社会へ多額の寄付は、皇室関係の慶事を節目に行われており、一八九〇年三月に行われた陸海軍聯合大演習の際に、大本営が半田町に設置され、小栗家は有栖川宮熾仁親王殿下の宿泊所を受け持ったことを起縁にして、その後さらに皇室への尊崇の念を深めた様子が小栗家「日誌」にも窺える。(31) その意味で、小栗家の寄付行為の思想的背景には、近世期以来の祖先や神社仏閣に対する信仰心や家業の発展と、仏教理念に基づく倫理に加えて、近代期に新たに皇室への尊崇の念が加えられたといえる。

また、教育関連の寄附では、豊橋商業学校・知多高等女学校・市郁商業学校など愛知県内の学校のほか、東京医学専門学校や支那・朝鮮学生宿舎など、地元に限らず、広く寄附をしていた。また慶應義塾大学には、一一九四円の寄付をしており、小栗家が同大学に対して、深い愛校心があったことが認められる。地元を含めた教育関係の寄付金合計額は四万円弱に達しており、小栗家は教育振興に対する支援を惜しまなかったのである。

さらに飢饉や災害については、一九二七年の丹後地方の震災をはじめ、青森・北海道の凶作、函館市火災、関西地方の風水害、台湾震災へ、五〇円～五〇〇円と金額には多少の幅があるものの、半田から離れた遠隔地へ義援金を送っていた。

政治的な寄付で特徴的なことは、少なくとも一九二六年までは、地域有力者（中埜家三軒や小栗家二軒）と相談の上、必ず分担して政治献金を行ったことである。ただし、一九二七年以降は、小栗家が単独で政治献金を行った。その背景には、知多電鉄会社の設立問題があったと思われる。小栗四郎は一九二五年に知多商業会議所副会頭になったが、その背景には、前年の小栗家の上水道事業への多額の寄附行為を見た地元財界の期待があったと思われる。小栗四郎は、それに応えるべく、特に二七年一月以降は、知多電鉄会社設立のため一般株主の募集を積極的に展開しはじめた（本書第11章を参照）。知多電鉄設立準備の段階で、小栗家は独自に政治献金を始めたと推察される。

以上、小栗家が行った各種の寄付を検討してきた。日清戦争以前は、地元半田を中心に知多・三河地域の神社仏閣への寄付が多く見られたが、日清戦争後は、地元である半田地域の学校・役場への多額の寄附が行われた。災害等義捐金は、はじめ仏教信仰の関連で遠隔地に対して実物の衣類を送ることから始まったが（本書第4章を参照）、その後、東北地方や台湾へも行われた。一九一〇年代以降は、半田地域の公共財、特に地元地域のインフラ整備や学校、また町の基本財産への寄付金額が非常に多額になり、これは分家「沢渡」の小栗清が一二年から一六年に半田町長を務めたこともその背景にあったと考えられる(32)。

第3節　家計支出からみた消費行動

小栗三郎家の家計支出は、一八九一（明治二四）年度からは「家事費明細帳」、一九〇七年度からは「家事費仕訳帳」で判明する。ただし、「家事費明細帳」は、日並に家事費の支出が記載されていて、年度末に細かい項目ごとに集計した金額が示されており、その項目の分類が行われていないため、体系的に分析するのは難しい。一方、「家事費仕訳帳」は、最初から大きく分類が行われ、そのなかの項目ごとに頁が割り振られて日並に支出が記載されており、小栗家の家計支出に対する考え方が、分類と項目立てに表われている。

よって、「家事費仕訳帳」の分類に従って、「家事費明細帳」の各項目を分けて、一八九一年度～一九三六（昭和一一）年度までを表3-5で示した。なお、「家事費明細帳」「家事費仕訳帳」ともに分類の最初に、収入の部があり、不動産（新田・宅地・貸家）収入がそこに挙げられたので、小栗家は不動産収入で家計を賄っており、基本的には商業・醸造業の純益は、家計支出に回さず、前述したように「台帳」の資本主収益に組み入れて、そこから積立金に回された。もっとも婚礼や葬式などがあり、臨時に多額の支出が必要になった際は、不動産収入では賄えないため、資本主から家事費補助として家計部門に配分が行われた。不動産収入については、本書第2章で触れるので、本章では支出の部分を検討する。

小栗家の家計支出は、不動産に関する税金が公費の項目でまず挙げられ、寄付金項目の善事財が続き、日常の支出は、主に「衣・食・住」に分けられた。「衣」は衣類に関する支出、「食」は食物に関する支出であるが、食事を作る際に使われたと考えられる水道・光熱費も「食」の項目に含まれた。「住」は住まい一般の光熱費や畳建具に加えて、庭園の整備費用が計上され、修理などの工賃も含まれた。一方、「営繕」にも工賃は含まれたが、「営繕」の項目は屋敷の修繕・建設や貸家に関わる費用が計上されており、小栗家のなかでは区別がつけられていた。そして「雑」は家事使用人の給料や医薬品、教育費消耗品など様々な費目がそこに含まれ、「進物（のちに社交）」は祝儀や進物の費目が含まれた。

このほかに臨時費の項目があり、婚礼・葬式など特別な支出が含まれた。そして、一九〇七年度からは、当主の子

内訳の推移

（単位：円）

西誓庵	星崎	南邸	小計A	小計B
			5,636	
			5,892	
			3,793	
			5,340	
			(3,520)	
			8,469	
			8,774	
			7,954	
			6,940	
			10,398	
			8,182	
			9,064	
			15,052	
			18,866	18,923
			16,591	17,252
			15,622	16,441
			16,479	17,719
			8,379	9,413
			13,917	15,711
			15,181	17,587
			18,372	22,740
△31			12,249	19,430
△32			12,510	20,360
不明			不明	不明
△24			19,948	29,938
△224			21,779	35,616
△405			30,361	52,307
△131			32,771	59,271
218			41,536	75,070
91			47,555	93,448
280	1,037		43,082	92,579
△47	4,343		47,121	101,762
82	4,986	3,544	54,525	96,678
78	26,996	2,630	36,239	66,230
△21	20,389	1,705	27,863	49,936
92	7,107	106	33,035	40,340
107	264	130	26,821	27,322
71	378	116	21,673	27,288
69	324	95	21,688	23,167
8		177	34,781	35,455
51		134	25,405	26,084
24		3,269	20,315	24,095
113		1,829	19,219	21,622
56			20,711	21,227

年度別比較表」（以上、いずれも小栗家文書）

との連続性を保つために、1907〜11年度は米
別項目で示した。雑項に臨時費が含まれてい
1903年度までは、「本年中仕訳」の費目を、07
計。清和会館は、萬三商店の社交クラブ。

表3－5　小栗三郎家家事費支出

期末年月	公費	善事財	衣	食	住	営繕	雑	進物（社交）	臨時費	沢渡	前崎
1891・12	256	143	486	537	52	63	815	20	3,264		
1892・12	331	186	601	667	59	51	1,078	10	2,909		
1893・12	366	222	556	627	51	162	1,233	22	554		
1894・12	363	358	744	875	139	486	1,283	67	1,025		
1895・12	不明	284	587	539	134	167	863	34	912		
1896・12	506	267	752	1,332	175	706	1,672	108	2,951		
1897・12	425	417	1,063	1,279	204	413	2,229	45	2,699		
1898・12	570	552	1,007	1,453	165	603	2,699	85	820		
1899・12	556	382	1,020	1,575	385	485	2,215	114	208		
1900・12	775	360	1,573	1,736	203	372	1,864	78	3,437		
1901・12	817	378	964	1,344	250	612	2,420	69	1,328		
1902・12	707	497	1,698	1,392	246	389	2,258	71	1,803		
1903・12	795	383	2,980	1,542	225	1,909	2,497	93	4,628		
1907・12	1,787	288	2,929	2,720	285	3,775	4,482	314	2,286	57	
1908・12	1,960	269	1,158	3,067	348	4,349	4,278	486	676	661	
1909・12	1,774	240	634	2,152	414	5,420	3,796	258	934	819	
1910・12	2,041	404	1,136	2,297	457	4,388	3,468	203	2,085	1,240	
1911・8	1,856	283	503	1,371	256	1,889	2,072	135	14	1,034	
1912・8	2,363	491	1,014	2,713	328	3,278	3,342	379	9	1,794	
1913・8	2,310	367	1,453	2,553	598	3,634	3,755	464	47	2,406	
1914・8	2,287	322	1,031	2,951	347	5,111	3,662	407	2,254 1）	3,468	900
1915・8	2,398	575	809	2,287	526	1,771	3,302	570	13	4,009	3,203
1916・8	2,501	676	1,061	2,356	917	448	3,787	362	402	3,154	4,728
1917・8	2,954	287	1,186	2,812	883	1,104	不明	不明	不明	4,465	不明
1918・8	3,054	401	1,122	3,640	1,484	5,590	4,496	493	△332	6,158	3,856
1919・8	1,868	447	1,025	4,176	1,772	6,461	5,357	666	7	9,224	4,837
1920・8	4,493	883	1,848	5,870	2,936	5,687	7,625	775	244	10,952	11,399
1921・8	5,386	785	1,878	5,023	2,470	7,803	11,467	1,022	1,458	15,346	11,285
1922・8	6,214	1,392	2,191	6,324	2,447	10,380	10,167	833	1,588	22,719	10,597
1923・8	7,681	865	4,221	6,481	3,048	9,229	11,446	960	3,624	33,947	11,855
1924・8	7,227	733	3,035	6,374	3,145	8,641	10,949	977	2,000	34,643	13,537
1925・8	5,711	875	4,454	7,128	3,488	8,604	13,651	851	2,359	36,410	13,935
1926・8	6,356	1,439	3,380	6,241	3,445	19,846	9,818	944	3,056	21,784	11,757
1927・8	6,558	905	2,692	2,923	3,313	10,739	8,232	641	236	△172	459
1928・8	7,257	1,248	1,241	2,261	3,418	1,779	6,811	642	2,306		
1929・8	6,675	751	2,682	3,164	2,941	6,502	8,007	830	1,483		
1930・8	5,910	930	1,714	2,599	2,697	4,680	5,904	751	1,636	清和会館	
1931・8	4,485	597	1,344	1,946	2,582	4,891	4,893	646	289	5,050	
1932・8	5,717	1,034	1,288	1,687	2,222	4,556	4,558	551	75	729	262 2）
1933・8	5,926	564	1,295	2,544	2,253	15,927	4,462	670	1,140	489	
1934・8	5,547	811	1,706	2,311	2,527	2,826	7,116	811	1,750	494	
1935・8	5,517	1,022	1,320	1,694	2,096	2,258	4,287	650	1,471	487	
1936・8	5,394	1,149	1,382	2,097	2,078	1,862	4,502	755		461	
1937・8	5,492	585	1,624	3,336	1,965	1,395	5,197	1,005	112	460	

（出所）1894～1903年度は各年度「家事費明細帳」、1907年度以降は各年度「家事費仕訳帳」、34年度以降は「家事費
より作成。

（注）無印は支出、△印は収入。1903年度までと12年度以降の米穀費に本店振替分が計上されていないため、それ
穀費から本店振替分を除いて集計した。営繕費に分家（沢渡、前崎、星崎）分が含まれている場合は、それを
る場合は、それを別項目で示した。本店・醤油部・工場・倉庫など店の事業に関する項目は除いて集計した。
年度以降の項目分類にならって分類した。小計Aは、分家・清和会館分を含まない集計、小計Bはすべての集

1）慶事費を含む。

2）別口前崎勘定として。

どもたちの分家が始まるが、分家したのちも、本家が家事費を負担していたことが分かる。実際、一九二〇年代には分家の家事費負担がかなりの比重を占めるようになった。一九二六年度以降は、家業を株式会社化して、分家がそれぞれ株式会社萬三商店の株主となったので、その株の配当金で分家の家事費を賄う仕組みに変更したと考えられ、本家による分家の家事費負担はなくなるが、家計の面からは分家の家計を独立採算にさせるために家業の株式会社化が行われたとみることができる。なお表3－1にみられた西誓庵とは、家事費での若干のやり取りがあり、また一九三〇年度からみられる清和会館は萬三商店の社交クラブで、その維持費が家事費から支出された。

これらの項目のなかで、衣食住に関する支出が小栗家の資産規模に比して相対的に少ないことが分かる。特に、衣料支出が少ないのが特徴的である。一方、営繕部門への支出と分家のための支出が多く、右欄の小計Aと小計Bを比べてみると、一九二〇年代中ごろになると分家「沢渡」と分家「前崎」のための支出合計が、本家のための支出合計に匹敵するまでになっている。その意味では、小栗家の家計支出が一九二〇年代に急増しているように見えるが、本家のための支出額は増えてはいるものの、それほど急激ではなかったことになろう。いずれにしても、前述した純益金の積立による強蓄積と連動するように、消費支出面でも節約傾向がみてとれる。

とは言え、営繕部・雑部は「衣食住」の部門より支出が多かったので、それを表3－6で詳しく検討したい。まず、「衣」に関連して小間物の購入費が極めて少ないことに着目したい。小間物は装飾に関わる部分であり、この支出が少ないことから小栗家の消費生活が非常に質素であったことが窺われる。それは「食」の内容からも感じられ、砂糖の購入費が少なく、肉類の項目もないことから、肉食文化は小栗家では定着しなかったと考えられる。「食」の部門で興味深いのは、薪炭費が一九二七年度までは雑部に入れられたのが、二八年度から「食」の部門に付け替えられ、それと併せて瓦斯動力費も「食」の部門で計上されるようになったことで、二八年度に薪炭や瓦斯を使う大きな調理器具が導入されたと考えられる。

「住」の部門では、一九一〇年代後半から小栗家に電気が開通したことが見て取れるが、それとともに油蠟燭費が急減しており、照明の方法が大きく転換した。また一九一〇年代から家屋敷のための火災保険に加入しており、加入額が二〇年代後半に急増した。家計支出のなかで比重が高かったのが営繕の部門であるが、分家の屋敷の建設や貸家の建設・維持で一九二〇年代に急増しており、本家が自分の住む場所に多額のお金をかけているのではなく、むしろ収入源としての貸家や、分家のための支出であった。

雑部では、教育費と娯楽費の少なさに着目したい。教育費の少なさは、教育適齢児が一九一〇・二〇年代は家内に存在しなかったためと考えられ、小栗家が教育費を出し惜しみしたことはなく、当主の息子の多くは、慶應義塾大学まで進学した。それに比べて娯楽費は一九二四（大正一三）年を除くと二〇年代でも少なく、質素倹約の家風がこの点にも見られる。

そして家族に対する特別な支出は、臨時費の費目で行われたので、臨時費の内容を表3-7で検討する。臨時費の内訳では、家族の婚礼・葬式費用が多いが、転地療養・入院などの特別な医療支出がかなり含まれた。例えば、一八九七年には治子が愛知病院入院費として約二〇五円が支出され、一九〇一年には幸子・庸三転地療養費として約六〇六円が支出された。医療関係支出は、家族が通常の健康状態であれば、それほど多額の支出にはならないが、重篤な病気に家族がかかった場合、多額の医療費が必要となる。(33) 小栗家ではそのような場合は、通常の「医薬」費ではなく臨時費から支出することで、家計バランスが崩れないようにしたと考えられる。なお、貸家修繕も臨時費として支出された部分も多く、一九〇二年に約一八四円、〇三年に約六四五円が支出された。一九二〇年代からは、通常の「営繕」費として支出されるようになったが（表3-6）、それまでは臨時費として支出されていた。そして代わりに一九二〇年代に臨時費の支出としてみられるようになったのが、埋め立て工事の費用である。例えば、一九二二年に南大股地区埋め立てに約一一五一円、二四年に中針・荒古地区埋め立てに約八八七円、二五年に武豊通仙田地区埋め立

表3－6　小栗三郎家「家事費仕訳帳」支出金額内訳

（単位：円）

費目／年度	1914	1917	1919	1921	1922	1923	1924	1925	1927	1928	1929	1930	1931	1932	1933	1934	1935	1936
公費	2,398	3,054	4,493	6,214	7,681	7,227	5,711	6,356	7,257	6,675	5,910	4,485	5,717	5,926	5,547	5,517	5,394	5,492
供養（吊祭）	57	117	125	107	97	120	104	189	748	376	568	335	747	391	519	712	300	311
吊祭	376	146	592	1,031	456	302	432	856										
慈善（公共）	56	65	54	64	65	66	123	226	500	374	364	263	287	173	292	309	221	128
公共	86	73	111	189	248	245	216	169							臨時仏事		628	146
（善事）　計	575	401	883	1,392	865	733	875	1,439	1,248	751	930	597	1,034	564	811	1,022	1,149	585
呉服太物	587	765	1,242	1,203	2,409	1,016	2,041	1,410	972	1,210	591	428	503	436	756	486	306	630
被服用品	79	311	586	960	1,684	1,984	2,271	1,877	237	1,404	1,067	877	751	814	908	834	1,051	953
小間物	143	47	20	28	128	35	142	93	32	67	56	38	34	173	42	21	25	40
（衣）　計	809	1,122	1,848	2,191	4,221	3,035	4,454	3,380	1,241	2,682	1,714	1,344	1,288	1,295	1,706	1,320	1,382	1,624
米雑穀	580	1,153	1,422	2,276	2,347	2,292	2,566	1,671	495	538	511	398	232	1,016	373	199	628	1,628
魚料理	894	1,132	1,937	2,193	2,200	2,139	2,248	2,258	706	658	451	321	357	408	477	427	415	419
野菜干物	257	495	782	867	759	789	885	884	254	308	209	192	119	51	112	54	127	219
味噌醤油塩酢	356	669	1,230	758	866	740	844	895	416	426	264	197	181	192	240	176	188	205
砂糖	154	54	2	32	58	82	89	51	25	36	9	14	16	18	11	7	1	12
茶菓子果物		63	187	196	244	253	300	266	208	178	201	169	178	185	168	190	163	111
薪炭										563	550	272	303	321	476	346	290	433
瓦斯動力										309	271	298	215	229	295	185	180	200
食糧雑品	45	73	310	2	8	79	199	215	127	147	132	85	87	124	157	110	87	91
水道																1	17	19
（食）　計	2,287	3,640	5,870	6,324	6,481	6,374	7,128	6,241	2,261	3,164	2,599	1,946	1,687	2,544	2,311	1,694	2,097	3,336
火災保険	70	19		307	299	458	508	458	887	899	880	856	808	744	816	719	664	675
庭園	218	444	538	311	425	461	236	593	436	348	235	330	200	242	142	152	112	156
油蠟燭	239	54	3	3	27	23	61	38	27	42	26	22	21	26	16	7	9	13
電気瓦斯		422	417	483	497	530	690	854	657	391	389	361	331	418	544	329	312	261
畳建具		43	324	48	473	179	512	206	61	39	46	93	4	24	55	53	12	26
雑人工賃		502	1,347	1,295	1,328	1,494	1,480	1,295	1,350	1,221	1,121	921	857	798	955	835	970	836
（住）　計	526	1,484	2,936	2,447	3,048	3,145	3,488	3,445	3,418	2,941	2,697	2,582	2,222	2,253	2,527	2,096	2,078	1,965
材木	338	668	898	477	301	654	1,725	716	136	162	479	81	46	75	70	77	38	126
石材	3	45	2	73	27	314	78	59				82	3	13				
竹材	9	47	35	21	16	35	24	9	7	15	27	4	2	3	3	3	3	3
金物	52	185	292	176	62	169	391	846	47	148	277	96	48	64	63	31	6	23
瓦煉瓦土砂	15	552	119	258	4	325	191	50	91	83	77	24	23	83	6	12	29	32
雑品	55	371	131	67	69	183	133	305	22	66	189	42	56	40	15	24	36	67
工賃	877	2,589	3,679	1,441	1,929	1,679	2,509	4,465	216	524	1,387	639	200	330	246	299	126	330
山荘	86	81	69	12	851	36	61	369	596	324	237	244	171	604	89	19	27	94
前崎	3,203	568	44	6,194	3,135	2,039	53						262					
一般貸家	336			724	491	1,069	47	1,026	433	529	723	672	114	117	838	444	731	541

店員貸家							643	281	80		314	189	251	211	187	117	422	174	71
時志（別荘）					2,344	875	33	77	64		4,269	789	122	55	53	41	80	107	80
亀崎貸家							379	324	21			268	38	22	84	8	133	18	28
四郎分南邸							678	502	64		69	38	38	10	33	35			
星崎						1,037	4,343	4,986	20,389		7,107	264							
貸家・その他	336	466	416			1,263	1,659	10,786		臨時営繕			2,934	3,920	14,248	1,295	713	566	
（営繕）　計	4,974	5,590	5,687	10,380	9,229	9,678	12,947	24,832	22,168		13,609	4,944	5,269	4,880	15,927	2,826	2,258	1,862	1,395
給料	655	769	1,504	1,816	1,855	2,117	2,195	2,361	2,250		1,879	2,023	1,592	1,590	1,510	1,977	1,650	1,597	1,609
医薬	591	588	1,151	2,424	1,427	2,728	3,469	998	972		1,828	937	889	755	965	2,488	610	738	1,229
教育	6		1	4	7	8	3	7	7		17	23	20	52	90	106	150	191	177
旅費	437	1,181	1,197	1,403	2,478	1,617	1,965	1,568	999		1,469	1,173	612	671	418	543	438	641	751
図書	122	102	189	76	481	302	352	284	221		167	167	196	148	121	127	89	85	156
郵便	74	18	21	14	29	26	23	22	105		561								
娯楽	24	74	106	66	250	169	806	228	261		153	93	174	47	91	114	133	76	173
什器	104	80	196	133	1,162	676	626	751	405		751	313	186	354	225	581	202	90	156
帳文	16	26	37	35	45	30	40	36	70		27	29	30	40	35	19	33	44	23
紙	27	22	41	80	67	33	61	53	37		58	43	39	35	32	41	23	29	21
薪炭	647	1,139	2,136	2,534	1,991	1,935	1,818	1,455	525	通信		212	208	214	178	200	180	168	173
雑品	146	297	682	621	896	815	1,116	964	578		629	553	471	347	402	511	413	513	442
消防	16	35		181	201	13	701	318			50	31	198	57	1	46		2	24
果樹菜園	1	32	77	102	121	67	57	310	58		50	34	20	9	72	42	40	45	27
雑費・その他	583	132	287	276	336	414	409	463	324		368	271	255	239	324	321	324	282	237
雑部臨時費	13		244	1,990	3,624	2,000	2,359	3,056	2,306		1,483	1,636							
（雑部）　計	3,315	4,496	7,869	11,755	15,070	12,949	16,010	12,874	9,117		9,490	7,540	5,182	4,633	5,602	8,866	5,758	4,502	5,309
祝儀・餞別	30	13	22	14	17	13	11	80	17		36	22	101	23	21	39	14	35	92
謝儀	219	23	15	140	58	45	20	50	5		7	18	35	65	103	108	90	111	167
進物	257	322	435	433	542	463	488	514	365		457	381	212	177	226	321	192	184	402
香料	64	39	87	59	96	53	65	60	57		62	89	59	60	81	58	54	40	101
会費		82	137	143	217	222	238	227	163		214	212	230	196	212	233	272	287	211
来客費		10	80	44	30	181	29	13	35		53	28	9	30	27	52	28	97	31
（社交）　計	570	493	775	833	960	977	851	944	642		830	751	646	551	670	811	650	755	1,005
沢渡　計	4,009	6,158	10,952	22,719	33,947	34,643	36,410	21,784		清和会館　計			5,050	729	489	494	487	461	460
前崎邸		3,856	11,399	10,597	11,855	13,537	13,935	11,757		醤油部		152							
西誓庵				218	91	280		82			92	107	71	69	8	51	24	113	56
南邸								3,544	1,705		106	130	116	95	177	134	3,269	1,829	
仮勘定・その他											198	389	637			121	372		
出入累計	19,461	30,293	52,711	75,070	93,448	92,580	101,808	96,678	49,957		40,338	27,473	27,803	23,167	35,455	26,203	24,299	21,509	21,172

（出所）　各年度「家事費仕訳帳」（小栗家文書）より作成。

（注）　1911年度からは、当年9月～翌年8月がその年度。営繕部の一般貸家・店員貸家には、それぞれ四郎分一般貸家・四郎分店員貸家を含む。
1928年以降の「通信」とは郵便、電信、電話料の合計額を示したものである。

表3-7　小栗三郎家「臨時費」支出一覧

（単位：円）

年度	金　額	内　　容
1891	888.9	蒲池氏宅地及家一軒立換料　其他出願料
	265.2	木竹土石鉄物及塗賃
		預人作料　166人7分　飯料21人
	739.3	半右衛門　宅地及屋敷とも
	106.3	右修繕　木竹鉄及塗具預人作料　275人6分
	896.8	座敷部屋厠新築　納戸立替
		木竹土石鉄物塗具預人作料　2285人
	250.4	震災　修繕　同上828人3分
	91.6	成岩田地纏買
	15.2	老石
	10.0	中埜半左衛門　門前巡査宿所新築遣
	4.6	鐘楼物代
	3,268.3	（合　　計）
1892	681.0	座敷部屋及納戸厠改築賃
	1,217.4	巽蔵厠塀浅物部屋新築
	84.0	門前家曳及修繕費
	378.8	震災修繕（貸宿とも）
	86.7	新堀石垣
	80.6	避雷針設置費
	5.2	花岡講石垣設置費
	11.0	御願座汐見形賄蔵一基
	2.8	光照院院内墓所縁石六人五分
	66.2	顕正院葬式費
	195.7	主人九州諸漫遊費
	20.2	衣川良子病中補助費
	23.2	半田区裁判所開廳所式掲火費
	8.0	第六連隊行軍招館費
	4.1	山口主殿頭殿宿泊費
	43.6	老主人西上費
	2,908.7	（合　　計）
1893	128.4	濱ケ貸家営繕、同所砂園
	12.2	巽蔵丁石
	2.0	新堀畑16人
	2.8	雲観寺墓地囲石
	13.7	縁段探偵費
	0.6	遣イ物
	33.7	老夫婦西上費
	183.4	主人療養費
	115.1	静二及庸三療養費
	1.1	良子療養費奥ゟ
	23.5	老運絆師病中見舞香典及忌中見舞金外ニ往復旅費
	1.8	上記の品物
	38.8	妙玄童女葬式費
	557.3	（合　　計）
1894	774.1	慶事係
	74.3	治子　善光寺参詣費
	6.2	字北条宅地記銘書印正代
	5.0	博物館寄付
	11.1	軍隊旅舎二度
	184.7	主人旅行支出高
	50.0	三郎治
	1,027.3	（合　　計）
1895	—	項目なし
1896	—	項目なし
1897	1,915.2	大股貸家2棟8戸新築
	83.6	老主、有栖川故殿下御墓参上京
	110.6	主人上京其他旅行
	204.6	治子愛知病院入院費
	39.5	全快祝
	346.0	邸地及濱ケ家
	10.3	水防人足
	2,709.8	（合　　計）
1898	635.3	字狐塚及横松畑地
	31.0	字沢渡邸石
	64.2	西邸建築材料
	18.1	髪置
	11.0	金城倶楽部
	60.7	大角力
	820.4	（合　　計）
1899	15.0	全国絵画共進会寄付
	10.0	鈴渓学校寄付
	45.5	字狐榴柚
	119.1	南貸家（源道家巽）
	2.0	拝借地　百姓料
	1.5	壮士　2回
	14.9	大相撲
	208.0	（合　　計）
1900	2,767.5	阪綱元了貸家邸
	556.5	字狐塚畑
	9.2	登記掛謝儀及弁当
	194.1	縁段掛進物旅費
	25.7	初幟
	23.8	別家雑品
	5.5	角力、芝居、花費
	5.0	大日本武徳会入会
	10.0	水兵湖瀬浅治郎
	160.0	沢渡道路売却
	3,757.2	（合　　計）
1901	524.0	慶事部
	606.3	幸子、庸三、転地療養費
	117.9	大又川石垣
	90.0	その他
	1,257.2	（合　　計）
1902	130.0	喜助機械場建増分買代
	167.5	中村市太郎淀ケ年□二様買代
	30.0	小栗重吉　西詰納家一棟代内金

	42.2	貸家修繕　四郎分
	142.1	藤助貸家修繕ニテ持出し候分
	220.8	沢渡家係り
	320.0	主人持出し分
	60.0	東京萬吉　四郎学資　預
	15.0	尚武会
	32.9	清助通費
	50.5	縁明費
	63.2	幸子眼病中費用
	401.6	清・幸子・庸三　山中転地費
	145.4	庸三洲崎転地費
	1,821.3	（合　計）
1903	2,560.4	玉子慶事及仕立
	461.3	濱ケ倉邸一ケ所
	37.1	西端納家一棟
	645.2	貸家修繕
	25.0	遊水一般
	342.6	博覧会修晩費
	165.1	祈祷養生費
	392.0	主人持出し
	4,628.5	（合　計）
1904	—	内容不明
1905	—	内容不明
1906	—	内容不明
1907	2,286.2	慶事用（静ニ結婚）
1908	11.2	静ニ結婚
	285.4	静ニ死亡葬儀費
	0.7	静ニ遺産相続用
	117.6	静ニ初七日至満中陰用
	0.2	宗静居士七七日用洋判紙
	64.7	宗静居士香典返用呉服及箱代
	10.7	妙康尼墓地用煉火代、葬儀費用
	22.8	妙康尼満中陰用
	5.0	幸子死亡電報料11通分
	3.4	妙康香典返用
	34.4	志や子荷物返却ニ付
	1.7	妙康尼満中陰香典饅頭
	356.8	妙康葬式ヨリ満中陰迄費用
	6.0	宗静葬式費用追加
	920.6	（合　計）
1909	13.1	しや子荷物梱包用青筵35枚代
	9.5	行軍宿舎費差引
	4.5	結婚費
	843.1	喜登子結婚用品代振替
	30.6	庸三病気全快祝費
	33.3	玉子用分振替
	934.1	（合　計）
1910	472.2	喜登子結婚費
	1,599.9	瑞富院葬儀費
	12.7	荒井石禅氏宿泊費
	2,084.8	（合　計）
1911	10.5	砲兵10人宿舎費品代
	5.5	荒井石禅師宿舎用品代
	△　2.7	半田町役場より砲兵宿舎領10人分
	0.7	仙松給与分
	8.7	板倉仙松　給与分
	0.4	旧博吉（棺敷用）琉球一枚代
	23.1	（合　計）
1912	18.7	草深、榊原分家給与分
	18.5	梨本殿下御来伯為用品
	9.5	音造、新五郎分家給与米代
	46.7	（合　計）
1913	14.4	清吉給与分
	50.0	汐取船1艘代
	64.4	（合　計）
1914	13.4	幸吉給与分
1915	90.7	雅子内祝入用分計
	196.6	御大典祝賀入用分
	65.8	元蔵正平初幟祝入用分
	18.8	雅子誕生祝入用方
	14.3	太田準一給与品
	386.2	（合　計）
1917	22.1	雅子髪置入用品
	51.5	杉浦照喜、杉江安太郎給与品
	59.4	主人全快祝入用品
	30.5	第六連隊将校宿泊入用
	163.6	（合　計）
1918	△24.0	貸家出火に付火災保険料
	31.3	小池喜三、給与品各種
	7.3	（合　計）
1920	192.0	冬子全快祝ノ計
	42.4	近藤譲吉給与品
	59.8	半田町招魂祭煙火之見物
	1,163.5	譚妙聲（冬子）葬儀費計
	1,457.7	（合　計）
1921	2.0	和子髪置祝
	21.7	四郎全快祝
	61.1	敬五郎入営祝
	1,437.3	葬儀費
	1,522.1	（合　計）
1922	2,268.4	婚礼之分
	33.8	芳子内祝
	52.6	敬五郎除隊祝
	118.3	醤油部出火の方
	1,151.2	南大股埋立
	3,624.3	（合　計）
1923	292.7	中埜前店出火
	159.0	軍隊宿泊
	457.6	雅子葬儀
	913.1	隆子葬儀
	450.0	太三給与
	112.3	四郎方南大股石垣
	20.0	荒子地上之分
	2,404.7	（合　計）
1924	65.1	主人金婚式祝

年度	金額	内容
1924	1,187.2	敬五郎慶事
	35.3	里帰り内祝
	682.0	中針埋立
	204.9	荒古埋立
	1.4	武豊町埋立杭分
	147.1	圓一郎七夜内祝
	44.0	常楽寺出火
	△8.0	隆子葬儀費ノ分返り
	2,366.9	（合　計）
1925	2,756.7	武豊通仙田埋立
	141.0	南大股四郎分303埋立
	8.2	荒古226之内埋立
	46.8	中針68内埋立
	44.0	治子髪置
	59.1	内親王出産
	3,055.7	（合　計）
1927	1,849.2	半田町埋立、西勘町工事費
	367.2	成岩町字笠松96番地埋立工事費
	11.8	成岩町字荒104番ノ2埋立・工事費
	77.4	圓一郎髪置祝計
	2,305.6	（合　計）
1928	356.9	南大股通路新設
	636.9	北大股埋立
	243.3	敬五郎方家祝
	54.4	御大典祝
	22.6	幾子髪置祝
	26.5	信子七夜祝
	20.2	主婦全快祝
	33.2	間瀬仁三別宅贈与品
	88.7	哲造別宅買入品
	1,482.7	（合　計）
1929	1,400.0	南大股埋立
	130.4	四郎方北大股埋立
	32.0	荒古水路工事
	46.3	圓一郎全快祝
	27.6	板倉生三別宅費
	1,636.3	（合　計）
1930	173.1	本家分
	116.3	四郎分
	289.4	（合　計）
1931	10.4	信子髪置祝
	24.2	店員森治別宅贈与品
	40.0	南大股通路側溝費
	74.6	（合　計）
1932	32.6	本家灰小屋出火
	5.5	新墓地使用料
	25.8	店員幸平別家贈与品計
	22.5	恒次郎三十三日内祝
	699.6	主人大学病院入院計
	297.7	主人全快祝
	56.0	主人喜寿祝記念写真
	1,139.5	（合　計）
1933	371.1	喜寿祝及相続披露
	59.4	前明山及知多電前貸家前埋立及コンクリ工事費
	1,318.4	老主人葬儀費
	0.7	店員覚吉別家贈与品代
	1,749.7	（合　計）

（出所）　明治24～45年度「家事費明細帳」、大正元～昭和８年度「家事費仕分帳」（小栗家文書）より作成。
（注）　1910年度までは当年２月～翌年１月、1911年度からは当年９月～翌年８月までが年度。無印は支出、△は収入。小数点第２位を四捨五入。

てに約二七五七円、二七年に半田町・成岩町埋め立て工事費として約二二二八円と連年支出がみられ、これらの地区は主に小栗家の貸家のあった地域であった（本書第２章を参照）。

このように臨時費の支出は、婚礼・葬式など地域社会との交流のために必要な費用、特別な医療費、そして貸家経営にとって必要なコストや貸家の価値を高めるための支出が中心であり、小栗家の消費行動では浪費の側面はきわめて弱かったと言えよう。

おわりに

小栗三郎家の資産管理と家計支出の内容を検討した結果、家業の継承の側面では、それをスムーズに行うために入念な積立金準備を行っていたことが指摘できる。実際、小栗家では不測の事態に備えて、過剰なほどの内部留保を進め、その結果、子どもの分家とともに内輪合資にスムーズに移行できており、分家したのちも家族は萬三商店の経営に携わり続けた。その点で、末廣が指摘したファミリービジネスの二つの制約を小栗家は克服できていたと考えられる。ただし、分家させた後も分家の家事費を本家が負担し続けたことで、一九二〇年代に本家が支出する家事費が急激に増大した。その金額が一九二四（大正一三）年度には一〇万円を超えており、節約の理念を維持し続けた本家にとっては家事費の急激な膨張は重荷になっており、この延長線上で萬三商店の株式会社設立があったと思われる。すなわち株式会社設立後も主要株主は内輪合資で出資していた家族が占め、内実は内輪合資とほとんど変化がなかったが、分家がそれぞれ萬三商店の株式を所有してそこから配当金をもらい、それで自己の家計を賄うように組織のあり方を変更して、本家の家事費負担を減らしたのであった。

その意味では、ファミリービジネスの制約は、小栗家にもある程度は存在していたと言え、家業の継承のために家業の会社化が必要になったと言える。むろん、この背景には当主の交代による新しい観念の導入の側面もあり、萬三商店が株式会社化した前年の一九二五年に当主の息子四郎が、当主三郎に代わって知多商業会議所会員となり、すぐに副会頭となった。四郎は、実質的に一九二三年度から家業経営を任されたと考えられるが（本書終章を参照）、二五年から社会的にも小栗家の舵取りを開始し、その翌二六（昭和元）年に株式会社化が行われた。

四郎は、慶應義塾大学で近代的な教育を受けており、本家と分家を家計面でそれぞれ独立採算を取りつつ、家族が経営に参画する方法を考えて、内輪合資の実態を残した株式会社を設立したと考えられる。ここに、家業継承と世代交代の一つのあり方をみることができる。

一方、このような積立金による過剰な内部蓄積をしつつ、地域社会への多額の寄付を行ったのが小栗三郎家の特徴でもあった。小栗家の積極的な寄付行為には、二つの側面があったと考えられ、一つは小栗家が帰依する浄土真宗の精神性を基にした慈善としての寄付であり、具体的には、地元から遠く離れた寺社仏閣への寄付や災害被災地への義損金、育児院や日本赤十字社への寄付などである。もう一つは、寄付行為の見返りとして自らにも利益が還元される可能性が十分に見込める寄付であり、上水道施設費、埋め立て工事費、半田港改修費など、地域のインフラ整備が家業に有利に働いたり、自らの貸家の価値を高めることになることを背景とした寄付である。もっとも、小栗家の寄付などによりインフラ整備の利益が、小栗家に還元されるまでにはかなりの時間がかかったと考えられ、小栗家の貸家のあった場所へのインフラ設備については、臨時費などで直接小栗家が埋め立て費を支出し、工事を進めた場合もあった。実際、表3－7では、一九二五年度の埋め立て工事費の対象は、南大股三〇三番地、荒古二二六番地、中針六八番地と狭い範囲で、二七年度の埋め立て工事費も、成岩町字笠松九六番地埋立工事費、成岩町字荒一〇四番地ノ二埋立工事費とかなり限定された範囲であった。その意味で、小栗家の寄付行為には、広い意味での社会全体への貢献と自らの居住する地域社会への貢献、そして自らに直接的に利益が還元される寄付行為という多様な側面があった。そして、積立金による過剰な内部蓄積と積極的な寄付行為は、小栗三郎家の禁欲的な消費行動によって可能になったのであり、小栗家が帰依する浄土真宗の精神性である質素・倹約・勤勉・仁慈が、消費行動面でも関連して作用したのであった。

さらに忘れてはならないのが、一八九〇（明治二三）年に陸海軍聯合大演習が半田で行われた際に、小栗三郎家が有栖川宮殿下の宿所となったことである。その際、小栗三郎家は家を改築して有栖川宮の居室を新たに設け、これ以降有栖川宮家と小栗三郎家の交流は長年にわたって続いた。そのこともあり、小栗三郎家には国家＝皇族に対する奉仕の精神が強く現れており、例えば、軍人会、招魂祭への寄付行為や、御大礼記念や皇太子ご成婚記念など皇室の慶事に際して、多額の寄付をするなどの行為が見られた。明治国家は、国家―家という二重の擬制的家体系（個々の家の上に、国民の父母である天皇・皇后をおくという観念）を創出し、その上に国民道徳を形成していったとした有元正雄の指摘は、小栗三郎家にも当てはまると思われ、それを象徴したのが、一九二四年初頭の皇太子ご成婚記念に合わせた半田町への一〇万円の寄付であったと言えよう。

注

（1）　星野妙子編『ファミリービジネスの経営と革新――アジアとラテンアメリカ』（アジア経済研究所、二〇〇四年）や星野妙子・末廣昭編『ファミリービジネスのトップマネジメント』（アジア経済研究所叢書2、岩波書店、二〇〇六年）など。

（2）　中村尚史「戦前期日本のファミリービジネス」（前掲星野妙子編『ファミリービジネスの経営と革新』）三八〇頁。なお、同論文ではファミリービジネスの多角的展開が企業家ネットワークを利用しつつ進められたことが指摘されたが、小栗三郎兵衛（三郎）家の経営展開は、基本的に同族経営に止まり、同族以外の経営体とのネットワークを利用して多角化したわけではない。

（3）　末廣昭「ファミリービジネスの経営者企業」（前掲星野妙子・末廣昭編『ファミリービジネスのトップマネジメント』）二七六－二八一頁。

（4）　マックス・ヴェーバー著／大塚久雄訳『プロテスタンティズムの倫理と資本主義の精神』岩波書店、一九八九年改訳、二〇一四年第五一刷、三五二－三五三頁。また近年では、寺西重郎『経済行動と宗教――日本経済システムの誕生』（勁草書房、二〇一四年）が、宗教が日本経済に及ぼした影響について論じている。

（5）　大塚久雄「訳者解説」（前掲ヴェーバー『プロテスタンティズムの倫理と資本主義の精神』）四〇四－四〇五頁。

(6) 芹川博通『日本の近代化と宗教倫理——近世近江商人論』多賀出版、一九九七年、二頁。
(7) 同右、二六七－二六八頁。
(8) 同右、二〇七頁。
(9) 有元正雄「家訓・遺言にみる民衆の信仰と倫理」(三)(『広島経済大学研究論集』第二二巻第三号、一九九九年)四四－四七頁。
(10) 同右、四六頁。
(11) 本書序章表序－11の「子供手当」の項目を参照。
(12) 明治二三年「日誌」(小栗家文書、以下「日誌」はいずれも小栗家文書)一月一日。
(13) 明治三〇年「日誌」が残っていないので正確には分からないが、「日誌」の末尾部分には、ほぼ毎年元日の年始式での小栗家の家族と店員の席順が記録してある。明治二九年「日誌」の列座順には「三郎治」の名前があったが、明治三一年「日誌」の列座順には名前がなく、明治三〇年末には、幸子と三郎治は離婚していた。また明治三一年以降の「日誌」には、列座順に必ず哲造の名前があり、幸子が長男哲造を養育したことが判明する。
(14) 明治三三年「日誌」の二月五日、一二月二四日、二五日、三一日の項、および明治三四年「日誌」の四月一三日、五月三一日、六月一日、六月九日、六月一〇日を参照。なお分家名の沢渡、前崎、星崎は、分家が建てられた地名である。
(15) 明治四一年「日誌」五月一六日に静二の死亡が記載され、五月一九日には「今回ノ葬儀ハ専ラ質素ヲ旨トシ香典供花、放鳥等ヲ謝絶し右ニ対スル諸費ハ当町基本財産へ寄贈ス」とある。同年七月二三日には「幸子午前二時〇分澤渡ニ於テ死去」とある。
(16) 明治四一年「日誌」五月一五日を参照。
(17) 明治四一年「日誌」五月二三日には「庸三山荘へ帰ル」とあることから、庸三は、この頃には体調のため小栗家から離れて山荘に暮らしていた。
(18) 明治四三年「日誌」一月三一日に、「婚姻届出ヲナス但シ本日受付」との記述がある。もっとも一〇代三郎の三女喜登子と小栗清の再婚は、その一年前の明治四二年二月一五日には婚約が整い、結婚準備が始まっていた。そのことが明治四二年「家事費仕訳帳」乙号(小栗家文書三五－八)の一〇三頁に、「呉服太物　喜登子結婚用品代振替」として五五七円余を計上してあることから判明する。また、中岡俊介は、養子相続と家業・家督相続の関連性について、実子がいても養子相続が成された事例があることに触れ、養家の実子が年少者であれば、成人までの「中継ぎ」の相続者としての役割を養子が担った可能性を指摘する（中岡俊介「養子相続とファミリービジネス」（『社会経済史学』第七六巻第四号、二〇一一年）一一〇頁）。小栗清の事例は、これに類似するものだと思われるが、本文で後述するように、清は一九一二年から一六年に半田町長を務めるなど、家業経営よりも政治的活動に力を注いだと思われる。この事例からみて、中岡の指摘の検証には、さらに色々な事例検証が必要といえよう。

(19) 大正六年「日誌」を参照。

(20) 明治四四年「台帳」（小栗家文書六〇－一）および「早見永代過去帳」（小栗三郎家所蔵）を参照。

(21) 宝暦六年～寛政二年「大福帳（毎年勘定掟）」（小栗家文書七九－七）を参照（年代は内容より）。なお、以下、六代三郎兵衛への文書については同上史料を参照した。

(22) 明治四二年己酉五月四日「瑞源院殿御遺言」（小栗家文書三三九－一）。

(23) 寺社の所在地は秘書課広報係編『半田の大観』半田市役所、一九五三年、一五六－一五八頁、一六四頁、一六六－一六七頁および『半田市誌』本文篇、愛知県半田市、一九七一年、一〇三九－一〇四三頁、一〇四六－一〇四八頁を参照。

(24) 愛知県知多郡半田町編『半田町史』名著出版、一九二六年初版、一九七三年復刻版、一七九－一八〇頁。

(25) 同右、三四二頁。

(26) 同右、三四八頁。

(27) 同右、三一一頁。

(28) 同右、二九七頁。

(29) 前掲『半田市誌』本文篇、三〇三頁。

(30) 一九二〇年代後半の半田町の上水道敷設については、半田市誌編さん委員会編『新修半田市誌』本文篇中巻、愛知県半田市、一九八九年、二八七－二八九頁を参照。

(31) 小栗家は、一八九五（明治二八）年一月一五日に有栖川宮熾仁親王が薨去して以後、毎年一月一五日には「書院へ例ノ如ク御染筆軸及短冊御眞影ヲ奉安シ左ノ供物ヲ献シ家族店員参拝、西誓庵ニ於テ終日別時修行」（明治四四年「日誌」一月一五日）が行われ、法要は小栗家の例年行事として定着していた。三回忌には、「有栖川宮故熾仁親王御三周年祭一昨日御備品新早蕨五包武蔵野五包汽車便ニテ下賜、家族親戚者及召仕ニ分与」（明治三一年「日誌」一月一七日）と、下賜品を親族に分け与えたことが記されて、小栗家と有栖川宮家との具体的な繋がりが窺える。

(32) 前掲『新修半田市誌』本文篇中巻、一一五頁。

(33) 二谷智子「近代日本の家計における医療関連支出」（『経済科学（名古屋大学）』第五八巻第四号、二〇一一年）九一頁を参照。

第4章　近代における店則・家憲と店員の活動

伊藤 敏雄

はじめに

本章の課題は、店則・家憲の分析を通じて、主に一八九〇年代～一九三〇年代における小栗三郎家の経済・経営活動等を支えた思想を明らかにし、同家がそれをもとに、いかに社会と関わっていたのかを店員組織とその具体的活動をも含めて考察することである。のちに明らかにするように、小栗家の家憲は仏教道徳に基づくものであった。

近年、寺西重郎の体系的研究が公刊されたことにより、仏教と日本経済というテーマに関心が高まっている。同氏は、マックス・ヴェーバーの問題意識に限定されることなく日本経済の特質を検討し、仏教の易行化が、日本では自己実現を重視する個人主義と需要経済型経済システムをもたらしたことなどを明らかにしている(1)。今後は、具体的な個人が、様々な局面において、仏教の教理をどのように実践したのかを、利他的行動も含めて検討することが必要となろう。この点に関し、仏教史の側から日本資本主義と仏教の対応について研究してきた吉田久一は、封建制解体の相違やプロテスタントと仏教の教理的差異等から、ヴェーバー等の研究を無条件に利用することは困難で、歴史的発展に即した実証作業を進めていくことが望ましいと思うと述べている。(2) 本章でも吉田と同様の観点から冒頭の課題に迫るが、吉田が僧侶や仏教学者等の側から仏教的社会事業の特徴や変容に迫ったのに対し、以下では経済主体の側にも焦点を当て、その経営内部の状況をも考察することとする。その際、どのような僧侶と関わり、いかなる教えを実践したのかに重点を置きたい。また、寺西が、鎌倉新仏教（主に浄土教）を中心に考察したために検討されていない「正法（しょうぼう）」理念(3)にも留意する。個別経済主体の研究としては近江商人に関するものがあるが、当主と店員の宗派が異なる場合、両者はどのように関わったのかについては、十分な検討がなされてこなかった。(4) さらに、他宗派の取引先などとの関わりや当時の国民道徳であった教育勅語等との両立に関しても検討の余地がある。

以上を踏まえ以下では、第一に、一八七七（明治一〇）年の萬屋三郎店の店則に関して、その作成の目的を、小栗家が直面していた状況から考察する。そして、その後の一八九三年に作成されたものとを比較し、この間にどのような業務が重視されるようになったのかを検討する。また、これらの店則にどのような仏教的要素が見られるのかに留意したい。第二に、小栗家の家憲を明らかにし、一八九〇年代から一九三〇年代までに同家が実践した仏教道徳の具体的内容などを、当該期の仏教をめぐる状況の中でとらえ、また店員にどのような教育等がなされたのかなどについても考察する。第三に、一九〇〇年代から三〇年代の萬三商店の組織構造を示すとともに回勤部を中心に店員の具体的な活動を考察する。そして、その中に当主の仏教的活動との関わりを見出したい。

第1節　店則と店員

(1) 作成時期と目的

まず近代期の萬屋三郎店（萬三商店）の店員組織を店則から、検討していくこととしたい。家訓（家憲は、近代における用語）の作成は、自家や一族の将来に見通しが持てなくなった事態への対応としてとられ、何らかの方策を講ずれば存続が可能になるという確信がそこにはあるとされている。[5] この見解は、家訓に限らず店則の作成に関しても、おおよそ当てはまるであろう。後掲する萬屋三郎店の「舗則」（これは「旧則」とされた。以下、「旧則」と示す）とその「告諭」の日付は一八七七（明治一〇）年一一月一一日であるが、その頃に、何らかの経営危機があったことが窺える。以下では、同時期の小栗三郎家の状況について触れておきたい。

一〇代三郎は、一八七三年三月愛知県第七大区四小区戸長となり、一一月に第七大区々長を命じられるが、七四年六月に辞職する。その後、一八七五年一一月に同区長に再任されるも、七六年八月に辞職した。[6] この第七大区長と学区取締兼務に関する、一八七六年三月付の「辞職願」からは、次のことが明らかになる。[7] すなわち、一〇代三郎は、公職と商業との両立は困難であり、長男の三郎兵衛（のちの一一代三郎）も病であるため、家業を一身に背負わなければならず、公務の完遂により、家業の破産にいたるのではないかとの不安にとらわれていたのであった。この状況に、一八七六年一〇月の「病気容体届」によれば、一〇代三郎自身の病も問題となってくる。一方、一八七七年五月に三郎兵衛は、療養中心の日々を過ごしていたと記されている。同人の病の発症は、一八七五年九月であるが、それ以来、一〇代三郎は家業の先行きに悲観的になっていたといえる。

近世期のものは不明であるが、以上から、この時期に「旧則」が作成されたのは、前述のように、自家の危機を乗り越えるためであったと考えられる。この場合は、主人および後継者の健康上の問題であったが、前述の「告諭」には、手代以上には「主人之代理」もする立場であることの自覚を求める文言が入っており、[8] このこととの関連を窺わせる。これには、店頭・店頭心得・手代の心掛けしか述べられていないが、以下に示す「旧則」の「職掌章程」によれば、そのほかにも職務があり、それぞれの業務が定められていた。(9)

顧問　渾テ外務ヲ主任トシ兼内務之章程ニ参与スヘシ
一忠誠ヲ主トシ上下ノ情ニ通シ親睦ニ交通勤務スヘシ
一店頭之職ヲ輔ケ店頭不在後見事故アルトキハ其事務ヲ代理スルヿアルヘシ
一改章之際無忌諱協議スヘシ
一商務ヲ兼ネ各地方江巡視シ店之弊習手代ノ曲直品行ノ美悪ヨリ得意ノ安危ヲ探偵シ家長後見店頭ト商議之后陟（マ）黜（マ）賞罰ヲ決スヘシ
一常ニ手代以下ノ者エ節倹ノ方法ヲ示シ善誘ニ尽力スヘキヿ
一支舗船艦ノ事務其他百般ニ注意シ敢テ他視シスル勿レ

後見　渾テ内務ヲ主任トシ兼外務之章程ニ参与スヘシ
一忠誠ヲ主トシ上下之情ニ通シ親睦ニ交通勤務スヘシ
一舗頭之職ヲ輔翼シ舗頭不在之節其事務ヲ弁理スヘキヿ
一改章之際無忌諱協議スヘシ
一舗頭以下之勤惰曲直ヲ推知シ或者他方ニ探偵シ得意之安危ヲ深考探知シ其他百般之事務ニ注目留意家長顧問舗頭ト商議シ陟黜（ママ）賞罰之件ニ至テハ偏頗ハ勿論必一個之断決ヲ不得
一常ニ手代以下之者エ節倹ノ方法ヲ教諭弁解シ善誘ニ尽力シ曽テ上下一和一力不平之法ナカラシムヘシ
一支舗船艦ノ事務ニ留意シ敢テ袖手傍観スルヲ不許

鋪頭　専本鋪之事務ヲ結理シ支鋪船艦ニ参与スヘシ

一百般之事務顧問後見ト一和戮力忠正ヲ先ニシ上下之情ヲ参酌シ親睦ノ交際ヲ結ヒ隔意或者薄情之所業ナカラシムル事

一常ニ得意之安危ヲ観察シ手代船長之勤惰曲直ヲ視考シ其他百ノ事務ニ配慮注目シ顧問後見ト相謀リ家長エ伸述黜陟賞罰之件々必衆議之末是ヲ決シ之ヲ議スルニ敢テ偏頗之行アルヘカラサル事

一徴簿之調査ヲ明ニシ各家之指引残額等勉テ等閑ニ捨置ヘカラサルヿ

一改章之際無忌諱協議スヘシ

一船長手代ト隔意ナク上下一和シテ節倹之趣旨ヲ弁解懇篤説諭加鞭徳行ニ誘ヒ小者等エハ商業ニ関スル普通之法則ヨリ世態之事ニ至ルマテ悃切ニ教諭シ余暇ヲ以読書算術習字等奨励シ敢テ遊惰ニ陥ラサルヨウ一層注意教育上ニ尽力善道ニ誘フヘキヿ

一支鋪船艦を事件ト雖常ニ留意シ其主任之者ト協力説話シ敢テ他視傍観スルヲ不得

鋪頭心得　店頭之事務ヲ輔翼シ店頭不在之節ハ一切之事務ヲ代理スヘシ

一該職之章程総テ鋪頭ニ準ス

船長　本船ニ関スル事務ヲ総理スヘシ

一法則ヲ確守シ忠直ヲ本トナシ船中一和シテ航海之要路ニ注目一層勉強百事本鋪ニ協議戮力スヘキ事

一荷主ヲ軽蔑視シ或者不正之荷物ヲ取扱ヒ又者不都合之所為ナカラシムヘキヿ

一船中取締向厚注意シ節倹ノ方法ヲ守リ無用之費ヲ省クヘキ〳〵

一商業ニ就テハ得意之安危ヲ考察時々見聞之次第善悪ヲ不問舗頭其他ニ申通シ必忽ニスヘカラサル〳〵

一水夫ヲ精撰シ正直ノ者ヲ雇入ヘキ事

手代　家長顧問後見舗頭之指揮ヲ受クヘシ

一正忠ヲ本トシ上下ニ隔意ナク親睦ニ交通シ商務ニ黽勉従事シ得意ノ安危ヲ推考視察シ或者他方ニ探偵ヲ尽シ可否ヲ舗頭又者顧問後見ニ語リ百事篤厚正直之駆引ヲナシ百般事務独断ヲ不許

一帳簿ヲ明瞭ニシ自分商ヒノ厳禁ヲ厚ク守リ怠惰之弊ナク倶々節倹之方法ヲ示シ合年給賞与ヲ蓄積シ無用之遊興ニ費スヘカラズ

一小者等エ商業ニ関スル件々懇切教授シ余暇ヲ以筆算之業ヲ教示スルヲ要ス

倉係　物品之出納ニ関スル事務ヲ主任トス

一正直ヲ主トシ上下ニ隔意ナク親睦ニ交通シ物品之取締方ニ注意シ量衡ヲ正シク扱百事本舗ノ各員ニ指揮ヲ受品物之出納ヲ明瞭ニシ倉郭ヲ清潔ニシ其他不取締ノ所業ナカラシムヘキ〳〵

一自分商ヒ厳禁之規則ヲ守リ遊惰之弊ナク倶々節倹之法方（ママ）ヲ示シ合年給賞与ヲ蓄積シ無用之遊興ニ費スヘカラス

級外小者

一舗則ヲ弁知確守スヘシ

一家主始店頭手代等ノ下知ニ随勝手専務及婢僕之用ヲ達スヘシ

一商業家事世態之要路ヲ平素見習店頭始手代等ヨリ教授ヲ可受事
一諸証券並ニ書牘類散乱不致様注意シ店頭手代ノ点撿ヲ乞之ヲ区分シ大切ニ可取片付事
一使用ニ出テ犬之喰合セヲシ或者道寄買喰其他遊歩シテ無用之時間ヲ不可費
一昼夜余暇ヲ以筆算句読ニ黽勉従事怠ルヘカラス
一筆墨紙其他書籍等粗暴ニ致間敷事

以上からは、一八七七年の萬屋三郎店では、顧問・後見・舗頭・舗頭心得・船長・手代・倉係・級外小者という職階であったことが分かる。また、主人への忠誠・上下の一致・各職務の内容等のほか、教育面での役割分担も見て取れる。まず、顧問・後見は手代以下の者に、倹約方法を教示することとされている。次に、舗頭は小者に、商業の理論から世間のことを教諭するとともに、読書・算術・習字等を奨励し、怠惰に陥らせないようにすることと述べられている。そして手代は小者へ、商業上のことや算術を教示することと規定されているのである。ここには、近世の奉公意識や丁稚制度の継続といった封建的側面が見られる。しかし、主人と後継者の健康が不安視される時期であったことからみて、この店則の作成には、店員の忠誠心と商業能力を高めることで、主人等の負担を減らし家業の発展を企図する一面もあったと考えられる。ただし「告諭」には「善不善」[10]という文言や因果応報観がみられたが、店則それ自体には改正後のものも含めて仏教道徳に特有のものは見られなかった。

(2)　一八九〇年代における店則の変容

以上の「旧則」とは別に、一八九三（明治二六）年三月に萬三商店の「本店規則」が作成されている。[11]前者は、職階別の規則であったが、後者は「総則」・「得意」・「旅行」・「帳簿」・「雑則」からなる業務別の規定で、道徳面などが共通化されるとともに、取引先との関わり、出張や帳簿記入の方法等が詳細になっている。ただし、「総則」の部に「后見支配人不在ノ節ハ上席手代其任ヲ負担スベシ」と「旧則」における役職の呼称が見られることから、両者は併用されたと考えられる。同年月には、「支店規則」も作成されている。[12] このことは同年一月二三日に、「新味噌店へ移転式執行」が、行われたこととの関連を窺わせるが、一八九〇年代から交通の発達や肥料の多様化があったという状況にも対応したものであったと考えられる。[13] それは、「旧則」には地方出張に関する記述は、後見の「商務ヲ兼ネ各地方江巡視シ」という以外、ほとんど見られないが、その後の「本店規則」と「支店規則」では、出張報告が規定されているからである。

一八九六年一月にも「本店規則」が作成されているが、[14] これは、九三年の「本店規則」を、新しく「店員」の項目を加えて改正したものであった。一八九三年の「内規」には、下郷、江浦、吉良、岡崎、山家・岡崎、豊橋（追加、二川・田原・新城・遠江）、遠江直行に対する「外勤旅費」が規定されている。[15] 前述の一八九六年の「本店規則」の「店員」の項目では、これら地域への、外勤者手当と旅費、そして遠国出張者の手当・旅費交際費等について、より細かく定められた。また、「外勤者受持区予メ定ムルモ支配人ニ於テ臨機繰替ノ事」とあり、この頃から、店員の業務分担の中で回勤先やその担当者が明確化され販売が重視されるようになってきたことが分かる。

加えて、「旧則」にあった、店内での教育に関する事項が見られなくなった。それは学校教育が普及したからであり、教育面での封建的要素も薄らいでいった。その後、一九〇〇年の六月一七日に半田商業補習学校の開校式があり、店員のI・博、N・清吉が、〇一年四月には、店員の□・四郎、M・忠吉、H・鍵三、T・重治郎が入学している。[16]

その後、この店則が、どのように改正、適用されたのかは、史料上の制約から不明である。その中にあって、「総則」における「徳義ヲ本トシ言行道ニ背クベカラス」、「礼儀品行ヲ正シクスベシ」という道徳部分は、その後も当主からの訓示等を通じて、遵守が求められていたことが確認できた。その点を、次に家憲との関わりの中で検討していこう。

第2節　家憲と家族・店員

(1)　十善の実践

一〇代三郎の健康は、その後も回復しなかった。同人は一八七九（明治一二）年二月に当選した愛知県会議員を八〇年二月に辞職するが、その退職願には、昨年一二月より病が悪化したため家督を長男三郎兵衛に譲って隠居し十分に療養したいと記されている。[17]

長男三郎兵衛、すなわち一一代三郎は同年二月一〇日に家督を継承する。そして一九三三（昭和八）年九月一日に四郎にそれを譲るが、これに際し、親族間（両者のほか、等子・芳子・清・敬五郎・哲造・正平）で「奉告式」が行われた。この中でまず、一一代三郎は、神仏の崇拝・先祖供養の励行・家憲の遵守・家名の維持・家産の保護・家業の継続に努めてきたことを述べる。そして、「私ガ家督ヲ相続セシ時父ニ承リタル大意ヲ其侭爰ニ御伝へ致マス」として、次のように列席者に口授しており、ここから、小栗家の家憲等が明らかになる。[18]

一吾家ハ神仏ヲ敬ヒ祖先ヲ崇メ仏教道徳ヲ基トシ誠実ノ心ヲ以テ万事ヲ処スベキ家憲テアル

一家督相続ニ依リ継承セシ祖先伝来ノ家産ハ自分ノ物ト思フテハナラヌ皆祖先ヨリ御預リシタノデアル故其心得ニテ大切ニ保護シ之ヲ後継子孫へ伝フル責任ヲ持タネバナラヌ

これによれば家憲には詳細な規定がなされておらず、小栗家の日常生活や経済活動の具体的なあり方を窺い知ることはできない。とりわけ「仏教道徳」[19]の部分が問題となるが、後述するようにその一つは「四恩十善」であった。以下では、この点に留意しつつ同家と社会との関わりを考察することとし、そこから家憲の具体的内容に迫りたい。その前にまず、当時の仏教をめぐる状況について述べておく。

一八六八年の神仏分離令を契機に七二年頃まで廃仏毀釈が行われたが、その後の仏教復興は、維新政権の仏教再編に参加した立場（近代以前の教説を掲げる場合と啓蒙的・開明的な場合がある）と、自律自戒によって仏教本来の面目に立ち返るという立場からなされた。後者の代表的人物としては福田行誡（一八七七年増上寺第七〇世、八七年知恩院第七六世・浄土宗管長）[20]と真言宗御室派の釈雲照（一八九九年仁和寺第三三世）が挙げられるが、両者ともに、一七七五（安永四）年に『十善法語』を著した真言宗の慈雲飲光が提唱した、十善戒の実践を説く正法律（しょうぼうりつ）[21]に傾倒した。

また当時の仏教界では、慈善の点においても仏教衰退からの回復が意図され、国家に役立つという主張やキリスト教との対抗をなすことで、社会との妥協を図る方向が見られた。一方、三河浄土律の昌光律寺（浄土宗）の深見志運（一八八六年同寺第一〇世）によるものは、そのような社会的慈善を否定する、信仰に基づく戒律的慈善であった[22]。以下に述べるように、これに小栗家（真宗大谷派）も深く関わっていた。

一〇代三郎は、平素施与を好み無氏名で秘かに、年末などに米銭を貧窮者の家に投じ、米価が騰貴した際にも岩滑（やなべ）村と上半田の貧窮者に米を施与したと言われている[23]。小栗家によるこのような活動は、愛知県内に止まるものではなかった。一八九一年一〇月二八日に発生した濃尾大震災に対しては、「愛知県岐阜県へ義捐金郡役所へ上納」したり、岐阜県へ味噌七〇樽を送っている。また、一八九六年六月二二日には、六月一五日発生の明治三陸大津波に対して岩手県・宮城県・青森県に賑恤金を送金手形で書留郵送している[24]。これらのうち、濃尾大地震に関しては、一八八五年四月に前述の深見志運によって救貧活動として結ばれた「額田慈無量講」[25]と呼応するところもあった（正式発足は一八八九年七月）。

小栗家の日誌によれば、一八九一年一二月一九日には「被害地へ義捐」に関して、「慈無量講行」と記されている[26]。この「額田慈無量講世話人」に、深見志運・大田彌次右衛門（額田郡八帖村）・村松惣九郎（岡崎籠田町）・近藤半次郎（同唐沢町）・深見太郎右衛門（碧海郡新堀村）・深田三太夫（岡崎投町）・新美新十郎（同篭田町）とともに小栗三郎（知多郡半田村）の名が挙がっており、ここに小栗家家憲のいう仏教道徳の一端を見出すことができる。一八八九年四月の志運による「慈無量講緒言」には、この目的等について、以下のように述べられている。[27]

経曰仏心トハ大慈悲是ナリ仏ノ教ヲ受クル者道俗男女ヲ問ハス一日モ慈善ノ心ナカルベカラズ故ニ菩薩六度ノ行ニモ施波羅密ヲ始トシ十善戒ニハ首トシテ殺生ヲ禁ス世ニ鰥寡孤独長病羸疾貧ニシテ告ルヿナキ者アリ衣ハ形ヲ蔽サズ食ハ命ヲ支ヘス飢寒困苦人理殆ド尽ナントス愍然言フベカラズ茲ニ於テ同志ト謀リ慈無量講ヲ創メ毎月貧窮者ヲ集メ暫時飢ヲ凌グ糧ヲ施シ三世因果ノ業報四恩十善ノ道理ヲ説示シ人タル道ヲ履マシメントス又屠沽ノ鳥魚俎ニ上リ或ハ沸湯ニ入ラントスルヲ見テ惻隠忍フヘカラス依テ傍ラ放生ヲ修セントス冀クハ有志ノ道俗自ラ奢侈ヲ省キ此慈善ノ事ヲ助ケ益ヲ当時ニ施シ徳ヲ後代ニ貽サバ幸甚

これによれば、慈無量講とは、冒頭に浄土三部教の一つ『観無量寿経』の一節を掲げ、六波羅蜜の布施波羅蜜や十善戒の不殺生戒をもとに、有志が奢侈を抑制して、毎月、貧窮者に飢えを凌ぐ糧を施し三世因果・四恩十善を説くとともに、放生を行うというものであった。一八八五年一〇月二八日の小栗家「日誌」には、志運から「家族召仕へ十善法語ノ説教アリ」とある。ここから小栗家や慈無量講にも、慈雲の『十善法語』の影響があったことが分かる。一八九三年の志運示寂後、慈無量講は昌光律寺の杉山大運が継承し、会員三九五名、一九一七（大正六）年中の施与延人員は七六二名（累計四万〇五九二名）であった。[28]

志運に法要を諮詢し薫陶を受け、また釈雲照に訓戒を受け六波羅蜜と書した扁額を授与されたのが、浄土宗の尼僧「布施行者」颯田本真である。一九二八年、同人葬儀の際に導師の一人を務め弔辞を読んだのは大運であるが、それによれば本真は、一八六二（文久二）年慈教庵（徳雲寺の旧称）を創建し住職になり、一八九一年から一九二四年までの三四年間、全国二三県一五〇余町村六万余戸に施物を施し一〇万余戸に勧化結縁したと述べられている。これらのうち、前述の明治三陸大津波について見てみると、一八九六年七月三日、雲照は、本真に三陸救恤を要請する書簡を認めている[29]。これに関して、同年七月五日の小栗家「日誌」には、「颯田本真尼暁方ニ来訪三陸被害人民へ施物ノ件」と記述されている。また一九〇七年一〇月一六日には「吉田徳雲寺颯田本真尼函館火災罹災者へ衣類施与ノ件ニ付同情ヲ仰キニ来ラル貞瑞尼随行セリ」とあり、この函館火災に関しては、慈無量講でも〇八年に義捐金を出している。これらから、小栗家の慈善活動には本真との連携があったことが分かる。また、貞瑞は西誓庵の大衆(だいしゅ)であり、ここにも小栗家と本真との深い関わりが見られる。その後も、一九一八年三月一五日の「日誌」には「徳雲寺来訪佐賀県下ノ某島（馬渡島――引用者注）火災者へ仏像施与ニ付三体寄附ス」とあり、二三年の関東大震災の際にも、衣類の施与に関して両者の連携があった[30]。このように、小栗家の慈善活動は全国に及んだのであったが、それは十善戒・六波羅蜜に基づいた宗派を超えるものであった。

小栗家も釈雲照から直接教えを受けていた。雲照は、一八九九年一〇月二〇日に同家に招待され「家族へ御法話一席」等をなし、また翌二一日にも西誓庵で回向・加持・法話などを行っている。雲照は、一八八三年に十善会、八七年に目白僧園を設立し、九〇年から雑誌『十善宝窟』を刊行して、四恩十善の教えを鼓吹した。小栗家では一九〇〇年から二九年まで、目白僧園への供養料・放生会料・十善会費の支出が見られ[31]、雲照の来訪を契機として、四恩十善の維持・実践に、より精進することになったといえる。雲照は、十善戒には止善と行善の戒があり、不偸盗戒に関しては、偸盗しないことが前者、慈善施行することが後者に該当し、「己れ富貴なるも吝嗇にして、公益の為に施与すること無き等、亦不偸盗戒を、能く持てる者と云ふ能ハざるなり、蓋し止善有て行善無き者ハ、未だ慳吝の病を治せざる者なるを以て、戒体を全うする者と云ふべからざるなり」と述べている[32]。この見解は、小栗家が慈善活動を行う上での心構えになっていたと考えられる。

また福田行誡も小栗家に影響を与えたと考えられる。同家には「牟尼世尊に宗旨なし、西方世界に宗旨なし（中略）

仏法をもて宗旨を説くべし、宗旨をもて仏法を説くこと勿れ」等の行誡の教えをまとめた書物が所蔵されている。(33)

一八九〇年代以後、特に日清戦争の頃から国家体制は国家主義的傾向を強めていき、教団仏教の体制も、それに同調的姿勢を強化していくこととなる。(34)このような状況の中で、小栗家の「四恩」はどのような影響を受け、またどのようにその報謝がなされたのかなどを以下に考察していく。

(2)　四恩への報謝

小栗家「日誌」によれば、一八七八（明治一一）年九月一八日に深見志運の名前が見られる。「日誌」にはその後一九世紀末までの間に、浄土宗では前述の杉山大運・山下現有（一八九七年増上寺第七六世、一九〇二年知恩院第七九世・浄土宗管長）、曹洞宗では森田悟由（一八九一年永平寺第六四世、九五年曹洞宗管長）・福山黙童（一九一五（大正四）年永平寺第六五世）・日置黙仙（一八九二年可睡斎住職、一九一六年永平寺第六六世、一七年曹洞宗管長）等の来訪が記されている。これらの高僧とはその後も交流が続けられるが、とりわけ、一九一〇年の半田町仏教教育夏季講演会開始後は、その講師を担った新井石禅（一九〇二年永平寺副監院・宗務院教学部長、一八年總持寺独住第五世・曹洞宗管長）との関わりが密接となる。(35)新井は禅宗の起源は「釈尊の成道」にあり、「一体、仏教は何を教へるものであるかと申すに、云ふ迄も無く、釈尊のお悟りになつた真理を教へるのである」と述べている。(36)また、一般的な信仰生活についても「通仏教」が普遍的であり、今日の日本仏教は一三宗五〇余派に分立しているが、「等しく一の釈尊に帰入する」としている。(37)そして曹洞宗においては「釈迦牟尼仏を本尊」としており、「修証義其物は全く通仏教で仏教道徳の中心を御説きになつたものといふても宜い位です」と述べている。(38)これらから新井は、禅宗の立場から曹洞宗の『修証義』（一八九〇年に、道元の『正法眼蔵（しょうぼうげんぞう）』から抜き出し編集したもの(39)）などをもとに、釈尊の教えを重視した通仏教をもって小栗家および萬三商店店員との交流や講演会等に臨んだことが分かる。

一三代当主小栗圓一郎は、戦後、「昔は家の玄関の衝立てに新井石禅和尚の『忠孝』の文字が書かれていて、すべての人間の教えの根本でした」[40]と記している。この「忠孝」が、『大乗本生心地観経』における「四恩」（父母の恩・国王の恩・衆生の恩・三宝の恩）と関わるものであったことを以下に述べておく。[41]新井は、インドの社会状態と違い、日本の国家道徳からは「国王の恩を第一に置く方が宜しい様に思ふ」と述べている。その理由は、「忠孝両全の模範的人物の一人」平重盛が後白河法皇を庇って父清盛を諫めた際に、四恩のうち朝恩が最も重いと述べていたからであるとされている。経典では併挙されるだけの四恩において、国王の恩が最上とされるのは日本仏教の伝統的な特徴であった。新井はまた、「仏教道徳は何であるかと云ふと報恩主義である。仏教では四恩と云ふことを説いて居る」と述べており、小栗家家憲にあった「仏教道徳」にも四恩報謝が含まれていたと考えられる。

新井は「拙衲は、毎年の如く尾州知多郡半田町の仏教会に出演して居るが、いつも同町の富豪小栗三郎氏の処に宿泊する。同氏の篤信家にして方正謹直なることは感ずるに余りがある」[42]と述べている。これらから、一一代三郎の信仰が非常に篤かったことと新井石禅との間に信頼関係があったことが分かる。

経済活動や慈善事業について、新井は、金銭は細心をもって正しく儲け、喜捨慈善・公益奉仕等のために使うこと、また倹約に努め身分相応に貯蓄し、余裕ができれば、出し惜しみなく貧窮者や社会のために喜捨することを述べる。そして、「虚栄の為めや名誉欲とか名を売る為めに金を出す」のではなく、「陰徳」を説いた。[43]ここからは、原始仏教とほぼ同様の内容が窺える。[44]これらは「十善」に関わるが、以下では、「四恩」について国王の恩と衆生の恩を検討する。新井は前者に関して、「釈尊は心地観経に於て『恩を知り徳に報ずるは是れ聖道』と仰せられてあるが、両陛下の御鴻恩の甚大なることを知り、身心を捧げて御仁徳に報じ奉るは、正しく是れ仏法の行持、聖賢の所期であつて、成仏作祖の功徳も皆な此中より生み出されます」と述べている。[45]

そして新井は、教育勅語（一八九〇年発布）・戊申詔書（同一九〇八年）・軍人勅諭（同一八八二年）を奉戴し、平生の言動においてこれらの実践に努めれば仏道修行にもなり、清浄の信念を以て行えば「忠信孝悌」や「治生産業」の務めも、大菩提の行持となると続ける。「治生産業」は、『修証義』第二一節にある「舟を置き橋を渡すも布施の檀度なり、治生産業固より布施に非ざること無し」(46)にも見られる文言で、通行人に便宜を与えることのみならず、自分の生活上の営業までが布施の功徳になると新井は述べる。そして、「商人が物品を販売するにも、御客の為めを計り、家の為め、国の為めを思うて、正直律儀に勉強すれば商売の其の儘が立派なる布施行である」と説いている(47)。

一九一三年七月三〇日に小栗家では、「明治天皇御一年祭」についての「奉悼式」が、家族と萬三商店店員一同の出席により行われた。その際、四郎による教育勅語、清による軍人勅諭、敬五郎による戊申詔書の奉読がなされた。そして、主人である一一代三郎は、「先帝陛下御威徳御事蹟ノ鴻大ナルヿ此報恩ニハ前捧読三大勅語ヲ奉戴実践躬行スルニアリ然ニハ今上陛下ノ御聖旨ニ添奉ルヘキヿヲ告」るなどしている(48)。ここから、小栗家および萬三商店店員には、前述した新井による国王の恩の影響があったことが分かる。その後、新井は一九二三年に国民精神作興に関する詔書が発布されると軍人勅諭と替えて、教育勅語、戊申詔書と併せて国民の三大宝典としている(49)。戊申詔書は日露戦後、国家の発展のために勤労・共同一致の道徳を示すとともに、財政的・経済的・社会的基盤を全国の町村に創出することを推し進めるために渙発されたものである。その後、地方改良運動が推進されていくが、同運動の最重要の課題が町村財政の強化であり、納税組合設置・町村合併・町村基本財産の蓄積が図られる(50)。本書第3章で基本財産や公共財の寄付に関して述べられているが、これは国王の恩に報じるものと考えられよう。

これらは禅宗の十六条戒（三帰戒・三聚浄戒・十重禁戒）における十重禁戒の精神の応用に基づくものでもあった。これによれば、不殺生戒に関しては、「国家には国家の生命あり、市町村には市町村の生命あり、家族には家族の生命あり、政治・法律・宗教・教育皆な夫々の生命なかるべからず。其の生命の充実発展を期して、文化の向上に努むべきは、不殺の大活現成である。若し国家に危害を加へ、或は市町村の衰滅を醸し、または政治・法律等の真精神を破壊するが如きは、最も重大なる殺生の罪過といはねばならぬ」と説かれた。同様に不偸盗戒については、公益を害する行為は偸盗の罪過となり、「公共の利益を増進し、一般の生活を裨益し、若くは他の財産を保護するが如き行動は、皆な不盗より出たる功徳行に非ざるは無し」とされる[51]。さらに、「商人が暴利を貪つたり、日傭取がナマケて賃金だけの働きをせなんだり、約束より疎末な品物を売付たりする」ことなども不偸盗戒を破ることになり、「此の御戒法は三業清浄戒であるから、縦ひ手出をして盗まんでも、意の中に盗みたいと思へば、早や破戒の罪を犯すことになる」[52]と述べられる。つまり、国家・地域経済への貢献は不殺生戒や不偸盗戒の実践となるとされているのであった。

次に、衆生恩について検討する。新井はこれに関して、中国禅宗（南宋）の第六祖慧能の説く「四徳」のうちの「譲」との関連で以下のように述べる[53]。それは、工業家の成功は労働者、商業家の成功は店員や顧客・取引先、主人の生活は家族や召使、自身の健康は父母、そして老後の安心は子孫のお蔭である。また大将の成功は士卒の勤労、労働者の幸福は資本家の恩力による。このように他の恩分を自覚する時に、謙譲の徳が現われ物事を控えめにするようになるため、節制・倹約・礼儀・慎しみも備わる、というものであった。

これによれば、小栗家の場合は、萬三商店店員、工場労働者、顧客・取引先、小作人、借家人等への衆生恩が報じられることになり、また圓一郎による次の記述から[54]、人間以外にもそれがなされていたことが分かる。

> 私の子供の頃は祖父（十一代三郎）の時代で、先祖に対する感謝の年回法要と、殺生戒（ママ）を徹底した教えとして育てられました。例えば蝿取り器なるものが家にあり、蝿を叩いて殺すことさえなるべくしないようにしました。また、放生会と称して毎年一回から二回、生きた「うなぎ」や「どじょう」を、お経をあげて川に放してやる等、全く現在では考えられないことが事実でした。

新井は、上島鬼貫の「行水の捨て所なし虫の聲」、小林一茶の「やれ打つな蝿が手をする足（ママ）をする」という俳諧には、大慈悲の徳が虫類の上に、加賀千代女の「朝顔に釣瓶とられて貰ひ水」については、それが草木の上に現われているとしている。[55] これらなどをもとに、小栗家では植物にも衆生恩が報じられていたと考えられる。

また新井は、ここまで検討してきたような四恩に対する報恩謝徳を、中国禅宗の開祖菩提達磨の師、第二七祖般若多羅の「不立文字」に関する逸話を踏まえて、職業に従事するなかで現すことを以下のように述べている。[56] その内容は、釈尊が「今此三界は皆な是れ吾が有なり、其中の衆生は悉く是れ吾が子なり」という広大な慈悲を示しているように、国民各自は「普く四恩に報じ、以て大慈悲の妙用を現はす」のが真の道徳である。そして、「一切衆生の為めに利益を施さんとの大願心を発する時は、手の舞ひ足の踏む所ろ悉く仏事に非ざるはなく、百姓が鋤鍬を取り、商人が算盤を弾く上にも、仏果菩提の功徳が荘厳される」というものであった。これはまた、『修証義』第三一節の「謂ゆる諸仏とは釈迦牟尼仏なり、釈迦牟尼仏是れ即身是仏なり」ということにも関わっている。それは、仏の自覚に立って行持を全うするならば、その者は釈迦牟尼仏となるということである。[57] 以上の新井の教えは、小栗家家族だけでなく萬三商店店員にも、後述する機会に説かれたと考えられる。

先の新井の四恩報謝は釈尊の言葉から説かれていたが、日本では空海の『秘密曼荼羅十住心論』に「一切衆生皆是我四恩」があることも知られる。[58] 一八九〇年五月、一〇代三郎は「有栖川宮殿下東京霞ケ関御本邸へ伺候」した際、「弘法大師御法語　壱巻」を拝領しており、[59] 空海の教えも小栗家に影響を与えていたと考えられる。一九一一年九月三〇日には、一一代三郎・等子・四郎は一〇代三郎の納骨のため高野山へ向かい、空海が創建した清浄心院へ「先祖代々祠堂」として「大日牌祠堂金寄附」を行っていることからも、それが分かる。[60]

(3)　家憲と店員教育

一〇代三郎は一九一〇（明治四三）年六月二二日に死去するが、同月二六日の「日誌」によれば、一一代三郎は「家族出入店員召使一同へ厳父ノ略歴祖先来ノ仏教帰依ノ次第ヲ述べ将来亡父ノ遺志ヲ継ギ徳義ヲ重ンジ四恩十善ノ実践アラン〡ヲ訓諭ス」とある。[61] すなわち萬三商店では、店員等にも仏教道徳の実践が求められたのである。また、一九一四（大正三）年六月二一日には、一一代三郎から「一般店員召仕」へ「瑞嵓院（瑞巖院、一〇代三郎の院号――引用者注）殿ノ略歴、家憲、修養上ニ付一場ノ談話ヲ為ス」とある。[62] 家訓はおおむね、相続者や血縁者にのみ相伝され、一子相伝として、他見を禁じるものもあったが、[63] 小栗家の場合は家憲が店員とも共有されていたことが分かる。

さらに、萬三商店の店員は仏教的観点からの教育も受けていた。新井石禅が来訪した一九一〇年八月一日開設の半田町仏教教育夏季講演会に店員は、主人・清・四郎とともに八月三日に参加している。また、同年一一月二六日、新井は、雲観寺で開催の仏教講話会が午後九時半に終了したのち、小栗家で同一一時まで法話を行い、「出入店員其他召仕一同」がそれに参加した。その後も小栗家では、新井の法話や同家から店員等への新井の著作配布が行われる。一九一六年一二月七日には、秋野孝道（一六年可睡斎住職、二九年總持寺独住第七世、三〇年曹洞宗管長）が、午後九時に講演会が終了した後、小栗家で四恩に関して、「召仕へ講話」を行っている。[64] 浄土宗では、前述の志運のほか、一九二五年五月三日夜、杉山大運による「御説教アリ出入店員一同拝聴ス」とある。そして一九一〇年五月二〇日には、山下現有が、「家族一同」と一〇代三郎へ十念授与をなし、また「家族召仕出入ノ者共へ御親教御垂示」を行っている。浄土真宗に関しては、一九一〇年一〇月一七日、大谷光演（〇八年東本願寺第二三世・真宗大谷派管長）が滞在し、「読経（阿弥陀経念仏回向）后御親教」を行ったが、この際の随行長は南条文雄（〇三年真宗大学学監）であった。[65] 店員がその教えに触れたかは不明であるが、接待等で感化されるところがあったと考えられる。

萬三商店の各店員の宗派は詳らかでないが、以上のように様々な宗派の高僧から通仏教的な教育を受けていたことが分かる。加えて、小栗家からも店員に対する道徳教育がなされた。[66] 一〇代三郎の死後、当主は年始に「元旦の銘」を定め、それに基づいて訓示を行ったが、第一回目の一九一一年は「至誠」・「和合」であり、一二年は「品性ノ向上（礼儀）（言語）」であった。これらの徳目については、以下に示す、同年六月二一日の「瑞嵓院殿三年忌待夜」に、「瑞きる。

嵓院殿御在世中教訓ヲ受ケタル一二ヲ一同へ伝へ以テ追善ノ一ト為ス」として、述べられている中に見出すことがで

一正直、不正ノ利徳ハ其身ニ永ク保有シ難シ

右ニ題ニ付渋沢男爵ノ説ト符合スルヿ

一人間ノ徳分過去世ノ因縁ニ依リ定リ居ルモノ

一至誠　和合　品性ノ向上

右ノ題ノ元ニ道徳ノ躬行実践ハ信仰カ必要道徳ト信仰ハ離ルベカラサルモノ信仰カ無クテハ道徳ヲ完行フヿ難シ其他三教者会合ノヿ等ヲ述べ宗教ノ必要ヲ勧メ慈悲殺生ノヿヲモ併シ論ス

すなわち、前述の元旦の銘「至誠、和合」・「品性ノ向上」は一〇代三郎の遺訓に由来するものであった。そのほか、ここからは仏教の因縁観とともに道徳と宗教との融合が述べられ、一九一二年の三教合同や渋沢栄一の道徳観も視野に入っていたことが判明する。

一九一四年元旦の「日誌」には、「不妄語、守分、ノ題ニ依リ訓示及前々掲題ノ至誠　和合、礼儀　言語、恩　実行、ニ付附言シ共々品性ノ向上ニ心掛クヘキヿヲ演ス」と記されている。つまり重要な徳目は繰り返し訓示され、教育が徹底されていることが窺える。また、一九一五年の題目は、「慈悲（不殺生）　信仰（正念　不妄念）」であった。これらには、「十善」・「八正道」の内容が含まれていることが分かる。(67)

萬三商店店員には、このような仏教的観点からだけでなく、教育勅語による訓示等もなされた。(68)一九一六年の「日誌」によれば、二月三日には、「夜分第一回御勅語捧読挙行」がなされ、「忠孝本意ノ御勅語ノ御主旨ヲ奉戴スルヿ」などが述べられている。続いて、三月一日には、「第二回御勅語捧読ヲ為ス此会ヲ名ケテ樹徳会トス」と記されている。その後、五月一日の第四回樹徳会では、「何品ヲ不問借タル物ハ期ヲ誤ラズ返済為スヘキ事」に努めることが決定され、

九月一日の第八回樹徳会でも、主人が商業道徳に触れることがあった。さらに、関東大震災後の一九二三年九月四日は、「夜樹徳会ヲ開キ（店員等へ震災救援方相談ス）」とあり、慈善活動についても話し合いがなされた。

商業道徳に関しては、折に触れて、主人から店員一同に訓示がなされている。一九一六年一〇月七日の前年度店卸報告の際には、「順調ニ来シ油断セヌ様倹徳ヲ守リ言葉遣書信ノ文章ヲ種々認メ方信用ノ大切ナル事等注意ス」とある。一九一七年一〇月一三日の前年度店卸報告の際にも、第一次世界大戦後の不安定な状況下での「公私ノ別ナキ」信用等に関して注意が与えられたが、それは一〇代三郎の訓戒に基づくものであった。さらに一一代三郎は、一九二三年の九月一日には「将来尚一層一致協力信用ヲ重ンジ誠意ヲ以テ諸事方持ノ依頼ス」と述べる。また、同年一〇月二二日の前年度店卸報告の後、「関東震災ノ為経済会（ママ）ノ変調ヲ来スノ恐レアルヘキ注意ヲ与ヘ益（ママ）信用ヲ得ベキ注意ト（（ママ）不正ヲ戒メ倹約ト勤勉トハ震災ノ損害回復ニ必要ナル旨ヲ訓示ス」とある。つまり、第一次世界大戦後や関東大震災後といった不安定な経済状況の中にあっても信用・誠実・倹約・勤勉といった商業道徳の実践に努めることが、店員に訓示されていたのである。

一九二六（昭和元）年頃、萬三商店が半田町で肥料を独占するようになったことについては、「同店が誠実勉強を旨とせし結果にして、同店の商品と云へば何人も信用して之を購入すると聞けり」と述べられている(69)。これには、以上に述べてきた、小栗家と店員による仏教道徳・国民道徳・商業道徳の実践も影響したところがあったといえよう。

第3節　回勤部の活動

ここまで近代における萬三商店の店則、小栗家の家憲について検討してきた。しかし、前述のように、一八九六（明治二九）年以後の店則については不明であるので、本節では、その後の店員組織を示すとともに、実際にどのような活動がなされていたのかを具体的に明らかにしたい。とりわけ、一八九三年の「本店規則」において出張を要する業務とされる回勤部に関して検討する。それに当たって、まず萬三商店が豆粕工場を設置し、経営上、大きな画期となる一九一〇年頃の同店の状況について触れておく。

萬三商店は産地支店を開設しなかったが、[70]それは一顧だにされなかったわけではなく、店員側からその要請がなされていた。一九一一年一月三〇日付で、N・清吉、I・博、S・音吉は、萬三商店重役会宛の意見書を作成した。[71]それによれば、まず、一九一〇年度の営業成績が非常に良かったのは、井口半兵衛家の営業休止の結果、販路が拡張するとともに販売額が激増し、「県下ハ勿論美濃伊勢駿遠に至ル造家の原料ハ殆ど我一手ニ引受クルの盛況を呈し来る」ようになったと述べられている。そして、それに甘んじることなく、三井・臼井・安宅・杉治商会の動向を踏まえ、次の二点を要求している。第一は「大連北海朝鮮等ニ支店を設け将来彼等の輸入を我手よりなし本店も大連商人之手を経ず直接奥地買の方針に出でられん事を切望して止不能所なり」とある。第二は、薄利の輸入大豆粕を取り扱うより、地方需要を満たしていない万三大豆粕の製造を増大することであった。つまり、今後は、満洲に支店を設置して奥地買いをした大豆を豆粕工場に投入し、製造能力も向上させることが不可欠とされていたのであった。

萬三商店の重役の一人として小栗清が挙げられるが、同人は、一九〇九年三月二一日に兵庫の井上寅二郎の豆粕工場を藤又の案内で見学し、翌日には徳島の森六郎本店で水圧式工場の視察予定を立てているなど、豆粕製造に関する知識があった。[72]一九一一年一〇月二三日から一二月二一日、清は満洲に出張しているが、その際、現地で同伴したとみられるのが、営口滞在の西川彦太郎である。[73]同人からの一二月一二日付の小栗三郎宛書簡には、満洲そして三井物産の状況について、以下のことが記されていた。[74]

満洲へ参リ居候商人ノ大部分ハ皆大失敗ヲ致シ居就中三井物産、正金銀行、小寺（神戸ノ人）等ハ其重ナルモノニ御座候単ニ日本人相手ノ呉服小間物商人料理店杯ニテ多少之利益ヲ得タルモノハ有之候得共真ノ満州貿易ヲ営ミタルモノハ何レモ失敗致シ居申候原因ハ若年ノヤリテ斗リ参リ未タ土地ノ状況ヤ取引ノ模様ニ熟達セサル内ニ功ヲ急キ手ヲ拡ゲ随テ店ノ費用抔モ法外ニ失費致シタルニヨル乎ノ様愚考被致申候

満州貿易ハ通貨ノ売買ニ迄熟達ヲ要シ候様ナ実際ニ候間其仕払ヒ又ハ受取タル金カ一々直打ヲ異ニ致居候午前ト午後トニ夫レガ相場ノ変動有之候様ナ始末ニ候間内地ト違ヒ特ニ頭ノ堅固ナル誠実家ヲ先ニ要し申候

長春鉄嶺抔ハ大豆ノ集積地トシテ有名ナル処ニ候間三井抔ハ多数ノ支那人ヲ使ヒ大規模ニ取引致居候へ共之レモ一利一害ニテ一時ニ多数ノ人ヲ寄セルニ悉ク正直モノ斗リヲ集メ候訳ニ参リ不申使ハレ居候モノ、外見多クハ内地ノ商館番頭風ニ相成居内部モ多少同様ノ気味有之其結果如何ノモノニ有之候哉考へモノニ御座候

この書簡の差出しは「営口三井洋行ニテ西川彦太郎」となっており、三井洋行（三井物産）の実情を示しているといえよう。これは、一九〇七年に営口商人の東盛和が倒産した後の状況であることに留意しなければならないが、満洲での貿易は困難であるとともに為替取引にも熟達していなければならないこと、そして現地は人材難でもあることなどが述べられている。萬三商店が大連等に支店を開設しなかったのには、これらのことも関係していたと考えられるが、道徳面を重視する小栗家の場合、「悉ク正直モノ斗リヲ集メ候訳ニ参リ不申」という部分に、懸念を示した可能性も指摘できよう。

その後、萬三商店では満洲等には店員を出張させることになるが、表4-1〜3には、一八九〇年代から一九三〇年代における組織構造が示されている（各表は二年ごとの状況を示しているため、表に記載のない年に関する本文中の記述は、表下の出所史料による）。表4-1によれば一九〇九年に回勤先に「遠国」が加わり、同年から一九二二（大正一一）年までE・浦治郎が従事していた。遠国とは、主に大連・北海道・朝鮮・満洲であるが、これは、一九一〇年に萬三商店が豆粕工場を設置することに伴う、原料大豆や大豆粕に関する視察や取引等のためである。

「北陸・信越」が回勤先の名称として確立するのは、一九一四年からであり、S・竹三郎が従事していた。その具

体的な地域は、一九一五年九月二四日に同人が半田駅長に提出した、乗車券再発行の「請願書」からおおよそ明らかになる。[75] それによれば、その区間は「半田甲府塩尻篠ノ井小諸三条直江津武生金沢三国間」（「自大正四年九月一日至大正四年十二月三十日」）であり、また「弥々肥料需要季ニ相向切ニ出張販売ノ必（ママ）ヲ感ジ申候」と記され、肥料販売に使用されていたことが分かる。そして、竹三郎の肩書は「萬三商店販売主任」となっており、この地域が販売上、重要であったことが分かる（以下の記述は巻頭地図2を参照）。この具体的ルートの一例として、一九一六年二月一三日に、「北陸信甲方面へ回勤」に出発した四郎の場合を見てみる。[76] 同人は、その夜は名古屋に宿泊し、一四日から一五日は甲府に滞在、一六日は松本に宿泊、一七日は長野に滞在、一八日は長岡に宿泊、そして一九日から二〇日は新潟に滞在した。二〇日には「市中及新発田廻勤」を行うとともに、「明日は越後線の巻、吉田附近を廻り柏崎に一泊、翌廿二日北陸線ニテ高岡、伏木見物金沢宿り廿三日金沢より岐阜へ直行宿泊、廿四日名古屋へ出て夕景迄に帰宅の予定に候」と記した書簡を萬三商店に送っている。この書簡には、「当年ハ舟運賃騰貴の為め直輸入不引合」であること、船渡から汽車渡への移行により相応の売行となる可能性などが述べられている。これより、この回勤の目的の一つは、第一次世界大戦による物流への影響を調査することであったと考えられる。その後、竹三郎は、E・浦治郎に替わり一九二三年から二六（昭和元）年まで「遠国」担当に従事した。竹三郎の後を受け、一九二一年から二三年まで「北陸・信越」の回勤に従事したのは清吉である。同人は、一九一二年に「遠江・東三」、一四年に「近江・美濃・信濃」、一六年から「東西濃・信越」を担当しており、これら地域が次に重要であったといえる。清吉が一九二四年に支配人心得になると、それに替わって「北陸・信越」方面を担ったのは、一六年以降、遠江・東三・駿遠・東西濃・信越に従事していたS・音吉であった。つまり、萬三商店では経験者ほど、遠隔地に派遣されることになっていたのである。

このように、一九一〇年前後から、満洲・朝鮮方面や北陸・信越方面に新たに回勤先を設定して経験豊富な店員を

表4－1　1899～1911年度における萬三商店店員の担当業務

	1897年	1899年	1901年	1903年	1905年	1907年	1909年	1911年
顧問	I.源三	—	—	—	—	—	—	—
后見	O.九三	—	—	—	—	—	—	—
店長	O.德太郎	—	—	—	—	—	—	—
支配人	—	—	—	—	—	—	—	O.德太郎
外勤	Y.勝助 K.吉太郎 K.鉄太郎 H.八三郎 K.廉吉		K.鉄太郎 E.浦治郎 K.三五郎 S.竹三郎 N.又一郎					
遠国		—		—	—	—	E.浦治郎	E.浦治郎 Y.竹三郎 I.博
近国		—		—	—	—	—	
豊橋		K.鉄太郎		—	—	S.竹三郎 S.音吉 N.清吉	Y.竹三郎 S.伊一郎 N.百太郎	—
岡崎		—		—	—			—
岡崎・山家		E.浦治郎		—	—	—	—	N.百太郎
豊橋・岡崎・山家		—		—	E.浦治郎 O.八郎 I.博	—	—	—
伊勢・山家		—		K.鉄太郎	—	—	—	—
豊橋・遠江		—		E.浦治郎	—	—	—	N.清吉 I.幸吉 S.音吉
吉良		K.三五郎		O.八郎	N.清吉	I.博	N.清吉	
江浦		—		N.又一郎	—	—	—	—
江浦・下郷		S.竹三郎		—	—	—	—	—
江浦・下碧海		—		—	H.鍵三	S.伊一郎	S.照喜智	S.照喜智
下郷		—		N.清吉	S.音吉	N.百太郎	—	S.伊一郎
下郷・地廻		—		—	—	—	I.博	—
下碧海		—		H.鍵三	—	—	—	—
下碧海・下郷		N.又一郎		—	—	—	—	—
外勤監督		Y.勝助		—	—	E.浦治郎	—	—
倉方	E.浦治郎	—	—	—	—	—	—	—
本倉	S.小作 T.利太郎	S.小作 T.利太郎	S.小作 K.金三郎 O.傳七	S.小作 O.傳七 K.市蔵 I.保一	O.傳七 M.勝助 S.伊一郎 T.鈌五郎	O.傳七 I.幸吉 K.佐吉 M.正助	O.傳七 I.幸吉 A.光治郎 M.勝助	O.傳七 T.福三 N.芳雄 M.正助 K.平助 M.茂八
南倉	S.嘉三郎 K.準次	N.－						
豆粕工場	—	—	—	—	—	—	—	N.治三郎 M.清六 H.貞次 K.喜三
出納及保険	O.仙六	O.仙六	O.仙六	O.仙六	O.仙六	—	O.仙六	O.仙六

簿記	K. 簡造 Y. 常三郎 S. 竹三郎	K. 簡造 H. ―	K. 簡造 S. 義造 O. 八郎	S. 竹三郎 T. 鈂五郎 I. 博	S. 竹三郎 I. 幸吉 O. 準一	K. 簡造 O. 準一 S. 照喜智 T. 福三	K. 簡造 K. 佐吉 T. 國治 K. 喜三 T. 福三	K. 簡造 O. 準一 K. 佐吉 I. 仙松 A. 光治郎 K. 譲吉
雑務及家事係	―	―	―	―	―	―	Y. 勝助	―
家事方	D. 庄太郎	―	Y. 勝助 G. 薫	Y. 勝助 G. 薫 O. 準一	Y. 勝助 G. 薫	―	G. 薫 K. 平助	G. 薫 Y. 貞三 K. 喜七 O. 軍平
普請係	―	―	―	―	―	―	N. 治三郎	―
臨時普請　簿記	―	―	―	―	―	N. 治三郎	―	―
支店	I. 利吉	I. 利吉	Y. 常太郎	I. 利吉 K. 金三郎 T. 重治郎	I. 利吉 K. 金三郎 T. 重治郎	H. 鍵三 S. 安太郎 K. 喜三	K. 金三郎 I. 仙松 S. 安太郎	K. 金三郎 ―. 安吉 S. 忠治 ―. 兼吉 H. 善平
小僧	―	―	―	―	―	―	―	K. 信次 N. 柳三
商事係	―	―	―	―	―	―	S. 音吉	―

(出所) 明治24年「第壱号辞令書控」(小栗家文書313-19)、明治41年「第二号辞令書控」(小栗家文書313-18)、各年度「日誌」(小栗家文書)等より作成。

(注) 1) 表4-1～表4-3の業務等の名称については、年度によって相違があるが、統一的に把握するため、他の諸史料をも勘案し適切と考えられるものを選択した。主任・監督・見習等の記載は連続的になされていないため、省略したが、複数の店員が所属する部門・部署では最上段に記載されている者がおおよそ主任に該当する(ただし、1915年の醤油部では、M. 茂八が監督で、S. 忠治が主任である)。1911年から年度の開始が9月になる。

2) 1897年・1901年の外勤先は不明であり、1901年のK. 金三郎と1907年のK. 喜三は家事方を兼務する。

3) 1897年のE. 浦治郎は倉方監督である。1901年と03年の本倉と南倉の担当者の配置は不明である。1905年のO. 傳七は中倉を兼務する。1911年のM. 正助とK. 平助は中浜倉庫、M. 茂八は南浜倉庫の担当である。

4) 外務は1906年から回勤となる。家事係は同年、支店は1903年・10年から、それぞれ家事部、醤油店・醤油部となる。

5) 1911年のM. 清六は豆粕工場の機械関係を担当する。

6) O. 徳太郎は1910年には支配人になっている。G. 薫は1910年から藤助となる。

7) 出納及保険は1910年から1913年までは会計保険である。

表4－2　1913～25年度における萬三商店店員の担当業務

	1913年	1915年	1917年	1919年	1921年	1923年	1925年
総支配人	—	—	—	—	—	O. 徳太郎	—
支配人	O. 徳太郎	O. 徳太郎	O. 徳太郎	O. 徳太郎	O. 徳太郎	E. 浦治郎	—
支配人心得	—	—	—	—	—	—	N. 清吉
回勤							
遠国	E. 浦治郎	E. 浦治郎	E. 浦治郎	E. 浦治郎	E. 浦治郎	S. 竹三郎	S. 竹三郎
内地遠国	S. 竹三郎	—	—	—	—	—	—
北陸・信越	—	S. 竹三郎	S. 竹三郎	S. 竹三郎	N. 清吉	N. 清吉	S. 音吉
東西濃	I. 幸吉	—	—	—	—	—	S. 伊一郎
東西濃・信越	—	—	N. 清吉	N. 清吉	S. 音吉	S. 音吉	—
近江・美濃・信濃	—	N. 清吉	—	—	—	—	—
駿遠	—	—	—	—	—	—	S. 照喜智
遠江・東三	—	—	S. 音吉 S. 照喜智	—	—	S. 照喜智 O. 喜七	—
駿遠・東三	—	—	—	S. 音吉 K. 喜三	—	—	—
遠江・豊橋	—	—	—	—	I. 幸吉 I. 太三	—	—
豊橋	N. 清吉 A. 光治郎	S. 音吉 S. 伊一郎	—	—	—	—	S. 安太郎
岡崎	O. 傳七	S. 照喜智	S. 伊一郎	—	—	—	K. 喜三
岡崎・山家	—	—	—	S. 照喜智	S. 照喜智	K. 喜三	—
吉良	S. 伊一郎	I. 幸吉	—	K. 新五郎	—	I. 太三	I. 太三
吉良・下碧海	—	—	I. 幸吉	—	K. 喜三	—	—
江浦	—	—	—	S. 安太郎	—	—	T. 峯治
江浦・下碧海	O. 準一	K. 平助	—	—	—	－. 嘉三	—
下郷	S. 照喜智	O. 準一	—	—	—	S. 安太郎	O. 喜七
下郷・東西濃	—	—	—	I. 幸吉	—	—	—
下郷・江浦	—	—	K. 喜三	—	S. 安太郎	—	—
人造肥料兼本船出張	—	O. 傳七	O. 傳七	—	K. 平助	K. 平助	—
停車場詰及地方回勤	—	N. 百太郎	N. 百太郎	N. 百太郎	N. 百太郎	N. 百太郎	N. 百太郎
簿記	K. 簡造 I. 仙松 T. 福三 －. 政一 K. 佐吉 N. 柳三 O. 軍平	K. 簡造 K. 佐吉 A. 光治郎 K. 譲吉 S. 勝三郎 H. 善平	K. 簡造 O. 準一 K. 譲吉 Y. 一郎 Y. 貞三 H. 善平 I. 太三	K. 簡三 O. 準一 Y. 一郎 H. 善平 I. 譲介 －. 嘉三	K. 簡三 S. 竹三郎 O. 準一 Y. 一郎 －. 嘉三 M. 森治	O. 準一 Y. 一郎 M. 仁二 I. 生三 I. 覚吉 －. 喜市 －. 初吉	O. 準一 M. 仁二 I. 覚吉 －. 喜市 O. 泰助
出納及保険	O. 仙六 K. 信次 N. 百太郎 M. 茂八	O. 仙六 K. 信次	O. 仙六 I. 譲介	O. 仙六 －. 和三郎	O. 仙六 I. 生三	O. 仙六 O. 幸平	—
会計	—	—	—	—	—	—	E. 浦治郎
保険	—	—	—	—	—	—	Y. 一郎 O. 幸平

倉庫船舶及船夫仲仕取締	—	—	—	O.傳七	—	—	—
倉庫	—	K.新五郎	—	—	—	—	K.平助
北浜	S.音吉 K.新五郎 K.讓吉	Y.貞三	K.新五郎 S.勝三郎 T.冨三	S.伊一郎 M.仁二	S.伊一郎 M.仁二 O.幸平 I.覚吉	S.伊一郎 I.七蔵 M.森治	O.善平 S.傷
中浜	K.平助 H.善平	I.硬一 T.冨三	K.平助	K.平助 I.太三	H.善平	I.幸吉 H.善平	I.七蔵 E.光市
南浜		K.喜三			T.峯治	T.峯治	
豆粕工場	M.清六 H.貞治 H.鎌吉 K.喜三	M.清六 H.貞治 H.鎌吉	M.清六 H.貞治 H.鎌吉 O.喜七	M.清六 H.貞治 K.作治 O.喜七	M.清六 K.作治 O.喜七	I.幸吉 K.作治 D.七太郎 -.三平	I.幸吉 D.七太郎 Y.寿一 I.猶金
醤油部	K.金三郎 S.忠治 S.安太郎	M.茂八 S.忠治 S.安太郎	S.忠治 S.安太郎	S.忠治 K.讓吉 N.章吾	S.忠治 K.讓吉 H.善平	S.忠治 K.讓吉 -.龍平 I.三蔵	S.忠治 K.讓吉 I.三蔵
家事部	-.茂助 Y.貞三 I.太三	S.治三郎 S.芳市	N.治三郎 M.茂八	N.治三郎 M.茂八	N.治三郎 M.茂八	N.治三郎 M.茂八 T.市太郎	N.治三郎 M.茂八 T.市太郎
機械係	—	—	—	—	—	-.善六	O.昇太郎
小僧 本店 醤油部 家事部	K.喜七 — S.芳一 T.冨三	K.喜七 — I.讓介 I.七蔵	—	-.庄三 T.峯治 -.龍平 I.覚吉 -.久三	—	—	T.録郎 T.隆吉 S.徳政 S.博 I.三蔵

（出所）　前掲「第二号辞令書控」、大正９年「第三号辞令書控」（小栗家文書313-15）、各年度「日誌」（小栗家文書）等より作成。

（注）１）1913・15年のM.清六と1915年のT.冨三は南浜、1915年のN.百太郎は倉庫補助を兼務する。1917年のK.平助は工場との連絡、M.清六は中浜・南浜との連絡を兼務する。1919・25年の北浜担当者は港橋にも従事する。1917・19・23・25年の中浜・南浜の担当者の配置は不明である。1915年のK.新五郎、1925年のK.平助は倉庫主任である。

２）1913年のN.百太郎・M.茂八は募集員である。1923年のY.一郎は保険を兼務する。

３）1926年から機械係の名称が設立する。1923・25年におけるその担当者の肩書は各部機械監督・機械専務であったが、33年に機械部主任となる。

４）人造肥料兼本船出張は1919～23年では本船出張のみになる。1919年のN.清吉、1925年のS.伊一郎は本船出張を兼務する。

５）1923年のI.幸吉は豆粕工場と粉砕部の主任、1925年には同人は豆粕工場主任で、D.七太郎・Y.寿一は第一工場、I.猶金は第二工場に所属する。

６）1919年の小僧の配置は不明である。

表4－3　1927～37年度における萬三商店店員の担当業務

	1927年	1929年	1931年	1933年	1935年	1937年
支配人	N.清吉	N.清吉	N.清吉	N.清吉	N.清吉	N.清吉
会計	E.浦治郎	E.浦治郎	N.百太郎	E.光市	S.音吉	E.光市
庶務通信	S.照喜智	S.音吉	S.音吉	S.伊一郎	S.伊一郎	—
化学肥料部	—	S.音吉	S.音吉	S.音吉	S.音吉	S.音吉
製造品販売	—	—	—	S.照喜智	S.照喜智	S.照喜智
遠国出張及製造品販売係	—	—	—	I.七蔵	I.七蔵	I.七蔵
保険部	Y.一郎 S.博	Y.一郎 S.吉雄	Y.一郎 M.新一	Y.一郎 N.百太郎 M.新一	Y.一郎 S.吉雄 I.徳政	Y.一郎 S.博 S.徳政
簿記	O.準一 I.覚吉 S.三平 M.仁二 S.徳政 T.録郎	O.準一 M.仁二 E.光市 O.喜郎 S.傷 S.徳政 －.完	O.準一 M.仁二 E.光市 S.博 S.吉雄 S.清市	O.準一 M.仁二 T.光夫 H.吉郎	O.準一 M.仁二 E.光市 I.佑三 T.正義	O.準一 M.仁二 E.光市 T.正義 T.林平 S.長治
本船及統計	K.平助	K.平助	K.平助	—	—	O.喜七
機械係	O.昇太郎	O.昇太郎	O.昇太郎	O.昇太郎	—	—
回勤部						
名古屋	S.音吉	—	—	—	—	—
遠国・名古屋・三重県	—	S.照喜智	—	—	—	—
遠国	—	—	S.照喜智	—	—	—
静岡	S.伊一郎 T.峯治	S.伊一郎 O.喜七	S.伊一郎 T.市太郎	O.喜七 I.生三	I.生平	S.森治
信越	S.安太郎	—	—	—	—	—
豊橋	O.喜七	I.生三	I.太三	M.森治	M.森治	I.覚吉
岡崎	I.太三	O.幸平	I.覚吉	S.博	O.喜七	I.健二
吉良	I.七蔵	T.峯治	M.森治	N.省三	I.覚吉	N.省三
下郷	I.生三	I.七蔵	O.喜七	I.覚吉	N.省三	S.吉雄
江浦	O.幸平	I.覚吉	N.省三	S.吉雄	—	I.佑三
江浦・下碧海	—	—	—	—	S.博	—
地方	N.百太郎	N.百太郎	I.七蔵	O.善平	—	—
地方・西浦	—	—	—	—	O.善平	O.善平

倉庫部 北浜 中浜 武豊	K. 喜三 O. 善平 M. 龍平 O. 喜郎 T. 市太郎 E. 光市	— I. 太三 T. 録郎 O. 善平 S. 博 T. 市太郎	— I. 太三 O. 善平 T. 光夫 E. 光市	K. 平助 I. 太三 S. 徳政 I. 健二 —	K. 平助 M. 新一 I. 健二 I. 太三 S. 嘉明 —	K. 平助 I. 太三 M. 良三 M. 新一 B. 寛二 —
豆粕部 粉砕部 飼料部	— I. 幸吉 D. 七太郎 Y. 寿一 T. 隆吉 M. 森治 —	— K. 喜三 Y. 寿一 N. 省三 — M. 森治 —	— K. 喜三 O. 幸平 T. 録郎	K. 喜三 O. 幸平 S. 清市 I. 佑三	K. 喜三 O. 幸平 S. 清一郎 M. 良三	K. 喜三 O. 幸平 S. 清一郎 S. 嘉明
醬油部	S. 忠治 K. 譲吉 I. 三造 T. 君造	S. 忠治 K. 譲吉 I. 三造 T. 君造 T. 隆吉	S. 忠治 K. 譲吉 I. 三造 T. 隆吉 T. 君造 S. 畑市	S. 忠治 K. 譲吉 I. 三造 T. 君造 S. 畑市 N. 重雄	S. 忠治 K. 譲吉 I. 三造 T. 君造 S. 畑市 N. 重雄 T. 太郎	S. 忠治 K. 譲 I. 三造 T. 太郎 Y. 倉三 S. 畑市 N. 重雄
製造品研究所	—	—	—	—	K. 守	—
家事部	N. 治三郎 M. 茂八 S. 傷	N. 治三郎 I. 猶金 T. 光夫	N. 治三郎 I. 猶金 H. 吉郎	N. 治三郎 I. 猶金 T. 太郎	I. 猶金 M. 千三	I. 猶金 S. 平三
本店庶務　家事部詰	I. 猶金	—	—	—	—	—
小僧 本店 醬油部 家事部	 N. 省三 －. 完 S. 茂雄 T. 光夫	 M. 新一 H. 吉郎 S. 清一 S. 畑市	 I. 健二 T. 太郎 I. 祐三	 M. 良三 S. 嘉明 T. 正義 M. 千三	 T. 林平 S. 平三 Y. 庫三 S. 長治	—

（出所）　前掲「第三号辞令書控」、昭和８年「辞令書及役割控」（小栗家文書313-17）等より作成。

（注）１）K. 平助は1933～37年には本船出張と倉庫主任を、また1937年には「塩業会社行」をも兼務する。

２）1927・33・35年の庶務通信、1927・37年の本船及統計は、それぞれ庶務、本船のみとなる。

３）1931年の豆粕部・粉砕部、また1935・37年の豆粕部・粉砕部・飼料部の担当者の配置は不明である。

４）1937年のS. 畑市は「名古屋（荷捌所）行」、N. 重雄は「松本（山二店）」行である。

５）1929年からS. 音吉は化学肥料部の、1933年からS. 照喜智とK. 喜三はそれぞれ製造品販売と豆粕飼料製造部の主任となる。

配置する方策は、一〇年に製造開始の万三大豆粕は当初から長野・北陸方面に重点をおいて販売され、輸入大豆粕もそれら方面への販売が増加していくという状況と呼応するものであった（本書第7章を参照）。また、これに前後する一九〇九年から一二年には、近畿・東海・関東・甲信越・北陸・東北方面への肥料穀物類の鉄道貨物特約およびその継続、また着駅追加がなされ、輸送の拡大が企図されていた[77]。

静岡県は一九一〇年代後半には、回勤先として「北陸・信越」に次ぐような地位であったと考えられるが、一九二三年に大きな変化があった。萬三商店の大豆粕および大豆は、「従来静岡県各地へは武豊港へ輸入鉄道便にて配給致居り候処大正拾弐年春以来鈴与商店の蔭（ママ）れたる援助により清水港に輸入致し今日に至る」と述べられているのである[78]。一九三七年一一月一二日の萬三商店による「委託支払特別許可申請書」には、大連の瓜谷長造商店・三井物産大連支店・三菱商事大連支店、安東県の日陸公司、ハルビンの佐賀商店の扱う満洲産大豆は、大連・営口・清津・羅津・安東県各港から武豊港・名古屋港・清水港へ輸入され、「愛知県、三重県、岐阜県、静岡県等各地味噌醤油醸造家及大豆油粕ノ製造業者」に売却する予定であることが記されている[79]。回勤先として単独で「駿遠」が確立するのは一九二四年で、二六年から四〇年に清水出張所[80]が開設されるまで、「静岡」の名称で継続した。一九三八年には、出張員は静岡と浜松の旅館に宿泊し、静岡新居間の三か月の鉄道定期券を利用していること[81]が確認でき、この地域が活動の中心であったことが分かる。つまり、静岡県は万三大豆粕の販売を狙った北陸・信越地方とは違い、一九二三年に輸入大豆粕および大豆の陸揚地となって以来、販売地域としての重要性がより増したといえる。

また、大豆の輸入に新潟港が利用されることもあった。一九二九年三月二〇日と四月二日に萬三商店は、ウラジオストクから新潟港へ向けられた佐賀商店の大豆粕を一〇〇〇枚ずつ荷揚げしていた。新潟港の県埠頭鉄道専用側線は、一九二六年に信越線沼垂駅に接続して以来、発着貨物量の増大と平均使用料金の低下傾向にあった[82]。このような地方港湾の発展が、店員の活動を活発化させた側面もあったといえる。

最後に、愛知県内の回勤状況について、主要な販売地であった豊橋（本書第7章の表7－5・6・13を参照）の場合を検討する。以下では、一九〇九年六月一三日に出発し一七日に岡崎を経て二〇日に帰宅した、四郎の「豊橋方面廻勤」に関して、同人から萬三商店奥などへ宛てられた書簡から、この間の一端を見てみる[83]。六月一三日は不明であるが、一四日のものには新城・豊川・牛久保・小坂井を清吉と徒歩で同道したことや、魚肥・豆粕・人肥・大豆の商況等を報告していることが示されている。翌一五日には高師・植田・田原・豊橋・二川・白須賀・新居を回ったことと鰈粕の買付依頼などが、そして一六日には袋井・見付・中泉・浜松への回勤と大豆粕の売行き等が記されていた。

以上から、萬三商店店員と四郎は、愛知県外の商圏の拡大や物流ルートの変化に応じて出張し、また同県内の担当区域を細かく回勤し情報収集に努めていたことが分かる。

第4節　回勤部と他部門の関連

(1)　保険部の保険募集

以下では、回勤部同様、出張を伴う業務を含む保険部と家事部を取り上げ、回勤部との関わりについて検討したい。まず前者に関して、一八九一（明治二四）年の「日誌」には、四月三日に「日本生命保険会社員野村光貞加藤懿貞代理店依頼ニ来ル」とあり、四月八日に「日本生命保険株式会社半田代理店ヲ契約スルㇷ（野村光貞氏）ニ付契約書交換ス」と記されている。すなわち、萬三商店は一八九一年に日本生命保険の半田代理店になったのであり、他の記述から、加藤がその業を担っていたことが確認できた[84]。

一八九七年には、O・仙六が「出納及保険主任」になっている。同人は、一九〇〇年一〇月一〇日に、保険募集のため、単独で下郷へ、八月二一日には、日本生命保険会社の募集員とともに西浦から下郷まで出張することもあった。このような保険募集には、その他の萬三商店の店員も従事していた。以下に、同年の状況を示す[85]。K・三五郎は、一月七日に単独で棚尾へ、三月一日には日本生命保険の社員と碧海郡へ出張した。また、N・又一郎（又市）も三月四日は単独で武豊へ出張しているが、二月二六日には下郷へ二〇〇〇円、二月二八日には安城へ一六〇〇円の募集に日本生命保険の社員とともに赴いている。そして竹三郎も三月三日に、江浦口へ同社社員とともに出張した。

表4－1によれば、三五郎・又一郎（又市）・竹三郎は回勤部に所属していたが、このように保険募集にも従事していたのであった。三五郎については、二月三日に、「吉良行法巌大搓庵へ回向料遣」とあり、小栗家の法事にも関わっていたことが分かる。つまり、回勤部の店員は、保険・家事双方の業務にも携わることがあったのである。

(2) 家事部の法事

次に家事部に関してであるが、その具体的業務を、一九一四（大正三）年に同部に入り、一五年から三四（昭和九）年まで主任を務めたN・治三郎の場合をもとに見てみよう[86]。一九一四年一〇月九日、治三郎は四郎・藤助（G・薫）とともに、本町の田畑・宅地および乙川の田地、一〇日に岩滑新田・横松・北荒居の田地、一三日に成岩町の田地の実地検分に赴いた。また一九二九年の八月一一日には、治三郎は四郎と「時志普請見物」に、同年一二月二四日には、両人は「上半田星崎ノ地所」を見に行っている。さらに、一九三三年二月二日に、治三郎はI・猶金と「新浜新田の年貢取立ニ出張」し、同年一二月一八日には、両人は「小垣江へ掟米量立ニ出発」した。これらから、家事部では、田畑・宅地・建築・地所等に関する業務を担っていたことが分かる。

次に同部の店員と小栗家家族との関わりを、「日誌」をもとに、主に猶金の場合について、以下に示す[87]。一九三二年五月二四日には「主人等子法巌寺祠堂参詣猶金付」、同年一一月二日には「主人等子岡崎昌光寺へ参詣ニ出発猶金供」と記され、猶金が家族の参詣に同伴していたことが分かる。ただし、同年一一月五日には、「芳子外子供一同植大ノ山へ茸狩ニ行ク小僧正義喜三郎同道」とあり、小僧が家族に同伴する場合もあった。また同年八月一〇日から三〇日まで、主人の子供等が時志の別荘に滞在した際にも、小僧が見回りに遣わされており、子供に関することには、おおよそ小僧が対応したことが窺える。

法事との関わりは、家事部によってのみなされたわけではなかった[88]。一〇代三郎の満中陰後の一九一〇年八月一二日には、「外勤者夫々受持方面へ出張香奠返し品為持遣ス」とあり、二一年一月八日には「外勤者夫々出発昌光寺法巌寺随念寺大搓庵へ回向料ヲ托ス」と記されている。また一九三三年一一月一四日には、「祠堂貯金通帳改印届書」の返却は、昌光律寺・大搓庵・法巌寺に関しては「昨日回勤者博及省三ヲ以テ」行ったとされている。一方、家事部やその他の店員は、回勤区域以外で同様のことを行っており、地域による役割分担があった。さらに、一九二九年と三三年における主人等の寺院参詣に際して、現地では回勤部、半田側では家事部と、両部での店員の連携がなされる場合も見られた[89]。

このように、萬三商店店員は本来の担当業務とは別に、小栗家家族の仏教信仰をも支えていた。また一八九〇（明治二三）年七月から九一年六月には、店員一一名が慈無量講に「喜捨」しており[90]、実際に小栗家家族とともに「四恩十善」を実践していたといえよう。

おわりに

最後に本章の内容を家憲の主旨である仏教的観点から整理しておく。小栗家の宗派は真宗大谷派であったが、その経済・経営・社会的活動は「四恩十善」等をもとに、釈尊以来の正法を重視した通仏教的な観点から、店員・工場労働者、顧客・仕入先、小作人、借家人等は無論、すべての生物との共存を図りつつ、その恩に報いるために宗派を超えて行われた。そして、名利を求めず且つ出し惜しみすることなく（三輪空寂）、布施波羅蜜がなされたのであった。それらに当たっては職業に精励するとともに、大正期以降顕著になるが、国王の恩とも結び付いた「忠孝」概念に基づいて教育勅語・軍人勅諭・戊申詔書・国民精神作興に関する詔書を奉戴し、それらをも通じて六波羅蜜・十善・八正道等の実践がなされていた。

小栗家の幅広い活動は、家憲に仏教に関する詳細な規定や宗派の限定がなされていなかった故に可能であったが、社会情勢に影響される側面もあった。同家でも国王の恩が相対的に強くなったと考えられるが、日露戦後の地方改良運動を通じた半田町周辺の基本財産等の蓄積は衆生恩に資することになったともいえる。このような報謝は職業や公益事業等によって行われたが、それは布施波羅蜜や十善戒・十重禁戒の不殺生戒および不偸盗戒などの実践であり、また即身是仏によって日常生活や職業従事の所作を通じてもなされるとされていた。

この小栗家家憲を萬三商店店員は共有しており、主人や高僧から、一〇代三郎の遺訓、仏教道徳、教育勅語等の国民道徳、そして商業道徳に関する教育等を受け、それらの実践が図られていた。これらのことが一九二六（昭和元）年頃、萬三商店の半田町での肥料独占や商圏拡大などの点にも関連していたと考えられる。店則自体には仏教的な内容は規定されていなかったが、小栗家の法事や寺院参詣には回勤部や家事部の店員が担当していた。また店員は慈無量講にも喜捨しており、実際に小栗家家族とともに仏教の教えをもとに、国家経済・地域経済の発展に尽力した。

以上は通仏教的観点からの検討結果のため、他宗派の経済主体にもある程度は適用できると考えられる。各宗派の真髄がこれに加わると、経済・経営・社会的活動等にどのような特徴が現れるのかに関しては、今後の課題としたい。

注

（1）寺西重郎『経済行動と宗教　日本経済システムの誕生』勁草書房、二〇一四年、三－一〇頁。

（2）吉田久一『吉田久一著作集5　改訂増補版日本近代仏教社会史研究（上）』川島書店、一九九一年、五七頁。同『近現代仏教の歴史』筑摩書房、一九九八年、二〇－二五頁。

（3）正法に関しては、島薗進『日本仏教の社会倫理　「正法」理念から考える』岩波書店、二〇一三年、一四八－一五一頁等を参照。これは、古代以来、日本仏教において大きな役割を果たしてきたとされる（同書一四二頁）。

（4）初代伊藤忠兵衛は一九〇〇年の秋頃、店員の高井兵三郎に、当店は浄土真宗でその教えにより信仰を持ってもらいたいと述べている（宇佐美英機編著『初代伊藤忠兵衛を追慕する——在りし日の父、丸紅、そして主人』清文堂出版、二〇一二年、一五二・一五三頁）。また従業員には「正信偈・和讃」と念珠が配られている（小川功・深見泰孝「近江商人・初代伊藤忠兵衛のリスク管理と信仰の相克」『滋賀大学経済学部附属史料館』第三九号、二〇〇六年、五七頁）ことから、店員は主人と同じく真宗を信仰していたと考えられる。しかし、そのような方法をとらない商家もあったであろう。

（5）山本眞功編註『家訓集』平凡社、二〇〇一年、三八六－三八七頁。

（6）愛知県知多郡半田町編『半田町史』（復刻版）名著出版、一九七三年、四一四頁。

（7）以下の記述は、明治八～一二年「公用録」（小栗家文書九二－一三）による。なお小栗家一〇代三郎兵衛は、近代に入ると「三郎」を称するが、代わりに息子荘太郎に三郎兵衛を名乗らせる。よって一八七〇年代は、当主が三郎でその息子が三郎兵衛となる。その三郎兵衛は一八八〇年に一一代を継いで三郎を名乗り、代わりに家督を譲った一〇代三郎が、八〇年からは隠居名として三郎兵衛を名乗る。

（8）明治一〇年「舗則」（小栗家文書三一－三－七）。

（9）同右。

（10）仏教において探求されるべき課題は迷悟・善不善の二面とされている（勝又俊教『仏教における心識説の研究』山喜房仏書林、一九六一年、三四三頁）。

（11）明治二六年「本店規則」（小栗家文書三三八－一七）。

（12）明治二六年「支店規則」（小栗家文書三三八－一六）。明治一九年「支店規則」（小栗家文書三三八－二一）も作成されている。

(13) 明治二六年「日誌」(小栗家文書)、前掲『半田町史』二五二―二五三頁。

(14) 明治二九年「本店規則」(小栗家文書三三八―一五)。

(15) 前掲明治一〇年「舗則」。

(16) 明治三〇〜三三年「公務録」(小栗家文書七〇―八)、明治三三〜三六年「公務録」(小栗家文書七四―七)、明治三四年「日誌」(小栗家文書)。

(17) 明治一二〜一四年「公務録」(小栗家文書九二―四)。

(18) 昭和八年「日誌(竹気庵第八号)」(小栗家文書)。

(19) 仏教道徳としては四弘誓願・十善・六波羅蜜などが挙げられるが、仏教道徳を単なる道徳ではなく、その名のごとくならしめるものは大悲心の発揚であるとされている(鈴木大拙『鈴木大拙全集 第七巻』岩波書店、一九六八年、九七―一一三頁)。

(20) 本章で記述のある近代日本の僧侶の略歴については、日本仏教人名辞典編纂委員会編『日本仏教人名辞典』法蔵館、一九九二年、三・八・九・八六・九三・六〇〇・六八四・六八九・七六二・七六九・七七〇・八五二頁、斎藤昭俊・成瀬良徳編『日本仏教人名辞典 コンパクト版』新人物往来社、一九九三年、七・一一・一九二・三七八・三七九頁、浄土宗大辞典編纂委員会編『浄土宗大辞典 2』山喜房仏書林、一九七六年、八四頁などを参照。

(21) 慈雲は「仏陀の行じた法こそ正法」、「仏陀の直説である諸律部すべて」を正法律としていた(沈仁慈『慈雲の正法思想』山喜房仏書林、二〇〇三年、六二・八三・一九二頁)。十善は、原始仏教では戒として説かれず、大乗仏教で戒とされた。中国や日本の大乗仏教では、三聚浄戒や十重禁戒等が大乗戒とされるようになったが、十善は大乗・上座部、出家・在家にも通じ、すべての戒の基本をなすものと見ることができる(水野弘元『修証義の仏教〈新版〉』春秋社、一二七―一二八頁)。

(22) 柏原祐泉『日本仏教史 近代』吉川弘文館、一九九〇年、一四―二〇・二五・二六頁。前掲吉田久一『吉田久一著作集5』六四・六五頁。吉田久一『吉田久一著作集6 改訂増補版日本近代仏教社会史研究(下)』川島書店、一九九一年、三一九・三二〇頁。西誓庵を開基した八代三郎兵衛の二女、秋(妙龍)は「昌光律寺弟子尼僧」とあり、同寺と小栗家は近世期から深い繋がりがあった(「早見永代過去帳」小栗家文書)。

(23) 前掲『半田町史』四一四頁。

(24) 明治二四・二九年「日誌」(小栗家文書)、明治二六〜三〇年「公務録」(小栗家文書七一-六)。
(25) 前掲吉田久一『吉田久一著作集5』三一七頁。
(26) 明治二四年「日誌」(小栗家文書)。
(27) 「額田慈無量講連盟録」(小栗家文書一一一-一六-一二)。
(28) 日本図書センター編『社会福祉人名資料事典　第2巻』日本図書センター、二〇〇三年、七一頁。
(29) 藤吉慈海『颯田本真尼の生涯』春秋社、一九九一年、一五・一六・三四・三六・一三二・一三三・一九五頁。
(30) 明治二九・四〇年・大正一二年「日誌」(小栗家文書)、「額田慈無量講計算表」(小栗家文書二五五-二一-一一-一五)。
(31) 明治四二年「日誌」(小栗家文書)。各年「台帳」(小栗家文書)。
(32) 釈雲照「仏教大意」(吉田久一編『明治文学全集87　明治宗教文学集(一)』筑摩書房、一九六九年)五七-五八頁。
(33) 梶寶順編『法のつと』経世書院、一八九六年、一頁(小栗家文書一一一-一六-四七)。小栗家には、行誡が知恩院で行った三聚浄戒・十重禁戒の授戒の概要に関する、一八八七年一〇月付の「受戒のこころえ」も所蔵されている(小栗家文書一一一-一六-二五)。
(34) 前掲柏原祐泉『日本仏教史　近代』一一二頁。
(35) 明治一一・一四・二〇・二二・二四・二七・四三年「日誌」(小栗家文書)。
(36) 山田霊林編『新井石禅全集　第六巻』新井石禅全集刊行会、一九三六年、三七七・三八五頁。以下、『新井石禅全集』は『全集』と略記して巻号のみ示し、発行所、発行年は省略する。
(37) 新井石禅「強い人間生活」(田中久編『新しき修養精神の糧』大宝堂書店、一九二六年)一八一・一八二頁。また新井は、一九二一年九月二八日、仏教連合会の委嘱により、日本仏教各宗派を代表して、第二九代アメリカ合衆国大統領ウォレン・ハーディングに謁見した際には、「日本の仏教は多くの宗派を有すと雖も、何れも大乗系の仏教に属するを以て、其の究竟する所は毫も異なる所はありませぬ」と述べている(前掲山田霊林編『全集　第十巻』随感随想篇　七六頁)。通仏教とは「一宗一派にかたよらないで、仏教全般に共通にゆきわたっている教理」である(中村元『広説佛教語大辞典中巻』東京書籍、二〇〇一年、一一九九頁)。
(38) 前掲山田霊林編『全集　第十巻』禅榻茶話篇三九頁。新井石禅『青年指導修養講演』宝飯郡青年会、一九一八年、六頁。

(39) 前掲水野弘元『修証義の仏教〈新版〉』三・八頁。『修証義』第二七節・第二八節に「正法」が見られるが、これは、釈尊以来の正しい仏法のことであり、道元のいう正法眼蔵のことでもあるとされる（同書一八七－一九二頁）。

(40) 小栗圓一郎『流水録』小栗圓一郎、二〇〇一年、四二頁。

(41) 前掲山田霊林編『全集　第六巻』八六頁、前掲山田霊林編『全集　第七巻』三六四頁、前掲山田霊林編『全集　第九巻』八七頁。中村元『中村元選集［決定版］第3巻　日本人の思惟方法　東洋人の思惟方法Ⅲ』春秋社、一九八九年、二六一・二六二頁。

(42) 前掲山田霊林編『全集　第七巻』二八八頁。

(43) 村田豊秋編『新井石禅述　仏教講演全集』中央出版社、一九二二年、三五四－三五五・四〇九・四一一・四一二頁。

(44) 原始仏教の経済倫理を整理すると次のようになる。出家修行者とは違い、一般在俗信者については、正当な法による財の集積は人生の望ましい目的の一つとされている。また、利得の四分の一を自ら享受、四分の二を業務資金に、四分の一を貯畜することと営利追求が勧められ、それを享楽的に消費してはならないと述べられている。そして、施与の道徳が最も強調され、財産を万人に享受せしめることが説かれるなど、ヴェーバーの資本主義の精神と類似していた。また、負債に対する利子の正当性が承認され、投機による巨利の獲得は必ずしも排斥されていない。生活については、禁欲的ではあるが極端な耐乏を強要するものではなく、仏教の「中道」思想により、収支の均衡のとれた常識的に認められる水準の維持が説かれている（中村元『中村元選集［決定版］第18巻　原始仏教の社会思想　原始仏教Ⅷ』一九九三年、一四二・一五二・一五三・一五七・一六一－一六七・一七五・二二二・二二三頁）。

(45) 前掲山田霊林編『全集　第八巻』一六頁。

(46) 前掲水野弘元『修証義の仏教〈新版〉』所収「修証義原文」九頁。檀度とは、檀波羅蜜（布施波羅蜜）のことである。

(47) 前掲山田霊林編『全集　第六巻』五〇八頁。

(48) 大正二年「日誌」（小栗家文書）。

(49) 前掲山田霊林編『全集　第九巻』三五五頁。国民精神作興に関する詔書の実効性向上のための政府の宗教依存や仏教界の対応などについては、前掲柏原祐泉『日本仏教史　近代』二〇四頁を参照。

(50) 宮地正人『日露戦後政治史の研究——帝国主義形成期の都市と農村』東京大学出版会、一九七三年、一八－二二・三四－

三六頁。
(51) 前掲山田霊林編『全集　第六巻』二一〇－二一四・三三七・三三八頁。
(52) 前掲山田霊林編『全集　第五巻』一三六頁。
(53) 前掲山田霊林編『全集　第二巻』一一二・一一五・一一六頁。
(54) 前掲小栗圓一郎『流水録』三九頁。圓一郎も「先祖代々の仏教信仰を中心とする家憲であった」と述べている（同書三頁）。
(55) 新井石禅『仏教道徳四恩講話』教文社、一九一三年、四七・五九頁。
(56) 前掲山田霊林編『全集　第六巻』三八三・三八四頁、前掲山田霊林編『全集　第九巻』一一三頁。
(57) 前掲山田霊林編『全集　第五巻』二九四・三〇〇・三〇二頁、前掲水野弘元『修証義の仏教〈新版〉』二〇四頁、同所収「修証義原文」一二頁。
(58) 密教文化研究所編『弘法大師全集　第一輯（復刊）』密教文化研究所、一九七八年、一三三頁。
(59) 明治三三・三九年「日誌」（小栗家文書）。「賜賞録　附履歴」（「小栗家文書」三三八－一八）。
(60) 明治四四年「日誌」（小栗家文書）、明治四四年「台帳」（小栗家文書三二五－一二）、総本山金剛峯寺　高野山大学監修『空海・高野山の教科書』枻出版、二〇一三年、一三六頁。
(61) 明治四三年「日誌」（小栗家文書）。
(62) 大正三年「日誌」（小栗家文書）。
(63) 宮本又次『宮本又次著作集　第二巻　近世商人意識の研究』講談社、一九七七年、一五九頁。
(64) 明治四三・大正五年「日誌」（小栗家文書）。
(65) 明治四三・大正一四年「日誌」（小栗家文書）。
(66) 明治四四・四五・大正三・四年「日誌」（小栗家文書）。
(67) 大正三・四年「日誌」（小栗家文書）。
(68) 大正五・六・一二年「日誌」（小栗家文書）。
(69) 前掲『半田町史』二五四頁。
(70) 西村はつ「知多雑穀肥料商業の展開」山口和雄・石井寛治編『近代日本の商品流通』東京大学出版会、一九八六年、二二一四頁。
(71) 小栗家文書二六〇－二－二一。
(72) 小栗家文書二五三－二－一一〇。
(73) 小栗家文書二五三－一－一〇四。明治四二・四四年「日誌」(小栗家文書)。
(74) 小栗家文書二六〇－二－二四。
(75) 大正二〜六年「公務録」(小栗家文書八三－一〇)。
(76) 大正五年「日誌」(小栗家文書)、小栗家文書二五五－二－二－一〇六。
(77) 明治四〇〜四三年「公務録」(小栗家文書八三－七)、明治四五〜大正二年「公務録」(小栗家文書九六－六)。
(78) 昭和一一年「公務録」(小栗家文書三一五－五)。
(79) 「大豆関係許可証ほか」(小栗家文書二二〇－三四)。同史料によれば、鈴与商店は一九三七年一二月八日に、萬三商店受貨物として入港した、海龍丸積載の瓜谷商店出の「混保壱等大豆七〇四袋」を、同社倉庫へ倉入の上、荷捌をしていた。
(80) 昭和八年「辞令書及役割控」(小栗家文書三二三－一七)。
(81) 昭和一三年「損益元帳」(小栗家文書一－一一)。
(82) 新潟県新潟港務所編『新潟港史』新潟県新潟港務所、一九三〇年、九七・一二九－一三〇頁。
(83) 明治四二年「日誌」(小栗家文書)、小栗家文書二六三－二六七・二六三－二六九・二六三－二七四。
(84) 明治二四年「日誌」(小栗家文書)。
(85) 明治二四年「第壱号辞令書控」(小栗家文書三二三－一九)、明治三三年「日誌」(小栗家文書)。
(86) 大正三・昭和四・八年「日誌」(小栗家文書)。
(87) 昭和七年「日誌」(小栗家文書)。
(88) 明治四三・大正一〇・昭和八年(竹気庵第八号)「日誌」(小栗家文書)。
(89) 昭和四・八年(竹気庵第八号)「日誌」(小栗家文書)。
(90) 前掲「額田慈無量講連盟録」。

第Ⅱ部　萬三商店の事業展開

第Ⅱ部のねらい

第Ⅱ部は、第Ⅰ部で論じた小栗家の家産と組織を基盤として、実際にどのように事業展開を進めたかを論ずる。序章で述べたように、小栗家の家業は、一八世紀は酒造業で、それと併せて穀物商売も行っており、醸造業と商業が事業の二本柱との認識は一八世紀より存在していた。酒造業を一八世紀末にいったん廃業した後は、荒物商売としての「萬屋三郎兵衛店」が小栗家の事業となり、のちに肥料商売へ展開する。そして最幕末期に酒造業を再開するとそこを「酒造所」、近代初頭に味噌醸造を始めるとそこを「味噌所」として、それぞれ本店の「萬屋三郎兵衛店（近代期は萬屋三郎店）」とは別組織とされた。

「酒造所」は当主の弟の信次郎が恵一郎の名義で営業し、「味噌所」は店員が尾崎三保蔵の名義で営業したので、本書では、「酒造所」を恵一郎店、「味噌所」を三保蔵店と呼ぶ。そして恵一郎店・三保蔵店はいずれも一八七七（明治一〇）年頃に廃止され、味噌溜醸造を行う「味噌店」が新たに設立され、「味噌店」は八五年秋から小栗家の完全直営となり（小栗家支店）、九一年からは、「萬屋三郎店」は「萬三商店（本店）」、溜・醤油醸造部門は「萬三支店」と位置付けられた。「萬三商店（本店）」は、肥料商業を中心として一九一〇年以降は肥料製造業へ進出し、「萬三支店」はのちに一九〇九年から本店の醤油部となり、組織は「萬三商店」に統合されるため、第Ⅱ部では一八世紀後半から一九三〇年代までの展開を合わせて「萬三商店」の事業展開とした。

このような萬三商店の事業を考える場合、同家が製造業部門（醸造業・肥料製造業）と商業部門（穀物肥料商）の二本立てで事業を展開してきたことに留意する必要がある。店員の主な所属は決められていたとはいえ、有力店員は両方の部門の業務を兼ねて行うこともあり、同家の醸造業部門のマーケティング力にはみるべきものがあった。原料調達の面でも、醬油醸造の原料である大豆は、大豆粕肥料製造の原料ともなり、商業部門では近世から大豆を扱っており、部門間取引で萬三商店は大豆を調達していた。

その点で、この両部門の経営展開は密接に関連しつつ、総合力で地位を高め、一九一〇年代には肥料商として日本最大規模に、三〇年代には醬油醸造家としても日本で主要三五軒に入るような事業規模へと成長することになった。その際の、重要な視点は商業活動におけるリスク管理の方法と、醸造業におけるマーケティングである。すなわち、肥料商業は、魚肥や大豆粕肥料では産地商人への買付資金前渡しと、販売の際の売掛（小売の場合は肥料前貸）方式が中心のため、相場状況によっては多額の損失を発生させることがあり、リスク管理の成否が肥料商業の成長を大きく規定する。そして、醬油醸造経営では、製造は比較的安定しているが、近代になると野田・銚子の大醸造家との競争があり、販路獲得がその成長を大きく規定する。

そこに着目して第Ⅱ部では、第5章で酒造経営がうまく行かなかった要因を中心に、家業意識も合わせて一八世紀から明治前期までを論じ、続いて第6章で商業におけるリスク管理の原型がどのように形成されたかを明治前期を中心に論じ、第7章でリスク管理も含めてどのようにして萬三商店の肥料商売が日本最大規模まで成長したかを論じる。そして最後に第8章で、萬三商店の醬油醸造経営の展開を、明治中期から昭和戦前期まで通して検討し、生産者的性格と商人的性格の両者を兼ね備えた萬三商店の事業展開の特徴をまとめる。

（中西　聡）

第5章　近世・近代初頭の醸造経営

二谷智子・中西　聡

はじめに

序章第4節で記したように、小栗三郎兵衛家の一八世紀の事業は酒造業が中心であった。ところが一八世紀末に酒造業はいったん廃業し、経営規模が縮小して一九世紀は、商業を中心とした事業展開となる。ただし、醸造業が家業であったとの意識は小栗三郎兵衛家に根強く残されていたと思われ、最幕末期に酒造業を再開し、近代初頭には味噌醸造業へも展開した。本章では、近世期から近代初頭における小栗三郎兵衛家の醸造経営の展開と、それが同家のなかでどのような位置を占めたかを検討する。まず、近世期の知多半島の醸造業の趨勢を簡単に押さえておく。知多半島は、丘陵性の半島で、耕地が少なく灌漑の便も悪かったため、農業のみに頼る生活は困難な地域であった。そのため、近世期から織物業・陶磁器業・醸造業・廻船業など農業以外の諸産業が展開した地域であった。醸造業として知多半島では、最終的に酒造・酢醸造・味噌醤油醸造など多種類の醸造業が発展したが、最初は酒造業から始まり、そこから多方面に醸造経営が展開されることとなった。

知多郡の主要な醸造産地として、亀崎・半田・成岩・武豊などの衣浦地域のほかに、伊勢湾岸の小鈴谷などが挙げられるが、半田村では一七世紀後半から酒造業が展開したことが明らかにされている。[1]すなわち、酒造は近世の幕藩経済の基礎を成した米を原料とするため、幕府や藩は造高を調べて酒株を定めて統制を行ってきた。尾張藩での酒造米改めは一六六五(寛文五)年から始められ、八二(天和二)年には半田村でも酒株所持者がいたことが判明している。一六九七(元禄一〇)年には、知多郡全体で一一四軒の酒造家が存在しており、半田村でも四軒(合計酒株造米石高一〇五石)が存在した。[2]ただし、この時期の半田酒造業は、それほど規模は大きくなく、一八世紀に入り、知多郡の酒が江戸へ販売されるようになると急速に発展した。例えば、一七二〇(享保五)年時点では、半田村の酒造株所持者は、一〇軒に増えその合計酒株造米石高も一〇三四石に増大している。[3]もっとも株高のままに酒造が行えたわけではなく、年貢米確保のために酒造制限は頻繁に行われ、例えば、一七一五(正徳五)年であれば、株高の三分の一の酒造米に抑えられていた。[4]とはいえ、尾張藩も城下の米価下落時には、米で俸禄を受け取り、それを販売して生活費を得ていた藩士の生活を守るために、米価引き上げ政策をとらざるを得ず、米が城下にあまり入ってこないようにするために酒造生産を奨励した。

一八世紀には、知多郡の酒は「中国酒」として江戸市場でも人気を博するようになり、一八世紀末には、江戸で移入される酒の七分の一を尾張国の酒が占めるようになった。ところが一九世紀前半になると、幕府の酒造制限の緩和のために上方の酒造量が急増して江戸への酒が供給過剰になったことや、「中国酒」の品質が上方酒よりも劣っていたため、尾張国の酒の江戸への入津量は減少した。このなかで、有力な酒造家であった半田の中野又左衛門家は、一八一〇年代に酢醸造へ経営の比重を移していった。[5]

こうした状況を転換させる契機となったのが、一八四一(天保一二)年の幕府の株仲間解散令で、市場が流動化したことに乗じて、「中国酒」の江戸への移出が再び急増した。特に、有力酒造家はいずれも手船（自己所有船）をもち、手船の船頭に販路開拓を委ね、手船船頭のなかには、それで資金を蓄積して主家から独立して自ら酒造経営を行うものも登場した。例えば、明治期に半田を代表する資産家となった小栗冨治郎家は、もともと半田の有力酒造家の中野半六家の雇船頭であった初代冨治郎が、主家から幕末期に独立して酒造経営を始め、そこで財を成して有力資産家となった[6]。尾張藩も、こうした知多郡の酒造業の発展を保護し、酒造株の新株発行を許可してその取得者から冥加金を受け取った。実際、一八六七（慶応三）年には一〇〇〇株一〇〇〇両から一〇〇株二五〇両まで合計二万石の新株を知多郡で募集し、翌六八（明治元）年にはさらに八万石の新株を発行した[7]。

近代に入ると[8]、知多郡の酒造業は、酒税増徴や上方の灘酒との競争の激化で苦境を迎える。全国清酒造石高で見ると、愛知県の造石高は一八七九年に一つのピークを迎えた。すなわち同年の全国清酒造石高は合計五〇二万石のうち兵庫県四五万石（うち灘五郷二五万石）に対し、愛知県は二九万石（うち知多郡一三万石）を占めていたが、それが一八八一・八三年の酒造税の相次ぐ引き上げを契機に、半分以下に激減し、八九年には知多郡の造石高は四万石まで落ち込み、販売市場も愛知県内が五割、静岡・神奈川で二割、東京は二割以下に下がった[9]。灘地域では、近代初頭から汽船による東京積が開始されたのに対し、知多郡の酒造家は汽船積への転換に乗り遅れ、さらに酒税が一八七八年に従価税から造石税へ転換されることで、廉価酒ほど酒税負担の比重が重くなり、知多郡の酒造家の多くが廃業したり、味噌・溜醸造業へ転業するようになった。そして、味噌・溜醸造家のなかには、野田などの関東醤油産地から技術を導入して普通醤油の生産へ展開するものも登場した。酒造と酢醸造の二本柱で醸造経営を行っていた中野又左衛門家も、酒造経営は分家に譲り、酢醸造経営に専念するとともに酢醸造量を急増させた。かくして、近世期に酒造中心で展開された知多郡の醸造経営は、酒造経営が停滞するとともに、近代期には味噌・溜醸造、醤油醸造、酢醸造などへ多角的に展開されるようになったのである。

第1節　一八世紀の酒造経営

小栗三郎兵衛家の酒造株の取得は、一七一三（正徳三）年に遡ることができる。一七一五年に知多郡の酒造株取得者の調査が行われているが、そこに半田村の三郎兵衛が、知多郡大野村の源左衛門より一三年に六〇石の酒造株を譲り請け、一五年に米二〇石の酒造を行ったことが記されている。[10] 当時の半田村の酒造家のなかでそれほど大きい規模ではないが、一八世紀中葉にかけて小栗三郎兵衛家は順調に酒造規模を拡大した。

表5－1を見よう。一七五六（宝暦六）年以降の小栗家の酒造経営規模がおおよそ推測できるが、五〇年代後半は、白米にして七〇〇石前後の酒造を行っていた。販売先は不明であるが、一七五九年正月時点では、半田屋権四郎と半田屋重左衛門宛てに酒仕切残り金があった。[11] ただし半田屋権四郎と半田屋重左衛門は、一七七九（安永八）年の小栗家文書に出てくる江戸問屋名のなかになく、[12] 五九年時点では、小栗家はまだ江戸に直接販売をしていなかったと考えられる。小栗家はその後自ら船を所有して、その手船で江戸に運んで酒の販売を江戸問屋に委託するようになり、一七七一（明和八）年の「船加入金留」には、小栗三郎兵衛家所有船の記載があった。[13] 実際、一七八〇年に小栗家は酒四五一太を一九軒の江戸問屋に、八一（天明元）年も酒一三〇太を九軒の江戸問屋に送っていた。[14]

一七七〇年代末までの小栗家の酒造経営は比較的順調だったと思われるが、その証左の一つとなるのが、事業投資の状況である。一七五九年一二月一九日、小栗家は五代三郎兵衛の甥である幸七が家督相続して六代三郎兵衛となった。これ以降、六代三郎兵衛（幸七）が亡くなる前年の一八〇三（享和三）年まで、彼が作物の豊凶、自然災害、米穀価格の推移、酒造の良し悪し、経営の変化などを簡略にメモしたものが、「調法記」として残されている。[15] 以下、特に断らない限りは、「調法記」の記録に依って経営状況を把握する。

表5－1　18世紀後半における小栗三郎兵衛家の酒造勘定

（単位：両）

期末年月	酒仕込	内酒米	（白米）	酒仕切残	酒米残	酒在荷	有金	調達金	林七貸	酒樽売	酒小売	酒粕売	忠蔵方
1756・1	909	788	（688石）										
1757・1	1,058	886	（811石）										
1758・1	1,008	841	700石	60									
1759・1	910	760	636石	132									
1760・1	881	726	770石	47									
1761・1	793	617	750石	46	53								
1762・春	915	713	850石	33	20								
1763・春	913			13	56								
1764・春	1,222			83	20								
1783・1	788												
1784・1	654	435											
1786・1	583				14		22			95	30	14	304
1787・1	422				6		123	30	3	41	18	24	430
1788・1	351						26	27	1	55	32	34	624
1789・1	559					35	47	47	2				660
1790・1	559				6		47	47	125				
1791・1	655				14		69	63	145				
1792・1	737				47		63	80	114				
1793・1	652			15	22	28	29	80	64	12	15	14	

（出所）［宝暦6年～］「大福帳（毎年勘定掟）」（小栗家文書79-7）より作成。
（注）期末勘定項目のうち、酒に関する重要な項目を示した。酒仕込欄は酒米代と酒入用の合計。
酒米代に相当する石数を白米欄に付記した。ただし括弧内は、白米に精米する前の米石高。

調達金は代官所へ用立てた貸金。林七貸欄は、上林七（上半田の林七）への貸分。

酒販売額については、期末時点の売掛残額と思われるので全体像を示しているわけではない。

1785～89年は6代三郎兵衛の実子忠蔵（後の8代三郎兵衛）がもう一つの蔵で酒造経営を行っており、忠蔵方として本家の資産に組み入れられていたので、参考としてそれを別掲した。

両未満は、2分以上を切り上げ、2分未満を切り捨てて両単位にした（本章中の以下の各表とも同じ）。


六代三郎兵衛が相続した直後の酒造経営は比較的順調で、一七六二年には「此年酒宜」と記され、その翌年の六三年五月にはおよそ三三〇両程で「大蔵立」て、六八年二月には「米蔵造直し、むろや立ル凡七十五両程入用」、七〇年三月には「見世造直し　凡三拾四両程入用」、七二年二月には「油蔵立ル　凡三拾四両入」、七八年二月には「西大井戸堀直し　井戸舘出来」、「西屋敷酒蔵思立十月地形土為持」、「十一月十四日　西酒蔵釿鐇初」とあり、翌七九年四月には西酒蔵を建造し始めた。なお一七七八年十二月十九日に六代三郎兵衛は、五代小栗七左衛門の末子であった領助を後継者として養子に迎えると同時に、三郎兵衛の実子の与三次郎を冠礼させ、忠蔵と名乗らせた。つまり、同年の春から始まった井戸の堀直しや井戸舘の建築、西酒蔵建造の準備作業は、忠蔵が分家して独立するにともない、彼にも酒造経営をさせる用意であった。六代三郎兵衛は、大蔵・油蔵・室屋、西酒蔵の新築と米蔵・店などの修繕、井戸の堀直しを、自らが家督を相続してから数年から五、六年の間隔で行い、商業と醸造業両方の事業経営の規模拡大するために各種の蔵を造り、醸造業に欠かせない水を十分に確保するため、井戸の掘直しに投資した。

表5－1では一七六五～八二年の酒造勘定は不明であるが、「調法記」の各年度末尾に各年度の白米での酒仕込高もしくは酒送高があり、それによれば七三年と七四年は白米にして八〇〇石、七六年は七〇四石、七九年は六八〇石、八〇年は六五〇石、八二年は三五〇石の酒造を行い、また八一年には「酒送高五百石」とあった。この記録と前述した一七七〇年代末までの事業投資状況からみて、八〇年頃までの小栗家は、次世代への経営ビジョンを持って、事業拡大を行えるような順調な酒造経営であったと思われる。ところが一七七九年八月二五日に、「大北風大雨小井田ノ上坂井戸ニテ切込大洪水、三州矢作モ如比、シカシ大難ハ尾三州斗ノ事」とあるように、尾張・三河の両地域が風雨による洪水被害を受け、このために「当歳酒造甚悪」しく、「千石酒屋百両余損失」したと、一〇〇〇石規模の酒造業者でも一〇〇両程度の損失を出す事態となった。この年以降、知多郡の酒造業はしばらく苦難の時代が続いた。

「調法記」には一七八〇年の酒造について、「本年酒甚悪百両斗そん、西酒造㊀印四拾五両そん、依之休ム」とある。㊀印とは、一七七九年から建造した西酒蔵で製造された醸造酒を指すと思われる。翌年一七八一年正月は「酒打続損」とあるが、同年夏には状況が変化して、「新酒始造㊀ニテ北新居長八ヲ頼、八月十六日附元百五十石造ル、当年酒造方相応利分」とあり、酒造で利益が上がっていた。一七八三年には、浅間山の噴火で東北・関東地方が大凶作に陥り、餓死者も多く、幕府から尾張藩を通じて酒造停止の触れが出され、小栗家も酒造を休止した(16)。この触れに従わなかった者は、翌年に尾張藩から「当夏旧冬酒造之衆、入牢十日宛」の処分を受けた。隠れて酒造したことが罪とされ、罰を受けた酒造業者まで出た経緯もあり、一七八四年には、「㊀印株無シ、夫故酒造不仕、本家モ不致」と、小栗家は西酒蔵で行う酒造りに関して正式な酒株を取得していない理由で醸造を行わず、あわせて本家酒蔵では酒造しなかった。そのため一七八五年一月期末の勘定に酒仕込は計上されなかった（表5－1）。一七八四年一二月二六日には、約一年前に家督相続したばかりの七代三郎兵衛（領助）が、寝付いて僅か二週間で病死する不幸に見舞われ、また同年八月に誕生した七代目の遺児千代吉も、同年一一月初旬から一カ月間、眼病のために乳母と一緒に一カ月の療養に出されるなど、思いがけない当主の死亡や子どもの病気が重なり、家族構成に大きな変化が生まれていた。

このため六代三郎兵衛の描いた家督相続や事業継承の将来構想は再考を余儀なくされた。再び六代三郎兵衛が事業経営を担わざるを得ず、一七八五年四月に、「本家仕舞、隠居家へ皆々移留ル」ことになり、八三年二月に領助が七代目を相続して六代三郎兵衛は隠居家に移っていたものの、七代三郎兵衛の死後、七代目の家族もその隠居家へ移ったため、三郎兵衛家は、一時的に当主不在の状況となった。一七八五年は、「当年酒米共不足、千石酒やモ四五百両程の損毛有之、宜分モ三百両斗そん立ノ由」とあり、同地域の酒造家が損失を出していた様子が分かる。翌一七八六年は「当年酒造方宜、米も二月頃ゟ追々高ク宜商内中有之」と年初から経営に明るさが兆したが、秋にこの状況が暗転し、「八月六日、大雨風諸国供ニ大当リ大凶年」となり、その上、「公方様九月八日薨御、酒造五分通従公儀被仰出休株酒造不相成」と、将軍が亡くなったことで酒造高は例年の半分とされ、酒造株の休株分は醸造出来なくなった。実はこの年に、小栗家は「忠蔵方酒株願」を済ませて、「文宗屋半六殿、名古屋下材木町大谷屋和右衛門ゟ譲請」けた酒造高一二〇石の酒株を一一両三分で買っていた。正式な手続きを踏まえて酒造経営に踏み出そうとした矢先に、酒造高を半分にする所謂「半石造り令」が幕府から出された。

柚木学によれば、この政策に始まる天明期の酒造統制は、一七八七年六月に老中に就任した松平定信が、田沼意次が行った前年までの手ぬるい酒造統制を責めて、徹底した内容となっていた[17]。松平定信は、酒造改めの強化を命じ、不時の公儀役人による監査巡検の制度を実施し、酒造道具に極印を押して、増造りや密造を取り締まるように命じた。

そして一七八八年には、天明六年統制令以前の造石高、すなわち八五（天明五）年の実醸高を申告させ、それを新たに株高として認める「株改め」を実施し、株高と実醸高との懸隔を是正した。ついで一七八九（寛政元）年八月に、諸高株に対して三分の一造りを発令して酒の生産統制をはかる一方で流通面でも統制を行った。こうして酒に関しては、松平定信が執政職にあった一七九三年までの時期において厳しい取り締まりが行われたが、定信の将軍補佐役と老中解任後も取り締まり基準は緩められつつも統制自体は継続し、一八〇六（文化三）年に幕府から酒造勝手造り令が出されるまで統制は続いた。このように、小栗家が事業継続における世代交代の危機に直面し、その危機を乗り越えようと再び六代三郎兵衛が経営の舵取りを再び始めた時期と、寛政の改革（一七八七〜九三年）における酒造統制の強化政策が断行された時期が、不運にも重なったのである。

この時期の小栗家の酒造経営が置かれた状況を、再び「調法記」によりつつ検討する。一七八七年には、「酒造方株三分一公儀ヨリ被仰出、上方酒屋申依願仕来リ三分之一ニ成ル」と、幕府は酒造高を酒株の三分の一にまで縮小するよう命じ、上方酒屋から「中国酒」生産地域の酒屋に申し入れ、「中国酒」の生産地はこれに従った。翌一七八八年八月、鳴海代官小笠原九郎に酒屋衆が呼び出され、本年も酒の生産高は三分の一にせよとの幕府の命令を必ず守るよう厳重に命じられた。同年一〇月一三日に代官所の「諸酒屋道具御改」があり、「株持ニテ休居申候酒屋ハ去年迄不造ニ候得共、当年ゟ御免被仰出造来御吟味有之、忠蔵株ハ先方造来御吟味致候所、帳面尓も久々ノ事なれハ無之候得ハ昔千石酒屋と申伝之由承候故其旨申上候得者、造来千石と其御書付被下置、本家分ハ追々不如意之造来候故最仕舞ノ造高ヲ御書付被下置候」と、休株であった酒株を持つ者が、再び醸造を始めることが許された。これにより忠蔵が二年前に譲り請けた酒株をもって酒造を再開できた。ただし、その酒株の従来の酒造高が不明であったため、この酒株は本来「千石酒屋」が持っていたものと伝え聞いているとして、生産高を一〇〇〇石と上申し、本家が所持した酒株については、近年、酒造りをしていなかったので、最仕舞の造高を役人は記録した。役所の吟味で、こうした曖昧な酒造高の申請が認められた背景には、当時半田では酒造株で、「分け株と唱へ自分の持ち株を他人に分けゆず」られており、その場合、例えば、一〇〇〇石の株を持つ人は三〇〇石を他人に譲り、七〇〇石を残して自己株とし、なお一〇〇〇石を造り、三〇〇石の人も五〇〇石造りとして、酒造りをしてきた慣習があったからと思われる。(18)ともあれこの年、「酒造、忠蔵方三百五十石出来」とあり、小栗家は酒造を再開した。

しかし、小栗家の酒造りは順調に進まなかった。翌一七八九年正月に杜氏藤蔵が暇を願い出たため、成岩の藤吉が杜氏になり、九月に前年と同様に三の一の酒造高にするよう命じられた。また、同年一〇月の酒値段は、「江戸酒宜候得ハ、新酒積船長居不参、田舎新酒十八両迄下リ古酒小樽山八、山七供二三両迄有之候、新酒積船三十晦位ニ入船皆早下落十壱二両」と、新酒値段は一一～一二両まで、古酒小樽の値段が二～三両まで下がった。翌一七九〇年正月には「酒甚不足、大樽物十壱弐両、半田新物七八両一向相手なし」、「二月　又々不足半田新物六両位有之、三月末頃直悪拾両位」、「当冬江戸酒宜拾三四両位、春ニ至リ下落」とあり、小栗家が酒造を再開したものの、酒取引の引き合いが少なく、酒の値段も下値傾向が続いていた。事実、一七九一年は「正二三月　江戸酒下値」、続く九二年も「正月酒下値」と「調法記」には記録されている。小栗家にすると、手続きを踏んで、公式に酒造りが出来るようになったが、その生産量は酒株の三分の一に制限されたうえに、酒の取引価格が安い状態が五年間も続いた。

これに加えて、幕府の酒流通への統制が強まった。まず、一七九一年の一二月末には「公儀ニて下り酒四五年ノ間ノ分不残書上候様ニ問屋へ」仰せられたが、これに対し、小栗家は「甚難渋之由、春迄日延願イ」を行った。幕府は、最近の四、五年間分の江戸への積下り酒出荷量を把握することを手始めに、酒の流通統制を本格化させた。一七九二年の「調法記」には、正月、「浦賀御番所ニて酒荷物送状ニて御吟味被仰出、送リ状数多く候処、口別送リ状此時初ル」とあり、浦賀番所での下り酒入津改めと送り状改印の仕法が行われたことが分かる。(19)また同年一一月の記録には、公儀が、「国々下り酒高相極、尾州弐万八千樽、三州弐万七千樽、去辰巳午三ケ年ノ積下し酒屋へ割付」けるように命じたとある。幕府のこの措置に対しては、尾張の酒屋らの反感は強く、翌一七九三年には「正月ゟ　酒屋参会折々有之、亀﨑仁左衛門殿御国奉行所へ持込、公儀ゟ被仰出候酒屋斗ニてハ近年ノ酒屋甚難儀故、酉戌亥三ケ年之酒積下し之仕切ヲ取寄割付有之候、手前分二百十八樽当リ分」と亀崎村の仁左衛門が御国奉行所に対して、幕府の分量目当高は、配分の基準となった一七八四（天明四）年、八五年、八六年と全国的に凶作で大飢饉が続いて国内酒造差留中の実績をもとに算出した数字であると主張し、基準を一七八九（寛政元酉）年、九〇（戌）年、九一（亥）年の三年間の下り酒出荷量を基準とした割当量に改正させるに至った。その結果、小栗家には酒二一八樽の下り酒の出荷が割り当てられたのである。

幕府の酒造統制が強化されて、酒造経営の危機が続くなかで、小栗家の家族に再び不幸があった。一七八四年に七代三郎兵衛が急死した後、六代三郎兵衛が再び酒造経営を担いはじめ、また七代目の遺児である千代吉に家督を継がせようと養育してきたが、九一年九月二二日に千代吉は「疱瘡ニテ死去」した。そのため、六代三郎兵衛の実子である忠蔵が八代目を継ぐこととなり、忠蔵は一七九三年四月五日に妻を迎え、この「慶事ゟ東本家へ移」った。その三カ月半後の七月二〇日頃から雨天が続き、同月二四日には横松西堤が切れ、半田村にも水が入った。その水は、「西側屋敷へハ少々つゝのり込、これにより「畳ヲ上ル内有之候」と、家屋内まで被害が及んでいた。

一七八四～九三年の小栗三郎兵衛家は、後継者の急死と寛政の改革における酒造統制政策の影響で、酒造経営が困難な状況に追い込まれ、その上、洪水被害に遭ったのである。その結果、小栗家の酒造経営も次第に縮小に向かったと考えられ、前掲表5－1でも、一七八〇年代は、五〇年代後半～六〇年代前半に比して酒造規模が半分程度になったと推測できる。それに追い打ちをかけたのが、尾張藩の調達金の負担で、一七八二年には、知多郡全体に調達金が課せられ、小栗家も二五〇両を負担し、知多郡全体では一万五〇〇〇両の調達金となった。[20]この時以外にも頻繁に調達金が課せられ、小栗三郎兵衛家は一七六五～一八〇一（享和元）年までに計一三回、合計額で四四二両一分二朱を負担した[21]。特に酒造経営が思うにまかせなくなった一七八三年以降一八〇一年までの調達金は合計八回、総額三七一両二分二朱に上り、前述したような当時の小栗家の酒造経営を考慮すれば、その負担は大きなものであり、事実、小栗家は調達金を課さないよう何度も御役所に願い出ていた。実際、表５‐１に戻ると、この時期には、問屋向けの酒の樽売、消費者向けの酒の小売ともに縮小傾向にあり、酒粕の販売でそれを補っている状況となった。

こうした状況下で、六代三郎兵衛は酒造業を止める決断をした。「調法記」の一七九四年の記録の最初に、「毎年不都合勝故、西屋敷酒造道具迄も上林七へ願売払筈ニ正月引合下候、六月福須村中貫平右衛門様之有萩村忠助ト申者五百八拾両ニて相究書付遣ス」とあり、西屋敷酒造道具まで一式を売却することを決意し、六月には具体的な買主が決まったので、五八〇両で売却する旨の書付を遣わした。六代目は七月五日に剃髪して「尚友」と改名し、「八月頃酒小株八十五両にてうり上林七店御始、十一月朔日　酒株三百九拾両横須賀糀屋長三郎殿へうり上藤屋店御始」と、合計四七五両で上半田村の林七と横須賀村の糀屋長三郎に酒株を売却した。この一七九四年の六代目の剃髪とともに忠蔵が八代三郎兵衛を継いだと考えられるが、「当年九月末店中豊年ニ与酒造かかり出候、皆造り御免被仰出併江戸積ハ分量ノ外ハ不相成」とあり、前年の夏に老中松平定信は辞職していたため、生産面で酒造高制限はなくなったものの、江戸積酒について依然として出荷制限が行われていた。

幕府の政策転換は、西屋敷の売却に少なからず影響し、「追々勝手向不都合ニ付、西屋敷買人も埒明不申、林七ト色々相談申上、本宅ヲ売筈ニ相談相極、中野又左衛門へ来年八月受取ニして七百三拾両ノ積り致候所、彼是致内皆造り御免ノ御触故先方与止参ル」と西屋敷の売却話が進まないなかで、小栗家は経済的に苦しかったため、中野又左衛門に本宅を七三〇両で売却する予定であったが、急に幕府の酒造制限が解かれたので、中野家から売却話を断られた。そこで六代三郎兵衛は、「西屋敷普請、店台所下台所ハ名古屋ニて新ニ切組せ、冬中ニ積参ル」と、次の事業のために、西屋敷の普請に取り掛かった。この普請は翌一七九五年の「正月四日与普請ニ取懸リ」、「二月八日ニ柱立」となった。

そして小栗家は、「六月十一日家移り　店開万物買人」すなわち「万物商売」を始めたのであった。

第2節　一九世紀初頭の経営動向

小栗家では、本来「酒造方重モノ家業」との認識であったが、同時に「見世（商業）モ亦大切」な事業との認識があり[22]、酒造業廃業以降は、主に商売を家業としたと考えられる。一七五六（宝暦六）年正月時点の勘定で、酒米以外に在荷として、米・大麦・大豆が挙げられており[23]、一八世紀中葉から小栗家は穀物商売を営んでいた。そして前述のように、酒造業廃業後の一七九五（寛政七）年に、「萬屋三郎兵衛店（萬三）」を開店するに至ったと考えられる。「調法記」では、酒造業廃業後も大豆、小豆、米、麦などの相場に関する記述が連年記載され[24]、新規開店した店でも穀物商売が中心であったと考えられるが、のちに主力商品となる肥料の記載はない。小栗家所蔵史料には、一九世紀初頭のものが少なく、肥料を扱い始めた時期は定かではないが、一八一三（文化一〇）年初頭の在荷書上げに肥料が含まれておらず[25]、それ以降であったといえる。第二次世界大戦後まもなくに萬三商店が提出した社歴の控えには、一八二〇（文政三）年に魚肥の販売を始めたとの記載があり[26]、二〇年前後に肥料を扱い始めたと考えておきたい。

さて、酒造業廃業に至った小栗家の困窮は、「萬屋三郎兵衛店」を開店した後も続いた。すなわち「調法記」には、一七九八年に「六月本宅又左衛門殿へ相渡候、八日喜左衛門旧家かへ移ル、（中略）九月廿七日喜左衛門御家ゟ七左衛門隠居家へ移ル」とあり、さらに翌九九年の「調法記」には、「六月廿八日　長兵衛家へ移ル、（中略）盆頃ニ隠居屋普請ニかかり十二月廿日ニ移ル」とあり、小栗家は本宅を（中野）又左衛門に売却して仮住まいを転々としつつ、一七九九年末にようやく普請が済んだ「隠居屋」に戻ったことが分かる[27]。表5-2を見よう。この表は、一八世紀に小栗家が取得した土地をまとめたものであるが、34・40・49・50・54番にあたる屋敷地を、小栗家は又左衛門に一七九八年に売却していた。小栗家が同年末に役所へ願い出た書上にも、「私儀前々ゟ年少分御金御用相勤申候得共、追々内輪困窮仕商売取続難相成無拠、数代之酒株酒蔵道具一臺、其外本家蔵屋敷等迄当六月売払只今ニ而ハ他借金指加元手金ニ仕、漸荒物商売ニ而渡世仕候仕合ニ御座候」とあり[28]、この間の同家の困窮の様子が窺える。

こうして、「荒物商売」として店を新規開店した小栗家は一九世紀に入ってようやく商売が安定したと考えられ、「調法記」の一八〇一（享和元）年の記述に、「当年九月醤油ニかかり五尺桶六本仕込杜氏吉田彦吉」とあり、新たに醤油醸造業を始めた[29]。一八一三年初頭の資産書上に、「醤油売帳かし」の項目で一〇〇両三分、「醤油粕売帳かし」の項目で二五二匁三分の金額が書き上げられたので、醤油醸造経営を一九世紀初頭に行っていたことは確認できるが、一八二五年初頭の資産書上でも、「醤油売帳かし」の項目で一〇〇両三分、「醤油粕売帳かし」の項目で二五二匁三分の金額がそのまま書き上げられており、おそらく醤油醸造経営は、一八〇一年に開始して少なくとも一二年までには止めており、それ以降は残貸分が滞貸としてそのまま帳簿に転記され続けたと思われる[30]。

表5-2に戻ると、一八〇六年と一一年にかなりの耕地が売却されており、八代三郎兵衛の時代も小栗家の困難は続いた。その大きな要因は、一七世紀後半に様々な相手に貸し付けた貸金の返済が滞ったことがあり、八代三郎兵衛の代に一八一三年初頭と二五年初頭の二回にわたり資産確認が行われたが、一三年初頭時点の総資産二五七八両のうち、古掛帳分が六二二両二分、大福帳貸分が一三七四両一分であり、二五年初頭時点の総資産二七一五両三分のうち、古掛帳分が六三二両二分、大福帳（古貸場）分が八六五両二分、諸家指引貸分が四〇三両二分であった[31]。つまり、一八一三年初頭時点の大福帳貸分のかなりの部分が滞貸（不良債権）となっており、表5-2にみられるように、小栗家は一八二二・二三年にもかなりの耕地を売却・譲渡して、所有耕地のほとんどを手放すに至った。ただしそのなかでも37番の畑地については売却せずに一八二五年に貸家を建て、同年より貸家経営を始めた。表序-10に戻ると、一八二六年から貸家普請三四両が資産に計上されており、二五年の貸家建築に三四両が支出されたと思われる。そして

表5－2　18世紀における小栗三郎兵衛家取得土地の推移

番号	地　域	所　在	種別	面　積	石　高	取得年	取得先	売却・譲渡年	売却・譲渡先
1	下北本	向田	一田	3畝24歩	7斗2升2合			1822年	上半田・仁兵衛
2	下北本	向田	一田	1畝	1斗9升			1822年	上半田・仁兵衛
3	下北本	向田	二田	16歩半	9升3合5夕			1822年	上半田・仁兵衛
4	下北本	向田	三畑	25歩半	6升8合			1822年	上半田・仁兵衛
5	下北本	南大又	二田	3畝	5斗1升			1822年	北新居・平吉
6	下北本	南大又	三田	2畝15歩	3斗7升5合	亥年11月	七左衛門	1822年	北新居・平吉
7	下北本	沢渡	三田	5畝15歩	8斗2升5合			1806年9月	内海・米屋小平次
8	下北本		屋敷	18歩	7升2合				
9	下北子新田	折戸	中田	3畝27歩	4斗6升8合			1811年7月	鍋屋忠四郎
10	下北八石新田	折戸	下田	8畝	5斗2升			1811年7月	鍋屋忠四郎
11	下北酉午新田		屋敷	18歩	7升2合				
12	下北酉午新田		屋敷	10歩	4升	1777年	七左衛門		
13	下南本	山神	二田	4畝27歩	8斗3升3合			1822年	北新居・平吉
14	下南本		屋敷	1畝 3歩	1斗3升2合				
15	下南本		屋敷	5歩	2升				
16	下南本		屋敷	21歩	8升4合				
17	下南酉午新田		屋敷	1畝21歩	2斗4合				
18	上本	桶戸	五田	8畝12歩	8斗4升	1755年12月	源蔵	1806年12月	綿屋佐右衛門
19	上本	向田	三畑	25歩	5升8合			1822年	上半田・仁兵衛
20	上本	二ツ堀地	四畑	2畝 9歩	1斗3升8合		七左衛門		
21	上本	会下山	四畑	6畝 9歩	3斗7升8合			1793年	六兵衛
22	成岩本	新荒古	中畑	2畝25歩	2斗5升5合		下半田・樽屋喜兵衛	1823年3月	北新居・茂助
23	成岩本	新荒古	中畑	3畝24歩	3斗4升2合			1822年	北新居・平吉
24	成岩本	新荒古	下畑	1畝19歩	8升2合			1822年	北新居・平吉
31	上本	勘内	二田	9畝15歩	1石5斗2升	1722年9月	下半田・太左衛門	1823年3月	上半田・太吉
32			屋敷	1畝29歩	（家1軒）	1723年8月	下半田・清右衛門		
33			屋敷	2畝 7歩		1723年8月	下半田・清右衛門		
34	下北未新田		屋敷	15歩	5升5合	1730年5月	藤左衛門	1798年6月	又左衛門
35	下南本	南大又	三田	5畝15歩	8斗2升5合	1732年12月	北新居・六左衛門	1822年	北新居・平吉
36	白山下	古新田	下畑	1畝24歩		1732年12月	北新居・勘左衛門	明和頃	北新居・林蔵
37	下南未新田	前明山	中畑	2畝22歩	2斗1升9合	1732年12月	彦九郎	〈1825年に貸家を建てる〉	
38	上本	勘内				1733年10月	市兵衛		

39	上本	中針	三田	4畝21歩	6斗5升8合	1733年12月	源兵衛	1823年3月	上半田・太吉
40	下北酉午新田		屋敷	11歩	4升4合	1735年10月	久兵衛	1798年6月	又左衛門
41	下南子新田	奥	下田	1反18歩	1石6升	1736年	三郎左衛門	1811年7月	鍋屋忠四郎
42	下南子新田	奥	中田	5畝15歩	6斗8升	1736年	三郎左衛門	1811年7月	鍋屋忠四郎
43	下北子新田	折戸	中田	3畝27歩	4斗6升8合	1736年	三郎左衛門	1811年7月	鍋屋忠四郎
44	上本	大須賀	四畑	3畝12歩	2斗4合	1738年8月	与左衛門	1806年12月	綿屋佐右衛門
45		大又	二畑	4畝 4歩		1736年11月	北新居・太郎兵衛		
46		古新田	下畑	3畝 5歩		1739年1月	北新居・長八		
47	下南八石新田	折戸	上田	3畝	2斗8升5合	1739年12月	仁左衛門		
48	下南八石新田	折戸	下田	3畝21歩	2斗4升5合	1739年12月	仁左衛門	1823年3月	北新居・蔵妙
49	下北本	中村	屋敷	1畝11歩	1斗6升4合	1739年12月	平八	1798年6月	又左衛門
50	下北本	中村	屋敷	22歩	8升8合	1740年2月	七兵衛	1798年6月	又左衛門
51		古新田	下畑	3畝 5歩		1740年4月	北新居・長八		
52	下北未新田		屋敷	15歩	5升5合	1741年12月	忠左衛門	1777年	七左衛門（7歩5厘）
								1798年6月	又左衛門（7歩5厘）
53	下北本	中村	屋敷	1畝18歩 5厘	1斗9升4合	1745年12月	重作		
54	下北本	中村	屋敷	16歩	6升4合	1752年2月	半左衛門	1798年6月	又左衛門
55	下南本	南蒲池	一田	8畝 9歩	1石5斗7升7合	1754年2月	源兵衛		七之丞（2畝25歩）
								1813年	雲観寺（1畝4歩）
56	上子新田	奥	下田	1畝21歩	1斗7升	1755年12月	源蔵	1806年9月	内海・米屋小平次
57	上子新田	奥	下田	3畝15歩	3斗5升	1755年12月	源蔵		
58	上子新田	奥	下田	2畝18歩	2斗6升	1755年12月	源蔵	1806年3月	中本屋林七
59	上子新田	奥	下田	1反2畝 3歩	1石2斗1升	1755年12月	源蔵	1806年3月	中本屋林七
60	上子新田	奥	下田	3畝21歩	3斗7升	1755年12月	源蔵		
61	上浜新田	奥	下田	1畝24歩	1斗2升7合	1755年12月	源蔵		
62	上後出新田	奥	上田	3畝27歩	3斗7升1合	1755年12月	源蔵		
63	上後出新田	奥	上田	27歩	8升6合	1755年12月	源蔵	1806年3月	内海・米屋小平次
64	上後出新田	奥	上田	1畝 3歩	1斗5合	1755年12月	源蔵		
65	上本	桶戸	四田	1反3畝21歩	1石5斗7升	1755年12月	源蔵	1806年3月	綿屋佐右衛門
66	上見取	新地	田	12歩		1755年12月	源蔵	1806年3月	綿屋佐右衛門
67	下南本	沢渡	三田	1畝 9歩	1斗9升5合	1757年4月	下半田・孫四郎	1806年9月	内海・米屋小平次
68	上本	南横杭	四田	1反27歩	1石1斗9升9合	1757年12月	三郎平	1823年3月	岩滑・金十
69	上本	養仙庵	三畑	3畝18歩	2斗5升2合	1759年2月	忠左衛門		
70	上浜新田	浜	下田	1畝 3歩	7升2合	1759年12月	与左衛門		
71	上浜新田	浜	下田	1畝27歩	1斗2升4合	1759年12月	与左衛門		

72	上浜新田	浜	下田	3畝 3歩	2斗2合	1759年12月	新左衛門		
73	上本	北横杭	四田	9畝21歩	1石6升7合	1760年3月	平左衛門	1823年3月	岩滑・金十
74	上本	勘内	一田	1反1畝 9歩	2石3升4合	1760年3月	次郎左衛門	1806年3月	中本屋林七
75	上本	勘内	二田	21歩	1斗9升2合	1760年3月	次郎左衛門	1806年3月	中本屋林七
76	上子新田	奥	下田	3畝 3歩	3斗1升	1764年12月	庄八		
77	上本	勘内	一田	8畝27歩	1石6斗2合	1767年8月	五左衛門	1806年12月	綿屋佐右衛門
78	上本	勘内	一田	3畝 6歩	5斗7升6合	1767年8月	五左衛門	1806年12月	綿屋佐右衛門
79	上本	大坪	四田	9畝 9歩	1石2升3合	1767年8月	五左衛門	1823年3月	岩滑・金十
80	上本	大坪	四田	3畝12歩	3斗7升4合	1767年8月	五左衛門	1823年3月	岩滑・金十
81	上本	大坪	五田	27歩	9升	1767年8月	五左衛門		
82	上本	鐘場	三畑	1畝18歩	1斗1升2合	1767年8月	五左衛門		
83	上本	鐘場	三畑	1畝15歩	1斗5合	1767年8月	五左衛門		
84	上本	鐘場	三畑	1畝24歩	1斗2升6合	1767年8月	五左衛門		
85	上本	鐘場	三畑	2畝12歩	1斗6升8合	1767年8月	五左衛門		
86	上本	鐘場	四田	2畝12歩	2斗6升8合	1767年8月	五左衛門		
87	下北未新田	前明山	中畑	3畝11歩	2斗6升9合	亥年	半七		
88	下北本	中村	屋敷	18歩	7升2合	1767年11月	不着子		
89	上本	石塚	四田	1反1畝 3歩	1石2斗2升1合	1769年	小左衛門	1822年	岩崎甚三郎
90	上本	石塚	四田	9畝27歩	1石8升9合	1770年1月	忠兵衛	1806年12月	綿屋佐右衛門
91		初見聞	下畑	10歩		1770年5月	北新居・雲沢寺		
92		初見聞	下畑	29歩		1770年5月	北新居・雲沢寺		
93	下南本		屋敷	21歩（家1軒）	8升4合	1770年6月	五左衛門		
94	上本	石塚	四田	9畝24歩	1石7升8合	1771年3月	吉蔵	1823年3月	岩滑・金十
95	上未新田	平子	中畑	6畝 3歩	4斗8升8合	1771年3月	吉蔵	1806年9月	内海・米屋小平次
96	上未新田	平子	中畑	2畝28歩	2斗3升5合	1771年3月	吉蔵	1806年9月	内海・米屋小平次
97	上未新田	平子	中畑	5畝 4歩	4斗1升7夕	1771年12月	新八	1823年3月	岩滑・徳右衛門
98	上浜新田	浜	上田	8畝21歩	8斗2升6合5夕	1772年1月	上半田・惣兵衛		
99	上浜新田	浜	中田	4畝	3斗2升	1772年1月	上半田・惣兵衛		
100	上本宮田	大須賀	四田	2畝 9歩	2斗5升3合		上半田・兵吉	1823年3月	岩滑・金十
101	上浜新田	浜	下田	4畝12歩	2斗8升6合		上半田・兵吉		
102	上本宮田	大須賀	四田	1畝 6歩	1斗3升2合	1772年			
103	上本	石塚	四田	7畝 6歩	7斗9升2合	1772年	惣三郎	1823年3月	岩滑・金十
104	上本	大坪	四田	4畝27歩	5斗3升9合	1772年12月	上半田・五左衛門	1822年	岩崎甚三郎
105	上本	大坪	四田	6畝 3歩	6斗7升1合	1772年12月	上半田・五左衛門	1822年	岩崎甚三郎
106	下南未新田	前明山	中畑	1畝 3歩	8升8合	1773年10月	権四郎		

107	下南末新田	前明山	中畑	17歩	4升5合	1773年10月	権四郎		
108	上本	鶴谷	五田	8畝21歩	8斗7升	1773年	上半田・利左衛門	1806年3月	みざき
109	上本	鶴谷	畑	（無畝）	1升5合	1773年	上半田・利左衛門	1806年3月	みざき
110	下北本	沢渡	一田	7畝 3歩	1石3斗4升9合	1774年7月	太郎助	1806年9月	内海・米屋小平次
111	上本	西之口	四田	8畝 9歩	9斗1升3合	1774年	上半田・惣三郎	1822年	上半田・仁兵衛
112	上子新田	奥	下田	6畝 9歩	6斗3升	1776年8月	太郎左衛門		
113	上本	石塚	四田	8畝	8斗8升	1778年11月	上半田・助次郎	1806年3月	みざき
114	上本宮田	五番	五田	2畝	2斗	1778年11月	上半田・助次郎	1823年3月	岩滑・金十
115	上本宮田	五番	四田	5畝24歩	6斗3升8合	1778年11月	上半田・助次郎		
116	上見取	樋戸	田	2畝28歩		1779年3月	上半田・役人中	1806年12月	綿屋佐右衛門
117	下北本		屋敷	15歩	6升	1779年6月	孫四郎（伊勢屋屋敷）		
118	下北本	南蒲池	二畑	6歩	2升	1780年2月	源次郎		
119	下北本	南蒲池	三畑	1畝12歩	1斗1升2合	1780年2月	源次郎		
120	下北末新田	前明山	中畑	1畝 3歩	8升8合	1782年2月	竹左衛門		
121	上末新田	西ノ口	下田	10歩	3升	1785年3月	上半田・平左衛門	1806年12月	綿屋佐右衛門
122	上末新田	西ノ口	下畑	5畝15歩	2斗7升5合	1785年3月	上半田・平左衛門	1806年12月	綿屋佐右衛門
123	下北本	大坪	四田	1畝 9歩	1斗5升6合	1791年2月	上半田・孫四郎	1806年3月	みざき
124	北本	南蒲池	一田	1歩 7厘	1升1合				
125	下北			13歩 1厘	5升4合				

（出所）天明2年「御前控」、寛政7年「田畠掟之帳」、寛政10年「田畑番附」（以上、いずれも小栗家文書63-61、268-4、101-12）より作成。

（注）地域欄の、上下は、上半田・下半田の略、北南は、下半田のなかの北組・南組の略、本は新田ではなく本田のことを示し、新田はそれぞれ新田名を付した。種別は、土地のランクを示し、それぞれ斗代は、上田（9斗5升）、一田（8斗）、二田（7斗）、下田（6斗5升）、三田（5斗）、中田（2斗）、四田・五田（1斗）、中畑（8斗）、三畑（7斗）、四畑（6斗）、下畑（5斗5升）、屋敷（2斗）となっていた。取得先欄は小栗家が土地を取得した際の相手を示す。この表は、18世紀から1823年頃の小栗三郎家の土地保有状況を示している。1813年の雲観寺への1畝4歩の土地の譲渡は、宗山居士（小栗家開祖）の祠堂を設けるため。土地移動の結果、寛政7年「田畠掟之帳」によれば、1823年3月時点の小栗三郎兵衛家の保有田畑石高は11石4斗3升5合となった。

同年の「家賃帳」が小栗家に残されている。[32] 小栗家が不動産経営のあり方を模索していた時代と言えよう。資産の多くを失った小栗家は、一八二〇年代後半より肥料商売に重点を移す。一八二八年の勘定から「三保蔵より」の項目が入り、八代三郎兵衛の実子三保蔵が八代に代わって商売を担当するようになり、二八年の萬屋三保蔵の「大福帳」は、①〆粕売買覚、②売場、③糠売買覚、④穏乗丸七郎衛積、⑤溜り仕入、⑥煙草仕入、⑦中買、⑧諸方附込、の八つの項目からなっていた[33]。大福帳の冒頭に〆粕売買が来ることから、この時期には肥料商売が経営の中心であったことが分かり、売場での売買は、棉、溜、莨（煙草）が多かった。ただし、溜（溜醤油）の販売・仕入額ともに少なかったので、自家醸造ではなく商売として溜を扱っていたと考えられる。穏乗丸七郎衛は、亀崎の醸造業者の伊東七郎衛の廻船と考えられ、その積荷が津軽米と〆粕であったので、当時の「萬三」は伊東七郎衛の廻船から遠隔地からの商品を仕入れていた。「中買」項目の中心は、西尾蔵米や津軽米などの米や大豆、種油であり、諸方附込には遠隔地の取引相手はみられず、三河地域が中心であったので、一八二〇年代の萬屋三郎兵衛店は、肥料取引に重点を移したものの、棉、煙草、糠、米、大豆、種油など多様な商品を三河地域や地元向けに販売していた。

その後、一八二九年に八代当主が亡くなると、三保蔵が九代三郎兵衛を継いだと考えられるが、九代三郎兵衛は商売の取扱商品を穀物と肥料に集中させて遠隔地取引へ進出するようになる。本書第9章で論じるように、一八三四（天保五）年から江戸問屋との取引が少しずつ現われ、三八年からは江戸や浦賀の問屋との取引が多くなり、決済の仕方も、現金の受け渡しから為替手形が利用されるようになった。それとともに、総資産も次第に増大して一八四一年には三一七九両となった[34]。

第3節　幕末・維新期の酒造経営

一八三〇年代から関東干鰯を江戸・浦賀の問屋から直接仕入れ始め、六〇年代には北海道産魚肥も扱うようになり、肥料商経営を拡大した萬屋三郎兵衛店は[35]、最幕末期に酒造経営を再開した。その背景には半田における三郎兵衛家の地位上昇があった。一八世紀末から一九世紀初頭にかけて資産を急減させた三郎兵衛家は尾張藩の御用金に苦しんだが、一九世紀前半に次第に資産額を回復させると一八五〇年代から再び尾張藩の御用金を負担し始める[36]。一八五三

（嘉永六）年に家督相続した一〇代三郎兵衛は、五六（安政三）年から献上金五〇両を一カ年に五両ずつ一〇年にわたって納めることを申し出て、その功績で五八年二月に一代切苗字が認められ、それ以降、公文書で「小栗三郎兵衛」の姓名が記される。献上金は順調に納め続け、七年間納めたところで一八六二（文久二）年三月より三郎兵衛家は下半田村の庄屋役を仰せ付けられた。その庄屋の時期の一八六三年正月に、徳川将軍の上京に際しての献上金の割り当てが半田村にも来て、三郎兵衛家は一三〇両を献金した。その結果、同年三月に知多郡海岸守裁許役を仰せ付けられ、同年七月に一代切帯刀を認められ、翌六四（元治元）年九月に一代切御目見身分を得た。

こうして同じ御目見身分の中野半六、中野又左衛門、小栗富治郎とともに半田を代表する名家となった三郎兵衛は、その後も継続して多額の御用金を引き受けた[37]。すなわち一八六四年の第一次長州戦争の際に一四〇両、六七（慶応三）年に一二七両、王政復古後も新政府に六八～六九（明治元～二）年にかけて四〇三両の献金を行い、六八年には各地に設置された商法司の肝煎を務め、七〇年には郡役所の御用達を申し付けられた。

かくして一八世紀後半に酒造経営を行っていた時期以上の地位を地域社会で獲得した三郎兵衛家は、一八六二年三月に庄屋に就任してから酒造経営の再開を試み始めた[38]。その時期は、半田村の酒造大行司が一族の小栗太郎兵衛家であり、三郎兵衛家が酒造経営を再開する絶好の環境であった。その際、当主の弟の信次郎（恵一郎）への財産分与が酒造経営再開と組み合わされ、まず一八六二年六月に恵一郎の名前で、知多郡荒子村儀左衛門所持の酒造株（石高二二〇石）と知多郡小鈴谷村善作所持の酒造株（石高九二〇石）がそれぞれ恵一郎に譲渡された（購入された）届出が尾張藩に出された。ただし、再開するには酒造規模が大きすぎたと思われ、二二〇石の酒造株は同年八月に丹羽郡の与兵衛に再び譲渡（売却）された。残りの石高九二〇石で恵一郎は酒造経営を開始する予定であったと考えられるが、準備不足のためかこの九二〇石の酒造株を半田村庄右衛門に一八六二年八月に譲渡し、庄右衛門は翌六三年五月にこの酒造株を五〇〇石株と四二〇石株に分割する届けを藩に願い出ている。このうち五〇〇石の酒株は一八六三年一〇月に半田村定吉に譲渡されており、六二年に恵一郎が取得した九二〇石の酒株は、いったん五〇〇石分は半田村定吉に、四二〇石分は半田村庄右衛門に所持されることとなった。

三郎兵衛家の酒造経営の再開が遅れた要因は定かでないが、一八六四年二月に三郎兵衛は庄屋役を退くことを藩に願い出ており、同年九月に三郎兵衛の実母が大病のため他村から医師を招いて診察を受ける願いが出されているため、三郎兵衛家の家庭的状況により酒造経営再開が遅れたとも考えられる。三郎兵衛の実母はその後回復し、三郎兵衛家は一八六五年より酒造経営を開始した。すなわち、もともと一八六二年に取得してその後半田村定吉と庄右衛門が所持することとなった九二〇石分の酒株を、六五年七月に半田村定吉から酒造石高五〇〇石の酒株を、そして同月に半田村庄右衛門から酒造石高四二〇石の酒株を再度譲り受けることで取得し、さらに六九年には半田村半太郎から酒造石高六〇〇石の酒株を譲り受け（購入し）、弟の信次郎にその経営を任せた[39]。最幕末期は、前述のように尾張藩が積極的に酒株の新株を増やした時期で、信次郎は恵一郎名義で酒造経営を始め、六五〇両を納めて酒造石高一〇〇〇石の新株を取得し、七〇年には合計二五二〇石の酒株を所有するに至った。もっとも所有株の石高すべてに対応して醸造できるわけではなく、近世期の酒造制限のなごりがあり、一八七〇年には酒株の石高の三分の一の酒造が許可されたので、恵一郎店は、酒造米八四〇石の醸造が認められた[40]。

その後の醸造石数の推移をみると、一八七一～二年にかけては酒造米石高九九九石八斗一升の届けが県に提出されており、七二～七三年にかけては酒造米石高九〇〇石と届けられた。この酒造米九〇〇石から実際に清酒は一二六〇石が生産され、その税金として約二二四円が一八七三年一二月に小栗恵一郎から政府に納められた。そして一八七三～七四年にかけては、酒造米一〇〇〇石が醸造され、七四年に生酒一二〇〇石が生産された[41]。そして一八七六年五月には、その年度の清酒生産高が九一〇石七斗五升五合になった届が出されたものの、同年から翌年にかけて桶の売却や解体を部分的に行い、七七年四月の届では、同年度の清酒生産高は三九四石四斗二升二合に止まった[42]。

表5－3　明治初期萬屋恵一郎店店卸勘定

（単位：1872年まで両、それ以降円）

期末年月	在　荷	内 道具類	内 酒・粕類	預け荷物	建物	有金銭	大福帳	本　家	差　引
1869・7	10,181	485	9,696	3,133	8,000	18	△647	△23,902	△3,215
1870・7	12,810	1,413	11,396	8,295	8,000	11	△3,970	△25,171	13
1871・7	10,312	1,591	8,721	3,884		11	△2,251	△15,587	△3,631
1872・7	7,660	1,260	6,400	4,830		31	△3,062	△12,221	△2,762
1873・3	8,303	1,526	6,777	11,377		1	△10,242	△11,097	△1,658
1874・5	12,375	1,423	10,952	11,113		15	△8,005	△15,180	△318

（出所）　各年度「店卸下調帳（萬屋恵一郎）」（小栗家文書）より作成。
（注）　無印は貸、△印は借を示す。本家には借財と建金利息が含まれる。

このように明治初期の恵一郎店は、一〇〇〇石前後の酒造米を醸造して、一二〇〇石前後の清酒を製造していたが、この経営規模は当時の半田村のなかでは大きい方であった。すなわち酒造経営の規模を示す単位として当時は、一晩で白米一〇石を醸すことができる醸造規模を「一つ仕舞」と呼ばれたが、大正期の酒造家からの聞き取り調査では、明治初期の恵一郎店は「二つ仕舞」とされていた[43]。明治初期に「二つ仕舞」以上の規模をもっていた半田の酒造家は七軒であり、一八七二年の調査で、半田村の酒造家が四〇軒あったとされたので、恵一郎店の醸造規模はかなり大きい方であったと言える。そして酒造の蔵人として「一つ仕舞」につき一六人の定めとされたとのことなので、恵一郎店には蔵人として三〇人前後が働いていたこととなる。

その経営資金は、本家（三郎兵衛家）から供給された。表5－3を見よう。恵一郎店の期末資産では、在荷、預け荷物（清酒）、建物、有金銭、大福帳での貸借、本家との貸借が挙げられた。表序－11と見比べると明らかであるが、建物の八〇〇〇円は本家が一八六八年から「恵一郎建金」として出資したものであり、酒造蔵を本家が建設してそれを信次郎（恵一郎）へ分与して分家させたと考えられる。建物以外にも、一八六四年から恵一郎貸渡金として、酒造株を取得する資金や営業資金を本家は恵一郎に貸し渡しており、それが本家からの借入金として恵一郎店の店卸勘定には残された。そのため、表5－3に見られるように、一八六九・七〇年時点では、本家よりの借入金がかなり多く残っていた。また酒造経営の場合は、原料米

表5－4　萬屋恵一郎店主要販売先酒販売額の推移

（単位：1871年まで両、それ以降円）

販売先	年度／所在	1866	1867	1868	1869	1870	1871	1873	1874	1875	1876	1877
米屋（高井）房太郎	東京	1,257	2,187	3,319	2,440	3,012	2,210	1,688	189	42		
鹿島利右衛門	東京	850	1,338	1,694	1,452	1,389	1,652	1,911	2,843	2,528	644	142
山田五郎助	東京	420	857	609	785	2,115	3,728	2,397	2,384	1,192	418	912
伊坂熊次郎→市右衛門	東京	415	878	946	1,343	5,725	7,397	2,887	3,621	1,377		
中井新右衛門	東京	170	21			近江屋吉右衛門	146			三橋甚蔵	652	
鹿島清兵衛	東京	50	6							1,649		
高橋門之丞	東京					431	2,546	389				
小西又三郎	東京					144	1,275					
坂上伝右衛門	東京						260					
溜屋（高井）房次郎	東京							1,176	229	1,381	400	94
小　計		3,162	5,287	6,568	6,020	12,816	19,214	10,448	9,266	8,169	2,114	1,148
江戸屋（三次）六兵衛	浦賀		146		56	56	73			583	486	
萬屋（万全丸）三太郎	手船				241	15	16	3	（徳太郎）	219	8	
萬屋（万寿丸）三八	手船				5	50	150		諸国廻船7隻	589		
萬屋（万栄丸）三次郎	手船					66	20					
萬屋（万久丸）三九郎	手船									6		
又一郎	本店店員						16		萬屋三保蔵	5		
笹屋利平	三河			45	50			萬屋与七（三河西尾）	25			
問屋利兵衛	尾張			18	51			萬屋喜助	1			
孫八	尾張			116					稲垣彦右衛門	146		
仲徳丸和太郎	尾張			112					徳倉庄之助	135		
保倉屋長四郎	尾張			71					瀬戸四方造	92		
清正丸末吉	半田			44					中根誠治郎	33		
弥八	半田			37					綿屋林右衛門	22		
材木屋惣兵衛	名古屋			33					石川又一	19		
各切屋喜兵衛	伊勢桑名			29					綱蔵（三河大浜）	8		
大屋竹造				27					山川屋嘉造	8		
初右衛門	半田			13					太田松右衛門	7		
野尻利右衛門	名古屋			7	7				油屋浅助	6		5

石川小右衛門				5					鈴木荘蔵（尾張）	5		
篠田勇三郎				3					東京屋与三兵衛	5		
高崎勘三郎				2	2				稲垣長治	4		
原田友吉	三河				4				横田忠七	3		
藤田申兵衛	三河				3					服部弥八（三河）	68	
伊東七三郎						360				松坂屋直六	17	
宝来丸安治郎						112	85			佐藤一十郎（豊橋）	16	
武蔵屋弥太郎	三河岡崎						20	11				
木綿屋豊吉	三河西尾						7					
熊の屋喜兵衛	三河							7				
愛知県	愛知県							5				
米屋忠蔵	三河							3				
新美伊左衛門	尾張宮津									458	15	
深澤屋弥一郎	三河岡崎									325		
紙屋市十郎	三河豊橋									285		
小島和四郎	三河豊橋									176	38	
福島屋伝蔵	三河原田									119		
石川良蔵	三河平坂									95		
北村現金店	駿河清水									91		
妙厳寺	三河豊川									65		
小栗甚左衛門	半田									47		
三橋弥太郎	三河岡崎									31		
斎藤伝十	三河平坂									29		
坂口屋代吉	三河桜井									6		
鈴木文蔵	三河挙母									6		
伝吉船	三河中畑									3		
総　計		3,162	5,433	7,130	6,439	13,475	19,601	10,477	9,292	11,790	2,762	1,153

（出所）　各年度「大福帳（萬屋恵一郎）」（小栗家文書）より作成。

（注）　大福帳に挙げられた酒の販売額を販売先別に集計した。本家・本店および恵一郎店の蔵人・人足への酒の販売は省略した。ただし、酒は仕込みから販売まで２〜３年かかるため、仕込年の２年後に販売されることが多かった。小計より上はいずれも東京の販売先。なお、鹿島利右衛門・伊坂市右衛門・山田五郎助・鹿島清兵衛・坂上伝右衛門・高井房次郎・三橋甚蔵は、1880年の横山錦柵編『東京商人録』（湖北社、復刻版1987年）で、いずれも東京京橋区霊厳島銀町の（酒醤油）問屋として挙げられている。同書241-242頁では、高橋門兵衛も霊厳島銀町の（酒醤油）問屋として挙げられており、表の高橋門之丞のことと思われる。

表5-5　萬屋恵一郎店蔵人・人足年度末貸借の動向

（単位：1873年まで両、74年より円）

名前	出身	1868年		1869年		1870年		1871年		1873年		1874年		1875年		1876年		77年
		給金	貸借	給金	貸借	給金	貸借	給金	貸借	給金	貸借	給金	貸借	給金	貸借	給金	貸借	貸借
源六	尾張板山		183	20	47	25	33	25	41	［蔵方頭］	33	源七［支配人］		25	39	50	14	0
藤次郎	尾張板山	7	1				9		10	［麹屋］13	1		1		1		1	1
幸助	尾張坂部		3		13	［蔵頭］	10	10	18	13	21	［杜氏］30	47	［親父］(32)	1	［旧親父］(5)	0	40
只助	尾張板山				10	［麹屋］	12		13	2	9		9		9		9	9
常左衛門	尾張卯之山				10	［抱廻］	11		12		10	(2)	8		8		8	8
廣吉	三河千福	［夏蔵］			16		17	→由助	18	［夏蔵頭］	26	［人足頭］(30)	22	［頭］(22)	△1	［親父］(31)	△3	10
枝三郎	尾張北尾				8		8		11			(2)	5	(10)	2	［麹屋］(6)	0	
国五郎	寺本新田				8	［抱廻］	10		10	11	0	(3)	2	6	△4			
藤助	尾張鯏浦	［夏蔵頭］			17		21	21	26	25	0	末吉	［夏蔵］	(11)	△5			
由助	三河鷲塚	［夏蔵］			10		12	→角治郎	1	澤吉	14	［夏蔵］20	5	(20)	3	10	0	
銀次郎	寺本新田	［夏蔵］			11		12	8	0	新太郎	11	［麹屋］	11	(11)	3	［頭］(9)	0	
弥助	尾張植村						1		4	10	13	［暖気返］	10					
甚六	尾張坂部								1	→松太郎	5	［暖気返］	9					
岩吉	三河古海									［夏蔵］	18							
佐吉										［夏蔵］	0							
儀造	三河吉浜	(3)	△2		1		1		1		1	藤蔵	△25	25	△41	18	△31	△41
太助	三河藤江	7	0	7	0		3		3			熊吉	3	(10)	2	(6)	△1	
由助	尾張坂部	7	1	7	2	［死去］	1	友吉［尾張植村］		(7)	5		4		4		4	4
安五郎	尾張板山		2		2		2	藤市［三河吉浜］			△2	(9)	4		4		4	4
友平	三河奥郡	(2)	1		2		0	留吉［三河金谷］		(19)	△5	(9)	14	留造		(5)	0	
作右衛門	三河中根		0		0	弥七［三河古海］			4	(7)	0		2		2		2	2
房助	尾張大府	(1)	2	(1)	0	弥三郎［尾張植村］			3		5		5					
伝助	三河吉浜	(3)	△2		0	卯兵衛［三河天王］			2		0		0					
米太郎	三河吉浜	(1)	0	(2)	0	伊兵衛［尾張吉川］			1		2		0					
梅三郎	三河吉浜	(1)	△1	(2)	△2			平吉	1		0	冨蔵［三河挙母］			3		3	3
太七	三河吉浜	(1)	△1		0			寅吉	3	国五郎［尾張板山］			0		0			
菊助	三河吉浜	1	△1		0			久吉	2	伊之吉［尾張坂部］			6	(9)	△3			
仲蔵	三河奥郡	(3)	1	(2)	1			小左衛門	3	惣右衛門［尾張彦洲］			5	(8)	1			
助左衛門	尾張板山				2		7		9		0		1		1		1	1
吉助	三河鷲塚				0		3		3		0	乙右衛門	1		1		1	1
政平	三河奥郡				1		3		0	和助［尾張板山］			5	(6)	0			
利助	尾張北尾				2		3		1	直助［尾張北尾］			1	(11)	1			
栄五郎	尾張板山				2		6		6	友右衛門［尾張北尾］			1	(3)	0			
房太郎	尾張大府				2		2	甚之介	2	梅治郎	0					(3)	0	
蓮助	三河吉浜				2		2	源介	2	福之助	0	福太郎	5	(9)	1			
重吉	尾張米田				3		3	由五郎		(8)	1		1		1			1
伊三吉	尾張板山				2		2	喜代蔵	2	初太郎	1	初三郎	△5		△5			

恵三郎	尾張板山				2		2	要助［三河吉浜］			△6	18	△6	金蔵		(15)	0
重助	尾張米田				7		7	一右衛門	1	金治郎	3		3	直三郎		(8)	0
綱重	尾張米田				8		8			伝四郎	3		3	福造		(7)	△1
国六	尾張乙川				7		8			梅之助	3		3	光太郎		(3)	0
新左衛門	尾張大府				8		8			豊八	2		0	房五郎		(3)	0
若造	尾張板山				8		8			徳之助	4		4	甚七		0	0
清吉	尾張横松				2		2			儀兵衛	5		5	国三郎		0	0
岩蔵	尾張板山				0	鉄五郎［尾張坂部］				(10)	3	宗助	1	(6)	0		
重助	尾張北新居				0	与七		(1)	2	六太郎	0	竹四郎	5	友四郎		0	0
末吉					△1			佐平		0	0						
与左衛門	寺本新田						4		4							(5)	0
平助	尾張北尾						1		1				5	栄七		0	0
岩吉	三河新村						3		11	(6)	4	梅八［尾張北尾］		(5)	0	(3)	0
久之丞	尾張宮津						7	(4)	2		2	信吉		(11)	△1	(7)	△1
徳次郎	尾張卯之山						10		10	吉蔵	0	菊蔵	0	梅重		0	0
茂吉	尾張宮津						3	(1)	0	惣七	0	忠助	0	季蔵		0	0
林平	尾張板山						4	(1)	0	倉吉	0	鉄蔵	0	伊助		0	0
才助	尾張宮津						1		1	清之助	0	清太郎		0	0	(7)	0
冨三郎	尾張植村						4	0	0			友四郎［尾張彦洲］	5				
伊助	尾張板山						3		3			民次郎［尾張坂部］	3				
金五郎	尾張板山						4		4			浅吉［尾張板山］	2				
浅五郎							6		9			舎助［三河吉浜］	0				
愛助	三河千福						3		3			重吉［三河和泉］	0				
安五郎	尾張亀崎						3		3			弥助［三河和泉］	0				
富三郎	尾張東浦						3		3			鉄之助	△12	(12)	0		
藤七	三河新村						3		3			民蔵	2	(7)	△1		
七左衛門							2	作右衛門		(9)	0	桂助	0	幸助［三河古井］		0	0
忠左衛門							0	留吉		(6)	0	弥左衛門		0	0		
北助										(8)	0	甚六	1				
兼吉										(1)	0	冨吉		0	0		
又助										(1)	0						
伊之助	尾張坂部										6		0				
米之助	尾張植村										0						
助治郎	尾張藤江										0						
磯吉	尾張藤江										0						
孫吉	三河千福										0						

（出所）　各年度「大福帳（萬屋恵一郎）」（小栗家文書）より作成。

（注）　給金欄の括弧内は歩合賃で［　］内は役職を示す。点線より上は役職を得た蔵人・人足。給金は年給を示す。名前が途中で変更した場合は、→で示した。途中の名前の後ろの［　］内は出身を示す。貸借欄の無印は萬屋恵一郎店の貸、△印は借。給金欄・貸借欄は小数点第1位を四捨五入したので、四捨五入して0になった場合は、0と記した。貸借欄の数値は、年度末時点の萬屋恵一郎店の蔵人・人足への貸借繰越金を示し、1873年は両単位と円単位が混在していたので、1両＝1円で換算した。奥郡は渥美半島の中央部から先端部までの地域（下中邦彦編『日本歴史地名大系23　愛知県の地名』平凡社、1981年）。

の購入から製品酒の販売までにかなりの時間がかかるため、創業当初は原料米購入代金が借り越しになる可能性が高い。実際、恵一郎店の大福帳貸借はかなりの借越になっており、本家よりの借入金も合わせて、期末の合計貸借では、恵一郎店は借越となっていた。ただしその借越金額は、一八七一～七四年にかけて次第に減少していたので、酒造利益は順調に上がっていたと考えられる。

しかしその後、恵一郎店の経営は苦しくなった。表5-4を見よう。恵一郎店は、製造した清酒を主に東京の問屋に出荷しており、一八六〇年代後半よりも七〇年代前半の方が、東京への酒販売額は多く、物価上昇を考慮に入れても、七〇年代前半までは、恵一郎店の東京への酒の出荷は比較的順調に推移したと考えられる。また、酒粕も併せて製造されたが、酒粕は半田の中野又左衛門家へ酢醸造の原料として販売されていた(44)。ところが、一八七五年以降になると東京への販売額が急減する。この背景には上方の灘酒が汽船積を利用して大量に東京に出荷し、東京で供給過剰になるとともに、品質がそれよりも劣った知多酒が売れなくなったことがあったと考えられる。それに対して恵一郎店は、一八七五年に三河地域を中心とする地元への販売を拡大することで対応しようとした。しかし三河地域への販売も続かず、結果的に一八七六年に生産規模をかなり縮小した。

一八七五～七六年にかけて酒造経営がうまく行かなくなった要因として、蔵人の継承の問題もあったと考えられる。表5-5を見よう。恵一郎店では、一八六八年時点では源六を頭としてその下で十数名の蔵人が働いていたと思われるが、六九年に蔵を新たに増設(「夏蔵」)して蔵人の数が急増した。新造の蔵は藤助を頭としてやはり十数名の蔵人を新規に雇って造りを行ったので、この年から前述の「二つ仕舞」の酒造規模になったと考えられる。ところが、夏蔵頭の藤助は、一八七三年に辞めており、夏蔵頭は由助に交代し、もともとの蔵の頭の源六も一八七三年には辞めて七四年からは杜氏に幸助がなる。そして幸助も翌一八七五年には辞め、源七が新たに支配人となった。これらの蔵の責任者は主に半田近郊の板山村・坂部村から来ており、蔵人も衣浦をはさんで半田の対岸にある碧海郡吉浜や半田近郊の板山村・米田村・宮津村など特定の村から集団で雇い入れることが多かったが（巻頭地図１・３を参照）、頻繁に頭が交代したため、蔵人もなかなか定着せず、毎年大幅に蔵人が入れ替わったため、熟練の継承がうまくいかなかったと考えられる。そして夏蔵が、一八七五～七六年に売却され、最終的に七七年をもって恵一郎店は廃業となり、小栗三郎家の経営全体として醸造経営は味噌溜醸造に集中することになった。前述のように一八七八年から酒税が従価税から造石税へ転換され、廉価酒ほど酒税負担の比重が重くなったことを考えると、その直前に酒造経営から撤退して味噌溜醸造に経営資源を集中した小栗三郎家の判断は的を射ていたと言えるかもしれない。

第４節　明治初期の味噌溜醸造経営

最幕末期に酒造経営を再開した小栗三郎兵衛家は、明治初期に味噌溜醸造業も始めることとなった。そのきっかけは、一族の太郎兵衛家が明治初年に困窮した際に、親族が集まって相談し、一八七〇（明治三）年に太郎兵衛家の味噌蔵を三郎（三郎兵衛）が一六五〇円五〇銭で引き受けることに決まったことによる[45]。小栗三郎は、店員の藤助を味噌蔵の支配人として一八七〇年の冬から味噌溜醸造を開始したが、七二年までは蔵の営繕中で十分な店卸勘定ができなかった。その後、藤助が尾崎三保蔵を名乗って店名前とするとともに、七三年春から綿密な勘定をすることにしたため、第二次世界大戦後まもなくに萬三商店が提出した社歴の控えには、一八七四年が萬三商店の味噌醸造の開始とされている[46]。この藤助は、一八五六（安政三）年に萬屋三郎兵衛店の店員であった尾崎彦九朗家の婿となり、同家を相続した藤助と考えられ[47]、その性の尾崎を用いて尾崎三保蔵を店名前としたと考えられる（三保蔵を名乗った意義は後述）。

さて一八七二年の知多郡醤油製造石高届によると、尾崎三保蔵の仕込（大豆）石高は七〇〇石とされ、これは半田

表5－6　萬屋三保蔵店店卸勘定

（単位：円）

期末年月	在　荷	預け荷物	建物	有金銭	大福帳	本　家	差　引
1873・2	2,807	1,072	2,500	9	308	△7,402	△705
1874・1	3,565 1）		2,775	4	617	△7,764	△803
1875・1	3,869	485	3,000	2	1,342	△10,271	△1,574
1876・3	2,031	1,212	3,000	4	1,044	△9,977	△2,686
1877・2	2,118	263	3,000	7	1,392	△10,292	△3,511
1878・2	2,480	194	3,000	20	833	△10,635	△4,108
1879・4	1,528	317	3,000	13	794	△10,720	△5,069
1880・2	935		3,000	1	1,065	△10,054	△5,053

（出所）　明治6～13年「味噌会所店卸勘定帳」（小栗家文書63-15）より作成。

（注）　無印は貸、△印は借を示す。本家欄は本家からの借財と建金利息からなる。1879年度より三保蔵店の本家からの借財が無利子となったため、1880年2月時点の本家欄の負債が若干減少した。

1）在荷と預け荷物の合計。

地域で最大規模であり、知多郡でみても二二五〇石の盛田久左衛門家（小鈴谷）、九二〇石の萩原宗平（大野）に次いで三番目に位置していた。(48) 一八七四年の小栗三郎家の資産書上げでは、味噌蔵地の広さは三〇八坪、酒造所の広さは四七四坪とされ、船も四艘小栗三郎家は所有していた。そのうち三艘は八〇〇石積以上の大型和船で、恵一郎店の酒を東京に運んで販売したり、関東で魚肥を買い付けて半田に積み戻ったりしたと考えられる。(49) 表5－6を見よう。恵一郎店と同様に、三保蔵店も期末資産では、在荷、預け荷物（味噌・溜）、建物、有金銭、大福帳での貸借、本家との貸借が挙げられた。表序－11と見比べると明らかであるが、建物の金額は本家が一八七一年から「三保蔵建金」として出資したものであり、さらに味噌所三保蔵へ本家から営業資金が貸し渡されていた。恵一郎店の場合は、原料米の購入代金が借越になったため、大福帳の貸借がかなりの借越になったが、三保蔵店の場合は本店（「萬屋三郎店」）が味噌の原料の大豆を扱っており、原料を本店から購入したため、大福帳では主に販売先との関係が示され、貸越となった。そのため、恵一郎店に比べると三保蔵店は、店全体の店卸で借越の額は小さかったが、その借越額が年を経ることに次第に増加しており、三保蔵店は一八七〇年代には利益が上がっていなかったことが分かる。

前述のように一八七二年の届では三保蔵店の製造石高は七〇〇石で、七五年二月の期末店卸では、味噌の在荷が五八四石二斗、溜・醤油の在荷が七五石であったため、七二年の届が実態を反映していたことが分かる[50]。とすれば一八七〇年代前半の小栗三郎家の味噌溜醸造業は、知多郡でも有数であったことになるが、七〇年代後半になると製造石数は頭打ちになり、七九年二月・八〇年二月の期末店卸で味噌の在荷はそれぞれ一九〇石二斗と一九一五貫匁、一七四石六斗と七〇〇貫匁と急減した。前述のように酒税が一八七八年に従価税から造石税へ転換されることで、廉価酒ほど酒税負担の比重が重くなり、知多郡の酒造家の多くが廃業したり、味噌溜醸造業へ転業した。その結果、味噌溜醸造業での競争が激しくなり、三保蔵店の味噌溜の販路は、名古屋の特定の商人に限定されるようになったと思われる。実際、一八七九年二月の期末店卸では、売掛商品（味噌）の預け先はすべて名古屋の糸屋佐右衛門であった[51]。そのため小栗三郎家は三保蔵店の改革を断行し、一八七七年から三保蔵店の新規製造を止めて清算に入り、三保蔵を味噌溜醸造から外し、直営の味噌店を新たに開設し、七九年から味噌溜醸造を再開した[52]。この味噌店は支配人の治助と小栗三郎家の共同出資の形態を数年間とったが、営業成績が芳しくなかったため、治助との共同出資を解消し、一八八五年秋より完全に小栗三郎家の直営店にした[53]（支配人永七、小栗家支店）。

表5－7は味噌店の店卸勘定を示したものである。味噌店の資産は主に小栗家からの資本金に負っていたものの、既存の醸造設備があり、初期設備投資が少なくてすんだため当初より内部留保（備金）が可能であったが、松方デフレ期と重なったこともあり、一八八二年から損失が続いた。そのため一八八五年に治助との共同経営を解消し、大福帳の滞貸を備金や本家からの資本金を利用して償却して、小栗家の直営店として再出発してからは味噌溜・醤油醸造部門の利益は比較的順調に上がり、それらが備金として内部留保された。そして最終的に味噌溜・醤油醸造部門は、一八九一年の組織改革で萬三支店（醤油部）と位置付けられた。

小栗三郎家が完全な直営店とする直前の一八八四年の味噌店の販売量は、溜が二四〇石、味噌が一〇二〇貫目と小栗家は戸長に届け出ている[54]。その後、一八九二年に知多郡では溜・醤油醸造業者の仲間組織として醤醸組が結成され

表5－7　小栗三郎家味噌店店卸勘定

（単位：円）

期末年月	在荷	預け荷物	有金銭	大福帳	備金	資本金	蔵賃	治助	永七	差引損益
1880・1	1,623		5	148	△611	△559	△50	△152		102
1880・10	3,596	21	15	180	△664	△2,642	△29	△29		88
1881・11	5,279	377	9	330	△978	△4,589	△81	△81		265
1882・11	4,409	1,038	5	478	△805	△5,213	△75	△75		△239
1883・11	3,820	1,045	5	8	△233	△5,741	△75	△75		△1,247
1884・11	5,008	873	23	265	△219	△6,181	△75	△75		△381
1885・8	4,531	1,091	4	233	△285	△6,473	△56	△56	△22	△1,010
1886・8	5,055	758	12	△242	△70	△5,460	各家貸借	空樽預け高		54
1887・8	4,655	904	4	886	△54	△6,261			△30	101
1888・8	4,889	1,230	3	582	△155	△5,435	△176	74	△101	911
1889・8	7,370	654	3	942	△1,065	△4,986	△264	85	△274	2,465
1890・8	6,780	715	76	620	△3,530	△4,872	△117	72		△296
1890・12	5,901	1,837	9	764		△7,995	△220	131	△42	376

（出所）　明治13年「店卸勘定帳（味噌店）」（小栗家文書328-9）より作成。

（注）　無印は貸または利益、△印は借または損失を示す。備金欄は1886年9月期以降は積立金。資本金は本家が出資していたので、項目は「資本金」もしくは「本家」で挙げられた。味噌店の支配人は、1885年までは治助でそれ以降は永七。治助欄は、治助への給金支払等で、永七欄は、1885年は給金で87年以降は純益の一割相当の配当金。1890年8月期は損失を計上したため、永七には配当金は払われず。この表で示した以外に、1890年8月期は大治郎・嘉一郎への給金が、90年12月期は大治郎への給金が支払われた。なお、治助の支配人時代は、治助と小栗三郎家の共同出資形態であったが、支配人を永七に交代する際に、共同出資形態は解消され、「治助と合本営業之処、当店卸ニテ同人引離シ候ニ付、同人負担中貸金之内、滞り分別途之引分け、追テ入金之際ニハコノ割合ヲ以テ分賦スル筈」とされた。それ以降の味噌店は小栗三郎家の単独出資。

たが、小栗三郎家はその出納長を務め、同年の半田・成岩・亀崎地域の味噌溜・醤油の製造石数で、小栗三郎家は伊東孫左衛門家（亀崎）の一五九五石、小栗啓次郎家（半田）の一一〇〇石に次いで三番目の一〇四五石を上げていた[55]。組織改革により、味噌店（萬三支店）の醸造石数は増大し、小栗三郎家の味噌溜・醤油醸造業は知多郡のなかで再び大きな位置を占めるようになった。

そこで、三保蔵店の時代、治助と小栗三郎家の共同経営の時代、小栗三郎家の直営店の時代それぞれ三時点について、主要販売先と販売商品を検討する。表5－8は、三保蔵店が綿密な勘定を開始した一八七三時点の主要販売先と販売商品を示したものである。この表から、三保蔵店の溜と味噌の大部分が名古屋の糸屋佐右衛門に販売されていたことと、それらが多様なブランド（印）名で販売されていたことが判明する。小口販売はほとんどが三河地域への販売で大阪・東京への販売が若干見られるものの、名古屋と三河地域を販売網

表5－8　1873年萬屋三保蔵店味噌溜・味噌粕類主要販売先販売額

（単位：両）

販売先	所　在	販売額	内　　容
糸屋佐右衛門	名古屋	1,902	𠆢極165樽、𠆢方100樽、𠆢ラ100樽、𠆢保・𠆢三印80樽、大極上・萬三70樽、𠆢キ60樽、国一60樽、𠆢登・𠆢美印59樽、𠆢上50樽、最印50樽、萬玉印・萬字一印50樽、萬三44樽、大極上40樽、𠆢:40樽、亀甲・萬三40樽、本極・𠆢文40樽、本稀40樽、萬保25樽、別品印25樽、𠆢久印20樽、（本）生引15樽、𠆢勢印15樽、企2樽
角屋八五郎	三河豊橋	194	𠆢:21樽、極天14樽、大極上12樽、𠆢キ10樽、𠆢極10樽、𠆢ヨ10樽 生引5樽、企3樽、味噌1樽
福島屋伝蔵	三河原田	138	佐野味噌50樽、生引6樽、糀味噌1樽
小嶋権兵衛	三河	109	𠆢印78樽
西嶋屋作兵衛	大阪	96	萬三45樽、本生引10樽、企5樽
栄吉	三河刈谷	55	味噌粕194俵、醤油粕25俵
米屋庄蔵	三河豊橋	38	下味噌20樽、上味噌10樽、佐野味噌5樽、糀味噌5樽
寺嶋金左衛門	三河平坂	37	味噌粕2,773貫目
伊坂市右衛門	東京	35	佐野味噌20樽
鍵屋平治郎	三河平坂	34	𠆢と10樽、𠆢:17樽、企2樽、大極上1樽
稲垣圓七	三河平坂	32	𠆢:42樽、𠆢極4樽、大極上3樽、生引1樽
栄光丸松助	半田近隣	29	味噌粕198俵
深澤屋弥兵衛	三河豊橋	27	赤味噌5樽、本生引5樽
浦野伝右衛門	三河挙母	21	企4樽
明厳寺	三河豊川	20	生引4樽
丹羽与曽兵衛	三河川端	19	大極上4樽、𠆢:3樽、㊍2樽、生引1樽
白木屋源八	三河足助	18	𠆢方4樽、萬三4樽、𠆢極3樽、本生引1樽
中嶋屋新吉	三河豊橋	16	大極上3樽、生引3樽、企2樽、本生引1樽
角屋留八	三河豊橋	15	酒粕6樽、大極上2樽、𠆢極2樽、酒2駄
豊倉屋与治郎	半田近隣	15	醤油味7樽、糀味噌5樽、生引2樽
綿屋徳兵衛	三河豊橋	15	大極上2樽、生引1樽
鈴木文蔵	三河挙母	13	𠆢:5樽、大極上3樽、正引1樽
万全丸与市	半田近隣	13	𠆢:4樽、味噌2樽、大極上2樽
卯助船	三河豊岡	12	味噌粕63俵、上味噌17樽
杉田新兵衛	三河豊橋	11	𠆢極5樽、大極上4樽

（出所）　明治6年「大福帳（萬屋三保蔵）」（小栗家文書86－1）より作成。

（注）　小栗本家・本店・恵一郎店および、三保蔵店の店員・蔵人・使用人への販売を除き、販売金額が10両以上の販売先を示した。所在の豊橋は豊橋付近、刈谷は刈谷付近、平坂は平坂付近を含む。円銭単位のものは、1円＝1両で両に換算して示した。

としていたと言える。ブランドの多さは品質の差を反映していたと考えられ、表5－9よりブランド別の販売単価を比較すると、一樽当たり四円七〇銭前後の本生引を最上級品として、一樽当たり二円五〇銭前後の上級品、一樽当たり一円五〇銭前後の中級品、そして一樽当たり一円前後の下級品と四つほどのグループに分かれていた。同じような単価でも、複数のブランドがあったのは、ブレンドの方法に違いがあったと思われ、味覚の好みに応じて多様な商品を製造していたと考えられる(56)。もっとも最上

表5－9　1873年萬屋三保蔵店溜醬油販売単価

（単位：1樽当たり両）

品　名	糸屋佐右衛門	萬屋与助
本生引	4.73	4.56～4.82
金印	3.84	2.67～2.80
𠆢極	2.55	
大極上	2.25	2.45～2.77
生引	2.23	2.70～2.85
𠆢久	1.72	
分銅印		1.68
国一印	1.69	
萬三	1.63	1.33～1.67
最印	1.58	
𠆢キ	1.55	
𠆢勢	1.53	
分印	1.51	
𠆢ヲ	1.51	
𠆢∴	1.44	1.25～1.41
萬保	1.41	
本稀	1.32	
醬油味		1.15
𠆢エ	1.08	
𠆢登		0.96

（出所）　前掲明治6年「大福帳（萬屋三保蔵）」より作成。

（注）　糸屋佐右衛門は名古屋の販売先。萬屋与助は、三保蔵店の店員と思われる。

級品は、それほど多く製造できるわけではなく、主に大阪などの遠隔地の大都市に販売される一方で、名古屋など近隣の大都市では様々なランクの商品が販売され、多様な都市需要に対応していた。

利益が上らなかった三保蔵店を廃して、治助との共同経営で小栗三郎家が直接味噌・溜醸造を開始した一八七九～八〇年にかけての主要販売先と販売商品は、三保蔵店時代とかなり異なった。表5－10を見よう。この時期の販売先は、名古屋の手塚（糸屋）佐右衛門への比重はかなり少なくなり、廻船や共同経営者の出口治助も含めて、地元半田付近での販売の比重が高まった。ブランド名もかなり整理されて、溜は、品質に応じて𠆢·印、𠆢∶印、𠆢∴印と分類され、特別なブランドの「生引」は残されたものの、全体としてブランド名の標準化が進められた。その一方、醬油の醸造が始められ、味噌について、醬油味噌・赤味噌・金山寺味噌など多様な商品が製造されるようになった。

ところが、治助との共同経営がうまく行かず、小栗三郎家が味噌店を完全に直営化すると再び販売戦略が転換する。表5－11を見よう。直営化を図った後の一八八六年度の味噌溜・醬油醸造部門の主要販売先と販売商品をみると、名古屋への販売の比重が再び増大し、それとともに多くのブランドが再び作られることとなった。名古屋では秀印・保印・美印・盛印など様々なブランド品が販売されたが、このうち秀印・保印・美印は販売単価があまり変わらなかったので（表5－11の注）、同程度の品質の溜りを、一年物、二年物などの諸味のブレンドを変えつつ作っていたと考

表５-10　1879～80年小栗三郎家味噌店味噌溜・味噌粕類主要販売先販売額

（単位：円）

販売先	所　在	金額	内　　容
手塚佐右衛門	名古屋	73	⌃·印24樽、⌃∴印溜12樽
出口治助	共同経営	61	⌃‥印22樽、⌃·印11樽、⌃∴印７樽、生引２樽と５斗６升、溜２樽 味噌３樽と16貫400目、醤油味噌１樽、金山寺味噌16貫500目
万太郎船	半田付近	57	⌃‥印24樽、⌃·印18樽、⌃∴印14樽、溜２斗４升２合、生引３升 ㊁印醤油２樽、味噌３貫200目
伏見屋伊左衛門		42	⌃∴印８樽、溜４樽、⌃·印２樽、㊁印醤油１樽
仐手船　米助		28	⌃‥印10樽、⌃∴印溜５樽、醤油10樽、醤油味噌２樽、赤味噌２樽
米屋藤兵衛	尾張乙川	20	⌃·印溜14樽、⌃‥印７樽、生引２升
彦右衛門船	三河中根	19	味噌粕20俵、醤油粕14俵
半田丸孫太郎	半田	19	溜３樽、味噌３樽、⌃·印２樽、生引５升、中引１樽
生柳万太郎	半田付近	17	㊁印醤油10樽、亼印溜３樽、亼印醤油２樽、溜５升５合、生引２升８合
大黒屋仁平	三河挙母	17	⌃·印11樽、⌃‥印６樽、⌃∴印１樽
惣助船	三河仲外沢	16	味噌粕28俵
問屋甚左衛門	半田付近	15	⌃·印溜12樽、⌃‥印２樽、生引７合、醤油５合、味噌２貫700目
万久丸兵治郎	小栗家手船	15	溜４樽と７升、⌃·印溜３樽、中生引８升、味噌32貫100目
半之助・常太郎	半田付近	14	⌃·印溜12樽、味噌１樽と４貫700目
小栗喜助	半田	11	味噌２樽、⌃·印溜２樽、上溜１樽、生引１斗６升
藤屋幸助		10	⌃‥印５樽、⌃·印４樽、⌃∴印２樽、㊁印１樽
小栗忠三郎	半田付近	10	溜５樽と１升、⌃·印４樽、生引６合

（出所）　明治12年「大福帳（味噌店）」（小栗家文書71-３）より作成。

（注）　1879年３月～80年12月の販売金額が10円以上の販売先を示した。小栗本家・本店および、味噌店の店員・蔵人・使用人への販売は除く。小栗三郎家味噌店は、小栗家と出口治助との共同出資で、小栗家が3,300円、出口治助が700円出資した。万太郎船への１樽当たり販売単価は、⌃·印１円、⌃‥印80銭、⌃∴印61銭５厘、㊁印醤油１円、生引は１樽８升で換算すると１樽２円であった。

えられ、それに最上級品の極生引や下級品の盛印などを加えて、大きく三つくらいの品質水準の溜りが多様な需要に対応して販売されていたと言える。一方、半田や三河地域ではブランド名にこだわらずに、味噌・醤油、そして溜も上級品の「生引」と普通品の「中引」の二種類が主に販売されており、こうした地域の需要に応じて、小栗家は販売戦略を使い分けていたと考えられる。

おわりに

本章のまとめとして、近世・近代初頭の小栗三郎兵衛家の醸造経営が、同家のなかでどのような位置づけにあったのかを検討したい。本文でも触れたが、一七八三（天明三）年に幸七（六代三郎兵衛）が、新しく当主となった七代三郎兵衛に

表5-11　1886年小栗三郎家醸造部門味噌溜・味噌粕類主要販売先販売額

（単位：円）

販売先	所在	金額	内容
鳥居健太郎	名古屋	339	秀印113樽、生引16樽、醤油12樽、勇印10樽、良印７樽、中引５樽、宝印味噌５樽、味噌５樽、極生引４樽、武印３樽
田中弥七	名古屋	318	秀印75樽、善印35樽、松印20樽、生引15樽、極生引10樽、宝印８樽、山上印８樽、味噌４樽、中引２樽、勢印１樽
成田好蔵	名古屋	304	秀印76樽、好印20樽、醤油17樽、極生引10樽、貴印10樽、中引10樽、生引５樽
手塚久三郎	名古屋	246	秀印61樽、保印30樽、宝印味噌10樽、貴印９樽、生引５樽、極生引５樽
大嶋善左衛門	名古屋	223	秀印36樽、極生引21樽、美印15樽、志印12樽、味噌10樽
森田清兵衛	名古屋	171	醤油味噌20樽、盛印28樽、生引15樽、極生引13樽、銀山寺味噌10樽、中味噌10樽、醤油４樽、藤印１樽
鍛治屋善八	美濃大垣	159	中引57樽、藤印醤油10樽、極生引３樽、秀印１樽、味噌１樽
山本喜一郎	遠江浜松	135	味噌70樽、生引７樽
河合半兵衛	名古屋	112	秀印20樽、鉄印20樽、銀山寺味噌15樽、勇印６樽、中味噌５樽、醤油味噌５樽、醤油３樽
伊藤宗十	三河一色	98	味噌36樽、松印10樽、秀印７樽、生姜味噌３樽、醤油味噌３樽、志印２樽、勢印２樽、生引１樽、醤油１樽
金沢屋兵左衛門	名古屋	69	秀印20樽、醤油５樽、極生引４樽、中引４樽、味噌２樽、藤印１樽
米屋儀助	名古屋	68	秀印20樽、美印20樽
稲垣圓七	三河中畑	51	大上印49樽、生引13樽、上々印12樽、別上印８樽
牧初右衛門	三河吉田	36	味噌粕118俵、溜１樽
妙厳寺	三河豊川	35	中引10樽
三浦七兵衛	半田	29	醤油11樽と６升、生引10樽と３升、[半]印10樽、溜１樽と９升８合、中引１樽と９升、上等醤油４升
共同社	尾張清州	24	味噌粕76俵
藤木定助	兵庫	24	醤油25樽
川口新兵衛	尾張六角堂	22	味噌粕67俵
松屋竹治郎	伊勢桑名	20	中引10樽、秀印５樽、醤油１樽
古井七兵衛	三河新川	19	味噌10樽
三升屋庄七	半田	18	醤油21樽
萬屋三四郎	尾張下津	18	味噌粕51俵
松坂屋藤吉	三河豊橋	16	善印２樽、良印２樽、生引１樽、中引１樽
出口治助	半田	15	中引７樽、生引４樽、溜３樽、味噌粕２樽、味噌１樽と５貫500目、秀印１樽、中味噌１樽
小林卯之吉	三河寺津	13	味噌粕845貫600目
新美伊左衛門	半田	12	秀印20樽、生引１樽
丹波屋熊吉	三河知立	11	醤油10樽、生引１樽
大河屋勘治郎	尾張成岩	11	生引３樽、極生引１樽、中引１樽、味噌44貫800目
服部小十郎	名古屋	10	秀印４樽と５升、生引３樽、盛印２樽、醤油２樽

（出所）　明治19年「大福帳（味噌店）」（小栗家文書97-１）より作成。

（注）　販売金額が10円以上の販売先を示した。小栗本家・本店および、味噌店の店員・蔵人・使用人への販売は除く。1885年秋に小栗三郎家は出口治助との味噌店の共同経営を廃し、小栗三郎家単独の経営に転換した。名古屋への１樽当たり販売単価は、極生引4.85円、秀印1.67～2.08円、保印1.92円、美印1.89円、生引1.0～1.14円、醤油0.9円、盛印0.64円であった。

送った書簡の内容が、「大福帳（毎年勘定控）」に転記してあり、そこで幸七は、「酒造方重モノ家業とハ乍申見世も亦大切ニ御座候、大ナリ小ナリ見世ニてハ利分有之間御気被付無油断店之者共可被仰付候」と記している。[57]すなわち、酒造は重要な家業であるが、店（商業）もまた大切であり、店の利益が酒造を助けるよう油断なく気をつける心構えを述べている。この翌年に七代三郎兵衛が亡くなり、再び幸七が実質的な当主となるが、その幸七が一七九四（寛政六）年に「家業」である酒造経営を止めたのは苦渋の決断であったと考えられる。その後、一七九七・九八年と幸七の子どもが相次いで亡くなり、幸七自身も一八〇四（文化元）年に亡くなった。一九世紀初頭は、小栗三郎兵衛家の史料がほとんど残されておらず、現在の小栗家の方からの聞き取りでも、その時代が小栗家の歴史のなかで最も苦しい時代であり、おそらく一八三〇年代に八代三郎兵衛の娘「秋」を庵主として「西誓庵」という庵寺が小栗家居宅に隣接して開かれた（本書序章を参照）。この西誓庵は、現在も小栗家に隣接して残されているが、家業が酒造業であったとの意識は、小栗家のなかに受け継がれたと考えられ、それゆえ最幕末期に、新株が認められる時期になって酒造業を再開したと思われる。

とはいえ、近世期の酒造業は、米を年貢や飢饉の際の食糧に向けるために、幕府や藩が政策的に酒造制限を頻繁に出したため、原料米調達に不安が残った。そのため大規模に耕地を所有していない経営体が酒造経営を行うには、リスク分散のために酒造以外の業種（商業など）を兼業する事例が多かったと考えられる。小栗家は、一八二〇年代にほとんどの耕地を手放したが（表5-2）、四〇年代から新田を中心として再び耕地を所有したものの、新田のため十分な作徳米の取得は見込めず（本書第2章を参照）、小栗家は商業を兼営し続けた。そして、近世期の近江国日野商人の関東への進出を分析した上村雅洋も、日野商人は進出した関東で酒造業を営んだが、「酒造業に対する減醸令などの統制や腐造などによる事業経営の不安定性を緩和するために」、彼らは酒造を中核に醤油醸造業や質屋業、貸付業なども兼営していったとしている。[58]そのことは、酒造のみでなく店（商業）も大切であるという幸七の認識にも現れ、小栗三郎兵衛家は醸造経営と商業を経営の二本柱に据えたと考えられる。

ただし、そのなかでも醸造経営の方が、家業意識は強かったと考えられ、最幕末期に酒造業を再開する際に、店員に任せるのではなく、当主の弟の信次郎（恵一郎）に経営を行わせ、恵一郎店への資金提供は、建物分の八〇〇〇円も併せると本店への資金提供に匹敵していた（本書序章表序－11を参照）。味噌醸造については、一族の太郎兵衛家の負債を助けるためにやむを得ず始めた側面があり、店員に任せて間接的に関与する対応をとったと考えられる。それゆえ表序－11でも、三保蔵店への資金提供は、建物分を含めても恵一郎店に比べればかなり少なく、一八七〇年代の醸造経営のなかでは味噌醸造は副次的位置づけであった。実際、店員の藤助が店名前を付ける際に、「小栗」の姓を用いずに自家の「尾崎」の姓を用いていた。ただし、太田松右衛門の子であった藤助が小栗三郎兵衛店の店員の尾崎家の婿に入った際に、小栗三郎兵衛家がいったん藤助を貰い受けて小栗家から尾崎家に入る形式をとっており[59]、藤助も小栗家の一員の資格を得ていた。そのため藤助の店名前として小栗家は当時の小栗家当主の先代にあたる九代三郎兵衛が当主になる前の名前である「三保蔵」を使用させており味噌醸造にも家業的意味がこめられた。

ところが知多醸造業の経営環境は、税制面や競争関係で、一八七〇年代に酒造業よりも味噌溜・醤油醸造業の方が有利へと大きく転換した。そのなかで、小栗三郎家は、醸造経営の酒造から味噌溜醸造への転換を決断し、一八七〇年代末に恵一郎店の閉鎖と味噌店の直営化を図った。その際に、藤助こと尾崎三保蔵は引退し、三保蔵を「三代蔵」に改名する。九代三郎兵衛の名前であった「三保蔵」は、あくまで小栗家の事業としての店名前であったことが分かる。そして恵一郎店の閉鎖と味噌店の直営化は、「意識としての家業」の酒造から味噌溜醸造への転換を意味したと思われる。ただし、そこでも小栗三郎家は慎重で、一八七九（明治一二）～八五年までは、味噌店を小栗家と味噌店支配人である出口治助との共同出資営業の形態とし、八六年度より出口治助との合資営業の形態を解消して味噌店を小栗家単独営業とした[60]。もちろん醸造経営のみを営むことのリスクを近世期から小栗家は強く認識しており、それ以後も味噌溜醸造業と商業は、小栗家の事業の二本柱として継続された。上村雅洋は、前述の日野商人の特徴を、製造部門を包摂した近江商人の特徴として論じているが、小栗三郎家にも、耕地をあまり所有しなかったため、原料を購入する必要があった醸造業者が商業を兼営することでリスク分散を図るという方向性が見られたと言えよう。

注

(1) 以下の記述は、『半田市誌』本文篇、愛知県半田市、一九七一年、二九〇－三〇八頁、篠田壽夫「尾張国知多郡酒造業と尾張藩の財政政策」(『酒史研究』第四号、一九八六年)を参照。

(2) 前掲『半田市誌』本文篇、二九〇－二九一頁。

(3) 愛知県知多郡半田町編『半田町史』半田町、一九二六年、二一〇－二一五頁。

(4) 同右、二一〇－二一五頁。

(5) 前掲『半田市誌』本文篇、三〇八－三一〇頁。

(6) 前掲『半田町史』四〇六－四〇八頁。

(7) 前掲『半田市誌』本文篇、三〇〇頁。

(8) 以下の記述は、同右、四九七－五〇九頁、五一四－五一五頁、および池上和夫「明治期の酒造政策」(『社会経済史学』第五五巻第二号、一九八九年)を参照。

(9) 篠田壽夫「知多酒造業の盛衰」(『社会経済史学』第五五巻第二号、一九八九年)三三頁。

(10) 前掲『半田町史』二一二頁。

(11) ［宝暦六年～］「大福帳(毎年勘定掟)」(小栗家文書七九－七)。史料の年代は内容より付した(以下の注も同様、凡例参照)。

(12) 「願書書上留一」(小栗家文書二四〇－五二)。

(13) ［明和八年］「船加入金留」(小栗家文書一〇一－一五)。

(14) 「願書書上留一」(小栗家文書二四〇－五二)。

(15) ［宝暦九年～］「調法記」(小栗家文書六三－六五)。

(16) 同右、一七八三年の項。
(17) 以下の記述は、柚木学『酒造経営史の研究』有斐閣、一九九八年、七四‐七五頁を参照。
(18) 前掲『半田町史』二二一頁を参照。
(19) 柚木学によれば一七九一年に浦賀番所での下り酒入津改めと送り状の改印の両仕法は始められたが、九二年に両仕法を改正して、一紙送り状の制が採用された。それは荷主(酒造家)より江戸酒問屋宛の送り状(一人別送り状という)を浦賀番所で一つひとつ改印する煩雑をさけて、手続きを迅速にすべく、各郷別に酒造行事が一人送り状を取りまとめて一船の積荷を一紙に書きとめたものである(前掲柚木学『酒造経営史の研究』七五頁)。
(20) 前掲[宝暦九年~]「調法記」、一七八二年の項。
(21) 「願書書上留二」(小栗家文書二四〇‐五三)。小栗家の調達金は同史料を参照。
(22) 前掲[宝暦六年~]「大福帳(毎年勘定掟)」(小栗家文書)。
(23) 同右。
(24) 前掲[宝暦九年~]「調法記」(小栗家文書)。
(25) 文化一〇年「本家目録」(小栗家文書一〇五‐五)。
(26) 「[終戦名届出書類]」(小栗家文書三三八‐二七)。史料名は内容より付した(以下の注も同様)。
(27) 前掲[宝暦九年~]「調法記」、一七九八・九九年の項。
(28) 前掲「願書書上留二」。
(29) 前掲[宝暦九年~]「調法記」、一八〇一年の項。
(30) 前掲文化一〇年「本家目録」。
(31) 同右。
(32) 文政八年「家賃帳」(小栗家文書二六八‐五)。
(33) 文政一一年「大福帳(萬屋三保蔵)」(小栗家文書七〇‐四)。
(34) 前掲文化一〇年「本家目録」。
(35) 同右および最幕末期の「大福帳(萬屋三郎兵衛)」(小栗家文書)より。

(36)　以下の記述は、安政三年「御用品身分ニ附候雑記」（小栗家文書二四一-二一-一）を参照。一八四〇年代以降の尾張藩の在方への調達金賦課については、杉本精宏『尾張藩財政と尾張藩社会』清文堂出版、二〇一一年、第六・七章を参照。
(37)　以下の記述は、元治元年「御用品身分ニ附候雑記」、元治元年「前大納言様中国筋江御進発ニ付御用途金献上雑記」、元治元年「献納金雑記」、慶応三年「先納金諸録」、慶応三年「調達金雑記」、慶応四年「王政御一新御請書献上金諸録」、慶応四年「調達金録」、明治元年「調達金雑記」、明治元年「商法司雑記録」、明治二年「二升利調金雑記」、明治三〜四年「御用達記」、（以上、いずれも小栗家文書二四一-二一-一・四）を参照。
(38)　以下の記述は、安政五年「御触状願書録」（小栗家文書二四〇-五四）を参照。
(39)　以下の記述は、明治四年「御用留（萬屋恵一郎）」（小栗家文書七七-五）を参照。
(40)　同右。
(41)　同右。
(42)　明治八年「公務録（小栗恵一郎）」（小栗家文書七七-七）。
(43)　前掲『半田町史』二二三頁。
(44)　一八七〇年代の「大福帳（萬屋恵一郎）」（小栗家文書）。
(45)　明治六〜一三年「味噌会所店卸勘定帳」（小栗家文書六三-一五）。
(46)　前掲「[終戦名届出書類]」。
(47)　安政四年「祝儀録」（小栗家文書九七-四）。
(48)　半田市誌編さん委員会編『新修半田市誌』本文篇上巻、愛知県半田市、一九八九年、七二八頁。
(49)　同右、七二九頁。
(50)　以下の記述は、明治七〜一二年度「舗卸（勘定）下調帳（萬屋三保蔵）」（小栗家文書）を参照。
(51)　明治一一年度「店卸勘定下調帳（萬屋三保蔵）」（小栗家文書六三-一一）。
(52)　明治一一年「歳内勘定徴」（小栗家文書三二八-一一）。
(53)　明治一三年「決算簿（萬三支店）」（小栗家文書三二八-一七）。
(54)　明治一八年「公務録（味噌店）」（小栗家文書九六-一）。

(55) 前掲『半田市誌』本文篇、五〇七頁。
(56) 日本を代表する醤油醸造産地の千葉県野田の醸造家も、一年物～三年物の諸味のブレンドを変えつつ仕込み、最上等品から普通品まで多数のブランド（印）名で醤油を販売していた（野田醤油株式会社社史編纂室編『野田醤油株式会社三十五年史』同社、一九五五年、四六八、五二三頁）。
(57) 前掲［宝暦六年～］「大福帳（毎年勘定掟）」。
(58) 上村雅洋『近江日野商人の経営史――近江から関東へ』清文堂出版、二〇一四年、三四〇頁。
(59) 前掲安政四年「祝儀録」。
(60) 前掲明治一三年「決算簿（萬三支店）」（小栗家文書）。

［付記］本章執筆にあたり、はじめにと第1節を二谷智子が、第2～4節とおわりにを中西聡が、主に担当した。

第6章　明治前期における商業経営と取引関係

落合　功

はじめに

本章では、明治前期における萬屋三郎店の経営動向と取引関係を明らかにする。一八世紀後半の小栗家の商売は穀物が中心であったが、その後、一八世紀末から荒物商売に転換し、一九世紀中葉から肥料を主に扱うに至り（前章を参照）、明治前期は、①肥料、②米穀、③油、④綿実の四商品を主力商品としつつ、砂糖や塩なども扱った。

本章において念頭におくべき先行研究として、村上はつ「知多雑穀肥料商業の展開」[1]と、石井寛治「知多肥料商萬三商店の仕入決済システム」[2]、そして斎藤善之『内海船と幕藩制市場の解体』[3]がある。村上論文は、一八四〇年代から一九二〇年代までの萬屋三郎店の雑穀肥料商業の取引について、特に地域経済に重要な影響を与えた肥料取引について、干鰯、粕、大豆粕（輸入大豆）などの変化と取引先について明らかにした。また、石井論文は銀行手形の前段階としての商人手形を評価したものだが、あわせて幕末期における萬屋三郎兵衛店の遠隔地取引の実態を明らかにした。また斎藤善之は、同じ知多半島の廻船集団である内海船の買積船の性格に注目し、遠隔地取引を積極的に推進したことを明らかにした。斎藤の研究は、地域間の価格差による遠隔地取引を実現することで、利益を得ていたことに注目し、幕藩制的な市場を解体する担い手として内海船を評価したものであるが、内海船の商業活動と地場の産業発展との関わりについては注目されておらず、地場の産業発展との関わりと無関係の中で内海船は成長したことを示している。

本章では、かかる研究成果を踏まえつつ、以下の二つの点について注目する。一つは萬屋三郎店（本章では幕末期も含めて萬屋三郎店とする）の商業経営の動向と取引関係の変容について、動態的に明らかにすることである。取引関係の性格や変容は、当時の商取引の特質によるところが大きいものの、他方で商家の経営状況と無関係ではない。この点、これまでの研究では、別個の問題として取り上げられてきた。本章は明治前期を対象とし、商業経営と商取引の両者の動きを紹介しつつ明らかにしたい。

もう一つは、明治前期の中京地域の肥料市場としての性格を明らかにする。すなわち萬屋三郎店は、一九〇〇年代には肥料商として全国的にもトップレベルの経営規模にまで成長し、以後もその地位を保ち続ける。萬屋三郎店にとって明治前期は、商品流通や金融システムが変化し、自身の経営危機を招くなかで、中規模肥料商から大規模肥料商へと飛躍する基礎固めの時期である。また、関東や畿内の肥料商と伍してトップレベルの経営規模を維持し続ける基盤を形成しつつある時期ともいえる。しかも、扱う商品も肥料のみならず、米穀や魚油、石油、砂糖、塩など多岐にわたった。それが、次第に取引商品を肥料に特化しつつ成長を遂げたが、この点についても紹介したい。

第1節　萬屋三郎店の経営動向

幕末期から明治前期における萬屋三郎店の経営動向について、各年の資産を示す「店卸勘定帳」を素材に明らかにしたい[4]。なお、表注にも示したとおり、店卸し時期は一八七六（明治九）年までは一月だが、以後、九月に変更している。また、表にはその時の内容を掲載したが、ほかに一八七五年までは七月、それ以降は二月に店卸しの中間決算がなされている。本文中では必要に応じてこの中間決算についても紹介していく。

表6-1は、全体的な資産額の推移を示したものである。同表を参照すると、【Ⅰ】商品在庫（「現物」）、【Ⅱ】商品負債分（ハタモノ）、【Ⅲ】船頭預貸金（目録帳引残り）、【Ⅳ】預け金、【Ⅴ】糠・綿糸取引分、【Ⅵ】商人未回収分（大福帳引残）、【Ⅶ】金銭出納、【Ⅷ】決算の九つに大別できる。そのうち主だったものを紹介しよう。

まず最初に全体を把握する意味でも【Ⅷ】の決算から検討していく。当該年の取引の結果としての資産額は⑫であり、①と、④から⑨まですべてを加算したものである。そこから本家への納金分を差し引いたのが⑭になる。「損得」の算出方法は、この年間の資産額（⑭）から前年の有高（資産額）⑱を差し引いたものである。また、当該年の利益（⑮）の一割をそれぞれ三宝財（予備金）、窮民施行（非常貯蓄金）、放生会（本家年費）の三つの費目に充てている。この三つの費目はそれぞれ目的を持った留保金であり、それぞれの用途に基づき支出されるが（本書第3章を参照）、当該年で損失を計上した時には、逆にこの留保金から損失額の一割をそれぞれの費目から拠出している。この支出および拠出を示したのが⑯（諸費）である。よって、当該年において損失した年にはプラスとなっているのは、損失分に対し一部を補てんした計算である。例えば、一八七一年には五二〇一両の損失となっているが（⑯）、毎年蓄えている三宝財、窮民施行、救生会からそれぞれ一割ずつ（五二〇両×三＝一五六〇両＝⑯）捻出し補填することで損失分を軽減している。ほかに本家普請金や営繕金などの雑用引がある（⑰）。これらを加算したのが当該年の現金に当たる「惣引残（有高）（⑱）」である。

以上を踏まえて「店卸勘定」の決算を検討しよう。幕末ごろには一万両前後あった資産が、一八七〇年には一万三

萬屋三郎店の資産状況

（単位：1865～72年は両、73～82年は円）

【Ⅶ】			【Ⅷ】						
⑨	⑩	⑪	⑫	⑬	⑭	⑮	⑯	⑰	⑱
⑨＝⑩＋⑪			⑭＝⑫－⑬、⑱＝⑭＋⑯＋⑰、⑭＝⑮＋⑱の前期分						
金銭出納			決算						
	本家からの借入金	その他預貸金	差引	内本家納金	引残	損得	諸費	雑用引	惣引残（有高）
−3,825	−6,036	2,211	7,277	290	6,987	−1,304	515		7,502
−4,595	−10,881	6,286	9,716	400	9,316	1,065	−439		8,878
−11,925	−21,721	9,796	13,735	600	13,135	3,967	−3,807		9,328
−20,871	−30,690	9,819	10,093	600	9,493	435	−180		9,313
−18,747	−28,617	9,870	14,498	650	13,848	4,405	−1,888		11,960
−12,404	−27,979	15,575	15,823	700	15,122	3,245	−1,554		13,568
−17,082	−25,921	8,839	7,614	780	6,834	−5,201	1,561		8,394
−15,900	−32,591	16,691	6,706	461	6,246	150	−72		6,175
−15,542	−35,341	19,799	1,552	100	1,452	−1,015	305		1,759
−20,996	−25,992	4,996	5,858	235	5,623	903	−422		5,201
−22,563	−28,875	6,312	6,808	330	6,478	−187	86		6,564
−21,663	−29,621	7,958	6,663	290	6,373	498	−286		6,087
−23,982	−28,500	4,518	4,518	300	4,218	−1,869	822		5,040
−11,171	−20,597	9,426	8,941	250	8,691	3,651	−2,039	−863	5,789
−22,067	−31,356	9,289	9,685	520	9,165	3,376	−1,272		7,894
−23,924	−30,158	6,234	12,250	700	11,550	3,656	−1,368	−1,301	8,881
−28,902	−29,566	664	13,104	650	12,454	2,310	−838		11,616
−27,670	−30,127	2,457	14,512	1,500	13,012	1,396	−510		12,502
−36,270	−42,089	5,819	14,813	1,600	13,213	716	−265		12,948

２月に中間決算が行われる。

から68年までは萬屋三保蔵、69年から74年までは小栗三郎、それ以降は奥と記載されている。⑭＝⑮＋⑱の前期分の

年だけ大幅に異なる。これは、おそらく、1871年の場合は商人未回収分で返済不能として処分した分（4,590両分）を
めと思われる。

表６－１　「店卸勘定帳」からみた

	【Ⅰ】			【Ⅱ】	【Ⅲ】	【Ⅳ】	【Ⅴ】	【Ⅵ】
	①	②	③	④	⑤	⑥	⑦	⑧
	①＝②＋③							
	現物（商品在庫）	有荷物	預け荷	商品負債分（はたもの）	船頭預貸金	預け金	糠取引分 綿糸取引分	商人未回収分
1865年	5,841			－217	1,136		145	4,196
1866年	9,347			－14	1,968			3,010
1867年	24,692			－278	413			2,013
1868年	20,794			－310	43			10,438
1869年	22,050			－1,990	5,888		185	7,102
1870年	21,519			－641	－263			7,713
1871年	10,340			－1,603	4,405			6,938
1872年	15,914			－789	5,088			2,394
1873年	12,708			－1,550	4,017			1,919
1874年	15,789	6,406	3,544	－330	710			10,685
1875年	10,725	8,013	2,712	－5,767	17,055			7,345
1876年 a	21,498	8,747	12,751	－1,375	1,954			6,250
1876年 b	5,573	3,201	2,372	－123	2,984			15,358
1877年	6,085	5,225	860	－307	4,627			9,707
1878年	10,037	6,247	3,790	－3,330	6,167			18,878
1879年	7,405	4,772	2,633	－2,200	9,062			21,907
1880年	8,448	6,665	1,783	－3,543	3,923			33,179
1881年	12,388	6,940	5,448	－1,019	342	3,115		27,354
1882年	20,460	15,633	4,827	－3,380	8,692		135	25,176

（出所）　各年度「店卸勘定帳（萬屋三郎兵衛・萬屋三郎）」「舗卸勘査徴（萬屋三郎）」（小栗家文書）より作成。

（注）　店卸し時期は、1876年１月までは１月、それ以降は９月に行われる。また、1875年までは７月、77年以降は
よって、1876年は二つあるが、ａが１月、ｂが９月を示している。「本家からの借入金」については、1865年
計算が合わないものがあるのは、中間決算分の記載がないため。

⑦は、1869年まで「糠取引分」、82年が「綿糸取引分」。①と④～の⑨の合計が⑫とほぼ合うが、1871年と76
加算しているためと思われる。また76年分は同様に未回収分の２割減額分（189円48銭９厘）を加算していたた

〇〇〇両と増大している。しかし、その後、急激に減少し、一八七三年には一七〇〇両余りにまで落ち込む（⑱）。実際、一八七一年には五〇〇〇両以上の損失を計上している（⑮）。その後、一八七三年七月には利益を計上しているものの、それ以後も七六年九月ごろまでは損失と利益の間でもみあうようになり、七七年になって以降、安定的に利益を上げている。ただ、一八八一・八二年は、決算額は一万二〇〇〇円を維持しているが、利益的には一四〇〇円弱、七〇〇円余と厳しくなっている（⑮）。

⑩に注目しよう。この箇所は、小栗家（本家）からの借入金を示している。これは、表中の「金銭出納（⑨）」の中に盛り込まれているものから抜き出したものである。⑨は全体として、この本家からの借入金のほかに、萬屋三郎店が店員や沖船頭の給金などを貯金したり貸与したりした分が記載されてある。⑩は本書序章の表序‐11「店差引」の部分に相当する。これを参照すると、一八六五（慶応元）年の借入金は六〇〇〇両程度だったのが、翌六六年一月には一万両、翌六七年には二万両を超えている。さらに、一八六八年正月には三万両を超えている。その後、借入金の額は横ばいとなるが、一八七二年には三万二〇〇〇両を超え、七三年には三万五〇〇〇両を超えている。その後、一時的に減少し、一八七七年には二万円まで下がるが、七八年に再び三万円を超え、八二年には四万二〇〇〇円を超えている。このように、本家からの借入金は高額であり、萬屋三郎店の経営（特に決算）を考えるとき、損得や資産額のほかに、この借入金に注意する必要があるだろう。例えば、一八七一年は五〇〇〇両もの損失を出しながらも、資産は八〇〇〇両弱残しているが、これは本家から二万五〇〇〇両を借り入れることで支えられていたのである。ただし、⑩に注目すると、一八六八年の時は三万六九〇両の借入金を計上していたが七一年には二万五九二一両にまで漸次借入金を減らしている時期であった。

以上からこの時期の萬屋三郎商店の経営動向を展望すると、明治前期に経営的な課題を抱えていた時期は、明治維新期の動乱期である一八六七～七〇年、小野組や島田組の閉店などをはじめとした金融が混乱した七一～七六年、そして松方デフレ期の影響の出た八二年以降の三つの時期といえるだろう。これらの時期は年間の損失を計上したり、本家から高額な借入金をした時期でもあった。

次に、個々の項目について分析していこう。【I】は萬屋三郎店が有した商品在庫を金額で示したものである。同表を参照すると、一八六七年正月に商品在庫額が二万五〇〇〇両近くになり、表中でも、七〇年までは二万両から二万二〇〇〇両と高額な在庫額で推移している。その後は一万五〇〇〇両前後で推移するが、七三年七月、七六年正月、八二年九月に二万円を超え、在庫額を増やしている。

商品在庫の種類は二種類ある。一つは、萬屋三郎店の手元にある商品在庫である。一八七六年一月以降、「有荷物」として記載されてある。もう一つは、萬屋三郎店が別の箇所に預けてある商品在庫である。この場合、「預け荷」として記載されてある。「有荷物」と「預け荷」の特徴について、表6－2の一八七六年九月の例で紹介する。

「有荷物」の項を参照すると、商品は米、肥料、大豆、小麦などが中心で、知多半島の村々の商人が中心に名を連ね、萬三商店の資産として計上されている。つまり、「有荷物」とは萬屋三郎店の倉庫に商品を保管してあるものである。自身の在庫もあるが販売先が決まって保管してある。表を参照すると、平米六三四俵を油屋源六をはじめとして一三名で分け合っている。また、表中の勝手方（小栗家自身）にあるように米や糠を中心に、縄や明俵、船具など取引に必要な道具類を中心に資産として計上してある。それに対して「預け荷」は、商品を各地の商人に預けた状態で販売を期待したものである。肥料、大豆、米穀、昆布など多岐にわたるが、岡崎、西尾、矢作など三河国の商家を中心に預けてある。設楽郡新城村の枡屋金十郎の項に「南部大豆五〇俵」とあるが、その後、一八七七～七九年も同じ記載があり、さらに八〇年の「万売帳」にも「送荷物預け場」の枡屋金十郎の箇所に、「南部大豆五〇俵」が記載されてある。このように数年にわたり在庫として商品が保管されることもあった。熱田新橋の野尻利右衛門の項にある「干蛤」は、一八七六年一月の「店卸勘定帳」にも記載されているが、七七年以降には記載されておらず、この間に販売

表6－2　1876（明治9）年9月期記載の「有荷物」と「預け荷」

（金額の単位　：円）

有荷物

商人名	所在	商　品	量	金　額
榊原平三郎		南部粕	2俵	4.2
萬屋徳太郎		南部粕	127俵	248.8
		鹿島粕	57俵	93.8
問屋四方蔵		地粕	3俵	3.6
商栄丸常太郎		荒粕	37俵	42.9
古木曽六兵衛	津（伊勢）	洗焚粕	1俵	1.0
油屋源六			5俵	
米屋周助			53俵	
加藤新五郎			71俵	
丹羽与三	川端村		61俵	
藤屋孝助	梅が坪		2俵	
西川三蔵			148俵	
綿屋惣一		平米	50俵	
万屋利平			24俵	
米屋金四郎	坂部草木		26俵	
升岡屋徳右衛門			133俵	
鈴木文蔵	挙母		36俵	
万屋松右衛門	近が崎		18俵	
橋本屋久七			7俵	
		小計	634俵	1,335.5
田島屋正蔵	浦戸	小麦	21俵	27.1
		裸麦	30俵	39.0
米屋伝右衛門	乙川	盆大豆	24俵	56.2
		南部大豆	2俵	3.8
鈴木源吉 加藤新五郎	今川村	種粒	25叺	69.4
佐野利八	岡崎	貢米	64俵	
勝手方		貢米	46俵	125.9
		糠	14俵	5.5
		素麺	9箇	7.2
		縄類	10個	2.9
		縄類	90個	22.5
		縄類	12個	2.5
		縄類	70束	6.3
		筵	40員	0.6
		明俵類	300員	6.0
		明俵	80員	1.2
		明俵類	1,500員	7.5
		明俵類	350員	4.6
		万寿丸船具		115.3
		万栄丸船具		510.8
		薬種品々		456.8
		合　計		3,200.8

預け荷

商人名	所在	商　品	量	金　額
岩瀬弥助	西尾	南部粕	2俵	5.9
鈴木九兵衛	寺津村	鯡粕	3俵	6.0
穀屋清兵衛	矢作村	樽舞粕	15本	80.0
米屋忠平	三谷村	樽舞粕	20俵	44.7
浅井弥八	西尾	南部粕	34俵	74.1
山田屋茂七	岡崎	南部粕	15俵	33.5
丹羽与三	川端村	南部粕	15俵	32.7
倉橋弥兵衛	岡崎	南部粕	15俵	34.2
加藤一郎	刈谷	磯村粕	10俵	14.8
		鹿島粕	36俵	62.0
万屋宗六	三妙山辺	飯岡粕	22俵	36.3
木元屋半四郎	梅が坪	飯岡粕	8俵	16.7
米屋吉助		八戸粕	30俵	41.2
三河屋卯兵衛	八幡村	本場干鰯	28俵	28.0
野尻利右衛門	熱田新橋	干蛤	33俵	65.5
山田荘蔵		鯡粕	27俵	28.3
穀屋清兵衛	矢作村	鯡粕	15俵	13.9
三河屋卯兵衛		ツボ	30俵	10.0
瀬戸四方蔵		平米	34俵	61.8
鈴木文蔵、 万屋与七	挙母、西尾	平米	61俵	116.2
万屋久八	岡崎	加茂米	59俵	118.0
中野平太郎		餅米	20俵	43.3
岩井屋佐七	吉浜村	盆大豆	50俵	149.5
木屋伝右衛門		盆大豆	24俵	60.4
油屋文左衛門		盆大豆	166俵	321.2
枡屋金十郎	設楽郡新城村	南部大豆	50俵	71.4
紙屋市十郎		石油類	10個	25.5
油屋儀助、 大橋屋		石油類	15個	40.5
田島屋正蔵、 広島伝右衛門	浦戸村	木綿	300反	65.2
多助	高浜	昆布	40個	40.0
能登屋五兵衛		昆布	25個	10.0
味噌会所		塩	260俵	22.6
万全丸徳太郎		堀川晒	5反	1.3
		蔵米・平米	330俵	576.1
万久丸三治郎		伊保米	30俵	57.5
		三州米	140俵	252.5
		合　計		2,660.9

（出所）　明治6年「店卸勘定帳（萬屋三郎）」（小栗家文書64－1）より作成。

されたと考えられる。以上のように、商品在庫により性格を異にするが、地元商人は商品の購入を決めておきながら、そのまま商品を萬屋三郎店に預けておく場合と、岡崎、西尾、矢作など三河国への販売先に対しては、各商店に預け荷として保管を依頼し、販売を期待している場合があった。本章では後者の販売方式を「置き売り」と呼ぶが、「置き売り」がこの時期の萬屋三郎店の販売の基本をなし、地域の商人との関係を強固にしていく基盤を形成していくことになる。この点については後述する。

商品在庫を参照すると、萬屋三郎店が当時扱っていた商品が判明する。一八七三年、小栗三郎が戸長宛てに提出した職業届を参照すると、(5) ①雑穀、②肥し物類、③米糠、④油（ただし絞油は行わない）、⑤生綿を扱っていることを紹介し、営業の継続を願い出ている。実際、萬屋三郎店が取り扱う主力商品は米や糠、肥料（粕、干鰯）、雑穀（大豆、小豆、小麦、大麦）、油（魚油、水油、菜種油、石油など）、繰綿であった。

米は、地元の知多米をはじめとして、西尾米、岡崎米、刈谷米、挙母米などの三河米や、亀山米、津米などの伊勢米など地元米を中心に取引している。ただ、維新期の一時期は姫路米、広島米、肥前米などの西日本の米や忍米、野田米などの関東の米を買い入れ、米の確保に努めている。つまり、米穀商人としての萬屋三郎店は、三河・伊勢の米穀を江戸（東京）などへの売り込みを基本としながら、他方で明治維新の動乱期において米不足が想定されるときには地元の米需要に応じるために米確保に努めていたといえる。次に肥料は、地廻り粕、内海粕など地元の粕、浦賀、江戸（東京）、神奈川の関東の肥料商からは鹿島粕、飯岡粕、鹿島干鰯などの関東産の肥料や、八戸粕、仙台粕などの東北産の肥料が取引されている。さらに、兵庫、大阪の畿内の肥料商からは、増毛粕、厚岸粕、南部粕など、東北、北海道産の肥料を受け入れている。江戸（東京）、大阪を中継しながら全国の肥料を集荷していたといえる。雑穀は下総大豆、上野大豆、相模大豆、船橋小麦、相模小麦など関東産の雑穀が多く取引され、六九年以降、南京大豆も取引している。また、油は魚油や水油が中心だが、七四年以降、石油の取引が見られるようになり、一八八〇年以降は

表6－3　在庫額の推移

	総　計	有荷物					預け荷		
		小　計	米穀・糠	肥料	油	綿	小　計	米穀・糠	肥料
1865年	5,841		2,466	2,534					
1866年	9,347		2,138	2,397	2,594	600			
1867年	24,692		1,181	8,066	11,578				
1868年	20,794		1,382	7,978	1,691	3,572			
1869年	22,050		12,415	6,231	86	58			
1870年	21,519		15,640	2,567	1				
1871年	10,340		4,017	5,688	2,462	63			
1872年	15,914		8,781	4,204	1,031				
1873年	12,708		5,878	5,799	446				
1874年	15,789		6,441	7,261	1,055				
1875年	10,725	8,013	308	583		5,654	2,712	1,546	347
1876年 a	21,498	8,747	1,181	5,308		99	12,751	7,395	743
1876年 b	5,573	3,201	1,593	395	77		2,372	2,072	554
1877年	6,085	5,225	2,331	2,074			860	881	281
1878年	10,037	6,247	4,017	604	1,076		3,790	2,831	1,063
1879年	7,405	4,772	1,404	180	2,486	449	2,633	2,499	246
1880年	8,448	6,665	1,078	4,061	1,715		1,783	1,457	192
1881年	12,388	6,940	1,309	2,292	3,319		5,448	1,015	2,388
1882年	20,460	15,633	9,613	5,554	13	366	4,827	2,334	2,493

（出所）　各年度「店卸勘定帳（萬屋三郎兵衛・萬屋三郎）」「舗卸勘査徵（萬屋三郎）」（小栗家文書）より作成。

（注）　合計が商品の合計より低いものもあるが、これは「店卸勘定帳」記載の合計額が回収困難のものを削除しているためと考えられる。米穀は米以外に大豆・麦・小豆・糠なども含む。

肥料は、粕、干鰯などを含む。油は、魚油、石油などを含む。

1865年から72年までの単位は両、73年から82年までの単位は円。

店卸し時期は、1876年１月までは１月、それ以降は９月に行われる。また、1875年までは７月、77年以降は２月に中間決算が行われる。よって、1876年は二つあるが、aが１月、bが９月を示している。1875年までは、有荷物、預け荷の区別がないので、有荷物の箇所に「有荷物」「預け荷」の合計を掲載してある。

知多郡や三河地方一帯に販売されている。繰綿も知多郡や三河地方一帯で取引が行われている。ほかにも砂糖や材木、昆布、塩（饗庭塩、新斉田塩、西国塩）などの取引がなされている。その意味では、この時期の萬屋三郎店は主力商品を中心としながら、幅広い商品を取引していた。

「預け荷」の相手先として万全丸徳太郎、万久丸三治郎が記載されており、手船の沖船頭に販売を期待したものである。万久丸の項を参照すると、一八七六年一月に三州（三河）米が二一七七俵、八〇年二月に三州米九八〇俵が記載されており、沖船頭は恒常的に萬屋三郎店の在庫荷物を積載して販売を行っていた。この点は、第3節で改めて述べる。

在庫額の推移を示した表6－3を参照したい。萬屋三郎店が扱う米穀・糠、肥料、油、繰綿の在庫額の推移を紹介したものである。在庫額が膨らむことが経営に大きな影響を与えている。逆に一八七一年以降、在庫額が抑えられていることがわかるだろう。

【Ⅲ】の船頭預貸金について紹介しよう。表6－4は一八七一年正月から七三年正月にかけて船頭からの預貸金額を記したものである。同表からも判明するように、万全丸、万寿丸、万久丸、万栄丸などといった萬屋三郎店が所有する手船の沖船頭が中心だが、その類ではない小栗喜三郎（豊倉屋喜三郎）などの金銭も記載されている。ただ、こうした船頭の場合、単年度（単期）だけである。同史料に計上されているということは、これらの船頭（船主）に対して金銭を貸与している（あるいは預かっている）ことを示している。〇印は、返金の期待ができないものである。それに対し、萬屋三太郎や萬屋三八などは貸与金も高額だが漸次入金されている。一八七三年正月の萬屋三太郎を参照すると、入金の方が上回っていることもあり、逆に萬屋三郎店が金銭を預かっている。一八七五年正月（中間決算）を参照すると、借入金の額が一万七二四五円と急激に高額になっているが、これは、この年に万栄丸三治郎が八五一七円、万久丸三九郎が四一九七円、万全丸徳太郎が四〇一九円と、いずれの船主も例年と比較して急激に萬屋三郎店から高額な借入金をしたためである。万栄丸三治郎の借入金の推移を検討すると、七四年正月が二九七円、同年七月が二〇三九円、七五年七月が二二六八円、七六年正月が八四七円であり、七五年正月の借入金は一時的であることが判明する。借入金が何故この時期に急増したのかについては、後述するとして、ここでは、萬屋三郎店は船頭に対し金銭の貸借や預貯金など、金融業務を行っていたことを指摘しておきたい。

【Ⅵ】（商人未回収分）、「大福帳」には商人からの未回収分と商人への未払い分がある。「店卸勘定帳」には、「引合計」と「引残」があり、「引合計」は未済分から未払い分を引いたものである。「引残」とは、支払い未済分の中で、

表6－4　1871～73年正月 「目録帳」記載の船主との預貸金

	1871年正月			1871年7月			1872年正月			1872年7月			1873年正月	
		両	分		両	分		両	分		両	分		円
小栗喜三郎				入		0	入		0	入		0	入	−0
		17	3	○	17	3	○	17	3	○	17	3	○	18
☆萬屋三太郎（万全丸三太郎船）		447	1		802	1		240	3		607	3		65
					74	2		3	3		3	3		1
								69			64	2		3
	入	−95		入	−95		入	−105		入	−105		入	−105
													入	−328
													入	−607
☆萬屋三八（万寿丸三八船）		1,716	3		585									504
					74	2		69	2		64	2		65
								265	3		265	3		266
								196			196			196
								161			161			161
								197	2					221
										入	−334	−3	入	−324
	入	−607		入	−607		入	−607	−3	入	−607			
	入	−882	−3	入	−882	−3	入	−882	−3	入	−882	−3	入	−883
☆萬屋三治郎（万栄丸三治郎船）		2,959	3		897	3		4,788	2		2,290	2		3,800
					74	2		69	1		64	2		65
					411	3								
☆万久丸三九郎船		559			884	2		542	1		1,094			492
		1	2		2				1			1		0
					74	2		69	2		64	2		65
☆万全丸、万栄丸、万久丸、万寿丸		298												
合計		4,422	3		2,322	3		5,105	3		3,280	1		4,039
○印除		17	3		17	3		17	3		17	3		18
引合計		4,405			2,305			5,088			3,262	1		4,016

（出所）　明治4年「店卸勘定帳（萬屋三郎）」（小栗家文書69-4）より作成。

（注）　1872年までの単位は両・分、73年以降の単位は円。銀匁は略。0というのは、「82匁」など匁のみが記載されてある場合。合計の計算が合わないのは、銀匁分の加算をしていないため。
○印は返済が期待できない商人。左に☆があるものは、小栗三郎家の手船である。
金額が5両または5円以下の商人、単年度だけしか記載されていない商人は省略した。

支払いが期待できない分を償却し、資産から差し引いたものである。当該部分を示したのが表6－5であるが、それをみると、一八七〇年から七七年にかけて償却した割合が非常に高い。つまり、一八七七年頃までは、商人からの代金の未回収が大きな問題になっていた。逆に言えば、一八七三年は未回収分のほとんどを償却していたが、代金が回収できず決算期を越えた場合、ほとんど返済の期待はできなかったことを示す。

また、一八七八年以降償却がほとんどなされておらず、その意味では信用できる商人との取引がなされるようになったともいえる。

また、商人からの未回収分⑧は一八七九年には二万円を超え、八〇年には三万円を超える。滞納額が再び高額になっている。この点について「店卸勘定帳」を分析すると、特定の商人が滞納額を膨らませたというよりも、取り引きしている商人（口数）が増えているためであり、一概に未回収額が膨らんでいるとは言えない。

「店卸勘定帳」を中心に明治前期において萬屋三郎店が取引のある商人の動向について、地域別に検討しよう。まず遠隔地商人として、畿内・関東の商人を取り上げると、「店卸勘定帳」で一〇〇〇両（一〇〇〇円）を超えている商人は岡本要助（兵庫、一八七五年七月）、京屋又兵衛（兵庫、六九年正月、同年七月）、和泉屋弥兵衛（兵庫、七〇年正月）、山本弥兵衛（兵庫、七八年九月、七九年九月）、湯浅屋与右衛門（東京、六七年正月、七月、六八年正月）、大野屋五左衛門（東京、六九年正月、七〇年正月）、久住五左衛門（東京、七〇年七月）などで、未回収額が高額の商人はいるが、長期に継続して帳面に記載され続けることはなく、長くとも二～三年程度で代金は回収されている。遠隔地商人との取引の場合、未回収分として高額の金額が「店卸勘定帳」に計上されることはあっても、長期的に滞納す

表6－5　商人負債分の償却状況

（単位：1965～72年は両、73～82年は円、償却割合は％）

	商人未回収分	引残（償却後）	償却割合
1865年	5,607	4,196	25.2
1866年	4,307	3,007	30.2
1867年	3,607	2,013	44.2
1868年	12,428	10,438	16.0
1869年	10,116	7,102	29.8
1870年	13,974	7,713	44.8
1871年	12,287	6,938	43.5
1872年	8,690	2,394	72.5
1873年	8,492	1,919	77.4
1874年	16,870	10,685	36.7
1875年	11,575	7,345	36.5
1876年 a	10,389	6,250	39.8
1876年 b	19,416	15,358	20.9
1877年	15,125	9,707	35.8
1878年	21,680	18,878	12.9
1879年	24,216	21,907	9.5
1880年	33,359	33,179	0.5
1881年	27,582	27,354	0.8
1882年	25,377	25,176	0.8

（出所）　各年度「店卸勘定帳（萬屋三郎兵衛・萬屋三郎）」「舗卸勘査徴（萬屋三郎）」（小栗家文書）より作成。

（注）　1876年は2度決算が行われている。aは1月、bは9月のもの。

ることはなく代金の回収はなされていた。次に知多郡や三河地方の商人に目を向けると、伏見屋伊左衛門（宮津村）や田島屋荘蔵（浦戸村）のように取引回数が多く、付け込みもなされる商人はいるものの一般には回収できている。その後も杉浦次助（棚尾村）など滞納する商人もいるが、それは一部であり、多くの商人はいずれも少額である。こうした傾向は、三河地方においても同様である。

以上、「店卸勘定帳」から明治前期における萬屋三郎店の経営について検討してきた。大きく二つの点を指摘しておきたい。一つは、明治前期の動向を概観すると、この時期は数度にわたり事業の見直しがなされていたことが判明する。とりわけ、明治維新期の動乱により市場が混乱している時期、そして一八七一～七六年の時期、そして松方デフレ期は商品取引が困難となり、在庫分を増加させている。「店卸勘定帳」の「有高」（表6－1の⑱）を検討すると、一八六九・七〇年において一万両を超えていたが、その後、一万両を割ると、七二・七三年において約二二〇〇両、約四四〇〇円減少する。そして、一八六八年には小栗家から三万両を超えた借入金をし、七三年には三万五〇〇〇円を超える借入金をしているように⑩、萬屋三郎店の経営は小栗家からの借入金によって支えられていたのである。事実、小栗三郎は第七大区長を任じられていたが、一八七三年一一月に「商業モ漸々衰微自然活計之目途ヲ失ヒ候場合ニモ可立至……」と、家業の苦境を理由に第七大区長の辞任を願い出ていることからも明らかである[6]。二つ目は、船頭（手船の沖船頭および他所の船頭）との関係は、金銭の預金、貸与などを行っていたということである。商人手形が積極的に利用されていたという、先の石井寛治の成果を含めると、萬屋三郎店では預貯金・為替などの扱いがなされたことになる。こうした金融活動を行うことで、遠隔地取引や船頭の廻船活動を支えていたのである。

第2節　商人間取引の実際と特質

明治前期における萬屋三郎店の取引について判明する史料は、「仕切帳」「万買帳」「万売帳」「大福帳」の四種類である。「仕切帳」は仕切りが行われた時点で記載されたものであり、「万買帳」は萬屋三郎店が商品を購入した時点で記載されるものであり、「万売帳」は萬屋三郎店が商品を販売した時点で記載したものである。「大福帳」は各々の商人との取引について、その都度付け込みがなされたものである。これらのうち「仕切帳」「万買帳」「万売帳」の三冊の帳面は性格が明確で、取引の様子を端的に示す史料である。ただ、残念ながら、三冊の帳面はいずれも、本章で対象とする一八六九（明治二）～八三年までを通した帳面は存在せず、この三冊すべてが揃っているのは七一年しかない。(7)

この点を含めつつ、以下紹介しよう。

まず最初に「仕切帳」を検討しよう。(8)

【史料1】

十一月入
正月し切　　　　　　　　　　　　　小栗徳三郎
一内海粕　　四十六俵
弐百九十七
貫〆五百六十五〆弐百
両ニ三〆六百

金百五十七両
三両三分　十匁五分　口せん
〆金百五十三両ト四匁五分

【史料1】は、一一月に萬屋三郎店のもとに入荷し、預かっていた内海粕四六俵を正月に仕切りが行われたことを示している。具体的には一五七両で内海粕が売れた段階で萬屋三郎店の口銭を差し引いた一五三両と四匁五分を萬屋三郎店が小栗徳三郎に支払ったということになる。萬屋三郎店では、こうした売仕切がほとんどで、船や商人が萬屋三郎店から購入する買仕切は年間で数回程度である。商品を預かり売れた段階で仕切りが行われている（本章ではこれを「預り売り」と呼ぶ）様子がわかるだろう。

「仕切帳」に記載されている内容の一部が「万買帳」の「売付場」の項にも記載されている。この「万買帳」の売付場とは、俵数の記載はあるものの金額などの記載がなされず、取引は記されていない。【史料2】を参照しよう。(9)

【史料2】

A「仕切帳」より

二月廿六日入　和泉屋三郎兵衛殿　　三太郎船
五月
本場余かす
（符牒）百三拾五俵
三百廿九
四分八厘かへ
百五拾三両一分ト九匁四分九厘

三両三分ト五匁壱分一厘　口銭
四分五厘　くら入
百八十九匁　運ちん
〆百四拾六両一分ト六匁三分三厘
同断　右同人　同船
（符牒）百九俵
トルヲワ　三百三十
九分八厘替
百十一両ト十三匁四分六厘
弐両弐分ト十六匁八分三厘　口銭
三匁弐分七　くら入
百五拾弐匁六分　運ちん
〆百五両三分ト五匁八分六厘

B「万買帳」の「売付場」より

二月廿六日入　和泉屋三郎兵衛殿
三太郎船
一本場かす　百三十五俵
一同　百〇九俵

同史料によると、「万買帳」の帳面では（B）、取引の様子は示されていない。同史料には記載されていないが、別の「売付場」の項を参照すると「三月三日案内」など告知の日が記載されている。このように「売付場」の項に記載され（B）、「仕切帳」の中で売仕切として決済がなされている（A）。つまり、二月二六日の段階で、萬屋三太郎（手船の沖船頭）によって送られてきた和泉屋三郎兵衛の肥料（本場粕）を萬屋三郎店が預かり、地元の肥料商へ案内がなされ、五月に販売できた段階で、売値から口銭、蔵入賃、運賃を萬屋三郎店が受け取り、萬屋三太郎（和泉屋三郎兵衛）に支払われたということである。このとき、三太郎が和泉屋三郎兵衛から運賃などをどれだけ受け取っているかは分からない。

「仕切帳」に記帳されている取引先は、①大阪や東京などの遠隔地の肥料商人、②船頭（これは手船の船頭だけでなく、他所船の船頭も同様）と、③その他、地方商人の三つに分類できる。

①大阪や東京の遠隔地の肥料商は萬屋三郎店に対して商品を販売するだけでなく、売り込み品として商品を萬屋三郎店の有する蔵に入れ、帳面上は「売付場」として記載し、売れた段階で決済する取引がなされていた。つまり、萬屋三郎店は遠隔地商人（大阪・東京の肥料商）から商品を預かり販売（「預り売り」）していたということになる。この場合、実際は萬屋三郎店の有する蔵に収めるだけでなく、萬屋三郎店が取引している知多半島や三河地方の得意先の肥料商に直接送られることもあった。これらの商品はほとんど販売しているが、その期間は、すぐのこともあれば、半年程度、さらに「未だ出ず」と売れ残ることもあったのである。

②萬屋三郎店と船頭との間での取引で注目できる点は、ほとんどが売仕切という点である。すなわち、萬屋三郎店で沖船頭が積載した商品は関東や畿内あるいは別の箇所に運び込み、売れた段階で萬屋三郎店と、沖船頭との間で仕切が行われたということになる。すなわち仕切が行われる場面は、萬屋三郎店にある商品を船頭たちが運び出した時点ではない。各所で販売した時点で仕切がなされたということである。

③その他として分類した地方商人の例として西尾須田町の岩瀬弥助を紹介しよう。一八七四年の「万買帳」によれば、鯡粕、地粕、仙台大豆など一七三四俵が帳面の「預荷物案内場」の項に記載されているが、同年の「仕切帳」を参照すると、一四三六俵が仕切られている。このように、萬屋三郎店が岩瀬弥助に対して肥料の「置き売り」をしていたことがわかるだろう。ちなみに、知多郡や三河地方の商人について述べると、岩瀬弥助のように「仕切帳」に記載されている例はまれであった。ただ、萬屋三郎店と地方商人（知多郡や三河地方の商人）の間で「置き売り」は一般的であったと言えるだろう。

次に「万買帳」を検討する。「万買帳」は、基本的に、萬屋三郎店で購入し、「口銭」「運賃」「諸掛り」「仲仕賃」などを加えて販売したものを記帳してある。一例をあげる。[10]

【史料3】

萬屋三次郎殿
正月　飯岡
五拾五俵　　廿五日　七ばん入
〆五百〇四〆八百
廿二日袋引
此　四百八十弐〆八百目
四〆三百替
金百拾弐両壱分ト壱匁六分弐厘
三両ト四分壱厘　口せん
壱分ト七匁　かかり

表6－6　各年における自己勘定

（単位：1869年～72年は両、73年～82年は円）

年	1869	1870	1871	1872	1873	1874	1875	1877	1880	1881	1882
地域	20,627	9,633	19,365	27,917	25,065	22,950	12,012	7,795	6,909	7,106	20,570
東京・神奈川	4,229	8,798	2,740	7,437	2,822	2,156	3,481	0	18,934	3,462	10,812
大阪・兵庫	14,798	13,232	4,625	0	3,815		10,255	11,912	5,656	19,947	7,450
その他	0	491	3,030	5,604	3,465	6,374	721	311	0	600	1,136
手船（沖船頭）	30,297	35,432	33,624	19,876	38,926	11,731	801	194	0	0	0
他所船	0	0	2,590	0	111	0	0	0	0	0	1,804
合　計	69,952	67,587	65,974	60,835	74,204	43,211	27,270	20,212	31,499	31,115	41,772

（出所）　明治2・3・4・5・6・7・8・10・13・14・15「万買帳」（小栗家文書46－3、46－4、43－5、52－5、102－2、52－6、43－6、102－4、46－5、52－8、49－5）より作成。

〆金百拾五両弐分ト九匁〇三厘

同史料は、萬屋三次郎（万栄丸）が正月に運び込んだ飯岡粕五五俵について、萬屋三郎店は一一二両一分の代金に、口銭と諸掛り賃を加えた代金で購入したことを示したものである。このように、「万買帳」に記載されている商品は萬屋三郎店が購入したもの（自己勘定分）である。ただ、一八六九年から七三年までは「売付場」、七四年以降は「預荷物案内場」「預り荷物蔵敷場」「売預品蔵敷場」などの項があり、遠隔地の商人や船頭の記載が多くみられる。これらは、史料2で紹介した通り、萬屋三郎店はすぐには商品を購入せず、商品を預かり、売れた段階で取引を行う方法（預り売り）であった。また、「勘定後」の項があるが、それは支払い（取引）が済み、商品を萬屋三郎店が預かっているものである。

「万買帳」の全体を俯瞰しておく。知多郡や三河地方からの取引は米がほとんどである。ほかに地元の竹内彦左衛門からは肥料や石油、浦戸村の田島屋荘蔵、鈴木庄蔵からは肥料、三河地方からは小麦や繰綿、炭、糠、小麦、大豆などを購入している。主とした購入品は米穀類であり、その他の商品は単発的であり、量としても少量である。関東や畿内の商人からは肥料がほとんどで、大豆や魚油、糠、石油、米などもまれに購入している。

表6－6を参照しよう。表6－6は、「万買帳」に記載されている自己勘定取引について、取引先ごとに、「地域（尾張国、三河国、伊勢国）」、「東京・神奈川」、「大阪・兵庫」、「その他（地名不明分）」、「手船」「他所船（手船以外の船）」に分

けて取引額を紹介したものである。同表を参照すると、一八六九年から七三年にかけての自己勘定分は高額であったが、その後七四年から七七年にかけて激減し、八〇年から八二年にかけて増大している。また、地域からの自己勘定分は、七四年までは二万円代で、七五年以降減少しているが、一定額は残されていることがわかるだろう。それに対し、「東京・神奈川」「大阪・兵庫」（この両都市からの自己勘定分の商品はほとんど肥料である）は、七四年までは相対的にウェイトが低かったが、七五年以降、関東、畿内の肥料商と直接取引がなされていることがわかる。それに対し、手船・他船は、七三年までは、自己勘定分の中で相当のウェイトを占めていたが、その後急速に減少している。このことは、萬屋三郎店は手船の沖船頭に商品の買い付けを委ねていたものを、七四年以降、関東・畿内の肥料商から直接買い付けるようになったことを示している。

続いて、沖船頭との取引に注目しよう。沖船頭とは船の舵取りの責任者である船頭とは別に、船での商品取引の差配を行っていた人のことを差す。一八六八年ごろは、手船の沖船頭である萬屋三太郎や萬屋三九郎、萬屋三八、萬屋三次郎などから、相当量の肥料、大豆を購入している。ほかにも、繰綿、水油、糠など萬屋三郎店の主力商品を中心に砂糖なども購入している。先に、萬屋三郎店の扱う商品が多岐にわたることを紹介したが、それは沖船頭によってもたらされた。それが、一八七四年に沖船頭を萬屋三太郎から萬屋徳太郎に交替したころから変化が見られる。すなわち、一八七四年は、萬屋三郎店は萬屋徳太郎から大豆や肥料を買い込んでいるが、翌七五年になると、船頭から送られてきた大量の商品は「預荷物案内場」に記載され、すぐには購入していない。これは、万全丸徳太郎に限らず、萬屋三次郎などのほかの沖船頭に対しても同様であり、手船ではないが萬屋三郎店と取引のあった中野平太郎、商栄丸常太郎なども同様である。これらは、萬屋三郎店で荷受けしても、すぐに買受けるのではなく、預け荷として保管し、販売が成立した段階で支払いがなされたことを示している（売仕切）。そして、表６‐６で示した通り、一八七四年以降の傾向を見ると、船主から購入する（あるいは荷受けする）ものは激減し、七七年以降は皆無といってもよいだろう。

最後に「万売帳」について検討する。[11]

【史料4】

一月六日　　伊奈田善介殿

一樽舞粕　弐拾本

　七百三十七

　三〆五十匁がへ

〆　　　同十三日秀吉舟渡

樽舞粕二〇本を一月六日に伊奈田善介に売り渡すことが決まり、一三日に秀吉舟によって送られたことがわかる。ほかに「万売帳」の項目には、支払いが済んだ「勘定後」と、売買のしない状態で荷物を預けた状態にある「送り荷物預け場」がある。「万売帳」は、一八七一年のものがあるが、それ以降は八〇年以降のものではないと残存しない。よって「万売帳」を通年的に分析することは難しい。一八七一年の販売先を参照すると、東京越前堀の大野屋五左衛門に糠が送られており、ほかに油や肥料、米を同じ東京の久住伝吉や和泉屋三郎左衛門、房州屋栄吉などに送られているが、それは取引回数としても量的にも少ない。むしろ、販売先は知多郡と岡崎を中心とした三河地方であった。注目したいのは、手船の沖船頭に対し相当量の米を販売している点である。例えば、萬屋三太郎の場合、米穀五〇〇〇俵、肥料二五〇〇俵余を販売しているし、萬屋三次郎に対しても米穀七六〇〇俵余、肥料二〇〇〇俵弱を販売し、萬屋三九郎へも塩一万二〇〇〇俵、糠一六〇〇俵、種粕一五〇〇俵弱などを販売している。このように、手船の沖船頭に対して商品を販売することが多い点は注目してよいだろう。一八八〇年から八二年にかけての「万売帳」を参照すると、東京・大阪・兵庫にも肥料や米穀、小麦が売られているが少量であり、主たる販売先は知多郡と三河地方と伊勢国であった。三河地方については、東加茂郡、西加茂郡にも販売先を広げているが、基本的には若干拡大するに止まった。一八七一年の段階では萬屋三郎店の販売先として重要な意味があったと考えられる沖船頭に対して、万久丸兵次郎には米を一二八俵、万寿丸権兵衛には五一俵とほとんど販売していない。

以上、「万買帳」（購入）、「万売帳」（販売）、「仕切帳」の主として三種類の帳面を利用しながら検討してきたが、萬屋三郎店と商人間の取引の実際と特質が浮き彫りになってきた。二点指摘しておきたい。

一つは、萬屋三郎店の手船の役割についてである。明治前期、萬屋三郎店の手船は万全丸、万寿丸、万久丸などがあり、それらの沖船頭（万全丸三太郎、万寿丸三八、万久丸兵次郎）が、関東（東京・浦賀）や畿内（兵庫・大阪）の商人から多くの肥料や砂糖、塩、米などの諸商品を購入し、萬屋三郎店にもたらした。また、彼らは萬屋三郎店の指示に基づき販売するだけでなく、萬屋三郎店の在庫分を沖船頭が自身の船に積載し販売することもあった。ただ、この方法は一八七四年に沖船頭万全丸三太郎が徳太郎に交替した時期からなされなくなる。このことは、萬屋三郎店は畿内や関東の肥料商と直接取引を行い、手船の沖船頭に対しては、商品の購入ではなく（販売は減少するもののわずかだが継続する）、関東や畿内の商人の荷物の輸送を期待するようになったことを示している。

もう一つは、萬屋三郎店の地元（知多郡、三河地方、伊勢地方）での販売方法である。基本的に知多郡の地元の場合は販売後も自身の在庫荷として保管することもあったが、むしろ、萬屋三郎店の販売方法は、各地に商品を送りつけておき、売れた段階で取引を成立させるという方法を行っていた（「置き売り」）。それは、自身が買い取った商品だけでなく、関東や畿内の商人から販売を期待して送られた商品も、直接、各地に送り、販売がなされた段階で仕切がなされる（売仕切）場合が多かった。この方法は、萬屋三郎店にとって在庫を増やす要因になるが、販売先においては買い込む必要がなく、販路を拡大する要素になったのである。

第3節　取引商人の特質と商圏

(1)　知多郡と三河地方（伊勢国も含む）

知多郡と三河地方を中心とした、主だった販売先と購入先について表6-7・8および巻頭の地図1を参照しながら検討しよう。同表は「万買帳」と「万売帳」で取引があった商店を取り上げている。そして○が付されている商人は、一度でも萬屋三郎店の商品を預かり販売したことのある商人を示している。これらを参照すると、米穀類を購入し、肥料（粕、魚油、干鰯）などを販売していることがわかるだろう。砂糖や大豆だけしか購入しない商店もまれにあるが、一般的には肥料が中心だった。

注目したいのは、ほとんどの商店が萬屋三郎店の商品を預かっておき、売れた段階で、仕切りがなされているという点である。つまり、売仕切による取引＝「置き売り」がなされているということである。また、販売先は知多郡、三河地方一帯に広がっているが、知多半島では東岸が基本であり、三河地方も碧海郡、幡豆郡と、岡崎をはじめとした矢作川に隣接した村々が中心で、それに加えて、挙母地方（挙母を中心とした村々）と三谷（宝飯郡）、豊橋（渥美郡）である。実際、販売か購入において取引回数が五〇回以上の地域を抽出すると、知多郡（半田、成岩、長尾、大足、布土、河和、浦戸、奥田、亀崎、宮津、植村＝奥田を除き知多郡東岸か半田周辺）、碧海郡（刈谷、小垣江、高浜、高取、西端、大浜、棚尾、矢作、重原＝重原を除き、知多湾対岸か矢作川沿岸）、幡豆郡（一色、西尾）、ほかに岡崎（矢作川沿岸）、三谷、御馬（いずれも宝飯郡、渥美湾岸）、豊橋（渥美郡）、挙母周辺（挙母、渋川、花本、平井）で、ほかは川端村（東加茂郡）だけである。また、半田とその近郊地域、岡崎を除けば、特定の商人と取引がなされている。さらに取引回数が多い場合は例外なく商品を預けている。そして、取引回数の多い地域を除けば、取引の商品は肥料と米穀におおよそ限定される。

知多郡内の商人として、竹内彦左衛門（地元）と田島屋荘蔵（浦戸村）を紹介しよう。竹内彦左衛門は地元の半田の商人である。基本的に竹内彦左衛門のもとに商品を預けておき、石油や三州米を販売している。ほかに鯡粕なども販売しているが、それらの商品は預けておかず、必要な時に販売し、小廻船により運んだ。浦戸村の田島屋荘蔵は七五年まで相当の取引がなされるが、その後、取引されなくなる。地粕や地大豆、木綿、糠、米などを購入し、本場粕、南京大豆などを購入している。「万売帳」を参照すると、四月二日に伊豆干鰯二〇俵の購入が決まると、同日に平左衛門舟で運んでいる。このように、地元商人へは萬屋三郎店の手船の小廻船によって運ばれた。

次に三河地方を検討しよう。最大の販売先である、杉山定助（矢作）、岩瀬弥助（西尾）、鈴木文蔵（挙母）、松村甚助（渋川）の四商人と、最大の取引地域であった岡崎町での取引の様子を紹介したい。まず、杉山定助（矢作）だが、萬屋三郎店は同商人から繰綿や三州米、小麦などを購入しているがいずれも少量である。他方、内海粕、本場粕、樽舞粕、佐伯粕、相馬粕などの肥料を中心に販売している。「送荷物預け場」（「万売帳」）には、佐伯粕、小麦、三州米などがあるが、三州米は萬屋三郎店が買い、鯡粕は杉山定助が購入している。岩瀬は前述したが、鈴木文蔵（挙母）は、一八七一（明治四）年から八二年まで取引が見られる。米は挙母蔵米の記載があり、旧挙母藩の米の購入を請け負っている。[12] ほかに小麦や繰綿もあるが少量である。米を購入し、他方、販売はほとんど肥料（佐伯粕、内海粕、銚子粕など）であった。繰綿や三州米の記載もあるが、それらは「送り荷物預け場」の項目にある程度である。萬屋三郎店は米を購入し、肥料を販売したもので、明治前期においてもこの傾向はずっと変わらない。松村甚助（渋川村）は一八六九年から八二年まで取引が見られるが、鈴木文蔵と同様の傾向が見られ、萬屋三郎店は、わずかの大豆を除き、米を中心に購入し、一八七一年には肥料を、八〇年以降は大豆と石油を販売している。

の主な取引先（取引回数が合計50回以上の地域）

売り先		
回数	主な商人	主な取扱商品
382	○榊原円太郎（22）、○三浦百吉（6）、○竹内彦左衛門（73）、堀田屋伊助（7）飴屋久八（5）、○岡田伴吉（139）、○榊原彦四郎（22）、○知郷益之助（16）、中村屋代吉（6）、堀田屋八十八（5）、○鈴木丈助（12）	米、小麦、石油、小豆、大豆、肥料（粕）、魚油、明樽、砂糖、繰綿、油、糠、干鰯、粕
243	○三浦七兵衛（7）、○新美又助（11）、○杉江角兵衛（47）○石川又助（60）、○浅井安左衛門（75）、○柏屋角兵衛（5）、米屋又助（13）、本美藤右衛門（9）	大豆、粕、米、麦
122	○森新九郎（21）、中川惣左衛門（8）、中川定平（7）、○中川文左衛門（42）、○土平松兵衛（56）	大豆、石炭油、粕、干鰯、石油
217	○伊藤市右衛門（28）、○加藤九郎右衛門（34）、出口又左衛門（10）、○出口又兵衛（12）、○清水佐二兵衛（30）、○青木弥六（34）、○中野金右衛門（13）、○籾山浅吉（11）、○籾山惣吉（15）、○籾山与兵衛（16）、○籾山林平（19）	大豆、肥料、石油
69	○横田文左衛門（51）、稲生利助（14）	肥料（粕）、大豆
212	○石黒吉三郎（36）、○山本清五郎（37）、問屋忠三郎（6）、○油屋仲吉（8）、磯貝兵次郎（9）、磯貝源六（9）、○横田清九郎（34）、○旗本仲吉（17）、○山本伝蔵（41）	大豆、肥料（粕、干鰯）、石油
37	○田島屋荘蔵（25）、○鈴木庄蔵（12）	大豆、麦、肥料（粕、干鰯）、石油
70	○大岩作左衛門（12）、○大岩作兵衛（24）、○大岩六三郎（26）	肥料、石油、小麦
30	○酒井松四郎（30）	米、粕
59	稲生亀吉（5）、○亀崎与七（24）、○新美昇平（14）	米、粕、大豆、魚油
50	○石川藤兵衛（23）、○米屋藤兵衛（11）、辰巳屋幸左衛門（5）	干鰯、ツボ、粕
180	○新美伊左衛門（140）、○伏見屋伊左衛門（39）	粕
136	○花井実助（9）、○干鰯屋勇助（26）、○竹内勇介（91）	粕、小豆
30	○内田七右衛門（5）、○内田七郎兵衛（5）	縄、粕、干鰯、ツボ、俵、大豆
151	○伊奈田善助（78）、○山本新吉、（37）、○米屋善助（22）	粕、米、大豆、小麦
33	○長谷川角助（13）、味醂屋友七（13）	粕、米、大豆、干鰯
113	○石川又兵衛（111）	粕
57	○神谷貞助（31）、○山本新二郎（26）	粕、大豆、米
119	○原田孫平（75）、○鳥居忠助（30）、中根和助（7）	粕、米、石油、干鰯、大豆
69	片山三十郎（7）、○村松藤助（5）、○角谷兵右衛門（6）、○岩田伊平（15）、○高松宗次郎（6）、○石川市郎（6）	大豆、粕、干鰯、繰綿、米、小麦
98	○加藤平兵衛（10）、古久根新助（7）、榊原甚三郎（11）、○杉浦治助（65）	大豆、小豆、干鰯、粕、筵、米
48	○倉橋直右衛門（25）、○近藤密蔵（16）	米、繰綿、麦、石油、粕
136	○坂部曽七（35）、○杉山定助（83）、○藤屋浅吉（10）	石油、大豆、粕、米、小麦
52	○都筑兵蔵（26）、○柴田為助（14）	米、粕、大豆、繰綿

46-10)、明治2・3・4・5・6・7・8・10・13・14・15年「万買帳」(小栗家文書46-3、46-4、43-5、52-5、46-6、43-3、43-4、43-2）より作成。

場合、左が「仕切帳」記載の回数で、右が「万買帳」記載の回数である。「売り先」の主な商人名のあとの（　）は「万「仕切帳」「万買帳」「万売帳」に記載があった回数のこと。「預荷物蔵敷場」に記載されたもの（保管だけで取引されいる。表中空欄は、5回以上の取引があった商人がないということ。○が付されている商人は、萬屋三郎店から預か

表6-7　知多郡、三河地方（碧海郡）における萬屋三郎店

		買い入れ先		
地域	地　名	回数	主な商人	主な取扱商品
知多郡	半田	166	○竹内彦左衛門（60）、○三浦百吉（5）、○岡田伴吉（7）、○榊原彦四郎（7）、○松坂屋幸助（8）、○植野彦左衛門（12）、炭屋専吉（6）、○知郷益之助（6）、中村屋半右衛門（6）	大豆、小麦、春麦、種粒、種油、米、石油、砂糖、繰綿、縄、俵、糠
	成岩村	36	○三浦七兵衛（6）、○浅井保左衛門（5）、○柏屋角兵衛（11）	粕、米、麦、縄
	長尾村	18	○森新九郎（7）、○中川文左衛門（5）	石油、米、肥料
	大足村	10		大豆、肥料
	布土村	13	○横田文左衛門（10）	肥料、米
	河和村	14		米、干鰯、肥料（粕、干鰯）
	浦戸村	52	○田島屋荘蔵（2、35）、○鈴木庄蔵（15）	肥料（干鰯、粕）、筵、糠、米
	奥田村	5		米、肥料
	近ケ崎村	22	○酒井松四郎（20）	米、粕
	亀崎	18	○伊藤七郎兵衛（6）	大豆、繰綿、干鰯、粕、石油、糠
	乙川	30	○稲生所左衛門（16）、伝右衛門（5）	粕、米、魚油、種粒
	宮津	43	○新美伊左衛門（24）、○伏見屋伊左衛門（18）	米、粕、糠、大豆
	植村	14	○干鰯屋勇助（8）、○竹内勇介（5）	米、粕
	知多郡	35	○伊藤七太郎（8、6）、○伊藤七郎次（6）、○籾山善次郎（5）	粕、大豆、小麦、大豆
碧海郡	刈谷	111	○伊奈田善助（31）、○近藤定吉（6）、○山本新吉（13）、○米屋善助（35）、○綿屋仲右衛門（11）	粕、米、大豆、豆、小麦、種粒
	小垣江	60	○清水屋文左衛門（10）、○長谷川角助（16）、味醂屋友七（7）、柏屋常七（11）、○米屋忠左衛門（6）、○文平（5）	粕、米、大豆、糠、小麦、種粒
	高浜	19	○石川又兵衛（12）	大豆、粕、小麦、米
	高取	3		大豆、粕、米
	西端	20	○原田孫平（16）	粕、小麦、米、石油
	大浜村	92	綿屋与七（11）、片山律太郎（7）、○村松文左衛門（8）、○村松藤助（7）、○倉田新七（8）、○西口屋半助（7）、辰巳屋藤七（28）	大豆、粕、小麦、砂糖、糠、繰綿、米、干鰯
	棚尾	5		粕、干鰯、小麦、搗麦、米
	野寺	33	○倉橋直右衛門（23）、○近藤嘉十（6）	米、繰綿、麦
	矢作	42	○杉山定助（17）、○藤屋浅吉（6）、○油屋専吉（6）、○油屋兵蔵（5）	米、小豆、小麦、繰綿
	重原	38	○柴田為助（24）、○紙屋半三郎（5）	米、麦

（出所）　明治2・3・4・5・6・7・8年「仕切帳」（小栗家文書43-8、46-11、46-14、46-13、46-12、46-9、102-2、52-6、43-6、102-4、46-5、52-8、49-5）、明治4・13・14・15年「万売帳」（小栗家文書

（注）「買い入れ先」の主な商人名のあとの（　）は「万買帳」記載の回数。なお、カッコ内に二つ記載されている売帳」記載の回数。場所が不明な商人や取引回数が少数の場合は含まれていない。本表における取引回数とは、ていないもの）も、1回に数えている。商人の名前は、買い取引、売り取引5回以上の商人のみを取り上げてり売りした商人のこと。

の主な取引先（取引回数が合計50回以上の地域）

売り先		
回数	主な商人	主な取扱商品
32	○鈴木国吉（21）	粕、小豆、麦、米
115	青山藤七（12）、大屋直助（11）、中屋安兵衛（21）、問屋利兵衛（6）、○鈴木孫四郎（61）	大豆、石油、粕、筵、干鰯
102	○岩瀬弥助（16）、○山本屋重助（7）、○山本屋弥助（6）、酒屋弥八（6）、新美利吉（5）、浅井弥八（15）、○彦坂和助（10）、○米屋仁助（8）、○米屋利吉（6）、○綿屋弥助（6）、油屋久蔵（7）	石油、米、大豆、粕、石油、魚油
553	○国府次郎八（37）、○佐野利八（59）、○細川屋利八（26）、○山田宗太郎（12）、山田茂七（7）、小島儀八郎（9）、○松原惣太郎（17）、○森七三郎（10）、○清水半次郎（88）、○千賀又市（23）○倉橋源兵衛（38）、○倉橋治三郎（30）、○大川屋勘次郎（51）、○田中清七（51）、白木屋源兵衛（5）、○油屋幸兵衛（11）、○油屋浅太郎（11）	大豆、魚油、石油、粕、豆、米、小麦、砂糖、繰綿、干鰯
159	○小田忠五（33）、○小田忠兵衛（58）、竹内伝十（6）、○藤田佐七（37）、○藤田丈作（19）	米、粕、大豆、塩
68	○横田忠七（68）	粕、干鰯、大豆、小豆
132	○柏屋重太郎（10）、鈴木清九郎（5）、○中野市十郎（16）、○夏目直一（60）、○酒井長次郎（22）、○中西伊作（25）	粕、筵、大豆、米、石油、大麦、縄、俵、干鰯、油、塩
170	○岩松鉄吉（15）、○近藤啓次郎（37）、○藤屋仁平（12）、○福本屋文左衛門（7）、○油屋彦七（13）、○鈴木文蔵（76）	米、粕、石油、繰綿、小麦、大豆、麦、大豆、塩、干鰯
32	○羽田儀八（13）、○羽田丈作（2）、○太田七十郎（9）、○大黒屋仁平（8）	米、粕、大豆、石油
34	○伊藤惣六（34）	粕、大豆、米
38	○松村甚助（37）	石油、大豆
95	○本多宗一（91）	大豆、粕、石油、米、繰綿
68	○今井磯一郎（67）	粕、小麦、大豆、米
37	○宮川和一郎（13）、○爾見平八（13）	粕、大豆、塩、石油
66	○丹羽与三（62）	大豆、米、粕、石油
40	○時田金右衛門（7）、○大野屋善助（7）、○野尻利右衛門（11）	魚油、粕、石油、干鰯、唐糸、大豆
28	○田中林助（27）	石油、繰綿、粕、小麦

場合、左が「仕切帳」記載の回数で、右が「万買帳」記載の回数である。「売り先」の主な商人名のあとの（　）は「万

記載されたもの（保管だけで取引されていないもの）も、１回に数えている。

あった商人がないということ。○が付されている商人は、萬屋三郎店から預かり売りした商人のこと。

表6－8　三河地方（碧海郡を除く）、伊勢国における萬屋三郎店

		買い入れ先		
地　域	地　名	回数	主な商人	主な取扱商品
幡豆郡	平坂	25		米、縄、麦、大豆、干鰯
	一色	35	○鈴木孫四郎（10）、○野村長蔵（5、11）、○中屋安兵衛（5）	米、粕、糠、木綿
	西尾	123	○岩瀬弥助（47、26）、○山本屋重助（8、12）、○山本屋弥助（13）、○松崎勘右衛門（5）、○米屋仁助（7）、○綿屋弥助（8）	繰綿、米、縄、糠、大豆、粕、小豆、油
額田郡	岡崎	177	○佐野利八（11）、○細川屋利八（5）、○松原宗八（10）、○森七三郎（10）、○清水半次郎（34）、○倉橋源兵衛（15）、○大丸屋七三郎（6）、○大川屋勘次郎（5）、○田中清七（5）、○油屋浅助（16）	米、砂糖、繰綿、糠、干鰯、粕、大豆、小麦、麦、小豆
宝飯郡	三谷	7	○小田忠兵衛（5）	米、粕
	御馬			
渥美郡	豊橋	23	○柏屋重太郎（9）	干鰯、糠、筵、鰯、大豆、塩、粕、米、小麦、砂糖
西加茂郡	挙母	197	○岩松鉄吉（15）、○近藤啓次郎（9）、藤屋喜兵衛（8）、○藤屋幸助（13）、平野屋定吉（6）、○米屋惣吉（7）、○綿会所（6）、○鈴木文蔵（111）	粕、米、繰綿、小麦、大豆
	梅が坪	30	○羽田儀八（17）、○太田七十郎（6）、○大黒屋仁平（5）	米、粕、酒
	長興寺	40	○伊藤惣六（40）	米、麦、小麦、繰綿
	渋川	64	○松村甚助（37）、○大和屋善六（26）	米、石油、粕
	花本	75	○本多宗一（60）、綿屋惣助（13）	繰綿、米、粕
	平井	93	○今井磯一郎（77）、○今井善六（16）	米
	加納	16	○爾見平八（10）	米、粕
東加茂郡	川端	77	○丹羽与三（69）、丹羽与兵衛（5）	小麦、米、綿
名古屋	名古屋	30	○野尻利右衛門（3、25）	米、粕、大豆、干鰯
三重県	津釜屋町	28	○田中林助（28）	米

（出所）表6－7と同じ。

（注）「買い入れ先」の主な商人名のあとの（　）は「万買帳」記載の回数。なお、カッコ内に二つ記載されている
売帳」記載の回数。場所が不明な商人や取引回数が少数の場合は含まれていない。

本表における取引回数とは、「仕切帳」「万買帳」「万売帳」に記載があった回数のこと。「預荷物蔵敷場」に
商人の名前は、買い取引、売り取引5回以上の商人のみを取り上げている。表中空欄は、5回以上の取引が

三河地方最大の取引先である岡崎の商人を概観する（表6－9）。なお、当該地で取引している商人は多いので、通算で取引が四年以上、取引回数が二〇回以上行われている商人を限定して取り上げる。[13] これらを参照すると、すべての商人が恒常的ではないにせよ萬屋三郎店の商品を預かり、販売する方法を行っていたことが分かる（「置き売り」）。また、粕、干鰯、米、大豆、小麦、糠、麦、小豆といった米・雑穀と、肥料を取引商品の中心としながら、繰綿や石油、砂糖、明俵、筵、縄などの多様な取引もなされた。相当量の商品を萬屋三郎店は岡崎商人に預けてあるが、それらのほとんどは販売されたと思われる。

伊勢地方の商人として、津の釜屋町の田中林助に対し萬屋三郎店は鯡粕や相模干鰯を購入することがあったが（一八八〇・八一年）、ほとんどが伊勢米を購入していた。他方、仙台粕、内海粕などといった肥料を中心に、石油、三州小麦、三州繰綿など三河地方の商品を販売している。一八七三年一月、萬屋三郎店所持の万寿丸が伊勢国安濃津沖で難破した際の届け出を参照すると、[14]「当国愛知郡熱田新橋野尻理右衛門方ニテ米七百俵也買積仕、壬申十一月廿八日同所出帆同廿九日伊勢国安濃浦江着船仕、安濃郡津西之口出屋敷ニ而田中林助ニテ尚又米三百三拾弐俵買受外ニ飯米共都合米千四拾六俵積入本月四日同所出帆東京江積送可申心組之処……」と、萬屋三郎店の手船（万寿丸）は当該地で米を買積みし東京に販売する予定であったことが記されている。このように伊勢国との取引は、三河地方や知多半島の物資の販売もあったが、それよりも関東（東京）や畿内を販売先とした遠隔地取引を意図した伊勢米（米穀類）などを購入していたことがわかるだろう。

(2) 畿内（兵庫・大阪）関東（東京・神奈川・浦賀）の商人との取引

畿内の商人では、金沢仁兵衛（大阪・神崎屋仁兵衛）、白藤嘉助（大阪・柴屋嘉助）、京屋又兵衛（兵庫・藤井又兵衛）を紹介しよう（表6－10）。ほかに阿波屋文助（大阪）、金田屋半兵衛（大阪）、和泉屋弥兵衛（兵庫）、山本弥兵衛（兵庫）、車屋五兵衛（兵庫）、藤本保兵衛（兵庫）、岡本要助（兵庫）などもいるが、取引が限定的なことから省いている。全体的にみると、萬屋三郎店と畿内の商人との取引はほとんど肥料の購入で、販売は縄や俵などに限られている。縄や俵の購入はそれ自体を商品として販売するものではなく、輸送に必要なものであると考えたとき、萬屋三郎店から畿内の商人に対して販売するものはほとんどなかったといえるだろう。萬屋三郎店は京屋又兵衛からは、一八六九年は広島米、豊前米など西日本の米穀や大豆を購入している。その後は、大豆、肥料が中心となるが、佐伯粕や宇和粕、樽舞粕など、北海道や西日本から廻送された肥料を中心に購入している。金沢仁兵衛との取引は肥料ばかりであり、白藤嘉助もほとんどが肥料で、わずかに米や糠、大豆を取引している。「仕切帳」や「預り荷物案内場」などにも記帳されており、商品を預かり、売れた段階で取引が行われる場合が多い（「預り売り」）。買い取り額が一〇〇〇円（両）を超えることが多く、大量の商品を取引していたことがわかる。

関東の商人に対しては、畿内の商人と比較して取引量が多い（表6－11）。つまり、明治前期の肥料取引の主軸は関東であった。著名な肥料商との取引が多いが、岩出屋惣兵衛（東京）、久住五左衛門（東京）、和泉屋三郎兵衛（奥三郎兵衛、東京）、和泉屋忠次郎（東京）、多田屋又兵衛（東京）、湯浅屋与右衛門（小津与右衛門、東京）、宮原屋次兵衛（浦賀）、宮原屋清兵衛（浦賀）、江戸屋六兵衛（三次六兵衛、浦賀）、師崎屋与八（浦賀）と、取引回数の多い商人を取り上げる。ほかにも限定的に取引した商人として、大野屋五左衛門（東京）、村形兵助（東京）遠州屋利助（東京）、山田吉兵衛（東京）、間瀬万太郎（東京）、石川吉三郎（東京）、土屋藤蔵（東京）、房州屋栄吉（東京）、久住伝吉（東京）、水戸屋治郎右衛門（東京）、西村屋七右衛門（東京）、宮原屋源兵衛（浦賀）、中川与八（浦賀）、長嶋長七（浦賀）、宮原屋与右衛門（浦賀）、宮原屋利兵衛（浦賀）、臼井儀兵衛（浦賀）中村三郎兵衛（神奈川駅）などもいた。また、肥料商に併記して「萬屋三太郎船」「万久丸兵四郎」など輸送船が記載されてあることが多い。こうした商品は手船によって運ばれた。

萬屋三郎店の主な取引先

小見出し	商　品	量	金額（円）
勘定後	繰綿	8	65
勘定後	大豆	51	101
勘定後	大豆	40	
勘定後	石油	5	
勘定後	大豆	117	
勘定後	大豆、石油	15	
勘定後	肥料	193	
勘定後	肥料、石油	25	
	大豆	85	
	肥料	15	
	大豆	40	15
	大豆	40	
	大豆	10	
	肥料	68	
勘定後	大豆、肥料	40	
勘定後	肥料	60	
	大豆	115	
	肥料	107	
	分塩	20	
勘定後	大豆	15	
勘定後	豆	20	
	肥料	26	
	小豆	12	27
	米	75	117
勘定後	繰綿	12	98
勘定後	米	75	141
勘定後	肥料	50	
勘定後	小麦	10	31
勘定後	米	35	154
	大豆	15	
	肥料	5	
勘定後	石油	40	
勘定後	大豆	61	
勘定後	肥料	77	
	大豆	26	
	肥料	234	
	肥料	15	81
	大豆	20	
	肥料	329	
勘定後	大豆	10	
勘定後	肥料	25	
	米	10	
	大豆	90	
	大豆、肥料	20	
	肥料	333	
勘定後	大豆	12	

商　人	年代	表題	見出し	小見出し	商　品	量	金額（円）
倉橋源兵衛（菅生町）	1875年	万買帳			米	100	247
	1877年	万買帳	預荷物案内場		肥料	395	
			預荷物案内場	勘定後	肥料	290	
			預荷物蔵敷場	勘定後	大豆	1	
			預荷物蔵敷場	勘定後	肥料	50	
	1880年	万買帳		勘定後	大豆	15	38
			売預品蔵敷場		大豆	30	
		万売帳		勘定後	大豆	93	
				勘定後	肥料	346	
			送荷物預け場		大豆	84	
			送荷物預け場		肥料	215	
	1881年	万売帳			大豆	29	
					肥料	265	
				勘定後	大豆	96	
				勘定後	大豆、肥料	45	
	1882年	万買帳		勘定後	小麦	25	48
		万売帳			大豆	130	
					大豆、肥料	96	
					肥料	40	
				勘定後	米	2	
			送荷物預け場		肥料	40	
大川屋勘次郎（両町）	1870年	万買帳			明俵	120	0
	1871年	万売帳			大豆	76	
					豆	70	
				勘定後	大豆	40	
				勘定後	肥料	24	
	1874年	万買帳			繰綿	5	48
					筵	200	1
	1877年	万買帳			小豆	90	0
	1880年	万買帳		勘定後	小麦	24	76
		万売帳			大豆	75	
				勘定後	大豆	155	
				勘定後	肥料	56	
			送荷物預け場		小麦	35	
			送荷物預け場		大豆	55	
	1881年	万売帳			大豆	60	
					肥料	100	
				勘定後	大豆	20	
				勘定後	肥料	40	
	1882年	万売帳			大豆	30	
					肥料	110	
				勘定後	大豆	35	
			送荷物預け場		肥料	39	

商　人	年代	表題	見出し	小見出し	商　品	量	金額（円）
清水半次郎（坂町）	1880年	万買帳		勘定後	小麦	125	380
				勘定後	小麦、米	50	116
			売預品蔵敷場	勘定後	大豆	10	
		万売帳			大豆	25	
				勘定後	大豆	25	
				勘定後	大豆、肥料	10	
				勘定後	肥料	215	
			送荷物預け場		大豆	195	
			送荷物預け場		大豆、肥料	60	
			送荷物預け場		肥料	160	
	1881年	万買帳			小麦	25	75
					小麦、大麦	75	158
				勘定後	砂糖	11	9
				勘定後	小麦	222	523
				勘定後	小麦、荒麦	100	190
				勘定後	大麦	10	16
				勘定後	肥料	4	62
				勘定後	米	25	101
				勘定後	裸麦	10	20
			売預品蔵敷場		小麦	30	
			売預品蔵敷場		大豆	35	
			売預品蔵敷場		大麦	70	
			売預品蔵敷場	勘定後	砂糖	11	
			売預品蔵敷場	勘定後	裸麦、小麦	44	
		万売帳			大豆	150	
					肥料	249	
					肥料、大豆	35	
				勘定後	小麦	70	
				勘定後	大豆	50	
				勘定後	肥料、大豆	55	
				勘定後	米	10	
			送荷物預け場		小麦	75	
	1882年	万買帳			荒麦	25	25
					小麦	100	276
					搗麦	25	45
				勘定後	繰綿	4	53
				勘定後	米	50	138
				勘定後	綿、小麦、米、麦	220	594
				勘定後	綿、米	65	382
				勘定後	裸麦	2	3
			売預品蔵敷場		裸麦	2	
			売預品蔵敷場		搗麦、大麦	68	
		万売帳			大豆	142	
					大豆、肥料	124	
					肥料	831	
				勘定後	繰綿、米	21	
				勘定後	小麦	60	
				勘定後	大豆	30	
				勘定後	肥料、大豆	30	
			送荷物預け場		荒麦	25	
			送荷物預け場		小麦	70	
			送荷物預け場		米	20	
			送荷物預け場		搗麦	25	

（出所）　表６－７と同じ。
（注）　量は俵数を基本とするが、叺なども含まれることがある。目安として考えてほしい。

表６－９　岡崎町における

商　人	年代	表題	見出し
田中清七（能見町）	1877年	万買帳	
	1880年	万買帳	
			売預品蔵敷場
		万売帳	
			送荷物預け場
			送荷物預け場
	1881年	万買帳	
			売預品蔵敷場
		万売帳	
	1882年	万売帳	
			送荷物預け場
佐野利八（能見町）	1877年	万買帳	
			預荷物案内場
	1880年	万買帳	
		万売帳	
			送荷物預け場
			送荷物預け場
	1881年	万買帳	
	1882年	万売帳	
			送荷物預け場
		万売帳	

の主な取引先

商　人	年　代	表　題	見出し	商　品	銘　柄	量	金額（円）
京屋又兵衛（藤井又兵衛）兵庫	1869年	万買帳			粕	277	1,629
					米	3,593	8,226
					大豆	500	1,196
	1870年	万買帳			種油	100	1,095
					大豆	1,625	3,061
					粕	207	990
	1871年	仕切帳			粕	265	1,192
				勘定後	粕	43	190
		万買帳			白糖	600	500
					米		3,735
			売付場		粕	160	
	1875年	仕切帳			高崎鯡	289	2,171
		万買帳	預荷物案内場		粕	50	
	1877年	万買帳			肥料	1,782	1,651
				勘定後	鯡粕	170	636
			預荷物案内場		粕	38	
	1880年	万売帳	送荷物預け場		石油	200	
	1881年	万買帳			粕	300	
				勘定後	粕	300	343
	1882年	万売帳	小売場（３円以上）		明俵、縄	1,190	42

表６-10　関西における萬屋三郎店

商　人	年　代	表　題	見出し	小見出し	商品	量	金額（円）
金沢仁兵衛（神崎屋仁兵衛）大阪	1870年	万買帳			粕	192	1,081
	1871年	仕切帳			粕	220	936
	1873年	万買帳			粕	300	566
	1875年	万買帳			粕	523	1,053
			預荷物		糠	900	
	1877年	万買帳			粕	888	3,526
				勘定後	粕	675	2,648
			預荷物案内場		粕	102	
	1880年	万買帳	勘定後		粕	500	4,105
	1881年	万買帳			粕	300	1,306
		万売帳	送荷物預け場		粕	300	
	1882年	万買帳			粕	1,000	3,253
白藤嘉助（柴屋嘉助）大阪	1869年	仕切帳			粕	38	115
		万買帳			糠	250	385
					大豆	250	822
					粕	270	1,490
	1870年	仕切帳			肥料	134	1,200
		万買帳			大豆	1,139	1,742
					肥料	1,030	3,904
					油	300	3,510
	1871年	仕切帳			肥料	158	699
		万買帳	売付場		肥料	158	
	1873年	万買帳			肥料	1,500	3,733
	1875年	仕切帳			肥料	236	1,193
		万買帳			肥料	351	2,345
			預荷物案内場		肥料	236	
	1877年	万買帳			糠	2,500	883
					肥料	3,221	6,900
					米	25	
				勘定後	肥料	360	1,360
			預荷物案内場		肥料	275	
	1880年	万買帳	勘定後		肥料	200	1,551
	1881年	万買帳			肥料	400	2,156
	1882年	万買帳			肥料	1,000	4,196

（出所）　表６-７と同じ。
（注）　量は俵数を基本とするが、叺なども含まれることがある。目安として考えてほしい。

萬屋三郎店の主な取引先

小見出し	商品	量	金額（円）
	肥料	535	539
	肥料	723	
	肥料	1,405	2,561
	肥料	314	259
	肥料	110	121
	肥料	305	175
勘定後	肥料	971	548
	肥料	581	
	肥料	1,089	490
	肥料	1,109	
	大豆	150	
	肥料	121	
	肥料	110	516
	肥料	720	
勘定後	肥料	700	921
	小麦	103	161
	種粕	830	1,064
	肥料	213	233
勘定後	肥料	77	133
	種粕	16	26
	肥料	319	159
	肥料	602	981
	肥料	246	215
勘定後	魚油	10	25
	肥料	350	254
勘定後	魚油	10	25
勘定後	肥料	332	
	肥料	332	266
	肥料	260	503
	石油	200	3
勘定後	石油	400	1,220
勘定後	魚油	400	1,140
勘定後	肥料	2,586	6,254
勘定後	米	100	155
	石炭油	600	1,905
	石油	1,000	5,442
	肥料	1,191	2,017
勘定後	肥料	560	2,479
	魚油	79	
	石油	230	
	肥料	386	932
勘定後	肥料	200	1,211
	肥料	4,422	1,593
	肥料		1,645
	肥料	286	244
	肥料	806	1,141
	肥料	244	264
	肥料		243
	肥料	244	
	肥料	149	78
	肥料	472	244
勘定後	肥料	1,376	1,443
	肥料	416	
	肥料	133	60
	肥料	133	
	肥料	176	210
勘定後	肥料	220	890
	肥料	79	315
勘定後	肥料	300	3,451
勘定後	肥料	870	4,123

商人	年代	表題	見出し	小見出し	商品	量	金額（円）
下村喜右衛門（神奈川）	1874年	万買帳			肥料	147	
	1875年	仕切帳			肥料	185	481
			買仕切		米	115	256
		万買帳			肥料	28	36
			預荷物案内場		肥料、石炭油	233	
	1877年	万買帳	預荷物案内場		石炭油	10	
			預荷物案内場		肥料	150	
			預荷物案内場	勘定後	肥料	206	
			預荷物蔵敷場		大豆	62	
	1880年	万売帳		勘定後	肥料	80	
	1882年	万買帳		勘定後	糠	29	15
			売預品蔵敷場		肥料	29	
		万売帳			肥料	70	
宮原屋次兵衛（神奈川）	1870年	仕切帳			肥料	203	304
	1871年	仕切帳			肥料	61	236
	1872年	万買帳			肥料	685	442
	1874年	万買帳	売品預蔵敷場		肥料	684	813
宮原屋清兵衛（神奈川）	1869年	万買帳			肥料	60	237
	1872年	万買帳			砂糖	20	120
					砂糖	20	126
					肥料	794	406
	1874年	万買帳	売品預蔵敷場		肥料	869	518
江戸屋六兵衛（神奈川）	1869年	仕切帳			米	75	300
	1870年	仕切帳			大豆	300	592
					肥料	20	146
		万買帳			肥料	23	108
			売付場		大豆	150	
	1871年	仕切帳			肥料	30	127
				勘定後	魚油	2	8
		万買帳			肥料	435	294
			売付場		肥料	30	
	1872年	仕切帳	買仕切		米	150	255
		万買帳			肥料	1,334	962
					米、小麦	97	122
				勘定後	魚油	71	229
				勘定後	肥料	300	515
				勘定後	米	42	52
	1873年	万買帳			肥料	869	1,306
	1874年	仕切帳			肥料	150	326
		万買帳	計算後		魚油	15	
	1875年	仕切帳			魚油	15	50
					大豆	50	95
		万買帳			肥料	656	1,733
					筵	631	18
			預荷物案内場		魚油	15	
			預荷物案内場		大豆	452	
	1880年	万買帳		勘定後	肥料	220	206
	1882年	万買帳			大豆	600	1,901
		万売帳	預け品売場		米	29	146
			預け品売場	勘定後	米	462	1,576
師崎屋与八（神奈川）	1871年	万買帳			魚油	20	90
					肥料	428	1,152
				勘定後	大豆	350	516
	1872年	万買帳			肥料	230	113
				勘定後	魚油	201	819
				勘定後	肥料	1,047	1,355
	1873年	仕切帳			魚油	11	55
		万買帳			肥料	478	742
			売付場		魚油	11	52
	1874年	仕切帳	買仕切		米	115	325
		万買帳	売品預蔵敷場		肥料	230	113

表6-11　関東（東京、神奈川）における

商人	年代	表題	見出し	小見出し	商品	量	金額（円）
喜多村富之助（東京）	1869年	万買帳			肥料	372	626
	1871年	仕切帳			肥料	1,087	1,374
				勘定後	肥料	227	210
		万買帳		勘定後	肥料	460	541
			売付場		肥料	1,588	
	1872年	仕切帳			肥料	706	612
				勘定後		140	77
				勘定後	肥料	134	71
		万買帳			肥料	508	361
			売付場		肥料	820	
			売付場	勘定後	大豆、肥料	275	
	1873年	仕切帳			肥料	435	609
		万買帳	売付場		肥料	434	
	1874年	仕切帳			肥料	254	420
			計算後		肥料	324	336
		万買帳			肥料	291	
			売品預蔵敷場		肥料	478	
	1875年	仕切帳			肥料	436	562
		万買帳			肥料	2,299	2,232
			預荷物案内場		肥料	436	
	1877年	万買帳	預荷物案内場		肥料	786	
	1880年	万買帳		勘定後	肥料	616	1,358
久住五左衛門（東京）	1869年	仕切帳			肥料	1,819	978
		万買帳			肥料		2,573
	1870年	仕切帳			大豆	482	999
					肥料	850	1,149
		万買帳			肥料	6,151	5,150
			売付場		大豆	1,084	
	1871年	仕切帳			肥料	1,664	1,482
				勘定後	肥料	827	1,351
		万買帳			肥料	920	793
			売付場		肥料	3,084	
	1872年	仕切帳			肥料	1,143	1,197
		万買帳		勘定後	肥料	240	218
			売付場		肥料	2,174	
	1873年	仕切帳			肥料	698	639
			買仕切		米	100	191
		万買帳			大豆	298	558
			売付場		肥料	956	
			売付場	勘定後	肥料	157	
	1874年	仕切帳			肥料	681	482
			計算後		肥料	611	519
		万買帳			肥料	1,002	
			計算後		肥料	611	
			売品預蔵敷場		肥料	611	
	1875年	仕切帳			肥料	754	587
		万買帳			肥料	325	249
			預荷物案内場		肥料	911	
	1877年	万買帳	預荷物案内場		肥料	58	
	1880年	万買帳		勘定後	大豆	161	398
				勘定後	肥料	2,021	1,989
	1881年	万買帳			肥料	550	739
				勘定後	肥料	200	3,598
	1882年	万買帳			肥料	401	2,013
				勘定後	肥料	160	633
多田屋又兵衛（東京）	1870年	仕切帳			肥料	716	708
	1871年	仕切帳			肥料	448	440
		万買帳	売付場		肥料	448	
	1872年	仕切帳			肥料	136	78
		万買帳	売付場		肥料	136	
	1873年	仕切帳			肥料	150	68
		万買帳	売付場		肥料	150	
	1880年	万買帳		勘定後	肥料	361	1,446
	1881年	万売帳			米	30	

商人	年代	表題	見出し
湯浅屋与右衛門（東京）	1869年	仕切帳	
		万買帳	売付場
	1870年	万買帳	
	1871年	万買帳	
	1872年	仕切帳	
		万買帳	
			売付場
	1873年	仕切帳	
		万買帳	売付場
	1874年	万買帳	
	1875年	万買帳	
	1877年	万買帳	預荷物案内場
	1880年	万買帳	
岩出屋惣兵衛（東京）	1869年	万買帳	
	1870年	万買帳	
	1871年	仕切帳	
		万買帳	
	1872年	万買帳	
	1873年	仕切帳	
		万買帳	
			売付場
			売付場
	1874年	仕切帳	
		万買帳	売品預蔵敷場
	1875年	万買帳	
	1880年	万買帳	
	1881年	万買帳	
		万売帳	送荷物預け場
			送荷物預け場
	1882年	万買帳	
奥三郎兵衛（東京）	1869年	仕切帳	
		万買帳	
	1870年	仕切帳	
		万買帳	
	1871年	仕切帳	
		万買帳	
			売付場
	1872年	仕切帳	
		万買帳	
			売付場
	1873年	仕切帳	
		万買帳	売付場
	1874年	万買帳	売品預蔵敷場
	1880年	万買帳	
	1881年	万買帳	
	1882年	万買帳	

（出所）　表6-7と同じ。
（注）　量は俵数を基本とするが、叺なども含まれることがある。目安として考えてほしい。

基本的に萬屋三郎店は仕切りによる取引や「預荷物案内場」に記載されている取引のように購入はせず、商品を預かり、売れた段階で取引を行うこともあった。ただし実際は、預かった商品のおおよそを買い取り、特に一八七五年以降は萬屋三郎店の取引は、船頭からの買い取りだけではなく、関東や畿内の肥料商との直接取引となっている。

(3) 沖船頭との取引

次に手船の沖船頭として、萬屋三八、萬屋三太郎、萬屋徳太郎について紹介しよう(表6－12)。彼らは、年間の取引としても多額の商品を扱っている。

萬屋三郎店が所有している手船は、万全丸、万栄丸、万寿丸、万久丸、万吉丸などが判明する。沖船頭は時期により異なるが、万全丸三太郎、万全丸徳太郎(徳三郎)、万寿丸三八、万吉丸伝吉、万久丸三九郎、万栄丸三治郎などである。なお、万全丸三太郎から徳太郎への変更は一八七四年五月のことである。万全丸、万久丸は一一人乗りで、八一五石積である。[15] 表6－12を参照してもわかるとおり、万全丸三太郎は一八七四年五月に沖船頭を交代するまでの六九年から七三年にかけて積極的な取引をしている。

彼ら手船の沖船頭は、肥料を中心に砂糖、昆布、米などを買い積みして萬屋三郎店に売っている。萬屋三郎店の立場からすると、沖船頭が運んだ商品を購入したことになる。そして、同時に萬屋三郎店から米を中心に相当量の商品を積載して販売している。沖船頭との取引額はいずれも高額で、一八七〇年の単年度だけで、萬屋三郎店は萬屋三太郎から一万円を超えるだけの肥料を購入している。こうした傾向は、萬屋三八や萬屋三次郎の両人にも見られた。また、萬屋三郎店から沖船頭への販売においては、「送り荷物預り場」に保管され、「売仕切」がなされたことが注目できる。すなわち、沖船頭が船に商品を積載した段階で萬屋三郎店から商品を購入していたわけではなく、販売先で売れた段階で仕切が行われている。その意味で、沖船頭にとってリスクの少ない取引であったといえる。

次に萬屋徳太郎について注目しよう。萬屋徳太郎も、一八七四年までは萬屋三太郎や萬屋三八と同様な傾向が見られる。ところが、一八七五年以降、萬屋徳太郎からもたらされた商品について、萬屋三郎店では、沖船頭によって運ばれた商品をすぐ買い入れるようなことをしていない。そして、「万買帳」の「預荷物案内場」に記載されるようになり、萬屋三郎店は商品を預かり、販売できた段階で受け入れるようになっている。

萬屋三郎店の手船ではない他者船の船頭である榊原源太郎（大栄丸）、榊原常太郎（安全丸）、中野平太郎（勢重丸）、豊倉屋喜三郎（住吉丸）などは、全体として「仕切帳」による取引が多い。「万買帳」の項を参照しても、ほとんどが、「売付場」であるとか「預り荷物案内場」の項に記載されているように、基本的に萬屋三郎店は商品を預かり売れた段階で取引がなされている。萬屋三郎店は一八七四年までは沖船頭が運んできた商品のほとんどを購入し、在庫商品の販売も手船の沖船頭や船乗りに期待していた。しかし、一八七四年以降になると、船頭が持ち込んだ商品について、萬屋三郎店では購入せず、預かるようにしている。萬屋三郎店にあった在庫商品を船頭が積載し販売することは継続しているものの、その扱い量や金額は少額になっている。

以上の内容を三つの点でまとめておきたい。

一つは、知多郡、三河地方の商人である。この時期の萬屋三郎店の商圏の中心はこの地域であったといえるだろう。半田は知多湾、渥美湾に面していることから、販路は小廻船を利用した湾岸の村々や町、そして、岡崎、挙母をはじめとした矢作川流域の村々を中心としていた。その場合の販売方法の特徴が「置き売り」であった。つまり、知多郡や三河地方の各地の肥料商としては、商品を置いておいたとしても販売するまでは仕切られることはなく、リスクの小さい商売を可能とした。もちろん、在庫がなく、商品を必要とした場合は、萬屋三郎店から小廻船を利用し、運ぶことも可能であり、積極的に取引がなされていたのである。また、これらの地域は肥料などの積極的な販売先であったと同時に、米や穀物の購入先でもあった。萬屋三郎店と知多郡と三河地方の商人とは、置き売りによる取引形態を

船頭との取引

商品	量	金額（円）
砂糖	150	836
大豆	1,118	2,727
肥料	479	1,889
米	1,251	1,545
肥料	276	284
柿	400	620
大豆	1,530	
肥料	2,426	4,051
肥料	3,209	4,046
肥料	1,107	1,432
肥料		314
米	1,203	
糠	192	
杉板	221	
米	1,250	
米	1,240	3,829
種粕	335	170
粕	295	256
小豆	25	29
大豆	853	1,148
肥料	2,201	2,124
大豆	129	208
大豆	250	332
肥料	1,773	1,640
肥料	974	1,060
大豆	341	788
大豆	131	206
肥料	218	263
肥料	517	352
大豆	1,911	3,536
肥料	921	1,161
米	362	1,045
小豆、肥料	649	
石油	100	
大豆	104	
大豆、石油	552	
肥料	341	
肥料	301	
肥料、大豆	916	
大豆	900	
肥料、大豆	707	
肥料、大豆、小麦、米	1,690	
種粒	106	212
小麦	91	81
大豆	913	1,172
肥料	4,506	6,764
米	175	523
糠	708	574
米	571	1,591
肥料	7,700	
肥料、石炭油	118	
肥料、大豆、種粒	619	
肥料、大豆、小麦	745	
米	200	
石油	100	
大豆	514	
米	6	
肥料	7	
米	4	

船頭	年代	表題	見出し	小見出し	商品	量	金額（円）
榊原源太郎（他者船）	1874年	仕切帳		勘定後	大豆	167	233
				勘定後	肥料	113	408
		万買帳			肥料	47	
					肥料、大豆	181	
				勘定後	大豆	70	
				勘定後	肥料、大豆	523	
	1875年	仕切帳			大豆	757	1,402
					肥料	698	1,092
					綿実	76	31
		万買帳	預荷物案内場		肥料	541	
			預荷物案内場		肥料、大豆	1,179	
			預荷物案内場		綿実	76	
	1877年	万買帳	預荷物案内場		大豆	266	
			預荷物案内場	勘定後	肥料	264	
	1880年	万売帳		勘定後	米	50	
	1882年	万売帳		勘定後	大豆	15	
				勘定後	肥料	1	
榊原常太郎（他者船）	1874年	万買帳			肥料	86	
	1875年	仕切帳			石炭油	12	42
					肥料	1,805	6,063
			買仕切		米	135	365
		万買帳	預荷物案内場		肥料	1,717	
			預荷物案内場		肥料、大豆、小豆	497	
	1877年	万買帳	預荷物案内場		肥料	195	
			預荷物案内場	勘定後	大豆	142	
			預荷物案内場	勘定後	肥料	36	
	1880年	万買帳	売預品蔵敷場		石油	12	
中野平太郎（他者船）	1869年	仕切帳			大豆	254	726
					肥料	298	504
		万買帳	売付場		肥料	246	
	1874年	万買帳			魚油、小麦、大豆	659	
					石油	250	
					大豆	63	
					大豆、石油	181	
					肥料	2,760	
			売品預蔵敷場		米	101	
	1875年	仕切帳			大豆	537	908
					肥料	457	589
		万買帳	預荷物案内場		大豆、肥料	170	
			預荷物案内場		肥料	512	
	1877年	万買帳	預荷物案内場		魚油	8	
			預荷物案内場		肥料	2,505	
			預荷物案内場		肥料、魚油	135	
			預荷物案内場		肥料、大豆	1,957	
			預荷物案内場	勘定後	大豆	187	
			預荷物案内場	勘定後	大豆、肥料	677	
			預荷物案内場	勘定後	肥料	453	
			預荷物案内場	勘定後	肥料、大豆、石炭油	765	
			預荷物案内場	勘定後	明樽	221	
	1880年	万売帳		勘定後	肥料	6	
豊倉屋喜三郎（他者船）	1870年	万買帳	売付場		大豆	300	
	1871年	仕切帳			大豆	342	740
					肥料	506	622
		万買帳	売付場		大豆	365	
			売付場		肥料	359	
	1872年	仕切帳			肥料	413	729
		万買帳	売付場		肥料	388	

表6-12　萬屋三郎店と

船　頭	年代	表題	見出し	小見出し	商品	量	金額（円）
萬屋三太郎（万全丸）	1869年	仕切帳			小麦	380	546
					肥料	2,000	1,987
		万買帳			砂糖	20	126
					大豆	1,701	4,059
					肥料	3,609	5,479
					米	8	312
			売付場		肥料	1,535	
	1870年	仕切帳			肥料	1,984	2,966
					油	50	487
		万買帳			魚油	237	1,777
					砂糖	50	237
					大豆	3,069	3,658
					大麦	200	399
					舶来油	50	439
					肥料	4,370	9,026
					米	400	544
	1871年	万買帳			昆布	78	106
					砂糖	119	720
					肥料	5,523	7,167
				勘定後	砂糖	20	103
				勘定後	肥料	3,076	4,414
			売付場		米	1,431	1,879
		万売帳			米	18	36
			送荷物預場		糠	676	
			送荷物預場		水油	29	
			送荷物預場		炭	622	
			送荷物預場		明樽	39	
			送荷物預場	勘定後	肥料	754	
			送荷物預場	勘定後	米	1,024	
			売仕切		魚油	74	202
			売仕切		砂糖	10	
			売仕切		肥料	744	1,177
			売仕切		米	947	2,176
			売仕切		水油	29	226
			売仕切		炭	612	51
			売仕切	勘定後	肥料	730	767
			売仕切	勘定後	米	1,259	2,201
	1872年	仕切帳			肥料	140	269
				勘定後	肥料	620	527
		万買帳			砂糖	30	123
					肥料	5,454	5,009
	1873年	仕切帳		勘定後	肥料	194	684
		万買帳			魚油	80	312
					大豆	1,758	2,867
					肥料	9,552	11,543
	1874年	万買帳	売品預蔵敷場		大豆	100	
			売品預蔵敷場		肥料	4,264	3,259
	1877年	万買帳		勘定後	米	100	189
萬屋徳太郎と萬屋三太郎	1874年	仕切帳			大豆	100	230
					肥料	821	1,165

船　頭	年代	表題	見出し	小見出し
萬屋三八（万寿丸）	1869年	万買帳		
	1870年	仕切帳		
		万買帳		
	1871年	万買帳		
				勘定後
			売付場	
		万売帳		勘定後
			送荷物預場	
			送荷物預場	
			送荷物預場	
			売仕切	
			売仕切写	勘定後
	1872年	仕切帳		勘定後
		万買帳		
				勘定後
				勘定後
				勘定後
	1874年	万買帳	売品預蔵敷場	
萬屋徳太郎（万全丸）	1871年	仕切帳		
	1872年	仕切帳		勘定後
				勘定後
	1873年	仕切帳		
	1874年	仕切帳		勘定後
				勘定後
			買仕切	
		万買帳		
				勘定後
				勘定後
				勘定後
	1875年	仕切帳		
			買仕切	
			買仕切	
		万買帳	預荷物案内場	
			預荷物案内場	
			預荷物案内場	
			預荷物案内場	
			預荷物案内場	
	1877年	万買帳	預荷物案内場	
			預荷物案内場	
	1882年	万売帳		
				勘定後
				勘定後

（出所）　表6-7と同じ。
（注）　量は俵数を基本とするが、叺なども含まれることがある。目安として考えてほしい。

行うことで、商圏を確立したのである。また、名古屋などとはほとんど取引先としていないこと。そして、この時期はいっさい遠江地域とは取引していないことなど、萬屋三郎店は商圏を明確に意識した取引がなされていることにも注目したい。

第二は、関東（東京、浦賀）、畿内（大阪、兵庫）の肥料商との関係である。萬屋三郎店にとっての肥料供給先であり、萬屋三郎店からの販売はほとんどなかった。幕末期においても萬屋三郎店は遠隔地の肥料商と直接取引がなされていたが、明治前期は直接取引だけでなく、手船による積極的な買入れを行い、肥料の確保に努めている。ただ、他方で、一八六九年ごろから「売付場」への記帳がなされるようになり、肥料をすぐに購入せず、荷揚げした状態で売り先を待つこともあった。この傾向は一八七三年以降、量的にも多くなり、萬屋三郎店自身のリスクを軽減する取引がなされている。

そして、第三は、沖船頭との関係である。これは、一八七四年を前後に大きな変化があった。すなわち、一八七四年までの萬屋三郎店は手船を駆使して、肥料を中心に諸商品の確保に努め、それらを買い入れている。また、萬屋三郎店は知多半島や三河地方の商圏での販売を基礎としながらも、売れない場合は手船を介して、全国各地に販売している。手船での販売を担ったのは沖船頭になるが、関東、畿内から購入した商品は萬屋三郎店に持ち込むことで買い取ってもらえ、また、萬屋三郎店の在庫を積載して販売する場合でも、販売した段階で決済が行われていることから、リスクの少ない取引がなされていたのである。ただ、この場合の商品の購入、販売するタイミングなど、萬屋三郎店の意志がどれだけ反映されたかは不明である。また、沖船頭自身の利益がどれだけあったのかもわからない。この点については、今後の課題としたい。

いずれにせよ、一八七五年以降になると、萬屋三郎店は手船が積載した商品を買い取らなくなった。こうした積荷は在庫として萬屋三郎店から沖船頭や他者船の船主が借金することとなり、萬屋三郎店による販売を待つか、自身で販売しなければならず、それ以降は運賃積みが基調になっていく。

おわりに

以上、①「店卸勘定帳」に基づいた経営分析、②「仕切帳」「万買帳」「万売帳」を通じた取引関係について、③萬屋三郎店と商人との関係、の三つの点から分析してきた。期間が絞られ、しかも史料も限られているが、本論で明らかにした点を整理しつつ、明治前期の萬屋三郎店の取引について明らかにしたい。その上で、かつて自身が研究対象とした泉南地方の米穀肥料商である廣海家との相違点について明らかにするとともに、松方デフレ期以降の萬屋三郎店の経営を展望しておきたい。

萬屋三郎店は、①遠隔地取引が積極的な廻船集団が多く所在する知多半島と知多湾、渥美湾に面した半田という立地、②近世後期の商業的農業の発展、それに伴う肥料需要の高まり、③知多半島および三河地方の潜在的需要の存在と、近世後期からの在郷商人の登場、などの要素により成長したといえる。明治前期における萬屋三郎店の商品取引は、知多郡、三河地方を基本的な商圏としながら、伊勢湾、関東、畿内の商人と遠隔地取引が行われていた。萬屋三郎店の主力商品である米糠、肥料（干鰯・粕）、雑穀（大豆、小麦、小豆）、綿実、油（魚油、石油）をはじめ、塩、砂糖などを扱っていたが、主として、関東・畿内とは、知多郡・三河地方の産物（主として米穀）を販売し、肥料を購入していた（米糠は関東で、畿内へは売られていない）。

萬屋三郎店の特徴は、①手船を抱えることで、遠隔地取引を推進したこと、②小廻船を利用した舟運、湾内交通による輸送と、「預り売り」「置き売り」を基本とした地域経済に根差した販売、③肥料販売だけでなく、米穀や魚油を取扱商品にすることで、幅広いニーズに対応するとともに、相互の取引を確立したことなどがあげられる。斎藤善之は、内海船の買積船としての性格を利用し、地域間価格差を期待した遠隔地取引を推進したことを明らかにしている。[16]それに対し、萬屋三郎店は手船を利用した遠隔地取引を行いつつ、同時に手船の積載荷物の中心は肥料や米穀類であり、知多郡、三河地方の地域経済の発展に関係した商品を扱っていた。取引が成立した段階で萬屋三郎店所有の小廻船で売り先へ運び込むが、萬屋三郎店の取引先の多くが知多半島東岸、知多湾・渥美湾岸、矢作川沿いにあるのはこうした舟運を利用したことによる。また、「置き売り」を基調とすることで、知多郡、三河地方の商人の成長を支えた。この点は商況の悪化により、在庫額の増額、支払いの滞納リスクを負うことになり、不況時期には本家からの借入金を膨張させている。ただ、「置き売り」による取引を知多郡、三河地方一帯で遂行することで、商圏を確立することになり、近代以降、萬屋三郎店が伸長する基盤になっていく。

本章は、明治前期の萬屋三郎店の経営動向と取引関係の変化を取り上げたものだが、この短い期間ながら、市場が逼塞状態となる明治維新期、全国的な金融システムが混乱した一八七一（明治四）年から七六年ごろと、たびたび萬屋三郎店の経営課題が生じている。このうち明治維新期と引き続き見られる一八七一年から七六年ごろの課題を萬屋三郎店はどのように乗り越えていったのか、この点について述べておこう。

まず、明治維新期の市場が逼塞状態になる時期である。幕末期は第二次長州戦争、戊辰戦争による米穀不足、西廻り航路の杜絶、それによる各地での打ち毀しの横行など、米穀不足が社会問題化した時期である。この時期、萬屋三郎店では手船を積極的に活用し、関東、畿内から商品を買い入れている。幕末期に萬屋三郎店は関東の肥料商と直接取引がなされていたといわれるが、維新期は沖船頭を通じた手船の買積による入荷を進めることで、米穀や肥料などを積極的に入手している。明治維新期は米穀不足、流通が逼塞する中、米穀・肥料の確保を手船の沖船頭に期待したのである。この時期、在庫額が膨張しているが、とりわけ米穀・糠類が膨張したもので、食糧確保を積極的に行ったことを示している。また、米の代用品としての糠を多く買い入れていることも注目できるだろう。ただ、この時期、商品の確保に傾注したため、在庫高を増やすことになり、その後、在庫高を減らす方向で対応している。
また、萬屋三太郎をはじめとした沖船頭は、畿内や関東の商人から買い入れ、萬屋三郎店へ商品を集荷するだけでなく、萬屋三郎店が保管していた商品の販売も担っている。沖船頭が萬屋三郎店へ送られた商品は、基本的に萬屋三郎店がほとんど購入し、また、沖船頭が商品を積載し、販売する場合は売仕切の方法がとられていた。沖船頭にとってリスクの少ない取引をすることで、積極的な取引を可能とした。萬屋三郎店の在庫の販売は、沖船頭のみならず地元の船主へも行っているが、同様の取引方法がなされている。

引き続いて一八七一から七六年の時期についてだが、この時は、萬屋三郎店にとって経営的に厳しい時期であった。とりわけ経営課題が現実的になったのが、一八七三年前後で、この時、肥料の在庫高はあまり変化していないが、大量の米穀が売れ残り、在庫が嵩んで損失を招いている。三州米の荷受けが膨らんだにもかかわらず売れなかったことが原因であろう。小栗三郎は、一八七四年六月、第七大区長を辞して家業に力を傾注し[17]、八〇年には一〇代目と一一代目の代替わりをしている。実際、一八七一年には損失を計上しているが、それだけでなく、この間、本家からも店は多額の借入金を行っている。

この時、萬屋三郎店では経営全体を見直している。一八七四年一二月に作成された「会議表」によると、「今ヤ本舗之情態ヲ見ルニ、永続之目途ヲ馳シ、危急之秋不沈之境ニ立至トモ未タ方向不立シテハ不忍、之一日トモ時モ此遅緩スヘケンヤ、因テ主従共々苦楽齊シ一和協力万全之方法ヲ建、尚繁栄不朽永続之基礎ヲ程度各々挙テ注目シテ辞議ヲ熟シ一層奮発建議セヨ」と、萬屋三郎店の経営状況を切実なものとして意識し、店主と店員が議論しながら協力して商業活動を営むことを確認している[18]。そして、例えば繰綿（一二月二六日）については「今暫ク見送望人アラハ些少可売却」、魚油については（一月一七日）「安価トイエドモ不可買事」など、諸商品の購入についての必要性の有無も議論されている。この時期、課題であった商人の未回収分については償却することで、現実に即したものにしている。また、一八七四年五月には、手船のうち取引量が最大であった萬屋三太郎を沖船頭から店員へと異動し、万全丸の沖船頭には間瀬徳太郎が就任した。これで沖船頭に依存せず、自身で関東や畿内の商人と直接取引するようにしたのである。沖船頭からの商品をすぐに買い入れることをせず、売れた段階での決済（預り売り）がなされるようになったのもこの時期である。

萬屋徳太郎に交代した一八七四年は、萬屋三郎店は一定の買い付けが行われているものの、翌年以降、「万買帳」の帳面には「預り荷物案内場」の項に記載されている。つまり、萬屋徳太郎（他の沖船頭も含む）が集荷した商品を、萬屋三郎店はすぐには購入せず、倉庫で保管するようにし、売れた段階で取引がなされたのである。第1節の【Ⅲ】「船頭預貸金」の箇所で、一八七五年正月の沖船頭（万全丸徳太郎、万栄丸三治郎、万久丸三九郎）の借入金が軒並み急騰していることを指摘したが、その理由は、萬屋三郎店に保管していた商品が在庫となり沖船頭自身の所有物として残されたことによるのだろう。萬屋三郎店は、この段階で、取引の主導権を幕末期のように船頭から店（萬屋三郎自身）の手に取り戻し、在庫高を減らすことに傾注し、実現することで経営再建を図った。以後、関東や畿内の肥料商との取引も、必要に応じて買い入れは行うものの、原則、売れた段階での仕切りを基本とした。これにより、できるだけリスクを減らした取引がなされたのである。

この時期は、商圏を知多郡、三河地方に定め、名古屋や遠江地方への販売はほとんどなされていない。そして、これらの販売先に対しては、「置き売り」を基調とすることで、販売先にとっても有益な取引がなされ、その後の商圏の確立に寄与したのである。一八七六年九月以降、商人未回収分の金額が膨らむことがあるが、これは、取引商人が多くなったことを示しており、決して代金の回収が滞ったために膨張したわけではない。

筆者はかつて、泉南地域（大阪府貝塚）の米穀肥料商である廣海惣太郎家の明治前期の経営と取引関係について取り上げたことがある(19)。個々で明らかにした点は別として、萬屋三郎店との比較において二つの点を指摘したい。

一つは泉南地域に存在する米穀肥料商としての位置づけである。すなわち、廣海家が商家を構えた貝塚は、大阪、兵庫といった大市場の後背地として位置づけられている。畿内地方の肥料市場を考えた時、大阪、兵庫に巨大な問屋があり、肥料の取引を担う北前船主は周辺地域に存在するアウトサイダー的な廻船問屋とも関わりつつ取引を行っていた。廣海家はこうしたアウトサイダー的な廻船問屋として位置づけられ、米穀肥料商としての廣海家は、常に大阪・兵庫の米穀商や肥料商を意識しながら集荷を行う必要があった。また、同時に売り込み先である泉南地域も先進地域として積極的に商業的農業が発展していたことから社会的分業が進行していた。よって、後背地の既存の農業に適合した肥料（地元のニーズに応じた肥料）を入手し、販売することが求められた。

それに対し、萬屋三郎店の場合、知多郡（半田）に位置していたことから、肥料市場としての関東（東京・浦賀）、畿内（大阪・兵庫）とは離れた地域に位置している。よって、自分自身の手船を有しながら、肥料を比較的自由に入手しうることができたということであろう。しかも、販売先である三河地方は先進地域ではなく、むしろ米穀地帯であったため、潜在的需要は大きく、販路を拡大するのが比較的容易であった。また、地元商人にとってリスクの少ない「置き売り」を積極的に取り入れることで資金力の低い地元商人の経営を支えたのである。また、廣海家の場合も萬屋三郎店の場合も、米穀肥料を扱う点では同じだが、廣海家の場合は、米穀も肥料も北前船から買い受け、泉南地方に販売することを業務としていたのに対し、萬屋三郎店は肥料購入、米穀販売といった遠隔地取引を推進しながらも、萬屋三郎店の商圏では肥料の販売と米穀の購入などを担うところに特徴があった。つまり、商品の売り込みだけでなく、地元の需要への対応と生産品の販路開拓を担うところに特徴があったのである。

もう一つは取引方法についてである、廣海家の所在する貝塚では、問屋と仲買の役割が明確になっていた。それに対し萬屋三郎店は、問屋（委託販売）と仲買（自己勘定取引）の両方の性格を兼ね備えながら、時期によって両者の性格の比重を変えていることがわかるだろう。例えば、明治維新期の流通が閉塞した時には手船を利用して積極的な肥料や米穀など商品の買入れを行っているが、一八七四年以降はかかる取引から従来から行われた預り売り、置き売りによるリスクの少ない販売方法をより積極的に行うようにしている。これらのことは、知多郡や三河地方の商人との信用を高め、強固な商圏を構築し、その後の飛躍の基盤となったのである。

最後に松方デフレ期の時の状況を紹介するとともに、それ以降の取引について展望しておこう。表6－1を参照すると、一八八二年になると【I】の商品在庫が嵩むようになる。また、⑩に示されるように、本家からの借入金も累積で四万円以上もの本家からの借入金によって支えられていたのである。その後、一八八六年の「万売帳」を参照すると[20]、肥料、大豆と米、糠、雑穀の販売がなされるが、明治前期（七〇年代から八〇年代前半）の時、扱われていた塩、砂糖、綿などは商品として扱われていない。しかも、売上額の七五％で肥料、大豆が占めるようになり、二〇％が米になっている。多品目の商品を扱う萬屋から肥料商へと特化していく過程である様子がわかるだろう。

もう一つ、在庫高として考えられる、「預け品売場」の項を参照すると、合計額二万七八六七円のうち、九八％の二万七四六九円は米、糠、麦、雑穀で、肥料は一％も満たない二九円だった。米、糠、雑穀類は地元三河地方や知多郡で買い込むことが多く、それらが在庫になっているが、肥料の売上額は高額だが、在庫を残さない経営が徹底されている。ただ、【VI】の商人未回収分が増えている。この時期になると、「預け売り」「置き売り」を基調とした取引ではなく、積極的に売り込みによる「代金付け込み」の取引が中心になっていくことが展望できるが、かかる点は、今後の課題としたい。

注

（1）山口和雄・石井寛治編『近代日本の商品流通』東京大学出版会、一九八六年、所収。

（2）『地方金融史研究』第四四号、二〇一三年、所収。

（3）斎藤善之『内海船と幕藩制市場の解体』柏書房、一九九四年。

(4) 元治二・慶応二・四・明治三・四・六・一三年「店卸勘定帳（萬屋三郎兵衛・萬屋三郎）」、明治八年「舗卸勘査徴（萬屋三郎）」（以上、小栗家文書六九－三、七二－五、七五－二、七五－三、六九－四、六四－一、三二八－九、七二－六）を参照。
(5) 明治四年「御用留」（小栗家文書八八－三二）
(6) 同右。なお、この辞任願は受理されており、一八七四年六月に第七大区長を免じられた。
(7) 明治前期（一八六八～八三年）における史料の残存状況を紹介すると、「仕切帳」は六九～七五年まで、「万買帳」は六九～八三年まで、「万売帳」は七一年と八〇～八二年までの横帳の簿冊がそれぞれ残されている。
(8) 明治四年「仕切帳」（小栗家文書四六－一四）。
(9) 同右および明治四年「万買帳」（小栗家文書四三－五）。
(10) 前掲明治四年「万買帳」。
(11) 明治一三年「万売帳」（小栗家文書四三－三）。
(12) 挙母藩は、三河国加茂郡挙母地方を領有した譜代小藩である。一六〇四（慶長九）年に武蔵国瓶尻から三宅康貞が一万石を封じられ立藩した。その後、幕領となることもあったが、一七四九（寛延二）年に上野国安中から二万石で入封した内藤氏が版籍奉還まで治めた（木村礎・藤野保・村上直編『東海藩史大事典』一九八九年、雄山閣出版、なお、挙母藩の項は西山朝雄が執筆）。
(13) この場合の取引回数とは、帳面に付け込みがなされている回数を指している。よって、翌年も同じものが付け込まれている可能性があることを留意していただきたい。
(14) 前掲明治四年「御用留」。
(15) 明治八年「公務録」（小栗家文書七七－七）。一八七四年五月に小栗三郎は廻船沖船頭の鑑札変更を愛知県令に提出し、「万全丸沖船頭小栗三太郎義今般為換通、拙店エ召仕候ニ付テハ、同郡亀崎村三千八百三十四番地居住間瀬徳太郎ナル者エ右万全丸沖船頭ニ仕……」とある（前掲明治四年「御用留」）。
(16) 前掲斎藤善之『内海船と幕藩制市場の解体』。
(17) 小栗三郎は再度第七大区長に任じられたが、一八七六年三月に病気を理由に第七大区長と学区取締兼務の辞職願を提出した（本書第四章を参照）。

(18)「会議表」(小栗家文書三三八‐二二)。

(19)落合功「廣海家商業の展開と全国市場」(石井寛治・中西聡編『産業化と商家経営――米穀肥料商廣海家の近世・近代』名古屋大学出版会、二〇〇六年)。

(20)明治一九年「万売帳」(小栗家文書四九‐七)。

[付記] 本章は、二〇一五年五月に開催された社会経済史学会第八四回全国大会での自由論題報告「明治初期における知多商人の商業活動」(落合功)をもとにしている。

第7章　明治後期・大正期の肥料商業・肥料製造業

市川大祐

はじめに

本章では、愛知県半田の萬三商店の肥料部門を対象に、仕入・販売・生産の三側面から検討することを課題とする。萬三商店は近世期より干鰯・鰯粕販売を中心に肥料商経営を展開してきたが、一八八〇年代〜九〇年代には北海道産鯡〆粕が取り扱いの中心となり、一九〇〇年代以降「満洲」（中国東北地方、以下括弧省略）からの輸入大豆粕仕入が増加した。さらに一九一〇（明治四三）年には豆粕製造工場を設立し、自ら輸入大豆を原料とする大豆粕肥料の製造を開始した。

まずは、一八九〇年代から一九二〇年代における萬三商店の肥料商経営について概観しておきたい(1)。一八八〇年代まで鰯粕、干鰯など鰯肥料が過半を占めていた萬三商店も（一八八二年現在で鰯粕・干鰯合計で肥料販売高の約五六％、鯡粕は約四〇％）(2)、一八九〇年代前後には鯡粕が肥料取引の大半を占めるようになる。一八八九年時点での肥料仕入高八万六一四〇円中、鯡粕は七万二八五四円と八五％近くを占め、その他胴鯡、笹目鯡、羽鯡を含めると全体の九割近くが鯡肥料であった。また魚肥内容の変化にともない、仕入先も、従来からの取引先である東京（深川）・神奈川（浦賀）の肥料商をメインとしつつも、新たに北前船の北陸寄港地である大聖寺や橋立、北陸線・東海道線・武豊線によって半田と直結した敦賀の肥料商が加わり、さらに北海道の函館や小樽の肥料商（三井物産小樽支店を含む）からの直接仕入も見られるようになった。これに対し魚肥の有力仕入先であった大阪・兵庫の肥料商からの購入は大幅に減少した。北海道産鯡肥料の輸送手段が和船から汽船に転換する中で、太平洋廻りの航路により関東が鯡肥料の集散地として発展し、半田の萬三商店の鯡肥料仕入先の中心も関西から、近世来干鰯仕入を通じて関係の深い関東の肥料商に移ったと考えられる。ただし、関西の穀肥商からは代わって朝鮮大豆（醸造原料あるいは販売用大豆の仕入と考えられる）を買い入れている。この中には兵庫の藤井又兵衛（藤又）や石川茂兵衛のようにのちの大豆粕肥料の仕入先となる商人も含まれていた。(3)

この時代の肥料販売先は三河地方および萬三商店近隣の知多郡が中心であったと考えられる。三河での販路は、碧海郡・額田郡・幡豆郡など近代初頭からの販売先（本書第6章を参照）に加え、東三河の宝飯郡、渥美郡まで広がっており、また尾張の知多郡内では萬三商店が所在している知多半島東海岸の各地域、東浦、成岩、半田に販売されていた。また、第6章で示された肥料・大豆取扱への特化はこの時期さらに進んだ。すなわち一九〇〇年代前半には、肥料取引が六割、大豆取引が三割を占めたのに対し、米やその他雑品の取扱高は一九〇〇年代前半で一割を切り、その後日露戦後期には絶対額でも減少していく。また大豆取引のうち八割以上が満洲・朝鮮など外地大豆の販売となっていたのも特徴的である。さらに第6章で明らかにされた遠隔地商人からの「預り売り」、および知多郡や三河商人との間の「置き売り」も、魚肥を中心に若干行われていたが、全体に占める比率は縮小していた。一九〇〇年代前半には魚肥を中心に「預り売り」＝委託品取引は一割程度を占めていたが、日露戦後期には委託品取引割合も一％台となり、買い取りによる販売が大半を占めるようになっていった。

一九〇〇年代には、鯡魚肥が肥料販売額の最大を占めるのは変わらないものの（一九〇三年時点での肥料販売高四八万〇五二九円中、鯡粕二九万〇七八四円、六〇％強）[4]、新たに輸入大豆粕の取扱が始まり、急速に拡大する（同〇三年時点で一六万七八一八円、三五％弱）。仕入先については詳しくは後述するが、鯡粕など魚肥類は北海道の肥料商など産地ごと種類ごとに多様な取引先から仕入を行っており、また大豆粕については従来朝鮮大豆を購入してきた神戸の穀肥商である石川茂兵衛、藤井又兵衛をはじめ、地元愛知県の貿易商・岡本八右衛門や森六郎商店（東京・神戸に支店保有）などから調達した。肥料の中心が魚肥から大豆粕へと移る当該期であるが、販路については大きな変化はなく、魚肥については近世期からの販路である三河地方および知多郡、大豆粕についても同じく三河地方をメインに、隣接する静岡県遠江地方へも販路を展開していた。

この状況は一九一〇年代になると大きく転換する。詳細は後述するが、一九一〇年に豆粕工場を設立して自ら輸入大豆を原料とする大豆粕肥料製造に乗りだし、一気に販売規模・販路を拡大していく。この規模拡大の中で、肥料売上高においても、大豆粕と魚肥のシェアが逆転し、魚肥は取扱規模を維持しつつも肥料販売全体の急激な規模拡大の中で比率を低下させる（一九一二（大正元）年度時点で二六％程度）[5]。また人造肥料については一八九〇年代前後より東京人造肥料会社製品の販売を行うなど早い時期から取扱はあったが、量的には試行的なものであった。その後、一九〇六年からは三重人造肥料会社の特約店として同社肥料の販売を行っているが、三〇〇〇～四〇〇〇叺台で、萬三商店の肥料取引に占める割合は低かった（一二年度時点の肥料販売額に占める割合は三・八％程度）。

この時期の仕入についてみると、輸入大豆粕および自社大豆粕製造の原料となる大豆仕入については輸入商社を競合させつつ利用しており、臼井洋行を筆頭に、安宅商会、小寺洋行、三井物産、鈴木商店、日清製油、古河商事など、仕入先は時期によって目まぐるしく変化した。魚肥についても引き続きまとまった量の仕入が行われるが、小樽の久々津米造をはじめ特定の取引先への集中がみられるようになった。販路についてはこれまでの三河地方・遠江地方に加え、長野・北陸地域に拡大し、萬三製造の大豆粕は輸入大豆粕と合わせてこれら新規開拓の販路に積極的に販売されていった。第一次世界大戦ブーム期の養蚕業拡大による桑園への肥料需要拡大を背景に、萬三商店は取扱規模を急拡大させた。一九二〇年代にも萬三商店は引き続き、輸入大豆粕・製造大豆粕の販売を主軸に肥料販売を展開した。また当該期、魚肥は絶対額でも減少し、比率は一割前後と低下した（一九二三年時点で肥料販売額の七・一四％）[6]。また人造肥料は三重人造肥料のほか、大日本人造肥料会社（東京人造肥料の後身）製品も加わり人造肥料の取扱量自体は増加したものの、大豆粕取引の拡大の中で、その比率は依然小さかった（同一九二三年時点で三・五四％）。

他方仕入についてみると、第一次世界大戦後の恐慌で臼井洋行、古河商事が大打撃を受けて没落し、萬三商店の大豆・大豆粕仕入先は三井物産が中心となった。大正末期には、鈴木商店の豊年印豆粕など、肥効に優れ、取扱も簡便なベンゼン抽出法（後述）によるバラ粕が普及し、また不況による肥料価格低迷は肥料製造・販売の利益を圧迫したが、萬三商店は製造した円盤形の大豆粕を粉砕して大豆粕粉として販売するなど市場への対応をはかり、大戦後も大豆粕製造の規模を維持した。

以上、一八九〇年代から一九二〇年代にかけての萬三商店の肥料営業について概観したが、本章では、特に一九〇〇年代～一〇年代の規模拡大期に光を当て、肥料商である萬三商店が製造部門を併せ持つことで、それまでの販路をどのように変化させたのか、またその変化はいかなる要因によるものかという点を明らかにしたい。萬三商店の肥料販売については、すでに村上はつ「知多雑穀肥料商業の展開」において、同家の肥料取引および取引ルートの変化が論じられているが、史料的制約もあり同店の肥料営業の拡大期である一九〇〇年前後の時期の大豆粕販売や、一〇年代の販売先の実態が明らかとなっていない。また一九一〇年に同家が設立した豆粕製造工場については、その存在が触れられつつも[7]、経営や収支など具体的内容については明らかにされていない。

そこで以下、萬三商店の一九〇〇年代〜一〇年代における肥料取引について、仕入先の変化や販売先の範囲について明らかにするとともに、豆粕製造工場の経営の内容と、工場成立前後より本格化した同家の販路拡大の要因について検討したい。またその際、販売先である地域の肥料消費にも着目する。萬三商店が従来から販路としてきた愛知県の肥料消費については、すでに坂口誠「近代日本の大豆粕市場」(8)において三河地方の大豆粕消費の大きさが指摘されているが、愛知県に加え、同商店が一九一〇年代以降販路を拡大する長野県における農業と肥料消費の関係にも注目しつつ、萬三商店の販路拡大の要因と地域農業に果たした役割についても考察したい。

第１節　一九〇〇年代における大豆粕普及と肥料仕入・販売

日本における金肥＝購入肥料の変遷としては、近世期から明治中期までは魚肥の時代であり、中でも幕末〜一八九〇年代にかけては北海道産鯡〆粕の消費がピークとなったが、一九〇〇年代以降は鯡漁獲高の減少により、満洲から輸入された大豆粕が肥料消費の中心となった。本章の対象とする一九〇〇年代〜一〇年代は、大豆粕消費が急速に拡大する時期にあたっている。そこで、まずは一九〇〇年代初頭の鯡〆粕・大豆粕移行期における萬三商店の肥料仕入・販売について、それぞれみていきたい。

(1)　一九〇〇年代初頭における肥料仕入

近世来、干鰯・鯡粕など魚肥を中心に取り扱っていた萬三商店も、一九〇〇（明治三三）年前後から大豆粕販売を開始する。まずは、一九〇〇年の萬三商店の「買予約帳」から同商店の仕入について検討する。表７－１をみると大豆粕は、一九〇〇年時点で約一万八〇〇〇枚とすでに相当量の仕入があったことが分かる。「買予約帳」から確認す

表7－1　各種肥料仕入量（1900年）

肥料種類	数　量
大豆粕	18,087枚 285叺
産地表記なし	3,128本 1,913俵
樺太鯡粕	131本 5,137俵
羽幌鯡粕	51本 1,686俵
北見鯡粕	1,222俵
鬼鹿鯡粕	683本 163俵
紋別鯡粕	793俵
島牧鯡粕	590俵
宗谷鯡粕	506俵
厚岸鯡粕	402俵
胴鯡	100個
各種鯡粕計	4,653本 12,412俵 100個
各種鰯粕	1,377俵 1,400個
鰈粕	3,328俵
鰈鯡交粕	278俵
雑粕	34俵
鮫粕	37本
鮭粕	39俵

（出所）「明治三十三年一月　肥料買予約肥料米穀大豆部」（小栗家文書229－6）より作成。

ると、主な仕入先としては、すでに一八九〇年代に萬三商店の朝鮮大豆購入先となっていた石川茂兵衛、藤井又兵衛（藤又）など神戸の穀肥商がまず挙げられる。石川、藤又は、非常に早い時期から大豆粕輸入に乗り出していた(9)。また、地元愛知県新川で三隻の船を所有し貿易に従事していた岡本八右衛門、もと徳島の藍商から藍作用の肥料取り扱いを展開し、当該期には東京、神戸に支店を置き、大豆粕輸入を積極的に行っていた森六郎(10)などからもまとまった量の仕入を行っている。魚肥についてみると、鯡・鰯・鰈（かれい）など各種魚粕肥料が複数産地・取引先から仕入れられている。鯡粕の産地としては五一三七俵の樺太産が最も多く、次いで羽幌産が一六八六俵、北見産が一二二二俵であった。主な仕入先としては、樺太産鯡粕は名古屋・小樽双方に店舗を持っていた満留八商店や、函館の肥料商(11)である岡本忠蔵や川名得太郎などが挙げられる。また樺太以外の産地については特定の取引先に集中する傾向が見られ、それぞれ羽幌産は満留八商店、北見産は松本茂兵衛、紋別産は川名得太郎、厚岸産は本多安五郎などから大半が仕入れられていた。

(2)　一九〇〇年代初頭における肥料販売

次に一九〇〇（明治三三）年当時の萬三商店の肥料販売について「売予約」帳から確認したい。表７－２で販売全体をみると、大豆粕は二万枚超と量において大きな割合を占めている。しかし取引件数でみると大豆粕の二四七件に対し、鯡粕は六〇一件と上回っており、魚肥は比較的小口取引が行われていたことが分かる。魚肥の販売先は主に愛知県三河地方を中心に東海地方がその商圏であった。大豆粕の主要販売先については表７－３に掲出した。判明する地名を見ると、表中の安城村、岡崎町、豊橋町をはじめ同表注１、２に示したように愛知県三河地方が中心で、特に碧海郡・幡豆郡・額田郡や豊橋および近隣の下地・牛久保などが目立つ。販売先として名称を挙げた岡田覚兵衛、清水半次郎、前田商店、磯村貞次郎はいずれも愛知県三河地方の肥料商であるが(12)、福岡共同商会のような肥料販売

表７－２　肥料種類別販売量（1900年）

品　名	数　量	主な肥料の件数と１件当たり数量
大豆粕	21,884枚 414叺	247件（１件当たり88.6枚）
大豆粕割・破	2,257叺 470俵 63枚	
鯡粕（産地表記なし） 樺太鯡粕 鬼鹿鯡粕 羽幌鯡粕 紋別鯡粕 島牧鯡粕 宗谷鯡粕 根室鯡粕 厚岸鯡粕 増毛鯡粕 美国鯡粕	11,389本 5,021本 4,407本 2,040本 2,273本 580本 467本 555本 232本 167本 80本	601件（１件当たり18.95本）
鰯粕類	2,729俵 38本	
鰊粕 鯡鰊交粕 河豚粕 雑粕	3,590本 231本 455本 122本	254件（１件当たり14.1本）

（出所）「明治三十三年一月　肥料売予約」「明治三十三年六月　（肥料）売予約」（いずれも小栗家文書229-４、236-11）より作成。

会社形態も見られる。また表7－3の注1に挙げた碧海郡の杉浦治助は萬三商店から大豆粕四〇〇枚を仕入れており、当該期には周辺地域への小売りを行っていたと推察されるが、のちに半田に豆粕製造工場を設立し、自ら大豆粕の製造販売に乗り出した(13)。

表7－3　大豆粕主要販売先一覧（1900年）

販売先名	人数	枚数
鈴木孫蔵		1,000
岡田覚兵衛（安城村）		800
成瀬嘉市		600
川部吉次郎		600
小田忠吾		570
清水半次郎（岡崎町）		550
前田商店（豊橋町）		500
福岡共同商会		450
401枚以上計	8人	5,070
400枚[1]	9人	3,600
300～400枚未満[2]	11人	3,370
120～300枚未満	27人	5,479
120枚未満	77人	4,365
合　計	132人	21,884

（出所）　表7－2と同じ。ただし所在地データは、東京府編『明治大正期商工信用録』復刻第4巻　明治44年（下）クロスカルチャー出版、愛知県の部分より作成。

（注）　大豆粕粉末など叺取引（計414叺）は省略した。
1）400枚購入者のうち所在地判明分：磯村貞次郎…下地町・牛久保町、山本新吉…安城、杉浦治助…碧海郡棚尾村。
2）300枚購入者のうち所在地判明分：渡辺仁右衛門…幡豆郡荻原村、鈴木嘉一郎…幡豆郡一色町。

(3)　各種商品の販売と商圏

一九〇二（明治三五）年以降、萬三商店では「商品受払年表」あるいは「営業報告書」が作成されるようになり、「商品受払年表」の残された一九〇二年、〇三年および「営業報告書」の残された〇六年、〇七年については、各商品の販売高について包括的に知ることができる。表7－4によれば、一九〇〇年代を通じて大豆粕の売上は順調に拡大したが、売上金額でみるとまだこの時期、単価の高い魚肥が大豆粕を上回っていた。

また、肥料以外の商品では大豆が最大の割合となっており、魚肥、大豆粕と並ぶ重要商品であった。なかでも満洲、朝鮮など外地産の大豆販売が大豆取引の八割以上となっており、自家の醤油醸造に使用するとともに、味噌・醤油醸造業者など大豆需要者へ販売していた。これに対し、米は一九〇〇年代前半で五％前後、雑品も一～二％前後を占めるに過ぎず、本書第6章で見たように、明治初期に多様な商品を扱っていた萬三商店が、明治後期には肥料および輸入大豆の取引に特化していった姿を見ることができる。また「はじめに」で触れたように、第6章で明らかにされた、

表7－4　各種商品販売高

（単位：数量は個、金額は円、比率は％）

	1902年			1903年			1906年			1907年		
品名	数量	金額	比率	数量	金額	比率	数量	金額	比率	数量	金額	比率
魚肥	38,944	315,802	40.2	35,518	312,711	39.2	31,056	323,068	29.9	44,283	545,003	37.1
うち積送品	413	2,529		194	1,618		128	1,362		113	1,012	
うち委託品	7,474	59,826		8,396	74,461		1,477	16,658		1,460	17,303	
大豆粕	158,946	169,528	21.6	142,031	167,818	21.0	196,426	297,367	27.5	178,378	320,074	21.8
うち積送品	—	—		—	—		506	764		30	43	
人造肥料・その他	332	8,211	1.0	166	4,030	0.5	1,561	5,245	0.5	8,047	34,495	2.3
うち委託品	212	1,431		—	—		—	—		—	—	
大豆（外地）	34,040	217,340	27.7	27,525	199,299	25.0	75,507	351,031	32.5	87,305	448,831	30.5
うち積送品	50	321		—	—		415	1,891		—	—	
うち委託品	—	—		96	2,794							
大豆（内地）	5,528	36,364	4.6	6,410	47,951	6.0	19,855	77,616	7.2	24,515	101,104	6.9
うち積送品	—	—		—	—		15	77		—	—	
うち委託品	502	3,257		—	—		162	601		—	—	
米	2,890	34,042	4.3	—	46,715	5.8	2,402	13,450	1.2	1,625	10,359	0.7
うち積送品	578	6,275		100	1,299		—	—		—	—	
雑品	13,080	3,760	0.5	17,908	20,136	2.5	11,551	12,091	1.1	8,031	10,360	0.7
うち委託品	11,391	1,451		—	—		8,790	632		5,406	1,038	
合計		785,047	100.0		798,661	100.0		1,079,868	100.0		1,470,228	100.0
うち積送品計		9,125	1.2		2,917	0.4		4,094	0.4		1,056	0.1
うち委託品計		65,965	8.4		77,254	9.7		17,890	1.7		18,341	1.2

（出所）「明治35年度商品受払年表」、「明治36年度商品受払年表」、「明治39年営業報告下調」、「明治40年度営業報告」（小栗家文書348-23・24・1・2）より作成。

（注）比率は販売金額全体に占める割合を示す。

関東・関西の遠隔地商人からの「預り売り」、および近隣の知多郡や矢作川流域の三河商人との間の「置き売り」はこの時期までに大幅に縮小していた。表7－4中の「置き売り」を指す積送品取引や「預り売り」を指す委託品取引は鯡粕や大豆粕、大豆販売で若干行われており、特に一九〇二年、〇三年の段階では魚肥を中心に一割程度の委託品取引が見られたが、日露戦後期の一九〇六年になると商品販売額全体のうち、積送品取引はわずか〇・四％、委託品取引は同一・七％と、ほとんどネグリジブルな量に減少し、一九一〇年代以降の「営業報告書」では積送品・委託品の項目は姿を消している。一九〇〇年代までには萬三商店の取引形態は買い取りによる販売がほとんどを占めるようになっていた。

その後の萬三商店についての商圏について概観しておきたい。大豆粕については一九〇六年一～六月の期間に地域別の販売高調査が

表7－5　大豆粕の地域別販売量（1906年1～6月）

		大豆粕（枚）	割合（%）
三河	新川	6,500	5.3
	棚尾	6,000	4.9
	一色方面	15,900	13.1
	西尾方面	12,300	10.1
	知立及刈谷方面	9,500	7.8
	岡崎	22,000	18.1
	挙母	1,300	1.1
	蒲郡方面	4,800	4.0
	豊橋	10,000	8.2
	新城	500	0.4
	田原	5,200	4.3
三河地方計		94,000	77.4
尾張	半田	1,300	1.1
	亀崎	2,900	2.4
	本郡南部	2,500	2.1
	本郡北部	1,300	1.1
尾張地方計		8,000	6.6
遠江	浜松	12,000	9.9
	中泉	7,500	6.2
遠江地方計		19,500	16.0
販売計		121,500	100.0
1906年7月繰越高		18,500	
合　計		140,000	

（出所）「統計参考録」（小栗家文書219－7）より作成。
（注）武豊税関支署照会に対する回答。地方別計・合計・割合は史料から集計。

行われている（表7－5）。大豆粕については、七七％を三河地方が占め、浜松など遠江地方が一六％でこれに次いでいる。尾張はそのすべてが半田郡域への販売であるが、六・六％を占めるに過ぎない。また、一九〇八年（筆者推定）時点では、魚肥も含めた詳細な沿線別出荷量を知ることができる（表7－6）。これによれば魚肥は三河地方の各沿線への販売が八割を占めており、また近隣の知多郡へも一六％弱が販売されていたが、鷲津駅・静岡駅間の静岡県域への販売は二％未満であった。これに対し大豆粕の販売は、三河が八割超を占めているのは魚肥と同様であるが、知多郡への販売は三％余に過ぎず、静岡県方面沿線へは一二％弱とある程度の量が販売されていたことが分かる。のちに急増する中央線沿線への販売は、この時期一％未満にとどまっていた。

以上、仕入・販売についてまとめれば、一九〇〇年時点で萬三商店は魚肥については主に北海道の肥料商から購入して三河地方および知多地域へと販売しており、大豆粕については、神戸の肥料商から仕入れて、従来の商圏である三河地方と遠江地方へ販売を行っていた。この状況は基本的には日露戦後期においても大きな変化はなく、萬三商店の中心的な商圏は三河地方を中心とする地域に展開していた。

(4)　愛知県における大豆粕需要の拡大

前項で見たように、萬三商店は一九〇〇年代初頭から日露戦後期にかけて三河・知多・遠江を商圏に魚肥に加え大豆粕販売を拡大してきた。そこで本項では消費サイドである農村に目を向け、当該期における大豆粕普及はどのように開始され、また地域や作目による差はいかなるものであったか検討したい。

表7－6　地域別商品出荷量（1908年）

（単位：トン、割合は％）

移出先地名／肥料種別	魚　肥	割　合	大豆粕	割　合
豊川線小坂井～新城方面	129.2	4.3	204.0	2.0
渥美郡・田原付近方面	77.8	2.6	256.7	2.6
豊橋方面付近	327.8	10.9	1,647.8	16.4
御油付近方面	88.6	2.9	25.7	0.3
蒲郡付近	189.9	6.3	340.0	3.4
岡崎付近	302.3	10.0	1,285.6	12.8
安城付近	135.7	4.5	610.5	6.1
刈谷・知立付近	276.8	9.2	985.7	9.8
西尾付近	317.6	10.5	1,180.5	11.8
一色・幡豆付近	125.1	4.1	603.0	6.0
大浜付近	108.3	3.6	724.3	7.2
新川付近	108.5	3.6	320.0	3.2
油ヶ淵池付近	128.3	4.2	170.5	1.7
挙母付近	120.2	4.0	98.3	1.0
三河地方合計	2,436.1	80.6	8,452.6	84.2
知多郡全部	481.5	15.9	321.5	3.2
一ノ宮	—	—	28.0	0.3
東海道線　鷲津～静岡	58.0	1.9	1,161.0	11.6
中央線	10.0	0.3	72.0	0.7
東北線	35.0	1.2	—	—
各種商品計	3,020.6	100.0	10,035.1	100.0

（出所）　表7－5と同じ。
（注）　史料には年代の記載なし、史料前後から1908年と推定。地方別計・合計・割合は史料から集計。

この時期における大豆粕普及に関しては、農商務省農務局が一九〇四（明治三七）年に出した『第五回道庁府県農事試験場長、農事巡回教師及農事講習所長協議会決議要録[14]』（以下『決議要録』と略記）の中で、「二、各地ニ於テ大豆粕ヲ施用スル分量、時期及作物ノ種類ヲ問フ」との農商務省諮問に対しての各道府県の回答があり、参考になる。ただし、各道府県の報告内容は相当に精粗があり、報告のない地域も多い。萬三商店の

表7-7　愛知県における大豆粕消費量（1903年）

（単位：消費量は1,000貫、比率は％、反当は貫）

作目郡別	水稲			陸稲			麦類			桑			各郡計	
		比率	反当		比率	反当		比率	反当		比率	反当		比率
愛知	700	9.9	14	9	1.6	5	165	8.7	10	86	7.4	24	960	9.0
東春日井	184	2.6	5	12	2.1	5	244	12.9	7	31	2.7	40	471	4.4
西春日井	655	9.3	14	39	6.7	10	229	12.1	8	30	2.6	15	954	8.9
丹羽	556	7.9	13	—	—	—	—	—	—	114	9.8	10	670	6.3
葉栗	71	1.0	7	—	—	—	—	—	—	—	—	—	71	0.7
中島	408	5.8	7	449	76.6	5	24	1.2	9	45	3.9	15	925	8.6
海東	430	6.1	9	13	2.3	4	55	2.9	3	15	1.3	10	514	4.8
海西	131	1.9	3	—	—	—	—	—	—	1	0.1	—	132	1.2
知多	1,022	14.5	12	9	1.5	7	431	22.7	7	165	14.3	25	1,628	15.2
尾張計	4,157	58.9		533	90.9		1,148	60.6		486	42.0		6,324	59.1
碧海	1,293	18.3	5	24	4.2	4	176	9.3	4	166	14.3	20	1,659	15.5
幡豆	383	5.4	9	21	3.7	6	—	—	—	44	3.8	10	448	4.2
額田	—	—	—	—	—	—	—	—	—	29	2.5	8	29	0.3
西加茂	381	5.4	10	3	0.5	2	—	—	—	8	0.7	15	393	3.7
東加茂	—	—	—	—	—	—	50	2.6	5	17	1.5	7	67	0.6
北設楽	33	0.5	3	0.4	0.1	2	74	3.9	2	64	5.5	20	171	1.6
南設楽	69	1.0	5	4	0.7	5	—	—	—	46	4.0	20	119	1.1
宝飯	247	3.5	7	—	—	—	—	—	—	134	11.5	25	381	3.6
渥美	424	6.0	9	—	—	—	448	23.6	10	104	9.0	18	976	9.1
八名	72	1.0	7	—	—	—	—	—	—	59	5.1	10	131	1.2
三河計	2,903	41.1		53	9.1		747	39.4		671	58.0		4,375	40.9
合　計	7,060	100.0		586	100.0		1,895	100.0		1,157	100		10,699	100.0
各作目比率	66.0			5.5			17.7			10.8			100.0	

（出所）　農商務省農務局『第五回道庁府県農事試験場長、農事巡回教師及農事講習所長協議会決議要録』同局、1904年、145〜146頁より作成。

大豆粕販売先である愛知県および静岡県については、静岡県は簡単な回答であるものの、幸いに愛知県については県内各郡・主要作目別の表を添付したやや詳細な報告となっている。以下、『決議要録』から愛知県における大豆粕消費について見ていきたい。

まず表7-7から一九〇三年時点での愛知県内各郡の大豆粕消費状況を確認する。消費量合計をおおまかに見ると、尾張地方六割に対し三河地方四割の比率であったことが分かるが、各郡合計を地域ごとに確認すると、萬三の主要販売先である碧海郡（県内消費量全体の一五・五％）および、萬三商店の所在する知多郡（同一五・二％）の消費量が突出していたことが注目される。この二郡に同じく萬三商店の商圏である幡豆郡（同四・二％）・宝飯郡

（同三・六％）を合わせると県内の四割近く（同三八・五％）に達する。

次に、表最下部の各作目比率でみると、全体の六六％（水稲・陸稲・麦類・桑の主要作物のみの合計に対する割合、以下も同）が水稲に消費されており、次いで麦類が一七・七％、桑が一〇・八％であり、水稲への消費が大きな割合を占めていたことが分かる。水稲への消費量を郡ごとにみると、やはり碧海郡（水稲消費量合計の一八・三％）、知多郡（同一四・五％）が大きく、ほかは尾張地方の愛知郡、西春日井郡が九％超となっている。水稲作への反当たり大豆粕消費量を見ると、碧海郡のみは五貫とやや少ないが、それ以外の消費量の多い尾張地方の各郡は一二～一四貫と多肥であることが分かる。陸稲への消費は八割近くとほとんどが尾張地方の中島郡に集中しており、三河地方は合わせても一割弱に過ぎない。また、麦類の消費も地域の集中が見られ、渥美郡（麦類消費量合計の二三・六％）、知多郡（同二二・七％）が突出している。これまでみた作目はいずれも尾張地方が三河地方を上回っているが、桑への大豆粕消費量のみは、三河地方合計（桑への消費量合計の五八％）が尾張地方合計（同四二％）を上回っている。それぞれの地方で消費量の多い郡を取り上げると、尾張地方では知多郡（同一四・三％）のほか、丹羽郡（同九・八％）、愛知郡（同七・四％）がやや多く、三河地方は碧海郡（同一四・三％）を筆頭に、宝飯郡（同一一・五％）、渥美郡（同九％）と続き、多くの郡で養蚕業が展開していたことをうかがわせる。反当たり消費量でみると、尾張地方の東春日井郡が四〇貫と突出しており、次いで知多郡、愛知郡、宝飯郡が二四～二五貫であり、三河地方の碧海郡、北設楽郡、南設楽郡が二〇貫となっている。

他方、静岡県については愛知県に比べきわめて簡単な記述に留まっているが、一九〇二年時点での県内大豆粕消費量は一一〇万貫と、〇三年時点での愛知県消費量合計一〇七〇万貫弱の一割以下であり、また消費量の四分の三、八二万五〇〇〇貫は稲作に用いられ、残りの二七万五〇〇〇貫が麦、茶、煙草など各作目に用いられたとされる。したがって静岡県西部の遠江地方への萬三商店の大豆粕販売も主に稲作への需要であったと推察される。

（1910～23年度）

（単位：円、割合は％）

割合	1917年度	割合	1918年度	割合	1919年度	割合	1920年度	割合	1921年度	割合	1922年度	割合	1923年度	割合
61.3	828,398	62.9	612,145	66.3	905,082	74.4	691,923	73.5	927,605	75.8	782,515	67.0	701,861	69.9
38.6	488,139	37.1	309,506	33.5	310,448	25.5	248,732	26.4	295,194	24.1	384,711	33.0	301,467	30.0
0.1	509	0.0	369	0.0	374	0.0	189	0.0	200	0.0	163	0.0	470	0.0
—	—	—	—	—	—	—	—	—	—	—	—	—	—	—
—	—	—	900	0.1	1,028	0.1	100	0.0	—	—	25	0.0	—	—
100.0	1,317,047	100.0	922,920	100.0	1,216,932	100.0	940,945	100.0	1,222,998	100.0	1,167,413	100.0	1,003,798	100.0
91.0	1,114,943	89.2	822,007	89.2	1,152,786	91.8	808,819	87.2	1,059,587	90.0	1,048,179	90.3	914,560	91.9
4.6	74,498	6.0	46,169	5.0	41,575	3.3	36,180	3.9	47,586	4.0	40,382	3.5	25,232	2.5
1.2	12,226	1.0	11,756	1.3	19,616	1.6	22,453	2.4	30,365	2.6	27,331	2.4	21,792	2.2
1.1	25,730	2.1	15,765	1.7	21,291	1.7	16,142	1.7	18,275	1.6	20,760	1.8	16,816	1.7
1.5	15,156	1.2	12,902	1.4	13,813	1.1	18,496	2.0	20,595	1.7	22,682	2.0	16,182	1.6
0.6	7,039	0.6	12,759	1.4	6,103	0.5	24,820	2.7	—	—	—	—	—	—
0.1	540	0.0	582	0.1	579	0.0	861	0.1	840	0.1	840	0.1	840	0.1
—	18	0.001	—	—	—	—	—	—	—	—	—	—	—	—
100.0	1,250,150	100.0	921,940	100.0	1,255,764	100.0	927,772	100.0	1,177,248	100.0	1,160,175	100.0	995,422	100.0
	66,897		980		▲38,832		13,173		45,750		7,239		8,376	
	1,500		1,500		1,500		1,500		1,500		1,500		1,500	
9.6	65,397	5.0	▲520	▲0.1	▲40,332	▲3.3	11,673	1.2	44,250	3.6	5,739	0.5	6,876	0.7

引残純損益の割合は、収入計に対する割合を指す。

以上見たように、萬三商店は、碧海郡・知多郡、宝飯郡など大豆粕消費量が大きく、かつ反当たり消費量の大きい地域（知多郡における水稲、桑、碧海郡・宝飯郡の桑など）を商圏として大豆粕販売を展開していた。特に養蚕が展開した三河が重要な販売先であったことから、大豆粕の消費先としては桑作も重要であったが、この時期の愛知県および静岡県の作目別消費量で見る限り、販売された大豆粕は稲作への投入が中心であったと思われる。

第2節　大豆粕製造の開始と工場の経営展開

このように輸入大豆粕の販売を展開していた萬三商店は、一九一〇（明治四三）年に新たに豆粕工場を設置し、輸入大豆を原料に大豆粕「万三大豆粕」[15]の製造・販売を開始する。表7－8は萬三商店豆粕部の一九一〇～一九二三（大正一二）年度の収支を示したものである。まず、収入に注目すると、工場操業開始当初で豆油販売を開始

表7－8　豆粕部収支計算簿

収　入	1910.1～11.8	割合	1911年度	割合	1912年度	割合	1913年度	割合	1914年度	割合	1915年度	割合	1916年度
粕売上高	456,479.9	75.1	404,850	62.3	532,265	69.6	464,349	69.7	435,647	69.5	528,088	66.8	505,650
油売上高	108,082	17.8	181,430	27.9	213,032	27.9	188,580	28.3	180,597	28.8	261,861	33.1	318,280
雑品売却代	452	0.1	231	0.0	8,781	1.1	13,047	2.0	11,012	1.8	350	0.0	413
戻税収入高	42,764	7.0	63,627	9.8	10,303	1.3	—	—	—	—	—	—	—
豆粕流用益・差益	—	—	—	—	189	0.0	—	—	11	0.0	—	—	—
収入計	607,778	100.0	650,138	100.0	764,569	100.0	665,975	100.0	627,267	100.0	790,299	100.0	824,344
支　出													
原料品勘定	563,618	95.3	612,364	95.5	686,799	92.9	619,547	92.9	535,906	91.4	655,982	90.4	676,955
包装品勘定	10,965	1.9	12,488	1.9	17,232	2.3	14,438	2.2	15,464	2.6	28,052	3.9	34,074
労役人夫勘定	6,147	1.0	6,615	1.0	8,094	1.1	8,245	1.2	8,383	1.4	9,544	1.3	8,956
燃料・動力費勘定	3,147	0.5	2,935	0.5	4,583	0.6	5,523	0.8	5,730	1.0	5,460	0.8	7,813
その他勘定	7,320	1.2	6,709	1.0	9,023	1.2	5,097	0.8	5,202	0.9	6,466	0.9	11,203
油輸入税	—	—	—	—	13,071	1.8	13,734	2.1	15,315	2.6	19,547	2.7	4,184
仮置場特許料	—	—	—	—	450	0.1	540	0.1	540	0.1	540	0.1	540
時間外特許料	—	—	—	—	20	0.003	24	0.004	4	0.001	4	0.001	—
支出計	591,196	100.0	641,111	100.0	739,272	100.0	667,147	100.0	586,545	100.0	725,595	100.0	743,725
差引損益	16,581		9,027		25,297		▲1,172		40,722		64,704		80,619
機械費消却	2,695		1,500		2,000		1,500		1,500		1,500		1,500
引残純損益	13,886	2.3	7,527	1.2	23,297	3.0	▲2,672	▲0.4	39,222	6.3	63,204	8.0	79,119

（出所）「豆粕部収支計算簿」（小栗家文書328-21）より作成。
（注）会計年度は、初年度は1910年1月～11年8月をまとめて掲示した。1911年以降は当年9月～翌年8月となる。

していなかった時期を含む一九一〇年一～一一年八月をのぞき、年により差があるものの大豆粕の売上高が収入の六～七割、大豆油の売上高が三割前後を、それぞれ占めていたことが分かる。これに対し支出をみると、一見して圧倒的大部分である九割前後を原料大豆費が占めていた。

また、収入には一九一二年度まで戻税収入の項目がたてられているが、これは肥料大豆粕に使用される原料大豆に限って輸入税の割り戻しが行われたものである(16)。すなわち一八九九年まで一〇〇斤一二銭九厘であった大豆輸入税は、日露戦争期の非常特別税により一九〇五年には四二銭六厘となり、〇六年の関税定率法改正で四三銭となったが、肥料商・農業界からの運動を受け、肥料用大豆のみ戻し税を適用し三〇銭の払い戻しを行い、実質一〇〇斤当たり増税前の一三銭となった。この輸入大豆戻し税の制度を受け、一九〇六年から日本国内、中でも知多半島の半田・亀崎には大豆粕製造業者が増加した。さらに政府は一九一二年に仮置場法を施行し(17)、仮置場の原料大豆は税払い戻しの手続きを経ることなく無税とした。萬三商店も仮置場利用を申請し、一九一二年度に四五〇円、翌年度以降五四〇～八六一円の「仮置場特許料」を支払っている。このようにして肥料用大豆に関しては免税が確保されたが、搾油された大豆油については国内に販売する場合には税金が発生するため、一九一三年度以降は戻税収入がなくなるかわりに前一二年度より油輸入税が計上されている。大戦ブーム期をのぞけば純利益率三%未満の大豆粕製造業にとって、大豆輸入税の軽減は利益確保に必須の条件であったと言える。

次に豆粕工場経営の収入（豆粕・豆油売上＋戻税ほか収入）に対する利益率の推移について表7－8から見ておき

表7－9　豆粕部・粉砕部収支計算簿（1924～25年度）

（単位：円、割合は％）

豆粕部	1924年度	割合	1925年度	割合
粕売上高	392,530	64.3	523,294	69.0
油売上高	217,813	35.7	234,541	30.9
雑品売却代	120	0.0	84	0.0
戻税収入高	—	—	—	—
豆粕流用益・差益	—	—	—	—
収入計	610,463	100.0	757,919	100.0
支出				
原料品勘定	551,413	92.8	772,529	93.0
包装品勘定	14,975	2.5	18,777	2.3
労役人夫勘定	10,281	1.7	14,694	1.8
燃料・動力費勘定	8,415	1.4	10,247	1.2
その他勘定	8,174	1.4	13,662	1.6
油輸入税	—	—	—	—
仮置場特許料	840	0.1	840	0.1
時間外特許料	—	—	—	—
支出計	594,098	100.0	830,749	100.0
差引損益	16,365		▲72,830	
機械費消却	1,500		1,500	
引残純損益	14,865	2.4	▲74,330	▲9.8
粉砕部	1924年度	割合	1925年度	割合
粕売上高	78,566	99.7	116,102	99.8
雑収入	222	0.3	204	0.2
収入計	78,788	100.0	116,306	100.0
原料費	69,935	88.1	108,737	90.9
包装品費	3,647	4.6	5,775	4.8
労力費	2,423	3.1	2,395	2.0
運転費	1,484	1.9	812	0.7
消耗費	483	0.6	—	—
修繕費（建物）	507	0.6	484	0.4
修繕費（機器）	—	—	360	0.3
燃料費	219	0.3	621	0.5
雑品費	193	0.2	—	—
備品費	106	0.1	—	—
雑費	218	0.3	410	0.3
火災保険費	163	0.2	—	—
広告費	403	0.5	—	—
支出計	79,377	100.0	119,593	100.0
差引損益	▲589		▲3,287	
消却費	500		500	
引残純損益	▲1,089	▲1.4	▲3,787	▲3.3
2口（純益）	13,775	2.0	▲78,117	▲8.9

（出所）　表7－8と同じ。

（注）　会計年度は当年9月～翌年8月。引残純損益の割合は、収入計に対する割合を指す。

たい。一九一四年度以降大豆粕売上の拡大とともに大戦ブームによる豆油価格上昇によって六~九%と利益率が拡大した。ところがブームの過熱化による原料大豆価格の上昇により、一九一五年度まで一枚当たり五~六銭台であった製造費が、一八年度には一八銭、一九年度には二二銭と高騰した結果、一九一八年度から一九年度にかけて赤字に転落した。大戦後には利益率は低迷しつつも黒字を確保し、一九二一年度には大豆粕売上高が九三万円弱とピークを迎えた。さらに表7-9にみるように、一九二四年度からは新たに大豆粕粉末工場が設けられ「粉砕部」の会計が分離された。万三大豆粕は圧搾法によって製造されており、形態は円盤状であったため農家が使用する際には削る必要があった。しかし大戦前後の時期から使いやすい粉末状のベンゼン抽出法の大豆粕が市場に進出したため、萬三商店も、製造した円盤状の大豆粕を粉末化して販売するというかたちで市場への対応を迫られたと考えられる。しかし、大豆粕製造をめぐる市況は厳しくなっており[18]、一九二五年度には豆粕部・粉砕部、両口あわせて七万八〇〇〇円もの欠損を出すに至った。

第3節　一九一〇年代における販路の急拡大・取引の大口化

(1)　一九一〇年代における肥料・商品仕入

一九一〇(明治四三)年に大豆粕製造を開始するのと軌を一にして萬三商店の取引規模は拡大し、販路も従来の商圏を大きく越えて拡大・大口化した。

まず「営業報告書」をもとに、一九一〇年から二五(大正一四)年度までの萬三商店の各商品販売の推移を見ることにする。この時期になると営業報告書に商品の仕入金額と損益、および損益を仕入金額で割った損益率が記載されるようになり、商品ごとの粗利益把握を行っていたことが分かる。この記載にしたがって主要肥料および大豆粕原料の輸入大豆について収支をまとめたのが表7‐10である。あわせて表7‐8より豆粕製造工場製造の万三大豆粕収支についても掲出した。仕入金額の規模でみると大戦期まで、魚肥は五〇万円前後で推移し依然大きな割合を占めたが、大豆粕の仕入額は一九一〇年に三〇万円台であったものが、大戦前の一三年時点で一〇〇万円弱の規模まで三倍以上の拡大をみせ、魚肥を上回るようになる。また万三大豆粕の製造が軌道に乗るにつれ、輸入大豆粕・万三大豆粕をあわせた仕入規模は大戦前の段階で魚肥の三倍ほどとなり、大豆粕販売が萬三商店肥料の主力となる。経営規模からみても、大豆粕製造を開始した一九一〇年から大戦期までは萬三商店の経営形態が大きく転換した時期であると位置づけられる。ただし、損益に着目すると魚肥は仕入金額に対する利益率が高く、年による変動が大きいものの、利益率はおおむね大豆粕を上回っていた。また、人造肥料についてみると、三重人造肥料製品に加え、大日本人造肥料製品の取り扱い開始によって、仕入金額が拡大し、また安定的な利益率で推移するが、その規模は大豆粕・魚肥に比べいまだ小さかった。

大豆粕・魚肥の利益の変動は大きく、一九一四年度にはともに欠損を出しているが、同年度は製造業である万三大豆粕の利益が伸び、これら欠損をカバーしている。大戦ブーム期に入ると、需要拡大を受けて各種肥料の仕入金額がさらに急増していく。特に大豆粕は、一九一六年度まで一〇〇万円台前後であったものが、一七年度に二〇〇万円超、一八年度に四〇〇万円超、ピークの一九年度に六〇〇万円超と、毎年二〇〇万円規模の増加をとげる。取引規模の拡大にともなって利益額も拡大し、萬三商店の蓄積に貢献した。他方、魚肥も大戦ブーム期には仕入金額、利益金額ともに拡大し、一八年度には大豆粕とともに一〇万円超の利益金額を稼ぎ出したが、大戦後の一九年度には一万八〇〇〇円超の欠損を出した。同年度は製造部門の万三大豆粕も四万円もの欠損を出した年であるが、大豆粕販売は二九万円もの利益をあげており、大豆販売の好成績と合わせて損失を十分にカバーしている。

表７-10　主要商品損益

（単位：円、損益率は％）

	品名	大豆粕	魚肥	人造肥料	輸入大豆	万三大豆粕
1910年	仕入金額	321,843	529,006	28,328	1,006,879	591,196
	損益	7,642	35,171	997	57,136	13,886
	損益率	2.4	6.6	3.5	5.7	2.3
1911年度	仕入金額	392,532	464,467	13,485	1,553,468	641,111
	損益	6,627	11,610	353	29,667	7,527
	損益率	1.7	2.5	2.6	1.9	1.2
1912年度	仕入金額	719,190	514,048	69,898	1,728,877	739,272
	損益	13,529	20,548	2,811	57,151	23,297
	損益率	1.9	4.0	4.0	3.3	3.2
1913年度	仕入金額	984,997	528,858	69,778	1,889,758	667,147
	損益	27,186	15,102	2,550	34,872	▲2,672
	損益率	2.8	2.9	3.7	1.8	▲0.4
1914年度	仕入金額	832,790	423,015	35,302	919,241	586,545
	損益	▲1,420	▲8,806	1,569	13,831	39,222
	損益率	▲0.2	▲2.1	4.4	1.5	6.7
1915年度	仕入金額	932,852	439,046	51,946	1,170,498	725,595
	損益	6,336	29,107	2,984	33,835	63,204
	損益率	0.7	6.6	5.7	2.9	8.7
1916年度	仕入金額	1,094,355	495,045	68,714	1,420,641	743,725
	損益	67,377	59,126	3,615	96,317	79,119
	損益率	6.2	11.9	5.3	6.8	10.6
1917年度	仕入金額	2,074,124	514,752	77,891	2,807,936	1,250,150
	損益	55,044	26,339	3,629	124,623	65,397
	損益率	2.7	5.1	4.7	4.4	5.2
1918年度	仕入金額	4,001,379	767,928	152,558	2,549,002	921,940
	損益	104,769	106,712	6,940	68,656	▲520
	損益率	2.6	13.9	4.5	2.7	▲0.1
1919年度	仕入金額	6,251,878	701,752	115,167	3,239,519	1,255,764
	損益	295,731	▲18,339	▲2,623	127,690	▲40,332
	損益率	4.7	▲2.6	▲2.3	3.9	▲3.2
1920年度	仕入金額	2,573,337	641,530	65,595	1,769,983	927,772
	損益	107,225	23,141	▲1,274	28,828	11,673
	損益率	4.2	3.6	▲1.9	1.6	1.3
1921年度	仕入金額	2,289,590	689,695	66,919	2,256,212	1,177,248
	損益	76,150	52,366	6,387	34,040	44,250
	損益率	3.3	7.6	9.5	1.5	3.8
1922年度	仕入金額	2,814,468	483,995	161,195	2,350,497	1,160,175
	損益	53,297	▲40,036	3,697	58,876	5,739
	損益率	1.9	▲8.3	2.3	2.5	0.5

1923年度	仕入金額	3,412,785	345,961	244,069	2,308,092	995,422
	損益	85,051	2,737	▲233	125,307	6,876
	損益率	2.5	0.8	▲0.1	5.4	0.7
1924年度	仕入金額	2,769,095	416,644	219,554	2,152,904	673,475
	損益	96,479	42,192	5,993	44,532	13,775
	損益率	3.5	10.1	2.7	2.1	2.0
1925年度	仕入金額	2,373,250	335,856	128,165	2,459,122	950,342
	損益	6,299	3,138	3,152	1,368	▲78,117
	損益率	0.3	0.9	2.5	0.1	▲8.2

（出所） 各年度「営業報告書」（小栗家文書348-３～21、338-５）および表７-８より作成。
（注） 1910年は暦年、万三大豆粕は1910年１月～11年８月、1911年度以降の会計年度は、当年９月～翌年８月。
損益は、損益を仕入金額で除した粗損益。
万三大豆粕は表７-８では収入に対する損益率を掲出したが、この表では他商品に合わせ、原料仕入を含む支出額に対しての損益率を示した。なお、損益には大豆油販売額も含む。1924・25年度は豆粕部・粉砕部を合わせた金額。

また全時期を通じて安定的に利益をあげているのが輸入大豆の販売である。一四年度、一九年度のように他の肥料部門が赤字に転落した際も安定的に利益を確保して、他部門をカバーしている。萬三商店「肥料部」で輸入した大豆の一部は、大豆粕製造部門である「豆粕部」や、醤油醸造部門である「醤油部」に販売された。例えば一九一一年度時点では、萬三商店輸入大豆八万八〇二二石中、工場に用いられたのが一万三六九九石で輸入大豆の一五・五%程度を占めていた[19]。万三大豆粕の売上拡大にともない、原料となる輸入大豆部門も拡大基調で推移した。

萬三商店は、また同時に、肥料市況に左右されない味噌・醤油醸造家など安定的な輸入大豆の販売先[20]を持っており、輸入した大豆を、市況に応じて需要家への販売や自家製造原料に割り振ることが可能であった。すなわち輸入大豆粕、魚肥、人造肥料という複数の商品の販売と肥料製造販売部門、食品工業の原料であると同時に肥料製造の原料である輸入大豆の販売をあわせもつことで、景気変動や原料価格高騰によるリスクを軽減することができたのである。しかしながら、一九二五年以降国際的な大豆価格高騰を受けて、大豆粕製造部門が七万八〇〇〇円超の大幅な赤字を出し、また他部門も国内市況の悪化、ベンゼン抽出法による大豆粕の普及や、化学肥料である硫安との競合など、新たな時代状況の中で利益を出すことが出来ず、各部門通算でも赤字に転落する。

以上萬三商店の一九一〇年から二〇年代前半までの各商品販売について通覧したが、ここでは、特に萬三商店が新たに大豆粕製造を開始し、それと軌を一にして取引規模を拡大した一九一〇年代前半の状況を仕入・販売の両面から確認した上で、販路拡大を可能にした要因について注目し、分析を加えたい。

表7-11　各種肥料・輸入大豆仕入量（1910〜11年度）

1910年度		1911年度	
種類・産地	数　量	種類・産地	数　量
大豆粕計	295,518枚	大豆粕計	281,500枚
大連大豆粕	254,074枚	大連大豆粕	133,500枚
大連白大豆粕	41,444枚	大連白大豆粕	71,000枚
		牛家屯大豆粕	50,000枚
		牛荘大豆粕	27,000枚
三重肥料	3,300叺	三重肥料	4,850叺
各種鯡粕計	21,158本	各種鯡粕計	22,749本
鯡粕（産地表記なし）	9,845本	鯡粕（産地表記なし）	17,667本
樺太鯡粕	5,257本	宗谷鯡粕	1,695本
苫前鯡粕	1,646本	鬼鹿鯡粕	925本
宗谷鯡粕	1,629本	増毛鯡粕	720本
礼文鯡粕	723本	積丹鯡粕	649本
増毛鯡粕	597本	留萌鯡粕	400本
鬼鹿鯡粕	500本	羽幌鯡粕	292本
留萌鯡粕	166本	焼尻鯡粕	231本
浜益鯡粕	118本	浜益鯡粕	170本
祝津鯡粕	97本	留萌鯡粕（俵）	170俵
焚干鯡	580本		
笹目	66本		
胴鯡	105梱		
鰈粕	3,381本	鰈粕	4,005本
輸入大豆	22,698,386斤 1,700袋 4,000叺	輸入大豆	32,228,127斤 9,499袋 105叺

（出所）「明治44年1月　商品買予約」、「明治44年9月　商品買予約」（いずれも小栗家文書311-3・4）より作成。
（注）会計年度は当年9月〜翌年8月。

表7-11は一九一〇年度、一一年度の各種肥料の仕入を示したものである。大豆粕は、大連からの大豆粕輸入が中心を占めていた。一九一〇年度の仕入はすべて大連大豆粕・大連白大豆粕であるが、翌一一年度には大連大豆粕のほかに、営口付近の牛家屯大豆粕や牛荘大豆粕なども仕入れて

いる。この時期の主要な仕入先として、満洲大豆取扱の代表的商社である臼井洋行と安宅商会が挙げられる。一九一〇年度の大豆粕仕入合計二九万六〇〇〇枚弱のうち臼井洋行が二二万枚余、安宅商会が七万三〇〇〇枚弱でこの両社で大豆粕仕入の大半を占めていた。一九一一年度は取引先がやや分散し、先に挙げた牛家屯大豆はすべて小寺洋行から、牛荘大豆粕はすべて藤井又兵衛（藤又）支店から購入されている。また二〇万五〇〇〇枚弱の大連大豆粕（大豆粕・白大豆粕の合計、以下も同じ）の仕入先は、一一万枚を臼井洋行、六万二〇〇〇枚弱を安宅商会から、和田保商会から二万五〇〇〇枚、森市太郎から五〇〇〇枚となっていた。臼井・安宅を利用して大連大豆粕をメインに仕入れつつも、その時点での価格に応じ取引先を使い分けていたと考えられる。

次に豆粕工場での製造原料となる輸入大豆の仕入については、表7－11の下部に示した。大豆の輸入量は一九一〇年度において二二七〇万斤弱（「斤」単位以外の大豆は除く、以下も同じ）、一一年度には三二二〇万斤余に達している。大豆の仕入先についても大豆粕同様に、臼井洋行、安宅商会が主要取引先となっており、一九一〇年度においては臼井洋行が一五七〇万斤弱（六九・一％）、安宅商会が七〇〇万斤弱（三〇・七％）と両社で仕入のほとんどを占めていた。一九一一年度には大連港積み出しの大連大豆二九六〇万斤弱のうち臼井洋行が一六〇〇万弱、安宅が一二〇〇万余であったが、大連大豆のほかに安東県大豆一五〇万斤余を安宅商会から、牛荘大豆九六万斤を藤又支店から仕入れるなど、大豆粕同様に取引先・産地の分散がみられた。

また特約店となっていた三重人造肥料会社の人造肥料も取り扱っていたが、数量は三〇〇〇〜四〇〇〇叺台でそれほど多くはない。他方、魚肥については、鯡粕合計で二万二〇〇〇本前後もの仕入を行っており、数量的には一九〇〇年代に比べ増加している。ただし大豆粕仕入高が一九〇〇年に比べ約一六倍もの激増をみせる中で魚肥仕入の比重は低下しており、各産地・銘柄の商品を揃えつつも、その仕入先については一九〇〇年時点と異なり、特定の取引先に集中させる傾向がみられる。すなわち一九一〇年度における鯡粕仕入計二万一〇〇〇本余（「本」単位以外の鯡粕は除く。以下も同じ）のうち、小樽の海陸物産商である久々津米造からの仕入が一万一〇〇〇本弱（五一・四％）とほぼ過半を占めており、一九〇〇年から取引のあった岡本忠蔵が五〇〇〇本余（二四・八％）とこれに次いでいる。[21]また一九一一年度には鯡粕仕入二万三〇〇〇本弱のうち、久々津米造が一万本余（五九・三％）とおよそ六割を占め、さらに鬼鹿・花田傳作の経営する満留二合資会社からの仕入が六〇〇〇本弱（三二・八％）となり両者で仕入量のほとんどを占めるようになる。当該期における萬三商店の肥料商経営の中心は大豆粕の製造販売に移行していたが、従来からの商圏の中心である愛知県三河地方においては魚肥の需要は根強く、[22]各銘柄・産地の鯡粕を揃える必要があった。そこで萬三商店は、これら各産地の鯡粕仕入については相当部分を久々津米造など特定の取引先に任せ、大豆・大豆粕仕入に注力していたと推察される。

(2)　一九一〇年代における肥料販売

次に一九一〇年代の萬三商店の肥料販売（予約販売）について見ていきたい。表7-12は一九一一（明治四四）年[23]の「売予約帳」を集計したもので、肥料種類別の販売量を示した。輸入大豆粕は二九万枚弱の大連大豆粕をはじめとして三五万枚以上の輸入大豆粕を販売している。他方萬三製造の「万三大豆粕」はおよそ二五万枚を販売している。他の肥料としては魚肥の販売が鯡粕で一万本余、三重肥料など人造肥料の販売が三〇〇〇叺ほどで、肥料販売の中心は数量的にみれば大豆粕となっていた。もっとも販売の一件当たり規模は肥料の種類によって異なっている。大豆粕は一件当たりの取引単位が大きく、大連大豆粕は一件当たり三三九枚、万三大豆粕は一件当たり四六七枚で、小売ではなく卸売が中心であったことをうかがわせる。これに対し魚肥は数量的に大きくはないものの、取引件数が多くなっている。すなわち取引が一九〇〇年代に比べてもさらに零細化しており、鯡粕では一件当たり二・九三本と、小売レベルの零細な販売が行われていた。すでに窒素肥料の中心は大豆粕に移行していた一九一〇年代であるが、地元を

表７−12　肥料種類別販売量（1911年）

	品　　名	数　量	主な肥料の件数と１件当たり数量
輸入大豆粕	大連大豆粕	287,687枚	848件（１件当たり339.25枚）
	大連大豆粕破	913枚	
	大連大豆粕破	115叺	
	牛荘大豆粕	24,611枚	143件（１件当たり172.1枚）
	鉄嶺大豆粕	24,821枚	34件（１件当たり730.03枚）
	大豆粕（産地表記なし）	13,729枚	34件（１件当たり403.79枚）
	大豆粕粉・破砕大豆粕	5,162枚	28件
	大豆粕粉・破砕大豆粕	1,352叺	
	大豆粕粉・破砕大豆粕	1,400貫	
	大豆粕粉・破砕大豆粕	206袋	
	無印大豆粕	170枚	
製造品	万三大豆粕	245,131枚	全525件（１件当たり平均466.9枚）
	万三・大連大豆粕混合	4,506枚	
	万三大豆粕破	155枚	
	万三大豆粕破	1,069貫	
	手製大豆粕	5,694枚	全12件（１件当たり平均474.5枚）
魚肥	鯡粕	9,963本	340件（１件当たり2.93本）
	苫前鯡	179本	
	宗谷鯡	133本	
	樺太鯡	190本	
	利尻鯡	20本	
	胴鯡	82本	
	笹目	4本	
	鰈粕	889本	45件（１件当たり19.76本）
	鮫粕	889本	38件（１件当たり23.39本）
	帆立粕	256本	12件（１件当たり21.33本）
	河豚粕	334本	10件（１件当たり33.4本）
	キンキ粕	104本	
	鱒粕	97本	
	雑粕	42本	
人造肥料	１号三重肥料	361叺	10件（１件当たり36.1叺）
	２号三重肥料	60叺	
	３号三重肥料	10叺	
	５号三重肥料	2,632叺	59件（１件当たり44.61叺）
	硫安	173袋	13件（１件当たり13.31袋）
	アンモニア	40袋	

（出所）「明治44年１月肥料売予約」、「明治44年９月肥料売予約」（小栗家文書106−５・６）より作成。

中心に根強い魚肥需要が存在し、萬三商店もこれに応えていた。

では、これら肥料はどのような地域に販売されていたのか、一九一一・一二（大正元）年度の各種肥料の販売先地域を表７−13から見ることにする。これによれば、輸入の大連大豆粕は依然、三河を中心とする東海地方への販売が

表7-13　地域別販売量（1911・12年度）

（単位：個、割合は％）

1911年度		大連大豆粕	割合	万三大豆粕	割合	鯡粕	割合	人造肥料	割合
三河	豊橋	84,912	29.9	21,795	6.9	8,941	30.0	—	—
	岡崎	35,865	12.6	19,105	6.1	5,862	19.7	—	—
	下碧海	44,072	15.5	5,678	1.8	4,643	15.6	—	—
	吉良	40,308	14.2	16,453	5.2	6,466	21.7	—	—
三河地方計		205,157	72.2	63,031	20.1	25,912	86.9	—	—
尾張	知多	18,694	6.6	9,585	3.1	2,999	10.1	—	—
	名古屋	—	—	—	—	—	—	—	—
	一宮	—	—	—	—	—	—	—	—
尾張地方計		18,694	6.6	9,585	3.1	2,999	10.1	—	—
	静岡県	38,201	13.4	26,375	8.4	908	3.0	—	—
	岐阜県	9,257	3.3	29,291	9.3	—	—	—	—
	長野県	4,680	1.6	135,413	43.2	—	—	—	—
	北陸	7,075	2.5	45,114	14.4	—	—	—	—
	関東	1,040	0.4	4,845	1.5	—	—	—	—
合　　計		284,104	100.0	313,654	100.0	29,819	100.0	—	—
1912年度		大連大豆粕	割合	万三大豆粕	割合	鯡粕	割合	人造肥料	割合
三河	豊橋	74,977	16.3	16,375	4.1	9,501	25.5	200	0.6
	岡崎	48,944	10.6	21,931	5.5	9,346	25.1	6,674	20.4
	下碧海	56,125	12.2	4,085	1.0	4,855	13.0	10,415	31.8
	吉良	53,932	11.7	12,529	3.1	9,392	25.2	3,766	11.5
三河地方計		233,978	50.7	54,920	13.8	33,094	88.7	21,055	64.2
尾張	知多	27,081	5.9	9,143	2.3	3,582	9.6	1,628	5.0
	名古屋	—	—	—	—	—	—	7,040	21.5
	一宮	—	—	—	—	—	—	3,060	9.3
尾張地方計		27,081	5.9	9,143	2.3	3,582	9.6	11,728	35.8
	静岡県	50,000	10.8	28,458	7.2	615	1.6	—	—
	岐阜県	23,783	5.2	10,761	2.7	—	—	—	—
	長野県	93,828	20.3	188,574	47.4	—	—	—	—
	北陸	32,614	7.1	82,824	20.8	—	—	—	—
	関東	—	—	23,205	5.8	—	—	—	—
合　　計		461,284	100.0	397,885	100.0	37,291	100.0	32,783	100.0

（出所）　村上はつ「知多雑穀肥料商業の展開」（山口和雄・石井寛治編著『近代日本の商品流通』東京大学出版会、1986年）218-219頁、第14表より作成。原史料は各年「営業報告書」（小栗家文書）。

大きな割合を占めていた。特に一九一一年度の大連大豆粕は七割が三河に販売されており、一割余が静岡に向けられている。しかし一九一二年度までの一年間でも販路の割合は大きく変化し、一二年度には新たに長野・北陸・岐阜への販売割合が拡大した。三河や知多への販売も絶対額で減っているわけではなく、全体の販売量が大幅に拡大する中で、増加分が主として新たな販路である長野・北陸方面に販売されていった。これに対し、萬三商店が製造した万三大豆粕は、販売開始時点の一九一一年度においてすでに長野・北陸をあわせた販売割合で過半を超えており（五七・六％）、三河への販売割合は二割程度であった。翌一九一二年度には長野・北陸への比重をさらに高めつつ、新たに関東も販路に加えている。すなわち万三大豆粕は製造開始当初から遠隔地の長野・北陸地域への販売をターゲットに製造されたと考えられる。他方、鯡粕は三河地方が九割弱、地元知多への販売が一割弱の比率で、販売の絶対量は拡大しつつも、商圏については一九〇〇年時点に比べほとんど変化していなかったことが分かる。また人造肥料は、肥料メーカーとの間に設定された特約区域の関係から、販路は愛知県内に限定されていた。

このように、一九一〇年に製造が開始された万三大豆粕は、当初から長野・北陸方面に重点をおいて販売され、さらに輸入大豆粕もしだいに長野・北陸方面への販売が増加していった。そこで萬三商店「万三大豆粕」の製造開始当初の販売先について、さらに個別の取引先レベルに降りて見ることにしたい。表7-14は、小栗家の一九一一年「売予約帳」をもとに枚数順に二〇〇〇枚以上の取引先を配列し、また販売枚数階層別に集計したものである。「売予約」には販売予約の際の品名と数量、注文主の名前が記されているが、指定駅での貨車渡しの料金を示す「レール渡し」と受渡方法が明記されているものがあり、これらは遠隔地が多くなっている。もっともレール渡しが明記されている件数は全体の中では多くない。送付先名が判明するものは備考および注に掲出した（巻頭地図2を参照）。

販売数量を階層別でみると一万枚以上の宮崎萬平・宮崎運平[24]（篠ノ井駅）を別格として、二〇〇〇枚以上一万枚未満の層が二七人で大豆粕一一万枚余（四六・三％）と数量において半数近くを占め、一〇〇〇枚以上二〇〇〇枚未満層が三四人で四万二〇〇〇枚弱（一六・九%）、二五〇枚以上一〇〇〇枚未満が一〇六人で五万三〇〇〇枚弱（二一・四%）であった。二五〇枚以上の取引合計は二四万枚余となり、万三大豆粕「売予約」合計の九六・八%を占め、七トン貨車一車が二五五枚〜二六〇枚積であることから考えると、万三大豆粕製造開始当初の販売は、貨車一車以上の

表7-14 「万三大豆粕」販売先一覧（1911年）

販売先	数　量	備考（送付先駅名・所在地等）
宮崎萬平　萬屋本店（カネ万）	16,575枚	篠ノ井
カネ万商店	7,732枚	篠ノ井
宮崎運平　萬屋運平商店	13,783枚	篠ノ井
計	38,090枚	2人（15.4%）
豊田合名会社（本社・堀之内支店）	8,686枚	
安藤商店	7,171枚	多治見
松本商店	7,140枚	篠ノ井
阿部九市	7,120枚	大井
酒井音七	6,606枚	
赤羽茂一郎	5,870枚	
鈴木治作	5,750枚	
磯村貞次郎	5,675枚	
志賀為三郎	5,200枚	岡崎
森下孫吉	5,103枚	松本・松本市
伊藤商会	4,335枚	上田・大屋
鈴木八左衛門	4,000枚	
渡辺又兵衛	3,830枚	
中央米肥合資会社	3,305枚	
小松伝次郎	3,060枚	松本市本町　松本・村井
杉浦もと	2,600枚	
薄井貞一郎	2,555枚	明科
原町商会	2,550枚	福島県相馬郡・原町
中島一美	2,550枚	
立谷武八	2,550枚	
伊藤助吉	2,550枚	
鶴岡五兵衛	2,400枚	
新保丑太郎	2,295枚	上田
高津米治	2,040枚	豊野
磯村十蔵	2,040枚	
2,000〜10,000枚未満	114,713枚	27人（46.3%）
1,000〜 2,000枚未満	41,973枚	34人（16.9%）
250〜 1,000枚未満	52,988枚	106人（21.4%）
250枚未満	7,968枚	74人（3.2%）
合　計	248,000枚	243人（100%）

（出所）表7-12と同じ。
（注）備考の（　）内は各階層の販売枚数が合計枚数に占める割合を示す。
所在地が判明する主要販売先：渡辺三郎（1,530枚）…福島県相馬郡・鹿島、吉田屋本店（1,280枚）…小諸、宮下八之進（1,275枚）…辰野、小山五郎作（1,275枚）…明科、内山啓四郎（1,275枚）…直江津、浜倉商会（1,250枚）…瑞浪、中村舜治（1,020枚）…辰野、近藤市太郎（1,020枚）…下伊那郡・小野。

卸売りレベルへの大口販売が大半であった。

「売予約帳」に記された取引先としては、計五二〇〇枚を購入した岡崎の肥料商・志賀為三郎や九一五枚購入の同じく岡崎の肥料商・倉橋源兵衛（表7－14では記載省略）など、従来から取引が行われてきた三河地域の肥料商もみられるが、特筆されるのは、遠隔地への大口取引先の増加である。一九一一年五月、宮ノ越～木曽福島間の開通で中央線が全通したことにより長野県方面へ商圏が一気に拡大した。中央線全通が萬三商店の販路拡大に深く関連していることは、一九一一年三月一八日に甲府太田町の寺田拓吉（表7－14では記載省略）に対し「中央線全通後積」で二五五枚を予約販売した事例からもうかがうことができる。判明する販売先から、岐阜県の多治見、大井（現在の恵那）、瑞浪の各駅など一九〇二年にすでに開通していた区間に加え、中央線全通で新たに直結した長野県の松本、篠ノ井、上田、大屋、明科、豊野、長野の各駅、さらに福島県など東北地方までも販路が広がっていたことが分かる。

万三大豆粕販売開始当初、最大の販売先となったのが、長野県篠ノ井駅前に店舗を置く宮崎萬平（カネ万商店）、宮崎運平（萬屋商店）への販売であった。両者合わせた販売枚数は三万八〇〇〇枚に及び、両店のみで売予約全体の実に一五・四％を占めていた。例えば、一九一一年一一月一五日の宮崎萬平注文分二〇車五一〇〇枚については、おそらくは峠越えの鉄道輸送力の限界から一列車では積みきれず、まずは二〇四〇枚のみを輸送しており、「越高」二五一五枚および五四五枚は別の貨物列車で運送するなど、販売当初から相当大口の取引が行われていたことが分かる。

(3)　販路の外延化と取引の大口化

その後の萬三商店製造大豆粕の販路拡大について見ておきたい。大正期以降、取引は繁忙化し、大豆粕五カ月分ののみで約二〇〇〇件分の「売予約帳」一冊が埋まるようになった。さらに「肥料売予約帳」は「豆粕」「人肥」「魚肥」の三冊に分離された。一九一四（大正三）年度（一九一四年九月～一五年八月）の「豆粕売予約」をもとに、この時期の大豆粕の販売額（予約販売）を表7－15に掲出した。表7－12の一九一一（明治四四）年（暦年）時点と比べても、わずか三年で輸入・購入大豆粕の販売高の規模はおよそ一・二倍に増加しており、万三大豆粕販売は一一年と比較して一・三倍弱の規模となっていた。件数が増加しているため、一件当たりの枚数は平均ではやや小さくなってい

表7－15　大豆粕肥料販売量（1914年度）

品　　目	数　量	主な肥料の件数と1件当たり数量
大連大豆粕	360,354枚	1,152件（1件当たり312.81枚）
大連大豆粕破	6,136枚 708叺 4,200貫	
牛荘大豆粕	15,475枚	65件（1件当たり238.08枚）
鉄嶺大豆粕	2,330枚	4件（1件当たり582.50枚）
無印大豆粕	13,962枚	166件（1件当たり84.11枚）
黒大豆粕	21,087枚	120件（1件当たり175.73枚）
黒大豆粕粉	360枚 510叺	
白大豆粕破	100枚	
	257叺	
軽目大豆粕	1,794枚	22件（1件当たり81.55枚）
輸入大豆粕（産地表記なし）	155,706枚	337枚（1件当たり462.04枚）
輸入大豆粕破（産地表記なし）	260枚 1,381叺	
その他大豆粕	1,212枚	6件（1件当たり202.00枚）
大豆粕破	6,423枚 3,572叺 33貫	
中古・小カビ大豆粕	570枚	
豊年大豆粕	3車 15枚 2,112叺 4,875袋	1件 2件 47件 88件
万三大豆粕	317,330枚	709件（1件当たり447.57枚）
万三豆粕破	1,444枚 65叺	
手製大豆粕	112枚 93叺	
輸入・万三大豆粕（混合）	105,351枚	84件（1件当たり1,254.18枚）

（出所）「大正三年九月　豆粕売予約」、「大正四年一月　豆粕売予約」、「大正四年五月　豆粕売予約」（いずれも小栗家文書232-5・8・9）より作成。

るものの、大連大豆粕で約三〇〇枚、輸入大豆粕（銘柄記載なし）で約四六〇枚、万三大豆粕で四五〇枚弱と、やはり卸売規模の販売が中心となっている。特筆されるのは輸入（大連）大豆粕・万三大豆粕の混合品で、一九一一年には四五〇〇枚程度であったものが、一〇万枚（取引件数八四件）と大幅に増加し、一件当たり取引規模は一〇〇〇枚を超えており、混合品の販売は大口取引が中心であったことが分かる。この時期、豊年製油製造の大豆粕の販売も開始しているが、一九一五年五月二七日に長野県（豊野駅）の高津米治が貨車三車分（袋入）を注文しているほかは大口の注文はなく、数量的にはまだ大きくはない。

次に同年度の万三製造の万三大豆粕の販売先について、表7-16から見ておきたい。一九一一年の万三大豆粕販売当初（表7-14）と異なり、二〇〇〇枚以上販売の取引先の大半が運賃込み（賃込み）レール渡しによる遠隔地への販売となっており、発送先の駅も多くの取引先で判明する。これによれば商圏は長野県に加え、新潟県・福井県まで拡大した（巻頭地図2を参照）。上位の取引先をみると、長野県篠ノ井駅の宮崎運平および宮崎萬平（カネ万商店）が引き続き最大の取引先となっているが、新たに一万枚を超える取引先として、新潟県長岡駅・沼垂駅の高善商店、長野県豊野駅の高津米治、西川新吉、宮沢弥七、新潟県亀田駅の野口市蔵が現れたことも特徴的である。高津米治とは、すでに一九一一年時点で二〇四〇枚の取引を行っていたが（表7-14）、一九一四年度には一万八〇〇〇枚規模の大口取引先となった。ほかに二五〇〇枚ほどの販売であった長野県明科駅の薄井貞一郎（のち薄井合資会社）は、六〇〇〇枚へ取引を拡大している。また従来から支店あわせて九〇〇〇枚弱の取引を行ってきた静岡県豊田合名会社（袋井駅の本社の他に、堀之内、藤枝に支店）や、約七〇〇〇枚の取引のあった岐阜県大井駅の阿部九市とは、やや規模を減らしつつ取引を継続している。このほか、二〇〇〇枚以上の取引先は、山梨県（甲府駅）福井県（鯖江駅・森田駅）、富山県（福岡駅）、茨城県（下館駅）、群馬県（前橋駅）など広域に及んでいる。二〇〇〇枚以上の取引先三三人への販売枚数の合計は二二万枚で万三大豆粕予約販売全体のおよそ七割を占めていた。ついで一〇〇〇枚以上二〇〇〇枚未満が三二人で販売枚数は全体の一三％を占め、二五〇枚以上一〇〇〇枚未満が九一人で販売枚数合計は全体の一三％弱となっていた。二〇〇〇枚未満の販売先については省略したが、甲信越を中心に、北陸・関東まで広い範囲で運賃込での販売が行われている。

これに対し、二五〇枚未満の販売先は販売額では四％未満であるが、人数では一七一人と全体の半数以上を占め、万三大豆粕の小口販売も相当多く行われるようになっていた。ただし特徴的なのは、貨車一車（二五五〜二六〇枚）にあたる二五〇枚以上の層へは賃込みによる最寄り駅発送が多くを占めるのに対し、二五〇枚未満の販売層へは賃込

表７-16　「万三大豆粕」販売先一覧（1914年度）

販売先	数量	備考（賃込・送付先駅名）
宮崎運平	28,256枚	篠ノ井
カネ万商店	12,825枚	篠ノ井
宮崎萬平	2,550枚	篠ノ井
高善商店	21,750枚	長岡・沼垂
高津米治	18,130枚	豊野
西川新吉	16,549枚	豊野
宮沢弥七	10,893枚	長野・豊野
野口市蔵	10,455枚	亀田
小口治三郎	7,685枚	茅野・上諏訪・富士見
宮坂佐市	7,395枚	屋代
北村準三郎	6,630枚	長野
豊田合名会社	6,630枚	袋井・堀ノ内・藤枝
小山五郎作	6,375枚	明科
今井信四郎	6,375枚	長岡
薄井合資会社	6,015枚	明科
渥美竹三郎	4,885枚	
池田杢三郎	4,114枚	
平原商店	3,895枚	甲府
清水金右衛門	3,830枚	長野
阿部九市	3,830枚	大井
吉田庄蔵	3,615枚	福井・森田
松川仙吉	3,570枚	森田
小山甚三郎	3,200枚	小諸
新保仙蔵	2,953枚	上田・稲荷山
赤羽茂一郎	2,599枚	
石沢太平	2,595枚	福岡
百瀬商会	2,585枚	
荒川肥料店	2,580枚	下館
新保丑太郎	2,550枚	上田・大屋
桑名金太郎	2,470枚	鯖江
広中肥料店	2,400枚	
中嶋政五郎	2,295枚	前橋
木村常吉	2,064枚	下館
2,000枚以上	224,543枚	33人（70.8%）
1,000～2,000枚未満	42,178枚	32人（13.3%）
250～1,000枚未満	39,789枚	91人（12.5%）
250枚未満	12,435枚	171人（3.9%）
合　計	317,330枚	327人（100%）

（出所）表７-15と同じ。
（注）備考の（　）内は各階層の販売枚数が合計枚数に占める割合を示す。

み販売は少ない点である（北陸への一〇〇〜一八〇枚規模での発送はあり）。賃込みの記載がないと発送先地域名が分からないため推測するしかないが、海上保険付き、あるいは近隣の大府駅への発送の記載が散見されるので、近隣地域への鉄道あるいは海運による三河・遠江方面への発送が多くを占めていたのではないかと考えられる。

表7－17にこの時期に行われた大口取引の事例を示した。長野県篠ノ井の宮崎運平、宮崎萬平とは、引き続き五車（一二七五枚）、一〇車（二五五〇枚）規模の取引が続く一方で、高善商店とは長岡・沼垂など新潟県各駅への「賃込み」でそれぞれ一〇車ずつの取引を行い、宮沢弥七は長野駅へ七屯五〇車（大豆粕一万二七五〇枚）というこれまで

表7-17　大口取引事例（1914年12月～15年5月）

年	月	日	品名	個数	姓名	賃込み	備考
1914	12	24	万三	2,550枚	宮崎運平	篠ノ井	
1915	1	28	万三・輸入	5,195枚	宮崎運平	篠ノ井	
1915	1	28	万三・輸入	2,550枚	宮崎運平	篠ノ井	
1915	3	1	万三・輸入	1,300枚	宮崎運平	篠ノ井	
1915	3	13	万三	1,278枚	宮崎運平	篠ノ井	
1915	4	6	万三・輸入	2,574枚	宮崎運平	篠ノ井	
1915	4	25	輸入	260枚	宮崎運平	篠ノ井	
1915	5	1	万三	1,275枚	宮崎運平	篠ノ井	
1915	5	1	万三	2,550枚	宮崎運平	篠ノ井	
1915	5	7	万三・輸入	3,255枚	宮崎運平	篠ノ井	
1915	5	7	万三	1,845枚	宮崎運平	篠ノ井	
1915	5	16	万三	1,275枚	宮崎万平	篠ノ井	
1915	5	30	万三	2,558枚	宮崎運平	篠ノ井	
1915	5	30	万三	1,275枚	宮崎万平	篠ノ井	
1915	2	1	万三	2,557枚	高善商店	長岡	
1915	4	3	万三	7屯10車	高善商店	沼垂	
1914	12	3	万三	255枚	宮沢弥七	長野	
1914	12	27	輸入	520枚	宮沢弥七	長野	
1914	12	27	万三・輸入	7屯50車	宮沢弥七	長野	39車分
1915	12	27	万三・輸入	1,325枚	宮沢弥七	長野	のこり11車分
1915	12	27	輸入	520枚	宮沢弥七	長野	のこり2車分
1915	1	19	輸入	1,300枚	宮沢弥七	長野	
1915	1	29	輸入	3,610枚	宮沢弥七	長野	
1915	1	29	輸入	1,540枚	宮沢弥七	長野	
1915	5	1	万三	1,275枚	宮沢弥七	長野	
1915	5	3	万三・輸入	3,877枚	宮沢弥七	長野	
1915	5	3	万三・輸入	3,737枚	宮沢弥七	長野	
1915	5	30	豊年	173袋	宮沢弥七	長野	

（出所）「大正三年九月　豆粕売予約」（小栗家文書232-5）より作成。

（注）「万三・輸入」は万三大豆粕と輸入大豆粕の混合品を示す。7屯貨車1車は255～260枚積。

にない規模の注文を行うなど、超大口の取引もみられるようになっていた。

(4)　需要拡大の要因について

このように、もともと三河・遠江地域を主たる商圏としていた萬三商店は、一九一〇（明治四三）年に豆粕製造工場を操業開始したのち、急速に長野・北陸をはじめとする地域に販路を拡大した。この急速な販路拡大の要因は何によるものか、ここでは、その要因として四点を挙げておきたい。まず一点目に市場条件として、長野県における養蚕業発展にともなう大豆粕需要の急拡大が挙げられる。二点目として中央線全通というインフラ整備とその利用、三点目として、ライバルであった井口半兵衛商店の営業休止、四点目として、万三大豆粕の商品としての特徴を挙げたい。

はじめに第一点目として、当該期の肥料消費と農業との関係について長野県を対象に確認しておきたい。長野県では愛知県と同様に前掲の『決議要録』[25]から一九〇〇年代初頭から日露戦後期までの大豆粕普及の概況を知ることができる。また『長野県農会報』[26]から、年によって精粗はあるものの一九〇三年以降の各種肥料消費が判明する。

『決議要録』から一九〇三年時点における長野県の大豆粕消費のあり方について確認しよう。同年時点で長野県に移入された大豆粕は「一一二万二六〇〇貫以上」と記述されている。後で見るように、一九〇三年の大豆粕消費量は一六九万四〇〇〇貫余（後掲表7-18）であるので、五七万貫ほどが県内で生産され（県内生産肥料の県外移出は大きくないと推察される）、倍近くの一一二万貫余が県外から移入されたと考えられる。当該期の長野県の大豆粕施用は静岡県の合計施用量（一一〇万貫）より大きく、愛知県の同年合計施用量一〇七〇万貫の一六％弱ほどであった。また同書には「大豆粕ヲ施用スルノ習慣トシテハ其量ヲ定メ用フル者ナシ。大概一反歩ニ対スル肥料ノ金額ハ何円ト定メ、其範囲内ニ於テ割合安キモノヲ撰ミ、且ツ種々ナルモノヲ混シ用フルヲ常トス」とあり、農家は大豆粕施用の際には、価格を重視し、その範囲で単価の安いものを選んで混合し、用いていたことがうかがえる。また当該期の反

表7-18　長野県主要肥料消費

（単位：数量は1,000貫、価額は1,000円）

肥料名称	大豆粕		大豆		菜種粕		鯡〆粕		過燐酸石灰	
	数量	価額	数量	価額	数量	価額	数量	価額	数量	価額
1903年	1,694	358	193	39	1,125	267	1,218	453	402	63
1904年	727	179	104	36	857	213	931	396	493	77
1905年	932	141	160	44	852	222	675	322	419	70
1906年	2,653	628	1,195	328	1,036	268	1,246	620	828	128
1907年	3,756	938	1,826	440	1,152	302	2,027	970	1,123	177
1908年	4,343	909	1,880	500	1,074	266	1,470	690	696	117
1909年	5,499	1,070	1,094	279	1,116	268	1,539	663	736	120

（出所）『長野県農会報』第57号（長野県農会、1908年５月）より作成。
（注）肥料については主要肥料のみ、また配合肥料を除く。

当たり施用量は「米麦ニ対シ用量何程ト云ヘハ大凡二枚乃至五枚、桑園ニ於テハ尚ホ一二枚ヲ増」しており、稲作については養蚕の繁忙期を避けて七、八月の一番・二番除草の際に、反当たり一枚～四枚を施用していたという。これに対し、桑作においては三月から七月まで、一反歩につき二～六枚を施用しており、愛知県と同様に、桑園は反当たりで水田の二倍以上の肥料が施用されていた。

長野県の肥料消費の推移については、『長野県農会報』の各号で知ることが出来る。まず表7－18で一九〇三～〇九年の主要肥料の消費を確認すると、大豆粕は消費数量ではすでに最大であるが、単価が低いことから消費金額で比較すると鯡〆粕が最大で、大豆粕はそれに次ぐ地位を占めていた。その後一九〇四、〇五年の両年は日露戦争の影響で輸入が途絶したことで大豆粕消費は大幅に減少する。日露戦後は大豆粕輸入が復活し、毎年一〇〇万貫の規模で消費量が拡大、一九〇九年には五五〇万貫弱と、日露戦前期に比して三倍以上の消費量に達する。これに対し、鯡〆粕消費も日露戦後に拡大するが、一九〇七年をピークに頭打ちとなり、消費金額の面においても大豆粕は鯡〆粕に代わって首位を占める。

このうち一九〇六年から〇九年の三年間は、さらに詳細な調査が行われており、大豆粕がどの作目に使われたかについても判明する。表7－19によれば、一九〇六年時点で、すでに桑作には全体の半分（五一・五％）が

表7-19　長野県における大豆粕消費

（単位：数量は1,000貫、比率は％、価額および単価は円）

		稲	麦	桑	その他	合計	共同購入	個人購入
1906年	数量	861	299	1,410	83	2,653	438	2,214
	価額	214	72	323	19	628	105	523
	単価（10貫）	2.48	2.41	2.29	2.32	2.37	2.39	2.36
	比率	34.0	11.5	51.5	3.1	100.0	16.7	83.3
1907年	数量	1,200	429	2,019	108	3,756	539	3,218
	価額	276	100	539	24	938	38	900
	単価（10貫）	2.30	2.33	2.67	2.18	2.50	注	2.80
	比率	29.4	10.7	57.4	2.5	100.0		
1909年	数量	1,392	558	3,478	71	5,499	1,518	3,981
	価額	274	114	668	13	1,070	302	768
	単価（10貫）	1.97	2.05	1.92	1.89	1.95	1.99	1.93
	比率	25.6	10.7	62.4	1.3	100.0	28.2	71.8

（出所）『長野県農会報』第58号（1909年5月）、第59号（1909年11月）、第62号（1911年7月）より作成。

（注）1907年の共同購入の価額は、数量から考えて過少と考えられるが、原史料のままとした。異常値のため比率・単価は算出せず。

消費されており、稲作の比率（三四％）を上回っている。その後三年の間に、桑作への比率は上昇し、一九〇九年時点では六割超が桑作に用いられていた。また単価について注目すると、一〇貫当たり価格が二円三〇～六〇銭台であったものが、一九〇九年には二円未満まで下落している。安価となった理由は明らかではないが、この時期長野県内では、中央線が東西両方面から順次延伸されており、全通前ではあるが輸送条件が順次改善されていたのではないかと推察される。なお購買組合を通じた共同購入と肥料商からの個人購入を比較すると、しだいに共同購入の比率が上昇するものの、個人購入が七～八割を占めており、また判明する範囲では、この時期両者の間に有為な価格差は見られない。

萬三商店が大豆粕製造を開始（一九一〇年）し、中央線全通（一一年）した後の大豆粕消費状況を知りたいところであるが、残念ながら一〇年の数値はなく、また一一年以降の数値は大豆粕・菜種油粕・酒粕・焼酎粕・醤油粕・蚕蛹〆粕を合わせた「粕類」の消費額のみと大幅に簡略化される。しかし表7-20に示したように、一九

表7-20　長野県における「粕類」消費額

（単位：割合は％、他はすべて1,000円）

	稲	麦	桑	その他	合計	共同購入	個人購入
1909年	370	182	848	30	1,431	351	1,080
うち大豆粕	274	114	668	13	1,070	302	768
割合	74.1	62.7	78.8	44.9	74.8	86.2	71.1
1911年	393	169	866	49	1,477	271	1,206
1912年	500	164	1,034	58	1,756	404	1,452
1915年	558	150	1,030	67	1,804	364	1,441
1916年	591	171	1,126	97	1,985	480	1,505
1917年	753	152	1,440	139	2,485	516	1,969
1921年	1,445	271	2,635	147	4,498	1,608	2,890
1922年	1,569	257	2,542	140	4,509	1,865	2,644
1924年	1,708	260	3,124	188	5,280	—	—
1926年	1,767	219	2,944	175	5,105	—	—
うち玉大豆粕	1,135	62	1,690	75	2,962		
うち撒大豆粕	330	87	1,061	38	1,516		

（出所）『長野県農会報』第65号（1913年4月）、第66号（1914年9月）、第62号（1911年7月）、第72号（1916年8月）、第73号（1917年9月）、第75号（1918年9月）、第86号（1923年6月）、第89号（1924年6月）、第104号（1925年9月）、第133号（1928年2月）より作成。

（注）1912年の共同購入・個人購入価額の合計は1,856千円となり、合計値と食い違うが、原史料のままとした。

〇九年時点の「粕類」消費額合計のうち大豆粕消費額は七四・八％を占めていることから、粕類消費額の推移はほぼ大豆粕消費額の動向を表わしているとみて良いと思われる。一九〇九年時点で一四三万円余であった粕類消費額は、一二（大正元）年以降急速に増加し、第一次世界大戦期の一七年には二五〇万円近くに達した。さらに大戦後も消費額は拡大しており、一九二四年には五二八万円余と〇九年に比較して、約三・七倍もの規模となった。また粕類の内訳が判明する一九二六（昭和元）年時点で、粕類合計五一〇万五〇〇〇円余のうち大豆粕消費は玉大豆粕（主に圧搾式の丸板状大豆粕）と撒大豆粕（ベンゼン抽出法による大豆粕）を合わせて四四七万八〇〇〇円余となり、〇九年の大豆粕消費額の四・二倍弱となっている。当該期、粕類の桑作への消費比率は全体の六割弱で推移しており、大豆粕肥料の最大の投入先は桑作であったこと、その消費金額は一九一〇年代から二〇年代にかけて著しく上昇したことが分かる。また、一九一〇年代二割前後であった共同購入の比率も二〇年代に入ると三～四割を占めるようになっているが、肥料商を通じた個人購入が依然大きな割合を保っていた。

以上見たように、一九一〇年代の長野県の大豆粕肥料消費は桑園への需要が高い割合を占めており、その流通・販売は主に肥料商によって担われていた。すなわち一九一〇年代の萬三商店の長野県における大豆粕販売の急拡大は、同県における養蚕業の高度な発展を背景としていたと言える。これに対し萬三商店も、信越・北陸方面への販売体制を順次整えていった。販売開始当初の一九一〇年においては、本書第4章で挙げられている店員から重役会宛の意見書（小栗家文書二六〇－二－二一）で「今や漸く万三印を人ニ知られたる今日地方需要者の一分だも満たす能はず実ニ遺憾」と述べられているように、大豆粕の注文に対し供給の方が追いついていない状況であったが、生産額を順次拡大すると同時に店員の遠隔地販売先への回勤体制も整えられた。一九一四年には店員回勤先として「北陸信越」の名称が設定され（以下本書第4章を参照）、「萬三商店販売主任」の竹三郎が担当し、その後も北陸信越回勤にはベテラン店員があてられた。大戦期には、竹三郎のほか小栗四郎も長野県・山梨県に加え、北陸方面や新潟県方面まで広範囲に回勤を行っており、このことが大戦期以降の販路の外延化につながったと考えられる

第二点目としては鉄道の整備が挙げられる[27]。肥料流通の面からみると一九〇〇年代までは、長野県地域への大豆粕供給は主として信越線および中央東線により関東地域から供給されていた。これが一九一一年の中央線の全通によって愛知県および西日本から長野への肥料輸送の時間が短縮・円滑化し、運賃が下落したことによって、愛知・神戸・大阪の肥料製造・販売業者が次々と長野県への肥料販売に進出した（巻頭地図2を参照）。

この輸送条件の変化とその活用が、萬三商店における販路拡張の第二の要因として挙げられる。萬三商店は鉄道院中部監理局に対し、一九〇九年以降、肥料・穀物の貨物運賃割引の特約を締結した[28]。これは貨物について責任数量を設定し運賃を五％割引する特約で、契約は六カ月ごとに更新され、責任数量は時期によって二〇〇〇トン、二五〇〇

トン、三〇〇〇トンなどが設定され、一九一二年八月には北陸線各駅着限定で運賃八%引き（責任数量一〇〇〇トン）となり、さらに一九一二年一二月からは東海道・東北・奥羽・中央・北陸・信越の各線合計一万トンの責任数量で着駅ごとに割引運賃が設定されるに至った。

中央線沿線では日露戦後に名古屋からの中央西線が中津（現在の中津川）から順次延伸開業していったが、萬三商店は既開通区間の大井（現在の恵那）、中津（現在の中津川）、坂下に加え、開業に合わせて順次特約着駅の追加を試みていた。すなわち、一九〇九年七月一五日三留野（現在の南木曾）駅開業直後の七月二八日に同駅追加願を申請して却下されたものの、同年一〇月に契約された新たな特約では、三留野駅のほか、九月一日に開業した野尻駅も着駅に加わり、一二月一日に須原駅まで開業すると直後の一二月二九日に同駅の追加申請を出している。他の長野県内の駅である篠ノ井、上田、大屋、長野、豊野、明科など万三大豆粕の主要販売先の駅は、すでに一九〇九年一〇月の特約で着駅として認められていた。またこの一九〇九年一〇月の契約ではほかに、東海道線、日本鉄道線（現在の東北線・高崎線・両毛線・水戸線）、北陸線など、関東・東北仙台以南・北陸にも及ぶ広範囲で特約扱いの着駅が設定された。さらに先に挙げた一九一二年一二月の特約では、新潟県の長岡・沼垂や富山県の福岡など、一九一〇年代以降の販路の外延化で増加した新潟および北陸線方面の各駅が新たに含まれている。

以上見たように、萬三商店は信越・北陸・関東・東北南部方面への販路拡大に先立ち、売予約であらかじめ販売数量を確保し、責任数量をこなす見通しをつけた上で、鉄道院中部鉄道監理局と運賃割引特約を結んで、輸送費用の節減を図っていた。肥料は重量貨物である一方で単価の低い商品であり、流通費用に占める運賃の割合が大きいため、このような施策は大きな効果を持ったと思われる。

三点目の要因として挙げられるのが、萬三商店の近隣地域である亀崎所在の井口商会の営業休止である。井口半兵衛(30)は、自ら所有船を持ち大豆粕の直輸入を行うなど、積極的に大豆粕輸入にとりくみ、同時に一九〇七年の段階から豆粕製造工場を設けて大豆粕製造を開始していたが、自身が役員を務めていた主力取引行である亀崎銀行が一九〇七年恐慌で休業し、再建のために井口が頭取となり、〇九年秋に営業再開する際に、井口商会の既存債務に対し新たに担保提供を求めたことから、資金繰りが急速に悪化し、一〇年四月ころに営業を休止した。萬三商店の店員が重役会に宛てた一九一一年一月三〇日付意見書（本書第4章を参照）によれば、一〇年度に萬三商店の営業成績が未曾有の好結果となった理由の一つとして、井口の営業休止により「美濃伊勢駿遠に至ル造家の原料ハ殆ど我一手ニ引受クルの盛況を呈し」たことが挙げられている。つまり、井口商会営業休止により萬三商店は、同商会が有していた岐阜・三重・静岡などの販路を一気に獲得することになったとされる。

井口商会は、それまで魚肥取り扱いにおいても、大豆粕の輸入・製造販売においても知多半島最大の肥料商として萬三商店と取扱高を競い合う存在であった。表7－21は萬三商店が大阪税関武豊支署に届け出た知多半島衣浦諸港（半田・亀崎）への大豆粕・大豆の輸入高を示したものである。これをみると、日露戦後期、萬三商店と井口商会は大豆粕の輸入ではほぼ拮抗しており、また大豆輸入については一九〇五年時点で萬三商店がやや上回っていたものが、その後、井口商会の大豆輸入が急拡大をとげた結果、〇七年には萬三商店の三倍もの規模を扱うようになっていた。この背景としては同商会が萬三商店より早く一九〇七年から豆粕工場を設立して、輸入大豆原料の大豆粕製造に乗り出していたことがあると思われる。

ところが、井口商会が営業休止に追い込まれた後の一九一一年（一～八月期のみ）の輸入高をみると、井口商会は大豆粕輸入者からは姿を消し、また大豆輸入者としては名前があがっているものの、二四〇〇万斤弱を扱い知多諸港で圧倒的な首位を占める萬三商店に対し、二五〇万斤弱と大幅に規模を縮小していたことが分かる。以上みたように一九一〇年の営業休止後、井口商会は大豆粕製造原料の大豆輸入を中心に経営を存続させたが、その規模は休業以前に比べ大幅に縮小した。

表7-21　衣ヶ浦湾大豆粕・大豆輸入高

品目	商店名	1905年	1906年	1907年	1911年1～8月
大豆粕	萬三商店	6,541,200斤	8,099,785斤	6,490,000斤	
	井口商会	6,180,468斤	10,162,074斤	6,200,000斤	
大豆	萬三商店	7,347,293斤	6,992,210斤	6,250,000斤	
	井口商会	6,107,022斤	12,993,018斤	18,950,000斤	
大豆粕	萬三商店				265,070枚
	竹内商店				155,000枚
	杉治商会				65,230枚
	岡本商会				65,000枚
	糟谷商店				10,000枚
	福本商店				10,000枚
	石川久太郎				10,000枚
大豆	萬三商店				23,861,250斤
	杉治商会				8,069,133斤
	竹内商店				3,381,900斤
	井口商会				2,470,505斤
	山本商会				2,295,400斤
	岡本商会				450,000斤

（出所）　明治40年度「営業報告」、自明治44年1月至同年８月「営業報告」（小栗家文書348-２・５）。

（注）　大阪税関武豊支署に届出の参考資料、なお、1907年の数値は概数。

先の店員による意見書には長野県の販路については直接書かれていないが、井口商会は一九〇九年六月に実施された長野県農会「第二回肥料調査会成績報告」[31]に「産地又ハ製造販売者輸入移入販売者」として名前が挙がっている。この調査会は長野県農会主催で実施され、県下各郡・市町村農会が、農会員が購入した肥料の中から選んで審査するもので、製造業者自らの出品は禁じられていた。成績報告一覧には産地または製造者・輸移入者、肥料商、購入者の住所氏名および出品農会名が記されている。大豆粕部門においては、更級郡農会の塩崎村・宮崎美登ほか四名が、同郡稲荷山町・松葉屋商店、同郡中津村・數本春太郎、同村・北澤彦治を通じて購入した井口商会の大豆粕を出品し、また上水内郡神郷村農会では同村・和田彌三郎が神郷村の高津米治を通じて購入した井口商会の大豆粕を出品し、さらに埴科郡西條村農会では篠ノ井の宮崎萬平を通じて購入した井口商会の大豆粕を、諏訪郡上諏訪町農会では同町・土橋市三郎が同町・小口治三郎を通じて購入した井口商店の大豆粕を、それぞれ出品している。

この調査会で出品される肥料製品は、肥料商や製造業者ではなく、需要者側の農家・農会側が決めており、製造者と肥料商との結びつきの強さや販売量の多寡をそのまま示すものとは言えず（例えば後述の表7－22、第六回販売肥料調査展覧会では、一九一六年当時の萬三商店の大口販売先である篠ノ井の萬（万）屋商店取り扱いの肥料として、万三大豆粕でなく名古屋の特製豆粕株式会社および亀崎の奥田製肥所の製品が出品されている）、判断には注意が必要であるが、少なくとも一九〇九年の段階で、井口商会の大豆粕は萬三商店がのちに商圏とする長野県各地に入り込んでいたことがうかがえる。先に挙げた井口商会の大豆粕を扱っていた宮崎萬平、高津米治は、すでに表7－14、7－16で見たように、のちに萬三商店の大口取引先となる販売先であり、萬三商店は長野県においても、営業縮小した井口商店が持っていた販路を肩代わりして一気に販路を獲得していったと思われる。

四点目として、万三大豆粕の特徴と価格面に着目したい。先ほど挙げた長野県農会による「肥料調査会」はその後「販売肥料調査展覧会」と名称を変えて継続されていた。表7－22は、一九一六年に長野県で行われた「第六回販売肥料調査展覧会」[32]のうち大豆粕についての成績報告一覧を掲げたものである。

内容をみると、輸入大豆粕に加え、兵庫県や愛知県等、国内各地の製造業者の製品が審査に付されていることが分かる。太字で示した萬三商店の万三大豆粕は、長野市の石坂政雄によって購入され、長野市農会によって出品されたものである。出品された大豆粕の半数以上がベンゼン抽出法による大豆粕であったが、万三大豆粕は先述のように圧搾式の大豆粕であった。圧搾式はある程度油分が残るため肥料の効き目も遅いという問題があったが、設備コストが安く、また先の大豆粕製造工場収支で見たように、抽出した大豆油の販売益を見込めることも経営上のメリットであった。圧搾法をとっていた万三大豆粕の調査成績の品質は「稍下等」とされたが、価格をみると非常に低価格であったことが分かる。この価格は農会員の購入価格であるが、万三大豆粕は一〇貫当たり一円七七銭で、古牧村農会を通じて出品された一円〇九銭の牛荘大豆粕を除けば、最安値のゾーンにあった。

表7-22　長野県農会・販売肥料調査展覧会成績報告（1916年）

（価格の単位：円）

商標号	肥料名称	調査成績	10貫価格	産地又は製造者・輸入移入者	買入者	出品農会名
☆	改良大豆油粕粉末	品質中等	2.90	兵庫県武庫郡大庄村　日本リーバーブラザーズ	諏訪郡富士見村　小松四郎	諏訪郡本郷村農会
	漂白大豆	品質中等	2.80	名古屋	岩村田町　合資会社協同商店	
☆	大豆粕粉末	品質中等	2.80	兵庫県武庫郡大庄村　日本リーバーブラザーズ	上水内郡小川村　吉田肥料店	北安曇郡美麻村農会
	五徳大豆	稍下等品	2.80	神戸	岐阜県恵那郡坂下町　山内松之助	西筑摩郡田立村農会
☆	改良大豆油粕粉末	品質中等	2.75	兵庫県武庫郡大庄村　日本リーバーブラザーズ	下高井郡　有限責任往郷信、販、購、生、組合	下高井郡往郷村農会
	漂白大豆	品質中等	2.70	名古屋市西築港　大豆漂白株式会社	伊那肥料株式会社	上伊那郡農会
豆	漂白大豆	品質中等	2.70	名古屋市西築港　大豆漂白株式会社	長野市末広町　北村準之助	長野市農会
豆	漂白大豆	品質中等	2.65	名古屋市西築港　大豆漂白株式会社	北佐久郡小諸町　山屋	
	漂白大豆	品質中等	2.65	名古屋市西築港　大豆漂白株式会社	小県郡神川村　宮入商店	小県郡神川村農会
	漂白大豆	品質中等	2.60		松本市　百瀬商店	東筑摩郡農会
キ	細粉米大豆油粕	稍下等品	2.50	神戸市　木全由三郎	小県郡県村　新保克治	小県郡滋野村農会
	漂白大豆	品質中等	2.50	名古屋市西築港　大豆漂白株式会社		諏訪郡農会
	大豆粕	品質中等	2.50	名古屋市	上田町　伊藤才吉	小県郡神科村農会
五徳	五徳大豆	稍良品	2.50	兵庫県武庫川郡平野　大豆工業株式会社	長野市末広町　北村準之助	長野市農会
朝日	特製豆粕	稍良品	2.50	名古屋中区天王崎町　特製豆粕株式会社	埴科郡埴生村　宮坂正	埴科郡埴生村農会
〔〇王〕	大豆粕	品質中等	2.50	名古屋中区天王崎町　特製豆粕株式会社	篠ノ井町　万屋商店	更級郡農会
〔旭日〕	大豆粕	品質中等	2.50	愛知県亀崎町　奥田製肥所	篠ノ井町　万屋商店	更級郡農会
☆	改良大豆油粕粉末	品質中等	2.45	兵庫県武庫郡大庄村　日本リーバーブラザーズ		更級郡農会
	豊年撒豆粕	品質中等	2.45	支那	伊那町　長澤肥料店	上伊那郡農会
	改良豆粕	品質中等	2.45	上伊那郡赤穂村　堀肥料店	伊那町　長澤肥料店	上伊那郡農会
	徳用大豆粕	稍良品	2.40		上田町　伊藤肥料店	埴科郡南條村農会
	大豆粕	品質中等	2.40	大阪市		南安曇郡高家村農会
	特製大豆粕	品質中等	2.40		上水内郡芹田村　清水金右衛門	上水内郡大豆嶋村農会
〔〇王〕	特製大豆粕	稍良品	2.40	名古屋中区天王崎町　特製豆粕株式会社	長野市　石坂政雄	長野市農会
豆造印	大豆粕	品質中等	2.38	神戸市　高砂製油所	小県郡神川村大屋　伊藤商店	小県郡塩川村農会
	改良豆粕	品質中等	2.35		松本市　浅澤商店	東筑摩郡農会
	大豆粕	稍良品	2.30	大連　加藤龍三郎	大連　加藤龍三郎	下伊那郡且開村農会
☆	改良大豆油粕粉末	品質中等	2.30	兵庫県武庫郡大庄村　日本リーバーブラザーズ	小県郡神川村大屋　伊藤商店	小県郡塩川村農会
	大豆粕散	品質中等	2.27		神戸	東筑摩郡農会
	大豆粕	普通品	2.20		上伊那郡赤穂村〔〇八〕	下伊那郡上郷村農会
	大豆粕	品質中等	2.10	大阪　三五商会	松本市　赤羽商店	東筑摩郡松本村農会
	大豆粕	良品	2.05	兵庫県武庫郡大庄村　日本リーバーブラザーズ	ピーイー商会	更級郡農会
	大豆油粕粉	稍下等品	2.00	上高井郡日野村　東山輿一郎	上高井郡日野村　東山輿一郎	上高井郡日野村農会
	大豆粕	品質中等	2.00		上田町　新保肥料店	埴科郡南條村農会
	大豆粕	普通品	1.92		埴科郡埴生村　宮坂正	埴科郡戸倉村農会
	大豆粕	普通品	1.91	支那牛荘	上水内郡中郷村　西川新吉	上水内郡鳥居村農会
	大豆粕	普通品	1.80	満洲		東筑摩郡塩尻村農会
万三	**大豆粕**	**稍下等品**	**1.77**	**尾張国半田　萬三商店**	**長野市伊勢町　石坂政雄**	**長野市農会**
	大豆粕	普通品	1.70		上伊那郡宮田村　銭屋肥料店	上伊那郡農会
	大豆粕	普通品	1.09	支那牛荘	長野市末広町　北村準之助	上水内郡古牧村農会

（出所）　長野県農会『長野県農会第六回　販売肥料調査展覧会成績報告』1916年より作成。

このような万三大豆粕の廉価性は、萬三商店が、肥料商であるのと同時に製造工場を持ったことにより実現可能となったと思われる。ただし、すでに豆粕工場収支で見たように大豆粕製造費の大半は原料費であり、廉価性を実現するためには原料大豆の調達がきわめて重要であった。また、大豆・大豆粕商品自体が相場変動の激しい商品であり、しばしば輸入業者の破綻をもたらした(33)。萬三商店は、原料大豆輸入において、三井物産、臼井洋行、安宅商会の競合を利用して(34)、リスクを回避しつつ最適価格での大豆調達を図っていたと考えられる。また、先ほど挙げた店員の重役宛書簡においては、今後、萬三商店も大連に支店を設け、満洲大豆の「奥地買」をするべきであるむね提案がなされているが、実際にはその後も萬三は奥地買いを行っていない。

むしろ萬三商店がとったのは、よりリスク回避的な行動であった。すなわち大豆粕販売においては「売予約」を主体とすることで、あらかじめ大口の販売先・販売量を確保し、同時に大豆粕・原料大豆仕入において「買予約」によって仕入れ価格を確定させることで大豆・大豆粕の相場変動のリスクを極力回避(35)する方策がとられていた。

また工場を持つことのメリットとして、廉価性の実現以外に、大口の需要先に対応可能な点があった。当該期、養蚕業の発展を背景に大豆粕需要は急拡大していたが、萬三商店は、特に大口取引先には、製造した万三大豆粕だけでなく、輸入大豆粕や、両者を混合した商品を販売していた。すなわち肥料販売者であると同時に製造業者であることで、在庫・価格に応じ、輸入・万三・両者の混合品を適宜使い分けて大量注文に応じることが可能になったと言える。また「レール渡」「賃込み」という記述からも分かるように、しばしば運賃込みの価格で販売されていた。前述のように、萬三商店はあらかじめ売り予約で販売数量を確保した上で、責任数量を条件に鉄道院と運賃値引きの特約を結んでおり、これをもとに遠隔地の販路に対して運賃込みという価格設定で実質的な値引きを行い、内陸沿線地域への魅力を高めていたことが推察される。

おわりに

魚肥から大豆粕へと窒素肥料の主役が変わる一九〇〇年代から、萬三商店は石川茂兵衛、森六郎、藤又（藤井又兵衛）など神戸の輸入商や貿易商の岡本八右衛門から大豆粕を仕入れ、三河および遠江地方へ販売していた。しかし一九〇六（明治三九）年に大豆粕用輸入大豆に対し戻税の制度がとられると、愛知県の知多や名古屋、神戸などに大豆粕製造工場が増加した。このなかで萬三商店も一九一〇年より大豆粕製造を開始する。製造・輸入ともに大豆粕の取引量は一九一〇年代には飛躍的に増加し、取引は繁忙化した。また長野県・新潟県をはじめとして大口顧客への販売も増加した。自家製造した万三大豆粕もあわせた萬三商店の大豆粕販売量は、製造開始直後の一九一一年時点でも一九〇〇年の約二八倍もの規模に拡大している。(36)

萬三商店の大豆粕製造は、輸入大豆粕をおきかえるかたちで従来からの取引先の需要に応えるという性格のものではなく、むしろ一九一一年中央線全通をチャンスとして、鉄道院中部鉄道監理局と運賃値引きの特約を結び、長野をはじめ内陸・日本海地帯へ積極的に取引先を開拓し、一気に製品販売を拡大する戦略のもとで開始されたと考えられる。販路拡大の背景としては、まず長野県における養蚕業の発展による需要急拡大があった。また特に、製造・販売開始当初の一九一〇年前後については、同時期に営業休止した亀崎の井口半兵衛商店の商圏を吸収して一気に販路拡大した面もあったと考えられるが、長野県域は神戸・大阪・名古屋の各肥料製造・販売業者も大豆粕販売をめぐって競争を繰り広げており、販路の維持とさらなる拡大のためには、何らかの優位性が不可欠であった。

一九一六（大正五）年時点の長野県で比較すると、萬三製造の大豆粕は、他店の商品に比べ販売価格が大幅に安く、満洲直輸入の大豆粕に近い低価格となっていた。すなわち、萬三商店は、満洲からの直輸入ルートをもたない規模の肥料商でも利用可能な廉価性を武器に、急速に販路を拡大していったと考えられる。また農業の面から見るならば、萬三商店は運賃込みで安価に大豆粕を供給することを通じて、肥料購買力の低い層も含め桑園への肥料多投を可能にし、長野県地域における養蚕業の急拡大を支えたと言える。これは原料大豆を複数の輸入商を競合させつつ大量調達し、かつ自家工場で大豆粕を製造していたからこそ実現できる戦略であったと言えよう。また、長野・北陸方面への大口需要の開拓に成功したことによって、あらかじめ売予約を確保し、これに買予約を組み合わせることで、大豆粕・原料大豆の価格変動リスクをある程度回避することが可能となり、さらに輸送数量を確保することで鉄道院中部鉄道監理局に対しても運賃値引きの交渉力を持つことができた。もっとも廉価を武器にした販路拡大戦略は、同時に第一次世界大戦末期の大豆価格高騰の影響を大きく受けることにもなる。大豆粕製造原価の大半は原料大豆が占めており、輸送途絶による大豆価格高騰は大豆粕工場経営を直撃した。低価格を武器に販路拡大した萬三商店にとって、製品価格への転嫁は容易ではなかったと考えられ、利益は大戦後期以降、大幅に圧迫された。

他方、萬三商店は大豆粕製造に乗り出しつつも、利益率が比較的高い魚肥も引き続き相当量を取り扱い、また従来の販路である三河・知多・遠江などとの取引も、件数で見れば依然として多くを占め、地域の小口需要にこたえていた。すなわち長野県における養蚕業の拡大を背景とした大豆粕中心の遠隔地の大口需要、従来の商圏である愛知県三河地方における大豆粕・魚肥・化学肥料など多様な小口需要、それら双方を販路として肥料販売全体を拡大していったと言える。

注

(1) 以下、一八八〇年代から一八九〇年代についての記述は、基本的に村上はつ「知多雑穀肥料商業の展開」山口和雄・石井寛治編著『近代日本の商品流通』東京大学出版会、一九八六年、一八八‐二〇三頁の記述による。

(2) 前掲村上はつ「知多雑穀肥料商業の展開」一九〇‐一九一頁、第五表。

(3) 同右、一九八頁、第七表。
(4) 同右、二〇五頁、輸入大豆粕の数値も同じ。
(5) 同右、二〇八頁、第一〇表、人造肥料の数値も同。
(6) 同右、二〇八頁、第一〇表、人造肥料の割合も同。
(7) 同右、二一〇頁。
(8) 坂口誠「近代日本の大豆粕市場」『立教経済学研究』第五七巻第二号、二〇〇三年、五八-五九頁。
(9) 一八七一年に中国人商人から神戸へ試験的に大豆粕がもたらされた際、藤井又兵衛、石川茂兵衛らが買い受けて、淡路方面に販売したという。前掲坂口誠「近代日本の大豆粕市場」五六頁。原史料は林吉次郎編『神戸米穀肥料市場沿革史』神戸米穀肥料市場、一九二〇年、一五三頁。
(10) 森六商事社史編集室編『森六商事三百年史』森六商事株式会社、一九六七年、一六〇〜一六一頁および二四八頁年表。
(11) 岡本忠蔵は千葉県長生郡関村出身で一八九一年、函館に渡り肥料海産物雑穀及漁網販売商を開業、九七年函館肥料問屋組合を組織し組長となった。川名得太郎は東京深川肥料商川名治助長男として生まれ、一八九五年函館に海産肥料商を開業、九七年、函館肥料問屋組合の結成に加わり評議員となり、一九〇四年に組長となる。金子信尚『第二版　北海道人名辞書』北海民論社、一九二三年、一四〇頁、一四六頁。
(12) 『明治大正期商工信用録』第四巻明治四四年（下）、クロスカルチャー出版、復刻版二〇一一年、愛知県の部分を参照。
(13) 半田市誌編さん委員会編『新修半田市誌』本文篇中巻、愛知県半田市、一九八九年、三四七頁。
(14) 農商務省農務局『第五回道庁府県農事試験場長、農事巡回教師農事講習所長、協議会決議要録』国会図書館蔵八一-七六六、一九〇四年、愛知県分は一四五-一四七頁。静岡県分は一四七-一四八頁。
(15) 萬三商店製造の大豆粕は「万三」大豆粕という名称で販売された。以下本章ではこれに従い、商品名については「万三」を用いる。
(16) 以下、農商務省農務局『大豆及其他ノ豆類ニ関スル調査』一九一〇年、一二四頁。
(17) 以下、仮置場については「仮置場利用成績」、『大阪毎日新聞』一九一二年一二月二一日。
(18) 一九二〇年代以降の萬三商店の大豆粕販売および市況については、今回検討できなかったが、二〇年代にドイツ向け大豆輸出が増加した結果、原料となる満洲大豆の価格が高騰し二五年には大連の大豆粕製造業者（油房）経営が苦境に陥ったとされる。前掲坂口誠「近代日本の大豆粕市場」六二－六四頁を参照。萬三商店の豆粕製造も原料大豆高騰と国内大豆粕価格低迷による打撃を受けたと思われる。

(19) 明治四五年度「営業報告」（小栗家文書三四八－七）。ただし記載内容は一九一一（明治四四）年度（一九一一年九月～一九一二年八月）。

(20) 例えば、岡崎の代表的な味噌醸造業者である早川家（カクキュー）も、東北産および輸入大豆の最大の買入先は萬三商店であり、一九〇六年時点での大豆総買入量二三四〇石中、ほぼ半数の一一九〇石を萬三が占め、このうち八戸産大豆が八四〇石、朝鮮産および満洲産大豆が二五〇石であった。合資会社八丁味噌史料室『山越え谷越え三五〇年』二〇〇〇年、八一－八二頁。萬三商店が醤油醸造・大豆粕製造の双方の業種に対し、時期・条件に応じて輸入した原料大豆をいかに配分したかは重要な論点であるが、今後の課題としたい。

(21) 福井県出身、一八八四年小樽来住、藤山要吉の廻船部支配人として務め、九二年要吉より業務譲与を受け廻船業を営んだが一九〇二年廃止、同年より海陸物産商を開始した。金子郡平・高野貴之編『北海道人名辞書』北海道人名辞書編纂事務所、一九一四年、一九二頁。

(22) 市川大祐「明治期愛知県の肥料流通（一）」（『北海学園大学経済論集』第五四巻第一号、二〇〇六年）五〇－五一頁。

(23) 本来であれば一九一一年度（一一年九月～一二年八月）にあわせた作表が望ましいが、史料の残存状況から年度での集約が困難であるため、表7－12では、一九一一年暦年（一月～一二月）の販売を集計している。表7－14も同じ。

(24) 宮崎萬平経営の萬屋本店（カネ万）と宮崎運平経営の萬屋商店は、ともに篠ノ井駅近くに所在し、姻戚関係にある。

(25) 農商務省、前掲『第五回道庁府県農事試験場長、農事巡回教師農事講習所長、協議会決議要録』長野県分は一四八－一五〇頁。

(26) 長野県農会『長野県農会報』各号。

(27) 鉄道院編『本邦鉄道の社会及経済に及ぼせる影響』一九一六年、六三五頁。

(28) 以下、運賃特約についての記述は伊藤敏雄「大正・昭和初期における萬三商店と物流」（萬三商店史料調査研究会報告、二〇一一年九月一八日）を参照。以下、鉄道院中部監理局との契約についての原史料は明治四〇年「公務録」（小栗家文書八三－七）および明治四五年「公務録」（小栗家文書八三－九）。

(29) 契約には明記されていないが、実績からみて責任数量は、特約した線区全体に対する発送量かと思われる。

(30) 東京興信所書簡（井口半兵衛関係、一九一〇年四月二日）小栗家文書二六五－五九－五。

(31) 長野県農会『第二回　肥料調査会成績報告』一九〇九年。

(32) 長野県農会『第六回　販売肥料調査展覧会成績報告』一九一六年。

(33) 例えば萬三商店の主要取引先の臼井洋行は、一九二〇年に投機の失敗により没落した。

(34) 前掲村上はつ「知多雑穀肥料商業の展開」二〇八－二〇九・二二四頁でも、大豆粕の調達において三井、臼井、鈴木など商社を競合させつつ調達していた点が指摘されている。

(35) 同右、村上論文ではまとめ部分で「万三商店がこのような厳しい変化の中で、着実な発展の道を歩み得た大きな要因」として「投機的な取引の急速な拡大を回避し、先物売買をつなぐことによって価格変動による危険負担をできるだけ回避するという着実な取引方法」をとったことを挙げている（前掲村上はつ「知多雑穀肥料商業の展開」二二五頁）。

(36) 一九〇九年三月二一日には小栗清が義父の小栗三郎宛に兵庫の井上寅二郎の豆粕工場を藤又の案内で見学した後、翌日に徳島・森六郎本店の水圧式工場の実況視察を予定していることを報告しており、小栗家が豆粕工場設立への準備を進めていたことをうかがわせる（本書第4章を参照）。

［付記］　本章は、市川大祐「萬三商店の肥料製造と販路開拓」（『社会経済史学』第七九巻一号、二〇一三年）をもとに経営の概観および商品別損益の推移、愛知県・長野県の肥料消費、鉄道運賃特約、店員の活動など大幅に加筆・修正したものである。

第8章　近代期の醬油醸造経営

井奥成彦

はじめに

醬油醸造業史は、古くはほとんど研究の対象とされなかったが、一九九〇（平成二）年頃から、日本近代化過程での在来産業の役割が注目され始める中で、研究が続々と世に出されていった。よく引かれる例であるが、『明治七年府県物産表』において、醬油は二次産品（加工品）の第三位に位置し、その後も順調に生産を伸ばしていった（図8－1）。同史料で一位であった清酒などを含む醸造業全体として考えれば、その後の生産額の推移を見ても、この産業が戦前日本の経済の中で大きな位置を占めたことは間違いない(1)。その意味で、この分野を研究する意義は大きいし、また醸造業は歴史的にも、現状においても日本が世界をリードする分野であることからも、日本においてこの分野が歴史的にどのような発展を遂げてきたかを明らかにする意義は大きい。

醬油醸造業史に関して、先行の細かな研究まで挙げればきりがないが、まとまった研究としては、一九九〇年に出

図8－1　醤油醸造主要県における生産高の変化

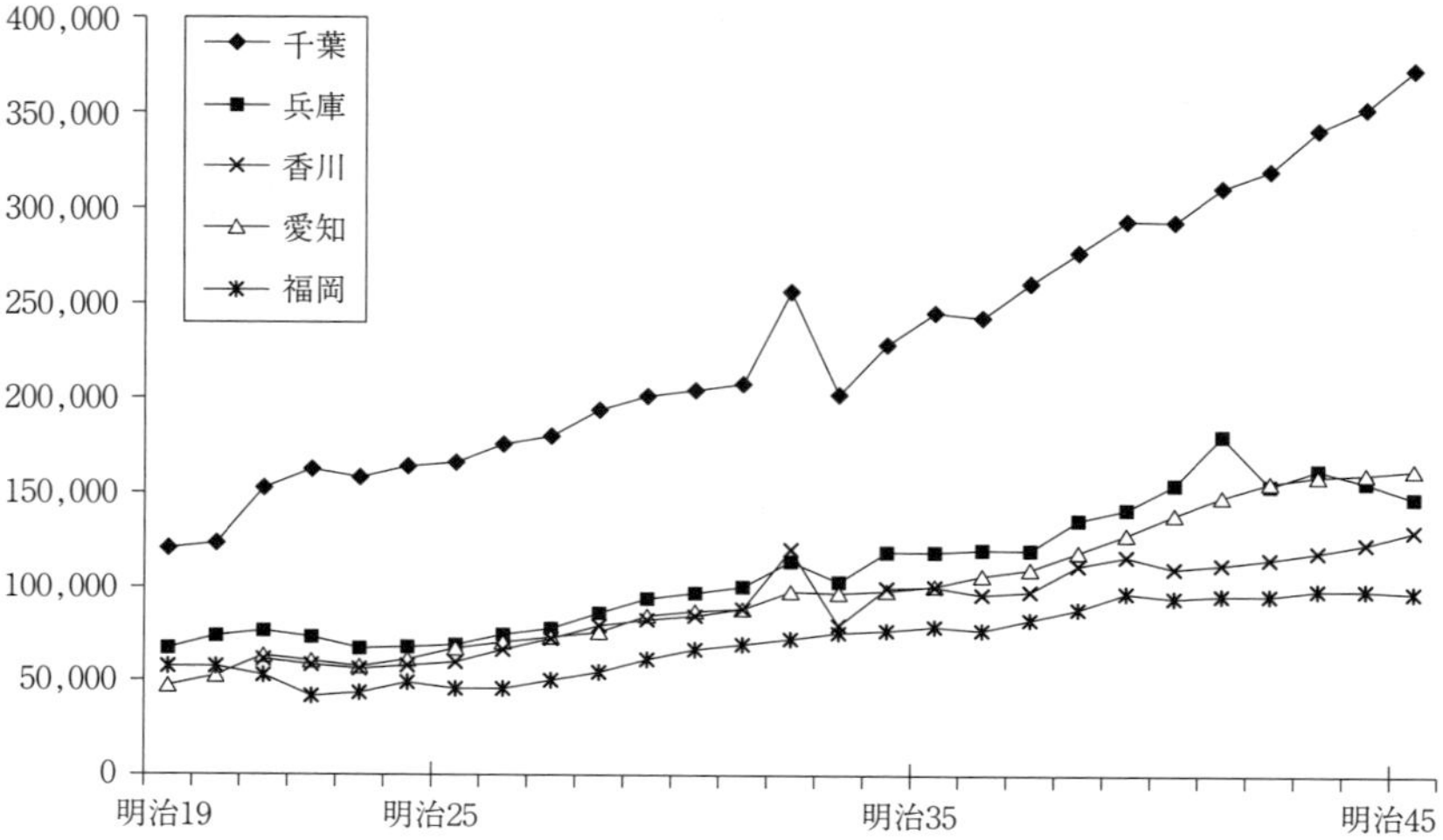

（出所）　内閣府統計局編、中村隆英監修、各年度『日本帝国統計年鑑』復刻版、東洋書林、1996-2002年より作成。
（注）　生産高の単位は石。

された林玲子のグループによる、日本の代表的産地銚子の醤油醸造業史に関する研究がその嚆矢であろう[2]。それ以降、西の代表的産地龍野に関する長谷川彰の研究があらわれ[3]、さらに東西の研究者による、地方の中小産地も含めた各地の事例を集めた研究があらわれ[4]、醤油醸造業史の研究は拡がりを見せていった。

その中で、本章で対象とする愛知県に関して言えば、図8－1で示したように、近代において生産量で兵庫県、香川県などとともに千葉県に次ぐ二位争いをするほどの県であった。千葉県には野田・銚子、兵庫県には龍野、香川県には小豆島という醤油のいずれも大産地があり、それぞれ産業集積地の感を呈していたが、本書で取り上げる愛知県の半田は、醤油（溜を含む）のみならず酢、味噌、酒（日本酒）、ビールと、多くの醸造業が同時に存在した、醸造業の集積地であった[5]。

このように愛知県は醤油醸造業が盛んであったにもかかわらず、その歴史に関する研究は、統計を主たる素材とした篠田壽夫の研究[6]以外にほとんどない。篠田によれば、近代愛知県の醤油醸造業は次のように特徴づけられるという。

①　醤油としては特異な溜の生産の中心であり、必然的に味噌との兼業を行っていた。
②　市場範囲が限られているため店売りや直卸の比重が大きかった。
③　小企業は質素な地方消費者に応じて中下等品を含む多様な製品を生産した。
④　元来東京積みだった酒造業資本が営業の多角化を図って普通醤油醸造に進出、醤油の生産額を上積みしたが、普通醤油の銘醸として確立するまでには至らなかった。
⑤　清酒・普通醤油・白醤油・味噌・溜などの兼営、多様な品質の生産による地域市場密着、消費者直結型の産地であった。
⑥　資本・生産の集中が進まず、分・別家の独立による中小規模の新規開業が絶えなかった。

以上を踏まえ、本章では、第5章で触れられた小栗三郎家醤油醸造経営の草創期に引き続いて、醤油醸造業がその後の萬三商店の安定、発展にどのように寄与したかという観点から、同商店がいかなる醤油醸造経営を行ったのかを分析する。その際、同店がのちに日本有数の醤油醸造業者となるまでに発展する基礎を築いた一八九〇～一九〇〇年代を第一発展期とし、実際に日本有数の醤油醸造業者となる両大戦間期を第二発展期として、その二つの時期に特に注目したい。

第1節　醤油醸造規模の拡大とその要因

第5章で述べられた通り、萬三商店の醤油醸造業は実質的に一八七〇（明治三）年に味噌・溜醸造として開始されたと思われ、当初の仕込石高は七〇〇石程度であった。その後は表8－1に見られるように、諸種のデータから見て、

表8－1　萬三支店年間造石高の推移（1880年代後半〜90年代初頭）

（単位：石）

年　月	「成製」見込高	売上石数	典　　拠
1885.9〜86.8		317	「明治二十二年所得調書」(110-3-4-4)
1886.9〜87.8		496	同上
1887.9〜88.8		897	同上
1888.9〜89.8		947	「明治二十三年届分下調」(110-3-4-5)
1889	763		前掲「明治二十二年所得調書」
1890	598	648	前掲「明治二十三年届分下調」、「明治二十四年所得税下調書」(110-3-4-6)
1891	790	741	前掲「明治二十四年所得税下調書」、「明治二十五年四月所得税下調書」(110-3-4-7)
1892	749		前掲「明治二十五年四月所得税下調書」

（出所）いずれも小栗家文書、括弧内は史料番号（以下の表とも同様）。
（注）数値は、小数点第1位を四捨五入して示した（特に断らない限り、本章中の以下の各表とも同じ）。1890年までは小栗家支店。

松方デフレ期の落ち込みその他多少の増減は見られるものの、一八九〇年代初頭まではほぼその規模を維持したものと思われる。ところが、表8－2に見られるように、一八九〇年代後半以降、萬三商店の醤油醸造規模はほぼ倍増する。そして一九〇〇年代後半以降、二〇〇〇石前後になっている。この一八九〇年代後半から一九〇〇年代にかけては、最初に醸造規模の拡大が顕著になった時期という意味においても、また本書表序－13に見られるように、収益の面でもそれまでよりも安定的に大きな収益が見られるようになり、萬三商店全体の中での味噌・醤油部門（支店）の重要性が大きくなったという意味においても、萬三商店醤油醸造業の「第一発展期」とすることができるように思われる。

この時期は、支店の支配人井本利吉の活発な営業活動が見られた時期であった。詳しくは次節で述べるが、一八九五年一一月入店、九八年一月に支店支配人、九九年一月に支店長となった井本利吉は、前支配人日比永七の時代に比べ、頻繁かつ遠方まで営業活動を行い、その範囲は名古屋・美濃・伊勢から西は関西（大阪・京都・大津など）、東は関東（甲斐・東京など）にまで及んだ。(7)萬三商店の醤油醸造業「第一発展期」の背後に、彼の精力的な営業活動があったことは見逃せない。

表8－2　萬三支店年間造石高の推移（1890年代後半～1900年代）

（単位：石）

年　月	元仕込	「成製」見込高	売上石数	典　　拠
1896	1,408			(明治三十年所得金高調)（110-3-4-12)
1897	1,431			(明治三十一所得金高調)（110-3-4-13)
1898	1,459			「三十二年四月所得金下調書」(110-3-4-14)
1900	1,260			「三十三年四月所得税下調書」(110-3-4-15)
1903		1,480		「明治三十六年四月所得税届下調」(110-3-4-18)
1904.5届			1,361	「公務録第十五号」(79-8)
1904.7～05.6			1,237	「公務録第十四号」(70-9)
1906		2,080		「明治三十九年四月申告所得税届下調」(110-3-4-21)
1907	1,908			「明治四十年分店卸取調帳」(345-38)
1908	1,897			「明治四十一年分店卸取調帳」(345-40)
1909	2,051			「明治四十二年分醤油部店卸勘定簿」(345-42)

（出所）　小栗家文書。

さて、醸造規模の推移をもう少し追ってみよう。表8－3は、一九一〇年代以降の萬三商店の醤油醸造高の推移をまとめたものである。これによると、一九一〇年代から二〇年代前半にかけてほぼ二〇〇〇石台で安定しているが、一九二四～二五（大正一三～一四）年に建物、設備を拡張[8]したのちの一九二〇年代後半には三〇〇〇石台から五〇〇〇石台まで伸びている。一九三四（昭和九）年の銚子のヤマサ醤油による「全国主要醤油造家調[9]」の中で、萬三商店は全国九五六四軒の醤油醸造家中の主要三五軒の中に名を連ねており、この頃には全国レベルの醤油醸造業者になっていたといえよう。さらに一九三〇年代に至って八〇〇〇石台にまで達しており、一九四一年にはヤマサ社員がほかの有力醤油醸造業者の工場とともに同店工場を訪れて、「設備ハ一万石ダガ昨年ハ六千五百石位生産シタ[10]」と報告書に記している。

ところで、表8－4にみるように、この間に同店は主力商品を普通醤油から生引溜にシフトさせている。この点についてはのちにも触れるが、一九二四・五年の設備拡張以前は普通醤油を中心として生引溜、素引溜やニーラ溜といった上～下級品までの多様な商品を造っており、この点は篠田の指摘通りであるが、設備拡張以後、普通醤油はしだいに減少させ、溜、特に生引溜という上級品への集中度を増している点は、愛知県の醤油醸造業者一般の傾向とは異なっている。萬三の醤油

萬三商店醤油部年間造石高の推移（1910年代以降）

（単位：石）

「成製」見込高	生産高	査定高	売上石数	典拠
				明治43年度「営業報告書」（345－1）
				明治44年度分「営業報告」（345－3）
2,296				「四十五年四月届所得税」（110－3－4－22）
				大正元年9月～2年8月「営業報告書」（345－4）
				大正2年9月～3年8月「営業報告書」（345－5）
				大正3年9月～4年8月「営業報告書」（345－6）
				大正5年9月～6年8月「営業報告書」（345－7）
				大正6年9月～7年8月「営業報告書」（345－8）
			2,283	大正7年12月～11年11月「公務録（萬三醤油部）」（315－2）
		2,450	2,752	同上
			2,672	同上
		3,054	3,114	同上
			2,167	同上
		2,486	2,411	同上
			1,864	同上
		2,123	2,164	同上
				大正10年9月～11年8月「営業報告書」（345－12）
		2,316	2,153	大正11年～昭和4年「公務録（萬三醤油部）」（315－3）
				大正11年9月～12年8月「営業報告書」（345－13）
2,512			2,064	大正11年～昭和4年「公務録（萬三醤油部）」（315－3）
				大正12年9月～13年8月「営業報告書」（345－14）
2,512			1,942	大正11年～昭和4年「公務録（萬三醤油部）」（315－3）
				大正13年9月～14年8月「営業報告書」（345－15）
2,545		2,444	2,215	大正11年～昭和4年「公務録（萬三醤油部）」（315－3）
				大正14年9月～15年8月「営業報告書」（345－16）
3,905	3,248			大正11年～昭和4年「公務録（萬三醤油部）」（315－3）
	3,828			同上
				昭和2年9月～3年8月「営業報告書」（345－17）
	3,580			大正11年～昭和4年「公務録（萬三醤油部）」（315－3）
	3,986			同上
				昭和3年9月～4年8月「営業報告書」（345－18）
	4,925			大正11年～昭和4年「公務録（萬三醤油部）」（315－3）
				昭和4年9月～5年8月「営業報告書」（345－19）
				昭和5年9月～6年8月「営業報告書」（345－20）
				昭和6年9月～7年8月「営業報告書」（345－21）
				昭和7年9月～8年8月「営業報告書」（345－22）
				昭和8年9月～9年8月「営業報告書」（345－23）
				昭和9年9月～10年8月「営業報告書」（345－24）
				昭和10年9月～11年8月「営業報告書」（345－25）
				昭和11年9月～12年8月「営業報告書」（345－26）
				昭和12年9月～13年8月「営業報告書」（345－27）
				昭和13年9月～14年8月「営業報告書」（345－28）
	4,846			昭和14年～「公務録」（315－4）
				昭和14年9月～15年8月「営業報告書」（345－29）
6,300	6,848			昭和14年～「公務録」（315－4）
	約6,500			昭和16年4月「関西地方業界視察録」（ヤマサ醤油本社史料 AS16－218）
				昭和15年9月～16年8月「営業報告書」（345－30）
	5,572			昭和14年～「公務録」（315－4）
				昭和16年9月～17年8月「営業報告書」（345－31）

察録」はヤマサ醤油本社史料、他は小栗家文書。

表8－3

年　月	元仕込
1910	2,074
1911. 9～12. 8	2,152
1912	
1912. 9～13. 8	2,104
1913. 9～14. 8	2,163
1914. 9～15. 8	1,943
1916. 9～17. 8	2,388
1917. 9～18. 8	1,954
1917.12～18.11	
1918	1,965
1918.12～19.11	
1919	3,051
1919.12～20.11	
1920	2,345
1920.12～21.11	
1921	2,083
1921. 9～22. 8	2,450
1922	
1922. 9～23. 8	2,276
1923	
1923. 9～24. 8	2,152
1924	
1924. 9～25. 8	2,411
1925	
1925. 9～26. 8	3,920
1926	
1927	
1927. 9～28. 8	4,388
1928. 6.18届	
1928	
1928. 9～29. 8	5,137
1929. 1.11届	
1929. 9～30. 8	5,600
1930. 9～31. 8	8,104
1931. 9～32. 8	6,877
1932. 9～33. 8	6,458
1933. 9～34. 8	6,409
1934. 9～35. 8	7,149
1935. 9～36. 8	6,953
1936. 9～37. 8	8,389
1937. 9～38. 8	8,697
1938. 9～39. 8	8,763
1939	
1939. 9～40. 8	5,930
1940	
1940	
1940. 9～41. 8	5,089
1941	
1941. 9～42. 8	3,655

（出所）「関西地方業界視

が量的にローカル・レベルから全国レベルへと脱皮していく過程で、質的にも向上していることに注目したい。

このように、明治初期の創業以降昭和戦前期までの間、萬三商店の醤油醸造業はほぼ順調に生産規模を伸ばしていったのであるが、その間の伸びは決して一様ではなく、第一発展期と第二発展期という、二つの重要な時期があったのである。

第2節　醤油の販路

(1)　一八九〇年前後

明治前期の醤油の販売先は第5章で紹介された通りであるが、それに続く明治中期の販売先として、一八九〇（明治二三）年について表8－5により見てみよう。

明治初年に小栗三郎家が味噌溜醸造を開始して以降、販路が定まらず模索するかのような状況は、この時期も続いていた。一八八六年の段階では名古屋に収斂していくかのごとくに見えた小栗家支店の販路だが、この年の販売先上

表８－４　1920年代以降の萬三商店における普通醬油・溜の製造高比較

（単位：石）

年　月	普通醬油	溜				総計	備考
		生引溜	素引溜	ニーラ溜	計		
1920.9～21.8	971				1,099	2,071	仕込高
1921.9～22.8	1,354				1,096	2,450	仕込高
1922.9～23.8	1,133				1,143	2,276	仕込高
1923	1,740	372	140	260	772	2,512	見込石数
1923.9～24.8	1,002				1,150	2,152	仕込高
1924	1,740	372	140	260	772	2,512	見込石数
1924.9～25.8	736				1,675	2,411	仕込高
1925	1,740	405	140	260	805	2,545	見込石数
1925.9～26.8	899				3,031	3,920	仕込高
1926	1,740	1,905	70	190	2,165	3,905	見込石数
1926	1,599	1,445	—	204	1,649	3,248	「製成」高
1927	1,492	2,130	—	206	2,336	3,828	「製成」高
1927.9～28.8	811				3,577	4,388	仕込高
1928	1,466	2,316	—	204	2,520	3,986	「製成」高
1928.9～29.8	569				4,568	5,137	仕込高
1929.9～30.8	423				5,176	5,599	仕込高
1930.9～31.8	531				7,573	8,104	仕込高
1931.9～32.8	625				6,252	6,877	仕込高
1932.9～33.8	609				5,849	6,458	仕込高
1933.9～34.8	449				5,960	6,409	仕込高
1934.9～35.8	412				6,737	7,149	仕込高
1935.9～36.8	401				6,552	6,953	仕込高
1936.9～37.8	379				8,010	8,389	仕込高
1937						7,329	「製成」高
1937.9～38.8	551				8,146	8,697	仕込高
1938.9～39.8	637				8,126	8,763	仕込高
1939	1,005				5,580	6,585	「製成」高
1939.9～40.8	260				5,670	5,930	仕込高
1940	1,102	5,134	612	—	5,746	6,848	「製成」高
1940.9～41.8	591				4,498	5,089	仕込高
1941	1,199	3,832	541	—	4,373	5,572	「製成」高
1941.9～42.8	491				3,164	3,655	仕込高
1943						7,760	「製成」高

（出所）　前掲大正11年～昭和４年「公務録（萬三醬油部）」、昭和11年「公務録　第三号」（小栗家文書315-５）、前掲昭和14年～「公務録」、各年「営業報告書」（小栗家文書345-11～31）より作成。

（注）　—は数量なし。空白はデータなし。集計結果が合わない場合は、表記を優先した。

表８－５　1890年小栗家支店主要販売先・販売商品

（単位：販売量は断らない限り樽、金額は円）

販売先	所在地	金額	販売商品
森田清兵衛	名古屋	1,122	精品印385、銘印77、極生引15、別品印15
成田好蔵	名古屋	949	好印235、極生引45、最上印33、良印20、中引15、味噌15
加藤庄太郎	尾張海東郡福田	746	味噌185、別上印135、上々印40、大上印10、極生引４、中引溜２
山本喜市郎	遠江浜松	617	五分味噌263、亀甲萬印味噌20、味噌12、極生引１
高木善八	美濃大垣	561	中引溜118、味噌35、亀甲萬印味噌30、精品印12、極生引９、中味噌５、生引溜２、五歩味噌２
鳥居健太郎	名古屋	410	秀印193、良品印17、極生引５
山田平次郎	名古屋	348	味噌68、極生引27、賞印22、醬油19、中引15
加藤與一郎	三河南設楽郡新城	237	秀印98、精品印89、味噌52、極生引24、中引溜17、亀甲萬印味噌８
萬屋金八	三河東加茂郡足助	156	味噌43、中引溜17、亀甲萬印味噌17、五分味噌１
大岩支舗	名古屋	147	別上印50、別印20、味噌10
桜井三四郎	尾張中島郡下津	103	味噌粕325俵、腐豆１俵
石川亦兵衛	三河（郡村名不明）	84	味噌16、五分味噌８、亀甲萬印味噌６、極生引溜４、中引溜３
高橋善左衛門	岐阜市	77	中引溜20、味噌12
現金座庄太郎	（尾張海東郡か）福田	75	別上印20、大上印20
森田三吉	（不明）	53	中引溜34、掃溜23俵、精品印21、味噌17、秀印４
手塚久三郎	名古屋	53	極生引溜10
魚問屋藤重	三河（郡村名不明）	52	味噌15、秀印７、精品印６、並味噌１、亀甲萬印味噌１
伊藤宗重 （改め池田吉作）	三河幡豆郡一色	51	味噌19、秀印溜６、味噌粕６俵、並味噌３、精品印３、極生引２、中引溜２、極生引１、下等味噌１
岡田正左衛門	尾張海東郡津島	45	□印20、精品印５
深谷為右衛門	尾張知多郡上部	42	味噌粕109俵
田中治助	東京本所区馬場町	41	味噌10、秀印溜８、極生引５、亀甲萬印味噌１
吉田仁平	三河西加茂郡挙母	39	亀甲萬印味噌５、中引溜４、味噌４、精品印３、最上印１、秀印１
黒田利平	三河幡豆郡改正	37	味噌粕53俵、五分味噌８、極生引３
稲垣圓七	三河幡豆郡中畑	36	大上印28、生引溜14、上々印９、精品印３、中引溜１
森田清助	（不明）	35	精品印17、中引溜13、味噌11、秀印５、極生引３
青山伊兵衛	三河か	31	味噌７、五歩味噌４、生引溜２
西田七右衛門	伊勢川崎	31	極生引４、中引溜４
新美益之助	（不明）	28	精品印10、別上印５
中野支舗	駿河清水	26	秀印10、生姜味噌５
万宝丸冨十郎	尾張知多郡亀崎	24	秀印10
中川武七	三河幡豆郡治明	24	味噌粕73俵
成田兵左衛門	名古屋	23	味噌５＋１石３斗７升２合、中引溜５
大松屋喜七	（不明）	21	味噌120貫目、味噌粕11俵、中引溜２
九郎助	三河幡豆郡吉田	20	味噌粕54俵

（出所）　明治23年「大福帳（小栗三郎支店）」（小栗家文書101-10）より作成。

（注）　販売金額が20円以上の販売先を示した。円未満切り捨て。

位を見ると、地元尾張から三河湾対岸の三河地域、さらに東は遠江・駿河、西は美濃・伊勢へと広がりを見せている。まだ東京や関西への販売はほとんど見られない。のちに触れるが、この頃はまだ普通醤油（表中で「醤油」と記されているもの）はほとんどなく、支店の商品としては大別して味噌と溜の二本立てで、溜には多数の銘柄があったが、一八八六年の時の銘柄とは異なっているものが多い。八升樽で一円二〇銭程度の最上級品「極生引」「最上印」は少なく、七〇〜八〇銭程度の「中引溜」、六〇銭程度の「精品印」、五〇銭程度の「秀印」といった中・下級品が主力商品であった。なお成田好蔵にのみ見られる「好印」はおそらくその名から一文字とった、いわばプライベート・ブランドであろう。

(2)　一八九〇年代後半〜一九〇〇年代――第一発展期――

一八九〇年代後半から一九〇〇年代の萬三商店の醤油の販路について、一九〇四（明治三七）年七月から〇五年六月にかけての状況を記した「公務録」第一四号（小栗家文書七〇‐九）によると、この間の醤油（溜も含む）販出量は一二三七石（一六〇八円）で、主要取引先として名古屋、美濃、三河、近江、京都、東京、伊勢が挙げられている。ただしそれぞれの数量の記載はない。また「公務録」第一五号（小栗家文書七九‐八）に記されている、一九〇五年四月の税務署への届によると、販出量一三六一石（一七七〇円）、主要取引先として名古屋、美濃、三河、伊勢、遠江、京都、東京が挙げられている。こちらも数量は不明である。しかし、これらとそう年代が離れていない一九一〇年度の営業報告書によると、関西と三河が一九〇九・一〇年の平均販売金額約八〇〇〇円でほぼ並び、次いで東京（約七〇〇〇円）、大きく離されて岐阜（四〇〇〇円強）、伊勢（三〇〇〇円弱）、知多郡（二〇〇〇円強）と続く。この時期名古屋は、金額で関西や東京の四分の一程度にすぎなかった。[11]なお関西と東京へ販売した醤油はすべて普通醤油、三河・岐阜・伊勢へは溜が半分前後を占めていた。

萬三商店では、当初溜のみを造っていたが、しだいに普通醤油も造るようになっていたのである。表８－６－１・２は各年各月時点における味噌・醤油部門（支店）の在荷を示している。この中で「半製品」とあるのは、その時点で仕込中のものであり、「味噌諸味」が最終的に味噌と溜に、また「醤油諸味」が普通醤油になる。表によると、当初普通醤油は仕込んでいなかったが、一八九〇年から九二年にかけて若干仕込み、その後、遠方に販路を拡大するようになる一九〇一年からは急激に仕込量を増やしている。一九〇一年以降の販路拡大についてはのちに述べるが、一八九〇年に入ってからの一時的な普通醤油の仕込は、当時倉田喜起なる人物がこの地域で関東の濃口醤油の醸造法を指導し、小栗家もその指導を受けたことと対応すると思われる[12]。

(3)　支配人井本利吉の販路開拓

さて、一八九〇年代後半〜一九〇〇年代中頃は、萬三商店支店支配人井本利吉が積極的に販路開拓を行った時期であった。井本利吉は一八九五（明治二八）年一一月入店[13]、その後しばらくは暇をもらったり再雇用されたりで、目立った活動はしていないが、九八年一月一日に支店支配人、さらに翌年一月二日に支店長になり、そのあたりから彼の精力的な営業活動（「回勤」）が目につくようになる。それは、前支配人日比永七の時代に比べ、頻繁かつ遠方に及ぶものであった。中でも、のちのち萬三商店が販売の一つの拠点とすることになった大津市場を切り拓いたことは、萬三商店への何よりの貢献となったといってもよいであろう（巻頭地図２を参照）。

表８－７は井本の在籍中の動向を、彼が出張先から主人に送った書簡と小栗家「日誌」などをもとにまとめたものである。出張先から主人に報告することは一八九三年制定の「支店規則」（小栗家文書三三八－一六、本書第４章を参照）に規定されているが、彼の前後の担当者に比べ、その内容は具体的かつ詳細である。書簡と「日誌」により、彼の在籍中の回勤はほぼ網羅できたと思われる。この表によると、一九〇〇年頃までは名古屋を中心に、美濃、伊勢、

表８－６－１　1889～96年各月時点の萬三支店（萬三商店の味噌・醤油部門）における在荷

（単位：貫以外は石）

年　月		1889.1	1890.8	1890.12	1892.1	1893.1	1894.1	1895.1	1896.1
半製品	味噌諸味	869	588	668	719	907	1,238	651	535
	醤油諸味	なし	なし	17	8	なし	なし	なし	なし
製　品	味噌	2,881貫	8,287貫	2,273貫	2,963貫	10,527貫	11,777貫	109,079貫	2,635貫
	生引溜	36	26	18	19	43	23	16	14
	中引溜		8	29	80	43	133	86	5
	ニーラ溜	46	77	38	35	93	59	73	32
	素引溜		なし	なし	なし	なし	なし	90	5
	混和溜		なし	なし	8	なし	15	15	なし
	［溜計］	83	112	85	142	179	230	280	56
	醤油	なし	4	3	8	2	なし		なし

（出所）　明治22年～「公務録」、「明治二十三年八月店卸下調帳」、「明治二十三年十二月店卸下調帳」、「明治二十五年一月店卸下調書」、「明治二十六年一月店卸下調書」、「明治二十七年一月店卸下調書」、「明治二十八一月店卸下調書」、「明治二十九年一月店卸下調」（いずれも小栗家文書96-４、146-50、146-51、146-52、146-53、148-10、148-11、146-54）より作成。

表８－６－２　1897～1904年各月時点の萬三支店における在荷

（単位：同上）

年　月		1897.1	1898.1	1899.1	1900.1	1901.1	1902.1	1903.1	1904.1
半製品	味噌諸味	690	1,070	1,117	1,108	1,036	923	964	712
	素引諸味	1,500貫	なし	1,500貫	なし	なし	なし	なし	なし
	醤油諸味	9＋520貫	なし	なし	なし	20	100	452	588
製　品	味噌	9,260貫	5,780貫	14,208貫	6,730貫	12,100貫	7,968貫	7,300貫	3,390貫
	生引溜	26	24	16	7	16	12	1	17
	中引溜	170	35	71	37	27	52	67	7
	ニーラ溜	94	29	41	18	27	21	36	5
	素引溜	23	なし	2	24	31	なし	なし	なし
	混和溜	5	17	11	24	25	28	14	5
	［溜計］	318	105	141	109	125	112	118	33
	醤油	9	9	なし	なし	なし	なし	なし	4

（出所）「明治三十年一月店卸下調書」、「三十一年四月店卸下調書」、「明治三十二年一月店卸勘定帳」、「明治三十三年一月蔵調」、「明治三十三年一月店卸勘定帳」、「明治三十四年一月在荷調」、「明治三十五年一月店卸勘定帳　萬三支店」、「明治三十六年一月店卸勘定帳　万三醤油店」、「財産目録及貸借対照表　萬三支店」（いずれも小栗家文書146-55、146-56、146-59、146-63、146-62、146-64、148-８、148-７、336-23）より作成。

表8-7　書簡、日誌などから見た萬三支店支配人・支店長井本利吉の動向（回勤を中心に）

年	月	日	回勤先	内容、典拠等
1895（明治28）	11			雇用される（「舗則」）
1898（同31）	1	1		支店支配人となる（「辞令書控」）
		4	名古屋	（第21号「日誌」）
		16	名古屋（翌日帰店）	商用（第21号「日誌」）
	8	9	出愛（愛知か）（終列車帰店）	（第21号「日誌」）
	10	7		名古屋三井銀行へ（終列車帰店）（第21号「日誌」）
	12	12	出愛	掛集め（第21号「日誌」）
1899（同32）	1	2		支店長となる（「辞令書控」、第22号「日誌」）
		6	名古屋、美濃、伊勢（13日帰店）	前支店支配人永七とも（第22号「日誌」）
	2	1	遠江（7日帰店）	前支店支配人永七とも（第22号「日誌」）
	4	17		永七解任（第22号「日誌」）
	5	5	名古屋（12日帰店）	（第22号「日誌」）
		6	昨日名古屋、今朝大垣回勤、岐阜、夕方名古屋の予定、明日山崎、福田、四日市	商況視察、仕切金調整方依頼。中引高気配、品薄。中味噌暴落。（主人宛利吉書簡）
	7	28	名古屋（8月3日帰店）	（第22号「日誌」）
	10	26	帰店	（第22号「日誌」）
1900（同33）	1	8		千代女と結婚式（第23号「日誌」）
		21	出愛（27日帰店）	（第23号「日誌」）
		22	昨日名古屋一巡、本日岐阜、大垣、安八郡墨俣	商況さしたる変わりなし。問屋と造家の駆引。（主人宛利吉書簡）
		24	昨日美濃、名古屋、今朝桑名、伊勢山田河崎、明日松坂・四日市、名古屋	伊勢山田の味噌・ニーラは一向に先行不仕、生引・中引は高気配。当地方醸造家は昨年は仕込減だったので、本年上半期ぐらいは生引・中引は相応の売行ではないか。（主人宛利吉書簡）
		28		利吉病気引き籠もり（第23号「日誌」）
	3	27	遠江二股	（第23号「日誌」）
	4	27	名古屋、岐阜、桑名（5月1日帰店）	（第23号「日誌」）
	7	12	名古屋（19日帰店）	（第23号「日誌」）
		31	出愛	味噌欠引（第23号「日誌」）
	8	18	伊東醤油店（亀崎）	盆礼（第23号「日誌」）
	10	23	名古屋（27日帰店）	（第23号「日誌」）
		31		利吉へ宅持の件談ず（第23号「日誌」）
	11	19		利吉に家財授与す（第23号「日誌」）
	12	14	俄に名古屋行（15日帰店）	（第23号「日誌」）
		14	名古屋	大岩商店閉店の原因は不渡手形。板小商店へ荷物積み入れの有無照会、要領を得ず。（主人宛利吉書簡）

1901（同34）	1	14	名古屋・岐阜（19日帰店）	（第24号「日誌」）
		17	名古屋・岐阜・大垣・墨俣・厚見郡細畑・福田・桑名	細畑の醸造家柳原五右衛門を訪問、金融引締で掛集め不十分、19日帰店予定（主人宛利吉書簡）
	2	6		三河渥美郡福江町・井本利之助方より。弟死去。（小栗三郎宛利吉書簡）
	3	3	大阪（6日帰店）	（第24号「日誌」）
		4	大阪の醤油醸造家、さらに備後松永へ出張予定	工場見学。機械、温室利用の状況報告。（主人宛利吉書簡）
		14	遠江（18日帰店）	（第24号「日誌」）
		15	浜松、二俣、明朝見附中泉、袋井、豊橋市中屈指の醸造家1～2軒、小坂井・朝日醤油、岡崎	浜松市中は山泉味噌大いに退歩、山本喜市郎に当店味噌売り広めに尽力方依頼。二俣は材木不景況につき味噌売り方少数に。金融も悪しく、商人は大困難。（主人宛利吉書簡）
		27	名古屋（31日帰店）	（第24号「日誌」）
	5	12	名古屋（16日帰店）	（第24号「日誌」）
		20	名古屋（23日帰店）	（第24号「日誌」）
		21	美濃、明日北勢	美濃相変わらず不況。味噌はさらに売行不申。中引類は多少望みあり。岡嶋多十事件落着。（主人宛利吉書簡）
	7	25	出名（29日帰店）	（第24号「日誌」）
		26	名古屋、明朝西濃、一旦帰名、北勢へ、29日帰名、当地問屋巡回	味噌相変わらず不売、いずれの蔵元も大困却、本日より値下げすれど効なし。生引も同様。中引は品払底、2～3合高気配。ニーラ溜不売なることは非常。今月末第1期納税のため同業者続々出名。（主人宛利吉書簡）
	11	5	名古屋、美濃（9日帰店）	（第24号「日誌」）
				「河七合資会社書類」。宇治山田の酒・醤油類販売会社。小栗平蔵・小栗冨治郎・小栗敬治郎らに混じり井本利吉が50円出資（有限責任社員）。（主人宛利吉書簡）
1902（同35）	1	17	名古屋（22日帰店）	（第25号「日誌」）
	2	9	伊東醤油店（亀崎）	年賀（第25号「日誌」）
	3	30	名古屋、美濃（4月3日帰店）	（第25号「日誌」）
	4	24	亀崎、名古屋	（第25号「日誌」）
	6	12	名古屋、岐阜、伊勢（18日帰店）	（第25号「日誌」）
	8	27	名古屋、岐阜（31日帰店）	（第25号「日誌」）
	11	5	名古屋、岐阜、伊勢（9日帰店）	（第25号「日誌」）
1903（同36）	1	12	名古屋（19日帰店）	（第26号「日誌」）
	2	5	伊東醤油店（亀崎）へ年賀	（第26号「日誌」）
	2	14		醤油店支配人となる（「辞令書控」）
	3	27	名古屋（31日帰店）	（第26号「日誌」）
	4	19	亀崎出張	（第26号「日誌」）
	5	29	名古屋（6月2日帰店）	（第26号「日誌」）
	6	4		養蚕好良（第26号「日誌」）
		14	大阪～播磨（6月23日帰店）	（第26号「日誌」）
		15		四日市商況、京都のヤマサ特約店につき。（主人宛利吉書簡）
	6	17		大阪大豆・小麦商況（主人宛利吉書簡）

1903（同36）	7	9	名古屋（14日帰店）	（第26号「日誌」）
		22	甲斐・下総（東京・常陸へも、８月６日帰店）	（第26号「日誌」）
		24		「第壱号」。御殿場へセールス、さらに甲府へ行く予定。（主人宛利吉書簡）
		25	甲府、明朝東京へ	「第弐号信」。甲府は整然としており「名古屋より上位の姿」。客月中央線貫通してから茂木、ヤマサ、八王子、川越等の醤油醸造家売り拡めに熱心。（主人宛利吉書簡）
		28	東京、これから野田・銚子へ	「第五号」。東京・霊岸島より。空樽の価格通知。（主人宛利吉書簡）
		31	銚子より「昨夜此地へ来た」と今朝入電	（第26号「日誌」）
	8	27	名古屋（31日帰店）	（第26号「日誌」）
	9	6	伊東醤油店	（第26号「日誌」）
		25	大津（27日帰店）	（第26号「日誌」）
	10	20	名古屋	（第26号「日誌」）
	12	26	東京へ初積に付出京	（第26号「日誌」）
		27	東京	東京商況、品評報告「亀甲萬は誰の目にも１位、概してヒゲタ>ヤマサ」（主人宛利吉書簡）
		29	「於東京醤油定出し出張（好結果）…帰店」	（第26号「日誌」）
1904（同37）	1	9	大津、京都、名古屋	17日帰店（第27号「日誌」）
		9	名古屋	名古屋市内商況、味噌成行至って手堅く、中引・ニーラは不引立、生引は在庫僅少だが一向に引立不申、中引・生引は近い将来引立の見込ないがニーラは前途多少昇進の見込。（主人宛利吉書簡）
		10		
		12	大津市港町・伊藤吉太郎	京都市場は有望（主人宛利吉書簡）
		13	大津、大垣、明朝南勢へ	西濃地方の商況報告（主人宛利吉書簡）
		15	南勢、名古屋	各地とも中味噌品僅少（主人宛利吉書簡）
	2	17		伊東醤油店へ年賀挨拶に（第27号「日誌」）
	3	21	京都	（第27号「日誌」）
		26	大津、西濃、昨夜岐阜、名古屋	大津より小切手1,000円差出申候、京都味噌は「自然消滅」、名古屋商況は味噌を除いて変化なし。小生心得は、手製味噌は暫時出荷見送り。本日師団長出発、明日各家へ止宿、予後備兵出立仕舞にて種々混雑、思うように運びかね…。明日は日曜にて市中にては集金なり兼ね…。（主人宛利吉書簡）
	4	22	東京	帰店（第27号「日誌」）
	7	2	名古屋、京都（10日帰店）	（第27号「日誌」）
		26	名古屋（27日帰店）	（第27号「日誌」）
	9	17	帰店	（第27号「日誌」）
	10	2	名古屋（３日帰店）	（第27号「日誌」）
		20	名古屋（21日帰店）	愛知・岐阜・三重３県醤油溜業組合総会（第27号「日誌」）
	11	5	大津（11日帰店）	（第27号「日誌」）
	12	9	名古屋（10日帰店）	商況視察（第27号「日誌」）
		13	大垣、明日岐阜、名古屋	580円の月賦期限につき交渉（債務者棚橋利三郎・河村格太郎）。（主人宛利吉書簡）

1905（同38）	1	19	関西回勤より帰店	（第28号「日誌」）
	2	4		亀崎・伊東醤油店へ伊蔵とともに年賀に遣わされる（第28号「日誌」）
		19	名古屋	商用、終列車にて帰店（第28号「日誌」）
	3	11	回勤	16日帰店（第28号「日誌」）
	5	6	回勤	12日帰店（第28号「日誌」）
		23		井本利三郎（利吉の父）、「老生」見舞いに（第28号「日誌」）
	7	5	関西回勤に出発	12日帰店（第28号「日誌」）
	8	15		井本と伊蔵を？伊東醤油店へ盆礼に遣わす（第28号「日誌」）
	9	10	関西回勤に出発	16日帰店（第28号「日誌」）
		19	名古屋	（第28号「日誌」）
	11	5	回勤	7日帰店（第28号「日誌」）
1906（同39）	1	8	京都	「京都ノ件嘱託」（15日帰店）（第29号「日誌」）
		11	大津	当地、京都とも至って好況（主人宛利吉書簡）
		29		亀崎・伊藤醤油店へ伊蔵とともに礼に遣わされる（第29号「日誌」）
	3	10	関西	15日帰店（第29号「日誌」）
		14	大津・西濃・名古屋	中引好況、明日帰店の予定（主人宛利吉書簡）
		20	京都	（第29号「日誌」）
	5	16	関西へ出発（清とも）	（21日帰店）（第29号「日誌」）
		18	大津、京都、明日墨俣、岐阜、名古屋	関西商況は変わらないが、播備は増石。土用を越せば一時荷嵩の予想。昨日大津より1,300円送付。（主人宛利吉書簡）
		18		井本利吉と共に回勤―井本への言及あり（清書簡）
		20	西濃（昨日岐阜泊）、南勢（松坂迄）、帰名。	西濃、南勢松坂地方の商況は名古屋同様独り中引の売行よし。味噌は売行悪し。値段も1割方低落。清様と明日帰名、会合致す手順（主人宛利吉書簡）（21日終列車帰店―第29号「日誌」）。
	8	20		井本利吉退職（明治38.8～大正8「記録」）
1908（明治41）				『日本全国諸会社役員録』「合資会社旭商会　知多郡成岩町」（設立明治39年7月、醤油・味噌の醸造・販売、資本金1万円）の項に「業務担当社員　井本利吉　成岩町」
1909（明治42）				『日本全国諸会社役員録』「合資会社旭商会　知多郡成岩町」（設立明治39年7月、醤油・味噌・溜醸造・販売、資本金1万円）の項に「業務担当社員　井本利吉　成岩町」、「無限責任社員　伊藤吉太郎　同上」（上記大津市港町の伊藤吉太郎か）
年不詳	1	14		溜、味噌不況。明治28～9年頃ヵ（主人宛利吉書簡）
年不詳	11	7	昨朝大垣、（尾西線経由）桑名、明日福田・山崎	味噌・中引・生引、名古屋市中商況さしたる変化なし。名古屋より大垣・岐阜が好況（主人宛利吉書簡）

（出所）　小栗家文書および由井常彦・浅野俊光編『日本全国諸会社役員録』第12・13巻、柏書房、1989年より作成。。

遠江など、店から比較的近い地域に営業をかけているが、二〇世紀に入った一九〇一年以降、大阪、備後、播磨、甲斐、東京、大津、京都といった遠方への回勤が目につくようになる。ことに一九〇三年九月に初めて大津に入ってからは、関西方面にさかんに営業をかけている。この一九〇三年は、萬三醤油の販路拡大の起点と言ってもよいであろう。こののち大津では伊藤吉太郎[14]を特約店とし、戦後の一九五五（昭和三〇）年には伊藤家の志賀醸造を合併して萬三大津支店とし、そのときの当主圓一郎の弟恒次郎を支店長としている[15]。このように、大津は萬三商店の醤油醸造業にとってきわめて重要な意味を持つ地となるのであり、その市場を井本が開拓したことの意義はきわめて大きい。さらに一九〇四年一月一二日付書簡では、その大津から京都市場を伺い、「京都市場は有望」と述べている。

東京への初出荷は、大津市場初進出と同じ一九〇三年の一二月である。井本は二六日に東京に乗り込み、二九日、当主は日誌に「於東京醤油定出し出張（好結果）」と満足げに記している。先にも言及したように、東京もこののち一時期、重要な移出先となった。なお井本はこの出張中、二七日付の書簡の中で東京市場に出回っている醤油の品評について言及し、キッコーマン（当時は野田の茂木佐平治店の商標）は誰の目にも一位、ほかは評者によって異なるが、同じ銚子の有力メーカーの中では概してヒゲタの方がヤマサよりも評価が高いと記している。こうやって乗り込んだ土地で井本がどのようにして契約を取り付けたかについて、書簡からはなかなか伺うことができないが、一九〇三年七月に甲府へ乗り込んだ際の書簡には、それをある程度伺うことができる記述があるので、やや長くなるが、全文を紹介してみよう。

拝啓　昨朝七時廿分御殿場ヲ發シ、午后後七時四十三分当地へ著仕候、当市ハ戸数壱万斗ニシテ、市街ハ町巾廣ク、整然致シ居リ、家屋構造等ハ名古屋市ニ比シ遙ニ上位ノ姿ニ見受申候、
本日訪問致候ハ植田亀吉・武田與十郎・廣瀬醤油店・甲府酒類株式会社（資本金拾万円）及同会社長中込六之助

之諸氏ニ有之候、以上ハ当市中ニテ酒兼醤油問屋中之有力ナルモノニ有之候、廣瀬ハ下総野田町茂木房五郎氏之醤油販売特約店ニ有之候、植田⌃サ（〔ヤマサ商標〕）ヲ盛ニ販売致シ居候、然ルニ客月十一日中央線貫通以来、販路視察之為メ各地ヨリ醸造家続々来甲之様子ニシテ、殊ニ武州八王子、川越等之製造家ハ取分ケ熱心ニ売拡メニ従事致居リ候姿ニ有之、且ツ⌃サ（〔同前〕）、茂木等モ相應ニ費用ヲ掛ケ競争致居候間、目下之処醤油ハ実ニ混戦中ニ有之候、昨日名古屋ノ問屋山田平次郎ノ店員来甲致候様子、将來取引ヲ開始致シ候テモ確実ニ実行出來得べキ候見込之家ハ、酒類会社及中込之両家カト存候、小生之提示セシ直段ハ

一　生引三斗四升詰壱樽十一円六十五銭

一　中引同詰同八円

一　ニーラ同　〃　五円三十銭　以上現金取引ノコト

但品川停車場迄運賃当方持及壱ヶ年ノ取引金額ニ対シ毎年末百分ノ五ニ相当スル金高ヲ販売手数料トシテ特ニ贈呈ス

以上ノ価格ニヨリ換算スルトキハ、生引三升三合、中引五升、ニーラ八升替手取り之勘定ニ御座候

酒類会社ハ不日重役会ニテ討議ノ上回答ヲ得ル事ニ致置候

盛田合資会社当地支店ノ模様聞合候ニ、去ル明治三十一年中、酒類会社ト取引開始之際、甲府市中ニ限り同会社以外ヘハ販売為サゞル契約ノ処、其後市中ヘ直接販売ニ付キ会社ヨリハ再三契約履行ヲ請求スルモ、売掛代金不集ノ故ヲ以テ当分其侭ニ致置度旨ノ由ニテ、会社ニテハ契約ヲ無視シタルモノト認メ、一昨年十月中取引拒絶ト共ニ、会社ニ現存スル⌃泉（〔盛田の商標〕）ノ荷物ハ悉皆積戻シ、茲ニ始メテ不和ニ相成り候様子ニ御座候、⌃泉（〔同前〕）支店ハ目下之処小売ヲ熱心ニ致シ被居候、小生モ最早当地ニ滞在スルノ必要モ無之候間、明朝六時十分發ニテ上京可仕心得ニ御座候、拝白

七月廿五日夜　　　　　　　　　　　　　　　　利吉拝
御主人様[16]

まさに醤油市場最前線の状況を伝える書簡である。養蚕・製糸業の好況に沸き[17]、家屋も立派で「名古屋市ニ比シ遙ニ上位ノ姿」で、しかも前月中央線が東京都心から一本につながって輸送も便利になった甲府を恰好の標的とみて、井本は甲府に乗り込んだのであろう。彼は市中の有力酒・醤油問屋五店をピックアップしたが、すでに野田の茂木房五郎、銚子のヤマサ、その他八王子や川越の醸造家など、関東の醤油主産地の有力メーカーが一足早く進出して草刈場のようになっている中、甲府酒類会社およびその社長中込六之助を取引相手とすることを有望とみて、生引・中引・ニーラという上・中・下等品のいずれも溜の取引交渉を行い、値段を提示したのち、運賃の大半を占める半田から品川までは萬三持ち（品川から甲府までは先方持ちか[18]）、さらに取引金額の五％を販売手数料として贈呈するという、相手に有利な条件を示した[19]。どのような回答が得られたかまではこの書簡には記されていないが、井本の交渉のしかたの一端がわかる。また、この交渉のしかたを含め、販路開拓は彼の主体的な計画と裁量のもとに行っていたことが、文面全体からうかがわれる。彼は取引相手とのトラブルの際には店主の代わりに派遣されるなど、店主の信頼も厚かったことが、残された他の書簡からわかる。この後甲府市場が萬三商店にとって大きな販売先になったわけではない。溜を用いる習慣のなかった甲府の地に溜を売り込もうとしたことが奏功しなかったのかもしれない。しかし、のちに甲府で、量は多くはないがそれなりの販売を行っていることも確かである（表8-8・9）。

このように、遠方に販路を拡大するこの期の萬三醤油の販売戦略は、篠田の言う「地域密着型」の当該期愛知県醤油醸造業者一般の特徴とは対照的である。しかし、この拡大のしかたは堅実とも言える。なぜならば、この時期全国的に自家用醤油製造が展開しており、その中で愛知・岐阜・三重といった東海地域は自家醸造比率の高い地域であっ

主要移出先および移出量（1910～40年）

（単位：石）

1925	1927	1928	1929	1930	1931	1932	1933	1934	1935	1936	1937	1938	1939	1940
1,110	2,837	2,210	2,109	1,698	1,373	1,686	1,602	1,983	1,859	1,615	2,054	1,930	2,354	2,117
504	978	406	402	393	306	286	340	543	637	340	822	531	876	900
437	1,651	1,458	1,446	1,112	897	1,265	1,076	1,239	1,015	1,099	1,072	1,297	1,315	1,076
269	208	346	261	193	170	135	186	201	207	176	160	102	163	141
227	1,041	1,389	1,122	1,057	1,081	801	922	934	1,162	742	1,119	1,125	1,175	1,076
4	2	125	123	128	441	480	600	573	435	570	329	396	525	676
	2													
34		2	7	2	2	1	2	1	1	0	113	0	0	25
785	1,026	862	956	1,201	1,877	1,422	1,992	1,564	985	999	807	1,754	1,356	954
53	11	32	22	48	154	162	98	81	127	85	107	138	281	383
41	10	8				13	31	100	739	1,343	1,784	1,986	913	273
2,254	4,927	4,628	4,339	4,134	4,928	4,565	5,247	5,236	5,308	5,354	6,313	7,329	6,604	5,504

務録（萬三醤油部）」、その他は前掲各年「営業報告書」による。
「０」は、数量はあるが四捨五入で０となったもの。

表8-8　萬三商店の醤油・溜の

移出先＼年度	1910	1911	1912	1914	1916	1917	1918	1919	1920	1921	1922	1923	1924
愛知県計	577	624	698	726	748	819	1,112	1,138	961	952	1,010	874	896
知多郡	145	208	255	341	356	440	525	562	542	526	589	473	468
名古屋市	89	81	116	104	104	107	219	137	153	75	108	61	82
三河計	343	335	328	281	288	272	367	440	267	352	312	340	346
碧海郡							42	30	38	56			
幡豆郡							15	84	57	38			
岡崎市							142	133	108	150			
西加茂郡							88	107	25	69	55	61	
南設楽郡							80	86	39	39			
額田郡											202	198	
宝飯郡											19	21	
豊橋市											36	60	
岐阜県計	102	229	147	164	327	209	189	215	199	190	228	304	377
岐阜市							162	212	189	141			
その他の岐阜県							27	4	11	49			
三重県計	42	6	23	4	4								9
伊勢	42	6	23	4	4								9
静岡県計				8		17							18
遠江計				8									6
浜松						17							
関西計	755	749	842	698	673	775	943	1,059	843	707	593	689	809
滋賀県							943	1,059	843	707	551	660	
大阪市											42	29	
長野県計				106	199		133	154	137	103	138	145	36
松本市					180	88	68	150	83	89			
その他の長野県					19		64	4	53	15			
山梨県甲府市				63	165	65	44	142	40	8			
関東計	457	357	223	81		8					103		82
東京市	457					8					103		
北海道				26	95	155	182	161	66				
その他	11	102	194	33	26	33							
合　計	1,944	2,064	2,127	1,909	2,237	2,169	2,752	3,114	2,410	2,164	2,153	2,064	2,227

（出所）1918年から23年までは前掲大正7年12月～11年11月「公務録（萬三醤油部）」、前掲大正11年～昭和4年「公

（注）1石未満を四捨五入したため、「計」・「合計」欄の数値と実際の集計値とが異なっている場合がある。また

表8－9　萬三商店の醤油の主要販売先と数量（1917～22年）

（単位：石）

販売先＼年月	1917.12～1918.11	1918.12～1919.11	1919.12～1920.11	1920.12～1921.11	1922.12届
伊藤吉太郎（大津市）	793	1,092	848	749	539
東洋紡績（株式）会社（半田町）	316	371	362	333	428
久々津米造	179	150			
岐阜醤油株式会社	130	196	168	152	134
浅見商店（保次郎）（名古屋市長者町）	122	76	49	36	43
合名会社佐野屋	120	36			
高見新次郎	79	77	62	56	63
中埜（酒店）甲府支店	68	76	110		
千賀光四郎（岡崎市連尺町）	62	58	52	42	29
柴田庄七	53	72	64	39	
丸石合資会社（岡崎市両町）	29	61	52	52	72
太田慶助（幡豆郡一色町）		71	60		
山二商店（松本市）		69	80	84	82
藤本由（吉）太郎（北海道）			99	38	
鈴木三次郎（岡崎市天王町）				60	84
村上商店					97
仙河六郎（豊橋市清水町）					30
小林福造（大阪市南炭屋町）					29

（出所）　前掲大正7年12月～11年11月「公務録（萬三醤油部）」、前掲大正11年～昭和4年「公務録（萬三醤油部）」より作成。

たから[20]、この地域の農村部での市場開拓の余地は少なく、ある程度醸造規模が大きくなれば、都市へ進出する方が見込みがあると思われるからである。それゆえに、味噌・醤油部門は、農村をターゲットとする肥料部門とは販路を異にするのである。

その中で、東京を含む関東市場は早くから野田・銚子などの有力醸造業者が、同様に京阪市場も、早くから龍野・小豆島などの有力産地の業者が進出してはいたが、市場規模が大きいので開拓の余地があると考えられたのであろう。しかし同時に、近隣の「すき間」市場と見たところにも目を向けることを彼は忘れない。それが甲府であり、大津であったのであろう。実際、甲府と東京をセットで、大津と京都をセットで回勤したりもしている。もちろん、名古屋市場にも早い時期からさかんにアプローチをかけてはいるが、当該期は結実せず、のちに名古屋が人口面、経済面で都市としてさらなる成長を遂げてから、萬三支店の有力販売先となっていくのである。なお名古屋には山田治吉、萬才醸造などの有力醤油醸造家があった。総じてこの期の販路拡大が、萬三支店ののちの設備拡張に伴う製造拡大に販売面での対応を可能ならしめたと言ってよいであろう。

井本は一九〇六年八月、萬三商店を退職した。その後彼は一九〇八・九年の『日本全国諸会社役員録』に半田の近隣の成岩町の醤油・味噌醸造・販売会社旭商会の「業務担当社員」として、「無限責任社員」の伊藤吉太郎とともに名を現わす(21)。このあたりの経緯はよくわからないが、彼が新しい会社の役員となっていることは、少なくとも彼の有能さを示すものではあろう。

(4)　一九一〇年代〜二〇年代——第二発展期——

さて、その後の萬三商店の醤油の販路を追ってみよう。表8-8によると、一九一〇年代から二〇年代半ばまでは愛知県と、滋賀県を主とする関西が二大販売地域であった。愛知県の中では地元知多郡への販売が相対的に多く、三河へも相当量販売していた。この時期はまだ、名古屋への販売はさほど多くない。また、一〇年代初頭には東京へ相当量販売しているが、その後は数量を減らし、販売のない年もあった。また、岐阜県への販売は一定量あった。

ところが、先述の一九二四〜五年の設備増強以後は、全体の販売量の増加とともに、新たな状況が現れてきている。一九二七年の数値を見ると、名古屋市と岐阜県への販売が急増しているのである。その後、一九三一年以降は三重県への販売が増加し、三〇年代半ば以降は関東への販売を大きく復活させている。結局、戦前の間に、さまざまな地域への販売を試みつつも、愛知県（特に名古屋）・岐阜県・三重県といった近隣地域を中心に、それに関西、関東という大きな柱ができていった感がある。これらの地域はいずれも、先にみたように、第一発展期に井本利吉が精力的に「回勤」して販路開拓を行った地域であった。

具体的な販売先がわかる年代は限られるが、表8－9により、一九一〇年代後半～二〇年代初めの販売先を見てみると、大口の取引先としては滋賀県大津市の伊藤吉太郎、次いで半田の東洋紡、岐阜醤油株式会社などの企業が続き、その他各地の卸売商と思われる者への販売が目につく。

一九二〇年代後半には、萬三商店が半田駅に届け出た販売に関する史料もある。表8－10－1・2に示したように、普通醤油は主に大津市と知多郡へ、溜は主に名古屋と岐阜市へ販売している。全体として、この時期の主力商品である溜の半分以上を販売している名古屋に最も多くの商品を売り、次いで岐阜市や大津といった比較的近い地域への販売に重点を置いたこの時期の特徴が、これらの史料からもうかがえる。

表8－4でも見たように、萬三商店は、主力商品を普通醤油から生引溜を主とする溜にシフトさせていく一九二〇年代の過程では、醸造規模を拡大しても販路は拡大せず、生引溜が売れる比較的近い地域に力を注いだといえよう。そういった状況に、一九三〇年代後半以降関東への販売が一気に増えて、また新たな様相が加わったのである。その時期については、また機を改めて考えたい。

なお、販売先として名古屋が伸びた要因としては、同市の急速な工業の発達による人口増、所得増に伴う市場としての成長が考えられる。

第3節　醤油原料の調達

次に、醤油の主原料である大豆と小麦の調達についてみてみよう。萬三商店が醤油醸造経営において、経費面で何か工夫などしていないか、見るためである。ただし、このことについては、史料の制約から、わかる年代は表8－11に掲げた年代に限られている。しかも一九二六（昭和元）年以降については金額しかわからない。

表8-10-1　1928年6月18日半田駅提出「醤油産物案内調査」

生産高	3,580石
移出地	大津、岐阜、名古屋
株式会社販売人及地名	伊藤吉太郎（大津）、岐阜醤油会社、井上支店（名古屋）、尾三商会（同）、川吉商店（同）
鉄道輸送数量	大正13年500屯、大正14年560屯、昭和元年590屯、昭和2年900屯
主なる原料	大豆3,670石（大連・北海道）、小麦330石（三河）、石炭300,000斤（九州）

（出所）　前掲大正11年～昭和4年「公務録（萬三醤油部）」より作成。

表8-10-2　1929年1月11日半田駅提出「萬三商店醤油部概況」

資本金	150万円					
機械	電動機7.5馬力1					
職工員数	24					
生産品1ヶ年数量	醤油2,057石（49,368円）、溜2,868石（108,984円）、味噌194,102貫（56,289円）					
消費品1ヶ年数量	大豆5,061石、小麦466石、塩407,000斤、石炭310,000斤					
	本郡	三河	名古屋	大津	岐阜市	その他
着地別歩合　醤油	40	1	4	40	10	5
溜	3	6	54	0	28	9
味噌	16	4	17	0	60	3
輸送方法	人馬車	艀船	艀賃	鉄道	鉄道	

（出所）　表8-10-1と同じ。

すでに述べたように、萬三商店では普通醤油と溜を造っていたわけであるが、通常、普通醤油においては大豆と小麦を半々の比率で用いるので、普通醤油のみ造る造家においては、両原料を同量ずつ購入することになる。また溜は大豆のみを原料とするので、溜のみ製造する造家においては、大豆の購入のみが見られることになる。しかし萬三商店においては、すでに見てきたように、普通醤油と溜の両方を造っており、しかも両者の製造比率は年により異なったから、両原料の購入量および比率は、年により、どちらの製品をどれだけ造るかによって変わってくる。また同じ溜でも、製品の種類や等級によって投入する水の量が異なる。下級品ほど水と塩を多く混ぜて製品を造るので、同じ大豆の量からでも、上級品

と下級品とでは、できてくる製品の量が異なってくるわけである。(22)

さて、そうしたことを念頭に表8－11を見ていくと、普通醤油と溜の両方を造っていた萬三商店において、全体的に大豆の購入量が小麦の購入量を大きく上回っているのは当然である。しかもすでに見たように、一九二六年を境に、主力製品が普通醤油から溜、しかも他の製品と比べて大豆の量に比して混ぜる水の量が少なく、したがってできる製品の量も少ない、つまり多くの製品を造るには多くの大豆が必要な生引溜に変わったから、後の方の年代においては大きくその差が開いている。

調達先を見ると、原料のうちの大きな部分を占める大豆をもっぱら萬三商店の肥料部から調達しているのが大きな特徴である。同じ経営体の中に大豆を取引する部門があったことで、萬三の醤油部門としては原料を安く仕入れることができたことは大きい。大豆がどこの産のどういったものかを知ることのできる史料は乏しいが、一九二八年の「原料品元帳」（小栗家文書八－八）には「三等清津大豆」「朝鮮中玉大豆」「大連白大豆」「間島大豆」「改良大豆」などが見られる。また、小麦の調達先は年により一定していないが、半田町内、あるいはもともと小麦生産の盛んで

主要購入先

1920.12～1921.11		1922.12提出		1926.1～10	1928.1～11
数量（石）	価格（円）	数量（石）	価格（円）	価格（円）	価格（円）
1,558	19,797	1,852	26,676	56,067	記載なし
1,558	19,797	1,852	26,676	56,067	記載なし
数量（石）	価格（円）	数量（石）	価格（円）	価格（円）	価格（円）
100	1,735	61	1,036		
96	1,675				1,326
50	868				
145	2,721	47	857		
53	905				
54	1,055				
		224	3,885	507	
		56	937		
		51	717		
				4,431	2,243
					881
569	10,202	480	8,081	4,938	4,450

り作成。

表8-11　萬三商店醤油原料

年　月	1917.12～1918.11		1918.12～1919.11		1919.12～1920.11	
大豆購入先	数量（石）	価格（円）	数量（石）	価格（円）	数量（石）	価格（円）
肥料部	1,171	18,116	2,333	44,516	1,370	30,110
合　　計	1,171	18,116	2,333	44,516	1,370	30,110
小麦購入先	数量（石）	価格（円）	数量（石）	価格（円）	数量（石）	価格（円）
磯貝梅蔵	166	3,424	125	3,070	6	110
川（河）合徳三郎・重太郎（幡豆郡一色町）	88	2,134				
鈴木貞吉（貞次郎）（宝飯郡下地町）	80	1,806			124	3,122
広中万太郎（田原町）	58	1,297			10	176
広中営業部	24	565				
山本伊平			209	5,042	48	1,173
大六商店			140	3,434		
板倉源造			121	2,939	37	599
犬塚音松			117	2,834	78	1,364
河合千代作					41	1,193
榊原伊三郎（半田町）						
倉内吉太郎			40	915		
高須友一（「市」）			40	937		
石川作次郎（半田町）						
竹内幸太郎（半田町）						
竹中音松（大府市）						
大岩伝七（半田町）						
中村由平（半田町）						
合　　計	469	10,348	1,001	24,255	418	9,045

（出所）　前掲大正7年12月～11年11月「公務録（萬三醤油部）」、前掲大正11年～昭和4年「公務録（萬三醤油部）」よ

あった三河地域など、近隣地域からの購入が多い。こういったことも、原料を安価に調達することを可能にしていたと言える。上記「原料品元帳」には小麦の産地や種類は記されておらず、単に「小麦」としか記されていない。なお、表中の板倉源造は、萬三商店本店の元店長で別家である。

もともと醤油醸造業は、原料の大豆・小麦産地に発達する。すなわち農業に立脚して発達するという面が強く、この時期の萬三商店はそれが尾を引いていたと言えよう。

おわりに

以上、本章では、一八九〇年代から一九〇〇年代までの萬三商店の醤油醸造業の第一発展期と両大戦間期の第二発展期を中心に、その経営、特に販売戦略を追ってみた。

その中で、一八九〇年代後半から一九〇〇

年代半ばの井本利吉在籍時代は、西は関西から東は関東まで、広範囲にわたる販路開拓を行った時代であった。その際、関西・関東へは普通醤油で、周辺地域には溜で、という具合に、主力販売商品を地域により分けた。そしてこの時期に開拓した地域の中から、のちの時代に重点的に販売する地域が絞られてゆく。具体的には名古屋市をはじめとする愛知県内から岐阜県、三重県にかけての近隣地域、それに滋賀県大津市である。基本的に前者へは溜を、後者へは普通醤油を販売した。

大津で伊藤吉太郎店を特約店とし、戦後に支店として家族を支店長として置き、関西の拠点とする基礎を築いたことは、萬三の醤油醸造業にとって大きな意味を持った。これは、市場規模の大きい大都市圏を睨みつつその周辺に「すき間」[23]を見つけようとする戦略が結実したものであった。その意味では、山梨県甲府市にも同様に「すき間」市場と見て乗り込んだのだが、こちらは大津のように大きく結実することはなかった。一方で、東京、大阪などに取引先を探る動きも止めることなく、一九三〇年代後半からは東京はまた主要販売先に加わっている。このような営業活動を通じ、損益からもわかるように、醤油醸造経営は萬三商店にとって重要な位置を占めるに至ったのである。

萬三商店のこういった販路開拓の動きは、先行する関東の野田・銚子や関西の龍野のような大産地が東京や京阪などの大市場で地歩を築いた後を追う後発産地の醤油醸造業者として、試行錯誤と暗中模索の中で活路を切り拓いていく様子を体現したものと見ることもできよう。その意味で、天野雅敏が明らかにした小豆島の事例[24]と通ずるものがあるように思われる。

なお、第7章で示された肥料部門も併せて、萬三商店の「川上」(集荷)よりも「川下」(販売)に力を入れる戦略は、同じ時期の有力肥料商である大阪府貝塚の廣海家の事例とは対照的であり[25]、この点は製造業者としての側面を持つ商人としての特色が表われたものと理解することができるように思われる。

注

(1) 明治七年「府県物産表」(藤原正人編『明治前期産業発達史資料』第一集、明治文献資料刊行会、一九五九年)。浜野潔・井奥成彦ほか『日本経済史１６００-２０００』慶應義塾大学出版会、二〇〇九年、七八-八三頁。

(2) 林玲子編『醤油醸造業史の研究』吉川弘文館、一九九〇年。

(3) 長谷川彰『近世特産物流通史論——龍野醤油と幕藩制市場』柏書房、一九九三年。

(4) 林玲子・天野雅敏編『東と西の醤油史』吉川弘文館、一九九九年。

(5) 半田の有力実業家が他所からの実業家を饗応した際に、みやげとして「当町特産物ビール、酒、酢、醤油、溜の五種壜詰籠」を進呈していた(小栗家文書二六三-一三九、年不詳四月二八日付小栗静二より「父上」宛書簡)。また、「半田小唄」の歌詞に「半田名物お酒にビール、団子饅頭酢に溜り」などとある(小栗家文書二七五-二一-一二、年不詳「半田歌謡」)。

(6) 篠田壽夫「愛知県における醤油醸造業の発展とその特質」(『豊田工業高等専門学校研究紀要』第二七号、一九九四年)。同論文は、のちに補筆修正されて、林玲子・天野雅敏編『東と西の醤油史』(吉川弘文館、一九九九年)に収載されている。

(7) 井本利吉は一八七一(明治四)年七月、三河国渥美郡福江村井本利三郎の長男として生まれ、九五年一一月に雇入、一九〇六年八月に退職している(明治一〇年「舗則」、小栗家文書三一三-七)。

(8) 大正一三年一月「醤油部改築書類」(小栗家文書三四五-四五)。また、一九二四年から二五年にかけて諸味用水圧機、空気撹拌用ポンプ、醤油輸送ポンプ、甑用蒸気釜、「芝浦製五馬力モータ」など多くの機械を導入している(小栗家文書三四五-一五「自大正拾三年九月至大正拾四年八月営業報告」)。

(9) 昭和九年一一月一五日「全国主要醤油醸造家調」(ヤマサ醤油本社史料ＡＳ九-八七)。

(10) 昭和一六年四月「関西地方業界視察記録」(ヤマサ醤油本社史料ＡＳ一六-一一八)。

(11) 「明治四拾参年度営業報告書」(小栗家文書三四五-一)。

(12) 前掲篠田壽夫「愛知県における醤油醸造業の発展とその特質」七頁および注一二。

(13) 井本の入店時期については、史料により明治二八年一一月としているもの(前掲明治一〇年「舗則」)と二九年一月としているもの(「辞令書控」小栗家文書三一三-一九)とがあるが、実質的な入店日と辞令を出した日付がずれていたものと考えられる。

(14) 一九〇三（明治三六）年の興信所の報告書である「大阪東京回報書」（小栗家文書一五〇‐一）によると、伊藤吉太郎は三重県三重郡神前村出身、一八九八年に大津へ移り、四日市・播州竜野の醤油を買い入れて大津や京都へ販売していたという。同史料には「手拡ク営業」しており、「近来随分儲ケ居レル様子」と記されている。

(15) 小栗家文書、志賀醸造合併関係文書（未整理）、および現在のご家族よりの聴き取りによる。

(16) 小栗家文書二八六‐一‐一六〇。なおこの書簡についてのより詳細な説明が、井奥成彦「近代の鉄道と醤油醸造業者の販路開拓」（『交通史研究』第八二号、二〇一四年）に記されている。

(17) 小栗家「日誌」（小栗家文書）の同年六月四日に「養蚕好良」とある。

(18) この時期まだ中央西線はつながっておらず、半田から甲府へ送荷するには、武豊線、東海道線、日本鉄道品川線、中央東線を使って、半田—大府—品川—新宿—甲府という経路をたどらねばならなかった。なお、この書簡の記述から、半田から品川までの運賃を導き出すことができる。例えば中引で計算してみると、

8円－(運賃＋8円×5/100)＝34/5升×1円

という式が成り立ち、これより運賃を導き出すと、〇・八円、すなわち八〇銭となる。生引、ニーラで計算しても、若干の端数は出るが、約八〇銭となる。

(19) 同時期に甲府へ進出していたほかの造家の販売条件との比較ができる史料は、残念ながらこれまで見出せていない。直接の比較にはならないが、近い時期の銚子のヤマサの売上に関する史料として一九〇四（明治三七）年の「醤油売上帳」に見られる東京への出荷価格を記しておくと、上醤油で一円につき四升四合程度、「フジジョウ」と称される並醤油で六升九合程度であった（ヤマサ醤油本社史料A‐七五七）。これらを甲府へ販売するとなると、甲府での販売価格は、条件次第だがさらに運賃が加わり、もう少し割高になっていた可能性が高い。概して井本の示した条件は、生引がヤマサの上醤油、中引がヤマサの並醤油と競争できる程度、ニーラは、品質は劣るが安価というものであったのではないかと考える。

(20) 一九〇九（明治四二）年のデータによると、全国に醤油の自家醸造を行う者が一五七万九五二五軒あり、そのうち愛知県には五万四五二二軒、岐阜県には七万七三七二軒、三重県には四万一九四六軒あった（井奥成彦『19世紀日本の商品生産と流通——農業・農産加工業の発展と地域市場』日本経済評論社、二〇〇六年、第七章を参照）。

(21) 由井常彦・浅野俊光編『日本全国諸会社役員録』第一二・一三巻、柏書房、一九八九年。
(22)「昭和三年奉祝御大典名古屋博覧会出品目録」(小栗家文書二八九‐二‐八)によると、萬三商店が出品したのは三種の普通醤油および溜で、各原料の配合比率は以下の通りである。

亀甲福印（普通醤油）　大豆五石、小麦五石、塩八六三斤、水九石
亀甲卍印（生引溜）　大豆一〇石、塩五〇〇斤、水五石
分銅万三印（薄引生引溜）　大豆一〇石、塩八七五斤、水一〇石

それぞれの一樽当たりの売価は、五円五〇銭、九円六〇銭、四円六〇銭となっている。
(23) ここでの「すき間」とは、地元に大規模造家が存在せず、かつ大産地（関東であれば野田や銚子、関西であれば龍野や小豆島）の大規模造家が十分進出しきっておらず、開拓の余地のある市場を指している。本章では、史料上の制約から、萬三の商品と進出先の市場の嗜好との関係に関する考察が不十分であるが、この点に関しては今後の課題としたい。
(24) 天野雅敏「醤油産地の比較史」(安藤精一・藤田貞一郎編『市場と経営の歴史――近世から近代への歩み』清文堂出版、一九九六年)、同「後発醤油産地の発展過程」(林玲子・天野雅敏編『東と西の醤油史』吉川弘文館、一九九九年)。
(25) 石井寛治・中西聡編『産業化と商家経営――米穀肥料商廣海家の近世・近代』名古屋大学出版会、二〇〇六年。廣海家では、店員の出張は肥料の集荷目的で遠方にまで及んでいたが、販売は主として近隣地域におさまっていた。

[付記]　本章は、井奥成彦「萬三商店の醤油醸造経営と販売戦略」(『社会経済史学』第七九巻第一号、二〇一三年)をもとに大幅に加筆・修正したものである。本章作成にあたって、小栗家文書以外にヤマサ醤油株式会社本社所蔵史料を利用させていただいた。史料閲覧に便宜をはかって下さった滑川伸一庶務課長、西山美佐子氏に心より御礼申し上げます。なお、本章は二〇一〇～一二年度の慶應義塾学事振興資金による研究成果の一部である。

第Ⅲ部　萬三商店小栗三郎家と地域経済

第Ⅲ部のねらい

第Ⅲ部では、「萬三商店」としての事業展開と小栗三郎家としての家の運営を併せて、それを取り巻く地域経済とどのような関係があったかを、幕末から一九〇〇（明治三三）年前後（第9章）、一八九〇年代から一九一〇年代（第10章）、一九二〇年代から三〇年代（第11章）とそれぞれ時期をたどりながら全体として、愛知県半田地域の工業化と萬三商店小栗三郎家との関係を論じたい。その場合、序章でも触れたように「地域」の概念を明確にしておく必要があろう。第Ⅰ部で取り上げた地域社会の場合、小栗三郎家が出資した企業のほとんどが地元半田・亀崎地域の会社であり、小栗三郎家の耕地・宅地所有範囲も、半田・亀崎地域にほぼ限定されており、地域社会への貢献としての多額の寄付は、主に半田町を通して行われた。その意味では、そこでの地域社会の範囲は、亀崎・半田・成岩が合併して形成された現在の半田市域とほぼ重なっていた。

ところが、地域経済の視点からみると、企業勃興で共同して出資したグループの範囲は知多郡に広がり、商業会議所は知多郡を範囲として設立され、また半田に東京や名古屋の銀行が支店を開設するなど、現在の半田市域に止まらない広がりをもっていた。そこでは、知多郡、名古屋も含む愛知県、東京・大阪など中央との関係が複雑に交差して地域経済圏を形成していたことになる。その意味で、第Ⅰ部と第Ⅲ部では、対象とする「地域」の範囲は異なり、論じる視点に応じた「地域」設定をしつつ、地域論を始める必要がある。

その意味で、第Ⅲ部の主要な視角は、半田市域、知多郡、愛知県、中央といった波状的に存在する各地域とどのように萬三商店小栗家が関わったか（利用したか）であり、そこに地方の事業家が成長し得る手がかりがあったと考えられる。第9章では、地域論としての金融システムが取り上げられ、もともと萬三商店は関東からの肥料仕入れで江戸との決済関係を近世期からもっていたが、近代に入り、東京・名古屋の銀行が半田に支店を設置することで半田地域をめぐる金融システムにどのような変化が生じ、萬三商店がその変化をどのように利用したかが論じられる。地域論では、地域の内と外をどこで峻別するかが重要であるが、第9章では、半田・亀崎の銀行、名古屋の銀行、東京の銀行と三層からなる地域設定が行われ、それらの諸銀行を使い分けることで、自らに有利な取引条件を主体的に作り出していたことが明らかにされる。第10章では、企業勃興を通して、会社設立の出資者の範囲から地域を設定する。すなわち、企業勃興期に亀崎銀行・知多紡績・丸三麦酒というかなり資本金額の大きい株式会社が設立されるが、それは、知多郡全域から株主を集めていた。その意味で、知多郡全域に広がった企業勃興の波が、一九〇七年恐慌以降は、家業の会社化や、産地業者による共同会社の設立が主流となり、いわゆる「地元」に回帰して地域経済の範囲が狭くなったものの、それが愛知県の工業化の特徴でもあったことが示される。そして第11章では、一九二〇年代に名古屋の大都市化が進むなかで、名古屋とのアクセスを考えたインフラ整備の視点から、地域経済の活性化が試みられ、そこでは知多郡全体を一つの地域として知多商業会議所が大きな役割を担ったことが論じられる。

このように萬三商店小栗家は、地域経済の環境の変化を巧みに利用しつつ事業を展開し、自ら工場を機械化・大規模化して地域の工業化を担うとともに、地元会社の設立や鉄道誘致などで間接的にも地域の工業化・産業化を担うことになったのである。

（中西　聡）

第9章　金融システムの近代化と萬三商店

石井寛治

はじめに

近代日本における金融システムの前提が近世期にどのように準備され、近代の銀行が地域経済の発展にいかなる役割を果たしたかという問題について、私はかつて近世両替商の活動の歴史的役割を重視すべきであるという問題提起を行ったが、最近でも金融面については近世・近代の断絶性がしばしば強調されている(1)。従来の中近世史研究が、領主的商品経済の頂点たる上方を中心とし、年貢の流れと商品の流れがクロスする場での金融業者による為替決済を論じてきたのに対して、本章では、大坂と江戸の中間にあって農民的商品経済の発展した尾張藩知多郡における信用経済の展開を取り上げたい。すなわち、自生的に両替商が登場する前提としての商人間の為替手形の利用とその限界を明らかにすることによって、近世と近代の金融面での連続と断絶の問題を検討し、併せて名古屋を中心とする大規模な銀行業の展開が、知多郡における経済発展といかなる関係を持っていたかを検討することにしたい。

本章の第一の課題は、幕末維新期の小栗三郎兵衛（三郎）家が、江戸・浦賀という関東の集散地や兵庫・大坂という関西の集散地などから肥料を仕入れた実態を明らかにし、その代金決済に際して、木綿商人らが振り出した手形による決済をどの程度利用したか、それが銀行による為替手形の決済によってどのように取って代わられたかを論ずることである(2)。そのことによって、尾張藩知多郡という近世日本の農民的商品経済の最先端に位置した地域において、近代的な銀行金融に向けての信用取引の内発的発展がいかに進み、その限界はどこにあったかを明らかにする。

課題の第二は、銀行取引において為替手形による代金決済にとどまらず、約束手形による仕入資金の借入を行った時期の小栗三郎家が、どのようにして有利な資金調達をなしえたのかという問題を、名古屋の大規模銀行や郡部の中規模銀行・金融業者との借入交渉に関する書簡の分析を通じて明らかにすることである。知多郡の事業家の中には、みずから銀行を設立することによって名古屋の大企業と張り合いつつ経営を拡大した者がおり、一九〇七（明治四〇）年恐慌を画期にその多くが没落したが、小栗三郎家はそうしたコースを歩まず、大規模銀行の資金を巧みに利用しつつ発展する戦略を採った。そうした小栗三郎家の戦略がいかにして成功したのかを究明したい。

仕入商品

（単位：両、円）

大阪			敦賀・大聖寺・北海道		
にしん粕	大豆	米	計（其他共）	にしん粕	大豆
0	0	0			
0	0	1,000			
@1.73 2,727 1,576本	0	0			
1,887	5,201	0			
11,637	0	0			
@8.10 8,283 1,023本	0	0			
8,303	1,863	0	28,201	24,634	0
@4.45 1,669 375俵	17,884	2,118	39,978	@3.68 31,226 8,479俵	4,044

京大学出版会、1986年）より、そのほかは各年度「大福帳（萬屋三

表9－1　萬屋三郎兵衛（三郎）店の仕入地と

年次	合計	江戸（東京）・浦賀・神奈川					兵庫・	
		計 （其他共）	干鰯	鰯粕	にしん粕	大豆	計 （其他共）	鰯粕
1844（天保15）	1,476	1,476	730	649	0	41	?	
1847（弘化４）	5,080	5,080	589	2,899	0	1,157	0	0
1855（安政２）	6,097	5,097	2,436	1,196	0	1,156	1,000	0
1861（文久元）	10,512	4,890	@0.68 2,284 7,790俵	@0.81 1,917 2,360俵	0	382	5,622	@2.50 2,825 1,128本
1870（明治３）	33,397	17,912	9,282	3,894	0	4,736	15,485	3,845
1875（明治８）	23,152	8,891	5,969	0	0	2,874	14,126	1,976
1880（明治13）	38,535	30,251	@1.70 12,815 7,544俵	@3.98 12,086 3,036俵	@5.41 3,069 567本	649	8,283	0
1886（明治19）	60,257	21,925	0	0	16,702	5,223	10,131	0
1889（明治22）	114,347	51,478	@1.17 1,317 1,126俵	@3.65 1,039 285俵	@3.85 39,959 10,391俵	4,568	22,891	@4.27 743 174俵

（出所）　1844・75・89年は、村上はつ「知多雑穀肥料商業の展開」（山口和雄・石井寛治編『近代日本の商品流通』東
郎兵衛、萬屋三郎、小栗三郎）」（小栗家文書）より作成。

（注）　兵庫・大坂の1861年の銀目表示は、同年為替の換算率１貫目＝13.67両により両へ換算した。

第1節　仕入先と仕入商品の変化

表9－1は、先行論文の著者村上はつが三時点を選んで分析した時期について、新たに六時点のデータを加え、萬屋三郎兵衛（三郎）店の肥料と穀類の仕入地と仕入商品の変遷を見たものである(3)。

同表によれば、幕末において小栗家ではすでに関西での鰯粕・鯡粕の仕入を始めているが、開港以前の段階では関西からの仕入は無視しうるほど少ない。一八四七（弘化四）年の「大福帳」には、「大坂堂じま　豊嶋屋安治郎」の項目があるが、取引を行った記録はなく、一八五五（安政二）年の同じ項目に、「米代かり」として、銀五七貫一五〇匁五四その他が計上され、七月二日に一〇〇〇両が「服部へ為登」という形で支払われて「此分勘定相済」となっている。「服部」というのは、

後述するように東海道の岡崎宿の飛脚問屋のことである。そして本表による限り、一八六一（文久元）年になって初めて、関東仕入を上回る金額の魚肥仕入が関西において見られるようになる。

では、そのような小栗家の関西からの魚肥の大量仕入はいつ始まったのであろうか。その最初は、残存する「大福帳」によると、一八五九年二月の兵庫・和泉屋弥兵衛からの「タルマイ粕」仕入である。すなわち、小栗家は、同年二月二七日、四月一日、同月四日の三回にわたって合計七五六本（＝九七貫〇〇三匁）の「タルマイ粕」（樽舞〔鰯〕粕）を仕入れ、二月一九日に「金四百九拾両也」（一両＝七二匁九五換算、此銀三五貫七四五匁五）、四月五日に「金千両也」（七五匁四五換算、此銀七五貫四五〇匁）を、それぞれ「服部為替渡」という形で決済している。この取引は、同年六月二日の横浜開港による流通機構の画期的変容に僅かではあるが先立って生じたものである。このことは、萬屋三郎兵衛店の場合は、半田の酒造業者で海運業を営む小栗冨治郎が、井口半兵衛を使って開港場横浜での輸入貨物を「為替積」の形で関西へ送って巨利を博した例[4]が示すように、横浜からの輸入品の関西への輸送ルートが開けたことによって、関西からの帰路に半田へ肥料を届けたのではないことを示している。尾張国の海運業は、幕末には内海船のように、関東だけでなく関西とも盛んに取引し、菱垣・樽廻船など伝統的な流通機構を掘り崩しつつあったから[5]、横浜開港以前に半田の萬屋三郎兵衛店が兵庫から鰯粕を仕入始めたことは、決して異例の事態ではなかった。

次に、表9－2によって、一八六一年の関西の仕入先を見ると、大坂の柴屋嘉助、兵庫の和泉屋弥兵衛、車屋五兵衛が並んでいる。内容的には、どの問屋からも根室粕・厚岸粕・利尻粕などの鯡粕と樽舞粕・佐伯粕・松前粕などの鰯粕を同時に仕入れており、西廻り航路で運ばれたさまざまな魚肥の一括取引が行われている。同じ一八六一年には関東の宮原屋與右衛門（浦賀）、鴨井屋藤兵衛（神奈川）、湯浅屋與右衛門（江戸）などからも鰯粕を大量に仕入れていることから見て、関東と関西の鰯粕価格を比較しながら購入し、あわせて関西に到着した新しい魚肥としての鯡粕の仕入を試みたのであろう。

明治期に入ると、再び関東の比重が高まり、関西が伸び悩んでいる。全体としての仕入金額は大幅に増えているが、数量では、例えば関東の干鰯・鰯粕合計が一八六一年の一万〇一五〇俵から一八八〇（明治一三）年の一万〇五八〇俵へとほとんど変化していない。しかも、小栗家の干鰯・鰯粕取引は、この一八八〇年をピークとして、以後著しく減少する。これは関東地方沿岸での鰯が不漁となったためであろう[6]。魚肥の干鰯・鰯粕から鯡粕への移行の大きな要因は、鰯の乱獲を一因とする供給側の制約にあったのである。代わって伸びた鯡粕取引は、一八八九年にかけて、兵庫・大阪での仕入が大きく落ち込んでいる。これは、一俵当たり仕入単価が、北海道・北陸の三円六八銭、関東の三円八五銭に対して、関西が四円四五銭という具合に高いためであり、汽船・鉄道などの輸送手段の利用度の差の結果であろう。そのため、以後の兵庫・大阪の問屋は輸入大豆の取引に活路を見出していくのである。一八八六年の萬三商店の大豆仕入七〇八六円のうち、輸入は大阪の五百井商店による朝鮮大豆四〇〇〇円だけであるのに対し、一八八九年の大豆仕入合計二万六四九六円のうち、兵庫・大阪仕入の一万七八八四円は全額が朝鮮からの輸入であった。

以上のような仕入地の変化に伴い、萬屋三郎兵衛（三郎）店の仕入先問屋も交替した。表9-2によって主要な相手問屋を見ると、萬屋三郎兵衛（三郎）店は特定の集散地問屋との結びつきが強いというより、その時々の複数の有力問屋と取引して、自主性を保っていることがうかがえる。関東では、長期にわたって取引した干鰯問屋兼魚油問屋の多田屋又兵衛（深川佐賀町）、和泉屋奥三郎兵衛（本材木町）、喜多村富之助（深川西永代町）、湯浅屋小津與右衛門（深川富久町、勢州住）、久住五左衛門（深川佐賀町、勢州住）、岩出物兵衛（深川海辺大工町、もと伊勢屋物兵衛）は、一八五一（嘉永四）年以降の再興問屋組合に名を連ねる老舗問屋であり[7]、奥、小津、久住の三名は一八六九年当時の東京為替会社の頭取並（二〇名）に選ばれた有力者であった[8]。また、関西では、大阪の柴屋白藤嘉助、神崎屋金沢仁兵衛、兵庫の和泉屋弥兵衛、京屋藤井又兵衛は、何れも有力な老舗問屋であり、大阪の布屋五百井清右衛門も有力な「朝鮮貿易商及び米穀問屋[9]」であった。小栗家は、各地の仕入地からもっとも有利と思われるところを選択した

表9－2　萬屋三郎兵衛（三郎）店の主要仕入先問屋

（単位：両、円）

所在	問屋名	1844年	1847年	1855年	1861年	1870年	1875年	1880年	1886年	1889年
江戸	水戸屋次郎右衛門	591	562	921	328			田辺　61		
江戸	丸屋七右衛門	197	99	208						
江戸	多田屋又兵衛	107		191	242	684	616	1,492		6,938
神奈川	鴨井屋藤兵衛	112	1,589	102	878					
浦賀	江戸屋六兵衛	311	1,254	150		905	三次　843	420		299
浦賀	宮原屋次兵衛	12		300	494	293				
江戸	和泉屋三郎兵衛		547	1,044	766	1,409		奥　919	4,783	
江戸	和泉屋忠治郎		258	497	105			加悦　1,838		
江戸	丸屋勝治郎		772	100		933				
江戸	久住傳吉			465				649		
浦賀	樋口吉左衛門			611						
浦賀	宮原屋與右衛門			48	541					
江戸	喜多村富之助			211			3,074	2,897		
江戸	湯浅屋與右衛門				1,235	2,639	小津　567	944	3,173	2,931
東京	久住五左衛門					10,817	1,007	5,329	8,428	7,388
浦賀	長嶋長七						2,784			
東京	岩出惣兵衛							9,565	1,846	795
東京	石井吉三郎							3,069		
東京	三井物産							406		4,010
浦賀	臼井儀兵衛							1,699	1,633	3,109
浦賀	染谷浜七									4,864
大坂	豊嶋屋安治郎		0	1,000						
大坂	柴屋嘉助				2,415	9,207	白藤　3,894	1,561	3,955	3,001
兵庫	和泉屋弥兵衛				1,631		480	678		
兵庫	車屋五兵衛				1,576					
大阪	神崎屋仁兵衛					1,090	金沢　1,522	4,130	2,487	
兵庫	京屋又兵衛					5,188	藤井　2,740			4,431
兵庫	岡本要助						2,610			
大阪	五百井清右衛門								400	4,085
兵庫	森商会									6,594
敦賀	中村宗七								6,004	
敦賀	大和田庄七								2,764	
函館	久保彦三郎								4,580	810
橋立	増谷平吉									5,602
橋立	町野清太郎									3,677
函館	久保久作									2,483
小樽	三井物産									2,573
八戸	関野喜四郎									3,295

（出所）　表9－1と同じ。1861（文久元）年の銀目は金目に換算。

（注）　幕末は200両以上、1870年以降は2,000円以上の取引相手のみ表で示した年次について表示。
近代に入り屋号から姓名に変更した場合は、1875年以降の欄に追記した。

だけでなく、仕入先の問屋も有利な相手を選択したのである。

第2節　代金決済方式の変化

次に、それらの仕入先に対して、萬屋三郎兵衛（三郎）店はいかなる方法で決済し、自立性を保ったのか、そうした自立性の下でいかなる信用関係が芽生えつつあったのかを論じよう。

(1)　開港以前の「木綿手形」による決済

小栗家の「大福帳」が長帳の形をしていた一八三一（天保二）～三七年は、同家の主たる取引先は帆船の船頭であり、代金は現金決済であった。ところが、一八三四年からは、江戸問屋との直接の取引が少しずつ現われ、三八年からは、「大福帳」の形が長帳でなくなると同時に、取引相手は江戸や浦賀の問屋となった。そして、決済の仕方も、現金の受渡しから為替手形による場合が増加した。ここでは、その「木綿手形」の実態を、表9－3および表9－4を手掛かりに検討しよう。これらの表に出て来る手形振出人の内、尾張国知多郡に属する大野村の浜嶋伝右衛門・大黒屋利兵衛、岡田村の中嶋七右衛門・竹内源助、横須賀村の村瀬佐右衛門の五名は、一八四二年に尾張藩が設けた国産会所の機構に、名古屋在住の旧特権商人とともに、組み込まれた在方の旧買次問屋であり、「知多郡木綿世話方肝煎」として仲買人からの独占的な集荷を行った[10]。彼らの振り出す江戸木綿問屋宛ての為替手形を、どのように小栗家が利用したかを、一八四七（弘化四）年の「大福帳」記載の「江戸小網町　丸屋勝治郎」との冒頭の送金記録によってみると、次の通りである。

五月八日　一金百両　浜嶋殿手形　伊勢久殿渡り
四月十七日入　内金百六両弐分　九匁七分　仙代大豆　弐百俵仕切　広太郎舟
引〆金六両弐分　九匁七厘　過上
六月二十一日　久宝丸渡し

四月一七日に江戸の肥料問屋丸屋勝治郎から広太郎舟で入荷した仙台大豆二〇〇俵の内金を、木綿買次の浜嶋が江戸木綿問屋伊勢屋久兵衛〔伊勢屋清左衛門の支配人か〕宛てに振り出した木綿代金の取立てのための一〇〇両の為替手形（以下「木綿手形」と呼ぶ）を買い取って五月八日に丸屋勝治郎に送り、残額を六月二一日に現金で清算したことが記され、小栗家は一〇〇両につき二分から一両（平均して三分＝〇・七五％）の「打銀」を送金手数料として手形振出人から受け取っていた。

以下、尾張国の振出人ごとに、手形の宛先を記すと、次の通りである（「桑伴」は尾張か三河か不明につき便宜尾張に含めた）。

〔一八四七（弘化四）年〕
浜嶋：伊勢久、長谷川幸助・久三郎・満四郎、川喜田又七、田端屋重兵衛・安兵衛

仕入決済（1847（弘化４）年）

（単位：両）

千歳屋七兵衛	綿屋庄太郎	中嶋七右衛門	手前手形	手形合計
三河・棚尾村	三河・大浜村	尾張・岡田村		
150	100、60			761
	60、140、50、50			456
		100、100、100		380
				40
				255
300	50、50、145、55		150	1,606
200、150、100	150、90、10		100	1,400
900	1,010	300	250	4,898

三郎兵衛。

表9－3　萬屋三郎兵衛店の肥料

所在	問屋名	仕入金額	浜嶋伝右衛門	大黒屋利兵衛	千賀又左衛門
			尾張・大野村	尾張・大野村	三河・大浜村
江戸	丸屋勝治郎	773	100、51	100	200
江戸	水戸屋次郎右衛門	562	20	85	50
江戸	和泉屋三郎兵衛	547	30、50		
江戸	丸屋七右衛門	99	40		
江戸	和泉屋忠治郎	258		100	80、60、15
神奈川	鴨井屋藤兵衛	1,589	30	26、200	200、100、170、130
浦賀	江戸屋六兵衛	1,255	50、51	100、150、100	150
	合　計	5,080	422	861	1,155

（出所）　弘化4年「大福帳（萬屋三郎兵衛）」（小栗家文書70-2）より作成。
（注）　上段の名前は木綿手形を振り出した人名。「棚七」は棚尾村千歳屋七兵衛と解した。「手前」とは萬屋

大利：和泉甚（六三五両）、大和屋九郎兵衛、川喜田又七郎
中七：丸屋作兵衛、田端屋安兵衛・十兵衛、川喜田又七
〔一八五五（安政二）年〕
村瀬：和泉甚（一八〇両）、白木屋庄兵衛、大吉（大黒屋吉右衛門）、
　　大黒屋藤兵衛・利兵衛・庄兵衛、伊豆倉治兵衛、蛭子屋源兵
　　衛、佐野屋長四郎、近江屋三右衛門、和泉屋庄三郎
竹源：和泉屋甚兵衛（五一五両）
大利：川喜田孝
桑伴：升屋七左衛門、白木屋庄兵衛、和泉甚（五〇両）

宛先のほとんどは、木綿関係問屋であるが、例外が、和泉屋甚兵衛である。一八四七年の「大利」（大黒屋利兵衛）の振出手形は、送金合計八六一両の内、六三五両が和泉屋甚兵衛宛ての手形であり、五五年の「竹源」（竹内源助）の手形は、五一五両すべてが和泉屋甚兵衛宛てで、「村瀬」（村瀬佐右衛門）の場合も、二四二〇両の内、一八〇両が和泉屋甚兵衛宛てである。この和泉屋は、京屋弥兵衛、島屋佐右衛門、江戸屋仁三郎と並ぶ江戸の有力飛脚問屋和泉屋甚兵衛であろう。尾張国の木綿買次問屋は、江戸木綿問屋への木綿販売代金を回収する際に、江戸木綿問屋宛ての手形だけでなく、江戸飛脚問屋宛ての手形

表9-4　萬屋三郎兵衛店の仕入代金決済（1855（安政2）年）

（単位：両）

所在	問屋名	仕入金額	服部経由	村瀬佐右衛門手形	竹内源助手形	手前手形	其他手形	手形合計
				尾張・横須賀村	尾張・岡田村			
大坂	豊嶋屋安次郎	1,000	1,000					0
江戸	久住傳吉	465	187					0
江戸	柏屋伊助	86		100				100
江戸	丸屋勝治郎	100		100				100
江戸	山屋喜助	96		100				100
江戸	伊勢屋喜左衛門	70						0
江戸	水戸屋次郎右衛門	921		642	95	112		849
江戸	和泉屋三郎兵衛	1,044		785	75	155	桑伴手形　30	1,045
江戸	丸屋七右衛門	208					綿庄手形　26	26
江戸	和泉屋忠治郎	497		150	180	105	大利手形　45	480
江戸	多田屋又兵衛	191		30	65	27	桑伴手形　50	172
江戸	喜多村富之助	211		65			桑伴手形　100	165
浦賀	江戸屋六兵衛	150		300	100			400
浦賀	宮原屋次兵衛	300						0
浦賀	樋口吉左衛門	611				270		270
浦賀	宮原屋與右衛門	48		48				48
神奈川	鴨井屋藤兵衛	102		100				100
	合　計	6,100	1,187	2,320	515	669	251	3,855

（出所）　安政2年「大福帳（萬屋三郎兵衛）」（小栗家文書91-3）より作成。

を振り出すこともあったのである。このことは、飛脚問屋が書状や荷物の運送だけでなく現金の輸送を重要な業務としており、しばしば両替業務も営んでいた事実を考えると当然と言えよう(11)。

この種の手形を萬屋三郎兵衛店から肥料代金として受け取った江戸肥料問屋は、それを和泉屋甚兵衛の店に持って行けば、直ちに現金に換えることができたから、喜んでその手形を受け取ったものと思われる。和泉屋は支払った手形の代金を江戸の木綿関係問屋から取り立てたのであろう。そこでは、商人間の手形による代金取立てに、信用のある両替商兼飛脚問屋の和泉屋が介在することにより、信用決済の円滑化が図られたといってよい。ここで「木綿手形」として掲げた手形の中に、江戸飛脚問屋宛てのものが、金額で一三％（一八四七年）ないし一九％（一八五五年）含まれていたことは、江戸商人宛ての為替手形のもつ狭い限界（それは大坂の場合と対照的である）を乗り越える動きとして、注目に値しよう。ちなみに、「大福帳」には、上述の江戸飛脚問屋「江戸屋仁三郎」の項目もあり、一八四七年一二月二九日には、小栗家は中七手形二〇〇両を江戸屋仁三郎に送っており、一八五五年二～四月にかけては合計四一〇両の「為替受入渡し　せわ料」として銀一〇匁二五を江戸屋に支払っている。

小栗家は、知多郡の木綿買次問屋だけでなく、三河国大浜村の千賀又左衛門・綿屋庄太郎、棚尾村の千歳屋七兵衛などからも江戸宛ての手形を買い取って、一八四七年と五五年の両年次を合わせると次のように送金のために利用している。

千賀：小津清左衛門、川喜田彦七郎、和泉甚（和泉屋甚兵衛、二〇〇両）、京屋亀次郎、大文字屋庄六、升屋七左衛門

綿庄：長谷川萬四郎、小津清左衛門、松久（松居屋久左衛門）、丁子（丁子屋吟次郎）、大和屋三郎兵衛

千歳屋：和泉甚（三〇〇両）、大文字屋治兵衛、長谷川伝四郎

前述した飛脚問屋の和泉甚（五〇〇両、上掲決済合計の一六％）を除いて、何れも江戸の木綿関係問屋であるから、これらも木綿代金の取立てのための「木綿手形」と見てよい。そのほかに、「手前手形」という手形もあるが、これは、小栗家が江戸の特定の商人に対して債権を持っている場合に、小栗家がみずから振り出している為替手形である。例えば、一八五五年三月二二日に江戸の和泉屋三郎兵衛に、七〇両の「手前手形　イセキ殿渡り」を送って干鰯代金の支払いに充てているが、小栗家は、本章では分析を省略した「イセキ」（伊勢屋喜左衛門）に対して、三月一二日に岡崎古米一五〇俵を販売して七四両余の債権を有しており、その回収のために伊勢屋を支払人とする七〇両の為替手形を振り出したのである。

このような各種の手形を用いた決済は、一八四七年には四八九九両（うち「木綿手形」四六四九両）と、関東仕入

五〇八〇両の実に九六・四％（「木綿手形」のみでは九一・五％）に達しており、村上論文が明らかにした一八四四年の三分の二という水準を大きく上回っている。尾張・三河から江戸への木綿の送付と、関東から尾張・三河への肥料の送付という逆方向の商品流通が存在したために、両替商の介在を抜きにした商人間の為替決済が可能となっていることに注目したい。言い換えれば、かかる手形決済は、当時の知多郡の農民的商品経済が、綿織物業と醸造業を中心に全国的に見て最高度の発展を見せていたことに伴う現象だったのである。

ただし、ここでの手形は飽く迄も商人同士の取引であるから、振り出された手形が宛先の江戸問屋によって必ず認められ、支払いが直ちに行われるとは限らない。「大福帳」には、しばしば、「不渡リニ付キ手形返ル」と記されている。一八四七年には一度も不渡りがなかったが、五五年には五回の不渡りが発生し、合計四八〇両が送金され直さなければならなかった。同年になると、肥料の送付金額が増えたにもかかわらず、「木綿手形」による決済は大幅に減少し、手形決済合計は三八五五両（うち「木綿手形三一八六両）と、関東仕入合計六一〇〇両の六三・二％（「木綿手形」のみでは五二・二％）へと低下した。(12)

そうした「木綿手形」の限界をカバーしていたのが、「服部」経由の送金である。「服部」は、一八三四年の「大福帳」に米穀販売先の江戸問屋からの入金を担当する者として登場する。一八六〇年の「江戸屋平右衛門」の欄に、「十一月二十三日、一金五百両也、服部飛脚出し、定七行、十二月十五日定七郎受取」とあって、「服部」は「飛脚」業務を行っており、小栗家が「服部」経由で江戸へ送金する際には、一八六一（文久元）年当時一両につき銭一四文の「飛脚賃」を支払っていることも確認できる。おそらく、中根甚太郎とともに岡崎宿の本陣を一九世紀初頭から務める服部専左衛門（→伝左衛門→小八郎）家が、飛脚業務も兼ねて行っていたものと思われる。(13) そうだとすれば、東海道の宿場から出発する飛脚を経由する現金輸送は、海上の船舶を利用した手形決済よりも、はるかに古くから行われており、半田の小栗家も早くからそうした送金ルートを利用していたことになろう。手形による決済は、そうした街道筋の現金決済を土台として、その決済コストを節約するために出現したものにほかならない。

(2) 開港後の「木綿手形」決済の減少

次に、表9-5、表9-6によって、一八六一(文久元)年、七〇(明治三)年という、大坂・兵庫との取引が盛んになった時期の決済方法を検討しよう。関西との決済において特徴的なことは、関東との決済で見られた「木綿手形」のような商人振出手形による決済が全く見られないことである。表9-5の一八六一年の場合、柴屋嘉助(大坂)、和泉屋弥兵衛(兵庫)、車屋五兵衛(兵庫)は、何れも、主として「小嶋」(小嶋権兵衛)なる人物を経由して送金し、残りは単に「渡」となっている。この小嶋権兵衛家は、一八六〇(安政七)年の「大福帳」の「相州浦賀 宮原屋次兵衛」の欄に、「三月九日、入金八拾両也、小嶋飛脚より受取」とあり、「服部」と同様な飛脚問屋であろう。その所在は、熱田神宮のある熱田宿(現名古屋市熱田区)で、大阪有力両替商の鴻池屋井上重太郎家とも取引する両替商兼飛脚問屋であったと思われる(14)。

他方、関東との決済は、一八六一年には「服部」経由の送金と、「木綿手形」による送金が半々という形をとっており、「木綿手形」による送金の比重は著しく低下している。これは、開港による輸入綿布の圧力の影響で江戸への木綿送付量が減少したことによると同時に、先の五軒の知多郡買次問屋のうち、中嶋七右衛門家は一八五一(嘉永四)年に廃業、浜嶋伝右衛門家も慶応年間に廃業するという具合に支配力を喪失し、「木綿手形」が量質ともに減少したためだと見ることができよう(15)。

表9-6の一八七〇年の場合も状況は基本的に変わらない。関西・関東を通じて、「小嶋」「服部」「垣江」による為替送金が三分の一、商人手形の利用が三分の一で、残りの三分の一が現金その他ということで、金融機構は何とか存続しているとはいえ、決済はどう見てもスムーズとは言えない。ただし、半田村の豊倉屋小栗冨治郎の為替によっ

表9－5　萬屋三郎兵衛店の仕入代金決済（1861（文久元）年）

（単位：銀貫匁、金両）

所在	問屋名	仕入金額	小嶋出し渡	服部下し渡	大利手形	竹源手形	文幾屋手形	浜嶋手形	手形合計
大坂	柴屋嘉助	176貫634匁	153貫858匁						0
兵庫	和泉屋弥兵衛	119貫279匁	54貫300匁						0
兵庫	車屋五兵衛	115貫257匁	81貫167匁						0
江戸	水戸屋次郎右衛門	328		80	160				160
江戸	湯浅屋與右衛門	1,235		635	240	170	155		565
江戸	和泉屋三郎兵衛	766		600	100	75			175
江戸	和泉屋忠次郎	105		100					0
江戸	多田屋又兵衛	242		70					0
江戸	栖原三九郎	177		38					0
江戸	和泉屋利兵衛	125		25		100			100
神奈川	鴨井屋藤兵衛	878					500	380	880
浦賀	宮原屋次兵衛	494		195		280			280
浦賀	宮原屋與右衛門	541		540					0
	合　計	推定　10,512	3,956	2,283	500	625	655	380	2,160

（出所）　文久元年「大福帳（萬屋三郎兵衛）」（小栗家文書90-41）より作成。

表9－6　萬屋三郎店の仕入代金決済（1870（明治３）年）

（単位：両）

所在	問屋名	仕入金額	小嶋出し渡	服部出し渡	垣江出し渡	為替手形渡
大阪	柴屋（白藤）嘉助	9,207	4,500	2,550		豊倉屋小栗冨次郎1,000 京屋又兵衛1,300
大阪	神崎屋（金沢）仁兵衛	1,090		1,090		
兵庫	京屋（藤井）又兵衛	5,188			2,000	柴屋嘉助4,654
東京	和泉屋（奥）三郎兵衛	1,409				
東京	久住五左衛門	10,817				酢屋手形1,000 千賀手形1,400 綿屋手形700
東京	栖原三九郎	233		223		村瀬手形290
東京	湯浅屋（小津）与右衛門	2,639				
東京	多田屋又兵衛	684				
東京	丸屋勝治郎	933				
浦賀	江戸屋（三次）六兵衛	905				
浦賀	宮原屋治兵衛	293				
	合　計	33,398	4,500	3,863	2,000	10,344

（出所）　明治３年「大福帳（萬屋三郎）」（小栗家文書70-１）より作成。

て大阪への送金が行われたことと、同じく半田村の酢屋中野又左衛門の中井半三郎渡りの手形による東京への送金が行われた点に、新しい動きを見ることができる[16]。半田村内部での金融活動が活性化し始めているのである。

(3)　明治初年の多様な決済方式の併存

こうした限界を一挙に突破するのが、三井銀行に代表される大規模な銀行の出現であったが、そこに至るまでの一八七〇年代には、なかなか銀行業の設立が進まなかった[17]。

まず、確認する必要があるのは、一八七四（明治七）年に萬屋三郎店の仕入代金決済が、小野組の巨額の融資に大きく依存して前貸しをする形に変化しかけたところ、同年末の小野組の破綻によって、その変化が結局は実現せずに終わったことである。すなわち、一八七四年の「大福帳」の「大阪　白藤嘉助殿」の欄の冒頭には、

「十月九日　一金弐千円　小野為替　かし
同　一金六百四拾五円廿八銭　田武為替　かし
十月十一日　一金千五百円　小野為替　かし
十月廿四日　一金弐千円　小野為替　かし」

という具合に、小野組（および四日市の肥料問屋田中武兵衛）からの巨額の融資によって、小栗家は大阪の肥料問屋に前貸をし、大量の〆粕と糟を購入したのであるが、この試みは、小野組が同年一一月二〇日に破綻したことによって継続不可能となった。小野組の破綻は、日本経済全体の金融梗塞を招き、小栗家の商業活動も困難な状況に陥った。その中で迎えた一八七五年の仕入代金の決済難を小栗家はさまざまな形で乗り切ろうとしている。

その一つは、地元の商人の振り出す東京宛ての為替手形を極力利用することである。東京深川の肥料問屋久住五左衛門の欄には、二月一〇日に小栗家酒造所の萬屋恵一郎が東京の酒問屋「鹿利」（鹿島利右衛門）宛てに振り出した三〇〇円の手形（小栗家としては一種の「手前手形」）を送り、七月二六日にも大浜村の千賀又左衛門が東京の木綿問屋川喜田久太夫渡りで振り出した三八〇円の手形を買い取って送っていることが記されており、同じ深川の肥料問屋北村富之助の欄には、七月四日に大浜村の綿屋正右衛門が東京の木綿問屋塚本定治郎渡りで振り出した五〇〇円の手形を送っていることが記されているが、後の二者は旧来通りの「木綿手形」である。

第二は、両替商兼飛脚問屋である小嶋権兵衛を介して、六月二二日に小栗家が兵庫の肥料問屋岡本要助に大阪の両替商井上を通じて一〇〇〇円を送金していることが示すように、両替商ないし飛脚問屋の利用である。大阪の白藤嘉輔へ一一月九日に一三七〇円を送金するために登場する「知郷益之介」もそうした仲介者の一人であろう。小栗家「日誌」には、「知郷店卸勘定ニ付社中会同ス〔新美〕佐介宅也」（明治一二・九・一六）とあることから、(知)を略号とする知郷店は、地元の共同出資企業の一種と考えられる。(18)

第三に、「通運会社」という新組織が使われていることである。すなわち、

五月一二日	大阪・金沢仁兵衛	五〇〇円	陸運出	かし	
五月一四日	兵庫・柴屋要助	一〇〇〇円	通運出し	かし	
五月二一日	大阪・白藤嘉輔	九〇〇円	通運発	渡	
六月一六日	兵庫・柴屋要助	六五〇円	岡崎通運出し	渡	大阪立売堀四丁目筑前屋藤七殿付
六月二二日	兵庫・岡本要助	一〇〇〇円	宮　小島出し	渡	大阪今橋四丁目井上重太郎殿付
七月一八日	大阪・白藤嘉輔	七〇〇円	宮　駅出	かし	

八月一四日　兵庫・岡本要助　一五〇円　ヲカ通運出　渡　井上重太郎殿付
八月一四日　兵庫・藤井保兵衛　四〇〇円　通運出し　大阪安松嘉之丞為替

という具合である。これらは、官営郵便制度の発足と書状逓送業務の独占に伴い、業務の大半を奪われた従来の各地の飛脚問屋を再編成して陸運会社がそれぞれ組織されたことを示している。「宮」というのは「熱田」のことであるから、おそらく「小島」は熱田通運会社に加わり、「ヲカ」というのは岡崎通運会社のことであろう。[19] これらの各駅陸運会社は、一八七五年には解散を命ぜられ、三都の旧・定飛脚問屋らによって七二年に東京に設立された陸運元会社（七五年二月に内国通運会社と改称）によって統合されていく。その際、一八七五年一一月、岡崎通運会社が真っ先に統合されたという。[20] こうした経緯から見ても、小栗家が幕末からしばしば利用してきた飛脚問屋「服部」家は、岡崎宿において活動していたことは間違いなかろう。

(4)　銀行経由の代金決済

続いて、表９－７と日誌の記述によって、一八八〇（明治一三）年の代金決済の様子を確認したい。この年の萬屋三郎店の関西・関東への代金決済は、一八七九年一一月に半田出張店を開設した三井銀行に圧倒的に依存していた。[21] 同表には、三井銀行為替と並んで「持込出場より為替」という見慣れない項目があるが、これも三、四月に東京へ出かけた小栗家当主が、そこで東京の肥料問屋に三井銀行渡りの手形を次々と渡したことを指している。その手形は、肥料問屋から取引先の東京の諸銀行を経て三井銀行半田出張店へ送られ、小栗家はその支払いをしなければならない為替手形であり、債権者が取立てのために振り出す逆為替と類似した機能を果たしたから、東京の当主の手形振出しは一定の制約があった。支払いまでの期間は小栗家が三井銀行から融資を受けた形になっており、小栗家は請求があ

表9－7　萬屋三郎店の仕入代金決済（1880（明治13）年）

（単位：円）

所在	問屋名	仕入金額	持込出場より為替	三井（銀行）為替	知郷益之助為替	その他
大阪	白藤嘉助	1,561		1,500	220	
大阪	金沢仁兵衛	4,130		4,000		
兵庫	山本弥兵衛	678				
兵庫	藤本保兵衛	217		217		
堺	富村三郎吉	1,698		1,500		
東京	奥三郎兵衛	919	919			
東京	喜多村富之助	2,897	1,400	1,000	275	大利手形　200
東京	小津与右衛門	944	1,000			
東京	久住五左衛門	5,329	2,500	1,800	870	
東京	久住傳吉	649			700	
東京	菊池三九郎	423	423			
東京	多田屋又兵衛	1,492	1,492			
東京	岩出宗兵衛	9,565	4,880	3,100		
東京	石井吉三郎	3,069	3,069			
東京	加悦忠治郎	1,838	1,023	815		
東京	田辺治郎左衛門	61	61			
東京	三井物産	406	406			
浦賀	三次六兵衛	420	600			
浦賀	仲川与八	541				
浦賀	臼井儀兵衛	1,699		1,697		
	合　計	38,536	17,773	15,629	2,065	200

（出所）　明治13年「大福帳（小栗三郎）」（小栗家文書71－4、87－1）より作成。

れば、当時は本格的な当座貸越契約が結ばれていなかったため(22)、直ちに現金で支払う必要があったからである。半田の小栗家での現金支払準備の上限が、そのまま東京での手形振出しの上限となっていた。一八八〇年の「日誌」には、「前九時三十分在京主人ヨリ来電……カシマホシカ〔鹿島干鰯〕イチハチハチ〔一円八八銭／俵〕サンバイ〔三杯・三〇〇俵〕カッタ〔買った〕アト　カ子ナイ〔金ない〕カワセフル〔為替振る〕マンキユウマル〔萬久丸〕ウラガ〔浦賀〕マテキタ　返報二ミタ　アト　カイヤメ〔買い止め〕カ子ナイ〔金ない〕カワセフルナ〔為替振るな〕」（明治一三・三・三〇）と、東京で購入資金がなくなったので、為替手形を振り出したいという主人に対して、半田では、そちらで為替手形を振られても、こちらで受け払いするだけの現金準備がないという理由で、購入にストップを掛けていることが判明する。あるいは、その数日後の「日誌」でも、「亭主へ発電　クスミ〔久住〕カシマホシカ〔鹿島干鰯〕ヤメヨ　スサン〔杜撰〕ミツギ〔三次六兵衛〕ニテ　ホンバカンビケ〔本場寒引〕ジョウ〔上〕ニハイ〔二杯・二〇〇俵〕カヘ〔買え〕モウ　カ子ヤラン　四日朝発」（明治一三・四・三）と、東京の主人に対して、久住五左衛門から買うのを止めて、三次六兵衛から買えと指示し、もうこれ以上資金を送ることはできないと断っている。ただし、主人側は、それを知ってか知らずか、二日後に、「前九時上京亭主ヨリ入電　コンニチ〔今日〕センエン〔千円〕カワセ　クンダ　テアテタノム」（明治一三・四・五）とあり、三井銀行渡りの一〇〇〇円の事実上の逆為替を組んだとして、半田で三井出張店から支払い請求があるときへの準備をしてほしいと依頼している。これは、「大福帳」によれば、小津与右衛門から購入した鹿島寒引七〇〇俵の代金に充てるためのものであった。

一八八〇年の小栗家の場合、そうした形で東京に出張した主人が手形を振り出すという事実上の逆為替の形での決済と、半田の三井銀行出張店での東西各地への送金手形の取組という順為替の形での決済が、合わせて全仕入額の八七％を占めていた。このような銀行手形依存という場合、小栗家の銀行への支払い残高がマイナス続きであれば、小栗家は運転資金の一部を恒常的に銀行からの借入に頼っていたことになる。この点を、一八八六年と八九年の場合について検討しておこう。この時期には、本格的な当座貸越の契約が結ばれたため[23]、「当座預け金引出し越利子」と「当座預け金利子」がそれぞれ計算されるようになる。

表9－8によって、各月の出入りと残高の推移をみると、一八八六年には、預け金になっている月末が大部分で、平均すると二一七五円の預け金残となっているのに対して、一八八九年にはほとんどの月末が借入の形になっており、平均すると三七五四円の借入残となっている。表9－1で見たように、この三年間に萬屋三郎店の仕入高はほぼ倍増し、その増加テンポは小栗家の資金蓄積のテンポを上回っており、三井銀行からの融資は、そのギャップを埋める役割を果たした。ただし、その融資残高はあまり多いとはいえず、本格的な融資は、三井銀行半田出張店の撤退後、名

表9－8　小栗三郎家の三井銀行半田出張店との取引

（単位：円、円未満切捨て）

年月	出＝預け金	入＝引出し	残高（預け）
1886・1	3,450	4,050	△600
2	6,500	5,650	250
3	6,450	9,700	△3,000
4	5,100	1,050	1,050
5	11,100	8,400	3,750
6	10,050	13,800	0
7	13,800	1,400	12,400
8	4,550	10,750	6,200
9	4,100	8,850	1,450
10	3,950	2,450	2,950
11	4,550	5,850	1,650
12	1,414	3,064	0
合計	75,014	75,014	平均2,175
1889・1	3,550	11,700	△8,150
2	9,850	8,700	△7,000
3	6,950	2,350	△2,400
4	3,850	6,400	△4,950
5	5,490	5,440	△4,900
6	10,194	8,794	△3,500
7	8,650	5,150	0
8	6,150	9,300	△3,150
9	4,250	6,100	△5,000
10	8,080	4,180	△1,100
11	6,950	8,100	△2,250
12	6,619	7,019	△2,650
合計	80,583	83,233	平均△3,754

（出所）明治19・22年「大福帳（小栗三郎）」（小栗家文書74-1、89-6）より作成。

（注）△は借入残高。

古屋系大銀行と半田・亀崎の郡部中規模銀行によって担われることになる(24)。

第3節　約束手形の割引条件の交渉

明治中期以降の小栗家は、知多郡や額田郡の地方銀行・金融業者と名古屋の都市銀行本支店という多数の金融機関と同時に取引することにより、有利な融資条件を引き出そうと努めた(25)。預金金利は、例えば一九〇五（明治三八）年八～九月の定期預金金利が名古屋の年六％に対して半田が六・五％（『中央銀行会通信録』）と、郡部の方が高いのを常としたから、郡部の地方銀行・金融業者や都市銀行支店の貸出金利も名古屋の銀行本支店のそれより高めに設定さ

表９－９　小栗三郎家の借入金日歩

（単位：厘）

年月日	三井支店	第一支店	名古屋	愛知半田	亀崎半田	中埜	岡崎	額田	深田
1898・ 9・30	29.0	27		29					
10・31				28	31		28	28	
1904・10・31			20			22			
12・10		20		22	23				22
1905・ 5・30	21.5	23	23						
8・25	26.0	26		27	27				
12・ 6			25		27	25			
1909・ 4・19	18.5			20		20			

（出所）　各年次「台帳」（小栗家文書）より作成。
（注）　三井・第一支店はいずれも名古屋支店。

れがちであった。小栗家は、郡部の金融機関からの借入を低い金利で行おうと、銀行間競争を巧みに利用したのである。あらかじめ、小栗家の借入金の名古屋と郡部の金利格差を、幾つかの時点で例示すると、表９－９の通りである。金利水準は一日刻みで変化するから、同一年月日での比較が必要であることに留意しよう。

概して三井銀行・第一銀行名古屋支店および名古屋銀行本店の金利が低く、愛知銀行半田支店をはじめとする郡部所在銀行が高いこと、とくに、酒造家など融資先の多い亀崎銀行半田支店の金利が高いことがうかがえよう。小栗家は、郡部金融機関の貸出金利を、名古屋金融機関の低い金利を理由にできるだけ引き下げようとした。

たとえば、一八九八年一〇月一二日付け三井銀行名古屋支店の小栗三郎宛て書簡（小栗家文書二五二－四－一六一、以下番号は小栗家文書）は、「御尋越シノ割引日歩之義、外様の事ニも無之候ゆへ、精々御働き申上」と、とくに優遇金利を適用すると述べて、一〇月一五日には五〇〇〇円を日歩二銭八厘で割り引いており、愛知銀行も同日六〇〇〇円を同日歩で割り引いている（取引実態は小栗家「台帳」による、以下同様）。この愛知銀行半田支店が地元から吸収した資金を貸し出していたことを考えると、三井との対抗上かなりの無理をしていたことになろう。また、同年一一月二七日付け額田銀行書簡（二五二－四－二六四）によれば、小栗家からの融資依頼に対して、二銭九厘の日歩を要求していたが、実際に一一月三〇日に行われた三〇〇〇円の融資の日歩は二銭八厘であった。同日に愛知銀行からなされた七〇〇〇円の融資の日歩が二銭七厘だった事実に額田銀行もある程度合わせたのであろう。

一九〇四年一〇～一二月の岡崎町金融業者深田三太夫との金利を巡る折衝においても、小栗は他銀行との比較を武器に有利な融資条件を引き出そうと努めた。一〇月一八日付けの深田の書簡（二五九－一一－一一－九四）は、「御申越金件、目下店方仕入時期ニ有之遊金も無之候得共、五千円位なれば都合可致候、利率ハ弐銭二厘、期間六十日として御使用相願度候」と、二銭二厘日歩ならば応ずると答えているが、小栗はこの条件には乗らず取引は成立しなかった。その代わり、同月二七日には、小栗家は、三井銀行から一万円を日歩二銭で、第一銀行から一万三〇〇〇円を同じく二銭で、そして鴻池銀行からは一万円を日歩一銭八厘五毛で借り入れている。おそらく、それらの銀行との融資を巡る交渉も同時並行的に行われており、高利率の深田三太夫からの申し出は断ったものと思われる。そして同月二八日には、岡崎銀行から一万五〇〇〇円を日歩二銭二厘という深田の申し出と同利率で借り入れているが、それは深田の融資枠五〇〇〇円では到底資金需要に足りないと考えたためであろう。同年一二月一一日の深田書簡（二六二－一一－一一六）は、小栗家からの一万円の融資依頼に対し、五〇〇〇円なら応ずるとしつつ、利子については、「御承知も可有之、下地方近々引締模様ニて、御高命ニ対し誠ニ申上兼候次第なれ共、今回之分ハ弐銭参厘ニて御使用相願度」と二銭三厘日歩という条件を提示したが、結局、一二月一三日には日歩二銭一厘で融資した。これは、一二月一〇日の三井銀行名古屋支店の書簡（二六二－一一－一二〇）が、「来ル十三日約手金五千円也御割引之義ニ付御申越之趣承知仕候、日歩ハ先般モ申上置候如ク時節柄多少引締之気味ニ有之、旁弐銭壱厘ノ割ニテ申受度候」と、二銭一厘という低金利での融資を引き受けると述べたことが影響していたことは間違いない。

深田からの借入金利は、一九〇五年八月と〇六年七月の場合も、交渉の結果、引き下げられた。一九〇五年八月二八日付けの深田三太夫書簡（二五三－二－六）は、「利率之儀は疎漏之文意申上、却而御面倒様相懸け申訳無之候、然ルニ利率弐七とは御引合相成兼、前利弐六と御使用被下候趣被仰聞拝承仕候」と、金利に関して明示しなかったことを詫びた上で、小栗家の要求を容れ二銭七厘から一厘引き下げている。その背後には、前掲表に示したように、八月二五日に、愛知銀行半田支店と亀崎銀行の融資金利が二銭七厘だったのに対して三井と第一のそれが二銭六厘であったことが影響しているのであろう。また、一九〇六年七月九日付けの深田書簡（二五五－二－二－八二）が、「本月十二日限リ金壱萬円之義、如何之御都合ニ被為在候哉、可相成ハ利率弐銭也として御継続願度」と、六月一二日の日歩二銭での一万円融資を、そのままの金利で継続してほしいと述べていたが、七月一一日付けの書簡（二五五－二－二－一六二）では、金利を一銭九厘に引き下げてほしいとの小栗家の要求に会って困っている旨が記されている。ところが、七月一三日の取引は日歩一銭九厘で成立した。その背景としては、三井銀行名古屋支店が、七月一〇日付け書簡（二五五－二－二－八一）で、一三日頃の割引一万円について、「日歩の義は一銭八厘に相働き可申候」と、日歩一銭八厘の低金利のサービスを申し出たことがあったのである。

小栗家の金利引き下げ交渉の相手は、残存書簡から分かる限りでは、深田三太夫に集中していた。それは、深田が個人金融業者として交渉しやすかったためであろうが、深田といえども小栗家の言い分を何時も飲んだわけではない。一九〇九年九月七日付けの深田書簡（二五三－二－九七）は、「只今金壱萬円斗遊金有之候處、御使途も無之候や、利率ハ前仝様壱六にて期間六十日間位」と融資談を持ちかけたところ、九月九日の深田書簡（二五三－二－一七三）では、小栗家は日歩一銭五厘への引き下げを繰り返し求めたため、「折角之事ニ候得共一五にてハ致方無之一時見送リ申度」と融資を断っている。この時期は金融が緩みがちで、中埜銀行を例にとれば、年初二銭三厘だった金利が五月には一銭九厘、八月には一銭七厘と低落傾向にあったので、小栗家としては、深田であればもう一段低い一銭五厘で応ずる可能性があると踏んで、繰り返し要請したものと思われるが、さすがの深田もこの時は拒否回答を行った。

結局、小栗家は中埜銀行から九月一〇日に一万円を日歩一銭六厘で借り入れている。引下げを拒んだ深田から一銭六厘で借りるのは面子が許さなかったのであろう。

この深田三太夫という金融業者は、一八九一年当時、岡崎の清酒醸造業者で綿糸布卸を兼ね、九八年には木綿卸商として営業税二三三円を納めている。一九二八年の推定資産額は一五〇万円で、資産額では二〇〇万円の小栗三郎家には及ばないとはいえ、有力地方商人であった[26]。一九一一年七月に東京に設立した合名会社深田銀行は二八年二月に愛知銀行によって買収された。一九〇一年八月一七日の深田書簡（二六四-一三）に、「本日御使崎助殿へ明治銀行小切手ヲ以金七千円也御渡し申上候」とあることから、この当時は名古屋の明治銀行を親銀行とする金融業者であったことが分かる。岡崎銀行についても、一九〇四年一月二九日の書簡（二五五-一二-一二-一四五）に、「二十八日限七千円明治銀行へ御振込被下正ニ入帳致シ候」とあり、明治銀行を親銀行としていたことがうかがえる。名古屋のいわゆる三大本店銀行のうち、明治銀行だけ小栗家との取引が少ないのは、郡部の深田三太夫や岡崎銀行を経由して融資を受けていたためであろう。小栗家と明治銀行との直接の遣り取りを伝える一九〇七年一〇月二八日付け同行書簡（二五九-一二-一二-六八）には、「廿七日付御照会之来月早々金弐萬円也御割引之儀、一応拝承候、実ハ折角之御申入ニ御座候得共、暫く都合有之御取引相願ひ兼候次第、不悪御承引被成下度御答迄」と、小栗家からの融資要請に対するはなはだ素っ気ない拒否回答が記されている。

小栗家が、名古屋の大銀行との駆け引きを利用してまで、金利の高い郡部の金融機関と取引しなければならなかったのは、小栗家の必要とする多額の資金を名古屋の大銀行だけからでは調達できなかったためであろう[27]。それは、特に地域全体の資金需要が増加した場合に問題化した。例えば、一九〇五年八月二一日付けの名古屋銀行の書簡（二六二-一一-一七）は、「二十三日頃金壱萬五千円割引御取組之儀ニ付、御照会拝承仕候、目下出会甚ダ悪敷候間、乍遺憾御断申上度、不悪御承知被下度候」と、資金調達難を理由に融資を断った。その上で、九月一一日付け書簡（二六二－一－九）では、「都合も有之候間、十六七日頃新ニ御取組分金壱萬円丈ケ御承諾申上候、十五日期日分金五千円ハ御返金相願度、歩合ハ弐銭七厘儀申受候」と、減額した上、高い金利を条件に融資を引き受けて、一八日に取引が成立した。同年九月一一日の三井銀行名古屋支店の書簡（二五九－二－二－一一三）は、同月一六日頃一万円の手形割引を求めたいという小栗家の依頼に対して、「折角ノ御申越ニ候ヘトモ、差当リ当店ノ都合モ有之、乍遺憾御依頼ニ応シ兼候間、不悪御諒承被下度」と全く応じる気配を見せなかった。

そうした状況の下で、岡崎銀行は、同年九月五日の書簡（二五九－二－二－一〇三）で、去る二月一三日の一万三〇〇〇円の二銭三厘という名古屋・第一両行より一、二厘高での融資を行って以来久し振りの一万円の融資要請に対して、「当方ニテモ久々御取引相絶居候故、御用命ニ応シ度候ヘ共、何分常ニ緊縮之方ニテ、今回モ（弐七）割合ニ御座候ハハ御用達可申上」と、やや高目の金利でも良ければ融資しようと答えている。この条件を認めるとの小栗家の書面が届くと、九月一四日の同行書簡（二六一－一－三二）は、「御受渡ハ矢張リ手形ニテ名古屋渡ニ相願申度都合ニ御座候」と、名古屋渡りの手形、つまり明治銀行宛ての手形で融資すると伝えた。小栗家は、九月中旬の必要資金を、名古屋銀行からの一万円に加えて、郡部の地方銀行の中埜銀行二万円、岡崎銀行一万円、亀崎銀行五〇〇〇円という具合に、何れも二銭七厘で借り受け、資金ショートを免れることができたのである。

このように、小栗家は愛知県下の銀行間の融資競争を利用して、有利な資金を大量に引き出したのであるが、当時の名古屋銀行界の激しい競争が小栗家にとって幸いした。三井銀行の支店長会議の速記録によると、一九〇五年一一月の会議で名古屋支店長矢田績は、次のように報告した(28)。

「名古屋ノ各銀行ノ競争ノ激烈ナルコトハ、私ハ随分各地ヲ歩キマシテ、地方銀行ノ競争ノ模様モ稍知ッテ居リマスガ、名古屋ノ各銀行ノ競争ノ実ニ劇甚ナルコトハ全ク想像以上テアリマス。……　名古屋ノ銀行ノ取引先ノ関係ト云フモノハ実に多方面ニ渉ッテ居ル、一ツノ物ヲ買フノテモ方々ノ直段ヲ聴イテ買フト云フノガ、名古屋ノ商人ノ習慣テアリマスカラ、銀行ニ対スルノモ同ジ筆法テ、一人デモッテ五六ノ銀行ニ取引先ヲ持ッテ居ル、……」

小栗三郎家は名古屋商人ではなく知多商人であるが、複数の銀行と取引する点などは名古屋商人と同じ行動様式をとっていたことが分かろう。

おわりに

以上の検討によって萬屋三郎兵衛（三郎）店が、関東からだけでなく関西経由でも魚肥を仕入れ始めたのは、幕末開港の直前であり、関西仕入のルートは、いわば内発的に生じたことが明らかになった。その後、幕末には同店の関西仕入の比重が上昇するが、明治に入ると鰯の豊漁の結果を受けて再び関東仕入の比重が高まり、一八八〇（明治一三）年以降は鰯の不漁の影響で、関東でも鯡粕仕入が中心となる。こうした供給サイドの変化とともに、輸送手段の汽船・鉄道への改革によって、鯡粕仕入は産地直送や北陸経由が増加し、一八八七年以降、同店は、関西では鯡粕に代わって輸入大豆を仕入れるようになる。このように萬屋三郎兵衛（三郎）店は、有利な仕入地と仕入先問屋を絶えず選択することを通じて利益の獲得に努めたが、そのためには、仕入代金の決済において自立性を確保することが必要であった。

幕末の小栗家が関東仕入の場合に「木綿手形」による支払いを多く利用したことは、手形取引が関西と比べて関東ではきわめて少ないという通説を打破する重要な事実であるが、その手形取引の基礎は必ずしも確固たるものではなかった。江戸木綿問屋は持ち込まれた手形に対して必ずしもスムーズに支払わなかったため、受払が確実な江戸の飛脚問屋「和泉屋甚兵衛」宛の手形が合わせて利用された。開港以降は、手形送金に代わって、岡崎宿や熱田宿の飛脚問屋に送金を依頼する古くからの方式が再び採用され、輸送船舶による現金決済も行われた。幕末に発展し始めた手形による決済は、定着して、仲介する金融業者を十分生み出さないうちに、早くも停滞・減少を余儀なくされた。

第十一国立銀行や三井銀行半田出張店などの近代的銀行の登場は、東西の中間地点に位置する愛知県半田の商家が幕末維新期に直面した代金決済上の限界を大きく打開した。しかし、それらの銀行は、知多郡で芽生えた商人間の手形決済やそれを仲介する金融業者の発展の延長上に出現したものではなく、尾張藩旧特権商人と新たな中央大資本によって設立されたものであった。「木綿手形」と銀行経由の為替手形の間には、系譜上の断絶があったのである。ただし、利用する側の小栗家としては、近世期から為替手形の利用に習熟していたことが、近代に入ってからの三井銀行との間での為替手形の巧妙かつ大規模な利用に繋がったことは確かであろう。明治後期に萬三商店が活動規模を急激に拡大するにあたっては、小栗家は必要資金を手形割引の形式を使って複数の近代的銀行からできるだけ有利な条件で借り入れようと努めた。とくに名古屋の大銀行本支店の背後には日本銀行名古屋支店が控えており、不足する銀行資金の調達を支援したことが注目される。小栗家が日本屈指の巨大肥料商に成長する際の資金調達ルートは、金融システムの頂点である日本銀行にまで繋がっていたのである。

半田出身の小栗冨治郎や井口半兵衛は、系譜上の断絶そのものを乗り越えようと、みずから小栗銀行や亀崎銀行を設立し、東京系・名古屋系の大資本と対決しつつ、地方財閥化の途を模索したが、大資本の壁は厚く、一九〇七年恐慌によって挫折した(29)。彼らと異なり、小栗三郎家は、自前の銀行設立には向かわず、名古屋系と東京系の大銀行本支店を利用し、さらに郡部の地方銀行・金融業者からも、もっとも有利な条件で必要資金を引き出すことに努め、それに成功した。小栗三郎家が全国屈指の肥料商に成長できたのは、まさにそうした非対決型の発展経路を辿った結果であったと言えよう(30)。

注

(1) 石井寛治『経済発展と両替商金融』有斐閣、二〇〇七年。最近の否定的見解としては、寺西重郎『戦前期日本の金融システム』(岩波書店、二〇一一年)、杉山伸也『日本経済史　近世―現代』(岩波書店、二〇一二年)があるが、いずれも石井前掲書の実証を無視している。ただし、小林延人『明治維新期の貨幣経済』(東京大学出版会、二〇一五年)になると、ようやく石井前掲書の実証を持続的発展説として評価しつつ、地域経済・銀目廃止をさらに立ち入って検討する必要を説くようになった。なお、本章の前半部分は、石井寛治「知多肥料商萬三商店の仕入決済システム」(『地方金融史研究』第四四号、二〇一三年五月)を圧縮・改訂したものである。

(2) この問題の先行研究としては、村上(西村)はつ「知多雑穀肥料商業の展開」(山口和雄・石井寛治編『近代日本の商品流通』東京大学出版会、一九八六年)があるが、取り上げた年次が限られているため、決済方法の変化の時期が明確でない。

(3) 大まかな傾向を掴むために、銀匁で示された一分未満の端数は捨象し、幕末の関西との取引の銀目表示は、両に換算してある。また、小栗家は穀類の仕入とともに三河米の販売なども行い、津や四日市では肥料の仲間取引も行っているが、ここでは問題を単純化して把握するため、それらは捨象した。

(4) 広田三郎『実業人傑伝』第四巻、一八九七年、第三篇二六丁。

(5) 斎藤善之『内海船と幕藩制市場の解体』柏書房、一九九四年、八〇‐一〇七頁。

(6) 青木瀧之助『名古屋肥物屋咄』愛知県肥料協会、一九六八年、一八〇頁。

(7) 国立国会図書館編『旧幕引継目録、諸問屋名前帳細目』湖北社、一九七八年。

(8) 岩崎宏之「明治維新期の東京における商人資本の動向」(西山松之助編『江戸町人の研究』第一巻、吉川弘文館、一九七二年)。

(9) 白崎五郎七・白崎敬之助編『日本全国商工人名録』同発行所、一八九二年。

(10) 林英夫『在方木綿問屋の史的展開』塙書房、一九六五年、第三章。

(11) 藤村潤一郎「情報伝達者・飛脚の活動」(丸山雍成編『日本の近世⑥　情報と交通』中央公論社、一九九二年)三二四頁。

(12) 前掲青木龍之助『名古屋肥物屋咄』一一三・一一九頁。

(13) 前掲石井寛治「知多肥料商萬三商店の仕入決済システム」八頁参照。

(14)　同右、九頁参照。
(15)　前掲林英夫『在方木綿問屋の史的展開』一五八・一五九頁。浜嶋木綿店は、一八五三年以降東海岸の小鈴谷村の盛田久左衛門家が半田の中野三家（半六・又左衛門・半左衛門）と協力して一八八二年まで経営しているから、この記述は厳密には誤りである（篠田寿夫「知多の在郷商人経営」（『豊田工業高等専門学校研究紀要』第一八号、一九八五年））。
(16)　中野家などの半田の酒造家と江戸下り酒問屋の間では、代金決済を現金でなく為替手形で行う慣習が早くから行われていた（日本福祉大学知多半島総合研究所・博物館「酢の里」共編著『中埜家文書にみる酢造りの歴史と文化』第五巻、中央公論社、一九九八年、二四－二五頁）。
(17)　新修名古屋市史編集委員会編『新修名古屋市史』第五巻、名古屋市、二〇〇〇年、二四六頁。
(18)　知郷店については、前掲石井寛治「知多肥料商萬三商店の仕入決済システム」一一頁を参照されたい。
(19)　小栗家による通運会社とくに熱田通運会社の盛んな利用振りについては一八七七年の「大福帳（小栗三郎）」（小栗家文書八二－四）も参照。
(20)　山本弘文『維新期の街道と輸送』法政大学出版局、一九七二年、六五頁。
(21)　もっとも、「日誌」によると、銀行との取引は、名古屋にある第十一国立銀行との取引が、一八七八年三月に始まっており、三井銀行との取引よりも早い。萬屋三郎店の店員が名古屋へ現金を持参して第十一国立銀行に関西送金を依頼しており、その点は「大福帳」の記載からも確認できる。名古屋出張は日帰りでなく二日掛かりの仕事であったから、三井銀行が半田出張店を開設したことは小栗家にとって大変便利なことだったに違いない。
(22)　実は、三井銀行半田出張所では小栗家との当座預金結約書において、一八七九年八月一二日には第七条で貸越をいっさい認めていなかったのが、八〇年四月一三日の改訂第七条では一万円の貸越を認め、同年一〇月二二日の改訂第七条では再び貸越を否認しており、貸越の方針が動揺していた（小栗家文書三三三－一〇）。
(23)　一八八四（明治一七）年一二月一五日付けの「過振借用金ノ約定」によると、公債抵当で三〇〇〇円限度の貸越を認め、八七年一二月三〇日には同様な限度が三六〇〇円になり、八八年五月四日には九〇〇〇円、八九年四月五日には五〇〇〇円と変更されつつも恒常化している（小栗家文書三三三－九、三三三－一〇）。
(24)　一八九〇年代には小栗家の「預り金」勘定（金額は本書序章の表序－12を参照）のうち銀行の比率が、各年末で〇・〇％（九

一年）、一八・九％（九二年）、一〇・一％（九三年）、二五・九％（九四年）、五六・五％（九五年）、六八・五％（九六年）と急増している（「試算表」小栗家文書五五‐九）。

(25) 借入先と年度末借入残高については、本書第10章第2節の表10‐3を参照。

(26) 白崎五郎七・敬之助編前掲『日本全国商工人名録』、鈴木喜八・関伊太郎編『日本全国商工人名録・第二版』同発行所、一八九八年、帝国興信所調査『全国金満家大番附』（『講談倶楽部』第一九巻第一号、一九二九年）。

(27) 名古屋の大銀行は、日本銀行名古屋支店の融資に依存することができ、例えば一九〇〇年の三井銀行支店、第一銀行支店、小栗銀行本店は、小栗三郎家の約束手形割引の三二％を日銀で再割引していた（小栗家文書三三五‐一一、一〇七‐五）。しかし、このように豊かな資金源があった場合でも小栗家への貸出限度はそれぞれ設定していたようである。例えば、一九〇九年一月七日付け三井銀行名古屋支店の書簡は、「来十三日頃金壱弐萬円也割引ノ義御照会相成拝承仕候、就ては無担保は現在弐万円の御取引有之候ニ付今回は壱萬円と致志餘は担保付に相願度候、尤も担保付なれば多少増額致しても御引受可申上候」（二五五‐一一‐一一‐一三三）と三万円以上の割引には担保を求めていた。担保については半田倉庫合資会社に預けた肥料などの質入証券を愛知銀行半田支店や中埜銀行半田本店が受け取ったことは言うまでもないが、第一銀行名古屋支店でも一八九九年七月から取り扱うようになり（二五〇‐四‐七〇）、三井銀行名古屋支店も一九〇七年一一月から取り扱いを始めた（二五三‐二一‐三九）。

(28) 『三井銀行史料2支店長会記録』日本経営史研究所、一九七七年、一七七・一七九頁。

(29) 小栗三郎家が、一八七〇年に半田村の豊倉屋小栗冨治郎の為替によって大阪への送金を行ったという前述の事実は、一八九八年に小栗銀行が名古屋に設立される前史として興味深い。また、小栗冨治郎の持船の船頭から身を起こした井口半兵衛は、一八九三年に亀崎町の有力者が設立した亀崎銀行に参加して取締役として活躍した。亀崎銀行については、村上はつ「知多郡・亀崎銀行の営業分析」（『地方金融史研究』第七号、一九七六年）および本書第10章を参照。

(30) 名古屋の旧特権商人と東京の中央大資本の支配下に置かれつつも彼らとの対決を避け、その資金力や流通力を利用する非対決型の発展コースが近代愛知県経済の幅広い発展の秘密を解く鍵であることについては、愛知県史編さん委員会編『愛知県史』資料編近代八、愛知県、二〇一三年、「しおり」の小論、石井寛治「近代における愛知県経済の歴史的位相」を参照。

第10章　半田・亀崎地域の「企業勃興」と有力事業家

中西　聡

はじめに――企業勃興と二つの工業化――

本章では、近代日本の地域工業化の特徴を、工業化の担い手となった地方事業家の経営展開との関連から検討することを課題とする。一般に、近代社会における民間資本による工業化には大きく二つの経路があったと考えられる。一つは、商業的蓄積や銀行借入金などを基に製造業の株式会社が設立され、設備投資や合併などを経て大企業体制が成立する過程であり、日本の産業革命を主導した綿紡績業では、主にこの経路を辿った。(1) いま一つは、生産者が自家工場に機械を導入して機械制工業生産へ展開する過程であり、後者の場合にも、設備投資資金、商取引の営業資金などで銀行の役割は重要であったが、綿紡績業ほどには企業合同は進まず、中小企業が集積して産地を形成する方向が主に見られた。近代日本では織物業・醸造業などがこの経路を辿ったと考えられる。(2) おそらく、こうした二つの経路が地域経済のなかに併存しており、両者の関係のあり方に地域の工業化の特徴が現われると考えられる。本章では、近現代を通して製造業が急速に発展した愛知県の産業化の特質を考察すべく、愛知県のなかで工業化が早期に進んだ知多半島（知多郡）の半田・亀崎地域を取り上げ、小栗三郎家も含めてそこでの有力事業家の事業展開を検討する。そしてそれを地域経済との関係で論ずる際に、本章では、地域性、業種、経営主体の志向性の三点に留意する。

地域性では、中央と地方の関係に着目する。愛知県知多郡は、近世期は尾張藩領であったが、名古屋城下との経済的つながりは相対的に弱く、海運を通して江戸と直接結び付き、近代以降も一八九〇年代前半までは、三井銀行半田支店が開設され、東京との結び付きが強かった。しかし、一八九四（明治二七）年に三井銀行半田支店が閉鎖されると、その後名古屋の銀行とのつながりが強くなり、特に名古屋の大都市化が進むにつれて、名古屋の経済的地位も高まり、九八年に半田の有力資産家の小栗冨治郎が名古屋に小栗銀行を開設するなど、九〇年代末から知多郡と名古屋の経済的関係が強まった。その意味で、東京や名古屋との関係も含めて、知多郡の地域経済の展開を考察する。

業種面では、小栗三郎家が肥料商としての商人的性格と醸造業者としての生産者的性格の両方を兼ね備えていたことに留意する必要があり、同家は製造業者でありつつ販売網の拡大に非常に熱心であった。半田の醸造業者には、中埜一族が中埜酒店など販売会社を設立したり、小栗冨治郎がもともと海運業者で遠隔地間商業を積極的に行っていたことなど、全体的に商人的性格と生産者的性格の両方を兼ね備えた要素が強く、それが半田醸造業のマーケティング力ともなっていた。むろん、そのなかでも、醸造経営よりもむしろ海運経営や銀行経営に比重を置いていた小栗冨治郎家や、酢醸造生産を積極的に拡大して醸造業者として著名となった中埜又左衛門家など、商人的性格と生産者的性格の比重については経営主体により多様であるが、生産者的要素をもっていなかった大阪府貝塚の米穀肥料商廣海惣太郎家の事例とは、異なる経過を辿るであろうと考えられる。

もっとも、業種面で類似の性格をもつ半田の資産家がいずれも同様の経営志向性を示したわけではなく、名古屋で銀行を設立し、名古屋経済界に積極的に進出した小栗冨治郎家と、銀行経営には全く関与せず、金融面では東京・名古屋や地元の銀行を主に利用し、半田に醤油と大豆粕製造工場を構えて明治期は醤油や肥料の販路を主に名古屋以外の地方へ求めた小栗三郎家では、経営のリスクの考え方にかなり相違があったと考えられ、それが後述するように一九〇七年恐慌を契機に大きな分岐点として現われ、半田の地域経済にも大きな影響を与えることとなった。その意味で、有力事業家の経営志向性と地域経済の関係は重要な論点となろう。

第1節　知多郡の「企業勃興」概観

近代日本では、松方デフレ後の一八八〇年代後半に会社設立ブーム＝企業勃興現象が紡績業・鉄道業などを中心として生じたが、知多郡の会社設立ブームは、九〇年代後半の日清戦後ブームのなかで生じた(9)。知多郡では、一八八〇（明治一三）年前後に第百三十六国立銀行・半田銀行など地元銀行が設立されたが、同時期に東京の三井銀行半田出張所（のちに支店）や伊藤銀行半田支店（のちに第百三十四国立銀行半田支店）などが開設され、東京・名古屋の銀行が半田に進出したことで、地元銀行は廃業に追い込まれた(10)。そのため、一八八〇年代後半の会社設立ブーム期に銀行が設立されることはなく、九〇年代前半に三井銀行が支店の統廃合を進めるなかで、前述のように九四年に同行半田支店も閉鎖された。そのなかで再び地元銀行設立の機運が高まり、伊東孫左衛門・新美昇平・井口半兵衛など表序-7に見られた亀崎の有力資産家を発起人として、一八九三年に亀崎銀行が設立された。設立時には半田から小栗冨治郎が取締役として加わったが、上位株主のほとんどが亀崎の資産家であり、亀崎の総力を挙げた銀行設立であった(11)。亀崎銀行は亀崎を拠点として展開された米穀・肥料取引のための金融機関としての役割を果たし、半田出張店も設けられた。同行の増資も順調に行われ、一八九七年には資本金八〇万円が全額払い込まれた。

表10-1を見よう。一八九五年時点の知多郡の主要会社のなかで亀崎銀行は圧倒的地位を占め、それに続く規模の

表10-1　1895年時点知多郡主要会社一覧

（単位：万円）

会社名	創業年	所在	資本金	主要役員
亀崎銀行	1893	亀崎	28.0	（頭）天野伊左衛門、（取）伊東孫左衛門、新美昇平、井口半兵衛、小栗冨治郎、稲生治右衛門
伊東倉庫合名	1893	亀崎	[7.0]	（社員）伊東郁三郎、伊東源四郎
半田汽船	1881	半田	5.0	（専）田中清八、（取）竹本英一、小栗平蔵
陶栄	1886	常滑	3.0	（社）関栄助、（取）瀧田幸重、渡邊増右衛門
大野木綿	1891	大野	3.0	（専）小嶋嘉兵衛、（取）磯村源蔵、萩原宗平、須田六右衛門、中村伊助
北倉合資	1892	小鈴谷	2.4	（社員）神谷伊兵衛、前野治郎吉
東海航業合資	1893	坂井	[2.2]	（社員）山本清助、天木嘉祐、神谷伊兵衛
夏目製造	1889	野間	2.0	（専）夏目甚七、（取）夏目仲助、森下長五郎
尾白	1892	大野	[2.0]	（専）宮嶋辰之助、（取）鈴木藤次郎、吉峰治右衛門
陸井合資	1890	坂井	[2.0]	（社員）陸井太右衛門
半田米油取引所	1894	半田	1.5	（理長）小栗平蔵、（理）田中清八、竹本英一、永井松左衛門
衣浦貯金銀行	1895	亀崎	1.3	（専）伊東孫左衛門、（取）新美昇平、岡本八右衛門、盛田久左衛門
内海帆走船	1887	内海	[1.3]	（専）内田七右衛門、（取）大岩甚三郎、内田七郎兵衛
半田倉庫合資	1892	半田	[1.0]	（社員）小栗三郎、中埜半助
西倉合資	1893	坂井	[1.0]	（社員）陸井麗次郎、細見京之助
中仁酒造合資	1893	半田	[1.0]	（社員）岩間平助
共同合資	1894	半田	[1.0]	（社員）小栗三郎、榊原孝助
石根合資	1894	乙川	[0.1]	（社員）竹内健太郎
野間商船	1891	野間		（専）夏目仲助、（取）森田伊助、森下長五郎
井口商会合名	1893	亀崎		（頭）井口半兵衛、（取）小栗冨治郎、伊東孫左衛門
丸登合名	1893	常滑		（社員）堀井芳吉、渡邊福三郎、八木英吉
小野平松合名	1893	荒尾		（社員）小野幸七、平松良太郎

（出所）由井常彦・浅野俊光編『日本全国諸会社役員録』第1巻、柏書房、1988年より作成。

（注）資本金は払込資本金で、払込資本金が不明の場合は、名目資本金額を［　］内に示した。主要役員欄の、（頭）は頭取、（取）は取締役、（社員）は業務担当社員、（専）は専務取締役、（社）は社長、（理長）は理事長、（理）は理事を示す。取締役または理事以上の主要役員を示した（以下の各表とも同じ）。1895年1月現在の状況を示すと考えられる。数値は表に示した最小の桁の1つ下位の桁を四捨五入して示した（以下の各表とも同じ）。

会社が、亀崎の伊藤倉庫合名会社であり、企業勃興の初発の段階では、亀崎が重要であった。また、同時点の諸会社の多くが、合資・合名会社であり、当初は株式会社の設立が低調であったことも知多郡の企業勃興の特徴であった。

一方、半田では、丸三麦酒会社・知多紡績会社が一八九六年に設立され、ようやく本格的な企業勃興が開始した。特に、両社ともに役員の大部分が半田の資産家で、半田の企業勃興は地元資本によって担われた。例えば、丸三麦酒会社は親戚関係にあった半田の中埜又左衛門家と小鈴谷の盛田久左衛門家が中心となっ

表10-2　1903年時点知多郡主要会社一覧

（単位：万円）

会社名	創業年	所在	資本金	主要役員
亀崎銀行	1893	亀崎	80.0	（頭）天埜伊左衛門、（取）井口半兵衛、稲生治右衛門、倉橋源兵衛
知多紡績	1896	半田	64.0	（社）小栗冨治郎、（専）端山忠左衛門、（取）小栗三郎、小栗平蔵、小栗七左衛門、中埜半助、石黒礼吉
丸三麦酒	1896	半田	60.0	（社）中埜又左衛門、（常）小栗平蔵、盛田善平、（取）盛田久左衛門、中埜半左衛門、中埜半六、中井半三郎
知多航業	1896	坂井	20.0	（社）天木嘉祐、（副）森下長五郎、（取）山本清助、久野藤助、盛田久左衛門
中埜銀行合名	1901	半田	20.0	（頭）中埜半左衛門、（専務理事）中埜良吉、（理事）中埜半六、中埜又左衛門
盛田合資	1898	小鈴谷	10.0	（社員）盛田久左衛門
大野油商	1893	大野	7.7	（社）片山茂助、（取）中村伊助、杉山利兵衛
衣浦貯金銀行	1895	亀崎	5.0	（専）伊東孫左衛門、（取）井口半兵衛、盛田久左衛門、新美治郎八
知多貯蓄銀行	1896	野間	5.0	（頭）夏目仲助、（取）夏目平三郎、伊藤嘉七、天木嘉祐、石黒礼吉、岩本弥左衛門
陶栄	1886	常滑	4.4	（専）関幸助、（取）渡邊安太郎、澤田四郎兵衛
尾張土管	1886	武豊	3.5	（社）丹羽精五郎、（専）久田豊三郎、（取）山田長作
野間商船	1891	野間	3.5	（社）夏目仲助、（取）森下長五郎、細見京之助
常滑貿易	1886	常滑	3.0	（会長）竹村仁平、（専）伊藤敬四郎、（取）杉江彦四郎、伊奈初之丞
陸井合資	1890	坂井	3.0	（社員）陸井太右衛門
竹内商店合名	1900	成岩	3.0	（社員）竹内佐次右衛門
西浦木綿商会合資	1902	大野	3.0	（社員）小島嘉兵衛、須田六右衛門、萩原宗平
中埜醤油店合資	1903	半田	[3.0]	（社員）榊原孝平、榊原孝助

（出所）前掲由井常彦・浅野俊光編『日本全国諸会社役員録』第7巻より作成。

（注）資本金は払込資本金で、払込資本金が不明の場合は、名目資本金額を［　］内に示した。主要役員欄は表10-1の注を参照。（副）は副社長、（常）は常務取締役を示す。1903年1月現在の状況を示すと考えられる。払込資本金額が3万円以上の会社を示した。

て設立され[12]、小栗三郎も監査役として設立に加わった。そして知多紡績会社[13]は、地元知多綿織物業への原料糸供給のために半田の有力資産家の総力を挙げて設立され、小栗三郎家も主要株主として設立当初より取締役として経営に加わった。同じ時期に亀崎でも紡績会社設立の動きがあったが、株式払込がうまく進まず、工場設立に至らずに解散された。そのため、表10-2のように一九〇三年時点の知多郡の製造会社では、半田の丸三麦酒と知多紡績が圧倒的地位を占めた。

　知多紡績の生産量はある程度順調に増大したが、供給先の知多綿織物業が一九〇〇～〇一年の恐慌の影響で一九〇〇年代前半の生産が伸び悩み、知多紡績の収益は不安定であった。そのため知多紡績は製品市場を輸出に求めたが、それには大紡績会社のブランド力が必要であり、結果的に一九〇七年に三重紡績会社と合併した[14]。丸三麦酒の収益も不安定でたびたび当期損益で損失を計上し、麦酒業界全体が大企業への合同が進むなかで、丸三麦酒は一九〇六年に根津家を中心とする関東資本に買収されて日本第一麦酒となり、本社は東京へ移転した（社名変更ののち最終的に大日本麦酒に合同[15]）。

相次いで半田の大規模製造会社が他地域の大資本に吸収されるなか、一九〇七年恐慌の影響を受けて亀崎銀行も破綻した[16]。その発端は、小栗冨治郎が名古屋に設立した合名会社小栗銀行が臨時休業したことで、小栗冨治郎が亀崎銀行取締役の井口半兵衛と関係が深いとされ、亀崎銀行も休業に追い込まれた。これを契機に小栗冨治郎家は没落し、亀崎銀行も営業を再開したが、営業規模は激減し、一九一二（大正元）年度には資本金を二〇万円に減額した。その結果、翌一三年の知多郡の主要会社は中埜銀行・中埜酒店・亀甲富醤油など中埜一族の会社が占め（後掲表10－11）、中埜銀行が地域金融の担い手となった。

第2節　亀崎銀行・知多紡績と小栗三郎家

(1)　亀崎銀行の設立と小栗三郎家

前述のように、半田・亀崎地域の企業勃興で重要な役割を果たしたのが、亀崎銀行と知多紡績であったので、本節では、亀崎銀行・知多紡績と小栗三郎家がどのように関わったかを検討する。まず亀崎銀行に関しては、小栗三郎家はその役員にはならなかったものの、株主となっており（本書第1章を参照）。また亀崎銀行の設立は、本格的な地元金融機関の設立を意味し、小栗三郎家も亀崎銀行を積極的に利用した。序章で触れたように、小栗三郎家は一八九

表10-3　小栗三郎家年度末銀行借入残額の推移（借入銀行別）

（単位：円）

期末年月	三井銀行半田支店	第百三十四国立銀行→愛知銀行半田支店	亀崎銀行半田出張店	第一銀行名古屋支店	岡崎銀行	名古屋銀行	中埜銀行	個人（手形割引のみ）	合計
1892・12	7,690								7,690
1893・12	4,400								4,400
1894・12	三井銀行	19,000							19,000
1895・12	名古屋支店	24,000	46,000						70,000
1896・12	5,000	47,700	36,000					2,500	91,200
1897・12	20,000	125,000	13,000	3,800					161,800
1898・12	20,000	71,000							91,000
1899・12	11,000	83,000	10,000						104,000
1900・12	5,325	61,500	5,000	18,376					90,201
1901・12	7,000	39,000	5,000	6,005	17,000	16,000		18,000	108,005
1902・12	13,450	20,000	16,000	32,430	10,000	40,000	15,000	10,000	156,880
1903・12	31,200		5,000	35,880	25,100	39,000	10,000	15,000	166,180
1904・12	22,000	20,000	10,000	25,000		23,000		15,000	140,000
1905・12	29,500		10,000	17,000	10,000	5,000	85,000	15,000	171,500
1906・12	40,000	15,000			30,000	30,000	80,000	10,000	205,000
1907・12	9,500	40,000			35,000		70,500	10,000	165,000
1908・12	20,000	10,000					30,000	15,000	75,000
1909・12	80,000	30,000					50,000	10,000	170,000
1910・12	40,000	30,000					60,000		130,000
1911・8	45,000	40,000					50,000		135,000
1915・8	60,000	15,000							75,000
1922・8		130,000							130,000
1926・8	58,000	100,000							158,000

（出所）　明治28・30・32・34・39・44・大正4・10年「台帳」（以上、小栗家文書）より作成。

（注）　銀行欄の→は、合併等による銀行名の変更。表で示した外に1904年度末に25,000円の鴻池銀行からの借入残額があった。なお、銀行借入の方法として通常の担保付借入と約束手形割引があり、それらをまとめて示したが、個人からの借り入れは、手形割引を行った分について、金融業務を行なう相手として示した。

〇年代後半～一九〇〇年代は銀行からの借入金で経営規模を拡大させたが、その契機が亀崎銀行の設立にあったと考えられる。実際、表10-3を見ると、一八九五（明治二八）年度末には、亀崎銀行からの借入金残額は四万六〇〇〇円に上っている。

ところが、一八九六年に半田で丸三麦酒・知多紡績が設立され、知多郡の企業勃興の中心が半田に移るとともに、小栗三郎家は亀崎銀行からの借入を徐々に縮小し、名古屋に本店のある愛知銀行半田支店からの借入を増大させた。そして、三井銀行とも名古屋支店を通して関係を再開し、一九〇〇年代には、三井銀行・第一銀行など東京の大銀行との取引の比重が増

表10-4　小栗三郎家1896年銀行借入金一覧

（単位：金額は円、年利は％）

月日	銀　行	金　額	形態	目　的	年 利	返済期日	返済日	備　　考
3・	亀崎（半田）	14,000	借入	借換	9.67	5月	3月19日～4月14日	
4・	亀崎（半田）	14,000	借入	借換	8.76	6月	5月2・8日	
4・18	亀崎（半田）	10,000	借入	本店・借換	8.03	6月20日	5月11日・6月20日	
5・	亀崎（半田）	13,000	借入	借換	8.03	7月	8月2日	
6・3	亀崎（半田）	10,000	約手	本店	8.40	8月20日・9月3日	8月21日・9月3日	
6・19	亀崎（半田）	10,000	借入	本店	8.58	9月30日	9月30日	
6・20	亀崎（半田）	6,000	借入	借換	8.40	10月31日	10月31日	
6・20	亀崎（半田）	10,000	借入	本店	8.58	11月30日	12月1日	
8・2	亀崎（半田）	13,000	借入	借換	8.58	翌1月	翌2月1日	
8・10	百三十四（半田）	6,650	約手	本店	8.40	11月1日	11月6日	担保：鯡〆粕1,030本
8・11	百三十四（半田）	3,400	約手	本店	8.40	10月15日	10月15日	無担保
8・13	三井（名古屋）	5,000	約手	本店	10.22	9月10日・21日	9月10日・21日	無担保
8・13	第一（名古屋）	2,500	約手	本店	9.49	10月31日	10月31日	無担保
8・17	百三十四（半田）	7,000	約手	本店	8.03	10月5日・20日	翌10月5日・20日	無担保
8・18	百三十四（半田）	3,000	借入	本店	10.22	10月31日	10月31日	
8・21	亀崎（半田）	3,000	借入	借換	9.13	翌2月20日	翌2月25日	
8・22	三井（名古屋）	8,000	約手	本店	10.22	10月10日・11月2日	10月10日・11月2日	無担保
8・22	第一（名古屋）	5,000	約手	本店	10.22	11月19日	11月19日	無担保
8・25	亀崎（半田）	3,000	借入	本店	9.49	翌2月	翌5月1日	期限延長（利率同）、翌4月20日
9・3	亀崎（半田）	7,000	借入	借換	8.76	12月10日	12月12～16日	
9・8	亀崎（半田）	1,000	借入	本店	9.13	12月10日	12月12日	
9・11	百三十四（半田）	3,800	約手	本店	9.13	10月15日	10月15日	無担保
9・14	百三十四（半田）	3,000	借入	本店	9.86	11月15日	11月17日	
9・14	亀崎（半田）	5,000	借入	本店	8.03	12月30日	12月11日	
9・15	百三十四（半田）	3,000	借入	本店	9.86	11月15日	12月31日	期限延長（11.68）、12月31日
9・16	百三十四（半田）	4,000	借入	本店	9.86	11月30日	12月14日	担保：鯡〆粕1,834俵
9・18	亀崎（半田）	2,000	借入	本店	9.49	12月3日	12月12日	

9・21	愛知	5,000	約手	他行・本店	10.22	10月26日	10月26日	担保：鯡〆粕850本
9・21	亀崎（半田）	3,000	借入	本店	10.22	12月3日	12月4日	
9・30	亀崎（半田）	10,000	借入	借換	9.86	翌3月	翌6月	期限延長（9.125）、翌5月31日
10・7	百三十四（半田）	4,000	約手	本店	10.59	11月6日	11月6日	無担保
10・10	三井（名古屋）	5,000	約手	借換	11.32	10月31日	10月31日	
10・15	百三十四（半田）	7,200	借入	借換	10.95	12月	翌2月5～9日	期限延長（12.2275）、翌2月10日
10・21	百三十四（半田）	3,500	約手	借換		12月15日	12月15日	
10・26	愛知	5,000	約手	借換	10.59	翌1月15日	翌1月16日	担保：鯡〆粕850本
10・31	亀崎（半田）	4,000	借入	借換	10.95	11月	翌2月25日	期限延長（利率同）、翌2月25日
11・6	百三十四（半田）	7,000	約手	借換	11.68	翌1月	翌2月1日	担保：鯡〆粕1,030本
11・25	百三十四（半田）	10,000	借入	本店	11.32	翌1月29日	翌1月27日	
12・1	亀崎（半田）	3,000	借入	借換	11.32	翌2月28日	翌3月1日	
12・12	愛知	5,000	約手	他行	11.68	翌2月10日	翌2月10日	担保：鯡〆粕608俵、栗子400俵
12・15	百三十四（半田）	3,500	約手	借換	11.68	翌1月10日	翌1月11日	
12・29	三井（名古屋）	5,000	約手	本店	10.95	翌2月10日	翌2月10日	
12・29	愛知	10,000	約手	本店	11.68	翌2月15日	翌2月15日	担保：鯡〆粕1,550俵、栗子350俵

（出所）明治28年・30年「台帳」、明治27年「金銭出入振替日記帳」、明治29～32年「戻り証券」（以上、小栗家文書55-7、75-8、55-1、153-26）より作成。

（注）1896年に借り入れた借入金（借り換えを含む）のみを示した。銀行名の後ろの括弧内は支店・出張所名。形態の約手は、約束手形割引での借入。目的欄は、借り入れた日の金銭出入りよりその目的を推定したもので、借換は、借入金の借り換え、本店は、小栗家本店が使用、他行は、他の銀行からの借入金返済に充当を示す。年利は、史料では日歩で示されたものを年利に換算した。同日に同銀行から借り入れて、金利も同じものはまとめて示した。その場合、返済期日が異なった場合は、それぞれを返済期日欄に示した。備考欄の期限延長は、返済期日において返済期限が延長されたことを示し、括弧内は延長後の金利を示した。担保については、判明したもののみ備考欄に示した。

大した。一九〇〇年代の銀行借入の増大は、小栗三郎家が振り出した約束手形を銀行に割り引いてもらう形が中心であり、東京の大銀行と並行して、名古屋銀行との取引も増大し、また亀崎銀行との関係も少ないながらも継続していた。これらの諸銀行からの借入の条件は一回ごとに期間と金利が異なっていたので、その様相を表10－4で示す。

この表では、亀崎銀行からの借入が増大し始めた一八九六年の銀行借入金を一覧した。この年の小栗三郎家は、亀崎銀行半田出張所のほかに第百三十四国立銀行（一八九六年より愛知銀行）半田支店、三井銀行名古屋支店、第一銀行名古屋支店から借入を行っていたが、遠方の三井銀行・第一銀行からは約束手形割引による借入（無担保、利息前払い）、地元の亀崎銀行・第百三十四国立銀行からは通常の借入（利息後払い）で行われた。通常の借入では担保が供されたと考えられるが、萬三商店の商業のための金融と考えられ、鯡粕（魚肥）が担保に供されていた。先行研究でも、亀崎銀行の貸付金担保に供されたのは、一八九〇年代は、米穀・肥料などの商品、一九〇〇年代からは次第に株券・地所・建物が多くなったことが明らかにされている。[17] 貸付金利率は、三井銀行・第一銀行など東京の銀行と、亀崎銀行・第百三十四国立銀行など地元の銀行では異なり、前者の金利が総じて高く貸付期間も短かった。

一八九〇年代前半の銀行借入が、三井銀行や第百三十四国立銀行からが中心であったのに対し、[18] 亀崎銀行からの借入が九五年から増大した要因は、同銀行の弾力的な対応にあったと考えられ、返済が間に合わなかった際に、返済期限延長に亀崎銀行は応じており、第百三十四国立銀行が返済期限を延長した際に金利を上げたのに対し、亀崎銀行は金利を据え置いたり、市場状況に応じて金利を引き下げたりしていた。とは言え、無担保での手形割引による借入も、短期的に資金が足りない際には魅力的であり、小栗三郎家は、資金状況に応じて、金利・形態などを考慮に入れて複数の銀行から借り入れ続けたと言える。

その後、一九〇〇年代になると、銀行借入の形態が、手形割引に一本化され、さらに多くの銀行から小栗三郎家は借入を行うようになった。表10－5を見よう。一九〇五年になると、亀崎銀行からの借入金はかなり少なくなり、代わりに〇一年に地元半田で中埜銀行が開業したことで、中埜銀行からの借入が増大した。萬三商店では、秋から年末にかけて肥料取引の決済で資金需要が増大するが、例えば一九〇五年では、一〇月一一日に三万五〇〇〇円、一一月四日に五万円、一二月六日に六万円と多額の資金を、小栗三郎家が中埜銀行から借りて萬三本店に渡していた。中埜銀行の金利が低かったわけではなく、この時期は、三井銀行や第一銀行は除き、愛知県の銀行が比較的同じ貸付金金利を付けるようになっており、むしろ貸付期間で各銀行が差別化を図っていた。その点で、中埜銀行は状況に応じて

表10-5　小栗三郎家1905年銀行借入金一覧

（単位：金額は円、年利は％）

月日	銀行	金額	目的	年利	返済日
1・9	中埜	10,000	他行	8.03	1月31日
1・12	第一	9,700	他行	7.67	4月5・10日
1・15	深田	10,000	借換	8.03	3月15日
1・20	名古屋	9,000	他行	8.03	3月20日
1・31	中埜	5,000	借換	8.40	3月25日
1・31	第一	5,000	他行	8.03	3月31日
2・7	名古屋	10,000	他行	8.03	4月15日
2・7	第一	7,000	他行	7.67	4月29日
2・13	岡崎	13,000	他行	8.40	4月20日
3・2	鴻池	8,000	本店	6.94	4月26日
3・2	三井	8,000	他行	7.30	5月5日
3・9	鴻池	13,000	他行	6.94	5月2日
3・15	深田	10,000	借換	7.67	5月15日
3・27	三井	5,000	本店	7.30	5月18日
3・31	三井	5,000	他行	7.12	6月17日
4・20	第一	15,000	他行	7.30	6月5・24日
4・26	深田	10,000	他行	8.03	6月26日
4・27	三井	10,000	本店	7.67	6月10・17日
4・29	中埜	5,000	他行	8.76	5月31日
5・2	第一	12,000	他行	7.67	7月20・26日
5・15	深田	10,000	借換	8.40	6月30日
5・30	三井	7,500	本店	7.85	7月26日
5・30	名古屋	20,000	本店	8.40	7月31日
5・30	第一	8,000	本店	8.40	8月25日
5・31	中埜	10,000	借換・本店	8.40	6月29日
5・31	愛知	10,000	本店	8.40	7月10・15日
6・10	第一	10,000	他行・本店	8.40	8月19日
6・24	三井	8,000	他行	8.58	8月11日
6・26	中埜	8,000	他行	9.49	7月7日
6・29	三井	5,000	他行	8.76	8月22日
6・30	深田	10,000	借換	8.76	8月5日
7・10	名古屋	10,000	本店・他行	9.86	9月2日
7・31	名古屋	5,000	借換	9.49	9月15日
7・31	三井	5,000	他行	8.94	9月25日
7・31	第一	10,000	他行	9.13	10月14日
8・23	三井	10,000	本店	9.49	10月20日
8・23	深田	10,000	本店	9.49	10月31日
8・23	第一	10,000	本店	9.49	11月4日
8・24	中埜	15,000	本店	9.86	9月5日～10月25日

月 日	銀 行	金 額	目 的	年 利	返済日
8・25	亀崎	5,000	本店	9.86	9月23日
8・25	愛知	5,000	本店	9.86	10月23日
8・25	三井	5,000	本店	9.49	10月23日
8・25	第一	5,000	借換	9.49	11月15日
9・2	深田	5,000	他行	9.49	10月31日
9・16	中埜	20,000	本店	9.86	9月30日～10月18日
9・18	名古屋	10,000	本店	9.86	11月20日
9・18	岡崎	10,000	本店	9.86	11月30日
9・20	亀崎	5,000	本店	9.86	10月25日
10・11	中埜	35,000	本店	9.13	10月31日～11月25日
10・14	岡崎	10,000	本店	9.86	12月7日
10・14	三井	10,000	他行	9.31	12月12日
10・23	名古屋	10,000	他行	9.49	12月20日
10・31	深田	15,000	借換	9.49	翌1月9・29日
11・4	中埜	50,000	本店	9.13	11月22日～12月25日
11・4	三井	15,000	本店・他行	9.13	12月18・28日
11・6	亀崎	10,000	本店	9.49	12月4日
11・6	愛知	15,000	本店	9.49	12月30日
11・8	名古屋	5,000	本店	9.49	翌1月15日
11・8	第一	10,000	本店	9.13	翌1月20日
11・20	第一	7,000	他行	9.13	翌2月12日
11・30	岡崎	10,000	借換	9.86	翌1月18日
12・6	亀崎	10,000	本店	9.86	翌1月10日
12・6	中埜	60,000	本店	9.13	翌1月13日～2月10日
12・7	名古屋	10,000	他行	9.13	12月28日
12・9	三井	9,500	他行	8.94	翌2月20日
12・15	三井	10,000	他行	8.94	翌2月12日
12・25	中埜	15,000	本店・借換	9.49	翌2月12日
12・28	中埜	10,000	他行	9.49	翌2月15日
12・30	三井	10,000	他行	8.94	翌3月5日

（出所） 明治37年「台帳」、明治36・38年「金銭出入帳」（以上、小栗家文書107-7・3・4）より作成。

（注） 1905年に借り入れた借入金（借り換えを含む）のみを示した。銀行借入の形態は、いずれも手形割引。銀行名の深田は、岡崎の金貸業者の深田三太夫。目的欄は、借り入れた日の金銭出入りよりその目的を推定したもので、他行は他の銀行からの借入金返済に充当、本店は本店が使用、借換は借入金の借り換えを示す。年利は、史料では日歩で示されたものを年利に換算した。同日に同銀行から借り入れて、金利も同じものは、まとめて示した。その場合、返済期日が異なった場合は、それぞれについて返済日を示した。本年の借入金はすべて、返済期日かその数日前に返済されていたため、返済日を示した。

弾力的に返済期限を設定しており、また萬三商店の資金需要が増大した時期は、他の商人にとっても資金需要が増大した時期と考えられ、小栗家が名古屋の銀行から必要な借入金をすべて調達するのは困難であった状況もあり（本書第9章を参照）、立地条件も含めて萬三商店にとって利用し易かった中埜銀行に頼ることになったと考えられる。こうして、小栗三郎家は多くの銀行を使い分けることで、より有利な条件の銀行と取引することに成功したと言えよう。ただし、一九〇〇年代後半は取引銀行を絞り、地元の中埜銀行、名古屋の愛知銀行の半田支店、三井銀行名古屋支店に集中させたため、一九〇七年恐慌による亀崎銀行の破綻の影響を免れることができた。

その後、一九一〇年代になると商業収益が急増し、銀行からの資金借入の必要が減少したため、表序－12では一〇年代に預り金の額は減少した。一九一〇年代後半から預り金が再び急増するが、その内容は、銀行借入金よりはむしろ地元の個人から資金を預かって運用した部分が多く[19]、表10－3と表序－12を比較すると、預り金残額全体のうち手形割引による銀行借入残額は、一九一五（大正四）年度末時点では、約一六万円のうち七万五〇〇〇円に過ぎず、二二年時点でも、約三四万円のうち一三万円に過ぎなかった。

(2)　知多紡績の設立と小栗三郎家

小栗三郎家と地域社会の企業勃興との関連は、一八九二（明治二五）年に半田倉庫合資会社が設立された際に業務担当社員となったのが最初で、九四年に小廻りの廻漕業を目的とする共同合資会社設立に際しても業務担当社員となった。半田地域の企業勃興で重要なのは、一八九六年の知多紡績会社と丸三麦酒会社の設立で、知多紡績は資本金一〇〇万円、丸三麦酒は資本金六〇万円と、当時の半田地域の会社のなかでは飛びぬけて規模が大きく、両社ともに近代的な工場設備をもち、半田地域での機械制大工業の幕開けと考えられる。この両社に対してともに小栗三郎家は発起人となり、特に知多紡績に対しては、連日設立事務所に通うとともに、主要株主として設立時に取締役となった[20]。

表10-6を見よう。丸三麦酒の設立は、一八九六年四月より具体化し、丸三麦酒の発起人会が四月一五日に開催され、小栗三郎も出席した。ただし、麦酒会社への関与は名前貸し程度であったと考えられ、小栗家「日誌」への丸三麦酒設立に関連した記載は、その後は七月一〇日・八月三〇日の発起人会主人出席、九月六日の株主総会主人九三竹吉出張、九月二二日の認可の旨電報、一〇月五日の発起人総会主人出席などに止まった。これに対し、知多紡績の設立には小栗三郎家が全力を挙げて取り組んだと考えられる。

発端は、一八九六年七月末に小栗冨治郎・小栗平蔵が小栗三郎に紡績会社設立の相談をしたことで、最初の発起人会が同年八月九日に開かれ、創立委員として小栗三郎も選ばれた。八月一六～一七日には、発起人協議会が徹夜で開かれ、八月二〇日には、会社設立後に専務取締役となり実際に経営を担った端山忠左衛門に会見している。申請書の免許が下りると、知多紡績株の募集に、小栗三郎家の店員（常助、八三郎、吉太郎）を下碧海郡へ出張させた。株式募集はうまくいったと思われ、九月一六日にその慰労会が開かれたが、同時期に亀崎でも紡績会社設立運動が進められており、それも意識していたことが、九月一五日の記述から分かる。九月二四日の創立委員集会には、三郎の代理として三郎治（三郎の娘婿）が出席している。一〇月一一日に株主総会が開催され、一息ついたものの、工場の場所が次の問題となり、工学博士の谷口氏を招いて意見を聞いている。そして最終的に、知多紡績会社重役のなかで小栗冨治郎・小栗平蔵・小栗三郎が年末に上京して、重要案件を決めてきたと考えられる。

一八九七年の「日誌」が残されていないため、その後の経緯は不明であるが、九八年の「日誌」によると[21]、紡績会社開業後は、三郎は重役会・総会に出席するものの、連日会社に出頭することはなく、事務所の移転や取引銀行の件など、重要な案件が生じた際に紡績事務所へ出頭していた。その形態はその後も続き、一九〇六年一〇月末から一一月初めに頻繁に重役会が開催され、知多紡績の三重紡績への合併が内々に決められたようである。一九〇六年一一月一八日には、知多紡績重役陣を小栗三郎家の山荘に招いて慰労会を催し、〇七年八月六日には、三重紡績の関係者を

表10-6　小栗三郎家「日誌」にみる知多紡績・丸三麦酒の創立

年月日	内　容
1896・3・28	丸三ビール会社株式組織にするに発起人の依頼ある
1896・4・6	中埜ビール会社株式組織に変更にて発起人に賛成百株
1896・4・12	丸三麦酒会社の定款送付し来る
1896・4・15	丸三麦酒会社発起人会餅文亭にて開会に付午前十時より主人出席す 出席者左の如し、主唱者千株（政助・善平・良吉・平助）、冨治郎三百株、清八中井各弐百株、半六弐百株、半左衛門弥左衛門三郎半助各百株、右出席、不出者、純平平蔵各百株、創立委員投票を以て主唱者の外、右の三名を設、小栗冨治郎、田中清八、中埜半左衛門
1896・5・14	丸三麦酒会社発起申請をなし、郡役所調印済本省へ進達の旨回章を以て通知あり、但し盛田久左衛門百株加入聞きたる旨
1896・6・30	丸三株二十個取次口を以て申込
1896・7・1	丸三ビール株店員二十一株申込
1896・7・10	丸三ビール会社発起人総会にて主人餅文亭へ出頭
1896・7・29	小栗冨治郎・同平蔵、紡績会社設立の件にて協議来る
1896・8・9	紡績会社設立の件、冨治郎氏にて発起人会開設、主人出席 創立委員の選挙、資本金額其他の要件を議了す 委員長冨治郎、常務委員清八平蔵、平委員半助三郎当選
1896・8・16	知多紡績会社発起人餅文亭にて協議会主人出席、徹夜翌午前八時まで
1896・8・18	主人紡績会社設立の件、商業倶楽部へ行く
1896・8・20	知多紡績会社の件にて主人餅文へ出張、餅文に於いて石黒礼吉、端山忠左衛門に会見す
1896・8・21	知多紡績会社申請書、去十七日土肥堆九郎出京、本免許の旨電報あり
1896・8・23、8・24、8・25	主人紡績事務所へ出張
1896・8・26	常助、紡績株運動に下碧海郡へ出張、主人紡績事務所へ出張
1896・8・27	八三郎常助、下碧海・吉良、紡績運動に出張、吉太郎、紡績運動に下碧海へ
1896・8・27、8・28、8・29	主人紡績事務所へ出張
1896・8・30	麦酒創立発起人会、主人出席午後4時より、麦酒会社発起人会議件は来月六日創業総会に発すべき議案の審議は創業会の決議を以て協議会を開きたる、欠席者小栗平蔵氏中井半三郎氏の両氏なり
1896・8・30、8・31、9・1、9・2、9・3、9・4	主人紡績事務所へ出張
1896・9・5	知多紡績会社株〆切致し、主人出張
1896・9・6	丸三麦酒株式会社株主総会に付、主人九三竹吉出頭
1896・9・7、9・8、9・10、9・13、9・14	主人紡績事務所へ出頭
1896・9・15	主人紡績事務にて餅文亭へ、亀崎紡績株〆切の日限
1896・9・16	知多紡績会社運動の慰労会餅文亭にて宴会、主人九三出席
1896・9・17、9・18	主人紡績事務所へ出張
1896・9・22	丸三麦酒会社認可の旨電報を以て、中埜又左衛門、半六、半左衛門、純平、平蔵、良吉、冨治郎、清八、三郎、半助、政助、通知
1896・9・24	知多紡績事務所創立委員集会、三郎治出席
1896・9・28、9・29、9・30、10・1、10・2、10・3	主人紡績事務所へ出張

年月日	内　容
1896・10・5	主人丸三麦酒株式会社発起人総会へ出席
1896・10・6、10・8	主人紡績事務所へ出張
1896・10・10	紡績所明日総会にて会場へ手伝い（常三郎・竹吉）、主人出張、渡邊洪基氏出席被致
1896・10・11	知多紡績株式会社株主総会主人出席、三郎治資格拵出席
1896・10・14、10・16	主人紡績事務所へ出頭
1896・10・22	知多紡績所位置の件、協議会三郎治出席
1896・10・24、10・27、10・31、11・6	主人紡績事務所へ出張
1896・11・10	知多紡績会社設立認可下りたる旨在京冨治郎氏より通知あり（電報）
1896・11・14、11・15	主人紡績事務所へ出頭
1896・11・16	主人紡績会社設立場所にて黒川氏来半により餅文亭へ
1896・11・17	主人紡績所位置の件、終日出張
1896・11・18	主人紡績所出頭
1896・11・22	主人紡績の件、集会
1896・11・29	主人紡績所の件、重役会出頭
1896・12・7	主人紡績会社工学博士谷口氏下り終列車来半にて出頭
1896・12・8	主人紡績所の件、谷口氏来半餅文へ出張
1896・12・9	主人紡績所敷地の件にて出張、知多紡績株式会社位置の件にて三主人（源九郎、淳）夜中相談す
1896・12・10	主人紡績所の件、餅文へ
1896・12・12	主人紡績事務所へ出張
1896・12・13	知多紡績会社臨時総会主人出席
1896・12・19	主人紡績事務所へ出張
1896・12・20	主人知多紡績用事、上り三列車にて冨治郎平蔵及び小泉とともに上京
1896・12・28	主人下り終列車にて帰る
1896・12・29、12・30	主人紡績事務所へ出張

（出所）　明治29年「日誌」（小栗家文書）より作成。

（注）「日誌」本文のカタカナはひらがなに直し、本文を若干簡略化して示した。「主人紡績事務所へ出張」の記載が続いた場合は、その日付をまとめて示した。

半田の小扇楼に招いて開かれた集会に出席している。このように小栗三郎家は、最後まで知多紡績の重役としての務めを果たし続けた。それに比べて丸三麦酒に関しては、一九〇一年時点で小栗三郎は丸三麦酒の監査役を退いており、その後、丸三麦酒の株式も徐々に売却した（本書第1章を参照）。知多紡績取締役を一九〇七年まで小栗三郎は継続したが、同年に知多紡績が三重紡績に合併された際に取締役を退任した。知多紡績取締役退任後の小栗三郎は、会社経営の困難を自覚したからか、会社経営としては半田倉庫・共同合資のみに関わるに

表10－7　小栗三郎の就任会社役員の推移

年	半田倉庫合資 1万円	共同合資 1万円	知多紡績 100万円	丸三麦酒 60万円		
1895	業務担当社員	業務担当社員				
1897		業務担当社員	取締役	監査役		
1899		業務担当社員	取締役	監査役		
1901		業務執行社員	取締役			
1903		不明	取締役			
1905	半田倉庫会社	不明	取締役			
1907	20万円	不明	取締役			
1909	取締役	代表社員				
1911	取締役	無限社員				
1916	取締役	代表社員				
	↓	共同運輸 10万円	知多鉄道 300万円	萬三商店 150万円	半田合同運送 30万円	半田臨港線 30万円
1921	取締役	社長・取締役				
1926	取締役	社長・取締役				
1931	取締役（四郎）	社長・取締役	取締役（四郎）	社長・常務	取締役（四郎）	取締役（四郎）

（出所）　前掲由井常彦・浅野俊光編『日本全国諸会社役員録』全16巻、1988～89年、商業興信所編、大正5・10・15・昭和6年版『日本全国諸会社役員録』商業興信所より作成。

（注）　各年1月現在の状況を示すと考えられる。会社名の下の金額は資本金額。共同合資の1898年以降の資本金額は11,000円だが、1903～07年は出所資料に記載がないために不明。知多紡績の1902年以降の資本金額は80万円で、1907年に三重紡績に合併。会社役員には、当主の小栗三郎が就任していたが、1921年以降は、当主息子の四郎も役員になっており、その場合は、（四郎）として示した。1921～31年の共同運輸は、社長が小栗三郎で、取締役が小栗四郎、萬三商店は、社長が小栗三郎で、常務取締役が小栗四郎。

止まり、一九二〇年代になり、家業で安定的に巨額の高収益を得られるようになってから再び地元の会社経営への関与を強めた（表10－7）。ただし、小栗三郎家は最後まで銀行経営には関与せず、経営に関係した会社も地元半田の会社のみで、後述の小栗冨治郎と異なり、他地域へは進出しなかった。

第3節　小栗冨治郎家と井口半兵衛家の事業展開

(1)　小栗冨治郎家の事業展開

小栗冨治郎は、一九世紀前半には半田の中埜一族の中埜半六家の雇船頭をしていたが、一八三六（天保七）年より半六家の番頭となり、四八（嘉永元）年に独立して酒造業を営んだ。[22] もともと船頭であったため小栗冨治郎は海運業も兼営し、一八六三（文久三）年に尾張藩が半田の有力資産家に御用金を賦課した際には、中埜半六家・中埜又左衛門家の一五〇両に次ぐ一三〇両を負担した。この時は小栗三郎兵衛家も一三〇両を負担しており、これら四家が近代前期の半田の有力資産家であった。[23]

冨治郎は、一八九二（明治二五）年に醤油醸造経営を開始して経営多角化を本格化し、九三年に半田に精米所を設立し、亀崎の有力資産家とともに亀崎銀行を設立して取締役になり、九六年の知多紡績設立に際しては、発起人となり設立時に取締役会長、九九年から社長となった。さらに冨治郎は、一八九七年に汽船を購入して台湾・中国・北海道・神戸・東京と半田を結ぶ汽船航路を開き、半田で合資会社東海石炭商会の設立に参画して社員となり、同商会は名古屋支店・豊橋出張所を設けた。[24]こうした小栗冨治郎家の経営展開の広域化の象徴が、一八九八年に名古屋で小栗銀行を開業したことで、翌年には台湾塩の内地における一手販売権を獲得して各府県に代理店を置くとともに、一九〇三年に半田に製塩工場を設立した。家業の醸造業では、醤油醸造部門を一九〇五年に小栗合資会社として会社化してやはり名古屋に支店を設けた。そして一九〇六年に小栗冨治郎が貴族院議員に当選した頃が、小栗冨治郎家の最盛期であったと考えられる。実際、小栗銀行の貸付は、一九〇六年から急拡大しており、それが小栗冨治郎家の経営拡大を支えるとともに、小栗銀行の急激な融資膨張が、一九〇七年恐慌時の同行の経営破綻の要因ともなった。[25]

表10－8を見よう。小栗冨治郎が務めた会社役員は、一八九〇年代は亀崎と半田の会社に限られたが、小栗銀行設立後は、小栗銀行・小栗貯蓄銀行・尾三農工銀行・名古屋生命保険など名古屋の複数の銀行や会社の経営者を兼ねた。ただし、表10－8の出所資料によれば、一九〇五年時点の小栗銀行合名の頭取（小栗冨治郎）・社員（小栗福蔵・小栗政治郎）、小栗貯蓄銀行の頭取（小栗冨治郎）・取締役（小栗福蔵・榊原良之助）はいずれも半田町在住で、名古屋生命保険の役員も社長の小栗冨治郎を含め、常務取締役の長阪重孝（半田町）や取締役の井口半兵衛（亀崎町）・端山忠左衛門（武豊町）・穂積寅九郎（半田町）など大部分が半田・亀崎・武豊の人物であった。

表10-8　小栗冨治郎の就任会社役員の推移

年	亀崎銀行（亀崎）	井口商会合名（亀崎）	知多紡績（半田）	丸三麦酒（半田）	小栗銀行合名（名古屋）	小栗貯蓄銀行（名古屋）	尾三農工銀行（名古屋）	鉄道車両製造所（名古屋）
1895	取締役	取締役						
1897	取締役	取締役	会長	取締役				
1898	取締役	取締役		名古屋生命保険（名古屋）				
1899		取締役	会長		（頭取）		頭取	監査役
1902	小栗合資（半田）		社長		頭取	頭取	頭取	明治土地建物（名古屋）
1905			社長	社長	頭取	頭取	頭取	
1906	代表社員		社長	社長	代表社員	頭取	頭取	
1907	代表社員		社長	社長	代表社員	頭取	頭取	監査役
1908	代表社員	東洋塩業（名古屋）			代表社員	頭取		
1909	代表社員				代表社員			
1910		取締役						

（出所）　前掲由井常彦・浅野俊光編『日本全国諸会社役員録』全16巻、より作成。
（注）　会社名の下の括弧内は本社・本店所在地。各年1月現在の状況を示すと考えられる。小栗銀行の1899年の欄は、出所資料には記載されていなかったが、銀行設立年月が1898年6月であったので、推定で示した。主要会社の資本金額を示すと、亀崎銀行は、1896年時点で80万円。名古屋生命保険は、1905年時点で10万円。小栗銀行は、1901年時点で30万円。小栗貯蓄銀行は、1899年時点で3万円。尾三農工銀行は、1899年時点で150万円。小栗合資会社は、1906年時点で20万円。東洋塩業は台湾塩一手販売の会社で1909年の設立時に小栗冨治郎も取締役となったが、同社は11年時点で愛知県に存在していない。

(2)　井口半兵衛家の事業展開

小栗冨治郎と合名会社井口商会を共同で経営していた亀崎の肥料商井口半兵衛は、[26]もともと小栗冨治郎家の番頭を務めており、小栗冨治郎家から独立後に汽船を購入して中国東北部から大規模に大豆粕を直輸入しており、小栗冨治郎が展開した海運業と商業を井口半兵衛が引き継いだ形になっていた。そして営業税額でみて井口半兵衛の肥料商経営は、一九〇七（明治四〇）年頃には萬三商店を上回っていたと考えられる（表序-8・9）。

井口半兵衛家が小栗冨治郎家から独立したのは一八七二年頃と考えられ、七三年に亀崎村郵便御用取扱人を命ぜられて井口半兵衛商店の一隅に郵便取扱所が設けられた。[27]亀崎の企業勃興に深くかかわったのは二代半兵衛で、一八九三年の亀崎銀行設立の際に発起人となり、設立後も取締役としてその経営に関与した。亀崎と半田の対抗心は強く、同年に亀崎と半田でそれぞれ商業会議所設立運動が行われた際には、亀崎側の総代として二代井口半兵衛が知多商業会議所設立の発起人となり、最終的に一九〇五年に知多商業会議所会頭になった。亀崎銀行の預金吸収機関として一八九五年に亀崎で衣浦貯金銀行が設立されると、半兵衛は監査役に選出され、一九〇三年以降はその取締役となった。また、一八九六年に半田で知多紡績が設立された際にも、それに対抗すべく亀崎でも紡績会社設立運動があり、半兵衛は亀崎紡績株式会社の取締役に選出されたものの同社が製造開始には至らず、一九〇〇年に亀崎紡績が解散された後は、〇一年から知多紡績の監査役ともなった。表10‐9からも判るように、井口半兵衛は一八九七年設立の亀崎建物株式会社の社長、一九〇二年設立の亀崎倉庫株式会社の取締役など、亀崎の主要な会社の役員に名を連ね、亀崎財界を代表する人物となった。それに加えて、小栗冨治郎との関係で、冨治郎が傘下に入れた名古屋生命保険株式会社の取締役にもなった。家業の肥料商業では、船を所有して海外まで直接大豆や大豆粕肥料を買い付けに赴いたことに特徴がある。実際、一九〇七年には、和船一隻（西京丸〈三二一石積〉）、汽船三隻（福山丸〈総トン数一六八二トン〉、三友丸〈総トン数六一二トン〉、日英丸〈総トン数二二トン〉）を所有していた[(28)]。

小栗三郎家は、井口半兵衛家の経営に深い関心を寄せていたと考えられ、商業興信所にその調査を依頼し、その回答を一九一〇年四月二日に受け取った。その内容より、一九〇〇年代の井口半兵衛家の経営を検討する[(29)]。その調査回答には、井口半兵衛は「商業肥料商ニシテ先代開業ニ係リ本店ハ愛知県知多郡亀崎町ニ支店ハ名古屋市幷ニ兵庫ニアリ家号ヲ井口商会ト称シ尚ホ仕入店ヲ清国大連ニ置キ之ヲ井口洋行ト称ス」とあり、亀崎の本店の他に名古屋と兵庫に支店を設け、清国大連に大豆仕入店の「井口洋行」を設けていた。さらに調査回答では、「原料ハ清国大連ヨリ買入シ所有汽船ヲ以テ直輸入シ亀崎町幷ニ名古屋市越前町ノ両工場ニテ豆粕ヲ製造シ名古屋幷ニ伊勢路ヲ始トシテ駿三遠ノ三ヶ国ニ売捌キ近来ハ東北地方へ販路ヲ拡張セリ」とされ、半兵衛は清国大連で買い入れた大豆を所有汽船で直接輸入し、亀崎と名古屋に設立した大豆粕製造工場で大豆粕肥料の製造を行い、それを東海地域から東北地方へ販売していた。井口半兵衛の大豆粕製造工場について同調査回答には、「元ハ豆粕ハ製品ヲ直接大連ヨリ買入レ居リシガ

表10-9　井口半兵衛の就任会社役員の推移

年	亀崎銀行（亀崎）	衣浦貯金銀行（亀崎）	井口商会合名（亀崎）	亀崎建物株式（亀崎）	尾参木綿商会株式（亀崎）	丸西合資（亀崎）	知多紡績株式（半田）	亀崎倉庫株式（亀崎）	名古屋生命保険株式（名古屋）	東海倉庫株式（名古屋）	中国酒造合資（亀崎）
1895	取締役	監査役	頭取								
1896	取締役	監査役	頭取								
1897	取締役	監査役	頭取								
1898	取締役	監査役	頭取	社長	評議員						
1899	取締役	監査役	頭取	社長	評議員						
1900	取締役	監査役		社長	評議員	監督					
1901	取締役	監査役		社長		監督					
1902	取締役	監査役		社長		監督	監査役				
1903	取締役	取締役	大阪火災海上運送保険株式（大阪）	社長		監督	監査役	取締役			
1904	取締役	取締役		社長			監査役	取締役			
1905	取締役	取締役		社長		亀崎鉄工所株式（亀崎）	監査役	取締役	取締役		
1906	取締役	取締役		社長			監査役	取締役	取締役		
1907	取締役	取締役	監査役	社長			監査役	取締役	取締役	取締役	社員
1908	取締役	取締役	井口商会合資（名古屋）	社長		取締役	（合併）	取締役		取締役	社員
1909	取締役	取締役		社長	取締役	取締役		取締役		取締役	社員
1910	頭取	取締役		社長	取締役	取締役				取締役	
1911	取締役		社員1）	取締役1）							
1912	頭取		社員1）	取締役1）							
1913				取締役1）							
1915				取締役1）							

（出所）　前掲由井常彦・浅野俊光編『日本全国諸会社役員録』全16巻、商業興信所編、大正２・４年版『日本全国諸会社役員録』商業興信所より作成。

（注）　会社名の下の括弧内は本社・本店所在地。各年の１月現在もしくは開業時の状況を示すと思われる。1916年以降は、井口半兵衛・巳之助が会社役員に就いた形跡はみられない。主要会社の資本金額は、表10-８の注および表10-２、表10-11を参照。1910年時点の東海倉庫の払込資本金額は25万円で、1912年時点の井口商会合資の資本金額は75,000円であった。

１）井口巳之助として。

近年豆粕ノ需要勃興シ来リタルヲ承テ自家製造ノ有利ナルヲ認メ数年前水野頼三郎氏外両名ノ共同事業タリシ豆粕製造工場を譲受ケ以来専ラ原料ヲ大連ヨリ直輸入シテ之ヲ製造シ尚ホ近来ハ業務ノ発展ニ伴ッテ名古屋市ニ工場新設ノ計画ヲナシ今春略等落成シタルヲ承テ目下両工場ニ於テ製造ニ従事セリ」とあり、亀崎では一九〇〇年代後半、名古屋では一〇年に開設されたと考えられる。また、「魚肥ハ北海道ヨリ人造肥料ハ日本肥料会社ト一手販売ノ特約ヲナシ是亦名古屋幷ニ伊勢路ヲ主トシ駿遠三地方ヘ売捌ケリ」ともあり、井口半兵衛は北海道産魚肥も扱い、人造肥料は日本肥料会社と一手販売契約を結ぶなど、多様な肥料を扱っていたことが分かる。

また井口半兵衛と小栗冨治郎との関係については、一九一〇年四月一三日に小栗三郎が受け取った興信所調査が興味深い[30]。この調査回答では、井口商店は「大豆ハ清国牛荘ヨリ米穀類ハ朝鮮台湾ヨリ魚肥料ハ北海道ヨリ直輸入シ台湾塩ハ小栗（冨治郎——引用者）商店ヨリ仕入レ共ニ三河駿河遠江信濃尾張ノ諸国ヘ販売シ尚ホ兵庫支店ハ大阪及神戸地方ノ得意先ヘ販売スルモノニシテ従来ノ成績ヲ徴スルトキハ一ヶ年ノ総販売高三百万円内外ニ達シ居リ」、そして「清国営口大連ニ出張所ヲ設ケ尚朝鮮仁川及釜山ニ店員ヲ派出シ商品仕入レノ任務ニ当ラシメ居レリ豆粕製造業ハ亀崎町及ヒ名古屋市中区天王崎町東海倉庫株式会社内ノ二ヶ所ニ工場ヲ置キ原料大豆ハ主ニ本人ノ所有汽船ニテ営口ヨリ輸入シ豆粕及豆粕油ヲ製造シテ尾張三河遠江伊勢美濃信州等ノ各地ヘ販売シ」とされた。

また小栗冨治郎との関係について、同調査回答に、井口半兵衛「ハ愛知県知多郡屈指ノ名望家ニシテ同郡半田町ノ小栗冨次郎トハ昵懇ノ間柄ニテ本業モ余程以前ハ小栗ト合同経営ニ係リシガ其後分離別立シ爾来（中略）数十万円ノ資産ヲ作ルニ至リシモノニテ先年小栗銀行亀崎銀行等ノ閉店ニ関シテモ一般本人ニ対シテ多少緊縮ノ体度ヲ取ルニ至リシモ種々苦心シテ運転融通シテ営業ヲ継続シ居ル」とあり、半兵衛が小栗冨治郎との合同経営から分離別立して以来数十万円の資産を築いたことが判明する。井口半兵衛と小栗冨治郎の合同経営は、亀崎の井口商会合名のことを指していると考えられるが、小栗冨治郎が一八九八年に名古屋の小栗銀行を開業すると、翌九九年には井口商会合名は解散している（表10－9）。おそらくこれ以降、井口半兵衛は、小栗冨治郎とは距離を置くようになり、冨治郎家との商業の関係も台湾塩の扱いのみになったと考えられる。

名古屋の肥料商師定商店が商業興信所に依頼した井口半兵衛の調査回答でも、[31] 小栗銀行と井口半兵衛の関係はあまり深くなく、井口半兵衛が小栗（冨治郎）商店から買い入れた台湾塩の代金を手形で小栗商店に渡したものを、小栗商店が小栗銀行に持ち込んで割り引く程度とされた。その点で、一九〇七年恐慌により破綻した小栗銀行の影響で亀崎銀行が打撃を受け、井口半兵衛家も小栗冨治郎家と共倒れしたとの評価は見直す必要があろう。

第4節　一九〇七年恐慌と萬三商店小栗三郎家および中埜一族

(1)　一九〇七年恐慌と半田・亀崎地域経済

一九〇七（明治四〇）年恐慌が名古屋の金融界を襲うと、名古屋の小栗銀行が同年五月に休業し、その余波を受けて亀崎銀行も同年六月に休業した。こうして小栗銀行の破綻を契機として、小栗冨治郎家は急激に没落した。一九〇七年恐慌の影響による小栗銀行・亀崎銀行の休業は、小栗冨治郎のみでなく同じく亀崎銀行の取締役を務めていた井口半兵衛にも大きな打撃を与えた。その結果、半田・亀崎地域の有力事業家の転換が生じた。

近代前期の半田の有力資産家は、中埜半六・中埜又左衛門・小栗冨治郎・小栗三郎の四家であったが、一九〇五年の資産家番付での資産額では、小栗冨治郎家がこの四家のなかで最も多かった（表10－10）。ところが一九一一年の多額納税者調査、[32] 一二（大正元）年の網羅的な所得額調査、ともに小栗冨治郎はみられなかった。亀崎では伊東孫左衛門・井口半兵衛・新美昇平の三家が一九〇五年の資産家番付で資産額約二〇万円以上であり、このなかで井口半兵衛家が亀崎では最も有力な資産家と考えられ、〇四年時点で亀崎では最も多くの所得額を示した。しかし一九一二年の所得額調査では、伊東家の等級は小栗三郎家より低く、井口家・新美家の所得等級もかなり低かった。一九〇七年には小栗三郎の所得額が井口半兵衛を上回り、一一年の多額納税者調査では、小栗三郎が中埜又左衛門と匹敵する納税額を示し、一二年の所得額調査でも、中埜又左衛門家の特一等級に次ぐ特二等級の位置を小栗三郎家は占めた。

一方、亀崎の資産家では、伊東孫左衛門家が家業の醸造業を会社化することで経営拡大を果たし、亀崎では飛びぬけた資産家として残ったものの、井口半兵衛・新美昇平の二大肥料商が没落したことで、亀崎の肥料集散地としての地位は急速に低下し、萬三商店が肥料商として発展する契機となった（本書第7章を参照）。もっとも前述のように、井口半兵衛家は小栗冨治郎家と共倒れになったわけではない。半兵衛は、一九〇七年恐慌後も小栗冨治郎との関係で就任した名古屋生命保険の取締役は辞任したが、名古屋の東海倉庫の取締役は継続していた（表10-9）。井口商店の名古屋での大豆粕製造工場が東海倉庫の会社内に設立されたように、東海倉庫と井口商店の関係は深く、東海倉庫内に設立された井口商店の大豆粕製造工場は、一九一〇年に名古屋で設立された井口商会合資会社に引き継がれたと考えられる。その意味では、小栗冨治郎の名古屋撤退後も、井口半兵衛は名古屋に拠点を設け続けたと言える。それとともに、亀崎銀行の再建のために井口半兵衛は、一九〇九年に自ら頭取となってその最前線に立った。

亀崎銀行の破綻については、大蔵省の調査で、「四十年頃ニ至リ資金固定ノ結果（重役ノ信用借資本金ノ半数以上ニ達スルカ如キ有様ニテ）漸次窮迫ニ陥リ専ラ貸付金ノ回収ニ努メタリト雖モ回収意ノ如クナラス資金ノ欠乏ヲ来セル時恰モ小栗銀行破綻ニ際シ其ノ影響ヲ蒙リ預金ノ取付ニ遭ヒ之レカ救済策ヲ講スルノ暇ナク遂ニ休業ノ止ムナキニ至レリ」とされ(33)、小栗銀行破綻以前からすでに亀崎銀行の経営状況が悪化していたことが推測できる。この間の状況を井口半兵衛に関する興信所調査から確認する(34)。まず、上記にある重役ノ信用借の内容であるが、井口半兵衛の場合は、亀崎銀行への債務が一一万余円あったとされ、これは、井口半兵衛が一九〇〇年代に「魚粕買入ノ為メ北海道漁

表10-10　半田・亀崎地域主要資産家納税額・所有地価額・資産額・所得額

（単位：円）

	住所	家業	1890年	1897年	1898年頃	1904年	1905年	1907年	1911年	1912年
伊東孫左衛門	亀崎	酒造・醬油醸造	1,300	1,922	13,271	17,500	52万円	22,500		特3
中埜半六	半田	地主・倉庫業		1,778	57,712	11,000	31万円	12,500	4,808	特4
小栗冨治郎	半田	酒造・醬油醸造			20,902	40,000	90万円	35,000		
新美昇平	亀崎	肥料商			10,684	4,700	20万円	6,500		18
中埜又左衛門	半田	酢醸造				36,000	80万円	42,000	9,629	特1
井口半兵衛	亀崎	肥料商				19,500	41万円	19,800		18
小栗三郎	半田	肥料商・醬油醸造				16,000	29万円	20,000	7,244	特2

（出所）渋谷隆一編『明治期日本全国資産家・地主資料集成』第4巻、柏書房、1984年、渋谷隆一編『都道府県別資産家地主総覧』愛知編1～3、日本図書センター、1997年より作成。

（注）1890・97・1904・11年の貴族院多額納税者議員互選人に挙げられたものおよび、1905年の資産家番付に挙げられた資産額で千円の位を四捨五入して20万円以上の家を表に示した。1890・97・1911年は貴族院多額納税者調査で判明した国税納付額。1898年頃は、所有地価額が判明したもの、1904・07年は所得調査による所得額を示した。1905年の資産家番付の資産額は万円単位で示した。1912年は所得額調査を等級で示したもので、特1が55,000～60,000円、特2が30,000円～35,000円、特3が20,000円～25,000円、特4が15,000～20,000円、18等級が1,500円程度の所得額を示す。家業欄および所有地価額は、明治31年版「日本全国商工人名録」（前掲『都道府県別資産家地主総覧』愛知編3）を参照。1912年の伊東孫左衛門欄は伊東まさ、井口半兵衛欄は井口巳之助として。

場ニ投下シタリシ巨額ノ資金ハ連年ノ不漁ニヨリ回収殆ンド不能ニ帰シ」たために生じたものと思われる。一般に、北海道産魚肥産出量は、一八九七年をピークに減少に転じるが、特に亀崎銀行休業の翌年の一九〇八年は北海道において大不漁で、北海道魚肥を扱った肥料商が大打撃を受けており、(35)これが亀崎銀行の再建を困難にした背景にあったと考えられる。

井口半兵衛は、(36)北海道産魚肥のみでなく神戸を拠点として「満洲」産大豆・大豆粕も手広く扱っており、自己所有汽船を担保に横浜正金銀行神戸支店に一五万円までの荷為替保証契約を結んでいたが、半兵衛は亀崎銀行への債務を返済すべく、自己所有汽船を帝国海上運送火災保険会社に担保に入れて一〇万円を借り入れた。そのため横浜正金銀行神戸支店に担保に供していた汽船の評価額が減少し、横浜正金銀行神戸支店との荷為替保証契約が五万円に減少したため、代わりに第一銀行との取引を目指して、井口商店の名古屋支店と名古屋の精米所などの不動産を担保に入れて第一銀行と五万円の当座貸越契約を結んだ。そして亀崎町の不動産を担保に六万五〇〇〇円の借入、名古屋の大豆粕工場を担保に尾三農工銀行から四万円の借入を行って、亀崎銀行の再建を図ろうとしたが、結果的に井口半兵衛自身が、一九一〇年四月に横浜正金銀行への荷為替手形の不渡りを出してしまい、在庫品・不動産などを売却して債務返済に充て、家業の整理に着手するに至った[37]。そして亀崎銀行から井口半兵衛は手を引き、亀崎銀行も資本金を大幅に減額して残務整理をすることとなった。一九〇七年恐慌当時、井口半兵衛は知多商業会議所会頭であったが、彼が会頭を辞任するのは一一年である。それとともに知多商業会議所の事務所は、亀崎から半田に移る[38]。そして名古屋での井口商店の業務を引き継いで設立されたと考えられる井口商会合資は、一九一二年に名古屋を撤退し（表10‐9）、亀崎で事業を再開したと思われる。亀崎の井口商会合資（肥料商）は、一九一五年度には営業税額約三五円を納めたが[39]、その後営業規模は拡大し、一九二〇・二一年頃には営業税額約五四五円を納めるまでに回復した（表序‐9）。一九〇七～一〇年は、井口半兵衛が亀崎銀行を再建して、亀崎の経済的地位を守ろうと辛苦した時期であった。こうした半兵衛の努力は、亀崎地域で同家が名誉ある地位を保つことにつながったと考えられ、その後半兵衛は一九二八（昭和三）年に亀崎町長に就任するとともに亀崎町長を三六年六月まで務め、半田市成立後は半田市会議員に就任した[40]。

(2)　中埜一族と小栗三郎家

半田では、一九〇七（明治四〇）年恐慌で小栗銀行が破綻したのち小栗冨治郎家の醸造経営を中埜一族が引き継ぎ、中埜一族（又左衛門家・半六家・半左衛門家・純平家・半助家・良吉家）は、酢醸造に加え酒造・醤油醸造へも多角的に展開した[41]。中埜一族の多角展開の出発点となった丸三麦酒は一九〇六年に中央資本に買収されたが、中埜一族は小栗冨治郎から引き継いだ醸造部門をもとに〇九年に丸中酒造合資会社、一〇年に亀甲富醤油株式会社を設立し、中埜一族がそれぞれ経営者となった。販売部門の会社化も進め、一九〇八年に半田に合資会社中埜酒店を設立した。また、中埜一族は一九〇一年に中埜銀行、〇六年に中埜貯蓄銀行を半田で開業し、中埜又左衛門家の一二（大正元）年時点の株式所有額と出資額合計約三四万円のうち、中埜一族企業が約四割を占めた[42]。又左衛門家の株式所有額・出資額に占める中埜一族企業の比重は、一九一〇年代以降もさらに増大し、電力・瓦斯会社や重化学工業会社への投資もみられ、所有株式銘柄は増大したものの、二六（昭和元）年時点には、家業を会社化した中埜酢店、土地経営を行った中埜産業、それに中埜銀行・中埜酒店・亀甲富醤油などへの出資が、株式所有額・出資額合計約三六八万円のうち約七割強を占めた。

このように銀行業を中心として醸造業に多角化する戦略は、小栗冨治郎とも共通性があり、小栗冨治郎が名古屋に進出して広域に行おうとした多角化を中埜一族は半田で集中して進めたとも言える。名古屋城下では、近世期から濃密な商人のネットワークが形成されており[43]、周辺からの新興勢力が名古屋中心部に入りこみにくい土壌があった。特に知多半島は、物流面で近世期から名古屋城下よりも江戸と主につながっていたため、人脈の点でも半田・亀崎と名古屋城下のつながりは薄かったと考えられる。小栗冨治郎はそれを突破すべく名古屋進出を試みたが、名古屋商人とネットワークを形成したのではなく亀崎・半田で作り上げたネットワークを名古屋にもちこんで事業展開しようとしており、そのネットワークの要の井口半兵衛は小栗冨治郎との関係をそれほど重視してはいなかった。そのため小栗冨治郎のネットワークに限界があり、名古屋での展開は銀行・保険業などに限られた。実際、小栗冨治郎の多角経営は、石炭は燃料、塩は醬油醸造の原料、精米場は酒造米の精製のためと家業の醸造業に関連するものが多く、小栗銀行も中埜銀行も、それぞれの家業の多角化を金融的に支えるためと考えられ、いずれも合名会社であった。

それゆえ、小栗冨治郎の経営展開は広域的ではあったものの、業種展開に限界があったため、小栗銀行の破綻を他の事業で十分にカバーするには至らなかった。幕末期に活躍した先代の小栗冨治郎は、三つの業種を行えば、一つの業種で失敗しても他の二つの業種でこれを支えることができるため、船、酒、金貸を家業としたと述べたそうであるが[44]、小栗冨治郎家の家業であった海運・醸造・金融のうち、金融業の破綻を海運業・醸造業では補えなかった。そこに近代期日本における銀行業の不安定さがみられる。

それに対し小栗三郎家は、銀行業に全く展開しなかった。むろん一八九六年の知多紡績設立に際し、小栗三郎が発起人となり主要株主となって取締役を務めた点で、同社の社長を務めた小栗冨治郎と似た行動をとった。一八九〇年代の小栗三郎家は、醬油醸造の規模はまだ小さく、商家としての性格が強く、萬屋三郎店は、八〇年代後半に知多の木綿産地に向けての紡績糸販売を少しではあるものの行っており、[45]それが紡績会社への積極的出資につながったと考えられる。とは言え、こうした商家的性格は株式の資産価値を重視して、資産価値が維持されるのであれば、企業合併を積極的に容認する方向へ働いたと考えられ、知多紡績の三重紡績への合併は地元株主の反発もなく進み、小栗三郎家も知多紡績の経営から手を引いた。それ以後の小栗三郎家は、肥料商経営と醬油醸造経営の家業に専念し、有価証券投資面でもリスク管理をしっかり行うようになった（本書第1章を参照）。

金融面でも一九〇〇年代以降の小栗三郎家は、地元の中埜銀行、名古屋に本店のある愛知銀行、東京に本店のある三井銀行などを使い分け、より有利な条件での取引を目指し、銀行業へ進出した小栗冨治郎や中埜一族とは異なる発想を見せた。そして、小栗三郎家は肥料買付では、東京・神戸の有力商社を利用しつつ、肥料販売では新規市場の開拓に努めて巨額の商業収益を上げ、それをあまり有価証券投資に運用せずに、醬油醸造業・肥料製造業への設備投資へ向けた（本書第1・7・8章を参照）。第一次世界大戦期でも小栗三郎家は株式投資をさほど行わず、一九一九年以降にリスク管理のために公社債投資を急増させた。もっとも、名古屋へ進出した小栗冨治郎に対し、同じく銀行業へ進出した中埜一族は、中埜銀行が地元密着型であり、地元重視の点で小栗三郎家と共通性があった。

先行研究で論じられた大阪府貝塚の廣海惣太郎家は、[46]小栗三郎家と異なり、商業的蓄積を一八九〇年代から株式投資へ積極的に運用し、収益基盤も早期に配当収入に転換したため、第一次世界大戦期も株式投資を積極的に進めたが、こうした小栗三郎家と廣海惣太郎家との相違は、大阪府南部と愛知県知多半島との地域性の相違や、生産者的性格の有無という業種の相違、そして個々の経営主体の志向性の違いに起因したと考えられる。

おわりに――日露戦後期における地域経済と中央資本――

このような半田の有力事業家の経営展開が半田地域の工業化に与えた影響を、冒頭で述べた工業化の二つの経路に立ち戻ってまとめる。表10-11を見よう。井口半兵衛の努力が実らず、亀崎銀行が減資を余儀なくされたのちの一九一三（大正二）年時点の知多郡では、丸三麦酒・知多紡績がそれぞれ他府県の資本に吸収合併されたこともあり、それほど大きな株式会社は存在しなかった。むしろ、同時点で存在感を高めたのは、中埜銀行合名、盛田合資、中埜酒店合資、伊東合資など、地元の醸造業者が設立した合名・合資会社であり、小栗冨治郎・井口半兵衛の名古屋撤退後の一九一〇年代の知多郡は、「地元回帰」の性格を強く持つ合名・合資会社の時代を迎えた。

もっとも、表10-11には、一九一〇（明治四三）年に設立された新舞子土地株式会社や知多瓦斯株式会社など、伝統産業とは関連のない観光開発や瓦斯事業などの展開も見られ、両社ともに中心的役員に名古屋の事業家が就任しており、名古屋の事業家が知多郡に関心をもつようになったことも示している(47)。しかしその動きは、その後はあまり広がらず、知多郡では一九一〇年代に地元醸造家による家業の合名・合資会社化が進んだ。愛知県全体でも、表10-12のように、一九〇七年以降急激に合名・合資会社の設立が進み、その関係業種の中心は、醸造業と繊維産業であった。ただし、醸造業と繊維産業では若干異なり、醸造業では醸造家による家業の会社化が進んだのに対し、繊維産業では、織物生産者の経営規模が醸造家より小さく、織物問屋の会社化が進んだ。序章でも、愛知県の企業勃興の特徴として、設立数は多いものの、設立された会社規模が小さいことを指摘したが、その背景には、醸造業者・織物問屋が一九〇〇年代後半以降に急速に家業の会社化を進めたことがあり、それらが合名・合資会社であったことが会社設立規模の小ささにつながった。なお表10-12では、一九一〇年代後半になると合名・合資会社数は減少し、株式会社数が急増

表10-11　1913年時点知多郡主要会社一覧

（単位：万円）

会社名	創業年	所在	資本金	主要役員
新舞子土地	1912	旭	25.0	（取）三輪喜兵衛、手塚辰次郎、絹川末治郎、岸久兵衛、三輪為吉
亀崎銀行	1893	亀崎	20.0	（常）雉本三代太郎、（取）田中甲子次郎、古田良三、中西和男
盛田合資	1897	小鈴谷	[20.0]	（社員）盛田久左衛門
中埜銀行合名	1901	半田	[20.0]	（頭）中埜半左衛門、（専務理事）中埜良吉、（理事）中埜又左衛門
中埜酒店合資	1908	半田	[15.0]	（社員）小栗末吉
伊東合資	1908	亀崎	[15.0]	（社員）伊東雅次郎
知多銀行	1895	野間	12.5	（頭）伊藤嘉七、（常）内田七郎兵衛、（取）天木嘉祐、山本太次兵衛、内田佐七
知多瓦斯	1910	半田	12.5	（社）奥田正香、（取）穂積寅九郎、高橋彦次郎、磯貝浩、中埜半助
亀甲富醤油	1910	半田	10.2	（取）中埜良吉、中埜半助、杉浦吉之助
衣浦貯金銀行	1895	亀崎	10.0	（専）伊東雅次郎、（取）榊原伊助、野畑孫兵衛
大野油商	1893	大野	7.7	（社）片山茂助、（取）中村伊助、杉山利兵衛、塚本彦助
半田倉庫	1908	半田	6.0	（会長）中埜半左衛門、（専）中埜半助、（取）小栗三郎、中埜良吉
中七木綿合資	1896	岡田	[6.0]	（社員）加藤東三郎
東海石炭商会合資	1900	半田	[6.0]	（社員）神田巌、小栗七郎、竹本英一
丸豊合資	1904	半田	[6.0]	（社員）小栗福蔵、杉浦吉之助
尾三製網	1902	豊浜	5.4	（社）石黒礼吉、（専）岩本廣助、（取）岡田与六、三浦源助、壁谷安之助
知多貯蓄銀行	1896	内海	5.0	（頭）伊藤嘉七、（常）内田七郎兵衛、（取）内田佐七、山本太次兵衛、天木嘉祐
西浦木綿商会合資	1902	大野	[5.0]	（社員）小島嘉兵衛、森本元蔵、須田六右衛門、山口仁右衛門
亀崎鉄工所	1895	亀崎	3.0	（取）吉田幸造、堅田峰吉、石川悦次郎
尾参木綿商会	1896	亀崎	3.0	（専）天野幾四郎、（取）竹内昇亀、間瀬八太郎
共同合資	1887	半田	[3.0]	（社員）小栗長太郎、小栗三郎、栗原幸助
竹内商店合名	1900	成岩	[3.0]	（社員）竹内一平
中国酒造合資	1906	亀崎	[3.0]	（社員）稲生治右衛門
吉田合名	1911	亀崎	[3.0]	（社員）水野頼三郎

（出所）　前掲大正２年版『日本全国諸会社役員録』より作成。

（注）　資本金は払込資本金で、払込資本金が不明の場合は、名目資本金額を［　］内に示した。主要役員欄は、表10-1・2の注を参照。1913年１月現在の状況を示すと考えられる。払込資本金額が３万円以上の会社を示した。

したが、この背景には合名・合資会社が経営規模をさらに拡大する過程で株式会社化した事例や、産地業者が共同してその事業を進める株式会社を設立した事例が多く、東京や大阪で見られたような社会的資金を広く吸収して、近代技術に基づく大企業を設立する方向とは異なっていた。例えば知多郡では、表10-13に見られるように、一九二一年時点でも依然として醸造業者による家業会社が大きな位置を占め、中埜銀行、中埜酒店、竹内商店など合名・合資会社の株式会社化が見られるとともに、新たに、菱文織物、中七木綿、常滑製陶、知多織布、有松物産、富貴織布など、醸造業以外の伝統産業の織物業・陶磁器業でも産地業者が共同して会社を一九一九・二〇年に設立していた。

こうした家業の会社化や産地業者の共同会社は、一九一三・二〇年の所得税制の改正で、法人所得税において節税の点で株式会社に有利になったことや[48]、個々の家に課せられる営業税を会社に集約して節税する意味合いもあったが、社会的資金を集めての会社設立よりも、むしろ家業の経営規模を拡大するために、一族や同業者の資本を糾合する意味もあったと考えられる。このように知多郡では、知多紡績・丸三麦酒にみられたように商業的蓄積をもとに製造業の株式会社が設立され、それらが工場の拡大や合併を経て大企業体制が作られていく経路と、醸造業者・織物業者が家業としての醸造業・織物業で機械を導入して近代化を進め、中規模製造工場が集積する産地を形成する経路の両方が存在したと言える。

そのなかで、前者の経路は半田地域で設立された製造業の株式会社の業績があまり伸びず、商家的性格をもった株主らが、株式資産保全を重視して大資本への合併を積極的に容認したために半田地域では途絶えた。それに代わり後者の経路が、醸造業者の家業への旺盛な設備投資に支えられて進展し、半田地域は日本でも有数の醸造産地となった。

日本経済全体の動向をみると[49]、一九〇七年恐慌は多くの地域において、自立的に進んだ工業化が頓挫し、中央の大資本に吸収される契機となった。半田地域でも知多紡績・丸三麦酒が他府県の大資本に吸収されたが、半田の醸造業者は、それ以降は地元を重視し、地元での家業の会社化を進め、経営規模の拡大を図った。これまでの研究では[50]、一

表10-12　『日本全国諸会社役員録』掲載愛知県銀行・諸会社数の推移

（単位：社）

年	銀行		諸会社			合資・合名会社の関係業種							
						醸造		繊維		陶磁器		肥料	
	株式	合名	株式	合資	合名	製造	販売	製造	販売	製造	販売	製造	販売
1895	30	1	31	28	4	5	0	4	0	0	2	0	4
1897	50	2	86	92	8	10	0	11	3	2	5	0	6
1899	62	3	136	90	7	14	0	9	6	0	3	0	7
1901	73	6	128	104	12	16	1	20	9	1	2	0	9
1903	72	7	123	90	18	17	1	15	14	2	1	0	9
1905	67	7	116	87	18	17	1	11	17	2	2	0	10
1907	67	6	123	95	34	18	1	17	22	1	5	4	6
1909	64	5	137	108	72	28	2	25	36	3	3	3	7
1911	62	5	173	140	117	38	2	36	48	4	6	3	10
1913	64	5	146	139	134	42	1	41	50	9	5	3	10
1915	63	2	208	108	88	24	2	14	48	6	3	2	6
1917	60	1	208	109	98	25	2	15	48	6	3	1	7
1919	42	0	180	30	37	4	1	7	15	0	1	0	2
1921	44	0	299	48	57	5	0	17	25	1	1	0	1
1923	43	0	383	56	74	6	0	20	28	2	1	0	1

（出所）　前掲由井常彦・浅野俊光編『日本全国諸会社役員録』全16巻、商業興信所編、大正２～12年版『日本全国諸会社役員録』商業興信所より作成。

（注）　会社数に取引所は除いた。銀行の合名欄は個人銀行数も含む。合資・合名会社の関係業種欄で複数の業種にまたがる場合は、主要な業種を示し、製造と販売の両方が営業目的に挙げられた場合は、製造に分類した。各年１月の状況を示すと考えられる。なお、本表では『日本全国諸会社役員録』に記載された会社数を集計したため、すべての会社数を示しているわけではない。

八九〇年代〜一九〇〇年代前半の企業勃興＝株式会社設立が、近代産業の定着と関連させて重視されてきたが、愛知県では、一九〇〇年代後半〜一九二〇年代初頭にかけて、質の異なる企業勃興が合名・合資会社の設立と同業者による共同経営会社として、在来産業の醸造業・織物業・窯業などと関連して進んだ。これまで、企業勃興と在来産業は別の枠組みで議論されることが多かったが、在来産業の発展における会社設立の重要性を指摘できる。

　その場合、家業の機械制工場化・近代化過程での会社設立のメリットとして、家と経営の分離を明確にして収益基盤やコスト勘定を明確にすること、一族を分家した際に家産が分散することを防ぎ、合資形態を維持して家業への資金集中を図ることなどが考えられる。実際、萬三

表10-13　1921年時点知多郡主要会社一覧

（単位：万円）

会社名	創業年	所　在	資本金	主要役員
中埜銀行	1901	半田	100.0	（頭）中埜半左衛門、（常）中埜良吉、（取）中埜又左衛門、中埜半六
中埜酒店	1908	半田	90.0	（代）小栗末吉、（取）中埜又左衛門、盛田久左衛門、中埜良吉、盛田彦太郎
伊東合資	1908	亀崎	[50.0]	（社員）伊藤信蔵
竹内商店	1920	成岩	50.0	（取）久野尊資、竹内佐治、竹内一平
中埜産業合名	1914	半田	[40.0]	（社員）中埜又左衛門、中埜三造
知多電気	1910	半田	35.0	（取）中埜半助、中埜俊三、穂積寅九郎、高橋彦二郎、磯貝浩
衣浦織布合資	1919	亀崎	[30.0]	（社員）山田佐一
亀甲富中埜醬油店	1910	半田	29.0	（専）中埜良吉、（取）中埜半助、杉浦吉之助、中埜俊三
菱文織物	1920	成岩	25.0	（社）榊原文助、（専）榊原清之助、（常）市野太一郎、本美鑑三
新舞子土地	1912	旭	22.8	（社）三輪嘉兵衛、（専）手塚長次郎、（取）西脇吉右衛門、高田松治郎
盛田合資	1897	小鈴谷	[20.0]	（社員）盛田久左衛門
中七木綿	1919	岡田	20.0	（専）加藤六郎右衛門、（取）杉浦憲弌、竹内小四郎
知多銀行	1895	内海	17.5	（頭）内田佐七、（常）神谷市太郎、（取）伊藤嘉六、内藤伝禄、大岩甚三郎
伏見屋商店合名	1918	半田	[15.0]	（社員）新美亀太郎、新美勝蔵、新美昇三、新美ひろ
常滑製陶	1920	常滑	15.0	（代）伊藤敬四郎、関幸助、武村仁平、水野三吉、関栄助、飛鳥井孝太郎
榊原同族合名	1920	成岩	[15.0]	（社員）榊原伊助、榊原いと、榊原練平、榊原義助、榊原愛次郎、榊原謙吉
知多織布合資	1920	西浦	[13.2]	（社員）玉井健吉
西浦木綿商会合資	1902	大野	12.5	（社員）山口仁右衛門
丸豊合資	1904	半田	[12.0]	（社員）小栗福蔵、杉浦吉之助
有松物産	1919	有松	11.1	（取）川村弥平、服部長次郎、服部治太郎
川村弥商店合名	1919	有松	[10.3]	（社員）川村弥平
衣浦貯金銀行	1895	亀崎	10.0	（専）伊東雅次郎、（取）野畑孫兵衛、新美治郎八
竹内製油	1895	半田	10.0	（取）竹内彦右衛門、竹内栄二郎
半田倉庫	1908	半田	10.0	（会長）中埜半左衛門、（専）中埜半助、（取）小栗三郎、中埜良吉、中埜半六
山方殖産合資	1914	半田	[10.0]	（社員）小栗七郎、中埜半六
新美商店合資	1918	亀崎	[10.0]	（社員）新美治郎八
安藤商店合資	1920	岡田	[10.0]	（社員）竹内佐兵衛
陶栄	1886	常滑	8.8	（取）関栄助、武村仁平、森下由三郎、関幸助、渡邊安衛
共同運輸	1919	半田	6.5	（社）小栗三郎、（専）小栗長太郎、（取）小栗四郎、中埜良吉
知多貯蓄銀行	1896	野間	5.0	（頭）内田佐七、（取）神谷市太郎、伊藤嘉七、内藤伝禄、大岩甚三郎
富貴織布	1919	富貴	5.0	（取）永田栄吉、森田覚太郎、松崎滋助、森田弥吉、永田市治良
丸三運送店	1919	半田	5.0	（取）竹本英一、小坂久之助、小栗平蔵、坂本光太郎

（出所）　前掲大正10年版『日本全国諸会社役員録』より作成。

（注）　資本金は払込資本金で、払込資本金が不明の場合は、名目資本金額を［　］内に示した。主要役員欄の、（代）は代表取締役で、それ以外は表10-1・2の注を参照。1921年1月現在の状況を示すと考えられる。払込資本金額が5万円以上の会社を示した。

商店は一九二六（昭和元）年に株式会社化したが、序章で述べたように、〇九年に清を分家する際に本家と分家の共同出資形態をとり、事実上の合資会社となっていた。

このようにみると、知多郡では一九〇七年恐慌で地域が自立性を失ったとは必ずしも言えず、むしろ地方有力事業家の「地元回帰」「家業回帰」の傾向が見られた。小栗三郎は一九〇七年に貴族院議員互選人（多額納税者）に選ばれると、その互選で貴族院議員に選出される。[51] 小栗冨治郎が恐慌で打撃を受けたため、小栗冨治郎に代わる中央へのパイプ作りに小栗三郎が期待されたと思われる。しかし三郎は、それを直ちに辞退し、家業経営に専念した。そして地域社会に対しては、三郎の娘婿の清が一九一二～一六年に半田町長となった。[52] その意味で、外の世界へ進出した小栗冨治郎と地元を重視した小栗三郎の経営志向性は正反対であった。また、当該期に近代的な地元製造会社が他地域の大資本に合併されたことで地方の自立的な大企業体制への経路が途絶えたのちも、その工場はそのまま半田に残されて操業を続けたことに留意する必要がある。特に、知多紡績半田工場は、三重紡績半田工場になることでその販路が大きく広がり、工場規模は一層の拡大をみせ、そこでの職工は、主に知多郡の出身であった。[53] その点で知多紡績を設立した地方事業家の商品市場・労働市場面での貢献は大きく、半田では、近代化された地元の醸造業者の工場と、中央の大資本の機械制大工場が混在して工業化が進んだ。その意味で、冒頭で述べた工業化の二つの経路は、どちらかに収斂するのではなく、両者が密接に関連して進んだと言えよう。

注

（1）高村直助『日本紡績業史序説』上下、塙書房、一九七一年などを参照。
（2）阿部武司『日本における産地綿織物業の展開』東京大学出版会、一九八九年、および林玲子・天野雅敏編『東と西の醬油史』吉川弘文館、一九九九年などを参照。
（3）以下の記述は、新修半田市誌編さん委員会編『新修半田市誌』本文篇上・中巻、一九八九年を参照。

(4) 三井銀行八十年史編纂委員会編『三井銀行八十年史』三井銀行、一九五七年、一二四頁。
(5) 由井常彦・浅野俊光編『日本全国諸会社役員録』第四巻、柏書房、一九八八年。
(6) 小栗富治郎の事蹟は、愛知県知多郡半田町編『半田町史』一九二六年、四〇六-四〇九頁より。
(7) 中埜又左衛門家の事蹟は、西村はつ「醸造（酢）財閥」（渋谷隆一・加藤隆・岡田和喜編『地方財閥の展開と銀行』日本評論社、一九八九年）および日本福祉大学知多半島総合研究所・博物館「酢の里」編『中埜家文書にみる酢造りの歴史と文化』全五巻、中央公論社、一九九八年を参照。
(8) 石井寛治・中西聡編『産業化と商家経営――米穀肥料商廣海家の近世・近代』名古屋大学出版会、二〇〇六年を参照。
(9) 前掲『新修半田市誌』本文篇中巻、一五二-一六一頁を参照。
(10) 同右、八三-八五頁を参照。
(11) 亀崎銀行については、村上はつ「知多郡・亀崎銀行の経営分析」（『地方金融史研究』第七号、一九七六年）を参照。
(12) 丸三麦酒については、前掲『新修半田市誌』本文篇中巻、一七五-一八〇頁を参照。
(13) 以下の記述は、同右、一八七-一九五頁を参照。
(14) 同右、三〇一-三〇四頁。
(15) 同右、三〇六-三〇八頁。
(16) 以下の記述は、同右、二九六-三〇一頁を参照。
(17) 前掲村上はつ「知多郡・亀崎銀行の経営分析」一一三-一一四頁。
(18) 明治二六年「台帳」（小栗家文書五五-二）。
(19) 一九一〇年代後半〜二〇年代前半の「台帳」（小栗家文書）。
(20) 知多紡績については、橋口勝利「近代知多地方の企業勃興と資産家活動」（『経済科学通信』第一〇六号、二〇〇四年）が、主に同社の営業報告書を用いて分析している。同論文によると、知多紡績会社設立に大きな役割を果たし、設立後も専務取締役として経営にあたった端山忠左衛門は、武豊町に拠点を置き、知多郡長・愛知県会議長・衆議院議員を歴任した有力政治家であった。
(21) 以下の記述は、明治三一・三九・四〇年「日誌」（小栗家文書）より。

(22) 以下の記述は、愛知県知多郡半田町編『半田町史』一九二六年、四〇六‐四〇九頁、および前掲『新修半田市誌』本文篇中巻、一二〇‐一二二・一七一‐一七五・一八二・一八八‐一九二・二三六‐二三七頁を参照。
(23) 『半田市誌』本文篇、愛知県半田市、一九七一年、二二一頁。
(24) 東海石炭商会については、北澤満「三菱合資会社石炭販売代理店に関する一考察」(『三菱史料館論集』第一六号、二〇一五年)を参照。
(25) 植田欣次『日本不動産金融史――都市農工銀行の歴史的意義』学術出版会、二〇一一年、四三四頁。
(26) 井口半兵衛については、半田市誌編さん委員会編『半田市誌』地区誌篇亀崎地区、愛知県半田市、一九九七年、一三三‐一三八頁を参照。
(27) 前掲『半田市誌』資料編Ⅵ、近現代一、一九九七年、四一‐四六頁。
(28) 明治四〇年版「日本船名録」(国立公文書館蔵)。
(29) 明治四三年四月二日付　小栗三郎宛　井口半兵衛氏調査　東京興信所作成(小栗家文書二六五‐五九‐五)。
(30) 明治四三年四月一三日付　小栗三郎宛　井口半兵衛ノ件調査　商業興信所名古屋支所作成(小栗家文書二六五‐五九‐五)。
(31) 明治四〇年一二月三〇日付　高松定一宛　亀崎町井口半兵衛調査　商業興信所名古屋支所作成(師定商店資料、株式会社師定蔵)。
(32) 渋谷隆一編『明治期日本全国資産家・地主資料集成』第四巻、柏書房、一九八四年。
(33) 「銀行事故調」(『経済学論集(駒沢大学)』第六巻臨時号、一九七五年)三三頁。また小栗銀行破綻の要因については、「行主小栗氏は昨秋(一九〇六年――引用者)以来各新事業に関係し且つ同行本支店共新会社の株式募集を取扱ひたるのみならず之等の株券に向って大に融通し又株式投機に関与し居りしが二月以来株式暴落及び事業界の沈衰にて巨額の損失を蒙り」と報じられた(『大阪銀行通信録』第一一七号、一九〇七年六月発行)。
(34) 前掲興信所調査(小栗家文書二六五‐五九‐五)。
(35) 前掲石井寛治・中西聡編『産業化と商家経営』第三章を参照。
(36) 以下の記述は、前掲興信所調査(小栗家文書二六五‐五九‐五および師定商店資料)を参照。
(37) 明治四三年四月一五日・四月二七日付商業興信所名古屋支所の追報(小栗家文書二六五‐五九‐五)。

(38)『半田商工会議所創立一〇〇周年記念誌』半田商工会議所、一九九四年、四三頁。
(39)商工社編、大正五年版『日本全国商工人名録』商工社、一九一六年。
(40)前掲『新修半田市誌』本文篇中巻、一一五・四〇七頁。
(41)以下の記述は、前掲『新修半田市誌』本文篇中巻、三〇九頁を参照。中埜一族は、本家の半左衛門家から半六家・又左衛門家・純平家がそれぞれ分家し、さらに半六家から半助家、又左衛門家から良吉家が分家した（前掲西村はつ「醸造（酢）財閥」を参照）。
(42)以下の記述は、前掲西村はつ「醸造（酢）財閥」を参照。
(43)林董一『名古屋商人史――中部経済圏成立への序曲』中部経済新聞社、一九六六年、鈴木恒夫・小早川洋一・和田一夫『企業家ネットワークの形成と展開――データベースからみた近代日本の地域経済』名古屋大学出版会、二〇〇九年などを参照。
(44)前掲『半田町史』四〇八頁。
(45)一八八〇年代の「萬買帳」「萬売帳」（小栗家文書）を参照。なお明治期のものと考えられる萬三商店の広告の商業部分は、「肥料米穀米糠綿糸問屋」となっていた（前掲『新修半田市誌』本文篇中巻、二二五頁）。
(46)前掲石井寛治・中西聡編『産業化と商家経営』を参照。
(47)新舞子土地取締役の三輪喜兵衛は名古屋の有力呉服問屋で、知多瓦斯社長の奥田正香は名古屋商業会議所の会頭として名古屋で多くの事業を展開した（前掲鈴木恒夫・小早川洋一・和田一夫『企業家ネットワークの形成と展開』を参照）。
(48)大蔵省編『明治大正財政史』第六・七巻、財政経済学会、一九三七年。この点は、武田晴人「資本蓄積（3）財閥」（大石嘉一郎編『日本帝国主義史1　第一次大戦期』東京大学出版会、一九八五年）が、財閥のコンツェルン化と関わらせて論じている。
(49)中村尚史『地方からの産業革命――日本における企業勃興の原動力』名古屋大学出版会、二〇一〇年、第二章を参照。一九〇〇年代に入ると地方企業が政府を含む中央に呑み込まれていったとする同章の見方に対し、石井里枝『戦前期日本の地方企業――地域における産業化と近代経営』（日本経済評論社、二〇一三年）は、地方の側でも中央を取り込みながら企業設立・経営を図っており、第一次世界大戦ブームのなかで地方資産家の地域企業への投資も拡大し、一〇年代に地方における企業発展が見られたとした。その意味で地方経済と中央資本との関係は、個別具体的に検討を進める必要がある。

(50) 以下に関連して、企業勃興論の研究史整理は、前掲中村尚史『地方からの産業革命』序章など、在来産業論の研究史整理は、谷本雅之「在来的発展の制度的基盤」(社会経済史学会編『社会経済史学の課題と展望』有斐閣、二〇〇二年)などを参照。
(51) 明治四〇年・四一年「日誌」(小栗家文書)より。
(52) 前掲『新修半田市誌』本文篇中巻、一一五頁。
(53) 同右、三三八-三四一頁、および前掲『半田市誌』本文篇、四七六-四七八頁。三重紡績はその後大阪紡績と合併して東洋紡績となったが、一九三六年末調査の半田町の有力工場の職工数は、東洋紡績半田知多工場が二〇一八名、中埜酢店工場が八五名、旧丸三麦酒工場の大日本麦酒半田工場が六四名、萬三商店が醬油工場と豆粕製造工場を合わせて六一名の順であった(前掲『半田市誌』資料編Ⅵ、近現代一、四八七-四八八頁)。

[付記] 本章作成にあたり小栗家文書以外の史料閲覧に際して、株式会社師定の皆様、廣海家の皆様、貝塚市教育委員会、国立公文書館にお世話になった。記して感謝申し上げたい。なお、本章は、中西聡「萬三商店小栗三郎家の収益構造と地域経済」(『社会経済史学』第七九巻第一号、二〇一三年)をもとに大幅に加筆・修正したものである。

第11章　知多鉄道の設立と知多商業会議所——小栗四郎の活動を中心に——

中村尚史

はじめに

本章の課題は、知多商業会議所と小栗三郎家の第一二代当主となる小栗四郎の動向に注目しながら、知多鉄道の設立と展開の過程を明らかにし、両大戦間期における地方資産家の地域活動とその成果を検討することにある。その際、サブテーマとして①地方商業会議所の機能と意義、②昭和戦前期における地方電気鉄道の経営実態についても考えてみたい。

地方資産家・企業家と地域経済との関わりについては、すでに多くの先行研究が蓄積されている[1]。しかし、その多くは明治期を主たる対象としており、昭和戦前期を対象時期に含めている研究は多くない。これに対して谷本雅之は、茨城の醬油醸造家・関口八兵衛とその息子・直太郎という二代にわたる地方企業家・名望家の企業活動を分析することを通して、明治期から昭和戦前期までの長い期間を取り扱っている[2]。そのなかで谷本は、明治中期に地方資産家・

企業家として華々しい活躍をした関口家が、新規事業の失敗によって明治後期に没落し、両大戦間期には本業に回帰していったことを明らかにした。本章が事例とする知多郡でも、本書第10章が検討したように、明治中期に進展した近代産業勃興の動きが明治後期に頓挫し、小栗三郎家をはじめとする地方資産家の本業回帰が進んだ。そして一九一〇年代に、地方資産家が醸造業や織物業といった分野における家業を会社組織化する動きが相次いでいる。それは、会社組織を、地域社会の中で社会的資金を広く集め、個人では設立できない規模の事業に乗り出すために用いていた明治中期とは、明らかに異なる動きであった。こうした地方資産家の、本業重視の事業活動は、両大戦間期にどのような展開を遂げたのであろうか。本章では、知多鉄道の事例を用いて、当該期の知多郡における地方資産家の地域経済への関与のあり方を検討する。

ところで、地方資産家・企業家の地域活動にとって、一つの結節点となったのが、一八九〇年代以降、全国各地に設立された地方商業会議所である。平野隆は、商業会議所の機能を、①地域内商工業者間の利害調整や意見統一の場(「会議所」)、②商工業者の利害を代表する「圧力団体」、③地方行政府の商工政策を補完する「政策機関」という三つに整理した(3)。知多商業会議所もまた、半田町を中心とする地方資産家の「会議所」であり、交通インフラ整備などの陳情を行う「圧力団体」であり、観光を重視した地域振興政策を企画・遂行する「政策機関」であった。この点をふまえ、本章では知多商業会議所による知多鉄道設立運動への組織的な関与のあり方を、その背景まで含めて分析し、両大戦間期における地方商業会議所の機能と意義を考えたい(サブテーマ①)。

一方、両大戦間期における日本鉄道業の一つの特徴は、電鉄企業の手による都市近郊、都市間鉄道の発達にあった。この点について、例えば武知京三は、大阪電気軌道(のちの近畿日本鉄道)による名古屋圏への進出過程を克明に分析し、当該期における中京地区における電鉄企業間の競争実態を明らかにしている(4)。また石井里枝は、愛知電気鉄道の設立過程を明らかにした(5)。これらの先行研究をふまえつつ、本章では小栗家文書中の小栗家「日誌」、「台帳」や『事業報告書』を含む知多鉄道関係の一次史料に、『知多商工月報』（半田商工会議所所蔵）などの刊行史料を重ね合わせて、のちに名古屋鉄道の一部となる、知多鉄道の設立・展開過程を具体的に明らかにする。そのことを通して、両大戦間期の中京地区における電鉄会社研究の一助としたい（サブテーマ②）。

ところで、本章の主たる事例である知多鉄道は、一九二七（昭和二）年一〇月愛知県知多郡半田町で設立された、資本金三〇〇万円、全長二八・八キロメートルの地方電気鉄道である。その路線は、太田川－半田－河和間であり、太田川で愛知電鉄常滑線に乗り入れて、名古屋市内まで直通運転をしていた。同社は、一九四三年二月、名古屋鉄道と合併し、名鉄知多線（四八年河和線と改称）となり、現在に至っている（本書巻頭地図3を参照）。

また知多鉄道の設立過程で重要な役割を果たすことになる知多商業会議所は、一八九三（明治二六）年九月、知多郡二〇ヵ町村[6]の商工業者によって半田町で設立された、愛知県下で四番目の商業会議所である。同会議所は、一八九八年一月、一旦、亀崎町に移転するものの、一九一一年四月に再び半田町に戻ってきた。小栗三郎家は、この頃から知多商業会議所に関わりはじめ、一九一一年三月には、第一一代当主・小栗三郎が議員に当選した[7]。なお本章の主要登場人物の一人である小栗四郎（一八八七年生まれ、一九三三年第一二代三郎を襲名）は、一九二五（大正一四）年三月、同会議所議員に当選し、副会頭に就任した。そして一九三七年三月、知多商工会議所会頭に就任し、二期八年にわたり同会議所を率いることになる[8]。

第1節　知多商業会議所と知多半島の交通問題

一九一二（明治四五）年四月、半田町の代表的な資産家である中埜又左衛門家の中埜良吉[9]（中埜銀行常務取締役）が、知多商業会議所の会頭に就任した。中埜良吉は、これ以降、一九三七年に至るまで四半世紀にわたり、同商業会議所会頭を務めることになる。中埜時代の知多商業会議所は、知多半島における運輸・通信網整備の必要性を積極的に主張し、交通機関の発達を梃子とした知多半島の地域振興策を提起した。具体的にまず、一九一一年六月と一二年五月の二回にわたり、半田臨港線敷設を鉄道院に建議し、半田港の水陸連絡機能の充実をはかった。続いて一九二二（大正一一）年二月に、日本郵船に貨物船の半田港定期寄港を陳情し、半田港の利便性向上を目指した。なお半田臨港線については、一九二三年、知多商業会議所関係者が中心となって株式会社（資本金三〇万円）を設立し、半田駅から半田港への連絡鉄道線路を建設して貨物運搬業務を行った。知多商業会議所は、鉄道院による連絡線建設を待たず、自ら半田港の機能改善を行ったのである(10)。

また陸上交通については、当時、国鉄武豊線の利便性向上と名古屋－知多半島間の移動時間短縮が問題となっていた。そこで一九二三年七月、知多商業会議所は、大府駅における武豊線と東海道本線との連絡の円滑化を名古屋鉄道局に上申する。さらに翌二四年に、同じく名古屋鉄道局に対して「武豊線大府待合時間長キニ失スルヲ以テ短縮方」と、「武豊線終列車ハ早キニ失スルヲ以テ尚一列車増発方(11)」を要請し、一九二五年に「武豊線大府駅待合時間短縮方ヲ名古屋鉄道局へ要望(12)」するなど、国鉄当局との粘り強い交渉を行った。しかし、国鉄当局の反応は鈍く、武豊線の機能改善は遅々として進まなかった。

一方、もう一つの鉄道問題は、愛知電気鉄道常滑線の延線であった。愛知電気鉄道は、一九〇六年一二月に発起された知多電気鉄道（旧）に起源をもち、熱田－常滑間を予定線路として、一〇年一一月に設立された(13)。同社は社長・岩田作兵衛のもとで、設立当初から沿線地域での電灯事業や海水浴場、別荘地開発などの兼営事業を企画していた。そして一九一二年二月に伝馬町－大野間、同年八月に秋葉前－伝馬町間で電気鉄道を開業すると、早速、新舞子などでの海水浴場や別荘地開発を本格化する。そして一九一三年三月に大野－常滑間、同年八月には秋葉前－神宮前間がそれぞれ開業し、全線開通にこぎ着けた。

愛知電鉄は、建設工事に目処がたった一九一二年以降、知多半島内での路線拡張を計画し、政府に鉄道敷設免許を申請する。そして一九一二年八月に常滑－内海間、同年一二月には横須賀－半田間の軽便鉄道敷設免許を、それぞれ取得した。この計画が実現すれば、知多半島南部や半田は、フリークエント・サービスが可能な電車で名古屋市内と結ばれることになるはずであった。しかし実際には、愛知電鉄の経営不振もあって、これらの路線延長は、いずれも一九一五年に敷設免許が失効してしまい、計画倒れに終わった。その結果、鉄道の、常滑以南や、知多半島の西海岸と東海岸を結ぶルートでの建設は、一九二〇年代になっても、知多商業会議所にとって大きな課題であり続けることになる。

第2節　知多鉄道の設立過程——小栗四郎の行動を中心に——

(1)　設立運動の始動

一九二五（大正一四）年三月、小栗三郎家の跡取りである小栗四郎が、知多商業会議所議員に選出された。当時の同家当主である小栗三郎は、一九一一年から一〇年間、議員を務めたものの、役職には就いておらず、主体的に商業会議所活動に関わることはなかった。しかし、四郎は、議員に選出されると、すぐに副会頭に就任し、活発な地域活動を開始する。そのなかで、彼がとくに熱心に取り組んだテーマが、太田川（横須賀）－半田－河和を結ぶ知多電気鉄道（新）の設立であった。

一九二五年六月一五日、知多商業会議所に、副会頭・小栗四郎と書記長・岡本繁一、常議員・盛田善平（敷島屋製粉）らが集まり、知多電鉄創立発起人集会が開かれた（以下、表11－1を参照）。その後、全国商業会議所連合会出

表11-1　知多鉄道関係年表

年	月	日	事　項	出　所
1912	12		愛知電鉄が知多郡横須賀町－半田町間に軽便鉄道敷設免許を取得（1915年12月失効）	名鉄1994、928頁
1913	8	31	愛知電鉄神宮前－常滑間全通	名鉄1994、930頁
1919	11	16	愛知電鉄横須賀－半田間の鉄道敷設免許を申請	名鉄1994、936頁
1921	1	17	愛知電鉄常滑－半田間の鉄道敷設免許を申請（1925年7月免許）	名鉄1994、938頁
1925	6	15	知多電鉄創立発起人集会（於知多商業会議所）	知多商工月報
	6	30	小栗四郎ら、電鉄問題報告会を開催	知多商工月報
	7	27	知多電鉄発起人相談会開催	知多商工月報
	8	27	知多電鉄発起人会開催（於知多商業会議所）	小栗家「日誌」
	9	3	四郎、岡本、河和方面に出張。以後、9月一杯、連日、知多半島内各地への出張が続く	小栗家「日誌」
	9	19	岡本知多商業会議所書記長が愛知電鉄本社を訪問	知多商工月報
	9	29	三島愛電土木課長と知多商業会議所幹部が会談	知多商工月報
	10	26	知多電気鉄道発起人が太田一河和間の地方鉄道敷設仮免許を得る	「事項報告書」
1926	1	18	四郎と岡本書記が上京	小栗家「日誌」
	3	8	四郎、岡本、電鉄について県庁および愛知電鉄と交渉	小栗家「日誌」
	7	11	四郎と岡本、中埜俊三が電鉄免許運動のため上京	小栗家「日誌」
	8	9	四郎、愛知電鉄と交渉	小栗家「日誌」
	8	19	岡本、愛知電鉄と交渉	知多商工月報
	8	29	四郎、岡本、電鉄の件で県庁と交渉	小栗家「日誌」
	9	28	四郎と盛田善平、中埜俊三、岡本、知多電鉄の件で上京	小栗家「日誌」
	11	4	四郎、岡本、愛知電鉄と交渉	知多商工月報
	11	17	半田－常滑間電鉄促進委員会開催	知多商工月報
	11	21	知多電鉄敷設許可の内報。四郎、岡本直ちに上京	知多商工月報
	11	22	知多電鉄の設立認可	知多商工月報
	11	28	小栗四郎の電鉄上京報告会、大方針に付き協議	小栗家「日誌」
	11	29	岡本、愛知電鉄との交渉	小栗家「日誌」
	12	4	中埜会頭、小栗副会頭、榊原伊助常議員、岡本書記長、愛知電鉄幹部と電鉄の件で協議（～12月9日まで）	小栗家「日誌」
	12	5	中埜会頭、俊三、四郎ら名古屋の磯貝浩と出資交渉	小栗家「日誌」
	12	15	中埜会頭、小栗副会頭、中埜俊三、小栗勝四郎、愛知電鉄と持株の交渉	小栗家「日誌」
	12	17	熊沢一衛（名鉄監査役）との接触開始（6月まで）	小栗家「日誌」
	12	18	知多電気鉄道発起人会を開催。発起人総代・小栗四郎	「発起人会決議録」
1927	9	1	株式申込開始（6万株、申込期間5日まで）	「株式引受申込書」
	9	19	電気事業経営許可の申請	「事項報告書」
	9	28	株式募集を完了。株主344名。証拠金5円を第1回払込に充当	「事項報告書」
	9	29	創立総会通知を発送	「事項報告書」
	10	14	創立総会を半田町（中埜銀行）で開催し社名を知多電気鉄道から知多鉄道に、本社所在地を半田町から名古屋市（愛知電鉄本社内）に、それぞれ変更。役員を選出。社長・藍川清成。	「営業報告書」
	10	18	四郎、知多電鉄の事務を愛知電鉄に引き継ぎ	小栗家「日誌」
1928	3	19	知多鉄道会社設立登記	「営業報告書」
1929	12	7	太田川－成岩間工事請負契約を締結し、着工	「営業報告書」
1931	4	1	太田川－成岩間開業（15.8km、太田川－半田間複線、半田－成岩間単線）。愛知電鉄との直通運転開始	「営業報告書」
1932	7	1	成岩－河和口間（10km、単線）開業	「営業報告書」
1935	8	1	河和口－河和間（8km）開業。全線開通	「営業報告書」
1942	9	8	名古屋鉄道と合併契約締結	「営業報告書」
1943	2	1	名古屋鉄道と合併	名鉄1994、968頁

（出所）　名古屋鉄道広報宣伝部編『名古屋鉄道百年史』名古屋鉄道、1994年、知多鉄道『営業報告書』各年および知多商業会議所編『知多商工月報』各年（半田商工会議所所蔵）、小栗家「日誌」各年、「知多電気鉄道株式会社発起人会決議録」1926年12月18日（小栗家文書247-2-5）、「知多電気鉄道株式会社創立ニ関スル事項報告書」1927年10月（小栗家文書247-2-4）、知多電気鉄道株式会社創立事務所「株式引受申込書」1927年9月（小栗家文書247-2-6）より作成。

席のために上京した小栗、盛田、岡本が、東京で電鉄に関する情報収集を行い、六月三〇日に半田で電鉄問題に関する経過報告会を開催する。これを契機として、知多商業会議所を中心とする電鉄会社設立運動が始動することになった。

まず同年七月一五日、知多商業会議所は、機関誌である『知多商工月報』に、「夏の知多半島－知多半島の繁栄策として交通機関普及は最大急務」という論説を掲載する。この論説は、知多電鉄の意義について以下のように述べている。

我知多半島も海水浴場としては西浦は古見、新舞子辺より内海豊浜に至り、東は亀崎、武豊辺より師崎、篠島に至る両岸とも順次、南方に進むに従って海も綺麗になり、砂も細かく四時朝夕の眺望等も益佳麗の度を加へて居る……想ふに中京名古屋が今後非常の勢ひを以て南へ、南へと膨張し、知多半島との接触的交通機関が益便利になったならば、我知多半島は夏の海水浴は勿論の事、其他四季折々の家族的遊覧地として、労働者の慰安地として、紳士紳商の別荘地として、半島其ものが文化住宅の展示場と化する様な日に到着するかも分からないと思ふ。……何れにしても交通機関が完備して便利になればなる程、我知多半島は春夏秋冬の区別なく繁昌すべき前途頗る有望なる天運に恵まれておると思ふ。(14)

ここで知多商業会議所は、知多電気鉄道の開通によって、知多半島と名古屋との時間距離が短縮し、半島南部の観光（海水浴や別荘）客が増加することに、強い期待を寄せている。彼らは、都市におけるレジャー・ブームと、(15)その影響を受けた愛知電鉄の沿線開発を参考にして、入り込み人口の増加による地域振興を構想していたのである。

『月報』による意思表明を行ったのちの一九二五年八月末から一〇月にかけて、商業会議所の小栗副会頭と岡本書記長は、表11－1が示すように、名古屋（愛知電鉄本社）と沿線予定地である横須賀、阿久比、武豊、河和や知多半島南部の内海、師崎を歴訪し（本書巻頭地図1・3を参照）、発起人募集を含む知多電鉄設立にむけた準備を行っていった。そして、一〇月二六日、知多電気鉄道発起人総代である小栗四郎に、太田－河和間の地方鉄道敷設仮免許が下付される。その後、愛知県技師による鉄道敷設予定地の実地踏査（一一月一七～一八日）、中埜良吉会頭、小栗副会頭、岡本書記長による愛知電鉄との交渉（一二月二五日）と、着々と設立運動が進んでいった。

このように、知多商業会議所は小栗副会頭、岡本書記長を中心に、組織をあげて知多電鉄設立運動に邁進した。彼らが知多半島の地域振興のために、新たな鉄道が必要と判断した理由について、知多電鉄の創立趣意書は以下のように述べている。

> （知多）半島ノ交通機関トシテハ西ニ愛電常滑線アリ、東ニ省線武豊線アリト雖モ、右ハ半島北半ニ限ラレ、南半ニ至リテハ全ク鉄道ノ恩恵ナク、又半島ヲ東西ニ連絡スベキ機関ナキハ、我等ノ常ニ遺憾トセシ所ナリ。於此知多電気鉄道株式会社ヲ設立シ、西海岸ノ愛電線ニ接続セシメテ半島ト名古屋トヲ連結スルト共ニ、半島ノ東西ヲ連絡セシメテ交通ノ利便ヲ増進シ、益々半島ノ生産力ヲ旺盛ナラシメ、又一面従来鉄道ノ恩恵ナカリシ半島南部ノ交通機関ヲ完備シ、是ガ付近一帯ノ景勝地ヲ広ク天下ニ紹介シ以テ半島ノ開発ニ資セントス[16]。

ここでは知多電鉄設立の目的として、①名古屋－知多半島間の時間短縮、②半島南部の観光開発による入り込み人口の増加、③半島東西間の連絡による産業振興という三点が挙げられている。このうち①は、前述した武豊線の機能改善でも問題になっていた点であり、半田をはじめとする知多半島東部の人々にとって、最も大きな課題であったと思われる。次に②については、愛知電鉄の沿線開発に倣った地域振興策であり、特に半島南部の人々にとって大きな魅力であった。一方、③の理由を考える際、一九二五年一一月一五日付『知多商工月報』の「交通運輸機関と都市の膨張」という論説が、注目できる。

> 交通運輸と物資集散の便否如何に因て都市的発展の運命が司配（ママ）せられねばならぬ時代とはなった。斯ふした方面に於て地の理を占めて居る都会は漸次、発展の傾向に向ひ、然らざるものは其反対の結果を受取らねばならぬ事

となるのは洵に余儀なき事と言わねばならなぬ。……左ふした見地から観て我知多半島の現状は果して如何であろふ。我知多半島の人々、特に商工業に従事し、商工業の進歩発展という事を日頃念頭に置き玉ふ商工業者は果して現状に甘んじて満足して居って可いのであろふか。我知多半島の運輸交通状態に就き尚次号に於て所感を述べ、読者の教へを乞ひ度ひと思ふ。[17]

一九二〇年代に入り、都市経済の発展が顕著になってくると、都市との連絡手段である運輸交通の発達の有無が、地域経済の命運を握るという認識が生じてきた。そのため、知多半島の東西連絡鉄道を敷設することで、運輸交通状態を改善して「半島ノ生産力ヲ旺盛ナラシメ」、都市的発展の波に乗ることが、商工業者たちにとって喫緊の課題と考えられたのである。こうして一九二六（昭和元）年以降、知多商業会議所主導による知多電鉄設立運動が急速に進展することになった。

(2)　知多鉄道の設立

一九二六（大正一五）年一月から九月にかけて、小栗四郎、岡本緐一、盛田善平といった商業会議所関係者は、鉄道敷設免許の申請のために度々上京し、知多電鉄の設立準備を進めた（以下、表11－1を参照）。そして一一月二一日、発起人総代である小栗四郎のもとに、太田川－河和間の鉄道敷設が許可されるという知らせが届いた。そこで小栗は、急遽、岡本を伴って上京し、知多電鉄の設立認可を得ることに成功する（一一月二三日付）。一一月二六日に半田に戻った小栗らは、一一月二八日、中埜銀行で発起人集会をひらき、電鉄免許の経緯を説明するとともに、今後の方針について議論した。そして翌二九日から、愛知電鉄との様々な交渉が始まった。一二月一七日まで断続的に続いた両者の交渉では、相互乗り入れのための規格統一や、出資（持株）などについて話し合われた。これと並行して、中埜会頭らは、磯貝浩をはじめとする名古屋の資産家とも出資交渉を行っており、資金調達が電鉄会社設立のための重要

表11-2　知多電気鉄道の起業目論見

本社所在地	知多郡半田町
予定線路	知多郡横須賀町太田を起点とし、半田町などを経て河和町に至る（18哩37.5鎖）
軌間	3フィート6インチ
動力	電気
資本金 発行株数	300万円 6万株（1株50円）
収支概算（年額）	
	旅客収入　382,291円
	貨物収入　120,723円
	総収入　508,014円
	営業費　259,349円
	益金　248,665円
建設費 ROA 見込	2,436,720円 10.0%

（出所）「知多電気鉄道株式会社創立趣意書・定款」1926年12月カ、（小栗家文書247-2-10）より作成。

な課題であったことがわかる。

一二月一八日、知多電鉄発起人総会が半田町の中埜銀行で開催された。そこで採択された起業目論見は表11-2の通りである。その内容は、太田川-半田-河和間の電気鉄道を、資本金三〇〇万円（総株数六万株）で建設するというものであった。なお起業目論見書に添付された地図によると、知多電鉄は太田川で愛知電鉄常滑線に乗り入れる計画になっており、それを意識して最初から三フィート六インチの軌間を採用していた。その収入見込みは、年間旅客三八万円、貨物一二万円となっており、夏季の遊覧客を含む旅客中心の計画であった。

株主の中核となる発起人は表11-3が示すように、総勢六八人であり、そのうち知多郡が五五人（半田町二〇人を含む）を占めていた。また発起人の持株数は、総株数（六万株）の五七・八％（三万四六七〇株）であり、発起人持株数に占める商業会議所議員の比重は二七・一％であった。発起人中の上位株主をみると、愛知電鉄社長・藍川清成、中埜又左衛門、小栗四郎の持株が、いずれも三〇〇〇株で揃っている。ただし藍川は、個人名義の株の他に愛知電鉄として一万五〇〇〇株を所有（計一万八〇〇〇株）しており、愛知電鉄が実質的な筆頭株主であっ

表11-3　知多電鉄の発起人と創立委員の構成（1926年10月現在）

氏　名	住　所	株式申込（1927年9月）	役　員（1927年10月）	商業会議所（1927年現在）	備　考
藍川清成	名古屋市	3,000	取締役社長		愛知電鉄社長
中埜又左衛門	知多郡半田町	3,000		特別議員	中埜酢店、中埜銀行取締役
小栗四郎	知多郡半田町	3,000	取締役	副会頭	肥料商、三郎を襲名
中埜半六	知多郡半田町	2,500	取締役		中埜銀行取締役
中埜俊三	知多郡半田町	1,000	取締役		半田臨港線社長、半左衛門を襲名
中埜良吉	知多郡半田町	700	監査役	会頭	中埜銀行常務取締役
小栗七郎	知多郡半田町	700		議員	味噌醸造業、知多瓦斯取締役
榊原伊助	知多郡成岩町	700	取締役	常議員	味噌溜醸造業
中埜半助	知多郡半田町	300		常議員（法人）	半田倉庫専務取締役、中埜銀行監査役、知多瓦斯取締役
磯貝浩	名古屋市	300	監査役		知多瓦斯取締役、多額納税議員、魚問屋
盛田善平	知多郡半田町	100		常議員	敷島屋製粉
杉浦吉之助	知多郡半田町	50		議員（法人）	酒造業、丸中酒造
鈴木市兵衛	知多郡半田町	50		常議員	砂糖商
小栗勝四郎	東京府荏原郡入新井町	10			元鉄道院技師、1909年鉄道院仙台運輸事務所長、1900年京都帝国大学機械工学科卒
大沢重右衛門	名古屋市		取締役		染料商
総株数		60,000			
発起人持株数 対総株数比率		34,670 57.8%			人数68人
愛知電鉄関係者持株数 対総株数比率		18,000 30.0%			人数6人（発起人は藍川1人）
知多郡在住発起人 対発起人比率		14,930 43.1%			発起人68人中の55人
半田町在住発起人 対発起人比率		12,030 34.7%			発起人68人中の20人
商業会議所議員 対発起人比率		9,400 27.1%			発起人68人中の22人

（出所）前掲「株式引受申込書」1927年9月および「知多電気鉄道株式会社発起人会決議録」1926年12月18日より作成。
（注）備考欄は知多商業会議所編『知多商工案内』知多商業会議所、1927年版および手島益雄『名古屋百人物評論』日本電報通信社名古屋支局、1915年、武藤鐸蔵編『知多半島風物誌』日本家庭新聞社、1924年、帝国興信所編『帝国銀行会社要録　大正十四年版』1925年、帝国興信所。

た（持株比率三〇％）。

次に、表11－3から創立委員の構成をみると、一五名中九名が知多商業会議所関係者で占められており、職業的にはいずれも醸造業を中心とする商工業者であった。またその地域構成をみると、圧倒的に半田町在住者が多い（一五名中一〇名）。知多電鉄の中核的な推進主体は、やはり半田町を中心とする商工業者たちであった。

一二月の発起人総会で創立委員を確定した知多電鉄は、一九二七（昭和二）年一月以降、一般株主の募集に取りかかった。小栗四郎を中心とする創立委員は、同年八月まで、知多郡を中心に積極的な株式募集活動を展開する。その際、以下の史料からわかるように、郡役所をはじめとする行政機関にも協力を求めた。

払込金ニ付テハ、役場ニ於テ町村内ニ於ケル申込人各位ノ分ノ払込金ヲ取纏メ方御依託ニ相成候付テハ総テ一致ノ歩調ヲ以テ進行スルヲ適当ト認メ、取纏ムヘキ事ニ御受仕候ニ付テハ、直接払込スルニ御手数モ要シ且ツ又不安ノ点モ云々為セラル、向ナキヲ保セス。依テ右ニ御了知ノ上、創立事務所ヨリ申越ノ如ク九月四日迄ニ当役場収入役ノ許ニ御差出相成様致度、左スレバ当方ヨリ取纏メ同時ニ払込可申故、右ニ御了知相成度、此段及御通知候也。(18)

この史料は、河和郡長が創立委員（小栗四郎）を経由して同郡内の株主に出した書簡の写しである。知多電鉄は、株金徴収を郡役所に代行してもらうことで行政のお墨付きを得て、株主の電鉄出資への不安を緩和しようとしたと考えられる。

知多電鉄は、当初、株金払込期間を九月一－五日に設定し、一気に資金調達を終える計画であった。ところが、金融恐慌の影響もあり、東京方面を中心に多くの未払込株が発生してしまった。この点について、発起人総代である小栗四郎のもとには、次のような問い合わせが寄せられた。

拝復貴書恭々拝見致候。益御多祥の趣、奉賀上候。さて知多電鉄の創立に付ては御尽力に預り難有奉謝候。此頃新聞上にて東京方面に多額の未払込ありて創立遅延云々の記事御覧に相成、恐入申候。事実、東京に相当の異動有之候得は、委員に於て補充策に尽力罷在候次第、近日中に纏まる事と存居候。幸ひ貴台の御知人にて御勧誘の運有之候ハバ、至急御申出下さる様、御配慮の程、奉願上候。御承知の通り財界不振の折柄意の如く参らず、困入り候。然し委員一同ハ大責任を以て決心罷在候に付宜敷御承引被下度候。[19]

この対策を講じるため、九月一八日には創立委員の一人である中埜俊三（のちの半左衛門）が上京し、二〇日までに未払込株の処理が完了した。その結果、九月二八日にはようやく満株となり、株式募集を終了した。この時点における株主数は三四四名であった。

一九二七年一〇月一四日、半田町の中埜銀行で創立総会が開催され、社名を知多電鉄から知多鉄道に、本社位置を半田町から名古屋市（愛知電鉄本社内）に、それぞれ変更するための定款改正が決議された。さらに、同日行われた役員選挙では、取締役一〇名と監査役三名が選出された。その構成は表11-4の通りである。ここから取締役一〇名中、愛知電鉄から五人、知多郡からは小栗四郎、中埜俊三ら四人が選出されており、藍川愛知電鉄社長が知多鉄道社長を兼務していることがわかる。また技師長（田代）や支配人（水谷）も愛知電鉄から派遣されている。この時点で、知多鉄道は愛知電鉄の傘下に入ったのである。一九二七年時点における愛知電鉄の持株比率は、前述したように三〇％であったが、その後、徐々に持株比率を引き上げ、一九四〇年時点では藍川が単独で三四・八％を所有するに至っている（表11-5）。

(3)　設立運動の推進主体

一九二五（大正一四）年以来、知多商業会議所を中心に設立運動を進めてきた知多鉄道は、設立直前の段階で愛知電鉄の傘下に入り、同社に全面的に経営を任せることになった。以下、その理由について、設立運動の過程における

表11-4　知多鉄道役員の推移

氏　名	住　所	発起株 1927年	持株数 1940年	1926年	1927年	1934年	1936年	1940年	備　　考
藍川清成	名古屋市	3,000	20,873	創立委員	社長	――	――	――	愛知電鉄社長
小栗四郎（三郎）	知多郡半田町	3,000	5,000	創立委員	取締役	――	――	――	肥料商・醬油醸造業
中埜半六	知多郡半田町	2,500	400	創立委員	取締役	――	――	――	中埜銀行
中埜俊三（半左衛門）	知多郡半田町	1,000	600	創立委員	取締役	――	――	――	味噌醬油醸造業
榊原伊助	知多郡成岩町	700	300	創立委員	取締役	――	――	――	味噌溜醸造業
下出義雄	名古屋市	500	300		取締役	――	――	――	愛知電鉄
水谷登免吉	名古屋市	500			取締役	→			愛知電鉄、知多鉄道支配人
山崎文次	名古屋市	500			取締役	→			愛知電鉄
田代栄重	名古屋市	500			取締役	監査役	→		愛知電鉄技師長
大沢重右衛門	名古屋市			創立委員	取締役	→			染料商
磯貝浩	名古屋市	300	300	創立委員	監査役	→			知多瓦斯、多額納税議員
中埜良吉	知多郡半田町	700		創立委員	監査役	→			中埜銀行
安藤竹次郎	名古屋市				監査役	――	→		株式仲買人
立花毅	名古屋市		300			取締役	――	――	愛知電鉄―名古屋鉄道
伊藤兼次	名古屋市		300				取締役	――	名古屋鉄道、水谷後任？
中村梅吉			300					監査役	

（出所）　知多鉄道『大株主名簿（参百株以上）』1940年９月末現在より作成。

推進主体の動向を追跡することで考えてみたい。表11-6は小栗家「日誌」と知多商工月報の「事務局日誌抄」を用いて、関係者が鉄道設立運動関係の用務に費やした日数を拾い上げたものである。この表からまず、一貫して設立運動の中心的な存在であった知多商業会議所副会頭・小栗四郎の動向をみると、一九二六（昭和元）年後半から従事日数が急増し、二七年には年間に八七日間も鉄道関係業務に従事していることがわかる。知多鉄道の設立が佳境に入った一九二六年後半から二七年にかけて、小栗は一年の四分の一近い日数を設立運動に費やす、獅子奮迅の働きをした。ところが、一九二七年一〇月に知多鉄道が正式に発足して以降、小栗の鉄道会社への関与は激減し、二八年には用地買収関係や愛知電鉄技師との打ち合わせ、総会への出席のみで、年間拘束日は二三日となっている。その傾向は、知多鉄道太田川-成岩間が開業した一九三一年以降、特に顕著となり、取締役・大株主であるにもかかわらず、年間拘束日は一〇日前後になった。小栗は一貫して知多鉄道の取締役を務めており（表11-

表11-5　知多鉄道の大株主上位20名（1940年9月現在）

氏　名	住　所	発起株	持株数	役　職	備　　考
藍川清成	名古屋市	18,000	20,873	社　長	名古屋鉄道社長、愛知証券保有（株）社長
中埜又左衛門	半田市	3,000	5,000		中埜酢店、中埜産業合名（2,000）を含む
小栗三郎	半田市	3,000	5,000	取締役	肥料商・醤油醸造業、圓一郎（700）、敬五郎（300）、芳子（300）を含む
渡辺義郎	名古屋市		2,000		愛知銀行頭取
松永安左エ門	名古屋市		1,200		東邦電力社長
山田佐一	知多郡亀崎町	100	1,500		山叶商事社長
伊藤次郎左衛門	名古屋市		1,000		伊藤銀行社長、伊藤産業（300）を含む
中埜半左衛門	半田市	1,000	600	取締役	味噌醤油醸造業
瀧定助	名古屋市	500	500		名古屋銀行
中埜長二	半田市		500		中埜良吉長男
近藤恒次郎			500		
水谷源助			500		
森本善七	名古屋市		500		名古屋銀行
平松愛之助			440		
中埜半六	半田市	2,500	400	取締役	中埜銀行
石川栄一			370		
和田信義			310		
上田辰左右衛門			310		
平松さだ			310		
岡本直治郎			305		
総株数		60,000	60,000		
筆頭株主持株比率		30.0%	34.8%		
上位3人持株比率		40.0%	51.5%		

（出所）　知多鉄道『大株主名簿（参百株以上）』1940年9月末現在より作成。

4）、同社の経営から離れたわけではない。しかしながら、小栗が開業後の知多鉄道経営に積極的に参画しようとした形跡は、少なくとも日誌からは見当たらない。

次に、小栗副会頭とともに設立運動をリードした知多商業会議所書記長・岡本繁一の動向をみてみたい。岡本は、鉄道会社設立運動の発起時点で活発に活動し、一九二六年一二月の知多電鉄発起人会までは、小栗に匹敵する活躍をしている。ところが、彼はそれ以降、設立運動から急速に離れていった。知多商業会議所職員である岡本の行動は、鉄道会社設立運動に対する商業会議所の組織的な関与が、運動の立ち上げから、創立委員が選出された発起人会までに限定されていたことを示している。鉄道敷設による地域振興を構想する知多商業会議所は、鉄道設立運動立ち上げのサポート役に徹していたのである。

岡本に代わって、設立運動の中心人物の一

表11-6　知多鉄道設立運動による用務拘束日数

（単位：日）

		中埜良吉 会頭	小栗四郎 副会頭	岡本繁一 書記長	盛田善平 創立委員	中埜俊三 創立委員
1925年	1～6月		3	3	3	
	7～12月	4	20	22	1	
	合計	4	23	25	4	0
	年間拘束率	1.1%	6.3%	6.8%	1.1%	0.0%
1926年	1～6月	2	13	10	1	
	7～12月	15	45	30	1	20
	合計	17	58	40	2	20
	年間拘束率	4.7%	15.9%	11.0%	0.5%	5.5%
1927年	1～6月	21	36	1	3	14
	7～12月	15	51		6	26
	合計	36	87	1	9	40
	年間拘束率	9.9%	23.8%	0.3%	2.5%	11.0%
1928年	1～6月		10	1		2
	7～12月		13			
	合計	0	23	1	0	2
	年間拘束率	0.0%	6.3%	0.3%	0.0%	0.5%
1929年	1～6月	—	11	—	—	—
	7～12月	—	10	—	—	—
	合計	—	21	—	—	—
	年間拘束率	—	5.8%	—	—	—
1931年	1～6月	—	8	—	—	—
	7～12月	—	4	—	—	—
	合計	—	12	—	—	—
	年間拘束率	—	3.3%	—	—	—
1932年	1～6月	—	5	—	—	—
	7～12月	—	6	—	—	—
	合計	—	11	—	—	—
	年間拘束率	—	3.0%	—	—	—
1933年	1～6月	—	7	—	—	—
	7～12月	—	5	—	—	—
	合計	—	12	—	—	—
	年間拘束率	—	3.3%	—	—	—

（出所）　小栗家「日誌」および「事務局日誌抄」『知多商工月報』各号より作成。
（注）　小栗家日誌や商工月報事務局日誌抄で電鉄関係の会合や用務があった日を採録。
—は不明。

人になるのが、商業会議所関係者以外から創立委員に就任した半田町の中埜俊三であった。彼は中埜本家（半左衛門家）の跡取りであり、小栗四郎とは同世代の友人であった[20]。俊三は一九二七年以降、四郎をサポートしながら、知多鉄道の資金調達や線路設定、許認可といった会社設立事務を担当し、のちに同社の取締役にも就任することになる。

一方、最終的に知多鉄道の主導権を掌握する愛知電鉄は、この時期、同社本線の培養線となる地方鉄道の支援に熱心であった。例えば一九二五年に設立された碧海電鉄の場合、地元の要請を受ける形で愛知電鉄が資本金の半額を出資し、経営の主導権を掌握した。その上で、愛知電鉄本線との乗り入れを意識して、最初から高規格設計（七〇ポンド・レールの採用）での鉄道建設を行った[21]。子会社での支線建設には、別会社化することで地方鉄道補助法（一九一九年公布）による補助金（全線開業後一〇年間、年利五％の対建設費利子保証）を得られるメリットもあった。愛知電鉄は、こうした拡張戦略の一環として、知多鉄道への資本参加と経営受託を決断することになる。

知多鉄道の設立運動では、その初期段階から愛知電鉄の影が見え隠れしていた。一九二五年九月一九日、岡本商業会議所書記長が愛知電鉄本社を訪問して以降、知多側は常に愛知電鉄に意向を尋ねながら、設立運動を進めたのである。ただし、彼らは、最初から愛知電鉄に知多鉄道の経営を委ねるつもりであったわけではない。設立許可を得た一九二六年一一月二二日から翌二七年六月頃にかけて、小栗や岡本らは愛知電鉄関係者だけでなく、地元出身の元鉄道院技師で、創立委員でもある小栗勝四郎（京都帝国大学機械工学科一九〇〇年卒）や、伊勢電鉄、静岡電鉄の経営に携わっていた熊沢一衛といった技術者、実業家にも、電鉄経営についての相談を持ちかけていた[22]。そして、一九二七年六月五日「夜、中埜銀行ニテ電鉄委員会ヲ開キ、熊沢氏ニ再応交渉シ不結果ニ終レバ、愛電ヘタノム事ヲ決議[23]」した。結局、翌六月六日の熊沢との交渉が不首尾におわり、愛知電鉄への経営委託を選択することになった。小栗らは、一九二七年六月七日以降、頻繁に名古屋に出て、愛知電鉄関係者と打ち合わせを行い、一〇月の創立総会までに同社の愛知電鉄傘下入りが決定したと考えられる。事実、総会直後の一〇月一八日、設立運動を主導してきた小栗四郎は、知多鉄道設立関係書類を名古屋に持参し、愛知電鉄に引き継いでいる（以上、表11－1を参照）。

第3節　知多鉄道の経営と小栗家

(1)　建設工事の進行

一九二八（昭和三）年三月、知多鉄道は会社設立登記を行い、地方行政が委嘱した用地評価委員による買収価格算定に従いながら用地を買収していった。[24] しかし一部の用地買収に手間取り、工事着工が遅れてしまう。さらに一九二九年三月末を期限に実施していた株金の第二回払込（一株五円）では、三一八五株の未払込株が発生した。[25] そのため土地買収費用の支払いが滞り、一九二九年四月になると鉄道用地を売り渡した地主から、取締役である小栗家に対して、以下のような苦情が寄せられるようになる。

過日、電車道路敷地として御社へ売渡し申候地代金、今以て支払之無候付て農業も追々多忙期に相成り候、……所に依れば水田打ちの所も有之其掛る畦畔を明らかにしたく候。何卒地代金を早速支払ひ其軌道々路を御使用下され度く御依頼申上候。[26]

地元の取締役である小栗らは、こうした沿線地域からの苦情を引受け、経営実務に携わる愛知電鉄関係者との間を取り持つことで、知多鉄道の建設にも一定の役割を果たした。

知多鉄道は、一九二九年一二月に太田川－成岩間の鉄道建設に着手し、三一年四月に同区間が竣工する。そして、開業とともに愛知電鉄との直通運転を開始し、名古屋と半田が電車で結ばれることになった。その後、同社は一九三二年七月に成岩－河和口間、三五年八月に河和口－河和間を開業し、ようやく全線開通にこぎ着けた。わずか二八キロメートルの鉄道建設に足かけ八年も要した最大の原因は、株式の払込徴収の不調にあったと思われる。表11－7が示すように、全線開通時点における払込額は四五円（額面は一株五〇円）であり満株に至っていない。自己資金の不足は、一九三一年度以降、長期借入金によって補填されており[27]、その額は一九三五年上期末で一〇六万円であった。

(2)　知多鉄道の経営動向

次に、一九三一（昭和六）年四月に開業した知多鉄道の営業状況をみてみたい。まず表11－8から輸送動向をみると、一貫して客車走行距離が、貨車走行距離を圧倒していることがわかる。この点は、表11－7の営業収入からも確認することができ、両者の間には一〇〇倍近い開きがある。知多鉄道は、当初の起業目論見の通り、旅客中心の鉄道であった。

さらに表11－8から、乗客数の推移をみると、夏（上期）と冬（下期）の間に大きな格差があることがわかる。この差分は、基本的に海水浴客を中心とする観光客とみられ、河和口まで開通した直後の一九三三－三四年と、全線開通した直後の三五－三六年に急増している。この点は、知多鉄道が知多半島南部への観光客動員に、一定の役割を果たしたことを示している。この点もまた、知多鉄道の設立運動を推進した知多商業会議所の見込み通りであったといえよう。

しかし、表11－7から、同社の経営動向をみると、一九三〇年代前半は、資本金利益率（ROE）、総資産利益率（ROA）ともに年率一％前後と、極めて低い水準にとどまっている。さらに全線開通後にもかかわらず、一九三六－三九年には下期ごとに営業赤字に転落しており、冬期の集客力に大きな難点があったことがうかがえる。この点は営業費率の面からも指摘することができ、当該期の下期はいずれも八〇％を超える高水準となっている。一九三五年度の全線開通によって政府補助金が得られるようになったため、かろうじて赤字決算は回避できていたが、知多鉄道の経

表11-7　知多鉄道の経営動向

（単位：千円）

	営業距離（km）	払込資本金	借入金	総資産	営業収入			営業費	支払利子	経常利益	政府補助	営業費率	利益率（年率）		役員賞与	配当	配当率（年利）	備　考
					客車	貨車	その他計						ROE	ROA				
1927年下	0	300		310														第1回払込1株5円
1928年上	0	300		312														
1928年下	0	583		589														第2回払込1株5円
1929年上	0	597		605														
1929年下	0	1,153		1,165														
1930年上	0	1,155		1,168														
1930年下	0	—	—	—														
1931年上	15	1,692	970	2,746			53	28	25	5		52.7%	0.6%	0.4%				太田川－成岩間開業
1931年下	15	1,692	1,220	2,982			56	29	27	1		52.4%	0.1%	0.1%				
1932年上	25	1,967	1,140	3,196			80	44	35	2		54.5%	0.3%	0.2%				成岩－河和口間開業
1932年下	25	1,969	1,230	3,306			87	45	39	4		51.5%	0.4%	0.2%				
1933年上	25	2,100	1,230	3,467	102	1.2	108	47	40	21		43.7%	2.0%	1.2%	1.4	18	1.7%	
1933年下	25	2,400	1,230	3,546	69	1.0	78	44	35	1		55.7%	0.1%	0.0%				
1934年上	25	2,400	1,060	3,569	109	0.8	111	52	35	24		47.2%	2.0%	1.4%	1.4	21	1.8%	
1934年下	25	2,400	1,060	3,553	75	0.7	83	52	34	1		63.1%	0.1%	0.0%				
1935年上	28	2,700	1,060	3,876	117	1.3	119	61	32	27		50.9%	2.0%	1.4%	1.8	24	1.8%	河和口－河和間開業
1935年下	28	2,700	1,060	—			—	—	—	—	—	—	—	—	—	—	—	
1936年上	28	2,700	1,060	3,858	146	0.7	147	78	29	41		53.1%	3.0%	2.1%	2.8	36	2.7%	
1936年下	28	2,700	1,020	3,884	93	0.7	98	81	26	−6	41	82.2%	−0.4%	−0.3%	2.4	30	2.2%	
1937年上	28	2,700	1,020	3,884	168	0.7	174	106	28	41		60.8%	3.0%	2.1%	2.8	36	2.7%	
1937年下	28	2,700	1,050	3,869	105	0.7	114	107	27	−20	38	94.6%	−1.5%	−1.1%	1.2	18	1.3%	
1938年上	28	2,700	1,020	3,879	174	0.7	181	92	27	41		51.0%	3.0%	2.1%	2.8	36	2.7%	
1938年下	28	2,700	1,020	3,897	130	0.7	138	112	28	−12	33	81.5%	−0.9%	−0.6%	1.4	18	1.3%	
1939年上	28	2,700	1,020	3,910	224	0.7	230	116	29	40		50.3%	3.0%	2.1%	2.8	36	2.7%	
1939年下	28	2,700	1,070	3,852	169	0.7	178	123	28	−9	31	69.0%	−0.7%	−0.5%	1.4	18	1.3%	
1940年上	28	2,700	1,050	3,763	261	0.7	267	134	26	18	24	50.1%	1.3%	1.0%	2.8	36	2.7%	
1940年下	28	2,700	1,030	3,748	205	0.9	210	140	24	21		66.6%	1.5%	1.1%	1.4	18	1.3%	
1941年上	28	2,700	900	3,766	319	0.9	327	206	24	20	21	62.9%	1.5%	1.1%	2.8	36	2.7%	
1941年下	28	2,700	900	3,666	266	2.0	284	166	22	11	10	58.4%	0.8%	0.6%	1.5	18	1.3%	
1942年上	28	2,700	900	3,779	454	2.2	473	246	20	106	26	52.1%	7.9%	5.6%	5.0	81	6.0%	名古屋鉄道と合併

（出所）　知多鉄道（株）「営業報告書」各回より作成。

表11－8　知多鉄道の輸送動向

	営業距離(km)	走行キロ数		乗客数(千人)	同夏冬差(千人)	貨物量(トン)	小荷物(トン)
		客車	貨車				
1931年上	15	184,039	4,010	275	21	1,482	2
1931年下	15	184,516	5,209	254		1,335	5
1932年上	25	268,735	5,454	485	97	910	11
1932年下	25	274,215	6,248	388		983	6
1933年上	25	315,859	8,844	599	236	1,443	13
1933年下	25	289,947	7,823	363		1,204	8
1934年上	25	317,926	5,452	675	277	900	8
1934年下	25	259,598	5,446	397		900	4
1935年上	28	335,003	9,166	740	—	1,580	12
1935年下	28						
1936年上	28	420,144	5,732	894	466	1,710	10
1936年下	28	329,462	5,428	428		1,373	23
1937年上	28	449,472	8,020	855	346	1,384	21
1937年下	28	337,190	7,491	509		1,392	16
1938年上	28	431,416	7,618	931	280	1,352	17
1938年下	28	380,534	5,180	652		1,384	35
1939年上	28	521,394	5,121	1,177	330	1,352	43
1939年下	28	419,296	5,180	847		1,376	25
1940年上	28	612,768	5,180	1,556	327	1,432	20
1940年下	28	500,246	5,150	1,228		1,789	22
1941年上	28	667,118	4,795	2,247	503	1,809	20
1941年下	28	515,950	9,434	1,744		2,902	26
1942年上	28	712,763	17,200	2,678	—	2,806	227

（出所）　知多鉄道（株）「営業報告書」各回より作成。

営効率に問題があったことは間違いない。

こうした知多鉄道の経営不振は、戦時期になると歯止めがかかった。表11－7からわかるように、一九四〇年度以降、冬期の経常赤字が解消したのである。その理由について、一九四一年度の事業報告書は以下のように述べている。

「一九四一年上期運輸概況」

輸送ニ於テハ通勤定期客激増シ、車輌運用ト従業員ノ補充ニ相当労苦ヲ要シタルモ幸ニ別表ノ如キ成績ヲ収メ得タリ。(28)

「一九四一年下期運輸概況」

当期間ノ鉄道営業収入ハ前年同期ニ比シ約三割ノ増収ヲ得タリ……之ガ主ナル原因ハ時局ノ影響ニ因リ、一般旅客ガ著シク増加シタルト、貨物ニ於テハ時局ニ即応スルタメ昭和十六年十二月八日ヨリ河和、神宮前間車扱

表11-9　1940年代における名古屋鉄道を中心とする戦時企業合併

（単位：千円）

	増加資本金	払込資本金	交付株式数	合併比率	決議年月日	実行日	平均配当率
三河鉄道	4,219	4,219	84,375株	10.0	1941・2・24	1941・6・1	4.5%
知多鉄道	2,250	2,025	45,000株	7.5	1942・9・28	1943・2・1	3.3%
東美鉄道	1,260	720	（25円払込）21,600株、（50円払込）3,600株	9.0	1942・11・30	1943・3・1	5.6%
竹鼻鉄道	760	760	15,200株	7.6	1942・11・30	1943・3・1	4.7%
碧海電鉄	694	622	（25円払込）2,880株、（50円払込）11,000株	普通株5.5	1942・11・30	1944・3・1	1.0%
谷汲鉄道	350	350	7,000株	5.0	1942・11・30	1944・3・1	3.0%

（出所）　名古屋鉄道株式会社『第四十回事業報告書』2頁、同『第四十四回事業報告書』4頁、同『第四十六回事業報告』3頁、および各社営業報告書より作成。

（注）　合併比率は被合併会社の株式10株に対する名古屋鉄道の株式数。
碧海鉄道の優先株のみは同5株に対して名鉄株0.9株。
平均配当率は合併直前における3期間の配当率の平均値。
谷汲鉄道は1943年上期のみの数値。

貨物ノ取扱ヲ開始シ、且ツ同月二十八日ヨリ昭和十七年三月末日迄、河和ト笹島、枇杷島間車扱貨物ノ一時限連絡運輸ノ取扱ヲナシタル為、相当ノ好成績ヲ挙グルコトヲ得タリ。(29)

戦時期における沿線地域への工場立地にともなう通勤客増大と貨物輸送の本格化によって、知多鉄道では貨客ともに輸送の絶対量が増加し、従来の遊覧鉄道的な性格に変化が生じていたのである。一九四二年上期の知多鉄道は、一一万円という過去最高益を挙げ、はじめて、年利六％という周辺私鉄並みの配当を支払うことになった。(30)

このように、知多鉄道は、戦時経済のもとでようやく経営が軌道に乗った。しかしその直後の一九四二年九月八日、同社は愛知電鉄の後身である名古屋鉄道と合併することになった。当該期の中京地区では、名古屋鉄道を中心に表11－9のような鉄道企業の戦時統合が行われている。その合併条件を比較すると、三河鉄道や東美鉄道が対等もしくはそれに近い合併比率であったのに対して、知多鉄道は知多一〇株＝名古屋七・五株という不利な比率であった。これは各社の経営状態の差を反映した数値と思われる。事実、合併直前三期分の平均配当率を算出すると、知多鉄道は三・三％となり、三河鉄道（四・五％）や東美鉄道（五・六％）に比べて低水準であった。(31)ただし、平均配当率一％である碧海電鉄の合併比率が一〇対五・五であったことを考えれば、知多鉄道株主にとって戦時期における経営好転は重要な意義を持っていたといえる。さらに、知多鉄道の主導権を掌握していた名古屋鉄道にとっても[32]、同社の業績が好転しはじめた時点での経営統合は、吸収合併にともなうリスクの低下という意味で望ましかった。かくして知多鉄道は、一六年にわたるその生涯を閉じたのである。

(3)　小栗家の関与と投資収益

最後に、知多鉄道に対する小栗家の関与のあり方と、同鉄道に対する投資収益について検討してみたい。本章で述べてきたように、小栗四郎は、鉄道設立運動をリードし、用地買収の円滑化に努め、最後まで大株主兼取締役として知多鉄道を支え続けた。彼の行動の特徴は、会社を設立し、用地買収が完了するところまで、積極的に知多鉄道にかかわったにもかかわらず、開業した一九三一（昭和六）年以降、関与の度合いを極端に低下させている点にある。事実、表11－6が示すように、一九二七年に年間八〇日を超えていた小栗四郎の知多鉄道関係用務は、三一－三三年には、名古屋の本社で開催される重役会（半期に一、二回）と半田で開催される総会（半期に一回）に参加し、適宜、半田を訪れた愛知電鉄関係者に応対する程度（計一一－一二回）になっている。開業後の知多鉄道では、愛知電鉄－名古屋鉄道関係者が経営実務を担当し、小栗ら地元役員は兼任重役として会社に関与するにとどまった。一方、小栗家の人々は、知多鉄道が開業した一九三一年四月以降、頻繁に知多鉄道を利用して名古屋に出るようになっている[33]。小栗家は、知多鉄道の経営より、むしろ活用に強い関心を有していたのである。

続いて小栗家が知多鉄道から得た投資収益について検討する。小栗家は、一貫して知多鉄道の第二位株主であり、取締役であったため、株式配当と役員報酬・賞与という二種類の収入を得ていた。まず表11－10から役員報酬・賞与をみると、小栗四郎が創立直後の一九二八年上期に一〇〇円の役員報酬を得ていることがわかる。ところが、その直後から知多鉄道の経営は不振を極め、一九三四年下期に至るまで報酬・賞与ともにゼロという年が続いた。営業成績が好転し、配当が回復した一九三五年上期に久しぶりに役員報酬（一〇〇円）が回復し、五〇円の賞与と合わせて一五〇円を得ることができた。以後、判明する限り、半期毎に一〇〇円の役員報酬と、ピーク時である上期には一〇〇円、下期には五〇円もしくは一〇〇円の役員賞与を得ている。

次に同じ表11－10から、小栗家の知多鉄道株所有の推移をみると、相対取引による少額の株式売買はあるものの、五〇〇〇株前後を一貫して持ち続け、忠実に払込を続けたことがわかる。一方、株式と役員報酬・賞与をあわせた投資収益（利回り）は、知多鉄道が預金利子によって配当を払っていた開業以前を除けば、年平均二％前後で推移している。特に一九三一年四月の太田川－成岩間開業から三五年の全線開通までは無配の期が多く、投資利回りは極端に低下している。この時期に小栗家が購入した知多鉄道株の現物価格から推測すると、同社の株式は払込額面の七割前後に下落していた可能性が高い。つまり一九三〇年代の知多鉄道は、投資対象としては「不適格」の水準にあったといえよう。

こうした状況は、戦時期になって大きく変化した。まず一九四二年上期に配当が過去最高の六％に上昇し、さらに同年下期には名古屋鉄道との合併によって知多鉄道株（四五円払込）が名古屋鉄道新株（四五円払込）と交換されたのである。この合併は前述したように、知多鉄株一〇＝名鉄株七・五の割合であったため[34]、小栗家では簿価ベースで五万四七二五円の差損（一二五〇株減）が発生した（表11－10）。ただし、名古屋鉄道の配当は一九四二年上期、下期ともに七％と、知多鉄道に比べて高い水準であった。そのため、小栗家では、持株数が減少したにもかかわらず、一九四二年下期の配当利得は、前年同期（四一年下期）に比べ上昇したと考えられる。小栗家は、長期的にみると、知多鉄道への投資を回収できる可能性が生じたのである。その意味で、知多鉄道株が名古屋鉄道株に変換されたことは、小栗家にとって必ずしも悪いことではなかった。

表11-10　小栗家の知多鉄道への投資額と配当収入

（単位：円）

	持株数	額　面	簿　価	配当金	賞与・報酬	利回り（年利）	備　　考
1927年下	5,000	25,000	25,000	581	0	4.6%	
1928年上	4,850	24,250	24,250	0	100	0.8%	150株を1株5円（払込額面）で売却、役員報酬100円
1928年下	4,850	48,500	48,500	606	0	2.5%	
1929年上	4,850	72,750	72,750	709	0	1.9%	
1929年下	4,850	72,750	72,750	1,213	0	3.3%	
1930年上	4,850	97,000	97,000	1,920	0	4.0%	
1930年下	4,850	97,000	97,000	2,425	0	5.0%	
1931年上	4,850	145,500	145,500	2,425	0	3.3%	
1931年下	4,950	148,500	147,500	0	0	0.0%	100株を2,000円（額面の66.7%）で購入
1932年上	4,950	148,500	147,500	0	0	0.0%	
1932年下	4,950	173,250	172,250	0	0	0.0%	
1933年上	5,000	200,000	198,475	1,500	0	1.5%	50株を1,475円（額面の73.8%）で購入
1933年下	5,000	200,000	198,475	0	0	0.0%	
1934年上	5,000	200,000	198,475	1,750	0	1.8%	
1934年下	5,000	200,000	198,475	0	0	0.0%	
1935年上	5,000	225,000	223,475	2,000	150	1.9%	1935年上期報酬100円、賞与50円
1935年下	5,000	225,000	223,475	1,250	150	1.3%	1935年下期報酬100円、賞与50円
1936年上	5,000	225,000	223,475	3,000	200	2.9%	1936年上期報酬100円、賞与100円
1936年下	5,000	225,000	223,475	2,500	200	2.4%	1936年下期分報酬100円、賞与100円
1937年上	5,000	225,000	223,475	3,000	200	2.9%	1937年上期分報酬100円、賞与100円
1937年下	5,000	225,000	223,475	1,500	150	1.5%	1937年下期分報酬100円、賞与50円
1938年上	5,000	225,000	223,475	3,000	—	2.7%	
1938年下	5,000	225,000	223,475	1,500	—	1.3%	
1939年上	5,000	225,000	223,475	3,000	—	2.7%	
1939年下	5,000	225,000	223,475	1,500	—	1.3%	
1940年上	5,000	225,000	223,475	3,000	—	2.7%	
1940年下	5,000	225,000	223,475	1,500	—	1.3%	
1941年上	5,000	225,000	223,475	3,000	—	2.7%	
1941年下	5,000	225,000	223,475	1,500	—	1.3%	
1942年上	5,000	225,000	223,475	6,750	—	6.0%	
1942年下	3,750	168,750	—	5,906	—	7.0%	合併比率知多鉄10株＝名鉄7.5株で計算。

（出所）　小栗三郎家「台帳」各年および名古屋鉄道株式会社『第四十三回事業報告書』1942年下期より作成。

（注）　1944年4月末時点における小栗三郎は名鉄新株2,700株（45円払込）を所有している（名古屋鉄道『昭和十九年上半期大株主名簿』）。

—は不明。

おわりに

以上、本章では知多商業会議所や小栗四郎の活動に注目しながら、知多鉄道の設立と展開の過程を検討してきた。その結果、以下の点が明らかになった。

知多鉄道は、知多商業会議所に集う知多郡の商工業者たちによって設立された。戦間期の知多商業会議所は、中埜良吉会頭のもとで交通機関を中心とする地域内のインフラ整備に積極的に取り組んだ。その一環として発起されたのが知多鉄道であり、知多商業会議所は副会頭・小栗四郎と書記長・岡本繁一を中心に同社設立運動を主導した。地方商工業者の結節点である商業会議所が、地方鉄道のインキュベーターとして機能したのである。

知多商業会議所が、名古屋との連絡手段である知多鉄道の設立運動を、組織を挙げて推進した背景には、彼らの観光を軸とした地域振興構想が存在していた。知多半島の自然環境を活かし、電車で名古屋から海水浴客や別荘客を誘致するという構想は、現在の入り込み人口を重視した地域活性化にも通じた地域振興策であった。そして、開業後の知多鉄道は夏期の乗客数を伸ばし続け、彼らの期待に応えたのである。

一方、夏期と冬期の乗客数に差がある季節性の強い市場構造は、知多鉄道の経営にとっては大きな桎梏となった。知多鉄道は一九三一（昭和六）年の開業以降、一九三〇年代を通して、下期（冬期）の乗客減に悩まされ続け、補助金によって辛うじて赤字決算を免れる状態であった。戦時期に入って沿線への工場立地が進むと、通勤客や貨物が急増し、知多鉄道の経営は安定しはじめる。ところが同時に、太田川で乗り入れている名古屋鉄道の培養線としての意義も高まり、戦時交通統制の一環として名古屋鉄道と合併するに至った。

小栗四郎は、発起（一九二五（大正一四）年）から解散（四二年）までの一八年間、一貫して知多鉄道に関わってきた。彼は、知多商業会議所副会頭として知多鉄道の設立運動の先頭に立ち、同社設立に大きく寄与した。ところが、知多鉄道の設立を見届けると、愛知電鉄にその経営を委託し、企業経営からあっさり手を引いた。知多鉄道と名古屋鉄道との合併に際しても、小栗をはじめとする地元取締役や沿線株主が、地元企業の消滅に反対したことや、不利な合併比率に不満を表明した形跡はない。小栗ら知多商業会議所に集う商工業者たちは、本業における知多鉄道の活用に強い関心を寄せる一方で、経営参画の意欲は乏しかったと考えられる。この点は、本書第10章が明らかにした一九一〇年代以降における、知多郡地方資産家の本業回帰の動きとも整合的である。それは、明治期に度々生じた企業勃興の際、その中心的な担い手となった地方資産家たちが、経営実務を技術者や専門経営者に委ねつつも、取締役会や株主総会などを通して、その経営内容や投資収益に強い関心を寄せ続けた点と大きく異なっていた(35)。

さらに両大戦間期において、地方鉄道は都市とその周辺地域との連絡手段として不可欠の存在であり、沿線の人々にとって投資対象というより、むしろ道路のような公共財に近い存在になっていた。したがって、大企業への経営委託や統合は、運行の一体性と安定性を高める上でも必要と考えられたのである。この点も、沿線の資産家・企業家にとって鉄道経営・投資そのものが目的であった、明治期の幹線鉄道とは事情が異なっていた(36)。

また、知多鉄道の名古屋鉄道への合併は、投資収益の面でも小栗家にとって不利ではなかった可能性がある。合併によって知多鉄道は事実上の減資になったものの、小栗家は株式交換によって高収益の名古屋鉄道株を手にし、結果的に従来を上まわる額の配当金を得ることができた。愛知電鉄への知多鉄道経営の委託という、一九二七年時点での小栗四郎らの選択は、最終的な事業の引受先を確保したという意味でも、正しかったのである。

注

（1）地方資産家・企業家に関する先行研究の整理については、中村尚史『地方からの産業革命――日本における企業勃興の原

動力』名古屋大学出版会、二〇一〇年、序章を参照。
(2) 谷本雅之「関口八兵衛・直太郎：醤油醸造と地方企業家・名望家」(竹内常善・阿部武司・沢井実編『近代日本における企業家の諸系譜』大阪大学出版会、一九九六年)。
(3) 平野隆「戦前期地方商業会議所の組織と情報活動」(『三田商学研究』第五一巻第六号、二〇〇九年、一二一―一二三頁。なお地方商業会議所の機能については、石井寛治「解題『商業会議所報告』」(商品流通史研究会編『近代日本商品流通史資料』第六巻、日本経済評論社、一九七九年)も参照。
(4) 武知京三『近代日本と地域交通――伊勢電と大軌系(近鉄)資本の動向』臨川書店、一九九四年。
(5) 石井里枝「愛知電気鉄道株式会社の設立と初期経営」(『経営総合科学』第一〇二号、二〇一四年、一〇一―一一六頁。
(6) 当初の区域は半田町、東阿久比村、乙川村、亀崎町、北崎村、有松町、大高町、岡田村、大野町、常滑町、樽水村、古場村、小鈴谷村、坂井村、野間村、内海村、大井村、河和村、武豊町、成岩町の二〇ヶ町村。一八九六年から横須賀町、野間村が加入。
(7) 以下、半田商工会議所編『七十年の歩み』半田商工会議所、一九六三年、三三五―三四七頁を参照。なお小栗三郎は、以後、一九二一年三月にいたるまで一〇年間、知多商業会議所議員を務めた。
(8) 同右、三四三―三四七頁。なお知多商業会議所は、一九二八年六月に知多商工会議所と改称し、さらに三七年一一月、半田商工会議所と改称した。
(9) 中埜良吉は、知多郡のもう一つの大資産家である盛田一族(盛田太助家)から、中埜又左衛門家に養子に入っており、中埜家と盛田家をつなぐ存在でもあった(西村はつ「醸造(酢)財閥」(渋谷隆一・加藤隆・岡田和喜編『地方財閥の展開と銀行』日本評論社、一九八九年、二九九頁)。
(10) 半田臨港線㈱は一九三〇年度末現在で払込資本金二一万円であり、半田駅から半田港への引き込み線と構内設備などを所有している。その営業目的は「鉄道ヲ布設シ貨物運搬取扱」となっていたが、一九二九年度から半田合同運送㈱に貨物業務を委託したため、一九三〇年度の収入は「設備賃貸料」だけになった。社長は設立時から一貫して中埜俊三(半左衛門)が務めている。なお小栗三郎家は、八〇〇株(二万八〇〇〇円)を出資し、筆頭株主になるとともに、四郎が取締役に就任していた。以上、知多商業会議所編『知多商工案内』一九二四年、知多商業会議所、八四頁および半田臨港線株式会社『第八

期事業報告書』一九三一年四月（小栗家文書三〇四－一－一）。

(11) 岡本繁一編『半田商工会議所五十年史』半田商工会議所、一九四四年、二七八頁。

(12) 同右、二八一頁。

(13) 前掲石井里枝「愛知電気鉄道株式会社の設立と初期経営」一〇二－一一一頁。

(14) 「夏の知多半島——知多半島の繁栄策として交通機関普及は最大急務」『知多商工月報』第四〇号（一九二五年七月一五日付）、一－二頁。

(15) 一九二〇年代の都市における余暇文化の形成については、竹村民郎『笑楽の系譜——都市と余暇文化』（同文舘、一九九六年）を参照。

(16) 「知多電気鉄道株式会社設立趣意書」（小栗家文書二四七－二－一〇）。

(17) 「交通運輸機関と都市の膨張」『知多商工月報』第四四号（一九二五年一一月一五日付）一－二頁。

(18) 「知多電鉄株式払込金ニ関スル件」（一九二七年八月二三日付、河和町長・冨谷茂三郎）（小栗家文書二四七－二－二七）。

(19) 一九二七年九月二〇日付辻主税宛小栗四郎書簡（草稿）（小栗家文書二四七－一－一二）。

(20) 小栗四郎（一二代三郎）は一八八七年生まれ、中埜俊三（一〇代半左衛門）は一八八八年生まれであった（『尾張国知多郡半田村中埜半左衛門家文書目録』史料館所蔵史料目録、第五八集、一九九三年、四一頁）。

(21) 名古屋鉄道株式会社『名古屋鉄道百年史』一九九四年、一四五頁。

(22) 小栗勝四郎については、木下立安編『帝国鉄道要鑑　第三版』鉄道時報局、一九〇六年、職二三頁および鉄道時報局編『鉄道院新法令集付各部職員録』鉄道時報局、一九〇九年、五〇頁を、熊沢一衛については前掲武知京三『近代日本と地域交通』五一－五四頁を参照。

(23) 一九二七年六月五日付小栗家「日誌」。

(24) 用地の価格は以下のような手順で定められた。

知多鉄道株式会社軌道用地買収ニ関シ過日地主側、会社側、及第三者側ヨリ各三名宛計九名ノ用地評価委員ヲ嘱託致候処、右委員ハ実地踏査ノ上、公正ナル評価ヲ付セラレ候。其ノ結果貴殿御所有地ニ対スル評価、左記ノ如クニ存シ候条、御了知ノ上、御応諾相成様致度、得貴意候（一九二八年七月六日付半田町長板沢森三郎「通知」（小栗家文書二四七－二

－一三二）。

(25) 知多鉄道株式会社『第三回報告書』および『第五回報告書』。

(26) 一九二九年四月五日付知多電車取締役小栗三郎宛知多電車道路売渡地主書簡（小栗家文書二四七－二一－三〇）。

(27) 知多鉄道株式会社『第九回事業報告書』。

(28) 知多鉄道『第二十八回営業報告』一九四一年上半期、三頁。

(29) 知多鉄道『第二十九回営業報告』一九四一年下半期、四頁。

(30) 名古屋鉄道の配当率は一九四一年上期六％、四一年下期七％、四二年上期七％であった（前掲『名古屋鉄道百年史』八二七頁）。

(31) 知多鉄道株は非上場のため、株価が不明である。従ってここでは、配当率によってその収益性をみている。

(32) 知多鉄道の社長は一貫して、名古屋鉄道社長・藍川清成が兼任しており、一九四〇年九月現在、その持株比率は三四・八％に達していた（表11－4・5）。

(33) 例えば小栗四郎は、一九三一年四～九月の半年間に計二三回、名古屋に行っているが、少なくともそのうち一五回は知多鉄道（電車）を利用している。なおその他の八回のうち、武豊線（汽車）と判明するのは一回のみで、あとは交通手段の記載がない（昭和六年小栗家「日誌」）。

(34) 名古屋鉄道株式会社『第四十三回事業報告書』一九四二年度下期、二－三頁。

(35) 中村尚史『日本鉄道業の形成――一八六九―一八九四』日本経済評論社、一九九八年、第八章を参照。

(36) 同右、第Ⅱ部を参照。

［付記］本章作成にあたり小栗家文書以外の史料閲覧に際して、半田商工会議所、半田市立図書館に大変にお世話になった。記して感謝の意を表したい。

終章　総括と展望

中西　聡

本書の最後に、各章での萬三商店小栗家の事例分析から明らかになった点を総括し、併せて「地方事業家」をどのような存在と位置付ければよいかを展望する。その場合本書では、家業の醸造業および商業と、それを基盤として不動産投資や有価証券投資へと多角的に展開した経営全体を「地方事業家」として位置付けたので、それを念頭において萬三商店小栗家の事業展開をまとめたい。

表終－1を見よう。小栗家文書で経営動向が判明する一八世紀後半から本書が分析対象とした一九三〇年代までを、大きく六つの時期に分けて同家の事業展開をまとめた。萬三商店小栗家の家や経営組織の変更と当主交代が比較的関連していたことと、同家の経営危機が一八世紀末と一八七〇年代後半にあったため、それを考慮して時期区分した。

第一の時期は、小栗三郎兵衛家が酒造業を家業として行っていた一八世紀後半である。本書第5章で述べたように、この時期は酒造が家業との意識を持ちつつも、店（商売）も大切であるとの認識を当主は持っており、小栗三郎兵衛家が全体として醸造業と商業（萬屋三郎兵衛店）を家業の二本柱とする基礎が固められた時期である。事業の比重としては、穀物商売を地元向けに行っていたと考えられる商業よりも、和船を所有して酒を江戸市場へ移出していた酒

三郎兵衛（三郎）家の事業展開

資産運用	不動産経営	特　徴
	・耕地取得	・江戸と繋がる （18世紀末に経営危機）
	・不動産売却 ・貸家経営開始	・経営規模縮小
	・新田取得	・経営規模拡大 ・多角経営へ （1870年代後半に経営危機）
・知多紡績へ株式投資 ・会社経営への意欲 ・地域利害への関心 ・リスク管理は甘い	・貸家経営拡大 ・新田収入増大	・中央との関係を意識
・公社債投資への傾斜 ・リスク管理システム形成 （株式投資のリスクを公社債投資でヘッジ）	・新田からの安定収入 ・市街で農地から宅地への転換	・地元回帰 ・地元への寄付
・地元企業へ株式投資 （公社債売却で賄う） ・知多鉄道への関与	・社宅的貸家経営 ・地域性の強い不動産経営 （半田の地方都市化）	・地域経済への貢献 ・地元への寄付 （家業への見返り重視）

の実質的な経営者になったと思われ、24年以降は、四郎が小栗家の実質的当主であったと考えておきたい。

造の方が高く、酒造業の経営動向が小栗三郎兵衛家全体の経営に大きな影響を与えていた。ところが、江戸時代の酒造業は、たびたび酒造制限が実施されたため経営的に不安定で、自然災害、寛政改革、御用金などの影響があり、一七八〇年代には次第に酒造経営が縮小へ向かい、一八世紀末に最終的に酒造業を廃業するに至った（本書第5章、以下の括弧内はいずれも本書の章）。この経営危機は、小栗三郎兵衛家の歴史のなかで最も苦難の時代であり、当主の家族が短期間に次々と亡くなったこともあり、その後一九世紀前半に小栗家居宅に隣接して西誓庵が開基され、八代三郎兵衛の娘「秋」が庵主となった。

第二の時期は、その経営危機からの再生の時期である。一八世紀末に酒造業を廃業した後の小栗三郎兵衛家は、荒物商売で経営の立て直しを目指したが、経営規模はかなり縮小し、一八二〇年代から肥料商売へ転換してようやく商業

表終-1　萬三商店小栗

時期（当主）	家・経営組織	醸造業	商　業
18世紀後半 ６代・７代		・酒造（江戸へ移出） （18世紀末に酒造廃業）	・穀物商売
19世紀前半 ８代・９代	・西誓庵開基		・肥料商への転換 ・関東から仕入れ（鰯魚肥） ・江戸との為替手形決済
1850年代 ～1870年代 10代	・備金開始	・酒造再開（東京へ移出） ・味噌醸造開始 （地元へ販売） （1870年代末に酒造廃業）	・北海道産魚肥を扱う ・手船による遠隔地取引からリスクの少ない置き売りへ転換
1880年代 ～1900年代 11代	・店則・店員教育 （仏教道徳） ・分家準備	・溜・醤油醸造への展開 ・積極的販路開拓 （関東の有力業者意識）	・北海道産魚肥と輸入大豆中心 ・輸入大豆粕への転換 ・売予約方式による販売 ・銀行を介した決済開始
1910年代 ～1923年 11代	・内輪合資 ・店員の仏事との関わり	・1920年代に機械化進展	・大豆粕製造開始 ・新規販売市場開拓 （長野県の養蚕地域など） ・満洲に支店設けず
1924年 ～1930年代 12代	・株式会社設立	・新規工場増設 ・名古屋市を有力市場 ・生引溜を主力商品に	・肥料商経営不安定

（注）　本書の内容をもとに作成。四郎（12代三郎）が正式に当主になったのは1933年であるが、23年秋から萬三商店

経営規模が回復した。新たに扱い始めた肥料は、関東産干鰯が中心であり、関東からの仕入れの決済に際して、知多産木綿が江戸へ移出された際に取り組まれた「木綿手形」が利用された（第９章）。その意味で、小栗三郎兵衛家は、酒の江戸への移出は行わなくなったが、関東産干鰯の移入で、再び江戸と繋がりをもつに至った。こうした商品流通における江戸との繋がりは、知多半島が江戸向けの酒・木綿の産地であったという地域性に裏付けられており、木綿を扱っていなかった萬屋三郎兵衛店も、「木綿手形」を利用できる環境にあった。この地域性がのちに小栗三郎家が知多紡績会社設立に積極的に関わる歴史的前提となっていたと言える。

第三の時期は、一八五三（嘉永六）年の一〇代三郎兵衛の家督相続を始まりとしたい。一〇代当主は、家督相続するとともに、善事財・三宝財・御用手当金・店手当積金・子供手当など多様な項目で積立金を開始する（表序-11）。

備金そのものは、九代三郎兵衛時代の一八四七（弘化四）年から始められているが（表序－10）、一〇代が家督相続した五三年からは、備金の規模が格段に増大した。それを支えたのが、肥料商経営の拡大であり、表序－11では、「大福帳」の貸越が一八五〇年代に増大しており、多額の積み立てを行っても、それを除いた資産額は増大していた。特に、一八六〇年代に北海道（蝦夷島）産魚肥を萬屋三郎兵衛店は扱うようになり、大型の手船を所有して、江戸・浦賀で関東産干鰯、大坂・兵庫で北海道産魚肥を直接買い付けて半田に積み戻り、主に三河地方へ販売した。なお尾張藩は木綿流通に対して特権的な木綿買次問屋を設定して統制する方向を示したのに対し（第9章）、肥料流通に対しては比較的統制が弱く、管見の限りでは、半田・亀崎などに廻船問屋株は設定されていなかったと思われる。そのため幕末・維新期の萬屋三郎（兵衛）店は、船との取引で販売委託を受けて口銭を収得する問屋業務と自ら積荷を買い入れる自己勘定取引を組み合わせて行っていた（第6章）。そこに問屋・仲買が区別されて株立てされた江戸や大坂湾岸の湊町と、村の浦であった半田との違いが見られたと考えられる。

資金蓄積が順調に進んだことを受けてこの時期より、新田を取得して所有するに至り、家業意識のあった酒造業へも一八六〇年代後半から再度進出し、酒造株を購入して、当主の弟の信次郎に恵一郎名義で酒造経営を行わせた。明治初年に太郎兵衛家の味噌蔵も小栗三郎家が引き受けることとなると、店員の藤助に尾崎三保蔵名義で味噌醸造経営を行わせた（第5章）。つまり、明治初年に小栗三郎家は、肥料店（本店）、酒造所（恵一郎店）、味噌所（三保蔵店）、そして新田経営（小垣江・成美）と、多角経営を行うこととなり、経営規模が急拡大した。ただし、この経営拡大は、表序－11に見られるように、多額の借入金を行いながらの経営拡大であり、綱渡りでもあった。実際に、萬屋三郎店は急激な取扱量拡大の結果、一八七〇年代後半から大量の在庫を抱えることになり、経営状況は悪化しており（第6章）、恵一郎店の酒造経営も灘酒との競争で苦しんだ。そして味噌醸造経営も半田地域の酒造家の味噌醸造経営への転換で競争は激しくなり、やはり赤字が続いた。

このように、一八七〇年代後半から小栗三郎家の事業経営は全体として悪化しており、さらに、一八七七（明治一〇）年には当主三郎と当主の長男がいずれも健康状況が悪く、家の継承と事業の両面で小栗三郎家は危機的状況を迎えた（第4章）。そして危機的状況から脱するために小栗三郎家は、一八七七～八〇年にかけて改革を実施する。家政改革では、一八七七年に「店則」を作成するとともに、七八年から「日誌」が記録されるようになる。そして一八八〇年に一〇代三郎が退隠し、一一代三郎が相続する。この相続の際には、親族間で家憲の遵守・家産の保護・家業の継続などが確認された（第4章）。事業でも、恵一郎店・三保蔵店を廃止し、これ以降酒造経営は行わずに、味噌醸造経営を直営の味噌店で行うことにした（第5章）。商業経営では、取引形態を改め、手船による直接買い付けを減らし、リスクの少ない販売方法を積極的に採るようになった（第6章）。

一一代三郎が相続した一八八〇年からを第四の時期と考えたい。味噌店は当初小栗三郎家と支配人の共同出資形態であったが、八六年からは小栗家の単独出資となり（小栗家支店）、九一年から肥料商売の本店は「萬三商店」、味噌溜・醤油醸造部門は「萬三支店」を称した。醸造内容も味噌中心から溜・醤油中心へ転換し、家業としての醸造業は溜・醤油醸造との認識が固まったのもこの頃であろう。一八九一年には、帳簿体系も改められ、小栗三郎家を資本主と位置付け、経営全体から上がった純益を資本主へ組み入れ、資本主が本店備金・善事財・公事財・分家基金そして家族名義で多様な積立金を行い、残額を「資財」項目で蓄積していく体系とされた（第3章）。つまり分家のための積立を、子どもが生まれると同時に始め、家産継承をスムーズに行うシステムが構築された。

この第四の時期は、事業面でも経営危機を克服するかのように積極的な展開が見られる。醸造業では、店員利吉により積極的な販路開拓が行われ、そこでは関東地方の有力醤油醸造業者が意識されていた（第8章）。商業でも、取扱い肥料で北海道産魚肥が中心となるとともに、醸造経営の原料となる輸入大豆も扱うようになり、そこでは東京・名古屋の銀行と地元の銀行の両方を利用しつつ決済と資金借入を行った（第9章）。こうした事業経営規模の拡大とともに店員も増大し、店員向けの貸家経営も行われるようになった（第2章）。

また一八九〇年代は、知多半島で企業勃興が生じた時期でもあり、九六年に半田で設立された知多紡績株式会社には、小栗三郎家が設立時点から積極的に関わった。この時期に小栗三郎家が株式投資をした会社は、いずれも地元の会社で、役員として参加しており、会社経営への意欲と地域利害への関心が見られた（第1章）。特に、知多紡績と丸三麦酒に出資をしたが、丸三麦酒の場合は、その後関東の資本に買収された際に、小栗三郎家は丸三麦酒株を売却して損失を計上しており、地域利害への関心が強すぎて、株式投資へのリスク管理が甘くなる傾向があった。商業活動では、一九〇〇年代から輸入大豆粕を肥料取扱いの中心とするが、産地の満洲で直接買い付けることはせずに、販売先とその量を確保してから、神戸などの集散地から買い入れるリスクの少ない商業行動をとった。そして不動産経営では幕末期に取得した新田からの収入がようやく増大するに至った。全体として、一八九〇年代から一九〇〇年代前半は、溜・醤油醸造業で関東の有力醤油醸造業者を意識したり、大阪の大紡績会社に対抗する目的で知多紡績会社設立に熱心に関わったり、東京の大銀行を積極的に利用するなど、経営展開で中央との関係を強く意識した時期であった。事業のみでなく、「家」においても一八九〇年の半田地域での陸海軍聯合大演習に際して、小栗三郎邸が有栖川宮の宿所になる栄誉を受けた結果、それ以降尊皇の意識が高まったと考えられ、日露戦時に軍隊への寄付が多く行われ、報国の意識が見られた（第3章）。

ところが一九〇七～〇八年に事業経営の転換点を迎える。小栗三郎家が経営意欲をもっていたと考えられる知多紡績が、二〇世紀初頭の地元綿織物業の不況から見込みほどの業績は上がらず、結果的に一九〇七年に三重紡績に合併されることとなり、小栗三郎家は知多紡績株のかなりの部分を売却して会社経営から手を引いた。そして一九〇七年恐慌で、萬三商店の溜・醤油醸造業の競争相手であった半田の小栗冨治郎が没落し、肥料商業の競争相手であった亀崎の井口半兵衛も大打撃を受けたことで、地域社会のなかでの小栗三郎家の地位が高まった。その結果、一九〇七年末に小栗冨治郎に代わって小栗三郎が貴族院多額納税者互選議員に選ばれ、中央とのパイプを担うことを地域社会から期待された。しかし、一八七〇年代後半に病気を理由に一〇代三郎が県会議員を辞職したように、この時も一一代三郎は、貴族院議員を辞退した。この背景には、当時、当主の後継者と目された静二と当主の長女幸の健康状況が悪く、一九〇八年に二人とも亡くなるという家業継承の危機を迎えていたことがあるが、小栗三郎家には国や県とのパイプ役として政治家になる意欲は薄かったと考えられる（第10章）。家業継承の危機を、一九〇八年に当主四男の四郎が大学を中退して戻って家業を手伝うことで乗り切った萬三商店小栗家は、再び組織改革を行う。亡くなった幸の夫の清を、小栗三郎家の分家として家内に止めて萬三商店の経営に協力させ、醸造経営の支店は、本店醤油部として本店に一本化し、萬三商店を本家と分家清の内輪合資とした。本店の肥料商業部門は、満洲への支店開設も検討したようであるが（第4章）、結果的に支店を開設せずに、一九一〇年に半田で大豆粕製造工場を設立して、自前で肥料製造を行うとともに、官営鉄道中央線の開通を機に新規販売市場を開拓した（第7章）。

こうして一九一〇年代から新たに第五の時期を迎えた。第四の時期に、萬三商店小栗家は中央との関係を強く意識した経営を行ったのに対し、この時期は地元に密着した経営展開を進め、リスク管理システムを確立させる。実際、肥料の新規販売市場の開拓では、販売先を先に確保してから買い入れを行う売予約形態でリスクを低減させており、有価証券投資も公社債投資への傾斜が見られ、株式投資のリスクを公社債投資でヘッジするリスク管理を行った（第1章）。そして巨額の本店収益と安定した配当・利子収益を獲得できるようになり、不動産経営でも、新田からの安定した収入が得られるようになり、大正期も土地取得を進めた。そして第一次世界大戦期に半田でも市街地化が進むと、小栗三郎家は市街に所有した農地を宅地へ転換させ、土地の価値を高めていった（第2章）。地元重視の傾向は、事業のみでなく、地域社会との関わりにも見られ、分家清が一九一二（大正元）〜一六年に半田町長になり、一三年には半田町三大記念工事費寄付として五〇〇〇円、一六年には半田町基本財産として一万円の寄付を小栗三郎家は行った（第3章）。こうした地域社会への積極的寄付行為には、小栗三郎家の家憲に見られる仏教道徳の影響が強く見られるが、それに比して地域経済への関与はこの時期は消極的であった。第四の時期に、知多紡績へ積極的に関わっても経営がうまく行かなかった経験が働いたと思われ、一九一一年に小栗三郎が知多商業会議所議員に選ばれるが、三郎は役職に就かず、特に目立った活動はしていない。

このような家業重視の傾向は、四郎が小栗三郎家の実質的運営者となると大きく転換した。それが一九二四年頃からの第六の時期である。四郎は一九〇九年から家業を手伝うとともに清と並んで五〇〇円の報酬を毎年萬三商店から受け取っていたが、一九二三年九月からの年度で四郎の報酬は一五〇〇円となり、その年度から敬五郎・庸三も経営に参画して敬五郎は一〇〇〇円、庸三は三〇〇円の報酬を受け取ることとなった。清の報酬は五〇〇円のままであったので、おそらく一九二三年度から萬三商店の経営は四郎が担い、敬五郎が助ける形になったと考えられる[1]。そして小栗三郎家の経営改革が進められ、まず当主三郎が一九二四年に半田町上水道施設費などに一〇万円の寄付を行い、醸造経営にとって重要な水の問題の解決を図ろうとし、その結果半田町で上水道設置が決まったことを受けて（第2・3章）、一二四〜一二五年に萬三商店醤油工場の拡張が行われた（第8章）。半田町への多額の寄付は、地元財界の期待を呼びおこしたと思われ、四郎は一九二五年に当主三郎に代わって知多商業会議所議員に選ばれると副会頭に就任し、地元財界の期待に応えて知多電気鉄道の設立運動を積極的に推進した（第11章）。この知多電気鉄道は、官営鉄道武豊線の利便の悪さを解消するために愛知電気鉄道の太田川と半田・武豊地域を結び、名古屋と半田・武豊を電気鉄道で直接結ぶ構想であった。ただし、四郎は知多電気鉄道が知多鉄道と名称を変更して開業した後は、その経営にはあまり参加せず、愛知電気鉄道関係者に経営を任せた。地域経済利害への関心は強かったが、知多紡績の場合と異なり、会社経営への意欲はなかったと言える。

一方、家業について四郎は、一九二六年に萬三商店を株式会社へ転換させる組織改革を行った。この背景には、四郎が慶應義塾大学で近代教育を学んだ経験があり、古い慣習にこだわらなかったことがあると考えられる。もっともその株主は、一族と有力店員に限られ、内実は内輪合資とあまり変わらなかったが、会社形態を取ったことで、本家がそれまで分家の家計費を負担していたのに対し、分家がそれぞれ萬三商店株を所有してその配当で家計を賄うようになり、本家の家計費負担が減少した（第3章）。一方、事業では、醬油部の工場を増設して生産整備を拡大するとともに、高品質の生引溜を主力商品とし、その生引溜の市場として大都市化が進んでいた名古屋市を有力市場として安定した収益を上げ続けた（第8章）。それに対し、肥料商売は一九三〇年代初頭の昭和恐慌期に損失を計上して、その後も収益は安定しなかった。不動産経営では、市街地化とともに新規に宅地を購入する方向は見られず、農地から転換した宅地には店員向け貸家を建て、社宅的貸家経営を行った（第2章）。なお、四郎は一九三三（昭和八）年に一二代三郎を継ぐが、四郎の地域貢献は、知多電鉄に止まらず、一九二〇年代後半以降は小栗家の地元企業への株式投資が再び増大し、その資金は所有公社債の売却で賄われた（第1章）。また地域社会への寄付金として、一九三〇年代に半田港湾改修のために継続的に寄付が行われ、経済的利害により強い局面に寄付が行われたが、それは四郎（三郎）が知多商業会議所副会頭（一九三七年から会頭（第11章））であったことと関係があろう。

萬三商店小栗家の事業展開を六つの時期に分けてまとめてみたが、このなかで通底していたのは、地域利害への強い関心であった。この場合の「地域」の意識には、外との関係で「地域」を振興する方向に向かった時期と、「域内」に関心が向かった時期があったことに留意したい。小栗三郎家が知多紡績の経営に積極的に参画した一八九〇年代後半から一九〇〇年代前半は、日本全国で広く進展した企業勃興のなかで、地方からも中央に対抗できる企業が生まれる雰囲気があったと考えられ、半田地域でも亀崎銀行・知多紡績・丸三麦酒など、中央の資本と伍していこうとする銀行や企業が設立された。その点での、会社経営への意欲を含む有価証券投資が見られたのに対し、中央に伍していける道が一九〇七年恐慌で閉ざされた後の半田地域では、中央との対抗よりも地域内の振興へと関心が移り、その場合の振興は会社設立よりも地域社会でのインフラ整備への寄付などの社会貢献へ向かい、知多電気鉄道の誘致に際しても、会社経営よりもむしろ半田地域のインフラ整備の一環としての活動と考えることができよう。

こうした地域利害への強い関心は、地域貢献をすべきという小栗三郎家が長年培った宗教道徳に基づいた家風によるものと言え、家のもっていた精神性がそれぞれの時代状況に応じて、投資活動や寄付行為などによって発現したと思われる。もっとも、小栗三郎家には家業継承を重要視するもう一つの精神性も存在しており、家業の事業資金の確保と、地域貢献への支出という二つの課題を同時に満たすことを、代々の当主は（先祖から）要請された（当主相続の際に、「家憲の遵守」・「家産の保護」・「家業の継続」等が口授される（第4章））。その結果が、浪費を極力抑え、内部蓄積を進め、それを家業の事業資金に回すとともに地域貢献を行うという、禁欲的な小栗家の消費行動として現れたと考えられる。[2] もちろん、家業の継続と地域貢献の図り方は時代に応じて変化しており、第4章で主に論じた一一代三郎の時代は、「四恩十善」思想に基づいた仏教道徳と商業道徳が強調されたものの、第3章で触れたように、一一代三郎に代わって四郎が家政を主に担うようになると寄付などの地域貢献活動のなかに家業への見返りが強く意識されるようになった。ここに、家業志向性と地域志向性を両方兼ね備えた「地方事業家」の特質をみることができる。ここでの「地方事業家」は、社会的資金を集めて新たな企業を興す「企業家」ではなく、また自家の収益性を考えてより有利な投資機会に投資をしていく「投資資産家」でもなく、家業継承と地域貢献の両方を担う歴史的存在として考えたい。そして彼らは、大衆の資金蓄積が十分には行われておらず、地域社会の経済振興が一部の有力な資産家に負っていた近代期に必要とされた歴史的存在でもあった。ただしそれゆえ、「地方事業家」であった萬三商店小栗家は「企業家」に徹することはできなくて、家業から完全に離れて新たな事業分野に進出することは難しく、また「投資資産家」にも徹することはできなくて、例えば大阪府貝塚の廣海惣太郎家のように、「投資家」的性格の強かった「地方資産家」に比べて企業勃興期にリスク管理の甘さがあったことは否めない。[3]

ところが、萬三商店小栗家は、その後リスク管理の甘さを克服し、肥料商売では利ざやは少ないが、販売先・販売量を確保してから、商品を買い入れたり製造したりする方法でローリスクながら販売量を急拡大させることで収益の絶対額を増大させ、日本でも最大級の営業規模の肥料商となった。そして有価証券投資でも、地域貢献のためにリスキーな地元会社へも投資するという株式投資のリスクを、ローリスクの公社債投資を増やすことでヘッジし、安定した有価証券収入を小栗家は確保し、それらの収益を、本来の家業である醸造業の維持・拡大と地域社会への寄付へ回すことになった。地方事業家としての萬三商店小栗家の行動様式も、会社経営に積極的に関わろうとした一八九〇年代後半から一九〇〇年代前半の時期と、家業への回帰が見られた一九〇七年恐慌後では大きく異なり、経営環境の変化によって地方事業家のあり方も変わりえると言えよう。

興味深いのは、家業志向性と地域志向性に彩られた萬三商店小栗家の活動が、同家の意図とはそぐわないが、結果的に日本資本主義に大きな役割を果たしたことである。すなわち、利ざやの少ない確実な肥料販売を大量に行った萬三商店は、結果的に長野県の養蚕地帯に安価な肥料を安定して大量に供給したことになる。もっとも、萬三商店は長野県では小売を行っていないので、小売価格までは不明だが、長野県農会の販売肥料調査展覧会の成績では農家が使用したと思われる万三大豆粕は安価であり（第7章）、万三大豆粕は全体として日本の繭生産量の拡大に寄与して日本の製糸業の発展を支えた。そしてもう一方の家業の醸造業でも、萬三商店は、工場設備の機械化と拡大で昭和戦前期には日本でも有数の醤油醸造業者に成長し、大都市化した名古屋の食文化（溜文化）を支えた。

また、小栗三郎が経営から手を引いてしまった知多紡績についても、知多紡績が三重紡績に合併され、さらに三重紡績が大阪紡績と合併して東洋紡績となって以後も、旧知多紡績半田工場は、東洋紡績半田工場として残り続け、そこでの職工の主な出身地は地元知多郡であった（第10章）。丸三麦酒についても、東京の大資本と合併された後も、半田工場はそのまま残り、その意味で、半田の有力事業家が知多紡績会社・丸三麦酒会社を設立したことが、地元に巨大工場が残ることにつながった。その存在が、半田の市街地化に寄与しており、労働市場・商品市場の面で、半田の有力事業家の貢献は大きかったと言える。

もっとも、半田の有力事業家のなかには、小栗冨治郎のように、地域志向性を脱して、中央と対決しつつ経営の広域展開を図ろうとしたものもいた。そして小栗冨治郎は、もともとの家業の醸造業と海運業に加えて、名古屋に拠点を設けて、銀行業・保険業、そして台湾塩の一手販売へと経営拡大したが、その際、名古屋にもともと人脈をあまりもっていなかったため、知多郡の有力事業家のネットワークに期待した。ただし、小栗三郎家は、知多紡績の経営は小栗冨治郎とともに熱心に務めたが、知多郡外への事業展開には慎重で、半田の中埜一族も、主に半田での事業展開に止まった。知多郡の有力事業家の地域志向性が強く、小栗冨治郎の経営の広域展開は挫折する。

もちろん萬三商店の商業経営が地域内に止まったわけではない。一九〇七年恐慌の打撃で井口半兵衛が肥料商業を縮小した後には、それに代わるように、萬三商店が三河地域の販路を独占的に獲得するとともに、中央線沿線に急速に販路を拡大し、肥料商としては一九一〇年代に日本国内で最大級の営業規模となった(4)。しかし、この販路拡大は、ある程度限定された範囲において集中的に販路を拡大し、その地域を独占的に抑えようとした点で、小栗冨治郎のような全国展開を目指す広域展開とは質が異なり、こうした販路拡大が一九一〇年代にも行えたことが、萬三商店の事例の興味深い点であり、当時の日本最大の商社であった三井物産ですら肥料取引において萬三商店に一目置いていた。例えば、一九〇七年一月の三井物産「米穀肥料打合会」で次のような会話が行われている(5)。

森（名古屋支店）「（前略）是迄四日市、武豊ニハ殆ト商売出来ス、即チ一昨日来述ヘタル如ク直段ノ点ニ於テ反対商ニ比シテ高キ為メナル（後略）」

会長（遠藤米穀肥料部長）「（前略）三河方面ハ如何尚ホ手ヲ伸ハスコト出来スヤ、井口ノ勢力範囲ニ入込ムコト出来サルヤ」
森「此ノ方面ノ米ノ取扱ハ別トシ、豆、豆粕ニ付キ有力ナルモノナク、殆ト井口、萬三ニテ占領シ居レリ」（中略）
会長「萬三ハ名古屋支店の尽力ニテ我社ヨリ買入ルル次第ナルカ尚ホ其他有力ノ者ニ売込ミタキナリ（後略）」

ここから、三井物産が井口・萬三などの対抗勢力（反対商）の三河地方における商圏に参入出来ずにいて、それは井口・萬三の肥料販売価格が三井物産よりも安かったことと、それに対し三井物産名古屋支店の努力で、萬三商店が三井物産から肥料を仕入れるようになったことが判る。萬三商店が三井物産との取引において主導権を握れた背景は、右記の会話や本書第7章によると価格競争力にあったと考えられるが、こうした価格競争力を武器に、萬三商店は次々と販売先を予約で確保し、それから買入先を確保し、その需給調整を自ら大豆粕製造工場を持つことで行い、販売量を増やすことで収益の絶対額を増大させた（第7章）。しかも、収益の絶対額を増大させることにより、商業資金（商品買付資金）を一九一〇年代以降は自前で賄うに至り、自己金融化の結果、小栗家の銀行借入金は減少し（表序-12）、銀行への利息支払いも減らすことに成功し（表序-13で一九一〇年代はむしろ本家利息収入が増大している）、そのことがますます価格競争力を付けるのに役立った。商人は経営規模を急拡大する際に、多かれ少なかれ金融業者より資金を借りることが多い[(6)]。その結果、経営の自立性を失うことも多いが、萬三商店は一九〇〇年代の商業経営拡大期に銀行借入金を増大させたが（第9章）、その後も経営の自立性を保ちつつ、銀行借入金を減らして自己金融化し得た。このような好循環をもたらしたのも、萬三商店が三井物産に頼るのではなく、東京や大阪・神戸の問屋を使い分けたり、東京・名古屋の銀行を使い分けたりしてより自らに有利な取引環境を作り上げたことにあり、その意味で小栗三郎家は、中央資本を互いに競争させつつ上手に利用してきたと言える。

こうした萬三商店の事例は、中央優位のために地域間格差が拡大したとされる近代日本の経済発展の評価の問い直[(7)]

しにつながると考えられる。確かに、会社設立の面では、一九〇七年恐慌以降は、地方での会社設立の規模は小さくなり、中央と伍していこうとする方向はみられなくなったが（第10章）、逆にそれぞれの地域に即した発展のあり方が進められることになったと考えられ、その局面では地方事業家が主体的に中央資本を利用する側面も見られた。その点で、地方の自立性は一九一〇年代も失われなかったと言えよう。

地域工業化は、地域のなかで完結することはなく、商品市場・労働市場・資本市場・金融市場などをそれぞれ通して外部との関係をもちつつ進められた。そこでの外部との関係を、対抗関係のみで描くのも、支配・従属関係のみで描くのも一面的であろう。地方事業家は、さまざまな関係性を外部市場ともちつつ、地域工業化を図るなかで、より有利な外部との関係性を学んでいく。その結果として、萬三商店小栗家のように、東京や大阪の肥料商を上回る経営規模の肥料商が、一地方の半田に登場することとなった。

現代の日本においても愛知県は最大規模のものづくり産地である。愛知県の工業化の歴史的源流を探ると、このような地域経済の主体性が見えてくる。一九九〇年代以降の日本は長期の不況からなかなか脱せずにいるが、不況克服の転機となる地域経済の活性化の手がかりがここにあるように思われる。

注

（1）明治一三年「決算簿（萬三本店）」・明治四二年「決算簿（萬三商店）」（小栗家文書三二八‐一六・一八）。

（2）寺西重郎『経済行動と宗教――日本経済システムの誕生』（勁草書房、二〇一四年）は、西欧のキリスト教と日本の仏教が、両地域の経済システムに与えた影響を論じ、イギリスでは、カルヴァン派プロテスタンティズムの台頭により禁欲的労働と私有財産運用という経済活動の宗教的正当化がもたらされ、身近な他者に距離を持った個人の独立を重視する個人主義が生まれた結果、それに依拠して顔の見えない個人に対する大量生産という供給主導型の経済システムが発達したのに対し、日本では、世俗内職業活動の場での仏教的真理の探究という意味での求道主義をもたらし、身近な他者による評価のなかで自己実現を重視する個人主義がもたらされ、高品質製品を評価することで消費者と生産者を緊密に結びつける需要主導型の経済システムが生まれたとした（同書九 - 一〇頁）。萬三商店小栗家の場合、禁欲的生活態度と消費の節制や私有財産運用の面で、カルヴァン派プロテスタンティズムと類似の精神性をもっていたようにみえるが（第3章）、その背後には仏教的真理の探究という求道主義が色濃く表れていた（第4章）。寺西の論理展開では矛盾する存在にみえる小栗家の精神性であるが、禁欲的生活態度と消費の節制が、必要なもののみを消費者が購入するという消費文化をもたらし、消費者のニーズに生産者が敏感になる需要主導型経済システムが生まれたとも言え、実際、萬三商店は、消費者のニーズに答えるために積極的なマーケティング活動を行っていた（第7・8章）。その点では、カルヴァン派プロテスタンティズムが供給主導型の経済システムをもたらしたとは必ずしも言えないであろう。寺西は生産者の精神性や経済活動に主に着目しているが、供給主導型か需要主導型かどちらの経済システムが生まれたかは、そこでの消費者の消費行動に即して比較検討する必要があるように思う。そのために小栗家のような日本の資産家層の消費文化とイギリスの資産家層（ジェントルマンなど）の消費文化を比較することが今後の課題となろう。

（3）廣海惣太郎家については、石井寛治・中西聡編『産業化と商家経営――米穀肥料商廣海家の近世・近代』（名古屋大学出版会、二〇〇六年）を、地方資産家の諸類型については、谷本雅之・阿部武司「企業勃興と近代経営・在来経営」（宮本又郎・阿部武司編『日本経営史2　経営革新と工業化』岩波書店、一九九五年）を参照。

（4）前掲石井寛治・中西聡編『産業化と商家経営』三二頁の表序 - 一〇では、一九一二年頃に小栗三郎は、有力肥料商のなかで最大の営業税額を納めている。もっともこの営業税額には醬油部の分も含まれているが、森六郎・岩出惣兵衛と並んで、萬三商店が当時の日本の肥料商で最上位の営業規模をもっていたことは間違いない。

（5）明治四〇年一月「米穀肥料打合会議事録」（三井文庫蔵）、一五三 - 一五四頁。

（6）例えば、鈴木商店と台湾銀行の関係はその代表的事例である。

（7）石井寛治「国内市場の形成と展開」（山口和雄・石井寛治編『近代日本の商品流通』東京大学出版会、一九八六年）など。

あとがき

本書は、一〇年以上にわたる萬三商店小栗家文書の共同調査・研究の成果である。メンバーの多くは、同様の共同調査・研究を大阪府貝塚の米穀肥料商廣海家文書を基に行い、そこで示した研究事例を全国的視野のもとで位置付けるべく、新たな事例分析として本書を執筆した。とは言え、小栗家と廣海家では家の特徴・性格は大きく異なるため、改めて新しい視点で今回の共同調査・研究を進めた。詳細は、序章に記したが、萬三商店小栗家は、日本最大級の肥料商であると同時に、有力な醬油醸造業者であり、肥料商としても豆粕工場を開設して大規模な肥料製造を行い、製造業者としての性格が強かった。そのことが、家産の維持・運用、家業意識などにどのような影響を与えたかを、家憲に表れる思想の側面まで含めて本書では解明した。そして、製造業者で地元に工場を開設したことにより、地域社会との関わりもより密接となり、地域社会との関連も本書では、詳しく検討した。それらの点で、本書はこれまでにない新たな論点や論証を提示できたと考えている。

それが可能になったのも、廣海家文書に勝るとも劣らない小栗家文書の体系的な残され方と射程の広さにあり、一八世紀中葉から二〇世紀末まで、おそらく一〇万点近くになると思われる規模の史料群が、体系的な帳簿群から書簡史料までを含めて小栗家には残されていた。この小栗家文書の所在は、かなり以前から知られており、序章注で触れたように、村瀬正章氏、村上（西村）はつ氏、藤井信幸氏らによって利用されてきた。編者の一人である中西は、肥料商の研究を進めてきたこともあり、この萬三商店小栗家文書に以前から関心を寄せており、名古屋大学に着任したことを機に、藤井信幸氏の紹介を得て、小栗家一三代当主小栗圓一郎氏にお願いし、文書が所蔵されている蔵を見せていただいた。そこには、まだ分析されていないと思われる膨大な帳簿類が天井まで高く積まれて残されており、小栗家の皆様のご了解を得て、廣海家文書の共同研究を進めていたメンバーなどに声をかけて、萬三商店小栗家文書の整理と研究を共同で開始することにした。

史料群の規模から考えて、文書整理と共同研究に相当の労力と資金を要することが予想されたため、研究助成への応募を検討した。その際、より地域社会との関係を深く考察したいと考え、尾張地域における伝統産業の展開とその中心に位置する名古屋市およびその周辺地域の生活環境との関連のなかに、知多半島の醸造業（知多班）と尾西地域の織物業（尾西班）を位置づけ、生活環境分析班も加えて三本立てとし、以下の研究助成を受けた。それゆえ、本書の成果は、より大きな研究プロジェクトのなかの知多班の研究成果と位置付けられる。

①二〇一〇年度・二〇一一年度サントリー文化財団「人文科学、社会科学に関する研究助成」：「二〇世紀日本における産業化と生活環境に関する学際的研究」（研究代表者：中西聡）

②平成二三〜二六年度日本学術振興会科学研究費補助金基盤研究（B）：「近現代日本における都市・農村複合型産業化と生活環境に関する総合的研究」（研究代表者：中西聡）

こうして、史料整理と共同研究は順調に進み、共同研究成果を二〇一二年度第八一回社会経済史学会全国大会のパネルディスカッション「地方資産家の多角経営と事業構造」（組織者：中西聡、司会者：中村尚史、報告者：中西聡、井奥成彦、市川大祐、対論者：谷本雅之、鳩澤歩）で公表することができた。その内容をもとにしたパネル小特集が、『社会経済史学』第七九巻第一号、二〇一三年、に掲載されている。他のメンバーも、個別に成果発表を進め、共同研究成果を共著書にまとめることとして、日本経済評論社の協力のもとに本書の刊行に至った。共著書執筆の過程では、各人が研究成果を報告し合い、それを全員の共有財産としつつ、執筆者間の持続的協力と相互批判に基づく真の共同著作を作り上げることに務めた。ただし、本書の分析対象時期は近世から一九三〇年代までであり、第二次世界大戦後まで含めて、小栗家文書から明らかにすべき課題はまだ多く残されている。

これまでの私どもの研究プロジェクトでは、愛知県の工業化の歴史的源流を、醸造業・織物業・陶磁器業など軽工業を中心に考察してきたが、第二次世界大戦後まで視野を広げれば、一九三〇年代以降の愛知県で進展した重工業化の視点を入れる必要がある。特に近年、和田一夫『ものづくりの寓話』（名古屋大学出版会、二〇〇九年）や山崎広明『豊田家紡織事業の経営史』（文眞堂、二〇一五年）などにより、愛知県の機械工業・自動車産業を主導したトヨタグループの研究が進展しており、これまで視野に入れてこなかったトヨタの位置づけも含めて愛知県の工業化を考察する必要がある。それを今後の課題としたいと思う。

本書の刊行までには実に多くの方々のご協力を頂いた。まず何よりも、小栗家文書の所蔵者で同文書の利用に深いご理解を示して下さった萬三商店小栗家の皆様に心より感謝申し上げたい。誠に残念なことに、一三代当主圓一郎・英子様ご夫妻は近年相次いでお亡くなりになり、生前中に本書をお見せすることができなかったのが痛恨の極みである。ただし、一四代当主宏次・元子様ご夫妻は、故圓一郎・英子様ご夫妻以上に小栗家文書の共同調査・研究にご理解を示していただき、心強い環境のなかで、我々は作業を進めることができた。お話しをうかがえた小栗順三様、そして過去帳を見せて下さった小栗七左衛門家の皆様も含め、小栗家の皆様のご協力が、本書完成の最大の原動力となったと言っても過言ではない。そして、小栗家をご紹介いただいた藤井信幸氏、パネルディスカッションの際に対論者として本書全体の位置付けに関わるコメントをいただいた谷本雅之氏、鴋澤歩氏にも厚くお礼を申し上げたい。

また、本書に執筆されていないものの、共同調査にご参加いただいた北澤満氏、宮地英敏氏、大島朋剛氏、中元崇智氏にも心より感謝申し上げたい。北澤満氏は東海石炭商会について、宮地英敏氏は知多紡績会社の経営について、大島朋剛氏は知多郡の酒造業全般の動向について、中元崇智氏は近代愛知県の政治状況について、それぞれ共同調査のなかで報告をしていただいた。それらのテーマの詳細な分析は、北澤氏・宮地氏・大島氏・中元氏に譲り、本書ではほとんど取り上げていない。なお北澤氏は、東海石炭商会についてすでに研究成果を発表しているので（北澤満「三菱合資会社石炭販売代理店に関する一考察――愛知県半田・東海石炭商会を事例として」『三菱史料館論集』第一六号、二〇一五年）、そちらも合わせて参照されたい。さらに、共同研究を進める過程では、小栗家文書以外のさまざまな史料群も利用させていただいている。それらの史料所蔵者の方々や、本共同研究に関してさまざまなご意見・ご批判をいただいた研究者の皆様にも感謝申し上げたい。

最後に、石井寛治先生にお祝いと心からの御礼を申し上げたい。廣海家文書・小栗家文書合わせて二〇年以上にわたる共同調査・研究において、石井寛治先生には、我々を温かく、そして時には厳しく導いていただいた。その石井先生が、今年で満七七歳の喜寿を迎えられた。石井先生は、それを記念してご自身で単著『資本主義日本の歴史構造』（東京大学出版会、二〇一五年）を著されたので、屋上屋を重ねることは控えるが、石井先生を除いた我々研究メンバーの間では、以前より石井先生の記念の年に小栗家文書の共同研究成果を刊行したいと念願していた。それを実現できたのは、栗原哲也社長をはじめとする日本経済評論社の皆様のご協力の賜物であり、同社は私どもにとってなくてはならない出版社となった。栗原社長、谷口京延氏、吉田桃子さん、そして皆様、本当に有難うございました。

なお、本書刊行に際しては、二〇一五（平成二七）年度日本学術振興会科学研究費補助金（研究成果公開促進費）の交付を受けた。前述した研究助成を下さった公益財団法人サントリー文化財団、研究助成と刊行助成を下さった日本学術振興会への感謝も合わせて記したい。

二〇一五年一〇月

中西　聡
井奥成彦

表11-1　知多鉄道関係年表 …… 450
表11-2　知多電気鉄道の起業目論見 …… 454
表11-3　知多電鉄の発起人と創立委員の構成（1926年10月現在） …… 455
表11-4　知多鉄道役員の推移 …… 458
表11-5　知多鉄道の大株主上位20名（1940年9月現在） …… 459
表11-6　知多鉄道設立運動による用務拘束日数 …… 460
表11-7　知多鉄道の経営動向 …… 464
表11-8　知多鉄道の輸送動向 …… 465
表11-9　1940年代における名古屋鉄道を中心とする戦時企業合併 …… 466
表11-10　小栗家の知多鉄道への投資額と配当収入 …… 469
表終-1　萬三商店小栗三郎兵衛（三郎）家の事業展開 …… 476-477

………………………………………………………………355-358
表8-8　萬三商店の醤油・溜の主要移出先および移出量（1910～40年）………362-363
表8-9　萬三商店の醤油の主要販売先と数量（1917～22年）……………………364
表8-10-1　1928年6月18日半田駅提出「醤油産物案内調査」……………………367
表8-10-2　1929年1月11日半田駅提出「萬三商店醤油部概況」…………………367
表8-11　萬三商店醤油原料主要購入先……………………………………………368-369
表9-1　萬屋三郎兵衛（三郎）店の仕入地と仕入商品……………………………378-379
表9-2　萬屋三郎兵衛（三郎）店の主要仕入先問屋…………………………………382
表9-3　萬屋三郎兵衛店の肥料仕入決済（1847（弘化4）年）…………………384-385
表9-4　萬屋三郎兵衛店の仕入代金決済（1855（安政2）年）…………………386
表9-5　萬屋三郎兵衛店の仕入代金決済（1861（文久元）年）…………………390
表9-6　萬屋三郎店の仕入代金決済（1870（明治3）年）…………………………390
表9-7　萬屋三郎店の仕入代金決済（1880（明治13）年）…………………………394
表9-8　小栗三郎家の三井銀行半田出張店との取引…………………………………396
表9-9　小栗三郎家の借入金日歩………………………………………………………397
表10-1　1895年時点知多郡主要会社一覧………………………………………………410
表10-2　1903年時点知多郡主要会社一覧………………………………………………411
表10-3　小栗三郎家年度末銀行借入残額の推移（借入銀行別）……………………413
表10-4　小栗三郎家1896年銀行借入金一覧………………………………………414-415
表10-5　小栗三郎家1905年銀行借入金一覧………………………………………417-418
表10-6　小栗三郎家「日誌」にみる知多紡績・丸三麦酒の創立………………421-422
表10-7　小栗三郎の就任会社役員の推移………………………………………………423
表10-8　小栗冨治郎の就任会社役員の推移……………………………………………425
表10-9　井口半兵衛の就任会社役員の推移……………………………………………427
表10-10　半田・亀崎地域主要資産家納税額・所有地価額・資産額・所得額…………431
表10-11　1913年時点知多郡主要会社一覧………………………………………………436
表10-12　『日本全国諸会社役員録』掲載愛知県銀行・諸会社数の推移………………438
表10-13　1921年時点知多郡主要会社一覧………………………………………………439

表7－5　大豆粕の地域別販売量（1906年1～6月）……304
表7－6　地域別商品出荷量（1908年）……305
表7－7　愛知県における大豆粕消費量（1903年）……306
表7－8　豆粕部収支計算簿（1910～23年度）……308-309
表7－9　豆粕部・粉砕部収支計算簿（1924～25年度）……310
表7－10　主要商品損益……313-314
表7－11　各種肥料・輸入大豆仕入量（1910～11年度）……315
表7－12　肥料種類別販売量（1911年）……318
表7－13　地域別販売量（1911・12年度）……319
表7－14　「万三大豆粕」販売先一覧（1911年）……321
表7－15　大豆粕肥料販売量（1914年度）……323
表7－16　「万三大豆粕」販売先一覧（1914年度）……325
表7－17　大口取引事例（1914年12月～15年5月）……326
表7－18　長野県主要肥料消費……328
表7－19　長野県における大豆粕消費……329
表7－20　長野県における「粕類」消費額……330
表7－21　衣ヶ浦湾大豆粕・大豆輸入量……334
表7－22　長野県農会・販売肥料調査展覧会成績報告（1916年）……336
図8－1　醤油醸造主要県における生産高の変化……344
表8－1　萬三支店年間造石高の推移（1880年代後半～90年代初頭）……346
表8－2　萬三支店年間造石高の推移（1890年代後半～1900年代）……347
表8－3　萬三商店醤油部年間造石高の推移（1910年代以降）……348-349
表8－4　1920年代以降の萬三商店における普通醤油・溜の製造高比較……350
表8－5　1890年小栗家支店主要販売先・販売商品……351
表8－6－1　1889～96年各月時点の萬三支店（萬三商店の味噌・醤油部門）における在荷……354
表8－6－2　1897～1904年各月時点の萬三支店における在荷……354
表8－7　書簡、日誌などから見た萬三支店支配人・支店長井本利吉の動向（回勤を中心に）

表５-２　18世紀における小栗三郎兵衛家取得土地の推移……218-221
表５-３　明治初期萬屋恵一郎店店卸勘定……225
表５-４　萬屋恵一郎店主要販売先酒販売額の推移……226-227
表５-５　萬屋恵一郎店蔵人・人足年度末貸借の動向……228-229
表５-６　萬屋三保蔵店店卸勘定……232
表５-７　小栗三郎家味噌店店卸勘定……234
表５-８　1873年萬屋三保蔵店味噌溜・味噌粕類主要販売先販売額……235
表５-９　1873年萬屋三保蔵店溜醤油販売単価……236
表５-10　1879～80年小栗三郎家味噌店味噌溜・味噌粕類主要販売先販売額……237
表５-11　1886年小栗三郎家醸造部門味噌溜・味噌粕類主要販売先販売額……238
表６-１　「店卸勘定帳」からみた萬屋三郎店の資産状況……248-249
表６-２　1876（明治９）年９月期記載の「有荷物」と「預け荷」……252
表６-３　在庫額の推移……254
表６-４　1871～73年正月「目録帳」記載の船主との預貸金……256
表６-５　商人負債分の償却状況……257
表６-６　各年における自己勘定……264
表６-７　知多郡、三河地方（碧海郡）における萬屋三郎店の主な取引先（取引回数が合計50回以上の地域）……270-271
表６-８　三河地方（碧海郡を除く）、伊勢国における萬屋三郎店の主な取引先（取引回数が合計50回以上の地域）……272-273
表６-９　岡崎町における萬屋三郎店の主な取引先……276-277
表６-10　関西における萬屋三郎店の主な取引先……278-279
表６-11　関東（東京、神奈川）における萬屋三郎店の主な取引先……280-281
表６-12　萬屋三郎店と船頭との取引……284-285
表７-１　各種肥料仕入量（1900年）……300
表７-２　肥料種類別販売量（1900年）……301
表７-３　大豆粕主要販売先一覧（1900年）……302
表７-４　各種商品販売高……303

表１-８　小栗三郎家の有価証券投資残高Ⅲ　種類別……………………………… 74
表１-９　小栗三郎家の有価証券投資収益Ⅱ　公社債投資（その１　1896～1915年）
……………………………………………………………………………………… 76-77
表１-10　小栗三郎家の有価証券投資収益Ⅱ　公社債投資（その２　1916～36年）… 78-81
表１-11　小栗三郎家有価証券備勘定の動向……………………………………… 82-83
表１-12　小栗三郎家の有価証券投資収益Ⅰ　株式・合資会社出資（その１　1895～1915年）
……………………………………………………………………………………… 88-89
表１-13　小栗三郎家の有価証券投資収益Ⅰ　株式・合資会社出資（その２　1916～35年）
……………………………………………………………………………………… 90-91
表１-14　小栗三郎家有価証券投資の資金需給……………………………………… 92
表２-１　1924年時点の知多郡の大地主………………………………………………… 99
表２-２　小栗三郎家の明治期の所有不動産の構成…………………………………103
表２-３　小栗三郎家の所得構成と分野別の比重 ……………………………104-105
表２-４　1896年の貸家一覧 ……………………………………………………………106
表２-５　貸地（宅地・田地）の構成…………………………………………………111
表２-６　小栗三郎家の貸家一覧 ……………………………………………115-117
表２-７　1930年代の小栗三郎家決算…………………………………………………120
表３-１　小栗三郎家積立金内訳の推移 ……………………………………130-131
表３-２　小栗三郎家善事財の内訳一覧 ……………………………………136-137
表３-３　「家事費仕訳帳」の善事部における公共費内容一覧…………………140
表３-４　小栗三郎家「公事財」寄附金・義捐金など支出一覧 ……………143-144
表３-５　小栗三郎家家事費支出内訳の推移…………………………………148-149
表３-６　小栗三郎家「家事費仕訳帳」支出金額内訳 ……………………152-153
表３-７　小栗三郎家「臨時費」支出一覧 …………………………………154-156
表４-１　1899～1911年度における萬三商店店員の担当業務 ……………186-187
表４-２　1913～25年度における萬三商店店員の担当業務…………………188-189
表４-３　1927～37年度における萬三商店店員の担当業務…………………190-191
表５-１　18世紀後半における小栗三郎兵衛家の酒造勘定………………………209

図表一覧

表序-1　主要府県農工業生産額・工業会社数の推移 …… 10-11
表序-2　主要府県醤油生産量（額）・肥料製造販売額の推移 …… 13
表序-3　1887・97・1907年愛知県主要農工業生産物生産高 …… 14
表序-4　知多郡現住人口・農業生産額（量）・工業生産額（量）の推移 …… 16-17
表序-5　亀崎・半田・武豊港輸移出入額の推移 …… 18-19
表序-6　1904年武豊線亀崎・半田・武豊駅発着貨物 …… 21
表序-7　知多郡有力資産家一覧 …… 22-23
表序-8　半田町主要商工業者営業税額・所得税額一覧 …… 24-25
表序-9　亀崎町主要商工業者営業税額・所得税額一覧 …… 26-27
表序-10　18世紀後半〜19世紀前半における小栗三郎兵衛家家産の推移 …… 33
表序-11　1853〜90年における小栗三郎兵衛（三郎）家家産の推移 …… 36-37
表序-12　1891〜1938年における小栗三郎家推定純資産の推移 …… 38
表序-13　1880〜1926年における小栗三郎家推定収支の推移 …… 40
表序-14　株式会社萬三商店主要勘定 …… 42-43
表1-1　小栗三郎家の有価証券投資残高Ⅰ　株式・合資会社出資（その1　1895〜1915年） …… 54-55
表1-2　小栗三郎家の有価証券投資残高Ⅰ　株式・合資会社出資（その2　1916〜35年） …… 56-57
表1-3　小栗三郎家所有株式の銘柄別収益率（その1　1865〜1915年） …… 60-61
表1-4　小栗三郎家所有株式の銘柄別収益率（その2　1916〜35年） …… 62-63
表1-5　小栗三郎家所有有価証券のキャピタルゲインおよびロス（株式、合資会社出資） …… 64-65
表1-6　小栗三郎家の有価証券投資残高Ⅱ　公社債投資（その1　1896〜1915年） …… 68-69
表1-7　小栗三郎家の有価証券投資残高Ⅱ　公社債投資（その2　1916〜36年） … 70-73

間瀬万太郎［東京］　275
松方デフレ　2, 292
松平定信　211-212
松葉屋商店［長野県稲荷山］　334
松村甚助［西加茂郡渋川］　269
松本貴典　10
松本茂兵衛　300
丸三麦酒（株）［半田］　16, 20, 55, 66, 72, 95, 410-413, 419-422, 432, 435, 437, 480, 483, 485
丸中酒造合資［半田］　432
満留二合資［北海道鬼鹿］　317
満留八商店［小樽・名古屋］　300
丸半綿糸合資［半田］　28
丸屋勝治郎［江戸］　383-384
萬才醸造［名古屋］　365
萬三商店→小栗三郎兵衛家の項を参照
満洲興業（株）　54, 95
三重人造肥料（株）［三重県四日市］　54, 297-298, 312, 316-317
三重紡績（株）［三重県四日市］　20, 58, 412, 420, 434, 440, 480, 485
三河鉄道（株）［碧海郡刈谷］　466
三木与吉郎［徳島県中喜来］　3
三井銀行［東京］　53, 391, 393, 395, 397-401, 403, 408-409, 413-419, 434
三井物産（株）［東京］　183-184, 192, 296-298, 337, 486-487
三菱銀行［東京］　54
三菱商事（株）［東京］　192
水戸屋治郎右衛門［東京］　275
宮崎運平（萬屋商店）［長野県篠ノ井］　320, 322, 324, 326
宮崎萬平（萬屋商店）［長野県篠ノ井］　320, 322-324, 326, 334-335
宮崎美登［長野県塩崎］　334
宮沢弥七［長野県豊野］　324, 326
宮原屋源兵衛［神奈川県浦賀］　275
宮原屋次兵衛［神奈川県浦賀］　275, 389
宮原屋清兵衛［神奈川県浦賀］　275
宮原屋与右衛門［神奈川県浦賀］　275, 380
宮原屋利兵衛［神奈川県浦賀］　275
村形兵助［東京］　275
村上（西村）はつ　245, 298, 379, 388
村瀬佐右衛門［知多郡横須賀］　383, 385
村松惣九郎［額田郡岡崎］　172
明治銀行［名古屋］　400-401
明治三陸大津波　172, 174
茂木佐平治（キッコーマン）［千葉県野田］　359
茂木房五郎［千葉県野田］　361
木綿手形　384-389, 402-403, 477
森市太郎　316
盛田久左衛門［知多郡小鈴谷］　28, 232, 410
　盛田合資［知多郡小鈴谷］　435
森田悟由［福井県志比谷］　175
盛田善平［半田］　449, 453
森六郎［徳島本店・東京・神戸支店］　183, 297, 300, 338
師崎屋与八［神奈川県浦賀］　275
師定商店［名古屋］　429

ヤ行

山方殖産合資［半田］　30
ヤマサ醤油［千葉県銚子］　2, 347, 359, 361
山下現有［東京→京都］　175, 182
山田治吉［名古屋］　365
山田吉兵衛［東京］275
湯浅屋（小津）与右衛門［東京］　257, 275, 380-381, 395
輸入大豆戻し税　309, 338
柚木学　211
横浜正金銀行［横浜］　431
吉田久一　163

ラ・ワ行

陸運元会社（内国通運会社）［東京］　393
陸海軍聯合大演習　31, 146, 158, 480
リスク管理システム　51, 53, 66, 82-93, 481
和田一夫　3
和田保商会［大阪］　316
和田彌三郎［長野県神郷］　334
綿屋正右衛門［碧海郡大浜］　392
綿屋庄太郎［碧海郡大浜］　387

灘酒　207
成岩町16-17, 108-115, 156, 158
成田好蔵［名古屋］　352
南条文雄［東京］　180
新潟港　192
新美昇平［亀崎］　409, 429-430
新美新十郎［額田郡岡崎］　173
西川新吉［長野県豊野］　324
西川彦太郎［大連］　183
西村屋七右衛門［東京］　275
日清製油（株）［東京］　297
日本海陸保険（株）［大阪］　53
日本銀行［東京］　403
日本興業銀行［東京］　67, 75
日本生命保険（株）［東京］　193-194
日本赤十字社［東京］138, 158
日本第一麦酒（株）［東京］　412
日本肥料会社　428
日本豆粕製造合名［名古屋］　45
額田銀行［額田郡岡崎］　397-398
布屋（五百井）清右衛門［大阪］　381
濃尾地震　6, 172
野口市蔵［新潟県亀田］　324
野尻利右衛門［名古屋］　251
野田［千葉県］　13, 20, 207, 344, 361, 370

ハ行

廃仏毀釈　172
萩原宗平［大野］　232
端山忠左衛門［武豊］　420, 424
長谷川彰　344
服部専左衛門［額田郡岡崎］　388, 393
花田傳作［北海道鬼鹿］　317
浜嶋伝右衛門［知多郡大野］　383-384, 389
早川家（カクキュー）［額田郡岡崎］　341
林玲子　344
原田徳右衛門［知多郡生路］　28
半田青物市場［半田］　119
半田駅　17, 25, 107, 184, 366
半田銀行［半田］　409
半田警察署［半田］　142
半田港　21, 25, 158, 448, 483
半田合同運送（株）［半田］　472
半田市　17, 19, 432
半田市場（株）［半田］　72, 120
半田倉庫合資［半田］　406, 419, 422
半田町　16-17, 29, 108-113, 138, 141-142, 145, 156, 446-447, 456, 481
　荒古　118-119, 139, 151, 158
　中村　114,
　西勘内　118,
　南大股　118, 151, 158
半田町長　147, 440, 481
半田村　206
半田屋権四郎　208
半田屋重左衛門　208
半田臨港線（株）［半田］　448, 472
日置黙仙［静岡県袋井→福井県志比谷］　175
ヒゲタ醤油［千葉県銚子］　359
尾三農工銀行［名古屋］　424, 431
菱文織物（株）［成岩］　437
平野隆　446
廣海惣太郎家［大阪府貝塚］　3-4, 51-52, 58, 66-67, 70, 80-81, 84-87, 92-93, 290-291, 370, 408, 434, 484
ファミリービジネス　124, 157
深田三太夫［額田郡岡崎］　173, 398-400
深見志運［額田郡広幡］　172-175
深見太郎右衛門［碧海郡新堀］　173
富貴織布（株）［知多郡富貴］　437
福岡共同商会［額田郡福岡］　301
福澤諭吉［東京］　7
福田行誡［東京→京都］　172-174
福山黙童［福井県志比谷］　175
藤井信幸　9
伏見屋伊左衛門［知多郡宮津］　258
藤本保兵衛［兵庫］　275
古河商事（株）［東京］　297-298
碧海電鉄（株）［名古屋］　461, 466
ベラー, R. N　126
ベンゼン抽出法（豆粕製造）　311, 314, 330, 335
奉公義会　141
房州屋栄吉［東京］　266, 275
北海道拓殖銀行［札幌］　67
本多安五郎　300

マ行

前田商店［渥美郡豊橋］　301
枡屋金十郎［設楽郡新城］　251

武豊町　16-17
田島屋荘蔵［知多郡浦戸］　258, 264, 269
多田屋又兵衛［東京］　275, 381
龍野［兵庫県］　13, 344, 364, 370
田中武兵衛［三重県四日市］　391
田中林助［津］　274
谷本雅之　3, 6, 52, 445
地域志向性　58, 66, 484-486
千賀又左衛門［碧海郡大浜］　387, 392
知郷益之介［半田］　392
知多瓦斯（株）→知多電気（株）［半田］　61, 73, 110, 435
知多郡海岸守裁許役　223
知多郡木綿世話方肝煎　383
知多商業会議所［半田→亀崎→半田］　6, 32, 146, 157, 425-426, 432, 446-453, 463, 470-471, 482-483
知多織布合資［知多郡西浦］　437
知多（電気）鉄道（株）［半田→名古屋］　6, 58, 73, 86-87, 93, 119, 146, 445-471, 482, 484
知多紡績（株）［半田］　15-16, 20, 55, 58, 72, 410-413, 419-422, 424, 426, 434-440, 477, 480, 482-486
知多木綿　20
千歳屋七兵衛［碧海郡棚尾］　387
地方事業家　1, 4, 475, 484-488
地方資産家　3, 6, 94, 484
中央資本　406, 488
中央線（官営鉄道）　304, 327, 329, 331, 361, 481, 486
中国酒　19, 206-207, 212
銚子［千葉県］　13, 344, 361, 370
朝鮮殖産銀行［朝鮮・京城］　67
塚本定治郎［東京］　392
土屋藤蔵［東京］　275
帝国海上運送火災保険（株）［東京］　431
貞瑞［半田］　174
デフォルト　60-61, 67, 73
手前手形　387, 392
寺田拓吉［甲府］　322
寺西重郎　163, 489
東海石炭商会合資［半田］　30, 61, 424
東海倉庫（株）［名古屋］　430
東京為替会社［東京］　381
東京人造肥料（株）→大日本人造肥料（株）［東京］　297-298, 312
東京山手電鉄（株）［東京］　54
東美鉄道（株）［岐阜県中村］　466
東洋拓殖（株）［東京］　67
東洋紡績（株）［大阪］　20, 366, 444, 485
特製豆粕（株）［名古屋］　45, 334
常滑製陶（株）［知多郡常滑］　437
豊嶋屋安治郎［大阪］　379
土橋市三郎［長野県上諏訪］　334
豊田合名［静岡県袋井］　324

ナ行

中井半三郎［東京］　391
中川与八［神奈川県浦賀］　275
中込六之助［甲府］　361
長阪重孝［半田］　424
中七木綿（株）［知多郡岡田］　437
中嶋七右衛門［知多郡岡田］　383, 389
長嶋長八［神奈川県浦賀］　275
中西聡　3, 10, 51
中根甚太郎［額田郡岡崎］　388
中埜銀行［半田］　399-401, 412, 416, 419, 432-437, 447, 453-454, 457
中埜酒店合資［半田］　408, 412, 432-435, 437
中埜産業合名［半田］　433
中埜純平［半田］　432
中埜酢店［半田］　433
中埜貯蓄銀行［半田］　432
中埜（野）半左衛門（俊三）［半田］　100-101, 432, 457, 461
中埜半助［半田］　432
中埜（野）半六［半田］　28, 30, 98, 100, 139, 207, 223, 423-424, 429, 432
中野（勢重丸）平太郎　265, 283
中埜（野）（酢屋）又左衛門［半田］　27-28, 30, 101, 110, 139, 145, 206-207, 215-216, 223, 230, 391, 408, 410, 424, 429-432, 454
中埜良吉［半田］　432, 447, 452-453
中村三郎兵衛［神奈川県神奈川］　275
中村尚史　3, 9, 124
中本屋林七［上半田］　215
名古屋銀行［名古屋］　397, 400-401, 415
名古屋生命保険（株）［名古屋］　424, 426, 430
名古屋鉄道（株）［名古屋］　120, 447, 466-471

亀甲富醬油（株）［半田］　412, 432-433
衣浦貯金銀行［亀崎］　426
岐阜醬油（株）［岐阜］　366
共同合資［半田］　419, 422
京屋（藤井）又兵衛［兵庫］　257, 274, 296-297, 300, 316, 338, 381
京屋弥兵衛［江戸］　385
久々津米造［北海道小樽］　317
久住五左衛門［東京］　257, 275, 381, 392, 395
久住伝吉［東京］　265, 275
熊沢一衛［三重県四日市］　461
倉田喜起［東京］　353
倉橋源兵衛［額田郡岡崎］　322
車屋五兵衛［兵庫］　275, 380, 389
慶應義塾［東京］　6-7, 133, 139, 146, 151, 158, 483
工業化　2, 407, 440, 488
糀屋長三郎［知多郡横須賀］　215
鴻池銀行［大阪］　398
鴻池屋（井上）重太郎［大阪］　389, 392
甲府［山梨県］　359, 361, 364, 370
甲府酒類会社［甲府］　361
小口治三郎［長野県上諏訪］　334
小嶋権兵衛［尾張国熱田］　389, 392
小寺洋行［神戸］　297, 316
小早川洋一　3
小林吟右衛門［滋賀県小田苅］　3
近藤半次郎［額田郡岡崎］　172

サ行

斎藤善之　245-246, 287
榊原（大栄丸）源太郎　283
榊原（安全丸）常太郎　283
坂口誠　299
佐賀商店［ハルビン］　192
酒株　206-208, 211-213, 215, 223-225, 478
颯田本真［幡豆郡吉田］　173-174
四恩十善　171, 173-176, 195, 484
志賀為三郎［額田郡岡崎］　322
事業志向性　58, 66
時事新報（社）［東京］　7, 55
静岡電鉄［静岡］　461
篠田壽夫　344, 347, 361
篠田直方［額田郡男川］　99, 101, 104
柴屋（白藤）嘉助［大阪］　274, 380-381, 389, 391-392
渋沢栄一［東京］　181
島屋佐右衛門［江戸］　385
清水半次郎［額田郡岡崎］　301
慈無量講　173-174, 195-196
釈雲照［京都府花園→東京］　172-174
収益志向　66
酒造勝手造り令　212
商栄丸常太郎　265
醬醸組　233
小豆島［香川県］　13, 344, 364, 370
昭和レーヨン（株）［大阪］　53
新舞子土地（株）［知多郡旭］　435
末廣昭　124, 157
杉浦仁三郎（治助）［碧海郡棚尾・半田］　28, 258, 302
杉治商会［半田］　183
杉山定助［碧海郡矢作］　269
杉山大運［額田郡広幡］　173-175, 180
鈴木庄蔵［知多郡浦戸］　266
鈴木商店（株）［神戸］　297-298
鈴木恒夫　3
鈴木文蔵［東加茂郡挙母］　269
関口八兵衛・直太郎［茨城県江戸崎］　445-446
芹川博通　125

タ行

第一銀行［東京］　397-401, 403, 413-416, 431
大黒屋利兵衛［知多郡大野］　383, 385
第十一国立銀行［名古屋］　403
大日本麦酒（株）［東京］　412, 444
第百三十四国立銀行［名古屋］　409, 415-416
第百三十六国立銀行［半田］　409
大連［満洲］　315
高善商店［新潟県長岡・沼垂］　324, 326
高津米治［長野県豊野］　324, 334-335
竹（之）内源助［知多郡岡田］　383, 385
竹内治助　35
竹内商店（株）［成岩］　437
竹内彦左（右）衛門［半田］　28, 264, 269
武知京三　446
武豊駅　17, 25
武豊港　21, 25
武豊線（官営鉄道）　17, 107, 448, 452, 482

回勤部　183
保険部　193
家事部　128, 194
大津支店　5, 359, 364, 370
清水出張所　192
清和会館　150
店則　5, 7, 164-170, 196, 479
博　170, 183
清吉　170, 183, 185, 193
忠吉　170
鍵三　170
重治郎　170
音吉　183, 185
浦治郎　184-185
竹三郎　184-185, 194, 331
仙六　193
三五郎　194
又一郎　194
治三郎　194
藤助　194
猶金　194-195
常助　420
八三郎　420
吉太郎　420
小栗三郎兵衛（三郎）家手船
万全丸　254-255, 267, 282, 290
万久丸　254-255, 267, 282, 290
万寿丸　255, 267, 274, 282
万栄丸　255, 264, 282, 290
万吉丸　282
小栗三郎兵衛（三郎）家雇船頭
徳太郎　32, 254-255, 265, 282-283, 290
三治郎　254-255, 264-266, 282-283, 290
三太郎　255, 262, 265-267, 282-283, 289, 290
三八　255, 265, 267, 282-283
三九郎　265-266, 282, 290
兵次郎　267
権兵衛　267
伝吉　282
小栗勝四郎［半田］　461
小栗啓次郎［半田］　234
小栗七右衛門［半田］　29
小栗七左衛門［半田］　29-30, 32, 134, 209
小栗太郎兵衛［半田］　29-30, 99, 223, 231, 240
小栗（豊倉屋）冨治郎［半田］　6, 20, 27-30, 100, 139, 207, 223, 380, 389, 403, 406-409, 412, 420, 423-425, 428-435, 440, 480, 486
小栗銀行［名古屋］　403, 406, 408, 412, 424, 428-433, 442
小栗貯蓄銀行［名古屋］　424
小栗合資［半田本店・名古屋支店］　424
小栗福蔵　424
住吉丸喜三郎　254, 283
小栗平蔵［半田］　420
小野組［東京］　250, 391
尾張（名古屋）藩　20, 30, 34, 206, 210, 214, 222, 224, 383, 403, 408, 424, 478

カ行

書上文左衛門［群馬県桐生］　3
家業意識　5, 241
家業志向性　484-485
鹿島利右衛門［東京］　392
數本春太郎［長野県中津］　334
金田屋半兵衛［大阪］　274
株仲間解散令　206
亀崎駅　17, 25
亀崎銀行［亀崎］　27, 397-401, 403, 409, 412-419, 424-432, 435, 483
亀崎港　21, 25
亀崎醸酒合資［亀崎］　95
亀崎倉庫（株）［亀崎］　426
亀崎建物（株）［亀崎］　426
亀崎町　16-17, 29, 110, 115, 447
亀崎町長　432
亀崎紡績（株）［亀崎］　426
鴨井屋藤兵衛［神奈川］　380
川喜田久太夫［東京・大阪］　3, 392
川名得太郎［函館］　300
関西電気（株）［名古屋］　110
神崎屋（金沢）仁兵衛［大阪］　274, 381
寛政改革　32, 212, 214, 476
関東大震災　182
企業勃興　3, 9, 11, 409-413, 419, 425, 480
貴族院議員　424, 440, 481
北澤彦治［長野県中津］　334
喜多村富之助［東京］　381, 392
北脇太吉［半田］　28

ヴェーバー，マックス　125, 163
上村雅洋　239, 241
臼井儀兵衛［神奈川県浦賀］　275
薄井貞一郎（薄井合資）［長野県明科］　324
臼井洋行［神戸］　183, 297-298, 316, 337
内海船　246
瓜谷長造商店［大連］　192
営口［満洲］　315
江戸屋仁三郎［江戸］　385-387
江戸屋平右衛門　392
江戸屋（三次）六兵衛［神奈川県浦賀］　275, 395
遠州屋利助［東京］　275
大阪電気軌道（株）［大阪］　446
大谷光演［京都］　180
大田彌次右衛門［額田郡八帖］　172
大塚久雄　125
大野屋五左衛門［東京］　257, 266, 275
岡崎銀行［額田郡岡崎］　398-401
岡崎通運会社［額田郡岡崎］　393
岡田覚兵衛［碧海郡安城］　301
岡本繁一　449-453, 459, 461, 470
岡本忠蔵［北海道函館］　300, 317
岡本八右衛門［碧海郡新川］　297, 300, 338
岡本要助［兵庫］　257, 275, 392
奥田製肥所［亀崎］　334
小栗三郎兵衛（三郎）家［半田］　28-44, 475-483
　4代三郎兵衛　135
　5代三郎兵衛　32, 135, 208
　6代三郎兵衛（幸七）　32, 127, 134-135, 208-211, 214-215, 237, 239
　7代三郎兵衛（領助）　32, 134-135, 211, 214, 237
　8代三郎兵衛（忠蔵）　34, 217, 221, 239, 476
　9代三郎兵衛（三保蔵）　128, 221-222, 478
　10代三郎兵衛（三郎）　31, 34, 127-128, 165, 171-172, 179-182, 223-224, 289, 477-479
　11代三郎（荘太郎）　31, 111, 127, 129-134, 165, 171, 177-182, 289, 420, 422, 429-430, 434, 440, 447, 449, 479, 481
　12代三郎（四郎）　7, 31-32, 85-86, 127, 129, 133-134, 141, 146, 157-158, 177-180, 193-194, 331, 445, 447-461, 470, 481-483
13代圓一郎　176, 178, 359
千代吉　211, 214
秋（妙龍尼）　34, 198, 239, 476
七之助　129
治子　151
等子　179
（夏目）三郎治　31, 132, 420
幸子　31, 129, 132, 151, 481
哲造（分家「南邸」）　31, 132
（桜井）清（分家「沢渡」）　31-32, 132-134, 147, 150, 177, 180, 183, 440, 481-482
喜登子　31, 129, 133-134
静二　31, 129-133, 139, 142, 481
庸三（分家「前崎」）　31-32, 129, 133-134, 139, 150-151, 482
玉子　129, 134
（尾頭）壮之輔　134
敬五郎（分家「星崎」）　31-32, 129, 132-134, 177, 482
恒次郎　359
家憲　6, 163-165, 171, 173, 180, 195-196, 479, 482, 484
西誓庵　150, 174, 239, 476
小垣江新田　35, 99, 101-105, 112, 478
成美新田　35, 102, 478
信次郎（恵一郎）：酒造所　34, 128-129, 223-225, 230-232, 240, 392, 478-479
　藤助（夏蔵頭）　230
藤助（尾崎三保蔵）：味噌所　35, 231-233, 236, 240, 478-479
萬三商店（萬屋三郎兵衛（三郎）店）［半田］　41-44, 150, 157, 216, 222, 475-483
　味噌店　233-236, 479
　　出口治助　35, 233-234, 236, 240
　　日比永七　233, 346, 353
　本店（肥料部）　35, 314, 368, 478, 481
　　板倉源造　369
　豆粕部（豆粕製造部門）　308, 314
　　豆粕工場　5, 14, 42, 184, 295-299, 308, 310, 316, 327, 333, 338, 481, 487
　　豆粕粉末工場　311
　　飼料工場　42,
　醤油部（支店）　2, 39, 41-42, 145, 233, 314, 346, 479, 481-483
　　井本利吉　346, 353, 359, 361, 365, 479

索　引

1）比較的重要と思われる人名（研究者を含む）・家名・会社名・事項などを挙げ、関連項目は主項目に続けて示した。

2）収録対象は、本文・注とし、図表からは挙げていない。

3）項目名の屋号の後の括弧書は姓を、名前の後の括弧書は備考を記した。

4）項目欄の後の［　］内は、居所もしくは会社本社所在地を示し、道府県庁所在地や半田・亀崎・成岩・武豊はそのまま示し、それ以外の地名は旧国名もしくは道府県名（愛知県は郡名）を付記した。

5）住所・所在地は本書の内容および小栗家文書に基づいたが、会社の所在地は、由井常彦・浅野俊光編『日本全国諸会社役員録』全16巻、柏書房、1988〜89年、および大正・昭和戦前期の『日本全国諸会社役員録』などを適宜参照した。

ア行

藍川清成［名古屋］　454, 457
愛知銀行［名古屋］　397-400, 413-419, 434
愛知電気鉄道［名古屋］　446, 448-449, 453-454, 458, 461-462, 482
秋野孝道［静岡県袋井→神奈川県鶴見］　180
旭商会［成岩］　365
浅間山噴火　210
安宅商会［大阪］　183, 297, 316, 337
圧搾法（豆粕製造）　311, 330, 335
熱田通運会社［尾張国熱田］　393
油屋源六　251
阿部九市［岐阜県大井］　324
阿部武司　3, 6, 52
天野雅敏　370
新井石禅［福井県志比谷→神奈川県生見尾］　175-180
有栖川宮熾仁親王　31, 146, 159, 480
有松物産（株）［知多郡有松］　437
有元正雄　126
阿波屋文助［大阪］　274
井口半兵衛（井口商会）［亀崎］　6, 27-28, 183, 327, 332-335, 338, 380, 403, 409, 412, 424-435, 480, 486-487
　井口商会合資［名古屋→亀崎］　430, 432
　井口商会合名［亀崎］　425, 428
　井口洋行［大連］　426
石井寛治　2, 9, 52, 245
石井里枝　3, 10, 446
石川吉三郎［東京］　275
石川茂兵衛［兵庫］　296-297, 300, 338
石坂政雄［長野］　335
和泉屋三郎左衛門［知多郡長尾］　266
和泉屋（奥）三郎兵衛［東京］　262, 275, 381, 387
和泉屋甚兵衛［江戸］　385-387, 402
和泉屋忠次郎［東京］　275
和泉屋（山本）弥兵衛［兵庫］　257, 274, 380, 381, 389
伊勢電鉄［三重県四日市］　461
伊勢屋喜左衛門［江戸］　387
伊勢屋久兵衛［江戸］　384
磯貝浩［名古屋］　453
磯村貞次郎［宝飯郡牛久保］　301
伊藤吉太郎（志賀醸造）［大津］　359, 366, 370
伊藤銀行［名古屋］　409
伊東七郎衛［亀崎］　99, 101, 104, 222
伊藤倉庫合名［亀崎］　410
伊藤忠兵衛［大阪］　197
伊東（藤）孫左衛門（侑二）［亀崎］　27-28, 100, 234, 409, 429-430
　伊東合資［亀崎］　435
糸屋（手塚）佐右衛門［名古屋］　233-236
伊奈田善助［碧海郡刈谷］　266
井上寅二郎［兵庫］　183
岩瀬弥助［幡豆郡西尾］　263
岩田作兵衛［碧海郡天王］　448
岩出（屋）惣兵衛［東京］　275, 381

石井寛治（いしい・かんじ）〈第９章〉

1938年生まれ。東京大学大学院経済学研究科博士課程単位取得退学。経済学博士。

現在、東京大学名誉教授。

主な業績：『資本主義日本の歴史構造』（東京大学出版会、2015年）。

『経済発展と両替商金融』（有斐閣、2007年）。

中村尚史（なかむら・なおふみ）〈第11章〉

1966年生まれ。九州大学大学院文学研究科博士課程修了。博士（文学）。

現在、東京大学社会科学研究所教授。

主な業績：『地方からの産業革命』（名古屋大学出版会、2010年）。

『日本鉄道業の形成』（日本経済評論社、1998年）。

【執筆者略歴】（執筆順）

花井俊介（はない・しゅんすけ）〈第１章〉

1958年生まれ。東京大学大学院経済学研究科博士課程単位取得退学。

現在、早稲田大学商学学術院教授。

主な業績：『満洲企業史研究』（共著、日本経済評論社、2007年）。

『産業化と商家経営』（共著、名古屋大学出版会、2006年）。

山口由等（やまぐち・よしと）〈第２章〉

1967年生まれ。東京大学大学院経済学研究科博士課程単位取得退学。

現在、愛媛大学法文学部教授。

主な業績：『近代日本の都市化と経済の歴史』（東京経済情報出版、2014年）。

『地域再生学』（共著、晃洋書房、2011年）。

二谷（中西）智子（ふたや（なかにし）・ともこ）〈第３章・第５章〉

1966年生まれ。東京大学大学院経済学研究科博士課程単位取得退学。博士（経済学）。

現在、愛知学院大学経済学部准教授。

主な業績：「近代期群馬県における富山配置売薬の消費」（『経済科学（名古屋大学）』第59巻第２号、2011年）。

「1879年コレラ流行時の有力船主による防疫活動」（『社会経済史学』第75巻第３号、2009年）。

伊藤敏雄（いとう・としお）〈第４章〉

1972年生まれ。関西学院大学大学院経済学研究科博士課程単位取得退学。博士（経済学）。

現在、大阪大学日本語日本文化教育センター非常勤講師。

主な業績：『市場と流通の社会史Ⅲ　近代日本の交通と流通・市場』（共著、清文堂出版、2011年）。

『産業化と商家経営』（共著、名古屋大学出版会、2006年）。

落合　功（おちあい・こう）〈第６章〉

1966年生まれ。中央大学大学院文学研究科博士課程修了。博士（史学）。

現在、青山学院大学経済学部教授。

主な業績：『近代塩業と商品流通』（日本経済評論社、2012年）。

『近世の地域経済と商品流通』（岩田書院、2007年）。

市川大祐（いちかわ・だいすけ）〈第７章〉

1974年生まれ。東京大学大学院人文社会系研究科博士課程単位取得退学。

現在、北海学園大学経済学部教授。

主な業績：『歴史はくり返すか』（日本経済評論社、2015年）。

『戦前期北米の日本商社』（共著、日本経済評論社、2013年）。

【編著者略歴】

中西　聡（なかにし・さとる）〈序章・第5章・第10章・終章〉

1962年生まれ。東京大学大学院経済学研究科博士課程単位取得退学。

博士（経済学）。

現在、慶應義塾大学経済学部教授。

主な業績：『海の富豪の資本主義』（名古屋大学出版会、2009年）。

『産業化と商家経営』（共編著、名古屋大学出版会、2006年）。

『商品流通の近代史』（共編著、日本経済評論社、2003年）。

『近世・近代日本の市場構造』（東京大学出版会、1998年）。

井奥成彦（いおく・しげひこ）〈序章・第8章〉

1957年生まれ。明治大学大学院文学研究科博士課程単位取得退学。

博士（史学）。

現在、慶應義塾大学文学部教授。

主な業績：『日本経済史1600-2000』（共著、慶應義塾大学出版会、2009年）。

『19世紀日本の商品生産と流通』（日本経済評論社、2006年）。

近代日本の地方事業家

萬三商店小栗家と地域の工業化

2015年11月16日　第1刷発行　　定価（本体8500円＋税）

編著者　中西　聡

井奥成彦

発行者　栗原哲也

発行所　株式会社　日本経済評論社

〒101-0051　東京都千代田区神田神保町3-2

電話　03-3230-1661　FAX　03-3265-2993

info8188@nikkeihyo.co.jp

URL：http://www.nikkeihyo.co.jp

装幀＊渡辺美知子　　印刷＊文昇堂・製本＊誠製本

乱丁・落丁本はお取替えいたします。　Printed in Japan

ISBN978-4-8188-2392-1

中西聡・中村尚史編著
商品流通の近代史
A5判　五五〇〇円

近代日本における商品流通と市場形成との関係について商取引・物流・情報流通の3点に着目し、その相互関係を考察することによって多様な市場の集積過程を明らかにする。

上山和雄・吉川容編著
戦前期北米の日本商社
―在米接収史料による研究―
A5判　五四〇〇円

三井物産、三菱商事、大倉組、堀越商会ほかの北米第一線での取引、商社間競争、本支店間の協力と軋轢を、米国国立公文書館所蔵の第一級史料を駆使して鮮明に描き出す。

市川大祐著
歴史はくり返すか
―近代日本経済史入門―
A5判　三〇〇〇円

欧米技術の導入・消化とともに、国際競争やデフレなどさまざまな困難に直面しつつ成長をとげた幕末以降から戦前期までの日本の歴史について、光と陰の両面から考える。

松元宏編
近江日野商人の研究
―山中兵右衛門家の経営と事業―
A5判　六五〇〇円

近江日野商人として著名な山中兵右衛門家の本家・出店史料の分析を通して近世から近代へ約200年間の総合的経済構造を解明し、近代産業化に果たした商人資本と地域経済との役割を明らかにする試み。

石井里枝著
戦前期日本の地方企業
―地域における産業化と近代経営―
A5判　四八〇〇円

両毛鉄道、利根発電、群馬電力について、企業の起業・経営・資金調達・企業統治といった企業経営の諸側面を検討し、地域社会および地域の産業化に関連づけながら論じる。

（価格は税抜）

日本経済評論社